E 21,50

Wales

D1677913

Dieses vorliegende Buch erscheint als BA... ...e unkonventioneller Reiseführer im VERLAG MARTIN VELBING...

Weitere Titel in Vorbereitung. Bitte Anfrage an den Verlag.

Buchkonzept: Martin Velbinger
Karten: Pedro Zegarra (PZ), Herbert A. Spiegl (HSP), Martin Velbinger (MVE)
Cover: Elisabeth, Bettina und Martin

Für Unterstützung und Fotomaterial herzlichen Dank an die
BRITISCHE ZENTRALE FÜR FREMDENVERKEHR.

Umfangreiche zusätzliche Texte: Martin Velbinger

ISBN: 3-88316-064-4

ALLE ANGEGEBENEN PREISE sind Ca.-Preise, auch wenn sie nicht als solche bezeichnet sind. Für die Richtigkeit und Vollständigkeit aller Angaben, insbesondere der Abfahrtszeiten und Preise kann keine Gewähr übernommen werden.

DRUCK und BINDUNG: Ebner Ulm
SATZ: Verlag Martin Velbinger, Gräfelfing/München
PRINTED IN GERMANY

Aktualisiert, erweitert
2. AUFLAGE 1997

Wales

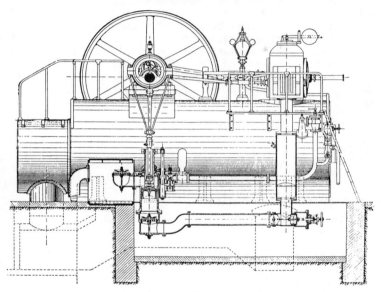

Franz Rappel

VERLAG MARTIN VELBINGER

Erhältlich im Buchhandel oder gegen Voreinsendung von DM 42,- auf das Konto Postbank München, Nr. 2o 65 6o-8o8, BLZ 7oo 1oo 8o oder gegen Verrechnungsscheck im Brief.

VERLAG MARTIN VELBINGER, Bahnhofstr. 1o6,   82166 Gräfelfing/München

INHALT

Anreise

Transporte in Wales

INHALT

Allgemeine Tips

Unterkunft.

Essen und Trinken

Sport

Musik

INHALT

INHALT

Handwerkszeug

* BRITISCHE FREMDENVERKEHRSZENTRALE BTA (British Tourist Authority, Taunusstraße 52-6o, 6o329 Frankfurt am Main, Tel. o69/ 23 8o 7-o oder -11, Fax: o69/ 238 o7 17): auf jeden Fall kontaktieren wegen jeder Menge nützlicher Prospekte (genau angeben, welche Regionen man bereist, ob man z.b. Interesse an bestimmten Sportarten hat), themenbezogene Landkarten (z.b. Wandern in Wales), Stadtpläne etc.

Wichtigste Broschüre: "Autofähren nach Großbritannien und Irland" (gratis) mit detailiertem Verzeichnis aller verfügbaren Fährlinien inkl. grober Übersicht zu Preisen und Fahrplan.

Bücher zum Kaufen (z.B. Hotellisten, Restaurantverzeichnisse) bezieht man beim "British Bookshop", Börsenstraße 17, 6o313 Frankfurt am Main, Tel. o69/ 28 o4 92, Fax: o69/ 28 77 91. Lieber nicht in Kaufwut verfallen: gibt's zu enorm günstigeren Preisen in fast jedem TI-Amt in Wales, wenn sich vor Ort erweist, daß die Dinger gebraucht werden.

* TOURIST OFFICES: Jedes touristisch einigermaßen bedeutende Nest in Wales hat sein Verkehrsamt. In diesem Buch sind die Informationsbüros mit dem Kürzel TI für "Tourist Information" bezeichnet. Vorbeischauen lohnt sich für Regionalprospekte in einer Mischung aus Hochglanz und konkreter Information, Tips für Wanderungen, kostenlose Stadtpläne, Öffnungszeiten von Sehenswürdigkeiten, Veranstaltungshinweise, Busfahrpläne und vor allem, für einen kleinen Obolus, Zimmervermittlung für Hotel- und B&B-Unterkünfte.

Das Personal ist meist sehr freundlich und auf Zack. Die Öffnungszeiten variieren je nach Saison und Bedeutung der Ortschaft, viele der Ämter schließen von Oktober bis April. Im Sommer sind die Offices auf jeden Fall während der Kernzeiten von 1o bis 16 Uhr geöffnet.

* KARTEN

- zur Grob-Übersicht die Großbritannien-Karte aus dem RV-Verlag (12,8o DM), für die Routen rüber nach Wales.
- Das britische Fremdenverkehrsamt in Frankfurt hält außerdem kostenlose Übersichtskarten bereit, wo die regionalen Tourist- Offices eingezeichnet sind.
- Kümmerly + Frey gibt eine Wales-Karte heraus, die in Lizenz vom britischen Automobil-Verband übernommen wurde. Sie enthält nicht nur topographische Abbildungen, sondern auch Campingplätze, Jugendherbergen etc.
- Michelin-Straßenkarte über die Region Südwest-England plus Wales. Sehr zu empfehlende Autokarte, enthält alle Nebenstrecken. Nachteil: nur schlechte topographi-

sche Angaben, wie Berge und Täler.

- Ordnance Survey Karten: sehr detaillierte Wander- und Fahrrad-Karten, die jeden Schafspfad und jede Hütte aufzeigen. Mit Abstand das Beste, was sich auf dem Markt befindet. Kauft man sich vor Ort in den regionalen TI-Offices oder in Sportgeschäften.

* **BED & BREAKFAST**: Bei den saftigen Übernachtungspreisen in den walisischen Hotels, die erst ab 7o DM aufwärts fürs Doppelzimmer liegen, wird man bei normal dicker Brieftasche auf Bed & Breakfast zurückgreifen, um die Reisekosten in verschmerzbaren Limits zu halten.

UNTERM STRICH

1.) **Informationsmaterial** vom BTA in Frankfurt besorgen, insbesondere die Liste der Fährverbindungen, denn hier läßt sich viel Reisekapital für den England-Trip einsparen. - Außerdem ein Verzeichnis der regionalen TI's (Tourist Büros) sowie eine Übersichtskarte.

2.) **Kartenmaterial**: neben der TI-Übersichtskarte gehört die Michelin-Karte oder die topographische Karte der Kümmerly+Frey-Serie, das Wales abdeckt, ins Reisegepäck. Die OS-Detailkarten für Wanderungen sich erst während des Urlaubs vor Ort besorgen.

ANREISE

WALES lohnt ohne Frage für eigenen Urlaub und nur auf Wales bezogen: ausgesprochen schöne Landschaften, Küstenorte, Eisenbahnstrecken, die noch mit alten Dampfloks betrieben werden, Industrie- Museen etc. Aber auch als Südengland- Rundtrip, - oder bei der Anreise nach Irland.

Welches **Verkehrsmittel** (Auto, Zug, Bus, Flug) das beste ist, - ist per-

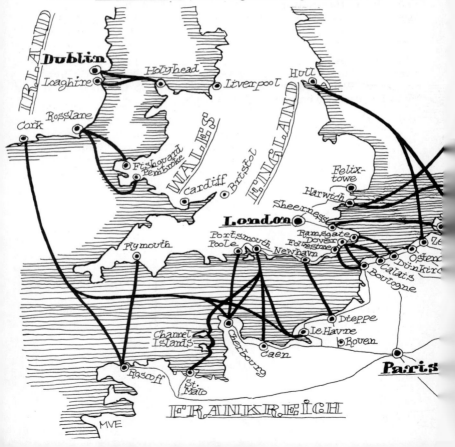

sönliche Entscheidungsfrage. Die schnellste Anreise ist per **FLUG** (Details siehe Seite 18). Im Preisvergleich zum Auto (dort Sprit- und Fährkosten) gar nicht mal so teuer, wenn man sich einen preisgünstigen Flug nach London nimmt plus vor Ort mit Zügen und Bussen rumfährt. Man spart sich zudem erheblich an Anreisezeit: zu empfehlen daher, wer nur Kurzurlaub hat.

Andererseits ist das eigene **AUTO** die Variante für größtmögliche Freiheit vor Ort. Man ist unabhängig von Abfahrtszeiten und zudem frei und flexibel in Sachen Reisegepäck. Wer sich zudem zu mehreren den Sprit und die Transportkosten des PKWs auf der Fähre teilen kann, reist mit eigenem Auto in der Regel auch am billigsten.

FÄHREN: zwischen dem Festland und England gibt es zwei Dutzend verschiedene Möglichkeiten. Entscheidend für die günstigste Verbindung sind unter anderem die günstigste Anreise zum Fährhafen, die entsprechenden Fährtarife, aber auch der eigene Wohnort.

Es sind große Verschiebungen bezüglich Tarife und Fahrpläne zu erwarten, - verursacht durch den Eurotunnel und die Fusion der beiden Marktgiganten P&O und Stenaline (zusammen über 8o % des Schiffsverkehrs). Teilweise werden die Personenfähren auf reinen Cargo-Transfer umgestellt.

Für **NORDDEUTSCHE**: Ab Hamburg mit "Scandinavian Seaways" nach Harwich/England.

Die Überfahrt dauert 2o Std., pro Person in der Kabine ca. 1oo-2oo DM je nach Saison plus Fahrzeug 6o-13o DM einfach. Vom Preis nicht billig, spart aber pro Richtung einen Urlaubstag in Anreise sowie Sprit.

Hoek van Holland-> Harwich: mit P&O Stenaline.

Auf dieser Linie verkehrt zweimal am Tag ein Katamaran, der den Transfer in nur 3 Stunden schafft. Hat den Nachteil, daß die Zeit zu kurz ist, um an Bord zu schlafen. Auto plus Insassen kostet für das Morgen-Schiff ca. 4oo DM einfach und 7oo DM retour, das Nachmittagsschiff ca. 5oo DM einfach und 85o DM retour. Die Nachmittagsfähre ist zwar billiger, man kommt aber abends in Harwich an.

Vlissingen-> Sheerness: mit Eurolink Ferries.

Derzeit zwei Überfahrten täglich. Transferzeit tagsüber ca. 8 Std., nachts 9 1/2 Std. Auto + 2 Personen kostet tagsüber ca. 32o DM retour und nachts in der Kabine ca. 42o DM retour. Trotz Mehrkosten ist die Nachtfähre besser, da man ausgeschlafen in England ankommt.

FAZIT: Die Fährstrecke nach Harwich erreicht Ostengland. Die Weiterfahrt nach Wales in Nordumgehung des staugefährdeten Großraumes London auf Landstraßen mit lohnenden Stops wie Cambridge. Lohnende Route, die allerdings wegen Landstraßen Zeit braucht.

Sheerness als England-Fährhafen hat den Vorteil, daß man beispielsweise mit zeitsparender Nachüberfahrt relativ nah an London eintrifft und zudem an Landschlössern sehr lohnende Bereiche in der Grafschaft KENT erreicht. Details im VELBINGER BAND 27 "Südengland". London kann auf der Ringautobahn M 25 umfahren werden mit schnellem Anschluß über die M 4 nach z.B. Cardiff/Wales.

✦ Ab **RUHRGEBIET**: die preisgünstigsten Verbindungen laufen hier vielfach über die traditionellen **Kanalhäfen**. Zugleich hier die häufigsten Verbindungen rüber nach England:

Strecke	Häufigkeit (ca.)	Überfahrt	Reederei
Dieppe-> Newhaven	4 mal/Tag	4 Std.	P&O Stenaline
Oostende-> Ramsgate	6 mal/Tag	4 Std.	Sally Line
Dünk.-> Ramsgate	6 mal/Tag	2 1/2 Std.	Sally Line
Calais-> Dover	35 mal/Tag	1 1/2 Std.	P&O Stenaline
	2o mal/Tag	35 Min.	Hoverspeed
Boulogne-> Dover	3 mal/Tag	4o Min.	Hoverspeed
Boulogne-> Folkest.	6 mal/Tag	5o Min.	Hoverspeed

Spitzenreiter ist hier die Strecke Calais -> Dover, halbstündlich rund um die Uhr im Roll-on-roll-off-Betrieb! Daher keine Schweißhände, wer sein Schiff verpaßt: einfach anstellen und auf die nächster Abfahrt warten. – Auf selber Strecke verkehrt ein *Hovercraft: Vorteil Luftkissenbootes ist der flotte Transfer, dafür etwas teurer.

Der *Euro-Tunnel wird bei Touristen immer beliebter.

PREISE: Standard- und "Broschüren-Preis" liegt für Pkw + 9 Insassen im Bereich von ca. 18o single und 28o DM retour. Dabei bestehen Unterschiede je nach Wochentag und

Tageszeit, - wer hier scharf rechnet, kann schnell 1oo Mark und mehr sparen. – Derzeit wird wegen des enormen Konkurrenzdrucks mit extremen Dumpingpreisen geworben. So ist z.B. zeitweise das lachhaft billige "Nightrider-Ticket" im Angebot: retour 15o DM bei Nachtfahrt mit dem Schiff! – Betreiber der Linie ist "P&O Stenaline".

Sally Line fährt auf den Strecken Oostende -> Ramsgate sowie Dünkirchen-> Ramsgate, jeweils sechsmal am Tag. Fahrzeit: ca. 4 Std. ab Dünkirchen, - ab Oostende per Katamaran nur 1 1/2 Std. (eine hochinteressante Verbindung!). Preise bei beiden Strecken identisch: Pkw plus Insassen bei 26o-6oo DM, je nach Tageszeit und Saison. – Wer nur 15 Tage in England/Wales bleibt: bis 5o DM günstigere Retour-Tickets.

Hoverspeed: Die Firma betreibt zwei Schnellboote rüber nach England, sind massiv schneller bei höherem Sicherheitsstandard. Die Preise sind - ganz grob gerechnet - 2o bis 3o DM pro Richtung teurer als die normalen Fährschiffe, ebenfalls nach Saison und Zeit der Abfahrt gestaffelt.

Zwei Linien: Hovercraft, ein Luftkissenboot, fährt auf der Strecke Calais -> Dover, – SeaCat, ein Katamaran, fährt Boulogne -> Folkestone. Beide Strecken 5-1o mal am Tag, bei 4o bzw. 55 Min. Transferzeit.

Wer sich direkt an die Reederei wendet, kriegt u.U. Sondertarife, die kaum ein Reisebüro kennt. Adresse: International Hoverport, Marine Parade, Dover, Kent CT17 9TG. Tel. oo44/ 13o/ 82 5o 75, Fax: oo44/ 13o/ 82 5o 96. Man spricht zum Nulltarif, es gibt dort auch Deutschsprachige.

Abgesehen von den "Hoverspeed" setzen auch die anderen Fährschiffs-Reedereien zunehmend High-Speed-Boote ein, die die Fahrt über den Ärmelkanal auf rund 4o-5o Minuten verkürzen. Dafür werden dann Zuschläge im Bereich 2o DM/Richtung erhoben.

Ob nun die schnellen Hoovercrafts (Luftkissenboote bzw. Katamarane) oder die normalen Fährschiffe die bessere Wahl sind, ist persönliche Entscheidungsfrage. Auf einem größeren Schiff hat man die Möglichkeit, sich die Beine zu vertreten (Cafeteria, Restaurant etc.), - andererseits macht es Spaß, per Hoovercraft über den Kanal zu rauschen (sofern keine harte See).

Zeebrügge bzw. Rotterdam -> Hull/England: mit North Sea Ferries.

Überfahrt dauert 14-15 Std.und führt weit nördlich nach England. Durch die Nachtüberfahrt spart man sich Anreisezeit. Hat als Verbindung Sinn, wer Rundtrips plant: beispielsweise von Hull quer rüber westwärts nach Liverpool und von dort Nordeinstieg in Wales. Anschließend durch Wales und die sehr lohnenden Strecken durch Südengland zu den Kanalhäfen.

Preise: pro Person ca. 15o-2oo DM im Schlafsessel, für Kabine ca. 4o DM Zuschlag. Pkw 17o-22o DM je nach Saison jeweils einfach.

Welcher der FÄHRHÄFEN (Ostende, Dünkirchen, Calais oder Boulogne) für Anreise günstigere ist: auch abhängig von bestehenden Autobahnverbindungen. Persönlichen Fall mit Straßenkarte abklären.

EUROTUNNEL: Tunnel durch den Ärmelkanal, zwischen Frankreich und England und Jahrhundertprojekt (Baugeschichte siehe Velbinger Band 27 "Südengland"). Wirbt mit extremen Dumpingpreisen, die oft kurzfristig herausgegeben werden. Die Terminals für Autoverladung befinden sich in

Calais/Frankreich und Folkestone/England. Für die ca. 5o km lange Tunnelstrecke braucht der Zug (mit Autotransport) ca. 35 Minuten.

Grundpreise: Hochsaison ca. 55o DM retour für Pkw plus Insassen, im Winter nur ca. 32o DM. Dies sind nur ganz grobe Richtwerte, da immer irgendwelche kurzfristigen Billig-Offerten im Angebot sind (z.b. Abendzüge fast zum halben Preis etc.).

Dabei wird zwar die Tageszeit gebucht, nicht aber die genaue Uhrzeit der Abfahrt. Man stellt sich einfach in die Warteschlange, bis man verladen wird: geht erfahrungsgemäß schnell, ohne lange Warterei. Generalagentur für den Tunnel haben die DER-Reisebüros.

✦ BERLIN UND OSTDEUTSCHLAND: Hier ist es Entscheidungs-frage, ob man ab Hamburg fährt oder via Tunnel/Kanalfähren. Letztere sind zwar billiger, bedeuten aber erheblich mehr an Anreise-Streß: von Berlin nach Hamburg sitzt man 3-4 Stunden im Auto, bis nach Calais aber 1o-12 Stunden.

Kompromiß wäre die Route von Hoek-van-Holland nach Harwich, ca. 7-9 Stunden Autofahrt ab Berlin. Individuelle Präferenz anhand Straßenkarte durchrechnen. Infos zu Abfahrtszeiten und Tarife siehe oben!

✦ Restliches DEUTSCHLAND sowie SCHWEIZ/ÖSTERREICH

Je nach Wohnort und Autobahnanschluß entweder die Kanalfähren siehe Vorkapitel. – Reizvolle Alternative sind die Fähren ab Normandie und Bretagne, die nicht mehr kosten als die Kanalfähren, aber die Anreise nach Wales massiv verkürzen.

Dieppe/Normandie-> Newhaven/Südengland: mit P&O Stenaline

Überfahrt dauert 4 Std. und erreicht Südengland im ausgespochen schönen Bereich der weißen Kreideklippen der South Downs (Details im Velbinger "Südengland"). Die Fähr-preise nach Newhaven sind die gleichen wie auf der P&O Stenaline-Strecke Calais-> Dover. Der Hafen Dieppe kann ab Paris über die Autobahn-> Rouen erreicht werden plus ca. 6o km Landstraße.

Le Havre/Normandie-> Portsmouth/Südengland:

Überfahrt dauert als Tagesfähre 5 1/2 Std., die Nachtfähre läßt sich 8 Std. Zeit, damit die Passagiere ausschlafen können. Gleiche Preise wie auf der P&O Stena Line-Strecke z.B. Calais-> Dover. Kabine ca. 5o DM/Person extra.

Als Verbindung Tip für Leute mit Wohnort ab Ruhrgebiet südlich mit einer Reihe an Vorteilen: im Vergleich zu Kanalhäfen wie Calais ist die Anreise an km nur unwesent-lich länger (siehe Tabelle). Bei Nachtfähren kann man zudem bei relativ günstigem Ka-binenpreis ausschlafen, spart Hotelübernachtung und gewinnt zudem einen Urlaubstag. Weiterhin sind die südenglischen Städte wie Portsmouth, Southampton, Winchester und Salisbury für Besuch sehr lohnend. Details im Velbinger "Südengland".

Cherbourg/Normandie-> Portsmouth/Südengland:

Überfahrt Tagesfähre 4 1/2 Std., Nachtfähre 8 1/2 Std. Gleiche Preise wie auf der P&O Stenaline-Strecke z.B. Calais-> Dover. Kabine ca. 5o DM/Person extra.

Weitere Fährverbindungen bestehen mit Britanny Ferries von St. Malo/

Bretagne via sehr lohnender Channel Islands nach Portsmouth sowie ab Roscoff/Bretagne nach Plymouth/Cornwall, beide mit Britanny Ferries. Alle Details im Velbinger Band 25 "Bretagne/Normandie" und Band 27 "Südengland".

Generelles zu Fährverbindungen

Gratisheft "AUTOFÄHREN GROSSBRITANNIEN UND IRLAND" von der britischen Fremdenverkehrszentrale besorgen. Enthält eine Übersicht über alle bestehenden Fährverbindungen mit Preisen. Das alljährlich neu erscheinende Heft ist exzellent, kann allerdings bei der Fülle an Tarifen der einzelnen Reedereien nur einen Überblick bringen.

Zusätzlich sollte man sich die PROSPEKTE der in Frage kommenden Reedereien besorgen, die dann im Detail die Abfahrtszeiten, Häufigkeiten und Preisabstufungen enthalten, aber auch zusätzliche Sonderangebote. Diese Prospekte bekommt man in guten Reisebüros bzw. bei den General-agenturen der Reedereien (Adressen im Heft "Autofähren" der Fremden-verkehrszentrale).

PREISE: sind nach Saison gestaffelt, auf den Kanalfähren ab Calais, Ost-ende, Dünkirchen etc. auch zusätzlich nach Uhrzeit des Abfahrttermins. Da in der Regel Vorbuchung möglich ist, kann man sich zusätzlich Geld sparen, wenn man günstigere Abfahrtstermine wählt. Zudem spart die Vorreservierung die Warterei im Fährhafen in Warteschlange.

Autopakete: Sehr preisgünstige Angebote für Fahrzeug inkl. 2-5 Personen (je nach Reederei). Nennt sich vielfach "Familienpaket" und ist bei den meisten der Fährverbindungen erhältlich. Wer zu mehreren reist, kann hier erheblich Geld sparen.

Rückfahrtermäßigung gibt es z.B. bei P&O Stenaline. Mal abgesehen von starken Ermäßigungen für Kurztrips von 4 oder 5 Tagen macht die Ermäs-sigung sonst nur ca. 5-7 % aus, aber immerhin. Vor allem kann man bei der P&O Stenaline sämtliche Strecken zum gleichen Preis benutzen: bei-spielsweise hinwärts Calais-> Dover und retour Portsmouth-> Le Havre, was größere Freiheit für Rundtrips durch Südengland/Wales bringt.

jede Menge Tips zu Essen, Sightseeing, Baden, insbe-sondere aber auch zu Unterkünften. Schon 1 oder 2 Tips aus dem Sektor zu "preiswerter Unterkunft" kön-nen den Preis des Bandes reinsparen.

Das Buch behandelt zugleich auch detailliert die Nor-mandie, also den Bereich zwischen Le Havre und Cherbourg. Rund 5oo Seiten kompakter Informationen im Stil der Velbinger-Reiseführer.

<u>Durchgangstarife</u>: Wer Wales mit Irland verbindet, bekommt für die Fähr-strecke Kontinent-> England und Wales-> Irland einen sogenannten Durchgangstarif, der billiger ist, als wenn man die Fährstrecken einzeln kaufen würde. Details in den jeweiligen Fährprospekten. U.a. günstige Angebote hierzu bei North Sea Ferries und P&O-Line.

Entfernungen*

ab -> nach:	Zeebrügge	Ostende	Calais	Boulogne	Le Havre	Cherbourg
Hamburg	665 km	68o km	77o km	8o5 km	98o km	1.16o km
Berlin	825 km	84o km	935 km	97o km	1.13o km	1.3oo km
Düsseldorf	3oo km	32o km	42o km	45o km	58o km	76o km
Frankfurt	495 km	51o km	6oo km	625 km	77o km	93o km
München	89o km	91o km	98o km	98o km	1.o2o km	1.16o km

* in ca. und abhängig von der gewählten Anreiseroute. Beispielsweise ist die Autobahn Saarbrücken-> Paris via Autobahn schneller, die Landstraße zwischen beiden Städten jedoch an Kilometen kürzer. Die km-Angaben daher nur als grobe Orientierung.

<u>ANREISE</u>: Auch hier läßt sich bei geschickter Routenwahl einiges an Geld, aber auch Zeit sparen. Beispielsweise ist ab Süddeutschland die Anreise zum <u>Fährhafen Le Havre</u> an Kilometern kaum länger als nach z.B. Calais. Zudem sind die P&O-Fähren auf beiden Strecken gleich teuer.

Wer z.B. ab München nach Le Havre fährt, hat durchgehende Autobahn und kann sich auf der Nachtfähre Le Havre-> Portsmouth ausschlafen, was einen Urlaubstag einspart. Im Vergleich hierzu die Strecke zum Fähr-hafen Calais: zwar rund 5o km eingespart, aber auf der Fähre bei nur 1 1/2 Std. Überfahrt (Hoovercraft 35 Min.) kein Ausschlafen. Hinzu kommen dann noch rund 24o km für die Strecke Dover-> Portsmouth.

<u>Unterm Strich</u> ist die Le Havre-> Portsmouth Fähre der P&O Stenaline für die Anreise nach Wales auch Tip für Schweizer sowie Deutsche bis rauf Hessen, Ruhrgebiet und Berlin sowie neue Bundesländer. Persönlichen Fall durchrechnen anhand Straßenkarte.

England-Durchquerung

Ebenfalls Kriterium für die Wahl der günstigsten Fährverbindung. Bei <u>ge-nügend Urlaubszeit</u> sind unbedingt lohnend die Südküste, aber auch das Landesinnere und die Grafschaften Kent und Sussex mit einer Fülle an Schlössern, feudalen Landsitzen, Museen und großartigen Parks. <u>Bester Einstieg</u> hierfür die Kanalfähren nach Dover, Folkestone und Ramsgate.

Für den weiteren Routenverlauf bis Wales sollte man aber mindestens 1-2 Wochen Zeit haben, sonst wird der Trip zum Streß und zum Abspulen von Kilometern. Folgende Möglichkeiten:

1. Direkt-Route via London: Ab Kanalhäfen zunächst Landstraße bzw. Autobahn Richtung London und dann die Südumgehung um London. Dazu fährt man auf die Ring-autobahn M 25, die London umrundet (der Beschilderung "M 25 - The West" folgen).

Kann in diesem Bereich und während des Berufsverkehrs sehr zeitaufwendig werden. Gute Englandkarte ist unbedingt erforderlich.

Wer <u>London</u> besuchen möchte, sollte sein Auto am Stadtrand abstellen und mit einem der Pendler-Züge reinzufahren (verkehren oft alle 15 Minuten). Grund: Parkplatzsuche in Central London ist so gut wie aussichtslos, da überall Anwohner-Parksystem. Über Shopping, Sightseeing, Musicals etc. in London siehe unser London-Buch, Band 55 der Velbinger-Reihe, ebenfalls von Franz Rappel. Spannend geschrieben und vollgepackt mit Infos über die Szene in London. Kneipen und Discos, die gerade up-to-date sind, oder freakige Modegeschäfte, wo sich die Insider ausstatten.

Hinter London durchgehend Autobahn immer auf der M 4 via Bristol nach Cardiff (ab Dover ca. 4oo km). Insgesamt einen halben Tag Fahrtzeit ohne Stops ansetzen.

2. <u>Grafschaft Kent</u>: Oft als der Garten Englands bezeichnet. Weite Parklandschaften mit Herrenhäusern und Castles, aber auch Obstbaum-Plantagen und Hopfengärten. In den Pubs fließt neben Bier süffiger Apfelmost aus den Zapfhähnen. Perle ist die Stadt Canterbury: prächtige Kathedrale und viel mittelalterlicher Flair. Oder Besuch des Leeds Castle, einem Wasserschloß von King Henry VIII, jede Menge weiterer lohnender Stops und Abstecher. Als Minimum eine Woche einplanen. Mindestens ein paar Besuche sind auch dann empfehlenswert, wer das Schwergewicht seines Urlaubs auf Wales legen möchte.

3. <u>Entlang der südenglischen Küste</u>: Bringt ungeheuer viel Flair, sich von Küstenstadt zu Küstenstadt zu hangeln. Künstlerszene in Brighton, Römerkastelle, Schiffsmuseen. Der Steinkreis von Stonehenge ist weltberühmt, die Kathedralen-Städte Winchester und Salisbury eine Attraktion nicht nur für eingefleischte Kunstliebhaber.

Landschaftlich kommt man dann in Cornwall auf seine Kosten. Idyllische Fischernester, Buchten und halsbrecherische Steilklippen. Dartmoor mit Sumpflöchern und Nebelfetzen wie im Sherlock-Holmes-Roman, in Plymouth ein Hafenviertel wie im Piratenfilm. Lohnend Lands End, die Westspitze Cornwalls, die vorgelagerten Scilly Islands und der Schlenker norwärts durch Devon nach Wales (Extrazeit mindestens eine Woche).

Alle Details im Band 27 Südengland, ebenfalls von Franz Rappel für unsere Velbinger-Reihe geschrieben. Enthält alle bedeutenden Sehenswürdigkeiten, mit ausführlichen Background-Infos zu Kultur und Geschichte, - aber auch jede Menge zu Kneipen, Restaurants oder billige Unterkünfte.

Nicht ohne Grund ist die Urlaubskonzeption, Wales und Südengland zu kombinieren, bei Touristen sehr beliebt.

Kombination Wales + Irland

Sehr häufig wird Wales im Rahmen einer Irland-Reise besucht: die preiswertesten Fährverbindungen rüber auf die Grüne Insel gehen ab Wales. Für die Fahrt zu den Abfahrtshäfen durchquert man die schönsten walisischen Landschaften.

Am besten die Buchung der Irland-Fähre so legen, daß man ein paar Tage in Reserve hat. Wandern in den Waliser Bergen, Besuch eines Schiefer-Bergwerks oder Besteigung des Mount Snowdon, bevor die Hupe am Fährterminal tönt...

Fährverbindungen bestehen von Fishguard und Pembroke nach Rosslare/
Irland sowie von Holyhead nach Dublin und Loaghire/Irland. - Abgesehen
von diesen Hauptlinien fährt täglich einmal ein Schiff von Swansea nach
Cork. Alle Details in unserem Irland-Reiseführer.

IRLAND bringt friedliche Landschaften und schummrige Kneipen, wo
man sich abends trifft und Musik macht. Von Dublin aus flotte Zug- und
Busverbindung zur Westküste mit seiner atemberaubenden Küstenlandschaft u.a. an der Dingle Halbinsel.

Vollgepackt mit Insider-Infos - nicht nur zu Sightseeing, sondern auch klassische Wander- und Fahrrad-Touren, Bootsfahren, Restaurants und Unterkünfte.

Breiter Raum ist dem Sektor "Irish Folkmusic"
gewidmet: wer sind die Stars, wo hört man die
besten Live-Auftritte. Alles in allem ein sehr
nützlicher Urlaubsbegleiter, längst das Standartwerk
unter den Konkret-Reiseführern zu Irland

Flug

*Bequeme und preiswerte Anreisevariante, - bewegt
sich preislich zwischen ca. 5oo und 8oo DM retour. Tip, wer* Kurzurlaub *in Wales einschieben
will, - derzeitig noch abseits der touristischen Urlaubsgebiete, aber hoch-
karätig. Um an günstige Flüge zu kommen, folgende Möglichkeiten:*

Via London

Da es ab Deutschland keine Direktflüge nach Wales gibt, geht die häufigste
und auch billigste Variante via London: pro Tag 1oo-2oo Flüge, ab allen
größeren Airports! Tarife: zwischen 35o und 6oo DM. – Allerdings gibt es
keine Anschlußflüge London-> Cardiff: wahlweise mit Zug oder Bus, wer
nicht gleich am Airport schon ein Mietauto nimmt!

LINIENFLÜGE NACH LONDON: Die Preise sind sehr marktabhängig
und differieren stark, - hier lohnen sich also Preisvergleiche. Oft werden
kurzfristig Ferien-Tarife für den Sommer herausgegeben.

Wichtigste Companies: Lufthansa und British Airways, - London haben
aber noch ein knappes Dutzend anderer Fluggesellschaften im Programm.
Da die Airlines ihre aktuellen Flugpreise ins Computer-Netz einspeisen,
hat jedes Reisebüro schnellen Zugriff.

Hauptkriterium dafür, in welcher Tarifklasse man fliegt, ist die Möglichkeit zum Umbuchungen. Hier sind die Billigflüge extrem unflexibel, be-

sonders wenn man während des Urlaubs verlängern möchte.

ALTERNATIVE NACH LONDON: sind Angebote verschiedener Reiseveranstalter, die mit Dan Air etc. fliegen. Preise je nach Saison und Auslastung der Maschinen schon ab 3oo DM retour. So billig kommt man per Auto und selbst per Zug nicht nach London und retour.

Unter Umständen interessant sind auch PAUSCHALANGEBOTE verschiedener Reiseveranstalter, die Retourflug und Hotel in London beinhalten. Keine schlechte Idee, wer noch ein paar Tage in London einbauen will. Je nach Veranstalter läßt sich u.U. aushandeln, daß man nicht nach z.b. drei Tagen wieder zurückfliegt, sondern auf eigene Faust weiterreist und nach drei Wochen wieder den Flieger in London besteigt. - Infos zu Billigangeboten in Reisebüros sowie in der Tagspresse und Stadtzeitungen, Rubrik "Reiseanzeigen".

AIRPORTS: London hat drei Flughäfen, alle knapp 5o km ab Stadtmitte. Hauptairport ist Heathrow, den alle größeren Airlines mehrmals am Tag anfliegen (einer der größten Flughäfen der Welt!). Hat auch die günstigste Lage für Wales, da nordwestlich direkt am Highway London-Cardiff.

Gatwick, der sehr stark von Charterflügen benutzt wird, liegt zwar im Südwesten vom London - aber trotzdem kein Beinbruch.

Der dritte Airport ist Stansted, der noch im Ausbau ist und eine Kapazität von 15 Mill. Passagiere im Jahr bekommen soll.

TRIP REIN NACH LONDON: Vielleicht ein paar Tage Weltstadt schnuppern, bevor es rübergeht ins abgelegene Wales. Rumschlendern am Piccadilly Circus, das Gewühl von Chinatown, abends sich dann ein glamouröses Musical anschauen. Dazu schon rechtzeitig die Unterkünfte reservieren. Der Transfer von allen drei Airports bis zur City liegt bei einer 3/4 Stunde. Ab Heathrow mit der U-Bahn, ab Gatwick alle 15 Minuten per Zug zum Victoria Station, ab Stansted per Zug zum Liverpool Street Station.

Von London hat man dann Direkt-Anschlüsse nach Wales, sowohl per Eisenbahn als auch per Express-Busse. Details dazu im Kapitel Anreise per Zug + Bus.

Weiter nach Wales: überlegen, ob man sich ab Airport einen Mietwagen nimmt für die Weiterreise nach Wales: man ist vor Ort erheblich flexibler. Details zu Mietwagen siehe Seite 24.

Ansonsten: weiter mit Zug oder Bus, die man am besten schon im Reisebüro in Deutschland bucht, wenn man das Flugticket kauft. Dabei ist der Bus die bessere Option, auch wenn er länger braucht. Grund: fährt direkt ab Airport, ohne irgendwelche Umsteigerei. Kostet retour ca. 75 DM, alle 1 1/2 bis 2 Stunden. Zeitbedarf: 3-4 Stunden, je nach Airport.

Wer partout mit der Eisenbahn weiterfahren möchte: keinesfalls ab Central London buchen, da man sich mit den Koffern durchs U-Bahn-Gewühl kämpfen müßte. Besser mit Verbindungsbus nach Reading, wo stündlich Züge nach Cardiff abfahren (Fahrzeit ca. 1 1/2 Stunden). Das ganze kommt retour auf ca. 12o DM.

Via England

Natürlich kann man nicht nur nach London fliegen, sondern nach jeder anderen englischen Stadt und dort in Zug/Bus steigen nach Wales. Damit landet man u.U. näher bei Wales! Zwei Nachteile: erstens sind die Fahrpläne weit weniger dicht, und zweitens sind die Tickets teurer (kosten im Bereich 6oo bis 7oo Mark).

NACH MANCHESTER gehen Flüge ab München, Frankfurt, Düsseldorf, Hanover, Hamburg. Vorteil ist sind die guten Bus- und Zuganschlüsse in den Norden von Wales!

NACH BRISTOL nur ab Frankfurt, zweimal pro Woche. Liegt fast an der Grenze zu Südwales (nur per Brücke über Bristol Channel).

Flüge nach Cardiff

Zwischen London und Cardiff keine Flüge, da der Zug die Strecke schneller erledigt.

Flüge ab Deutschland nach CARDIFF gibt es jedoch auf Strecken via Paris bzw. Amsterdam mit dortigem Umsteigen und Warterei auf Anschluß, was Zeit braucht. Zudem nicht gerade billig: z.B. München-> Amsterdam-> Cardiff ca. 8oo DM retour mit dem "Flieg & Spar", ähnlicher Preis via Paris.

Die billigeren "Super Flieg & Spar"-Tarife sind ab Deutschland via Umsteigen in Paris oder Amsterdam nicht möglich, da sie gemäß Bestimmungen nur für Direktflüge (ohne Zwischenstop, Umsteigen) gelten.

Zwar kann man sich ab Deutschland ein "Super Flieg & Spar"-Ticket nach Paris bzw. Amsterdam kaufen und ab dort ein weiteres "Super F&S"-Ticket nach Cardiff, kommt aber noch teurer.

Unterm Strich ist der Flug via Amsterdam oder Paris nur dann sinnvoll, wenn man dort Zwischenstop für Stadtbesichtigung einlegen will. Ansonsten ein günstiger London-Flug plus Weiterfahrt nach Cardiff - siehe oben.

Zug

Als Anreise ab Deutschland, Schweiz, Österreich saftig teuer, liegt preislich vielfach über den Billigflügen, die zudem die Hauptstadt erheblich schneller und bequemer erreichen.

Preisbeispiel: München-> London-> Cardiff retour knapp 7oo DM im Normal-Tarif. Auch bei diversen Spar-Tarifen kommt man nicht unter 5oo DM. Hinzu kommen Gebühren für Liegewagen (ca. 3o DM pro Richtung) oder Schlafwagen (ca. 7o DM pro Richtung), bei Länge der Anreise in jedem Fall zu empfehlen.

Die Fahrzeit ab München betragt satte 16 Stunden bis Cardiff. Wer in Nähe zu den Kanalhäfen wohnt, z.B. im Ruhrgebiet, ist etwas besser bedient, hat aber immer noch gut 8 Std. im Zug abzuspulen, was der Flieger erheblich bequemer erledigt.

Wenn überhaupt, dann ist die Eisenbahn nur interessant, wenn man in Genuß diverser Rabatte kommt (die aber auf den Normalpreis gewährt werden, nicht auf Sparpreise):

Rabatte im Zusammenhang mit Netzkarten, die man für den Transport in Großbritannien kauft: Bei Inter Rail zahlt man bis zur Grenze halben Preis, dann gratis ab Gültigkeitsbereich des Inter Rail. Eurodomino gewährt ca. 25 % Rabatt bis Kanalhafen. Details hierzu Seite 29.

Das Twen Ticket gibt 25 % Rabatt. Für Jugendliche unter 26 Jahren.

*Auch die Bahn Card macht den Bock nicht fett, da sie nur bis deutsche Grenze gilt.

London -> Wales

Wer mit dem Zug vom Kontinent kommend London erreicht, trifft in der Victoria Station ein.

Im Zusammenhang des Kanaltunnels-Baus entstand in London ein neuer Terminal: riesiger Ausbau des Londoner Waterloo Station, die Bahnsteige 4oo m lang. Hier enden die High Speed Trains, die vom Kontinent kommend den Tunnel durchqueren.

ZÜGE nach Wales: ab Paddington Station, zu erreichen mit der U-Bahn Linie "Circle Line". Abfahrt stündlich mit dem Inter City 125s. Der top-moderne, air-conditioned Schnellzug braucht von London nur 1 3/4 Std. bis Cardiff. Preis ca. 1o5 DM, das Returnticket ca. 12o DM (Rückfahrt innerhalb von 4 Wochen).

BUS nach WALES: stündlich mit der Company National Express, Fahrzeit London bis Cardiff erheblich länger, ca. 3 1/2 Std. Dafür günstiger Preis: 75 DM einfach oder retour (halbes Jahr gültig). Abfahrt der Busse vom Terminal "Victoria Coach Station", 2oo Meter hinter dem Victoria-Zugbahnhof.

Bus

Der billigste, aber auch stressigste Weg nach Irland: 12-25 Stunden eingequetscht im Bus. Dafür aber bei 25o-3oo Mark retour unschlagbar billig. (Flieger nach London plus Bus-Anschluß nach Wales kostet fast das Doppelte.) Dabei wird eine Nacht durchgefahren. Da die Busse top-modern sind mit Liegesitzen, sollte ein Nickerchen durchaus drin sein sollte. Pluspunkt: es werden Hotelkosten gespart!

DIREKT-BUSSE nach Wales gehen nur ab Ruhrgebiet. Abfahrt gegen Abend, - Ankunft in Cardiff am darauffolgenden Mittag. Geht zweimal pro Woche ab Düsseldorf, Essen, Bielefeld, Osnabrück. – Preise: ca. 24o-26o DM, je nach Abfahrtsort.

Sonst immer via LONDON. Ankunft am frühen Morgen zwischen 7 und 8

Uhr. Dort die Beine vertreten, bevor man in den zweiten Bus steigt, der weiterfährt nach Cardiff.

Wenn man ein paar Tage in London bleibt, wird die Sache um einiges humaner. Und London ist allemal ein paar Urlaubstage wert. – Fernbusse nach London fahren von allen größeren deutschen Städten, - mehrmals pro Woche bis täglich.

Ruhrgebiet: Hier bietet sich natürlich der Direkt-Bus an. Wer London einbauen will: bequeme Nachtfahrt, am nächsten Morgen ist man schon in London. Die London-Busse gehen von hier täglich!

Süddeutschland: 3-5 mal pro Woche, via München-> Augsburg-> Stuttgart-> Mannheim-> Frankfurt. Bis London sitzt man einen Tag und eine Nacht im Bus. Noch auf Höhe von Frankfurt steigt man am frühen Nachmittag zu.

Hamburg-> Bremen-> Oldenburg; dann nach Amsterdam und Umsteigen für Anschluß-Bus nach London.

Berlin-> Braunschweig-> Hannover-> Osnabrück: auch dieser Bus fährt via Amsterdam und Anschlußbus. Kann interessant sein, wer genügend Zeit für Zwischen-Aufenthalte hat.

Auch auf der Achse **Freiburg-> Saarbrücken** verkehrt mehrmals pro Woche ein Fernbus nach London.

Ostdeutschland: Nur im Sommer 1-2 mal pro Woche, ab Dresden/ Leipzig/Gera/Jena/Erfurt und weiter über Kassel.

Österreich/Schweiz: Die Busfahrt nach London, eingequetscht im Sitz, ist für diesen Fall sehr lang. Sollte man sich dreimal überlegen!

Preisbeispiele, retour nach London: ab München ca. 26o DM, ab Frankfurt ca. 23o DM, ab Berlin ca. 26o, ab Frankfurt ca. 22o, ab Köln ca. 2oo DM. Preise jeweils für Erwachsene, Studenten und Senioren erhalten 1o % Ermäßigung, Kinder 25 %. Zum Vergleich: Billig-Flug München-> London ab 44o DM/ Jugendliche und 58o DM/ Erwachsene.

Veranstalter der Linienbusse ist die Deutsche Touring GmbH, die den "deutschen Beitrag" für das europaweite Linienbus-Netz von Eurolines liefert. Sie hat Filialen in allen deutschen Großstädten. – Vertretung und Reservierungen außerdem bei jedem DER- oder abr-Reisebüro bzw. in den klassischen Studenten-/ Billig-Reiseläden.

"Deutsche Touring"-Zentrale ist in 60442 Frankfurt/Main, Römerhof 17, Tel. o69/ 79o 3o. Weitere Filialen in München, Köln, Stuttgart, Hanover, Berlin, Hamburg, Kassel. Adressen im Telefonbuch.

Ab LONDON dann weiter mit National Express (besser schon in Deutschland Sitzplatz reservieren). Das Ticket kostet ca. 75 DM retour. Abfahrt stündlich, Fahrtdauer ca. 3 1/2 Stunden.

Transport in Wales

Mit dem Auto

<u>LINKSVERKEHR</u>: die ersten Meter ab Fähranleger zunächst mal gewöhnungsbedürftig, vorallem wenn man nachts England erreicht und auf den Straßen kaum Verkehr herrscht. Man gewöhnt sich jedoch relativ schnell an den Linksverkehr.

Probleme allenfalls beim Überholen auf kurvenreichen Landstraßen hinter LKW's, wenn kein (rechts sitzender) Beifahrer mithelfen kann. Sinnvoll ist auch eigener Außenspiegel rechts am Fahrzeug (sofern noch nicht vorhanden), um hinter einem fahrende Fahrzeuge besser im Blick zu haben.

<u>KREISVERKEHR</u>: die sogenannten "round-abouts" sind Spezialität von Großbritannien. Im Gegensatz zu den Vorschriften bei uns haben hier die Fahrzeuge Vorfahrt, die sich bereits im Kreisverkehr befinden.

<u>ANSCHNALLPFLICHT</u>: wie bei uns.- <u>PROMILLE-GRENZE</u>: beträgt o,8 Promille, Verstöße haben ähnlich strenge Folgen wie bei uns, - dies zu Recht!

<u>DOKUMENTE</u>: Führerschein und Kfz-Schein, sowie einen Nationalitäten Aufkleber (D = BRD, A = Austria, CH =Schweiz) am Heck des Fahrzeugs. - Die Grüne Versicherungskarte ist ratsam, aber nicht obligatorisch.

<u>HÖCHSTGESCHWINDIGKEIT</u>:
* auf Autobahnen, gekennzeichnet mit "M": 115 km/h (= 7o mph)
* auf Landstraßen, gekennzeichnet mit "A" oder "B": ca. 8o km/h (= 5o mph)
* in geschlossenen Ortschaften: ca. 5o km/h (=3o mph)

<u>PARKEN</u>: in den größeren Städten gehts eng auf eng, meist aber Parkplätze am Stadtrand (akzeptable Gebühren).

<u>Beachten</u>: absolutes Halteverbot an Stellen, wo der Straßenrand mit gelber Doppel-Linie markiert ist.- Einfache gelbe Linie plus Schild zeigt an, zu welchen Zeiten das Parken erlaubt bzw. verboten ist.

<u>SPRIT</u>: die Angabe an der Zapfsäule teils noch in Gallonen (= 4,5 Liter).

Super	"premium" oder "4-star"
Normal	"regular" oder "2-star"
Diesel	"diesel"

Bleifreien Sprit ("unleaded petrol") bekommt man überall.

REIFENDRUCK: Maßeinheit ist auf den britischen Inseln "psi" (= pounds per square inch). 14 psi = 1 atü.

UNFÄLLE: Daten aufnehmen wie gehabt, bei größeren Schäden die Polizei verständigen (von jeder Telefonbox unter der Nummer 999). Nützlich ist auch, wenn man vor Reisebeginn eine Zusatzversicherung (z.B. Auslands-Schutzbrief des ADAC) abgeschlossen hat, da bei Unfällen gern dem Ausländer die Schuld untergeschoben wird.

PANNEN: Sich am besten schon vorab einen Auslandsschutzbrief besorgen. Die beiden britischen Automobilclubs AA und RAC haben wechselseitige Abkommen getroffen mit den deutschen, österreichischen und Schweizer Clubs wie ADAC, ÖAMTC und TCS und leisten deren Mitgliedern kostenlos Pannenhilfe. Zur Not kann man auch für die Dauer des Urlaubs einem der britischen Clubs beitreten, ihre Büros befindet sich an jedem Fährterminal und Flughafen.

MIETAUTO

Die Kombination Flug plus Mietauto spart sehr viel Reisestreß und zwei Urlaubstage (Hin- und Rückreise). Man nimmt den Wagen am Airport in London in Empfang und fährt in ein paar Stunden rüber nach Wales.

Ist trotz der guten Zug-/Bus-Verbindungen in Wales sehr nützlich, um auch in die abgelegeneren Ecken zu kommen. Abgesehen von den großen, internationalen Vermietern gibt es in jeder größeren Stadt regionale Kleinanbieter mit oftmals recht günstigen Preisen!

Die Wagen haben Rechtssteuerung, den Steuerknüppel muß man mit der linken Hand bedienen.

BUCHEN: Unbedingt schon im Reisebüro in Deutschland vorausbuchen, ist dann um ein Drittel billiger als bei Buchung vor Ort (sog. "Fly & Drive"-Offerten). Der Grund liegt in der Abnahme großer Kontingente bei besseren Konditionen.

Preisvergleiche lohnen sich: Unterschiede bis zu hundert Mark pro Woche! Nach Bezahlung wird ein Coupon ausgehändigt, den man der Leihwagenfirma in Großbritannien vorlegt.

PREISE: Die Kataloge listen oft nur den Grundpreis, der abhängig ist von Automodell und Saison. Dabei aber nicht vergessen, daß man bei Übernahme des Wagens noch Versicherung bezahlen muß, die 15o bis 18o DM pro Woche kostet.

Unterm Strich kommt ein Mietauto grob gerechnet auf 4oo bis 6oo DM pro Woche. Abgesehen davon sollte man in der Gesamtrechnung das Spritgeld nicht übersehen! Die Katalog-Angebote im Stil von "Flug und Mietauto ab.." bedeuten fast immer Nebensaison-Tarife ohne jegliche Versicherung, umgerechnet auf vier Personen in einem Ford Fiesta. Wenn man das ganze auf Sommer und zwei Reisende umrechnet, kostet das ganze um die Hälfte mehr.

KAUTION: Bei Übernahme des Wagens müssen ca. 4oo DM Deposit hinterlegt werden. Dies geschieht in Form von Bargeld, Euroscheck oder Kreditkarte.

ALTER: Die meisten Anbieter verlangen ein Mindestalter von 21 Jahren, schwierig wird's auch ab 7o Jahren. Der Fahrer muß mindestens ein Jahr im Besitz eines Führerscheins sein.

Generelle Tips für Mietwagen

FAHRZEUG-CHECK: Bei Fahrzeugübernahme vom Vermieter sollte man das Fahrzeug auf eventuelle Beschädigungen (Lack, Dellen, Felgen etc.) überprüfen und diese in das Übergabepapier eintragen lassen.

Auch Blinker, Bremsen, Scheibenwischer etc. überprüfen, solange man noch beim Vermieter ist, um die Defekte noch schnell beheben zu lassen. - Wenn's unterwegs eine Reifenpanne gibt, übernimmt die Reparaturkosten in der Regel der Vermieter (Quittung mitbringen), sofern nicht etwa verbeulte Felgen ein Selbstverschulden indizieren.

TANKFÜLLUNG im Anzeigeinstrument überprüfen und ins Übergabepapier eintragen lassen. Übernimmt man den Tank beispielsweise halbvoll, wird das Auto auch halbvoll zurückgegeben. Abweichender Tankstand bei Rückgabe wird gutgeschrieben bzw. berechnet.

HAFTPFLICHT, TEILKASKO ODER VOLLKASKO: persönliche Entscheidungsfrage. Dazu die Versicherungsbedingungen studieren, was einem der Aufpreis bringt. Vollkasko: viele Vermieter stellen es den Kunden frei, ob sie den Versicherungsbetrag berappen wollen oder lieber das Risiko tragen (dann 1.ooo DM Kaution hinterlegen).

Beim PREISVERGLEICH beachten:
* Ist die Mehrwertsteuer (VAT) von 15 % einberechnet?
* Sind Steuern und Versicherungen ("taxes and insurances") miteinkalkuliert?
* Werden Kilometerzuschläge ("mileage chart") erhoben oder spielt die gefahrene Entfernung keine Rolle?

Die Abgabetermine genau einhalten. Manchmal wird bei Verspätung um eine Stunde eine ganze Tagesmiete abkassiert.

WOHNMOBILE: werden von englischen Vermietern außerhalb der Saison für ca. 15o DM/Tag angeboten, - zur Saison teurer und nur wochenweise Vermietung.

Auch hier unbedingt schon Monate vor Urlaubsbeginn buchen. Entweder im Reisebüro, oder sich beim Tourist Board in Frankfurt Adressen geben lassen und selbst kontakten.

FAHRRAD

Wales ist sehr schön für Fahrrad-Touren: kurze Distanzen und ruhige Seitenstraßen, in Nord-Wales jedoch beachtliche Steigungen. Auch wer keinen ausschließlichen Fahrrad-Urlaub plant: vielleicht ab und zu für einen Tag ein Fahrrad mieten, um Trips in die jeweilige Umgebung zu machen.

Fahrrad mieten: Vermieter gibt's eigentlich überall, Adressen beim TI. Preise: 15-2o DM pro Tag und rund 1oo DM pro Woche. Dabei kriegt man neuwertige 5- und 1o-Gang-Räder, die Jahr für Jahr gegen neue ausgetauscht werden. Mountain-Bikes sind etwas teurer, im Schnitt 25-3o DM pro Tag.

Kaution meist 1oo DM, die man auch in Form eines Euroschecks hinterlegen kann. Bei Übernahme kurzer Check der Reifenprofile und Bremsen; kurze Probefahrt mit Gepäck.

Wichtig: Juli und August das Rad schon vor 1o Uhr abholen oder gar am Tag zuvor durch kurzen Anruf reservieren, da der Andrang in der Hochsaison bei schönem Wetter sehr groß ist.

Fahrrad von zu Hause mitbringen

Wer zu Hause ein teures Komfort-Rad besitzt, wird es sicher gerne mitnehmen. Denn das, was man vor Ort mietet, sind doch eher solidere Tret-Esel. – Ist aber gar nicht so einfach:

* Bei Anreise per <u>FLUGZEUG</u> ist Hauptproblem, daß es nur wenige Direktflüge nach Wales gibt. Geht im Normalfall nur bis London – von hier rund 3oo Straßenkilometer bis Wales. (Weitertransport mit British Rail ist unpraktikabel, da man mit dem sperrigem Fahrrad per U-Bahn rein nach London müßte.)

  Einfacher, aber teurer: Lufthansa fliegt ab Frankfurt direkt nach Bristol, - von dort radelt man in weniger als einer Stunde rauf nach Wales. Bedeutet aber 2oo-3oo DM für Anschlußflüge, wenn man nicht im Raum Frankfurt wohnt.

  DieKonditionen für den Fahrrad-Transport sind bei den einzelnen Airlines unterschiedlich. Teilweise 5o DM pro Strecke (rechtzeitig buchen!), teilweise im Rahmen des 23-kg-Freigepäcks (zusätzliches Gepäck kostet rund 1o DM pro kg). Dies gilt aber nur für Linienflüge, da Charterflüge prinzipiell keine Räder transportieren.

  <u>Wichtig</u>: Aus den Reifen etwas Luft rauslassen, damit sie bei dem geringen Außen - druck während des Fluges nicht platzen. Alle Gestänge-Teile vorsorglich umwickeln.

* Die Anreise per <u>AUTO</u> schafft insofern Flexibilität, als man längere Strecken mit dem Auto zurücklegt und vor Ort dann kleinere oder größere Fahrradtouren macht. Bei Buchung der Fähre aber drauf achten, daß keine Zusatzkosten fürs Rad entstehen. Einige Companies berechnen für Überhöhen (Fahrrad auf dem Gepäckträger) massive Extragebühren bis zu mehreren hundert Mark, während bei anderen Companies für Überhöhen gar nichts berechnet wird.

* Mit der Deutschen <u>BUNDESBAHN</u> sehr umständlich bei kleinsten Transport-Kapazitäten und nur auf einigen, "fahrrad-tauglichen" Zügen (Umwege bei der Anreise).

* Die Eurolink-<u>BUSSE</u> nach Großbritannien transportieren keine Räder.

Transport in England/Wales

Wenig interessante Strecken überbrückt man am besten mit der Eisenbahn. Im Gegensatz zur Deutschen Bundesbahn transportiert British Rail Fahrräder. Kostet auf allen IC-Strecken einheitlich ca. 8 DM, bei übrigen unterschiedlich, aber immer im Paar-Mark-Bereich.

Für das Rad prinzipiell vorbuchen, da nur beschränkte Anzahl von Stellplätzen (teilweise nur für 2-4 Räder).

Ersatzteile von Zuhause mitbringen:

* Speichen (hier oft schwer zu kriegen)
* Flickzeug
* Schrauben für die Schutzbleche - lösen sich häufig durch die Holperei auf schlecht asphaltierten Nebenstraßen
* Schlauch und Mantel
* ein gutes Schloß für die größeren Städte
* Öl und Vaseline zum Abdichten, durch den salzigen Regen an der Küste setzt sich schnell Rost an, was auch für verchromte Schrauben gilt. Abdichten vor allem im Bereich des Sattels, damit das Salzwasser nicht ins Innere des Gestänges rinnt und das Tretlager angreift. Sollte man jeden zweiten Tag machen.

ZÜGE

Das walisische Gleisnetz der Britrail (BR) verfügt über die landschaftlich schönsten Strecken Großbritanniens, beispielsweise die "Cambrian Coast Railway" (verbindet Aberystwyth mit Pwllheli an der Westküste).

Von London sehr schnelle und häufige Zugverbindungen nach Cardiff/Südküste in nur ca. 1 3/4 Std. In Wales gibt es vier Schienenführungen:

* die Südküsten-Linie von London kommend (via Gloucester/England) nach Cardiff, Swansea und Carmarthen und weiter bis Fishguard (dem Hafen für die Irlandfähre nach Rosslare).

* Die Mittel-Schiene von Shrewsbury/England quer durchs Landesinnere von Wales nach Aberystwyth an der Westküste und an dieser entlang (Cambrian Coast Railway) nach Norden nach Pwllheli.

* Die Nord-Süd-Schiene (Heart of Wales) von Shrewsbury/England in knapp 2oo km nach Swansea an der Südküste

* die Nordküsten-Schiene von Chester (Nähe Liverpool), am Nordrand von Snowdonia entlang bis nach Holyhead (= Hafen für die Irland-Fähre nach Dun Laoghaire und Dublin).

Schlecht steht es mit QUERVERBINDUNGEN per Zug. Am besten kombiniert man die bequemen Zugverbindungen mit dem dichten walisischen Busnetz (siehe Kapitel Bus).

TICKETS: Die Tarife sind einigermaßen dschungelmäßig, deshalb können die Preisangaben in den Verbindungs-Kapiteln dieses Buches nur grobe Anhaltspunkte sein. Wer ein bißchen rumrechnet, kriegt seine Fahrkarten massiv billiger.

Dennoch bleibt unterm Strich: die Züge sind teurer als Busse auf gleicher Strecke, dafür aber ist der Zug bequemer und - last not least - ökologisch sinnvoller.

STRECKEN-TICKETS

Man kriegt erhebliche Rabatte, wenn man die Tickets schon in **Deutschland** kauft, also vor Urlaubsbeginn. Dies gilt für ganz Großbritannien (England, Schottland und Wales). Insbesondere auf den langen Strecken läßt sich hier einiges sparen!

Sieht folgendermaßen aus: in Großbritannien hat jede einzelne Bahnstrecke einen speziellen und oft recht saftigen Preis. Bei Ticket-Kauf im Ausland ist die Insel in 24 Zonen eingeteilt, der Preis richtet sich dann danach, wieviele solcher Zonen tangiert werden. Wales besteht beispielsweise nur aus zwei Zonen (Nord- und Südwales).

Preisbeispiele: Die Linie London-> Cardiff kostet retour in Deutschland ca. 12o DM, bei Kauf vor Ort aber nur ca. 75 DM. Die Linie Cardiff-> Holyhead ca. 5o DM einfach, 7o DM retour, vor Ort ein gutes Drittel mehr.

Die Tickets kann man an jeden DB-Bahnhof, in DER-Reisebüros oder direkt bei British Rail kaufen. Sie sind 2 Monate gültig bei freier Benutzung innerhalb dieses Zeitraumes (man muß also nicht à priori das fixe Datum wissen).

Weiteres Plus: Bei Hin- wie Rückfahrt sind beliebig viele Fahrtunterbrechungen erlaubt (im Gegensatz dazu sehr limitiert, wenn man das Ticket erst in Großbritannien kauft).

Bei Ticket-Kauf in **Großbritannien** zahlt man grundsätzlich mehr. Ist also nur für Kurzstrecken interessant, oder weil man erst kurzfristig disponiert hat! Dabei hat jede Strecke ihr eigenes Preisgefüge. Es gibt vier Tarif-Stufen, die aber nicht bei jeder Strecke im Angebot sind!

* _Single Tickets_ sind Einfach-Fahrscheine: teuerste Variante, daher immer prüfen, ob man nicht besser auf selber Strecke wieder zurückfährt.

* _Day Return_ bedeutet, daß man am selben Tag wieder zurückfährt. Nur bei kürzeren Strecken und kosten kaum mehr als das Single. Bieten sich insbesondere bei Tagesausflügen an.

* _Standard Return_: Die Rückfahrkarte gilt einen Monat und spart rund ein Drittel, verglichen mit zwei Single-Tickets. Beliebige Fahrtunterbrechungen!

* Das _Saver Return_ ist nochmal 1o-2o % billiger. Der Unterschied zum Standard Return besteht darin, daß man es nicht während der Stoßzeiten am frühen Morgen und an Freitagen benutzen darf. Außerdem sind Fahrtunterbrechungen nur während der Rückreise erlaubt.

NETZKARTEN

Es gibt fünf verschiedene Netzkarten, die innerhalb eines bestimmten Zeit-raumes zu Freifahrt auf allen Zügen berechtigen. Zu überlegen, wer nicht nur Wales im Programm hat, sondern kreuz und quer in ganz Großbritan-niens rumfährt.

Wichtig: Bis auf eine Ausnahme werden diese Netzkarten nur außerhalb von Großbritannien verkauft. Also vor Urlaubsbeginn disponieren! Außerdem bestehen vielfach Altersbegrenzungen.

INTER RAIL: Freifahrt in weiten Teilen Europas. Wichtig für die Kalku-lation: spart viel Geld bei der Anreise! Altersbegrenzung von 16 bis ein-schließlich 25 Jahre. Folgende Varianten:

* Das "Inter Rail Global" gilt in 26 europäischen Ländern, inkl. Marokko. Lohnt sich demnach nur für Rucksackler, die alle Winkel Europas im Schnellverfahren anschnup-pern möchten. Kostet für einen Monat ca. 63o DM.

* Freifahrt nur in der Zone Großbritannien plus Irland, innerhalb eines Zeitraumes von 15 Tagen. Preis ca. 42o DM. Für die Anreise bis zum Fährhafen 5o % Rabatt auf das Zugticket. Kommt vor allem dann in Betracht, wenn man nach London fliegt und dann per Zug rumreist.

* Freifahrt für zwei Zonen: Großbritannien/Irland sowie Frankreich/Belgien. Ist viel günstiger: ca. 5oo DM bei einmonatiger Geltungsdauer (statt nur 15 Tagen). Die 8o DM Mehrkosten spart man bei der Anreise fast wieder rein, da man nur bis zur französischen/belgischen Grenze den halben Zugpreis zahlt und dann gratis fährt.

EURODOMINO: Innerhalb eines Zeitraums von einem Monat kann man an 3, 5 oder 1o Tagen zugfahren. Man benutzt das Eurodomino nur für die langen Strecken, für die Kurzstrecken kauft man ein normales Ticket am Bahnschalter.

Gilt im Gegensatz zum Inter Rail nur für England/Schottland/Wales, – aber nicht in Irland. Für die Anreise nur 25 % Rabatt. Das Eurodomino gibt es auch für Erwachsene!

	Erwachsene	Jugendliche bis 25 Jahre
3 Tage innerh. 1 Monat	ca. 215 DM	ca. 175 DM
5 Tage innerh. 1 Monat	ca. 335 DM	ca. 27o DM
1o Tage innerh. 1 Monat	ca. 525 DM	ca. 37o DM

BRITRAIL PASS: Freifahrt in England/Schottland/Wales, - und im Ge-gensatz zu Inter Rail keine Altersbegrenzung. Gibt es für 4, 8, 15, 22 oder 3o aufeinanderfolgende Tage.

Preise: Das 8-Tage-Ticket kostet z.B. ca. 325 DM, das Monats-Ticket ca. 7oo DM. Jugendliche bis 26 Jahre und Senioren ab 5o Jahre 2o % Rabatt; pro Erwachsener geht ein Kind gratis. Für ganz wilde Bahnfahrer!

FLEXI PASS: Gilt im Gegensatz zum Britrail Pass nicht am Stück, vielmehr kann man den Flexi Pass innerhalb eines Monats an 4, 8 oder 15 Tagen benutzen.

Preise: ca. 27o DM für 4 Benutzertage, ca. 4o5 DM für 8 und ca. 6oo DM für 15 Benutzertage. Ansonsten gelten dieselben Konditionen wie beim Britrail-Pass, v.a. was die Jugend/Senioren-Rabatte anbetrifft!

FREEDOM OF WALES: für 7 Tage Freifahrt innerhalb von Wales, kostet ca. 12o DM. Zahlt sich aber nur dann aus, wenn man innerhalb der Woche alle Haupt-Gleise abfährt. Es ist die einzige Netzkarte, die man auch drüben in Großbritannien kaufen kann. Vorteil: Rabatte bei einigen Busunternehmen und Dampfzügen (siehe Prospekt).

British Rail / Deutschland: für alle Infos und Ticketkauf, außerdem wird eine Landkarte mit allen Zuglinien zugeschickt.

Adresse: British Rail International
           Düsseldorfer Straße 15-17
           60329 Frankfurt/Main
           Tel. o69/ 23 85 42 44, Fax: o69/ 23 6o oo

GREAT LITTLE TRAINS

Leckerbissen für Eisenbahnfans: Wohl an keiner Stelle der Welt gibt es so viele Schmalspurstrecken, die heute noch mit alten Dampfloks (teils Baujahr 1863) in Betrieb sind (Museumsbahnen).

Angelegt wurden die Schmalspurgleise im 19. Jh. zum Abtransport von Kohle, Schiefer und anderer Bodenschätze zu den Häfen an der Küste. Aber auch zum Transport der Minenarbeiter sowie des Bauholzes zum Abstützen der Minenstollen. Schmalspur war hier der preiswertere Weg, da somit ein kleinerer Kurvenradius möglich wurde, was im Bergland von Wales die Gleisstrecken erheblich verkürzte.

Nach dem 2. Weltkrieg kam es zur Stillegung der Strecken wegen Unrentabilität. Museumsvereine aber auch British Rail erweckten Teilstrecken wieder zum Leben, restaurierten die Gleise und das Zugmaterial.

Insgesamt gibt es in Wales 14 solche Schmalspur-Strecken. Sie lohnen für Eisenbahnfreaks wegen hochkarätigem Dampflok-Material, - und für Normalfreaks wegen teils sehr lohnender Streckenführung bei viel Nostalgie!

① Brecon Mountain Railway: vom nördlichen Stadtrand von Merthyr Tydfil und rund 1 km nördlich der A 456 rauf in den Brecon Nat. Park mit Wanderwegen am Taf Feachan Stausee. Loks u.a. von 19o6. Das heute rund 3 km lange Gleis war Teil einer ab 1859 gebauten Strecke von Newport am Meer. Details .... Seite 188

② Gwili Railway: an der A 484 rund 3 km nördlich von Carmarthen. Normalspur, ebenso
③ auf der Teifi Valley Railway, Reste einer früheren Eisenbahnverbindung ...... Seite 167

④ Vale of Rheidol Railway: von Aberystwyth an der Westküste rund 8 km im Rheidol Tal rauf zur Devils Bridge. Das Schmalspurgleis wurde 19o2 eröffnet zum Abtransport von

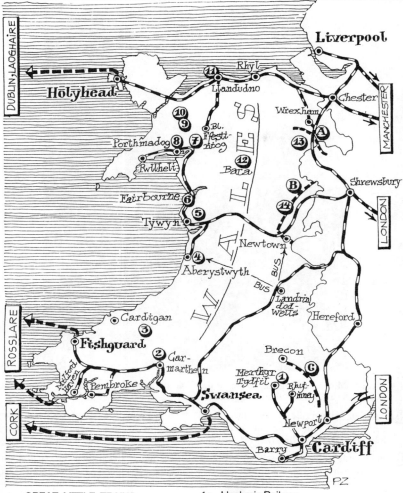

GREAT LITTLE TRAINS

1 Brecon Mountain Railway
2 Gwili Railway
3 Teifi Valley Railway
4 Vale of Rheidol Railway
5 Talyllyn Railway
6 Fairbourne Railway
7 Ffestiniog Railway
8 Welsh Highland Railway
9 Snowdon Highland Railway

1o Llanberis Railway
11 Great Orme Tramway
12 Bala Lake Railway
13 Llangollen Railway
14 Welshpool & Llanfair Railway

KANÄLE ▬▬▬

A Llangollen Canal
B Montgomery Canal
C Monmouthshire Canal

Ffestiniog Railway

Blei aus Minen im Bergland sowie für den Transport von Bauholz. Schöne Strecke mit Dampflokbetrieb und alten Waggons. Details .... Seite 272

⑤ Talyllyn Railway: die 1866 eröffnete Strecke führt von Tywyn/Westküste (Abfahrt Nähe BR-Bahnhof) rund 12 km im Tal landein, schöne Strecke, alte Waggons und Dampf-loks, u.a. die "Talylln" (BJ 1864). Details .... Seite 279

⑥ Fairbourne Railway: das schmalste Gleis in Wales, nur ca. 4o cm "breit". Es führt 3 km vom British Rail Bahnhof in Barmouth/Westküste am Meer entlang zur Halbinselzunge, wo sich früher der Hafen befand. Sie diente zum Transport von Waren, Details S.   281

⑦ Ffestiniog Railway: mit 22 km die längste und erfolgreichste Museums-Schmalspur-strecke in Wales. Führt von Porthmadog (an der BR-Küstenstrecke) rauf nach Blaenau Ffestiniog im Snowdonia National Park. Schöne Strecke teils durch dichte Vegetation, bei größerer Höhe karges Bergland. Oben in Ffestiniog Minen, die besichtigt werden können, was den Reiz der Strecke zusätzlich steigert. Das 1836 eröffnete Gleis diente dem Abtransport von Schiefer runter zum Hafen. Bergauf wurden die Waggons zunächst von Pferden gezogen, ab 1863 Dampfloks. Strecke lohnt sehr. Details .... Seite 3o1

⑧ Welsh Highland Railway: ebenfalls vom Hafen Porthmadoc. Das Schmalspurgleis ist derzeit nur rund 2 km lang, soll jedoch auf 12 km in alter Streckenführung rauf zum Aberglaslyn Pass wiedereröffnet werden, von wo sich spektakulärer Blick über die Bucht eröffnet. Details siehe .... Seite 3o3

⑨ Snowdon Mountain Railway: von Llanberis (ca. 8 km östlich von Caernarfon) rauf zum Gipfel in rund 1.o85 m Höhe. Das 8o cm Schmalspurgleis wurde 1896 für rein touristischen Betrieb eröffnet. Die Loks mit Zahnrad-Antrieb kamen aus der Schweiz (Winterthur) und schoben je einen Waggon für 6o Passagiere. Heute noch in Betrieb, Strecke lohnt: karger Bergrücken, aber spektakulärer Blick. Details siehe .... Seite 328

⑩ Llanberis Lake Railway: 184o gebaut, diente dem Abtransport von Schiefer. Abfahrt neben der Snowdon Mountain Railway, 3 km Gleis, alte Loks. Details .... Seite 329

⑪ Great Orme Tramway: ab Llandudno/Nordküste rauf auf den vorgelagerten Küstenberg. Die Strecke ist in zwei Abschnitte geteilt: der untere wurde 19o2 eröffnet, der obere 19o3. Es fahren Straßenbahnen mit Seilzug, die früher durch Dampfmaschinen gezogen wurden, seit 1958 durch Strom per Oberleitung. Oben bei klarem Wetter großartiger Blick über die Bucht und Küste. Detail siehe .... Seite 391

⑫ Bala Lake Railway: 7 km von Bala am See entlang nach Llanuwllyn. Im Einsatz relativ moderne Waggons und - wer Pech hat - sogar moderner Dieseltriebwagen! ..... Seite 419

⑬ Llangollen Railway: ab gleichnamigem Ort südwestlich von Wrexham. Interessant im Ort auch das Kanalmuseum. Detail siehe .... Seite 4o8

Talyllyn Railway ab Tywyn/Westküste

(14) Welshpool und Llanfair Railway: das Schmalspurgleis führt von Trallwng Welspool ca. 15 km westwärts durch "zahmes" Hügelland und lohnt von der Strecke weniger. Dafür aber alte Dampfloks und Waggons. Details siehe .... Seite 424

Die Museumsbahnen verkehren zwischen Ostern und Oktober, die meisten Abfahrten im Sommer, die Ffestiniog Railway (7) fährt dann beispielsweise bis zu 11 mal täglich. Die wichtigsten Strecken haben sich zusammengeschlossen und bieten ein Ticket an, das innerhalb von 8 Tagen in einem Zeitraum von 15 Tagen (ca. 8o DM) oder 4 Tage innerhalb 8 Tagen (ca. 65 DM) zu verbilligter Benutzung aller Strecken berechtigt. Infos, auch zu Abfahrtszeiten, in den jeweiligen Touristbüros.

Optimaler Einstieg ist die "CAMBRIAN COAST RAILWAY" der British Rail von Aberystwyth nach Porthmadog, die praktisch die wichtigsten und schönsten dieser Schmalspurstrecken erschließt. Für die unbedingt lohnenden Strecken 9 bis 11: Busverbindung.

KANÄLE

Zu Beginn des englischen Industriezeitalters (und einem Zeitpunkt, als Zug und Auto noch nicht erfunden waren), - wurde in England und Wales eine Vielzahl schmaler Kanäle gebaut, der erste Kanal 1765 in Lancashire. Die Kanäle in Wales entstanden in Folge bis ca. 182o. Sie waren oft nur 6 m breit, da im Bergland so billiger zu bauen. Analog sehr schmale Frachtkähne, die von Pferden seitlich auf sogenannten"towpathes" mit Seilen gezogen wurden.

Eine beschauliche, zugleich aber auch sehr effiziente Form des Warentransportes, da das Pferd per Kahn erheblich mehr Last ziehen konnte als per Fuhrwerk (weitere Details siehe auch Seite 175).

Die Kanäle verbanden die natürlichen Wasserwege der Flüsse dort, wo entweder Querverbindungen nötig waren, oder aber die Flüsse zu wenig Wasser für den Schiffsverkehr hatten. Als die Eisenbahn kam, verloren die Kanäle ihre Bedeutung und wurden teils zugeschüttet. Die schönsten Abschnitte sind heute für die Freizeitschiffahrt inkl. ihrer Schleusenanlagen wiedereröffnet:

(A) Llangollen Canal (Nordwales): verbindet das Flußsystem des Dee mit dem von Shrewsbury/England, aber auch mit Chester. Der Kanal führt durch das Llangollen Tal mit dichter Vegetation und gilt heute als einer der schönsten in Großbritannien, beliebt bei Freizeitkapitänen. Vermietung von Hausbooten, Tip! Gleichzeitig sind Kurzausflüge ab Llangollen möglich (siehe Seite 4o7, 413).

Die Täler werden durch Kanalbrücken überwunden, die größte "Pontycysllte" bei Chirk, gebaut 1795-18o5. Das Aquädukt überquert den River Dee in rund 4o m Höhe. Kleines, aber lohnendes Kanalmuseum im Ort Llangollen in einem Warenhaus aus dem 19. Jh. Zu sehen Schiffsmodelle, aber auch Kochgeschirr und Teller, Karten und weiteres aus dem Leben der damaligen Flußschiffer. Entlang des Kanals gemütliche Pubs.

(B) Montgomery Canal (Ostwales im Bereich Newtown): er wurde 1794-1821 gebaut und ist heute für die Freizeit-Schiffahrt wieder hergestellt. Seinerzeit diente er dem Transport von Kohle und Kalk, sowie der in der Region Newport hergestellter Textilien.

© Monmouthshire Canal (Wales Süd/Ost, ab Brecon), in Karten auch als Brecknock & Abergavenny Canal bezeichnet. Ein ausgesprochen schöner Kanal, da er durch den Brecon Beacon Nationalpark führt. Details Seite 197.

Ferien im Hausboot auf Kanälen

Beliebt bei Briten, - während bei Mitteleuropäern Kanalboote noch weitgehend unbekannt ist. Sachen wie Kabinenkreuzer auf dem Seensystem des River Shannon/Irland (siehe VELBINGER Band 24 "Irland") sind bei Deutschen, Schweizern und Österreichern äußerst beliebt, - aber warum nicht mal einen Kanaltrip in Wales ausprobieren?

Die Boote sind langgestreckt und schmal gemäß der Dimensionen der Kanäle, wo Bäume ihre Äste übers Wasser hängen. Das Durchfahren der Schleusen erfordert Geschicklichkeit und macht Spaß. Seitlich des Kanals Pubs zum Einkehren.

Kanalfahren ist eine andere, neue Form der Freude an Bord: statt weiter Wasserflächen wie auf dem Shannon: hautnaher Kontakt mit dem Ufer, wo oft die Zweige den Bauch kitzeln. Das Manövrieren an den vielen Schleusen wird dabei als Pluspunkt gewertet.

AUSSTATTUNG: Standard sind 2-6 Betten, Kombüse, Kühlschrank, Duschen und WC an Bord. Tip ist die Mitnahme eines Fahrrades für Landausflüge, von den Vermietern der Boote gegen geringen Aufpreis. Wolldecken und Laken sind im Mietpreis inkl. Je nach Höhenlage des Kanals und Jahreszeit kann es nachts kühl auf walisischen Kanälen werden, daher warme Sachen ins Gepäck! Nachschub für Lebensmittel in den Dörfern.

PREISE: Vermietet wird auf Wochenbasis, für Termine zur Hochsaison sind Topsachen wie der Llangollen Kanal nur bei sehr langfristiger Vorausreservierung erhältlich. Die Preise liegen zur Hochsaison für ein 4- Bett-Boot bei ca. 1.2oo DM/Woche. Diese Größe ist auch dann ratsam, wenn man nur zu zweit reist: sonst wirds sehr eng auf dem Kahn. Ist mit 6oo DM pro Person nicht zu teuer, wenn man kalkuliert, daß Restaurant- und Hotelkosten entfallen. In der Nebensaison ca. 3o-4o % billiger.

RESERVIEREN: Das BTA in Frankfurt schickt auf Anfrage Kataloge zu mit Fotos und Plänen der Boote sowie Preisen. Dann direkt den Vermieter kontaktieren.

Busse

Ausreichend dichtes Busnetz! Daher Haupt-Transportmittel in Wales, wo es nur wenige Eisenbahnlinien gibt. (Reiseplanung überwiegend mit Zügen macht nur Sinn, wer ganz Großbritannien mit seinem flächendeckenden Schienennetz bereist.) Zudem sind die Busse billiger als die Züge. – Im Winter sind die Fahrpläne aber erheblich dünner; die Angaben in diesem Buch beziehen sich auf die Hochsaison.

FAHRPLÄNE: Anlaufstelle sind die regionalen TI-Offices, die es in jedem Kaff gibt. Dort kriegt man Gratis-Heftchen mit den Timetables für ihre Region, in denen jede Mini-Verbindung aufgeführt ist. Instruktiv für jede vernünftige Reiseplanung.

TICKETS: die größeren Städte haben Terminals mit Verkaufsschaltern, - sonst werden die Tickets im Bus gekauft. Return-Tickets sind im Normal-fall ein Drittel billiger als zwei Einfach-Fahrkarten.

Es gibt mehrere COMPANIES, die den Busverkehr abwickeln: die halb-staatlichen "National Express"-Busse und die Privat-Busse.

NATIONAL EXPRESS: Operieren in ganz Großbritannien mit Über-land-Bussen, die alle größeren Städte mehrmals tägl. verbinden: England, Wales und Schottland (in Schottland fahren diese Busse unter der Flagge "Scottish Citylink"). Innerhalb von Wales aber nur sehr begrenzt auf drei Strecken:

* entlang der Südküste (London-Cardiff-Haverfordwest-Pembroke/Fishguard)

* entlang der "Mittel-Achse" (Shrewsbury-Aberystwyth)

* entlang der Nordküste (Chester-Llandudno-Holyhead und Llyn-Halbinsel)

Es gibt aber in Wales keine National-Express-Busse in Nord-Süd-Rich-tung: um beispielsweise von Carfiff rauf zur Nordküste zu kommen, müß-te man umständlich via Birmingham fahren. Hier muß man definitiv auf Privatbusse ausweichen.

Wichtig sind folgende Vergünstigungen:

RETURN-TICKETS: sind nur marginal teurer als Einfach-Fahrkarten. Beispielsweise kostet die Strecke London-> Cardiff ca. 75 DM einfach, retour nur 5 Mark teurer! Sie sind drei Monate gültig. Also: vorher immer überlegen, ob man auf derselben Strecke wieder zurückfahren möchte.

DISCOUNT COACH CARD: gewährt 3o % Rabatt auf die meisten Busse von National Express. Ca. 2o DM, lohnt sich also schon allein für die Strecke London-> Cardiff! – Berechtigt sind Studenten, Jugendliche bis 26 Jahre und die Semester ab 5o Jahre. Gültigkeitsdauer: ein Jahr. Paßbild einkleben!

TOURIST TRAIL PASS: Netzkarte, mit der man an mehreren Tagen innerhalb eines gewissen Zeitraums alle Buslinien von National Express benutzen kann. Lohnt sich aber nur, wenn man wirklich intensiv mit Fern-reise-Bussen kreuz und quer durch Großbritannien fährt. (Manche Leser warnen vor diesem Paß, da man leicht ins Hetzen kommt, wenn er sich auszahlen soll.)

	Erwachsene	bis 26 / ab 5o Jahre
3 Tage innerhalb 3 Tage	ca. 125 DM	ca. 1oo DM
5 Tage innerhalb 1o Tage	ca. 2oo DM	ca. 17o DM
8 Tage innerhalb 16 Tage	ca. 3oo DM	ca. 24o DM
15 Tage innerhalb 3o Tagen	ca. 45o DM	ca. 37o DM

<u>Generalagent</u> für National Express <u>in Deutschland</u> ist das Reisebüro Winkellmann, Schulstraße 2, 293o8 Winsen/Aller, Tel. o5143/ 934 34, - am besten telefonisch kontakten. Die Tickets werden per Post und Nachnahme zugeschickt.

<u>In Großbritannien</u> hat jede größere Stadt ein National-Express-Office. Die "Discount Coach Card" kann man außerdem an den Londoner Flughäfen und am Londoner Busterminal (Victoria Coach Station) kaufen. Besser aber schon in Deutschland, um sich unnötige Rennerei zu ersparen.

PRIVAT-BUSSE: Sie decken mehr den regionalen Transport ab,- wobei es eine ganze Reihe von solchen Busunternehmen gibt: immer für eine gewisse Region, wo sie die einzelnen Dörfer abklappern.

Die mit Abstand wichtigste Company ist <u>Crosville Buses</u>: verkehrt im Großraum Mittel- und Nordwales, von Aberystwyth bis zur Nordküste und rüber bis nach Chester.

Auch die Privat-Companies haben eine Vielzahl von Sonderangeboten (im TI-Office fragen, wenn man ein paar Tage in derselben Ecke wohnt). Am wichtigsten sind die Netzkarten, die eigentlich jede Company anbietet:

<u>DAY ROVER</u>: für einen Tag Freifahrt auf das komplette Busnetz einer konkreten Company. Preise: im Schnitt 1o-12 DM. Lohnen sich für Ausflüge in die Umgebung.

<u>WEEKLY ROVER</u>: Freifahrt für eine komplette Woche. Kosten um die 4o DM. Vor allem das Weekly Rover von Crosville Buses braucht fast jeder, weil es den gesamten Raum Mittel-/Nordwales mit seiner tollen Landschaft abdeckt.

Coach Tours

Fast in jeder Stadt macht ein Veranstalter Busausflüge, die ein paar Handvoll Touristen zu Sehenswürdigkeiten in der Umgebung bringen. Dauern halben oder ganzen Tag - und o.k. wer keine Berührungsängste mit organisiertem Reisen hat. Infos über das Angebot beim TI.

Allgemeine Tips

★ EINREISE

REISEPASS oder PERSONALAUSWEIS, - Kinder brauchen einen Kinderausweis, wenn sie nicht im Familienausweis eingetragen sind. Auch für Österreicher und Schweizer wird kein Visum verlangt, - dafür aber auf jeden Fall ein Reisepaß.

Bei Anreise via England wickelt die britische Grenzpolizei alle Formalitäten ab, in Irland erfolgt dann keine Kontrolle mehr.

AUTOFAHRER: natürlich Führerschein und Kfz-Schein. Führerschein prinzipiell nicht vergessen für den Fall, daß man sich für ein Mietauto entscheidet. Die grüne Versicherungskarte ist zwar keine Pflicht, Mitnahme aber ratsam.

TIERE: Zur Prophylaxe gegen die Einschleppung von Tollwut ist die Mitnahme von Haustieren strikt verboten. Besser nicht den Lieblingsschoßhund in der Handtasche oder den Elefanten im Kofferraum schmuggeln - das Tier würde sofort getötet.

★ ZOLLBESTIMMUNGEN

Zollfrei sind innerhalb der EG alle Waren, die dem persönlichen Gebrauch dienen. In Brüssel hat man sich auf folgende Werte pro Person geeinigt (für EG-Bürger und den Verkehr innerhalb der EG):

8oo Zigaretten, 4oo Zigarillos, 2oo Zigarren oder 1 kg Rauchtabak

1o Liter Spirituosen, 9o Liter Wein oder 11o Liter Bier

Im Gegensatz dazu müssen solche Waren, die dem Handel dienen, weiterhin verzollt werden.

Verboten ist die Einfuhr von Drogen, Gold, Waffen (auch Schnappmesser), Pflanzen, Fleisch, Gemüse (also auch Babynahrung!).

★ BOTSCHAFTEN

Hauptvertretung erfolgt durch die Botschaften in London. Nur Deutschland hat separat für Wales ein Konsulat in Cardiff.

BRD: Botschaft der Bundesrepublik Deutschland, 23 Belgrave Square; London SW 1. Tel. o171/ 235 5o 33.

Deutsches Honorarkonsulat: Pencoed House, Capel Llanilltern: Cardiff. Tel. o1222/ 89 o2 o4.

ÖSTERREICH: Botschaft der Republik Österreich, 18 Belgrave Mews West; London SW 1. Tel. o171/ 235 37 31.

SCHWEIZ: Botschaft der Schweizer Eidgenossenschaft, 16 Montague Place; London W1. Tel. o171/ 723 o7 o1.

★ KLEIDUNG + KOFFERPACKEN

Erstes Gebot: sich wetterfest machen! Regenschutz und Pullover sind wichtige Gepäckstücke, - ebenso adäquates Wanderzeug für Trails in den Nationalparks.

Als <u>REGENSCHUTZ</u> haben sich Goretex/Sympatex-Jacken und gegebenenfalls -hosen bewährt. Sollten feste Verschlüsse und Kapuze haben. Bei billigen Anoraks und Hosen wird man nämlich vom Schwitzen genauso naß wie vom Regen - man kann sich's dann aussuchen...
Wer mit Rucksack reist, ist auch mit einem Gummiponcho gut bedient. Über den Rucksack getragen, schützt er zugleich diesen vor Feuchtigkeit. Außerdem gute Unterlage, wenn man sich auf feuchten Boden setzt. Gibt's in größeren Outdoor-Geschäften. <u>Regenschirm</u>: empfehlenswert für die größeren Städte!

<u>PULLOVER</u>: unbedingt erforderlich, trägt man unter der Regenjacke. Vor Ort kann man sich flauschig-weiche Schafwoll-Pullis kaufen, billiger als bei uns und ein schönes Souvenir.

<u>BEKLEIDUNG</u>: Oben rum bequeme Hemden/Blusen oder Baumwoll-T-Shirt, unterhalb der Gürtellinie haben sich Jeans und Feincord-Hosen bewährt. Beim Radfahren bei regnerischem Wetter sind leichte Wollhosen besser als Jeans, die schlecht trocknen und auch nicht besonders wärmen. Aber keine Baumwolle!

<u>SCHUHE</u>: Sportschuhe sind bequem und leicht im Gepäck. Wer Wanderungen plant, sollte unbedingt feste Wanderschuhe mit entsprechendem Profil einpacken.
Wer in Jugendherbergen übernachtet: mit den genagelten Bergschuhen, die den Linoleum-Boden wieder mal kräftig durchpflügen, macht man sich nicht immer beliebt. Daher zusätzlich Hausschuhe, etwa "Norweger-Schuhe" mit dünner Ledersohle und drüber Wolle.

<u>SCHLAFSACK</u>: sollte am Hals abschließen - bzw. mit Kapuze, da die Nächte kalt werden können.

<u>RUCKSACK</u>: wer mit eigenem Wagen bzw. Mietauto unterwegs ist, ist mit Koffern oder Nylon-Reisetaschen besser bedient (bequemer beim Ein- und Ausladen). Die Nylon-Tragetaschen haben kaum Gewicht und kosten in Kaufhäusern nur um die 3o Mark. Drauf achten, daß die Tragegriffe breit sind und nicht in die Hand schneiden. Nehmen zusammengefaltet kaum Platz weg: vielleicht bereithalten als zusätzlichen Stauraum, wenn wegen der Souvenirs das Gepäck unterwegs anwächst.
Ohne eigenes Auto und mit öffentlichen Verkehrsmitteln auf Achse: der Rucksack auf jeden Fall die bessere Alternative. Die Billigversionen in den Kaufhäusern sind nicht gerade optimal, wegen des sperrigen Alu-Gestells, mit dem man beim Eintreten in die JuHe etc. glatt den Türstock mit rausreißt. Sehr hinderlich auch beim Wandern. Besser also teurere, gestellfreie

Modelle, für die aber 12o DM aufwärts hinzublättern sind.

<u>KLEINKRAM</u>: unbedingt einen <u>Reisewecker</u> mitnehmen, da zum Teil sehr frühe Abfahrtszeiten der Fähren, Flüge und Züge. Sollte für Leute in Jugendherbergen aber nicht allzu laut sein, um nicht das ganze Haus morgens um 6 Uhr aus den Betten zu werfen.

Im Sektor <u>Kamera</u>: Wir bevorzugen kleine und handliche Modelle, die in die Hosentasche/Handtasche passen, um sich das Gebaumel um Hals oder Schulter zu ersparen.

<u>Plastikdosen</u> sehr wichtig für Selbstverpfleger, um die Nahrungsmittel im Rucksack fest verschließen zu können. Nichts ist lästiger, als wenn aus der Unterhose die Haferflocken rauskrümeln. Keine Glas-Behälter verwenden. Waschpulver und Pulverkaffee läßt sich in ehemaligen Shampoo-Plastikflaschen gut verstauen.

✦ GESUNDHEIT

Für alle EG-Bürger springt der "<u>National Health Service</u>" ein: Behandlung ist kostenlos in den Ambulanz-Stationen der staatlichen Krankenhäuser - gilt aber nicht für Zahnärzte. Ebenso müssen sich Leute aus der Schweiz um Kostendeckung kümmern.

Schwieriger ist es, wenn stationäre Behandlung fällig wird: gesetzlich Versicherte besorgen sich das Formblatt E 111, das alle Kosten abdeckt. Privat Versicherte fragen bei ihrer Krankenkasse nach und schließen evtl. eine Zusatzversicherung im Reisebüro ab.

Kleine Reiseapotheke:

* Schmerztabletten
* Mittel gegen Grippe und Erkältungen
* Spray gegen Fliegen und Mücken, Mittel zur Behandlung von Mückenstichen
* Spraypflaster für kleinere Wunden
* entzündungshemmende Salben, Jodtinktur und Schnellverband
* ein paar Sicherheitsnadeln
* Mittel zur Desinfektion von Wasser (empfehlenswert ist Mikropur für klares Wasser und etwas Kaliumpermanganat für trübes Wasser, wo Mikropur nicht wirkt)

UHRZEIT

Die Uhr muß eine Stunde zurückgestellt werden (auch während der Sommerzeit).

✦ ELEKTRISCHE GERÄTE

Abgesehen von den großen Hotels braucht man einen Zwischenstecker, um mitgebrachte Geräte wie Fön, Radio etc. anzuschließen. Dazu schon vor dem Urlaub im Elektrogeschäft einen dreipoligen Adapter kaufen (die zweipoligen Universaladapter passen in Großbritannien nicht).

Oben Gesagtes gilt jedoch nicht für Elektro-Rasierer: fast alle B&B und JuHen stellen einen Adapter bereit, der aber nicht bei anderen Elektrogeräten funktioniert (Aufschrift: "shavers only").

★ MASSE UND GEWICHTE

Die Umstellung auf unser metrisches System hat sich noch nicht ganz durchgesetzt, immer wieder trifft man auf die spezifisch britischen Maße:

Länge:		Hohlmaße:	
1 inch (in.)	2,54 cm	1 pint	o,57 l
1 foot (ft.)	3o,5 cm	1 gallon	4,54 l
1 yard (yd.)	91,4 cm		
1 mile (mi.)	1,6o9 m	Gewichte:	
Fläche:		1 ounce (oz.)	28 gr.
1 acre	4,o47 qm	1 pound (lb)	454 gr.
1 square mile	2,59 qkm	1 stone (st)	6,35 kg

GELD

Währungseinheit ist, wie in England, der Pound Sterling (= 1oo Pence).

Geldwechsel am günstigsten bei den Banken, in so ziemlich allen Ortschaften mindestens eine Filiale. Schalterstunden: Montag bis Freitag von 9.3o bis 15.3o Uhr, fürs Wochenende genügend Cash bereithalten. Falls Not am Mann ist, tauschen auch Hotelrezeptionen (aber schlechterer Kurs).

Wechselstuben (Exchange Offices) haben verlängerte Öffnungszeiten, ansonsten aber gegenüber der Bank Bearbeitungsgebühren von 1o-15 DM, womit der Umtauschkurs faktisch schrumpft.

Kreditkarten werden heutzutage überall genommen, auch bei Bagatell-Beträgen. Visa, Eurocard, Diners Club und American Express, sind die verbreitetsten.

Euro- und Travellerschecks werden anstandslos eingetauscht. Daher nicht unnötig viel Bargeld rumschleppen. Euroschecks gehen bis zum Maximalbetrag von 1oo Pfund. Fast in allen Orten gibt es Geldautomaten (Cashpoints): mittlerweile akzeptieren fast alle die ec-Karten. Dennoch sicherheitshalber Scheckformulare mitnehmen. Die Bearbeitungsgebühren für Euroschecks und ec-Karten sind mit ca. 1o DM recht hoch!

Reiseschecks, wie z. B. American Express, sind am problemlosesten, besser bekannt und billiger zu Bargeld zu machen als Euroschecks.

Vom Postsparbuch kann man direkt Geld abheben: Wird von fast allen

Post Offices zu einem guten Kurs erledigt. Keine Bearbeitungsgebühren.

Geld geht aus

* Telegraphische Überweisung dauert gut und gerne 2-3 Tage!

* Scheckformulare postlagernd ("poste restante") nachschicken lassen,- die billigste Variante, dauert aber 4 Tage und länger.

* In Deutschland Geld bei der Deutschen Bank einzahlen, kann man einen Tag später in der Bank of Scotland abheben (Filialen überall in Wales).

* Per "Moneygram" recht teuer, aber in einer halben Stunde: dazu in Deutschland bei einer American-Express-Agentur einzahlen und in Cardiff abholen.

Off-Season-Preise

Wer außerhalb der Saison, also Frühjahr oder Herbst fährt, kann massiv Geld sparen. Dies betrifft vor allem die großen touristischen Leistungen - z.B. Kabinenboote, Zigeunerwagen, Ferienhäuser, Mietauto. Kosten in der Nebensaison bis 4o % oder sogar 5o % weniger als zur Hochsaison!

✦ EINTRITTSPREISE

Ganz allgemein recht gesalzene Preise, vor allem was Castles und Herrenhäuser anbetrifft. Die historischen Sights gehören nicht dem Staat, sondern gemeinnützigen Vereinen. Wer viel anschauen will, sollte besser eine Jahresmitgliedschaft erwerben, welche zu freiem Eintritt ermächtigt. Es gibt zwei solcher Vereine:

CADW besitzt bei weitem die meisten Sehenswürdigkeiten und zahlt sich schnell aus. Kostet ca. 4o DM für Erwachsene und 25 DM für Studenten und Jugendliche bis 21 Jahre. In jedem TI-Office.

NATIONAL TRUST hat zwar in Wales relativ wenige Gebäude, aber umso mehr in England/Schottland. Lohnt sich also, wer dort noch rumreist. Kostet für Erwachsene ca. 6o DM, für Jugendliche bis 23 Jahren 3o DM. Kann man an jedem Gebäude des National Trust erwerben.

* Prinzipiell einen internationalen Studentenausweis mitnehmen: bringt im Normalfall Rabatte von 15-3o %. Auch Family Tickets werden überall angeboten: 2 Erwachsene + 2 Kinder bis 16 Jahre.

POST

Nicht gelb wie bei uns, sondern rot. Jedes noch so kleine Nest hat sein Post Office. Hauptämter in größeren Städten sind durchgehend von 9 bis 17.3o Uhr geöffnet, am Samstag von 9 bis 12.3o Uhr.

GEBÜHREN für Briefe und Ansichtskarten ungefähr wie bei uns.

Post von Deutschland nach England: "poste restante" und die jeweilige

Stadt draufschreiben, dann den Brief mit Personalausweis beim Haupt-
postamt abholen. Dauert aber bis zu einer Woche.

TELEFON

Apparate und Telefonzellen sind alle top-modern: mit Tasten-
feld, Schlitz für die Telefonkarte und dem üblichen internationalen Bedie-
nungsablauf. Münzfernsprecher werden auch in Wales zunehmend auf
Kartenbetrieb umgerüstet.

Nach Hause telefonieren

Von jeder Telefonzelle (1-Pfund-Münzen oder Kartentelefone) völlig problemlos. Oder daheim nur kurz anklingeln und sich von Deutschland aus
zurückrufen lassen. (Auch bei öffentlichen Fernsprechern möglich, da in
Großbritannien alle Telefonboxen eine Nummer haben. Sie steht auf dem
Apparat.)

Auch mit Handys (D2-Netz) hat man mittlerweile überall guten Empfang.

Großbritannien -	Deutschland	oo49 + Nummer der Stadt* + Teilnehmer
Großbritannien -	Österreich	oo43 + Nummer der Stadt* + Teilnehmer
Großbritannien -	Schweiz	oo41 + Nummer der Stadt* + Teilnehmer
Deutschland -	Großbritannien	oo44 + Nummer der Stadt* + Teilnehmer
(Österreich, Schweiz)		* die "Null" weglassen

<u>Gebühren</u>: tagsüber rund 1,1o DM pro Minute, Billigtarif (nach 18 Uhr,
Wochenende) 85 Pfennige.

<u>Telefonieren vom Hotelzimmer</u>: ist zwar bequemer, aber 2-3 mal so teuer,
da der Hotelbesitzer mitkassiert. Manche Hotels haben unten in der Rezeption öffentliche Fernsprecher.

<u>Notruf</u>: 999 - für Polizei, Feuerwehr, Krankenwagen.

<u>Vermittlung</u>: 1o - heißt "operator" und hat für alle Probleme ein offenes
Ohr.

★FEIERTAGE

<u>Silvester</u> wie überall mit Sekt, Weib/Mann und Gesang.

<u>May Day</u> am ersten Montag im Monat Mai: Aufstellen eines Maibaumes,
wobei viel getanzt wird und nicht so schnell eine Kehle trocken bleibt.

<u>Halloween</u> (31. Oktober) ist seit dem Spielberg-Film ein Begriff. Ganz so
gruselig geht's in der Realität nicht zu, aber immerhin: die Kinder ziehen
mit Laternen-Masken durch die Straßen, man verkleidet sich und in den
Kneipen ist der Teufel los.

<u>Guy Fawkes Night</u> (5. November) erinnert an der Gunpowder Plot vom

5. November 16o5, als ein gewisser Guy Fawkes das britische Parlament samt dem König in die Luft sprengen wollte. Wird gefeiert mit riesigen Feuerwerken und dem öffentlichen Verbrennen von Strohpuppen.

✦ KLIMA

Oft rauhes Wetter, viel Wind. Die Regenkleidung gehört immer ins Reisegepäck. Die Temperaturen sind im Sommer aber recht verläßlich, der Mittelwert liegt bei 25 Grad. Die Winter sind erheblich milder als bei uns.

Die <u>TEMPERATUREN</u> werden teilweise noch in der Maßeinheit "Fahrenheit" gemessen. Umrechnung: den Celsius-Wert erhält man, wenn man vom Fahrenheitswert die Zahl 32 abzieht und das Ergebnis durch 1,8 teilt. Wasser kocht demnach bei 212 Grad Fahrenheit.

Reisezeiten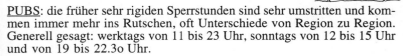

Die Touristensaison geht von Ostern bis Mitte Oktober. Außerhalb dieser Zeit sind viele Castles oder Museen geschlossen. Bei der Hochsaison meint man Juli/August.

Der <u>FRÜHLING</u> ist wunderschön. Wildblumen und viel Grün, kaum Touristen unterwegs.

Im <u>JUNI</u> ist Vorsaison: Die Sehenswürdigkeiten sind alle bereits auf Besucherverkehr eingestellt, aber noch kein hektischer Urlauber-Trubel.

<u>JULI</u> ist auch noch sehr ruhig, da die Schulferien erst Anfang August losgehen. Viele Campingplätze sind noch menschenleer.

<u>AUGUST</u> ist dann Hochbetrieb, wenn die Briten Urlaub machen - trotzdem ist der Rummel jederzeit erträglich. Die Zimmer aber rechtzeitig reservieren! Gleichzeitig ist der August aber die Zeit der Heideblüte, die Berghänge leuchten rot!

<u>SEPTEMBER</u>, <u>OKTOBER</u> ist Herbst, die Touristen werden von Woche zu Woche weniger, das Wetter ist aber noch warm und sonnig. Besonders der Oktober ist der Lieblingsmonat vieler Wales-Fans.

Im <u>WINTER</u> fahren nur eingefleischte Fans nach Wales.

✦ ÖFFNUNGSZEITEN

<u>BANKEN</u>: Mo.-Fr. von 9.3o bis 15.3o Uhr. Samstags sind alle Banken geschl., daher rechtzeitig Geld wechseln.

<u>PUBS</u>: die früher sehr rigiden Sperrstunden sind sehr umstritten und kommen immer mehr ins Rutschen, oft Unterschiede von Region zu Region. Generell gesagt: werktags von 11 bis 23 Uhr, sonntags von 12 bis 15 Uhr und von 19 bis 22.3o Uhr.

<u>TOURIST OFFICES</u>: Öffnungszeiten variieren je nach Saison und Bedeutung des Ortes, am Wochenende haben - außer in den großen Städten - die Offices nur während der Monate Juli und August geöffnet.

APOTHEKEN: Mo.-Fr. von 9 bis 18 Uhr; nur in den größeren Orten Nacht- und Wochenend-Betrieb.

GESCHÄFTE: "Kernzeiten" gehen von 9 bis 17.3o Uhr. Außerhalb der großen Städte ist an einem Tag in der Woche "Early Closing Day", wo Post und Geschäfte bereits gegen Mittag dichtmachen. Von Ort zu Ort verschieden, meist aber mittwochs oder donnerstags. Aber immer mehr Supermärkte haben auch Samstag nachmittags oder am Sonntag auf, so daß auch vergeßliche Camper nicht verhungern.

✦ GEPÄCKAUFBEWAHRUNG

Hotels, B&B-Häuser und Jugendherbergen müssen bis spätestens 12 Uhr geräumt sein, sonst wird eine weitere Übernachtung berechnet. Meist wird auf Anfrage erlaubt, das Gepäck bis zum Abend zu deponieren.

Leute ohne Auto: Nichts ist lästiger, als bis zur Abfahrt von Zug/Bus die Koffer rumschleppen zu müssen. In den Offices der Fährlinien und in den Busterminals kann man das Gepäck meist gratis für einen Tag verstauen, die Schließfächer in den Bahnhöfen kosten 2-3 DM für 24 Stunden.

Unterkunft

Wie überall auf den britischen Inseln, gibt es auch in Wales sieben Typen von Unterkünften, - mit unterschiedlichem Ambiente und v.a. unterschiedlichem Preis!

* COUNTRY HOUSES sind Landvillen im Grünen. Elitär, man bleibt ein paar Tage oder übers Wochenende. DZ ca. 15o bis 35o DM.

* HOTELS bringen angenehme Anonymität. DZ in einer Bandbreite von 1oo bis 3oo DM.

* GUESTHOUSES sind kleine Pensionen, wobei die Übergänge sehr fließen. DZ ca. 80-1oo DM.

* BED & BREAKFAST: Fremdenzimmer in Privathäusern,- gute Standards, wenn auch auf Dauer etwas beengend. DZ um 8o DM.

* HOSTELS, fast ausschließlich Jugendherbergen: Schlafsäle und billig, daher Idealtyp für Backpacker. Pro Person um 2o DM.

* CAMPING ist ebenfalls sehr beliebt, trotz aller Wetter-Risiken. Preis bei 2 Personen + Pkw ca. 1o-25 DM/Person.

* FERIENHÄUSER werden wochenweise vermietet, um sich irgendwo einzunisten. Bis 4 Personen pro Woche von 3oo bis 8oo DM.

Im folgenden kommen allgemeine Erläuterungen zu den einzelnen Unterkunfts-Typen. In derselben Reihenfolge haben wir auch bei den Ortschaften im Unterkunfts-Kapitel die Adressen und Tips aufgelistet.

Das Niveau der Quartiere entspricht bezüglich Serviceleistungen und Sauberkeit etwa dem Standard daheim.

Die meisten Unterkünfte werden vom TI-Office geprüft, ob sie definierten Mindeststandards genügen. Erst dann werden sie offiziell promotet und in die diversen Unterkunftslisten aufgenommen. Auch Buchungen werden nur bei geprüften Unterkünften vorgenommen.

Lediglich bei kleinen B&B-Häusern ist dies nicht immer der Fall, da ihnen oft die 25o DM Gebühr pro Jahr zu viel sind. Aber auch bei nicht-geprüften Häusern haben wir meist gute Erfahrung gemacht.

BESCHWERDEN: Als erstes höflich mit dem Hausbesitzer reden, ohne daß man gleich losbrüllt. Wenn das nicht hilft: offizielle Beschwerde-Instanz ist das regionale TI-Office!

BUCHEN AB GROSSBRITANNIEN

Im Sommer entstehen oft Engpässe, so daß man sich rechtzeitig um sein Zimmer kümmern sollte. Wer nicht in persona auf Zimmersuche gehen will, kann dies durch jedes beliebige TI-Office machen lassen. Ist vor allem bei B&B üblich!

In der Hochsaison so timen, daß man vor 18 Uhr ankommt, - bevor das TI-Office zumacht. Dort seine Wünsche bezügl. Preis, Lage etc. angeben und sich das Passende vermitteln lassen (bzw. auf eine Empfehlung in diesem Buch zurückgreifen).

BOOK-A-BED-AHEAD: Hierbei wird das Zimmer für den darauffolgenden Tag an einem x-beliebigen Ort Großbritanniens (England/Wales/ Schottland) gebucht. Lohnt sich aber nur, wenn man am Zielort voraussichtlich erst nach Schließung des Verkehrsamtes ankommt. Ausnahme: Juli/August für die wichtigsten Touristenorte unbedingt zu empfehlen, besonders, wer ohne Auto ist und nicht ausweichen kann (oft ist alles restlos ausgebucht!). Gebühr 8-1o DM pro Buchung erspart viel Nervengeld.

BUCHEN AB DEUTSCHLAND

Country-Houses, bessere Hotels und Ferienhäuser bucht man ohnehin von langer Hand. Die Hostels in den Zentren, z.B. Cardiff JuHe, 1-2 Wochen vorausbuchen. Ansonsten kann man sich eigentlich treiben lassen.

Ausnahme: Wer zur Hochsaison nach 18 Uhr ankommt (z.B. mit dem Flieger in Cardiff), sollte zumindest die erste Nacht schon vor Urlaubsbeginn fest buchen. Engpässe kann es auch an den Häfen für die Irland-Fähren geben (Holyhead, Fishguard, Pembroke).

---

1. Anrufen, Brief schreiben oder Fax schicken. Am besten gleich nach Kauf des Tickets aktiv werden, damit Zeit für eine Bestätigung bleibt.

2. Gleich bezahlen, damit das Bett definitiv sicher ist: per Euroscheck oder internationaler Postanweisung, - Inhaber von Kreditkarten teilen ihre Nummer mit.

* Adressen stehen in diesem Buch. - Anders bei B&B: es gibt ein Dutzend Agenturen, die sich drauf spezialisiert haben und die Buchung übernehmen (Adressen beim BTA in Frankfurt).

Literatur: Es gibt diverse Bücher mit kompletten Unterkunftslisten (Bezugsquellen siehe "Handwerkszeug"). Lieber nicht in Kaufwut verfallen: bringen nicht viel und sind mit ca. 3o DM doppelt so teuer wie in Wales.

Wenn schon, dann lieber beim BTA einige der Hochglanz-Broschüren schicken lassen, die für einzelne Regionen publiziert werden. Sie sind gratis und enthalten eine gute Selektion an Unterkünften.

✦ COUNTRY HOUSES

Gediegene Landhäuser, in einem schönen Park gelegen und zum Essen erlesene "haute cuisine". Ein Feeling wie Seine Lordschaft, überall Antiquitäten. Schon für sich genommen ein elitäres Urlaubserlebnis! Liegen abseits der Ortschaften und haben nur ein Dutzend Zimmer. Man bucht für mehrere Tage, um abzuschalten.

Essen: Die Küche ist vom Feinsten, - serviert im Salon zwischen Kerzenlicht und Tafelsilber. Sollte man in der Kosten-Kalkulation nicht vergessen: pro Person oft 5o Mark und mehr, der Wein kommt noch extra.

Wer das spezifische Countryhouse-Ambiente erleben will, ohne sich ein Zimmer leisten zu können, kann auch nur zum Essen kommen. 1-2 Tage vorausbuchen und fragen, ob ein Dress Code vorgeschrieben ist.

Preise: Geht bei 15o-3oo DM fürs Doppelzimmer kräftig ins Geld (Dinner nicht vergessen!). Billiger wird's, wer mehrere Tage bucht oder übers Wochenende (um Rabatte feilschen!).

Buchen: Für die Hochsaison schon Wochen im voraus, - auch Frühjahr/ Herbst spätestens bei Ankunft in Wales. Die wichtigsten Country Houses haben wir in diesem Buch beschrieben.

✦ HOTELS

Bringen - im Gegensatz zu den B&B - mehr an Komfort und vor allem: größeren Auslauf, weil man nicht nur sein Zimmer hat, sondern auch Gemeinschaftsräume, Bars etc. Auch die Anonymität wird meist als Vorteil empfunden!

Andererseits sind die Zimmer - für sich betrachtet - in Hotels kaum schöner als in B&B, aber um einiges teurer. Für einmalige Übernachtung tut's deshalb jederzeit B&B.

Preise: Von 1oo bis 3oo Mark, - je nachdem ob 5-Sterne-Kasten oder kleines Familienhotel. Die Preisangaben in diesem Buch beziehen sich auf ein Doppelzimmer mit Bad/WC und Frühstück - zur Hochsaison.

Außerhalb Juli/August gut ein Drittel billiger (B&B bzw. Guesthouses kosten das ganze Jahr über gleich viel). Folgendes beachten:

* Ist das Bedienungs-Geld ("Service Charge") schon eingerechnet? Bei Top-Hotels nicht immer der Fall; macht ungefähr 1o % vom Zimmerpreis.

* Ist im Zimmerpreis das Frühstück inklusive? Wenn ja, volles Welsh Breakfast (ham & eggs) oder nur Continental Breakfast (Toast mit Marmelade). Wer nicht frühstücken will, sollte auf jeden Fall Abschlag verlangen!

* Zimmer mit Bad/WC sollten bei Hotels eine Selbstverständlichkeit sein!

* Angenehmes Extra ist ein Sportzentrum ("Leisure Centre") mit Schwimmbad, Sauna.

* Weekend Rates: teurere Hotels geben oft am Wochenende Rabatt, weil dann die Geschäftsleute heimfahren.

* Inclusive Rates: günstigere Preise bei längeren Aufentahlten, vor allem wenn man Halbpension nimmt.

Rabatte: Bei Hotels ist es üblich, nach Rabatten zu fragen (nicht aber bei B&B/ Pensionen) und zu handeln. Der volle Standard-Preis heißt "rack rate" und hängt in der Rezeption aus. Wird dann fällig, wenn man sich nichts sagen traut.

Wenn nicht gerade Hochbetrieb herrscht, kann das Zimmer jederzeit 2o-4o % billiger sein. Eine absolute Selbstverständlichkeit ist das Verhandeln, wenn man länger als eine Nacht bleibt. Schon bei zwei Übernachtungen sollte zumindest ein Gratis-Dinner drin sein.

So geht man vor: Zunächst fragen, ob was frei ist und das Zimmer anschauen. Dann nach dem Preis fragen und die Gretchenfrage stellen: "Can you do it any cheaper...?". Wichtigste Trumpfkarte ist die Bereitschaft, jederzeit zu gehen und im nächsten Hotel nachzufragen!

Klassifizierung: Die "Automobile Association" verteilt Qualifikationen an Hotels, die objektiven Mindestanforderungen entsprechen. Sie gehen von "listed" über ein Stern bis vier Sterne. Jeweils an einem gelben Schild außerhalb des Hotels ausgehängt.

TOP HOTELS: In den Ortskernen gibt es in der Sparte klassisch-schöne Kolossal-Bauten mit feudaler Ausstattung. Auf der anderen Seite auch funktionale Kästen im Glasbeton-Stil. Ein Sportkomplex ist oft dabei, aber durchaus nicht immer!

FAMILY HOTELS: Darunter versteht man kleinere Hotels mit 1-3 Dutzend Zimmern. Sie werden im Familienbetrieb mit nur wenigen Angestellten geführt. Hier kostet ein Doppelzimmer 3o oder 4o Mark mehr als bei B&B. Wer ein paar Tage bleibt und gut verhandelt, schläft in einem solchen Hotel oft nur marginal teurer als in B&B.

BILLIG HOTELS: Sind im Prinzip Pensionen und auch nicht viel teurer. Das Recht, sich Hotel zu schimpfen, resultiert aus dem Recht zum Alkohol-Ausschank.

PUB WITH ROOMS: Oft nicht so gut, da die Besitzer mehr Beachtung auf ihre Kneipe lenken und die Zimmer oft etwas vernachlässigt werden. Trotzdem haben sie das Recht, das Wort "Hotel" im Namen zu führen.

Meist ist man mit einem Guesthouse besser bedient. Einziger Vorteil: manche solcher Pubs sind Jahrhunderte alt und haben vom Baulichen her enorm Charakter!

STRANDHOTELS: In den Seebädern, - entlang der Promenade. Durchweg stilvolle Altbauten, wenn auch viele der Gäste jenseits vom Pensionsalter. Betonkästen im Costa-Brava-Stil gibt es in Wales nicht!

★ GUEST HOUSES

Guesthouses stehen irgendwo zwischen Hotels und B&B, - bei uns heißen sie "Pensionen". Um zehn Zimmer, - und etwas anonymer und professioneller als normale B&B-Häuser.

Teilweise wird zwischen B&B und Guesthouse sogar überhaupt nicht unterschieden! Durchweg Familienbetriebe. Eine Bar haben nur die wenigsten (allenfalls "table lisence", also Alkoholausschank nur zum Essen). Die Mehrzahl bietet aber Dinner an.

Insgesamt sind die Serviceleistungen im Guesthouse geringer als im Hotel.

Gegenüber den B&B-Häusern stehen den Gästen in allen Guesthouses Aufenthaltsräume ("lounge rooms") zur Verfügung: sehr vorteilhaft, wenn man länger am Ort bleibt.

Preise: für Übernachtung mit Frühstück zwischen 8o und 1oo DM für zwei Personen. Somit 1o-2o Mark teurer, als dasselbe in einem B&B-Haus kosten würde. Andererseits aber billiger als die Hotels (Hotels derselben Preisklasse sind oft schon ziemlich angegammelt). Wir haben Pensionen gesehen, deren Zimmer sich ohne weiteres mit denen von Hotels messen lassen können, die das Doppelte und Dreifache kosten.

Das <u>DINNER</u> in den Pensionen ist sehr preiswert (um die 25 DM), um die Hälfte billiger als dasselbe in einem Restaurant. Meist unverschnörkelte, einfache Landesküche.

★BED AND BREAKFAST (B&B)

Die klassische Unterkunft auf den britischen Inseln: dabei machen Privathäuser während der Saison zwei oder drei Zimmer frei, um ein paar Mark hinzuzuverdienen. Inklusive geht ein herzhaftes Breakfast.

Die preiswerteste Unterkunft (abgesehen von Jugendherbergen) und praktisch überall zu finden. Allerdings nur für die Nacht - tagsüber sollte man aus dem Haus sein. Außerdem auf Dauer recht "eng", weil man auf das Zimmer beschränkt ist.

Erkennungszeichen ist ein "B&B"-Schild: der Zusatz "<u>vacancies</u>" bedeutet, daß noch was frei ist (sonst "no vacancies"). Zusätzlich steht angeschrieben, wenn Zimmer mit Bad/WC verfügbar sind: "rooms en suite" oder "with private facilities".

Preise: Für Zimmer ohne Bad/WC ca. 75-8o DM, mit Bad etwa 1o Mark mehr. Ansonsten bestehen zwischen den Häusern kaum Preisunterschiede; auch Handeln ist eher ein Fauxpax.

B&B geht auf Dauer ins Geld: bei zweiwöchigem Wales-Trip pro Person ca. 55o DM (allerdings das opulente Frühstück einkalkulieren!). Wenn man in Jugendherbergen schläft, kostet dasselbe nur gut die Hälfte.

Ausstattung: Im Normalfall schöne Zimmer - mit fließend Warmwasser, Handtuch und Seife. Auch ein Schrank sollte im Zimmer sein. Immer öfters gehört auch ein TV zur Grundausstattung.

Lage: Ist eigentlich der Hauptpunkt, da sonst nur wenige Unterschiede bestehen! Liegen nur selten über die Stadt verstreut, sondern konzentrieren sich auf bestimmte Straßen und Viertel.

Solche B&B-Viertel haben wir in diesem Buch unter der Headline "BED & BREAKFAST" beschrieben.

* <u>B&B im Stadtkern</u>: renovierte Massiv-Bauten und Gehweite zu Pubs/ Restaurants. Aber begrenzte Kapazität, daher im Sommer beizeiten auf Zimmersuche gehen.

* An den Ausfallstraßen, die aus dem Ort herausführen, ist oft jedes zweite Haus ein B&B. Man wohnt aber 1 km und mehr vom Ortskern und braucht abends das Auto.

* Außerhalb vom Ort: Wer Trubel vermeiden will, fragt bei Buchung nach einem Zimmer in einem der umliegenden Dörfer oder auf einem Bauernhof.

Nach den Hostels ist B&B am preiswertesten für "Wales auf eigene Faust". Da es unzählige solcher Häuser gibt, haben wir bewußt auf Einzel-Empfehlungen verzichtet. Wenn wir nämlich pro Ort ein Dutzend herausgreifen würden, würden sich dort unsere Leser massiv drängen. Andererseits würde das Buch unnötig dick, wenn wir alle B&B listen würden.

Auswahlkriterien

1. Der Preis spielt kaum eine Rolle, da hier nur marginale Unterschiede bestehen.
2. Zimmer mit oder ohne Bad/WC? Ist auf B&B-Schildern angeschrieben und kostet pro Zimmer ca. 1o-15 DM mehr.
3. Lage des B&B: bevorzugter Stadtteil.
4. Sonderwünsche wie Dinner, B&B auf Farmhöfen etc. In diesem Fall sich auf jeden Fall vom TI vermitteln lassen.

Zimmersuche: Entweder man sucht selber oder läßt dem TI-Office die Zimmersuche machen. Im Sommer ist TI-Vermittlung dringend angeraten, wenn man erst gegen Abend ankommt. Dabei die konkreten Wünsche (auch bezüglich Lage) angeben.

Ansonsten kein Problem, selber was zu finden: auch Juli/August füllen sich die Zimmer erst gegen 15 oder 16 Uhr. Wer spät abends noch ein Quartier sucht, hat entlang der Ausfallstraßen die größten Chancen.

BOOK-A-BED-AHEAD: Für 8-1o DM Gebühr vermittelt jedes TI ein Zimmer für einen späteren Zeitpunkt an einem anderen Ort (ganz England/Wales).

GUTSCHEINE: Einige deutsche Reiseveranstalter verkaufen Übernachtungsgutscheine, die in Wales eingelöst werden. Machen aber nur Scherereien, da bei weitem nicht alle B&B solche Bons annehmen und zudem 1o % Preisaufschlag hinzukommen.

✦ HOSTELS

Unterbringung in Schlafsälen mit Etagen-Betten, vier bis zehn Leute in einem Zimmer. Preise: ca. 15-2o DM (ohne Frühstück). Damit billigste Übernachtung, abgesehen von Camping.

Es gibt in Wales rund 5o Jugendherbergen, weitere 2oo in England. Damit weitgehend flächendeckendes Netz. Private "Independent Hostels" spielen da nur eine Nebenrolle.

Besonders für Backpacker die klassische Absteige! Es besteht Möglichkeit, selber zu kochen, was für weitere Entlastung des Reisebudgets sorgt. Weiterer Vorteil: zahlreiche Möglichkeiten für Kontakte.

Bezüglich Ausstattung und Komfort liegen zwischen Hostel und Hostel oft Welten, - aber alle mit ausgezeichneten sanitären Einrichtungen inkl. Duschen. Zum Standard gehört weiterhin ein Aufenthaltsraum ("Lounge Room"), wo man abends beisammensitzt.

Nachteile: Abgesehen von den größeren Stadt-Hostels sind Schlafsäle/ Küche tagsüber von 1o bis 17 Uhr geschlossen (nur der Gemeinschaftsraum bleibt offen, um sich bei Regen reinzusetzen). Abends ist um 23 Uhr Sperrstunde, - man muß also "rechtzeitig" (Interpretationssache) vom Pub heimhetzen.

Schlafsäle sind streng nach Männlein/Weiblein getrennt: ein Wink mit dem "steifen" Zeigefinger (...immerhin). Auch Alkohol ist verboten, - und ein "Cola-Rausch" ist eben nicht jedermanns Sache.

Prinzipiell mitbringen

* Wichtig sind Handtücher und Badeschlappen (Gemeinschaftsduschen mit fortpflanzungsfreudigen Fußpilzen).

* Außerdem ein Besteck, da nicht immer vorhanden, - und ein Feuerzeug zum Anstecken der Gasherde. Geschirr und Töpfe sind aber vorhanden (nach dem Essen bitte Abwaschen!).

* Nicht alle Hostels haben einen Shop, daher Proviant einpacken (nachmittags an einem der vielen Straßenstände frisches Gemüse kaufen).

Mitglieder-Ausweis: Die sogenannte Membership Card kann man sich schon in Deutschland besorgen, oder sich in der ersten britischen JuHe ausstellen lassen. Paßbild ist dann erforderlich, wenn er auch außerhalb vom Ausstellungsland gebraucht wird. Kostet etwa ca. 25 DM.

Oder: der "JuHe-Ausweis auf Raten". Bei jeder Übernachtung kauft man eine Klebemarke für ca. 4 DM, mit 6 Marken erhält man den Ausweis. Interessant für Leute, die nur gelegentlich in JuHen absteigen.

Buchen: Im Sommer ist Reservierung angebracht, da große Nachfrage (insbesondere in den Städten!). Kurzer Anruf bis maximal 7 Tage im voraus (bitte während der Hostel-Öffnungszeiten anrufen: vor 1o oder nach 17 Uhr). Wenn nicht vorausbezahlt wird, wird das Bett aber nur bis 18 Uhr freigehalten; dann verfällt die Reservierung.

Book-a-bed-ahead: bei vielen Hostels kann man an der Rezeption gleich für die nächste JuHe reservieren und sofort bezahlen, so daß das Bett garantiert ist.

Verzeichnis: Eine Auflistung sämtlicher Jugendherbergen in England und Wales mit genauer Beschreibung und Lageskizze findet sich in dem Buch "YHA - Accomodation Guide/England & Wales", das jährlich erscheint. Gratis an jeder britischen Jugendherberge oder schon im vorab beim "British Bookshop" in 60313 Frankfurt/M., Börsenstraße 17 (für ca. 15 DM).

Großes Plus dieses Verzeichnisses sind vor allem die Lageskizzen mit einer kleinen Landkarte, um die Herbergen vor Ort schneller aufzufinden.

★ INDEPENDENT HOSTELS

Billig-Herbergen im Stil der offiziellen JuHen: ähnlicher Preis, Schlafsäle, Küche - befinden sich aber in privater Hand. Spielen nur eine Nebenrolle, verglichen mit den allgegenwärtigen Youth Hostels.

Vielfach mehr Berghütten als Billig-Hotels (oft Bunkhouses genannt). Meist primitiver und schlechtere Facilities und weit ab vom Schuß. Ihre Zielgruppe sind weniger die Backpacker, sondern britischer Wanderer. Manche werden en bloc und wochenweise an eine Gruppe vermietet.

Die wichtigsten Indie-Hostels haben wir in diesem Buch beschrieben. Die meisten befinden sich in den Nationalparks "Snowdonia" und "Brecon Beacons".

Wer die Situation in Schottland oder gar Irland kennt, wird von der walisischen Indie-Hostel-Szene enttäuscht sein. Diese sind dort exzellent und teilweise wichtiger als die JuHen!

CAMPING

Immer noch billigste Unterkunft: ein Zeltplatz kostet nur ein Drittel bis zur Hälfte von einem Hostel! Weiteres Argument ist die gewisse Lagerfeuer-Romantik.

Wales hat, wie England, Campingplätze en masse, von der Wiese mit Donnerbalken bis hin zu top-modernen Luxusplätzen mit Festbeleuchtung und Stromanschluß für jedes Zelt. Entsprechend variieren die Preise: ca. 5-2o DM für zwei Personen mit Auto und Zelt. Die Campingplätze sind überall deutlich ausgeschildert.

Wegen des oft feuchten Wetters sollte das Zelt auf jeden Fall wasserdicht sein, am besten ist ein doppelwandiges.

HOSTEL CAMPING: bei vielen JuHen kann man im Garten zelten, was die Hälfte vom normalen Übernachtungspreis kostet. Dabei werden die sanitären Anlagen sowie die Küche in der Herberge mitbenutzt.

FARM CAMPING: sehr einfache Plätze; haben zwar Toiletten, aber keine Duschen! Die Preiskalkulation ist sehr unterschiedlich, - manchmal kostet nur das Zelt, manchmal nur die Personen. Im Schnitt ca. 5-1o DM.

WILDCAMPEN: in Wales abseits besiedelter Gebiete geduldet, sofern man sich nicht wie eine Wildsau benimmt. Herzliche Bitte: alle Abfälle wegschaffen (das heißt, mitnehmen zum nächsten Müllcontainer!) und sehr vorsichtig mit Lagerfeuer.

WOHNMOBIL: egal ob kompakter VW-Bully in Selbstbau-Version oder vorab präparierter Wagen wie Luxusmobile der Klasse "James Cook"/ Westphalia etc. - bringen auch in Wales ungemein viel Spaß. In der wilden Landschaft ist man für sich, während hinten auf dem Kocher der Kaffee dampft oder das Mittagessen brutzelt. Wegen der oft engen Straßen sind kompakte Wohnmobile sehr von Vorteil.

Ein Kostenfaktor sind die relativ hohen Fährkosten vom Kontinent nach England. Aber: es ist nicht notwendig teurer, mit dem Wohnmobil statt mit dem Pkw zu kommen, sofern man alle Fähr- und Hover-Preise penibel studiert. So ist z.B. das Handling der Überhöhe und der Überlänge bei den einzelnen Companies unterschiedlich. Aber: oft haben die Fährschiffe nur limitiertes Platzkontingent für Wohnmobile, daher rechtzeitig buchen.

Egal ob Wandersmann, der sein Zelt aufschlägt, oder "Wohnmobil-Eigenheim-Besitzer": wer sein Quartier auf Privatgrund aufschlägt, unbedingt vorab den Besitzer fragen. Abgesehen davon bringt der Schwatz u.U. am nächsten Morgen - gegen Bezahlung - frische Milch oder hausgemachten Schafskäse, was das Vergnügen steigert...

★ SELFCATERING ACCOMODATION

Es handelt sich hierbei um die englische Bezeichnung für Ferienwohnungen. Dabei wird zwar keine Verpflegung geleistet, eine Kochgelegenheit ist aber vorhanden. Im Normalfall werden die Feriendomizile wochenweise von Samstag bis Samstag vermietet, außerhalb der Hochsaison aber auch für kürzere Dauer (z.B. übers Wochenende).

Für Juli/August unbedingt vorausbuchen, sonst fast aussichtslos, was zu bekommen. In den übrigen Monaten kann man vor Ort auf gut Glück was suchen: die einzelnen TI-Offices sind dabei behilflich.

Feststehende WOHNWAGEN (Caravans) sind auf fast allen Campingplätzen zu finden. Aber auch auf Privatgrundstücken (ausgeschildert mit "caravan to let").

Etwas teurer sind Bungalows und Hütten: beides meist aus Holz. Nennt sich Cottages oder "chalets". Zu einer Hütte gehören ein Wohnzimmer, zwei Schlafzimmer (Eltern und Kinder), Bad und Küche.

Appartements (flats) sind seltener.

Die PREISE bewegen sich, je nach Ausstattung und Saison, zwischen 3oo und ca. 6oo DM pro Woche. Am billigsten sind die Caravans auf Privatgrundstücken.

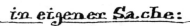 

in eigener Sache:

Es liegt in der Natur der Dinge, daß bei der Fülle an konkreter In - formation, die dieses Buch enthält, sich im Laufe eines Jahres einiges ändern kann.

Deshalb bitten wir um Mitteilung von Abweichungen. Wer uns ansonsten irgendwelche ausgefallenen Tips wie neue Routen, schöne Hotels mit viel Atmosphäre oder ähnliches schickt, wird bei der Neuausgabe dieses Buches namentlich zitiert.

Bitte schreibt uns, wir freuen uns über jeden brauchbaren Tip, weil wir es wichtig finden, daß man nicht irgend ein blödes Laberbuch, wie leider viele Reiseführer, mit sich schleppt, sondern etwas, was wirklich nützlich und hilf - reich ist.

Großbritannien Redaktion

VERLAG MARTIN VELBINGER

82166 Gräfelfing - Bahnhofstr. 1o6

Essen und Trinken

Vom Grund-Tenor her einfache Hausmannskost, frische Zutaten je nach Saison und nur mit einer sparsamen Prise Gewürzen anstatt schwulstiger Saucen. Der Trend geht stark zum Revival regionaler, alter Rezepte.

Preise in den Restaurants ab 2o-3o DM pro Person (ohne Wein), in den Pubs aber auch für 1o-15 DM ordentliche Sachen. Am unteren Skala-Ende die Fish&Chips-Buden: ca. 4 DM, um ordentlich satt zu werden.

FRÜHSTÜCK

Zum Breakfast wird auch in Wales das "englische Breakfast" serviert, bei den B&B-Häusern und Hotels im Zimmerpreis inklusive. Drei Gänge:

* Je nach Wahl ein Glas Orangensaft oder Müsli bzw. Cornflakes.
* Spiegeleier mit Schinken (= ham and eggs), dazu eine gegrillte Tomate und ein Würstchen.
* Toast, Butter und Marmelade.

Zum Trinken Tee oder Kaffee zur Auswahl. Bei Kaffee: sicherheitshalber vorher nachfragen, ob es sich um Bohnenkaffee (ground coffee) oder um Pulverkaffee (instant coffee) handelt. Letzterer ist extrem gewöhnungsbedürftig.

MITTAGESSEN

Nach dem opulenten Frühstück reicht als Lunch meist ein kleinerer Snack. Zeit: von 12 bis 14.15 Uhr. In den größeren Sädten besser vor 13 Uhr, wenn die Büros Mittagspause machen und das Gedränge losgeht.

Mittags ißt man zu erheblich angenehmeren Preisen als abends. Wenn sich die Brieftasche bereits verdächtig lapprig anfaßt, legt man die Hauptmahlzeit besser auf das Lunch.

Restaurants der gehobenen Klasse servieren mittags oft zum halben Preis, verglichen mit Dinner. Billigste Variante sind die Inder und Chinesen, wo man für 1o-12 DM und einem 3-Gang-Menü dabei ist.

Meistens wird man aber in ein Pub gehen: Gerichte in der Preislage 6-1o DM, etwa Lasagne oder auch nur eine kalte Platte. Wird viel von Büroangestellten benutzt.

Imbiß: wenn man nur um die 3 DM investieren möchte, bleiben nur die Fish&Chips-Buden oder die indischen/chinesischen Take-aways.

ABENDESSEN

Ist auf den britischen Inseln die Hauptmahlzeit. Aber nicht billig: wer Wert auf etwas Stil legt, legt auch einen runden Schein auf den Tisch. Als Getränk ein Glas Wein oder auch mehrere...

* <u>HIGH TEA</u>: von 17 bis 19 Uhr, ist die Klein-Ausgabe. Dabei wird ein leichterer Hauptgang serviert, danach Tee mit Keksen oder Kuchen. Kostet um die 2o DM. Sollte man sich nicht entgehen lassen, man wird mit leckersten Sachen nach Strich und Faden verwöhnt.

High Tea kommt jedoch immer mehr aus der Mode. Beim TI nach Lokalen fragen, die noch den High Tea im Programm haben.

* <u>DINNER</u>: von 19 bis 22 Uhr, feudaler als der High Tea sowohl in der Portion als auch im Preis (ab 2o-3o DM). Entweder: das Tagesmenü bestellen (table-d'hote-menue) mit 3-5 Gängen, jeweils mit einer Reihe von Variationsmöglichkeiten. Erheblich größere Portionen fürs Geld als bei eigener Zusammenstellung aus der Speisekarte. Jedoch muß man auch Vor- und Nachspeise bestellen.

Oder das Menü <u>à la carte</u>: sich selber was aus der Speisekarte aussuchen, vielleicht lediglich ein Hauptgericht. Unsere Preisangaben im à-la-carte-Sektor beziehen sich auf ein komplettes Menü aus 3-4 Gängen, um besser mit den Preisen für das Table d'hote-Menü vergleichen zu können.

ESSEN GEHEN

<u>RESTAURANTS</u>: in allen größeren Städten, draußen auf dem Land jedoch kaum. Für gutes Essen geht man dort in die Hotels, in deren Dining-Rooms auch Non-Residents willkommen sind.

In den besseren Etablissements während der Hochsaison (Juli/August) spätestens am Nachmittag reservieren: gilt besonders für die in diesem Buch angegebenen Top-Lokale, die durchweg einen exzellenten Ruf haben und über Kundenmangel nicht zu klagen haben. Wer Scheu vorm Telefonieren in englischer Sprache hat: vielleicht die Hotelrezeption bzw. die B&B-Dame bitten.

<u>BARSUPPER</u>: Nicht jeden Tag hat man Lust auf kulinarischen Firlefanz: deftige und herzhafte Hausmannskost in vielen Pubs und Hotel-Bars. Bei unseren früheren Wales-Aufenthalten noch von einer Geschmackintensität, die nur noch vom Porzellanteller, auf dem es serviert wurde, unterboten wurde. Seit Mitte der achtziger Jahre hat sich aber vieles getan.

Barmeals kosten heute zwischen 8 und 15 Mark und sind jederzeit akzeptabel, mit Salaten und Gemüse als Beilagen. Auf dem Land werden sie von jeder Kneipe angeboten. In den Städten ist es oft schwieriger, am Abend Barmeals aufzutreiben (dort aber Billig-Restaurants als Alternative). Beispiele: Schellfisch (haddock), geräucherter und geschmorter Schinken (gammon steak), oder Kotelett in Apfelmost-Soße.

<u>WINE BARS</u>: kommen in den größeren Städten immer mehr in Mode:

sowohl mittags und abends kleinere Sachen um 1o-15 DM wie Salate, Pasteten oder herzhafte Sandwiches. Vor allem modische Geschäftsleute, vom Preis her aber o.k.

SELFSERVICE-RESTAURANTS: machen sich in den Touristenzentren immer häufiger breit. Lieber die Finger weglassen. Uniforme und lauwarme Pampe, die einzelnen Gerichte unterscheiden sich nur im Preis, kaum aber im Geschmack.

INDER UND CHINESEN: finden sich auch in den kleinsten Provinznestern. Ihr Vorteil liegt vor allem im Preis, sind immens billiger als Lokale mit englischer Küche. Um 1o DM wird man locker satt. Also grob gesagt: angenehm ruhige Restaurant-Atmosphäre ab vom Kneipen-Rummel, und dennoch ein Preis-Level wie die Barmeals.

ITALIENER: erheblich höhere Preise als bei uns. In den Restaurant-Ketten Pizzaland und Pizza Hut zieht bei den Pizzen nicht nur der Käse lange Fäden, sondern gleich auch noch der Teig...

FAST FOOD: wird noch im kleinsten Provinznest angeboten. McDonald's und Burger King kennen wir ja schon, in diese Reihe gehört noch die nur in England operierende Kette Wimpy: bezahlen, Augen zu und reinschieben...

FISH&CHIP-SHOPS: sehr zu überlegen und traditionell britisch. Für 4 Mark ein panierter Fisch mit einer satten Portion Pommes, alles zusammen in weißes Papier gewickelt. Dazu Salz und ein paar Spritzer Essig. Wird standesgemäß mit den Fingern gegessen. Zur Auswahl Kabeljau (cod), Scholle (plaice), Schellfisch (haddock) und Rochen (skate); außerdem Fleischpasteten, Würstchen im Teigmantel etc.

TAKE-AWAY-RESTAURANTS: vor allem Inder und Chinesen, die Gerichte zum Mitnehmen anbieten. Ordentlich verpackt und viel billiger als im Restaurant, bei schönem Wetter damit zur nächsten Parkbank...

Für die Bezahlung verlangt man nach der "bill" (= Rechnung). Um Überraschungen vorzubeugen, schaut man besser schon vor der Bestellung, ob zum Essenspreis noch 1o % service charge (Bedienungsgeld) hinzuaddiert werden. In diesem Fall kein Trinkgeld mehr geben, - ansonsten 5-1o % (wobei man in Wales eigentlich weniger spendabel ist als bei uns, - bei Barmeals gibt man kein Trinkgeld).

MÄRKTE

Tip sind die Markthallen, die es fast in jedem größeren Ort gibt: Dutzende von Gemüse- und Metzgerständen. Und immer auch Sachen, die man gleich vor Ort aus der Hand essen kann. Neben Chicken Wings oder Spareribs vor allem walisische Landesschmankerl: teilweise sehr urige Gerichte und Arme-Leute-Kost, die es sonst nirgendwo gibt. Folgendes muß man probiert haben:

Cockles: Herzmuscheln, die an diversen Stränden gesammelt werden. Kommen gekocht, ohne Schale und "ready to eat" auf den Markt. Pro Pfund um 8 DM.

* kalt aus der Hand essen, mit Hilfe eines Zahnstochers
* als Brotzeit, - mit Salat oder Brot
* Fett in die Pfanne geben, die Cockles hineingeben und dick mit Paniermehl ("breatcrumbs") bestäuben, - dann 6-1o Minuten rösten. Mit Brot und Butter essen.
* rohe Cockles: in kochendes Wasser geben, bis sie sich öffnen. Der Sud ergibt eine nahrhafte Suppe, besonders wenn man etwas Gemüse hineinschneidet.

Laverbread: Kein Brot, sondern eine Art schwarzer Paste aus Seetang. Der Seetang wird an der Küste gesammelt, sieben Sunden (kein Druckfehler!) gesiedet und eßfertig verkauft.

* die Paste pur mit dem Löffelchen essen
* oder gleich eine Mischung aus Laverbread und Paniermehl kaufen und in der Pfanne anbraten.

Faggots: Panierte Kugeln in Größe eines Tennisballs: bestehen aus Schweinehack, Leber, Zwiebeln und Brotkrummen. Für ein paar Pfennige eßfertig bei jedem Metzger oder auf Märkten.

* kalt oder warm aus der Hand essen (wird auf Wunsch in der Mikrowelle erhitzt)
* oder ein volles Gericht draus machen: Wasser und ein Stück Zwiebel in eine Pfanne geben und kochen, - einen roten(!) Oxo-Suppenwürfel hineinbröseln und mit Mehl andicken. Dann die Faggots hineinsetzen und 1o Minuten bei bedeckter Pfanne köcheln. Als Beilagen Kartoffelpüree ("mashed potatoes") und Erbsen aus der Dose ("mushy peas").

Käse: An jeder Käsetheke gibt es diverse "Farmhouse Cheeses", die von Öko-Bauern chemiefrei hergestellt werden. Teilweise haben diese Leute Uralt-Rezepte wieder ausgegraben und sogar die erforderlichen Bakterien-Kulturen durch Rückzüchtung wieder gewonnen.

Caerphilly ist der berühmteste walisische Käse: aus Kuhmilch, - schmeckt aber ein bißchen Richtung Schafskäse, nur weicher und weniger salzig. Dazu am besten Crusty Cobs (wie unsere Semmeln, nur dreimal so groß) vom Bäcker.

Kuchen: Zwei Kuchen sind im walisischen Haushalt allgegenwärtig - auf Märkten, in Konditoreien und Cafés.

* Welsh Cakes sind Plätzchen aus Kuchenteig mit Rosinen, - schmecken wie Weihnachtsplätzchen und werden von den Locals Tag für Tag konsumiert. Im Plastikbeutel eine Woche haltbar.
* Bara Brith: Früchtekuchen, der zum Tee gereicht wird. Manche schmieren Butter drauf, andere essen ihn pur.

EINZELNE GERICHTE

Bei Restaurants, die sich auf traditionelle walisische Küche spezialisiert haben, klebt an der Eingangstür ein Emblem mit der Aufschrift "Blas ar Gymru - A Taste of Wales".

Vieles auf einer Kartoffel- und Zwiebel-Basis, Lauch wird ebenfalls großzügig verwendet. Hier ein paar typische Gerichte, die nur in Wales auf den Tisch kommen:

<u>Cawl</u>: Mischung aus Suppe und Eintopf, - mit Schaffleisch und allen möglichen Gemüsen (Lauch, Steckrüben, Zwiebel etc.).

<u>Glamorgan Sausage</u>: keine Wurst, - sondern ein vegetarisches Gericht: Käse, Zwiebel und Eier vermischt und in Form einer Bockwurst gedreht, dann paniert und rausgebraten.

<u>Welsh Rarebit</u>: ein Snack, der oft zum Lunch serviert wird. Getoastetes Brot wird mit Dunkelbier getränkt und mit Käse belegt, dann nochmal gebacken. Schmeckt eigentlich ähnlich wie die Käse-Toasts überall auf der Welt.

<u>FISCHGERICHTE</u> gibt's in allen Variationen, besonders in den Küstenstädten frisch vom Netz in den Kochtopf. Sehr populär sind Seezunge (Dover sole) und Forellen (trout). Teuer und Spitzenklasse: der Lachs (salmon).

<u>VEGETARISCHE GERICHTE</u>: in jeder Stadt billige Studenten-Kneipen mit Gerichten auf rein vegetarischer Basis, oft auch im Hinterzimmer von Naturkost-Läden. Wir haben in vielen Ortsbeschreibungen Vegetarier-Restaurants aufgeführt, durchweg ein reelles Preis-/Leistungsverhältnis.

GETRÄNKE

Die meisten Restaurants haben Lizenz zum Alkohol-Ausschank. Wenn nicht, darf eine Pulle Wein aus dem Supermarkt mitgebracht werden.

Als Aperitif zum Auftakt der Messer-und-Gabel-Schlacht meist Sherry oder Gin-Tonic, vielleicht auch ein helles Lager-Bier.

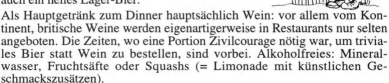

Als Hauptgetränk zum Dinner hauptsächlich Wein: vor allem vom Kontinent, britische Weine werden eigenartigerweise in Restaurants nur selten angeboten. Die Zeiten, wo eine Portion Zivilcourage nötig war, um triviales Bier statt Wein zu bestellen, sind vorbei. Alkoholfreies: Mineralwasser, Fruchtsäfte oder Squashs (= Limonade mit künstlichen Geschmackszusätzen).

Zum Dessert eine Tasse Kaffee (nicht Tee!).

<u>WEIN</u>: hauptsächlich Importweine aus Spanien, Portugal und Deutschland, im Restaurant um die 25 DM pro Flasche. In den letzten Jahren ent-

wickelte sich ein steigendes Interesse an der einheimischen Weinproduktion - die britische Weine schmecken sehr süß.

TEE: in Wales ebenso ein Nationalgetränk wie in England. Pro Kopf im Jahr geschlagene 1.5oo Tassen. Wird immer mit Milch getrunken. (Grund: Der Wirkstoff Tein kann vom Körper nur aus dem Magen transportiert werden, wenn man ihn zusammen mit dem Fett in der Milch zu sich nimmt. Alle tee-trinkenden Nationen wie auch die Inder und Friesen trinken ihren Tee mit Milch.) Die sprichwörtliche Tea-Time findet gegen 16 Uhr statt.

KAFFEE: Für den diesbezüglich verwöhnten Gaumen der Mitteleuropäer oft eine Zumutung, obwohl sich auf diesem Sektor schon viel getan hat. Wir haben uns längst angewöhnt, vor der Bestellung immer nachzuhaken, ob es sich um echten Bohnenkaffee ("ground coffee") handelt oder um Aufguß-Kaffee ("instant coffee").

BIER: Britisches Bier hat keine Schaumkrone, sich also nicht durch übereilte Beschwerden als Amateur-Trinker entlarven. Wird serviert als "pint" (o,57 Liter) und als "half-pint": Vielleicht mal die gängigen Sorten durchprobieren, wobei wir empfehlen, dies "half-pint"-weise zu machen.

Die Emanzipation hat an der Kneipentheke noch Nachholbedarf: Frauen mit dem pint statt dem half-pint in der Hand machen sich verdächtig, bei Männern sieht's umgekehrt aus...

Real Ale: In den 6oer Jahren fühlte sich die Biertrinker-Szene in England mehr und mehr von den Großbrauereien attackiert, die zur Standardisierung des Geschmacks und aus Gründen der Praktikabilität den edlen Hopfensaft pasteurisierten und Kohlendioxid zusetzten.

1971 erfolgte der Gegenschlag durch die Kampagne für "real ale". Es bezeichnet ursprüngliches Bier - meist von kleinen Brauereien. Es trägt noch lebende Hefe in sich, ist im Faß gereift, wird bei Raumtemperatur im Pub-Keller aufbewahrt und per Handpumpe ausgeschenkt.

Real Ale hat noch den vollen Geschmack und darf nicht schäumen. Mittlerweile serviert fast jede Kneipe, abgesehen von den Standard-Bieren, zwei oder drei handgepumpte Real Ales. Viele Studentenpinten schenken nur noch Real Ale aus.

Einige Sorten:

LAGER: ähnelt dem deutschen "Hellen" und entspricht am meisten dem internationalen Geschmack. Weniger Alkohol als in Deutschland. Oft mit einem Spritzer Limonensaft ("lager and lime"), schmeckt dann wie das deutsche Radler (Alsterwasser); oder mit etwas Johannisbeer-Sirup ("lager and currant"; sehr süß). Radler heißt in Großbritannien "shandy".

BITTER: verführerisch blonde Farbe mit 4 % Alkohol und recht bitterem Geschmack.

MILD: ähnlich dem Bitter, allerdings ein bißchen süßer und dunkler. Oft werden Bitter und Mild gemischt: nennt sich "half and half".

STOUT: mit 5,5 % die Alkohol-Bombe unter den englischen Bieren: tiefdunkle Farbe, süßlicher Geschmack und sehr cremig. Bekannteste Marke ist das irische Guinness. Stout gemischt mit Bitter nennt sich "black and tan".

WHISKY: in jeder Kneipe, kommt hauptsächlich aus Schottland. Besonders edel der reine "malt whisky", während der "blended whisky" durch Verschneiden verschiedener Rein-Sorten entsteht.

CIDER: erfrischender und prickelnder Apfelmost mit mittelstarkem Alkoholgehalt, sehr beliebt bei heißem Wetter. Entweder flaschenweise im Supermarkt oder in der Kneipe. Gibt's sweet (süß) und dry (herb).

 ## PUBS

Sehr viel Atmosphäre. Bierdunst, schwere Eichenbalken und vorne an der Theke lösen sich die Probleme der Welt sowieso in Wohlgefallen auf. Die Pubs sind in Wales sehr wichtig für die soziale Kommunikation, daher optimal für Kontakte zu Einheimischen.

In den Städten oft Nobel-Pubs aus der Zeit der industriellen Boomjahre, mit schwulstigen Mahagony-Balustraden und funkelnden Spiegeln. Oder heimelige Studentenkneipen, wo's nach Selbstgedrehten riecht. Draußen auf dem Land oft recht einfach eingerichtet.

Die Preise für Bier und Whisky, die beiden Haupt-Getränke, sind wegen der Besteuerung im Pub kaum höher als im Supermarkt. Siehe unsere Infos im Kapitel Essen & Trinken.

Regelmäßig befinden sich zwei Pubs im selben Gebäude: die Public Bar fürs Fußvolk und die etwas noblere Lounge Bar.

PUBLIC BAR: fast nur Männer, die sowohl mit vollen Gläsern als auch mit leeren ihre Schwierigkeiten haben. Oft sehr schmuddelig, Stahlrohr-Möbel und die obligatorische Darts-Scheibe.

LOUNGE BAR: dezenter und eine stilvolle Einrichtung, die gute Mischung aus Männern und Frauen kann belebend wirken. Eher was zum Kontakte knüpfen. Es wird auch weniger getrunken, so daß man die Gesichter nicht nur ausschließlich durch den Boden des Bierglases hindurch sieht. Unsere Pub-Tips beziehen sich ausschließlich auf die Lounge Bars.

Top-Hotels haben oft noch eine COCKTAIL BAR, - wer gepflegtes Schlips- und-Kragen-Milieu liebt.

Öffnungszeiten: Die berüchtigten britischen Sperrzeiten, die noch aus dem 1. Weltkrieg stammen, wurden in den letzten Jahren gelockert.

An Wochentagen von 11 bis 23 Uhr. Allerdings machen viele Kneipen am Nachmittag gegen 15 Uhr zu und öffnen erst wieder gegen 18 Uhr.

Sonntags von 12 bis 15 Uhr und von 19 bis 22.3o Uhr. Vor allem während der Mittagszeit sind dann alle Pubs brechend voll!

SPORT in Wales

① Weit verbreiteter Gentlemen-Sport überall auf den britischen Inseln. Ein Fischereischein wie in Deutschland ist nicht erforderlich: vor Ort ein Tages- oder Wochen-Permit besorgen (bei den TI-Offices nachfragen!). Dabei müssen für Lachs- und Forellenfischen Tagesgebühren von 3o DM aufwärts bezahlt werden. Angeln nach Hechten, Schleien etc. ist frei (dennoch ein Permit nötig!).

<u>AUSRÜSTUNG</u>: Angelruten und Köder überall in den Angelgeschäften ("tackle shops"). Ebenso Boote, um an die optimalen Fanggründe ranzukommen. Beinlange Gummistiefel und Regenkleidung machen die Sache gemütlicher.

<u>SAISON</u>: Forellen - Anfang März bis Ende September, Lachse - Anfang Februar bis Ende Oktober.

<u>ANGLER-HOTELS</u>: voll auf die Fischer spezialisiert, liegen an einem See oder Flußabschnitt und sind nur während der Saison geöffnet (Liste beim BTA/Frankfurt).

<u>ANGELSCHULEN</u>: einwöchiger Kurs ab 4oo DM (inkl. Vollpension). Oder knappen Hunderter investieren und einen Ghillie anheuern: eine Art Privatlehrer, der einen beim Angeln begleitet und Tips gibt.

<u>SEA ANGLING</u>: Zum Angeln von Meeresfischen ist kein Permit erforderlich. Bei etwas Glück beißen abenteuerlich aussehende Urzeittiere an, etwa Flunder oder Rochen. Wer die Fische nicht töten will, kann den Angelhaken lösen und sie wieder zurückwerfen.

Vom Ufer aus geringere Ausbeute, die Fische sind auch kleiner. Sonst aber wunderschön: an einem verlassenen Küstenabschnitt das Camp aufschlagen und sich das Abendbrot aus dem Meer holen. Innereien rausnehmen, mit Salz und Pfeffer würzen und überm Lagerfeuer bruzzeln.

Von vielen Küstenorten werden in der Saison <u>Boottrips</u> zum Sea-Angling (kleine Kabinen-Kutter) angeboten, Ausrüstung wird gestellt. Preise: etwa 3o DM für den 3-Stunden-Trip oder 5o-7o DM für den ganzen Tag. Keinerlei Vorkenntnisse nötig. Die beste Gelegenheit ab der Westküste von Wales, z.T. auch spezielle Trips zum Haifisch-Angeln.

② Kein elitärer "In-Sport" wie bei uns, sondern weit verbreitet und uralte Tradition. Es gibt rund 1oo Golfplätze, vor allem an den Küsten.

FORTGESCHRITTENE besorgen sich besser schon vorab beim BTA in Frankfurt Info-Material über Golferferien und Golfer-Hotels in Wales.

ANFÄNGER: vielleicht mal nur so zum Spaß Schläger ("clubs") mieten und ein bißchen rumhacken. Ein netter Nachmittag, und abends wird im Klubheim kräftig gefeiert. Besser während der Woche und auf kleineren Plätzen, wo weniger Betrieb herrscht und es ein bißchen familiärer zugeht. Pro Runde um die 2o DM.

Kurz die wichtigsten Regeln: Der <u>PLATZ</u> hat 9 bzw. 18 Felder (nine-hole und eighteen-hole course). Sollte sanft hügelig sein.

AUSRÜSTUNG für ein paar Mark im Vereinsheim mieten: Schläger ("clubs"), Bälle und ein "Tee" (kleines Plastikgestell, um den Ball zum Spielauftakt zu plazieren).

Zu Beginn wird der Tee im Feld "TEE" in den Boden gesteckt und der Ball darauf plaziert. Ziel ist es, mit möglichst wenigen Schlägen den Ball ins Zielloch im Feld "GREEN" zu bringen. Top Spieler schaffen das in 3-5 Schlägen, der Schnitt liegt bei 2o-3o. Der Zeitbedarf spielt dabei keine Rolle. Nach einem verlorengegangenen Ball darf maximal 5 Minuten gesucht werden. Anschließend auf dem nächsten Feld das ganze nochmal, insgesamt also 18 mal. Bei nine-hole-courses werden zwei Runden gespielt.

(Skizze: + 20m + / Sehr kurzes Gras → "TEE" 20m / 50m / "FAIRWAY" außen langes Gras, auf dem Fairway mittel — 150 bis 500 m / "GREEN" Gras sehr kurz)

Beim <u>MATCH-PLAY</u> wird pro Feld gespielt. Sieger ist, wer als erster den Ball in den meisten der 18 Felder hat. Beim <u>STOKI-PLAY</u> werden die gesamten Schläge addiert, die für die 18 Löcher zusammen benötigt werden. Ein komplettes Match dauert 3-4 Stunden.

Reiten

Neben einigen Reiter-Zentren, die auch Kurse anbieten (Adressen beim BTA/Frankfurt), ist vor allem das Pony-Trekking interessant: Ausritte über Holper- und Feldwege, und am Sattel baumelt das Lunchpaket. Auch für Anfänger und Kinder zu empfehlen.

Entweder auf eigene Faust im Umkreis des Reiterhofs oder Expeditionen als Gruppe mit einem Führer. Angebot geht von einstündigen Touren bis zu Tagesausritten. Preise liegen zwischen ca. 15 und 2o DM/Stunde.

Adressen von Reiterhöfen bei den TI-Offices.

Beliebter Kneipensport, vergleichbar mit dem Karten-spielen bei uns in den Wirtshäusern. Dartsscheiben hängen fast immer in der Public Bar, nicht in der vornehmeren Lounge Bar.

Irgendwo mitspielen ist schwierig, da Übung nötig und komplizierte Re-geln. Die Leute wollen flüssig spielen und sich nicht mit langen Erklä-rungen aufhalten. Besser zunächst allein probieren, wenn die Dartsscheibe grad nicht besetzt ist. Anfangs werden die Pfeile noch ihre eigenen Wege gehen und irgendwo in der Wand landen, man bekommt aber bald Übung darin.

Unbedingt ein paar "Wander-Tage" einbauen: auf Schusters Rappen durch grüne Flußlandschaften, oder an der Abbruchkante halsbrecherischer Klippen - abstürze lang, wo unten die Brandung donnert und Möwen sich mit ausgebreiteten Schwingen im Wind wiegen...

In jedem TI-Office Broschüren mit Routen-Vorschlägen. Die in diesem Buch beschriebenen Wandertouren haben wir sorgfältig ausgewählt (durch eigene Erfahrungen plus Zusammenarbeit mit regionalen Wander-Ver-einen), dürften die Highlights im Raum Wales darstellen. Viele Trecks sind beschildert, bei zusätzlicher Benützumg einer detaillierten Landkarte entstehen keinerlei Orientierungsschwierigkeiten.

In vielen Orten gibt es <u>WANDERVEREINE</u>, die sonntags gemeinsam los-ziehen und Touristen gerne mitnehmen. Bringt zusätzlich zum Natur-erlebnis viel Geselligkeit. Im B&B-Haus, im TI-Office oder in den Sport-geschäften nachfragen.

In den drei <u>Nationalparks</u> von Wales während der Saison im Sommer fast täglich Angebot von Gruppenwanderungen unter sachkundiger Führung (nennt sich join-a-walk).

<u>Ausrüstung</u>: Von zu Hause mitbringen oder vor Ort in den Sport-geschäften kaufen: die Besitzer sind meist alte Hasen in Sachen Wandern und Bergsteigen und kennen in der Umgebung jeden Stein. Helfen auch gerne bei der Planung der Tour.

<u>WASSERFESTE WANDERSCHUHE</u>: In den Heide- und Moorrevieren saugt sich der Untergrund nach Regenperioden schnell voll, bei den Klippen-Walks schlüpfriger Untergrund, der gefährlich werden kann. Sollten eine griffige Profil-Sohle aufweisen. Sportschuhe taugen nichts.

<u>REGENKLEIDUNG</u>: Dem Klima als ständigen Unsicherheits-Faktor unbedingt Rechnung tragen, auch wenn bei Beginn der Wanderung herrliches Wetter herrscht. Drei Dinge gehören immer in den Rucksack: ein Regen-Überhang, eine wasserfeste Über-Hose schadet ebenfalls nicht. Als drittes ein Wollpullover.

SOCKEN: Ein Paar dünne und ein Paar Wollsocken, die übereinander-gezogen werden. Riecht auch nicht schlimmer als die Käse-Brotzeit im Rucksack und verhindert Blasenbildung.

BABY-PUDER: Auch wer aus dem Alter heraus zu sein glaubt: für die Füße, wenn sie naß werden.

TRAMPERZELT: Wer Übernachtungen im Freien plant; braucht nur we-nig Platz im Gepäck. Daß es abends sehr eng wird, wenn man zu zweit übernachtet, muß kein Nachteil sein.

MÜCKENMITTEL: Von Juni bis September sprühen die Mücken ("mid-ges") vor Lebensfreude. Soll durch das einheimische Mittel "Dschungle Formula" etwas gedämpft werden, an Autan hat man sich in Mücken-Kreisen längst gewöhnt.

RUCKSACK: Besser die gestellfreien, Alu-Gestelle nur hinderlich.

PROVIANT: Immer etwas Reserve mit rein in den Rucksack, falls irgend-was passiert. Leichte Sachen einpacken (Nüsse, Müsli, Nudeln); besseres Trockenfutter in allen Sportgeschäften.

GASKOCHER: Die blauen Standard-Kartuschen kauft man sich vor Ort (dürfen unter keinen Umständen im Flugzeug mittransportiert werden).

KARTENMATERIAL: Maßgeblich sind die Ordnance Survey (OS), die in vielen Einzelkarten das gesamte Großbritannien abdecken. Sind so detail-liert, daß jeder Bach und jede Hütte eingezeichnet sind.

Die OS gibt's in den Sportgeschäften der größeren Orte oder - jeweils für die Umgebung - in den TI-Ämtern. Dem Beamten die geplante Tour auf-zeigen, damit er die nötigen Karten raussucht. Kosten ca. 12 DM.

KOMPASS: Der Wert steigert sich noch, wenn man die Dinger auch zu handhaben weiß.

TRILLERPFEIFE: als Alarmsignal für den Fall der Fälle.

Pembrokeshire Coastal Path: ca. 19o km langer Standard-Wander-weg entlang der zerklüfteten Küste im Südwesten von Wales. Gottverlas-sene Naturlandschaft, das Tosen der Brandung und Seevogel-Geschrei. Details ab S. 218.

Offa's Dyke Path: weiterer Standard-Wandertrail entlang der walisisch-englischen Grenze. Details Seite 1o2.

 ⑥ Bergsteigen:

Die Gipfel übersteigen zwar nicht die 1.ooo-m-Schwelle, verlangen aber trotzdem eine gewisse Erfahrung und bringen tiefe Natureindrücke.

Allerdings führen auf viele Berge auch einfachere Touristen-routen, wo eine gesunde Portion Schwindelfreiheit genügt.

Viele Gipfel haben einfachen Zugang von der Straße aus: Auto dort stehen lassen. Die Besteigungen sind so ziemlich alle an einem Tag zu schaffen. Daher gibt's in Wales nur sehr selten Berghütten.

Dennoch die Sache nicht unterschätzen. Vor allem wegen des launischen Wetters: Petrus scheint kein Bergsteiger gewesen zu sein, oft zieht spontan Nebel auf. In den Snowdonia-Bergen/Nordwales z.b. jährlich ein rundes Dutzend Todesfälle.

AUSRÜSTUNG: ähnliches wie bei Wandern, siehe oben. Außerdem die Verhaltenstips beachten, die wir in Zusammenarbeit mit dem Waliser Mountaineering-Club in der Einleitung zum Snowdonia-Kapitel (Seite 31o) gegeben haben.

Die beiden Bergsteiger-Reviere von Wales:

* Brecon Beacons (Seite 2o5)   * Snowdonia-Nationalpark (Seite 3o7)

⑦ Wassersport:

Die diversen Wassersportarten werden in Großbritannien immer populärer In Wales breites Angebot vor allem in den Seebädern an der Nordküste, die mit einem breiten Activity-Programm Kunden anzulocken versuchen. Viel Wassersport auch am Bala Lake (Seite 419). Infos vorab bei der BTA in Frankfurt anfordern.

Segeln genießt steigende Beliebtheit. An vielen Buchten und Seen gibt's Dinghies für einen Tag zu mieten, außerdem Kurse.

Ruderboote: mietet man sich stundenweise auf Seen und an schönen Flußabschnitten.

Windsurfing: an vielen Orten Vermieter von Brettern und Gummianzügen.

SCHWIMMEN: jede Menge Strände an der Küste, von schwer zugänglichen Robinson-Stränden in stillen Buchten bis zu den Rummel- und Stränden in den Seebädern wie etwa Llangollen. Das Wasser wärmt sich das Wasser allerdings erst ab Mitte Juli genügend auf.

Hüllenloses Nacktbaden würde die Toleranz des gestandenen Walisers zwar überfordern, den Anblick einer entblößten Brust verkraftet man aber allmählich auch hier in Großbritannien.

LEISURE CENTRES: Freizeit-Anlage für Wasserratten,- gibt es fast in jeder größeren walisischen Stadt. Zum Komplex gehören mehrere Schwimmbecken, Sauna und Ruheräume, Squash-Courts, Fitneß-Räume und eine Bar. Sehr zu empfehlen, um Schlecht-Wetter-Tage zu überbrücken.

⑧ Zuschauer-Sport:

Hier eine Reihe von Sportarten, die für Wales besonders typisch sind und den entsprechenden Flair rüberbringen. Infos und Termine: jeweils im Sportteil der Abendzeitungen.

Rugby

Der Waliser Nationalsport, weitaus populärer als etwa Fußball. Die Fans kommen aus allen Gesellschaftsschichten (im Gegensatz zu England, wo Rugby mehr an den Eliteschulen kultiviert wird).

Der Grund dafür, daß Rugby für die Waliser fast zu einer Ersatzreligion geworden ist, liegt vermutlich in dessen kämpferischen Elementen. Rugby war der richtige Kraftsport für die walisischen Bergleute.

Als Erfinder des Spiels gilt William Webb Ellis, ein Internatsschüler im englischen Ort Rugby. 1823 gingen ihm bei einem Fußball-Match die Nerven durch. Er griff sich den Ball und lief los, die generischen Spieler hinterher. In Wales wurde Rugby dann rasch populär, bereits 1880 erfolgte die Gründung der "Welsh Rugby Society".

SPIELSAISON: von Oktober bis April. Jede größere Ortschaft in Wales hat sein Rugby-Spielfeld. Besuche lohnen sich unbedingt: Sprechchöre und Pfiffe, die Fans singen Hymnen ab. Die Begeisterungsstürme bei Spielen gegen England wurden bereits als Schallplatte veröffentlicht.

Der größte Rugby-Platz ist der Cardiff Arms Park. Dort sich bereits Tage im voraus um Karten bemühen.

Cricket

Ist zwar in erster Linie ein Spiel der Engländer, hat aber auch in Wales viele Fans. Cricket wurde oft als "zelebrierte Langeweile" verhöhnt: die Spiele dauern manchmal den ganzen Tag, die Zuschauer lesen nebenher in der Zeitung oder lösen Kreuzworträtsel. Die Regeln sind sehr kompliziert, eine genaue Erklärung würde den Rahmen dieses Buches sprengen.

SPIELSAISON: April bis September.

Fußball

Heißt in Großbritannen nicht "football", sondern "soccer". Jede Stadt in Wales hat ihr Team, die in vier Ligen spielen. Von Schlägereien, wie bei den englischen Hooligans, hört man in Wales aber nur selten.

SPIELSAISON: von Mitte August bis Mitte Mai, jeweils samstags von 15-16.45 Uhr. Tickets vor Spielbeginn am Stadion lösen, bei sehr wichtigen Spielen schon Tage im voraus.

Windhundrennen

Fiebrige Wettleidenschaft und eine Herde von Windhunden (greyhound dogs), die mit vollem Speed einem elektrisch angetriebenen Stoffhasen nachjagen. Ergebnisse werden auf einer elektronischen Anzeigetafel bekannt gegeben. Stadien in den größeren Städten. Man kann sich auch mit Pfennigbeträgen am Wetten probieren.

Musik

Wie bei allen keltischen Völkern spielt die <u>MUSIK</u> auch im Leben der Waliser eine sehr wichtige Rolle. Leider hat die walisische Folkmusik nie das internationale Renommee erreicht wie etwa die irische.

Schallplatten und CD's mit walisischer Volksmusik bekommt man in den Plattenläden der größeren Städte. Daneben aber auch Gelegenheiten, Live-Auftritte zu hören.

Die walisische Folkmusik besteht aus zwei "Hauptsträngen": die <u>Chöre</u> (mehrstimmige Männerchöre) und die <u>Barden</u> (Folksänger im üblichen Sinne). Beide haben eine grundlegend verschiedene Tradition.

Chöre

Heute die bekanntere Form der walisischer Musik, - oft wunderschöne, klassische Oratorien (z.b. der Messias von Händel oder Elias von Mendelssohn). Es gibt in Wales noch rund 3oo Chöre, manche sind weltberühmt. Insgesamt werden sie jedoch alle von Nachwuchssorgen geplagt.

<u>DIE CHÖRE</u> (oder Squires) kamen gegen Ende des 18. Jh. auf. Damals formierte sich die methodistische Religion: die walisischsprachigen, unteren Gesellschaftsschichten trafen sich in den *"Capels"* (kleine Kapellen) und sangen Gospels. Dies war eine sanfte Rebellion gegen die großen Kirchen der englischen Staatsreligion.

Damit erhielten die Chöre auch eine politische Message: sie wurden Ausdruck der Solidarität eines Volkes, das in seinem eigenen Land unterdrückt war. Gerade deshalb erreichten sie ihre Blüte in den Bergarbeiter-Chören in den Kohlerevieren von Südwales.

Seit Mitte des 2o. Jh. ließen die Chöre in Religiösität und politischer Sprengkraft nach. Man traf sich lieber im Pub als in der Kirche, wo Sauf- und Liebeslieder irgendwie besser paßten als Kirchenlieder.

Wer solche Chöre live hören will, geht am besten zu den Proben: meist während der Woche abends gegen 19 Uhr - in fast jedem Dorf. Über genaue Termine und Treffpunkte geben die TI's Auskunft.

Alternative wäre sonntags in den Capels. Aber seltener, da auch in Wales immer weniger Menschen in die Kapelle gehen.

<u>Pendyrus Male Choir</u>: Der berühmteste der walisischen Chöre, mit internationalem Erfolg. Der Männerchor hat seinen Sitz im südwalisischen Rhondda-Tal, entstanden vor über 1oo Jahren als Chor von Bergarbeitern. Rund 1oo Mitglieder.

Drei weitere Namen, die zur Creme der walisischen Männerchöre gehören: <u>Rhos Choir</u>, <u>Pontarddulais Choir</u> und <u>Treorchy Choir</u>. Sind in jedem größeren Plattenladen vertreten.

<u>Cynwrig Singers</u>: der meistgehörte unter den gemischten Chören - aber weit weniger populär als die Männerchöre.

Barden

Sind die walisische Variante von Liedermachern, die altes Liedgut neu arrangieren und einspielen. Vergleichbare Künstler im deutschsprachigen Raum wären Hannes Wader oder die Gruppe Ougenweide. Immer mehr Pubs haben solche Folk-Bands on stage, außerdem bei den Eisteddfodau.

Die Wurzeln liegen bei den Sängern und Dichtern, die bei den Kelten einen hohen sozialen Status innehatten. Heute werden die Tunes mehr oder weniger verrockt und verpopt,- die Texte sind aber walisisch, oft kommen traditionelle Instrumente zum Einsatz.

DIE BARDEN haben ihre Ursprünge etwa im 7. Jh. v. Chr., als die ersten keltischen Stämme die britischen Inseln erreichten. Bei ihnen hatte das Balladensingen und Geschichtenerzählen einen enorm hohen Stellenwert (vgl. Folkmusik in Irland).

Einen ersten Cut gab es im 14. und 15. Jh., wegen der ständigen Kriege. Nach der politischen Union mit England (1536) zogen die Künstler und Barden an den Königshof nach London. Dies kam einer Enthauptung der walisischen Kultur gleich! Nur in den Dörfern sangen die Bauern noch die alten Volkslieder.

Den zweiten Cut gab es im 19. Jh., als die Methodisten-Pfarrer gegen die fidele Folk- und Tanzmusik predigten und ihren Segen ausschließlich für die religös motivierten Chöre gaben. Da die Melodien und Texte der Volkslieder nur mündlich überliefert worden waren, gerieten wertvolle Kulturschätze in Vergessenheit.

Zu einem Revival kam es erst in den 197oer Jahren. Hat damit angefangen, daß Rockbands walisischsprachige Coverversionen von Beatles, Dylan & Co. sangen. So gut es ging, wurden auch alte Songs wieder ausgegraben, - manche der alten Tunes waren noch lebendig, wenn auch die exakten Texte und Melodien unwiederbringlich verloren sind. Derzeit sieht es so aus, daß "Welsh Folk" zunehmend an Boden gewinnt.

MIKE STEVENS: Folkrock mit einem Twist Richtung Jazz & Blues. Mike kommt aus der Gegend von Tenby und hat schon über zehn Platten mit selbstgeschriebenen Songs gemacht. Jenseits der fünfzig und längst ein alter Hase (Zitat: "I taught Bob Bylan...").

DAFYDD IWAN: sozialkritische Rebellensongs, von der Musik her balladenmäßig und middle-of-the-road. Er ist Direktor der Plattenfirma "Sain", sein Teminkalender auf zwei Jahre ausgebucht!

MIKE PETERS: die walisische Version von Hard'n'Heavy. Mike Peters (schwarzes Leder, lange Haare) war Ende der achziger Jahre Leadsänger von "Alarm", die in den USA in den Charts waren. Hat jetzt seine eigene Band und macht auf Folk-Rocker.

BOB DELYN (delyn = walisisch für Harfe): Folk goes Punk - hört sich ein bißchen an wie die Pogues. Leadsänger Twm Morris ist Dauergast auf allen Festivals und in den Konzerthallen. Größter Erfolg war ihr 1993er Album "Gedon".

SIAN JAMES: eine der wenigen Frauen im walisischen Folk (die Szene ist leider immer noch sehr "oben ohne Damen"). Sehr traditionell - spielt Harfe und und hat eine Stimme von Opern-Qualität, ihre Interpretation bestechen durch Individualität.

Harfenmusik

Die Harfe ist ein nationales Symbol für die Waliser, sie war das wichtigste Begleitinstrument der keltischen Barden. Live-Auftritte hört man ebenfalls bei den Eistedfoddau.

Größter Künstler auf der Harfe ist <u>Ossian Ellis</u>: hörenswerte Schallplatten, mit klassischen Intonationen und rein instrumental.

Eisteddfodau

Sänger- und Dichter-Wettkämpfe, alles in keltischer Sprache, viel Druiden-Kult: Sinn ist der Erhalt des walisischen Kultur-Erbes. Während des August in vielen Dörfern. Das Fest heißt Eisteddfod, Eisteddfodau ist davon die Pluralform.

Dabei werden selbstverfaßte Gedichte in den sehr schwierigen, keltischen Versformen vorgetragen. Sänger und Harfenspieler treten auf, die Darsteller tragen wallende Gewänder. Der Sieger wird zum König der Barden gekrönt und erhält als Preis einen Bardenstuhl. Zum Abschluß wird die walisische Nationalhymne gespielt.

Parallel zum offiziellen Programm läuft ein "Fringe Programme", das fast noch besser ist: Straßenmusiker - Theater, alles sehr improvisiert.

Geschichte: Bereits im Mittelalter organisierten die walisischen Fürsten Dichter-Feste, die erste urkundliche Erwähnung eines Eisteddfod stammt aus dem Jahre 1176. Nach der politischen Union mit England (1536) richtete sich das kulturelle Leben in Wales mehr und mehr nach London aus. Im Zuge der zunehmenden Anglisierung gerieten auch die Eisteddfodau in Vergessenheit.

Erst Ende des 18. Jh. wurden, im Zuge des walisischen Revivals, auch die Sänger-Wettbewerbe wieder aus der Versenkung geholt. Initiator war ein gewisser Edward Williams, ein exzentrischer Altertumsforscher. Da sowohl die keltischen Lieder in Vergessenheit geraten waren (wurden nur mündlich überliefert!), als auch die Kostüme und die Rituale, ließ man der Phantasie recht freien Lauf.

Das erste offizielle Eisteddfod fand 1819 statt, seit 1860 werden die typisch keltischen Feste wieder regelmäßig aufgeführt. Sie spielen eine wichtige Rolle für das walisische Nationalgefühl. Träger der Eisteddfodau ist ein Verein zum Erhalt der walisischen Kultur.

<u>REGIONAL EISTEDDFODAU</u>: kleine regionale Festivals - in fast jedem Dorf, über das ganze Jahr verteilt. Dauern ein Wochenende lang und finden hauptsächlich in den Pubs statt. Die Sieger dürfen beim National Eisteddfod mitmachen.

<u>NATIONAL EISTEDDFOD</u>: in der ersten August-Woche, abwechseln in einer nord- und einer südwalisischen Ortschaft. Dabei treten die besten Barden gegeneinander an.

Für das Spektakel wird ein künstlicher Steinkreis errichtet. Überall große

Zelte, bis zu 1oo.ooo Besuchern (Exil-Waliser aus der ganzen Welt). Da nur walisisch gesprochen wird, erhalten Besucher einen Kopfhörer für die Übersetzungen.

INTERNATIONAL EISTEDDFOD: während der ersten Juli-Woche, findet statt in Llangollen an der Nordküste. Dabei treten Sänger und Volkstanzgruppen aus 3o Ländern auf, alle in ihren landeseigenen Kostümen.

Buchen: Tickets und Unterkünfte schon im Herbst des vorausgehenden Jahres. Adresse: Eisteddfod Office, Llangollen, Clywyd, Wales LL 2o 8 NG. Die Tickets kosten nur ein paar Mark.

Keltische Abende

Finden in irgendwelchen Scheunen und Dorfwirtschaften statt, - meist von Einheimischen organisiert, um Gelder für wohltätige Zwecke aufzubringen. Vor allem in den walisischsprachigen Randregionen, insbesondere auf der Lleyn-Halbinsel.

Trotzdem eine sterbende Tradition. Keltische Abende in den Hotels sind ersatzweise o.k., wenn auch weit weniger authentisch.

Bei sog. "Noson Lawen" geben sich Harfenspieler und Bänkelsänger in alten Volkstrachten die Ehre, - die Laien-Comedy-Einlagen sind amüsant, auch wenn man kein Wort versteht.

Bei "Tympath Dawns" liegt der Schwerpunkt auf Volkstänzen, - man stampft mit Holz-Clogs und springt über Stöcke (äquivalent zum Schuhplattler, aber ohne Schmalz und peinliches Seppl-Getue). Ebenfalls in traditionellen Trachten.

SPRACHE

Wales ist ein zweisprachiges Land. Englisch wird überall gesprochen, daher entstehen keinerlei Verständigungsprobleme. Daneben lebt aber auch das Walisische weiter, die Sprache der keltischen Urbevölkerung.

Vor allem geographische Bezeichnungen: oft wie Zungenbrecher und kaum aussprechbar. Orts- und Straßenschilder, amtliche Formulare etc. enthalten sowohl einen englischen als auch einen walisischen Schriftzug. In den nordwestlichen Regionen ist Walisisch aber auch lebendige Umgangssprache, zu hören in den Kneipen und Dorfläden.

WALISISCH geht zurück auf die Sprache der Kelten, die im ersten Jahrtausend vor Christus weite Teile Mittel- und Westeuropas besiedelten. Ca. 8oo v. Chr. wanderten Keltenstämme rüber zu den britischen Inseln. Während auf dem Festland in der Zeit der Herrschaft der Römer Keltisch vollständig von Latein verdrängt wurde, blieb es auf den Inseln erhalten.

Nach Abzug der Römer, im 4. Jh. n. Chr., spaltete sich das Keltische auf den britischen Inseln in zwei verschiedene Idiome. Erstens Gälisch, das in Irland, Schottand und auf der Isle of Man gesprochen wurde. Zweitens Kymrisch, das sich in Wales und Cornwall erhalten hat.

Die Aufspaltung erfolgte mit rasanter Schnelligkeit, binnen zwei bis drei Generationen. Beide Sprachen sind heute so verschieden wie Deutsch und Englisch: Schotten und Waliser können nur in Englisch kommunizieren!

Seit der Zeit der Aufspaltung hat sich die walisische Sprache seltsamerweise nur noch wenig verändert. Texte aus dem 5. Jh. sind zwar heute nicht mehr ohne weiteres verstehbar, haben aber einen sehr ähnlichen Klang.

1536 erfolgte die politische Union von Wales und England. Englisch wurde zur Amtssprache erklärt. Mit einem Schlag wurde das Land zweisprachig: Englisch als Sprache der gesellschaftlichen Oberschicht, Walisisch wurde zur Sprache der Bauern.

Über das weitere Auf-und-Ab der walisischen Sprache siehe unser Kapitel "Geschichte".

HEUTIGER STAND: Während die gälische Sprache in Cornwall und Schottland fast völlig ausgestorben ist, hat sie sich in Wales erhalten. Heute ist für rund ein Fünftel der Bevölkerung das Gälische Umgangssprache. Englisch ist für diese Bevölkerungsteile eine Fremdsprache, die allerdings jeder beherrscht.

Es stellt sich die Frage, inwieweit das Walisische überlebensfähig ist. Dazu muß es vor allem Flexibilität beweisen und neue Begriffe adoptieren. Bisher hat die Zahl der Menschen ständig abgenommen, für die Walisisch die erste Umgangssprache und vertrauter als das Englische ist.

RÜCKGANG DES WALISISCHEN: 1851 sprachen noch 9o % der Bevölkerung Walisisch, um 19oo noch ca. 5o %. 1951 waren es noch 29 %. Beim letzten Zensus 1981 ergab sich ein walisischsprachiger Bevölkerungsanteil von nur noch 19 %. Das sind rund eine halbe Million Menschen.

Die Gründe für das kontinuierliche Sterben der Sprache liegen in der Landflucht, in der Zuwanderung von Engländern und im Einfluß von Kino und Fernsehen (v.a. auf die jungen Menschen).

GEGENBEWEGUNG: seit den 6oer Jahren findet ein kontinuierlicher Kampf für den Erhalt der walisischen Sprache statt. Er wird getragen von kulturell engagierten Kräften, die ihren Protest gegen die zunehmende Anglisierung von Wales zum Ausdruck brigen.

Beginn 1962, ausgelöst durch eine Radioansprache des walisischen Schriftstellers Saunders Lewis. Er ruft darin zum zivilen Ungehorsam auf, wenn amtliche Bescheide nicht in walisischer Sprache ausgeführt sind.

Junge Leute beteiligten sich scharenweise an den Protestaktionen, bei denen etwa englischsprachige Steuerbescheide nicht beachtet wurden. 1967 war der Durchbruch geschafft: Walisisch erhielt den offiziellen Status einer

Amtssprache. Formulare wurden zweisprachig ausgeführt, vor Gericht durfte man walisisch sprechen.

1969 begannen der Kampf gegen englische <u>Orts- und Straßenschilder</u>. In nächtlichen Aktionen wurden die Schilder übersprüht, es gab diesbezüglich zweihundert Gerichtsverfahren. 1972 gab die Regierung nach: überall in Wales brachte man zweisprachige Schilder an.

Ab 1968 forderte man die Einführung eines <u>walisischssprachigen Fernsehkanals</u>. Mit Sit-ins und sogar aktiver Gewalt gegen Sachen zwang man die Regierung auch hier zum Einlenken.

1982 wurde das "Vierte Programm" eingeführt, das mehrere Stunden pro Tag ausschließlich in walisischer Sprache sendet. Hinzu kam ein walisischer <u>Radiokanal</u>, der täglich 8 Stunden sendet.

Insgesamt wurde vieles erreicht. Etwa 65o <u>Schulen</u> unterrichten alle Fächer in Walisisch, Englisch hat dort nur den Status einer Fremdsprache. An den übrigen Schulen ist Walisisch wichtigstes Unterrichtsfach.

An der Universität in Aberystwyth kann man Walisisch studieren. Es gibt eine Reihe von Schriftstellern, die in walisischer Sprache schreiben und publizieren (pro Jahr erscheinen rund 3oo Bücher).

Es läßt sich wohl das Endresultat ziehen, daß die walisische Sprache vor dem völligen Aussterben bewahrt worden ist.

AUSSPRACHEREGELN

Hier nur die wichtigsten, - sehr vereinfacht. Sollte man unbedingt beherrschen, um die geographischen Bezeichnungen auf der Landkarte aussprechen zu können.

c	immer als "k"
dd	wie das englische "th"
f	wie das deutsche "w"
ff, ph	f
ll	der schwierigste Buchstabe, - spricht man als sehr kehliges "chl"
rh	gehauchtes "r"
w	ist im Walisischen ein Vokal, gesprochen wie ein langes "u"
y	am häufigsten als "i" ausgesprochen

Jede Silbe wird deutlich ausgesprochen, die Betonung liegt auf der vorletzten. Walisisch hat eine sehr eindringliche Klangmelodie. Läßt sich bei Predigten und Reden besser als viele andere Sprachen als Machtinstrument verwenden.

Im Nordwesten und an der Westküste sprechen bis zu 6o % der Menschen Walisisch als Umgangssprache (v.a. in den Dörfern). Der Südwesten dagegen ist rein englischsprachig.

Die Waliser sind sehr stolz auf ihre Sprache. Wer ein paar Wörter beherrscht, auf der Straße mal walisisch grüßt oder dem Zechbruder im Pub original-walisisch zuprostet, handelt sich schnell Sympathien ein.

Einige Wörter:			
danke	diolch	guten Morgen	bore da
ja	ia	guten Tag	dydd da
nein	na	guten Abend	noswaith da
Prost!	iechyd da	Wie geht's?	sut ydach chi (sprich: "sitaxie")

GESCHICHTE

Durch die walisische Geschichte zieht sich wie ein roter Faden die 1.5oo Jahre dauernde Domination durch den mächtigen Nachbarn England. Dies hat in politischer Hinsicht zu einer vollständigen Assimilation geführt.

In kultureller Hinsicht hat sich Wales jedoch seine eigene Identität bewahrt. Sie kommt beispielsweise in einem glühenden Patriotismus, in der Volksmusik oder in den fremdartigen Ortsnamen an die Oberfläche.

VORGESCHICHTE   (bis 5oo v. Chr.)

Während der <u>EISZEIT</u> war Wales komplett von Gletschermassen bedeckt. Die Eiszeit war unterbrochen von Phasen mit milderem Klima. Die Gletscher wichen zurück und machten Platz für eine Tundrasteppe.

Da noch immer sehr viel Ozeanwasser als Eis gebunden war, lag der Meeresspiegel erheblich niedriger als heute. Der Ärmelkanal war nicht von Wasser bedeckt, Großbritannien war folglich Teil des europäischen Festlandes.

<u>ALTSTEINZEIT</u>: Mammuts und Wollnashörner konnten nach Norden durch die Tundra wandern, die bis an den Gletscherrand reichte. Den Tierherden folgten die ersten Menschen. Sie gehörten der <u>Neandertaler</u>-Rasse an, die in den Höhlen von Südwales wohnte. Die Region war aber extrem dünn besiedelt, da der lebenswichtige Feuerstein in Wales sehr selten vorkam.

Vor etwa 22.ooo Jahren tauchte der neue Mensch auch in Wales auf: der <u>Cro-Magnon-Mensch</u> verdrängte den primitiveren Neandertaler. Ältester Nachweis ist das mit ockerroter Farbe bemalte Skelett eines jungen Mannes, das man 1823 auf der Gower-Halbinsel gefunden hat. Die Menschen der Altsteinzeit lebten in den Höhlen im Küstenbereich, wichtigstes Werkzeug war der Faustkeil.

Vor etwa 12.ooo Jahren begann das endgültige <u>Ende der Eiszeit</u>. In den folgenden Jahrtausenden stieg der Meeresspiegel durch das Abschmelzen der Polkappen, bis 5ooo v. Chr. war Großbritannien eine Insel. Die Waliser Mythologie enthält wiederholt das Motiv von Königreichen, die in Wasserfluten versinken: vielleicht eine dumpfe Erinnerung an das Ende der Eiszeit, was den Menschen damals als Naturkatastrophe erschienen sein muß.

<u>MITTELSTEINZEIT</u> (5ooo - 25oo v. Chr.): Das Klima war vergleichbar mit dem in unserer Zeit. Erstmals wagten sich die Menschen vom Küstenbereich in die Urwälder im Landesinnern. Neben dem Faustkeil benutzten die Menschen subtilere Steinklingen als Werkzeuge.

<u>JUNGSTEINZEIT</u> (25oo - 15oo v. Chr.): Während in Wales die Menschen noch als Jäger und Sammler bebten, begann im Mittleren Osten eine

Revolution. Man hatte dort gelernt, Tiere zu domestizieren und Getreide anzubauen.

Die neuen Erkenntnisse breiteten sich rasch über ganz Europa aus, bis endlich die ersten Siedler mit ihren Tieren und mit Saatgut über den Ärmelkanal nach Südengland setzten.

Die Menschen der Jungsteinzeit wohnten nicht mehr in Höhlen, sondern bauten einfache Hütten. Sie beherrschten erstmals die Techniken des Töpferns und des Webens.

BRONZEZEIT (15oo - 5oo v. Chr.): Der nächste Zivilisationsschub war die Entdeckung des Bronze-Metalls. Es bestand in einer Legierung aus Kupfer und Zinn im Verhältnis 9:1.

Da es beide Metalle nicht an ein und demselben Ort gab, entstand ein flüssiger Fernhandel. Schiffe aus dem Mittelmeerraum kamen nach Cornwall, um dort Zinn zu erwerben. In Irland gab es Kupfervorkommen.

Die Einwanderer der neuen Kultur kamen - anders als in der Jungsteinzeit - nicht über den Ärmelkanal und Südengland nach Wales. Vielmehr stammten die Einwanderer der Bronzezeit aus Nordspanien und der Bretagne, sie sickerten über Irland nach Wales ein.

Außer der Bronze brachten sie die Megalith-Kultur nach Wales: Bau von Tempelanlagen aus großen Steinblöcken. In jener Zeit entstanden vor allem die Steinkreise.

In den 192oer Jahren fand man heraus, daß die Blausteine im Steinkreis von Stonehenge (Südengland) von der südwestlichen Landspitze von Wales stammen. Sie wurden von hier auf Schiffen entlang der Küste transportiert, das letzte Stück schleifte man sie mit Schlitten über Land.

DIE KELTEN   **(8oo v. Chr. - 43 n. Chr.)**

Die Ankunft der Kelten ca. 8oo v. Chr. leitete das Ende der Bronzezeit ein. Sie brachten Eisen als neuen Werkstoff auf die britischen Inseln: Beginn der EISENZEIT.

Die Kelten waren ungestüme Krieger, plündernd überrannten sie das Land. Mit ihren Waffen aus dem neuartigen Eisen waren sie nicht aufzuhalten. Ihren Gegnern schnitten sie als Trophäe die Köpfe ab. Oft gingen sie splitternackt in die Schlacht, nachdem sich durch ohrenbetäubendes Kriegsgeschrei selbst in eine Art Trancezustand versetzt hatten.

Bald beherrschten die Kelten auch das Gebiet des heutigen Wales. Da die einzelnen Clans auch untereinander recht streitlustig waren, waren Kriege an der Tagesordnung. Indiz dafür sind die vielen Hügelfestungen ("hill for:s") auf den Gipfeln der Hügel, um in Kriegszeiten Schutz zu bieten.

Die Priesterkaste der Kelten waren die Druiden. Sie genossen eine hohe soziale Stellung. Voll Abscheu berichten römische Geschichtsschreiber von ihren Menschenopfern. Auf der Insel Anglesey, im Nordwesten von

Wales, befand sich eine berühmte Schule zur Ausbildung der Druiden. Schüler kamen bis aus Frankreich und Süddeutschland hierher.

Die Ausbildung dauerte viele Jahre. Kenntnisse über Geschichte, Philosophie, Medizin und Magie lernten die Schüler in Form von Tausenden von Gedichten auswendig, da schriftliche Fixierung bei den Druiden verpönt war.

Außer in Wales ist das keltische Erbe bei den Schotten und Iren erhalten. In England wurde es von späteren Invasoren verdrängt.

ZEIT DER RÖMISCHEN BESATZUNG   (43 - 41o n. Chr.)

Nach ihrer Landung 43 n. Chr. hatten die Römer bereits nach vier Jahren den Süden Englands unter Kontrolle. Bis Wales endgültig besetzt war, vergingen weitere 3o Jahre.

Sehr tief ging die römische Durchdringung in Wales aber nie. Sie bestand im wesentlichen aus zwei Kastellen, wo Legionen stationiert waren: Caerleon (in Südwales, S. 112) und Chester (in England, nahe der Grenze zu Nordwales).

Von diesen beiden Nabelpunkten zog sich lediglich ein Netz von Militärstraßen und befestigten Lagern über Wales, um Truppen schnell bewegen zu können. Einzige zivile Römerstadt war Caerwent (S. 111).

Das Rechtssystem der Römer konnte in Wales nie Fuß fassen. Der römischer Geschichtsschreiber Piggott hielt fest, daß die rastlosen Kelten niemals den römischen Lebensstil annehmen würden.

Im 4. Jh. n. Chr. zogen die Römer mehr und mehr Truppen aus der Provinz Gallien ab, die für Machtkämpfe im Innern des Reiches gebraucht wurden. 41o gaben die Römer ihre Provinz Britannien offiziell auf.

DARK AGES   (41o - ca. 6oo)

Nach dem Kollaps der römischen Macht stürzte Wales in ein politisches Vakuum: binnen einer Generation geraten die kulturellen Errungenschaften der Römer in Vergessenheit.

Im Gegensatz zur Römerzeit wurden jetzt praktisch keine Chroniken oder Dokumente schriftlich fixiert. Man spricht vom "dunklen Zeitalter".

Invasoren stürmten von drei Seiten gegen Wales: aus dem heutigen England der Germanenstamm der Angelsachsen, aus Schottland das Volk der Pikten, und an der Westküste von Irland kommende Stämme.

Die walisischen Kelten setzten sich energisch zur Wehr. Die Kämpfe bilden die Grundlage für die Heldensagen der Waliser Mythologie. Sie wurden erst Jahrhunderte später aufgeschrieben und bilden oftmals die wichtigste Grundlage für die Geschichtsforschung.

Vermutlich hat auch der Sagenkreis um König Artus und die Ritter der Tafelrunde in jener Zeit seine Wurzeln. Das historische Vorbild für Artus

wäre demnach ein keltischer Feldherr, der sich den Angelsachsen ent-
gegenstellte.

Im Verlauf der Dark Ages kristallierte sich das walisische Volk heraus.
Wichtigstes Moment dabei war die erfolgreiche Abwehr der Angelsachsen,
so daß deren Herrschaftsraum auf das heutige England beschränkt blieb.

Es entstand die Frühform der walisischen Sprache, die sich deutlich von
der keltischen Ursprache unterschied. Begünstigt war der linguistische
Entwicklungsprozeß durch den Wegfall der römischen Administration.
Politisch verfiel die ehemalige Römerprovinz des heutigen Wales in eine
Vielzahl kleiner Königtümer.

Währenddessen etablierten sich die Angelsachsen im östlichen Teil Englands. Sie bildeten mehrere Königreiche. Lange hatte es sogar so ausgesehen, als könnten die walisischen Kelten die Angelsachsen eventuell
zurückdrängen und wieder die gesamte Insel beherrschen.

Dieser Traum war Mitte des 7. Jh. endgültig ausgeträumt. Die Angelsachsen drangen systematisch Richtung Westen vor und drängten die Waliser
zurück in das unwirtliche Bergland des heutigen Wales. Hier behaupteten
sich die Waliser jahrhundertelang, wie in einer Festung verschanzt.

Die englischen Angelsachsen trennten die Waliser wie ein Sperriegel vom
Geschehen in Europa ab. Dies führte in den folgenden Jahrhundert zu
einer Isolation, - sowohl im religiösen wie im politischen Bereich (siehe
die folgenden beiden Kapitel).

CHRISTIANISIERUNG   (6. - 7. Jh.)

Die neue Religion kam aus Gallien (heutiges Frankreich). Über die Missionare und wandernden Mönche, die kreuz und quer durch Wales zogen,
ist nur sehr wenig überliefert.

Sie bauten Kirchen aus Flechtwerk und Lehm, umgeben von einfachen
Mönchszellen. Als Schutz ein Erdwall. Eine solche Anlage hieß "llan".
Das Wort kommt heute noch in vielen Ortsnamen vor und weist auf ein
frühchristliches Kloster hin (z.B. "Llandovery").

Die Missionare waren nicht offiziell von Rom aus geschickt, und sie unterschieden sich stark von den Heiligen auf dem Festland. Ihre Predigten be-
standen aus einer saloppen Mischung aus Christentum und Elementen des
keltischen Druidentum.

Es sind Legenden überliefert von walisischen Heiligen, die die Zukunft
weissagten oder den Vögel das Wort Gottes übermittelten. Diese spezielle
frühchristliche Organisationsform wird als Celtic Church bezeichnet:
Mönchs-Kommunen als Träger einer mythisch angehauchten Lehre.

Der bedeutendste Vertreter der Celtic Church war der heilige David. Die
asketische Zucht in seinem Kloster in St. David's (S. 241) war berüchtigt.
Die Mönche hatten Sprechverbot und ließen sich anstatt Ochsen vor den

Ackerpflug spannen. David wurde zum walisischen Nationalheiligen, sein Todestag am 1. März ist gesetzlicher Feiertag.

Zur selben Zeit kodierten die Kirchenväter in Rom die christliche Lehre als ein rationales System. Die katholische Kirche wurde im übrigen Europa zu einem politischen Machtfaktor. Der Konflikt zwischen dem Heiligen Stuhl und den eigenbrötlerischen Walisern war vorprogrammiert.

Anno 597 schickte der Papst den heiligen Augustinus nach England, um die Angelsachsen zu bekehren. Schon fünf Jahre später kam es zu einer Begegnung mit Vertretern der Celtic Church. Die Waliser standen ihm jedoch sehr skeptisch gegenüber.

Erstens war er für sie ein Freund der verhaßten Angelsachsen, mit denen es an der Grenze immer wieder zu Kämpfen kam. Zweitens lehnten sie prinzipiell jede Unterwerfung unter ein Diktat Roms ab. Auch weitere Konferenzen brachten die Waliser nicht zurück in den Schoß der römischen Kirche.

ZEIT DER ISOLATION   (8. - 1o. Jh.)

Das endgültige Ende der Kämpfe mit den Angelsachsen wird markiert durch den Bau des Offas's Dyke (um 8oo), ein Erdwall entlang der englisch-walisischen Grenze. Er fungierte als Demarkationslinie, die von beiden Seiten respektiert wurde (S. 99).

Im 9. Jh. begannen die Angriffe der Wikinger. Wie überall an Europas Küsten verbreiten ihre Drachenschiffe Angst und Schrecken. Sie starteten Blitzangriffe, plünderten und brandschatzten, um mit der Beute wieder abzuziehen.

Der Mann der Stunde war König Rhodri der Große. Auf der Insel Anglesey fügte er den Wikingern eine vernichtende Niederlage bei, die daraufhin Wales weitgehend in Ruhe ließen. Selbst Karl der Große aus dem fernen Reich der Franken sandte eine Dankesbotschaft...

Weiteres Verdienst von Rhodri ist die erstmalige Vereinigung der Waliser Kleinkönigtümer, - nicht durch Kriege, sondern durch eine clevere Heiratspolitik. Sowohl die Erscheinung des Rhodri als auch der Bau des Offa's Dyke ließen das Fazit ziehen, daß Wales als unabhängige Nation bestehen bleiben würde.

Die Waliser Blütezeit unter Rhodri setzte sich auch unter seinem Nachfolger Hywel fort. Mit den angelsächsischen Reichen unterhielt man diplomatische Beziehungen, in gewissem Rahmen erfolgte sogar ein kultureller Austausch.

Er zeigte seine Früchte vor allem in der schriftlichen Kodierung von Gesetzestexten. 35 Gesetzesbücher sind noch heute erhalten. Hywel bemühte sich, Wales an das europäische Geschehen anzubinden. Er unternahm sogar eine Pilgerreise nach Rom. Die Aufteilung seines Reiches in einzelne Provinzen entspricht weitgehend der noch heute gültigen Grenzziehung zwischen den einzelnen Verwaltungsprovinzen.

Weiterer Verlauf: nach der Regierungszeit König Hywels verfiel das Land wieder in Anarchie und Chaos. Die einzelnen Stammesfüsten führten untereinander blutige Kriege, Raubzüge waren an der Tagesordnung. Die Zeiten der Einheit erwiesen sich nur als Intermezzo.

Unterm Strich zeigt sich der Unterschied zwischen England und Wales. Die Angelsachsen hatten ein starkes Königreich etabliert, die politischen Strukturen waren effizient und standen auf festen Füßen. Im Gegensatz dazu Wales, als Schauplatz von Kleinkriegen rivalisierender Stammesfürsten.

Der Hauptgrund dafür liegt im vehementen Interesse der Engländer, in seiner Nachbarschaft ein geeintes und starkes Wales zu verhindern. Zwistigkeiten wurden systematisch geschürt. Diese Politik wurde beibehalten bis zur endgültigen Unterwerfung von Wales drei Jahrhunderte später.

EROBERUNGEN DURCH DIE NORMANNEN (1o66 - 1135)

"Battle of Hastings" (1o66): Die Normannen unter William the Conqueror besiegten die Angelsachsen. Im Handstreich unterwarfen sie das gesamte Land und regierten es und mit einer straffen Militärdiktatur.

Die Aktion erfolgte klinisch sauber wie kaum eine Eroberung in der Weltgeschichte. Nichts konnte die normannische Eroberungs-Walze jetzt noch stoppen: als nächstes stand Wales auf der Abschußliste.

Die Eroberung von Wales erfolgte aber nicht mit einem Paukenschlag wie die von England. Vielmehr drangen die Normannen in Salami-Taktik Schritt für Schritt vor, über einen Zeitraum von fast 1oo Jahren.

Die Initiative lag bei den sogenannten Marcher Lords (= die Vasallen im Grenzstreifen zu Wales). Sie hatten erheblich mehr Befugnisse als normale Vasallen, mit ihren Privat-Armeen konnten sie kleinere Kriege ohne Rücksprache mit dem König führen.

Dabei ging man immer nach demselben Schema vor. Eine Armee gepanzerter Ritter bahnte sich seinen Weg durch das Feindesland bis zu einem strategisch günstigen Punkt. Dort baute man ein Holz-Fort mit Ringgraben und Palisadenzaun, wo sich die Ritter verschanzten.

Nach "Befriedung" des Umlandes wurde ein Castle gebaut. Das Land wurde als Belohnung an die Ritter verteilt, die an der Aktion beteiligt waren. Das Castle wurde zu einem Verwaltungszentrum. Bald siedelten sich Handwerker und Händler an: es entstand eine Siedlung.

Fast alle Städte, die es heute in Wales gibt, gehen auf solche Normannen-Burgen zurück. Am konsequentesten wurde diese Eroberungsstrategie in Südwales verfolgt. Es gab hier mehr Castles als sonstwo auf der Insel.

In Pembrokeshire am Südwestzipfel von Wales lebten so viele normannische Eindringlinge, daß hier die walisische Sprache ausgestorben ist.

Noch heute nennt man die Region "Little England beyond Wales", da hier nach wie vor fast ausschließlich englischsprachige Bevölkerung lebt.

Weiteres bleibendes Moment dieser normannischen Expansions-Phase war der Untergang der von Rom unabhängigen Celtic Church mit seinen Kloster-Zellen. Man setzte normannische Bischöfe ein. Sie bauten Kathedralen und unterstellten sich dem Erzbischof von Canterbury, der seine Weisungen direkt vom Papst erhielt.

DAS WALISER REVIVAL   (1135 - ca. 12oo)

Im Jahre 1135 starb mit Henry I. der dritte Normannenkönig. Da er keinen Sohn hinterließ, stürzte England in einen 19 Jahre langen Bürgerkrieg um die Thronfolge. Aufgrund der nun folgenden Anarchie bricht die uhrwerkartige Expansion der Normannen zusammen.

Die Waliser nutzten die Gunst der Stunde. Außer im Südwesten, im "Little England beyond Wales", wurden die normannischen Usurpatoren überall vertrieben. Ihr Nimbus der Unbesiegbarkeit war gebrochen.

Auch Henry II., der neue und sehr starke König nach dem Bürgerkrieg, mußte mit dem walisischen Faktor kalkulieren. 1165 erlebte er ein militärisches Desaster, als sein komplettes Invasionsheer in den Sümpfen von Wales aufgerieben wurde. Henry schminkte sich daraufhin seine Ambitionen bezüglich Wales endgültig ab.

In dieser Zeit erlebte Wales eine kulturelle Renaissance. Vor allem in der Literatur entstanden Werke, von denen man in ganz Europa sprach. Glanzlicht aus dieser Epoche ist die Sage um König Artus von Geoffrey Monmouth, die die Tapferkeit der Kelten beim Kampf gegen die englischen Aggressoren verherrlicht.

DIE BEIDEN LLYWELYNS   (ca. 12oo - 1277)

Zu Beginn der 13. Jh. sonnte sich das Land im eigenen Glanz. Die Normannen hatte man in ihre Schranken verwiesen, Wales war zu einem Fixum auf der mittelalterlichen Landkarte geworden.

Das Selbstbewußtsein schlug Purzelbäume. Prophezeiungen verhießen eine lichte Zukunft, wenn die Waliser die Invasoren vertreiben würden und ihr Volksstamm wieder die ganze Insel beherrschen würde.

Obwohl im benachbarten England wie überall in Europa moderne Gesellschaften mit Feudalismus und Ritterkultur lebten, hielt man in Wales an den Traditionen fest.

Einzelne Stämme zogen als nomadische Hirten umher, mit ihren Häusern aus Weidengeflecht war Ortswechsel kein Problem. Die Abende verbrachte man mit Gesängen und mit Harfenspiel, Gastfreundschaft war Ehrensache.

So sieht ungefähr die Bühne aus, als Llywelyn der Große seinen Auftritt bekommt. Er wird in die Geschichte eingehen als der größte Reformer der mittelalterlichen Gesellschaft von Wales. Interne Schwierigkeiten der englischen Normannen hielten ihm den Rücken frei: deren König Richard Löwenherz war jahrelang auf Kreuzzug, sein intriganter Bruder und Nachfolger Johann Ohneland führte Krieg mit seinen Vasallen.

Llywelyn erkannte, daß die Schwäche von Wales ihre Wurzel in der politischen Zersplitterung des Landes hat. Gewaltsam drückte er eine Vereinigungspolitik unter seiner Herrschaft durch. Als nächsten Schritt suchte er den Anschluß des rückständigen Wales an die moderne Entwicklung: konsequente Einführung des Feudalismus als die damals zukunftsweisende Gesellschaftsform.

Er führte einen seßhaften Bauernstand ein. Erstmals entstanden in Wales so etwas wie Dörfer, größere Siedlungen wurden befestigt. Für Verwaltungsaufgaben umgab sich Llywelyn mit professionellen Rechtsgelehrten.

Nach dem Tod des Reformkönigs 124o übernahm sein Sohn Llywelyn II. das Ruder. Er führte das Werk seines Vaters fort, ließ Burgen bauen und gründete Klöster. Wales schien sich zu einem unabhängigen Staat zu entwickeln, vergleichbar mit Schottland. Doch in der 128oer und 9oer Jahren kommt es zur Katastrophe, die das Schicksal von Wales besiegeln wird!

DAS ENDE DER UNABHÄNGIGKEIT   (1277 -1282)

Wieder einmal war Englands Stärke die Schwäche von Wales. Mit Edward I. regierte in England einer der stärksten Könige seiner Geschichte. Er war stolz, sehr intelligent und ein gewiefter Feldherr.

Die Zustände im aufmüpfigen Wales waren ihm bald ein Dorn im Auge. Nach einigem diplomatischen Hickhack wurde Llywelyn zum Rebellen erklärt. In einem massiven Angriff drangen 1277 Verbände englischer Ritter in Wales ein. Llywelyn II. mußte sehr bald um Frieden bitten.

Die Bedingungen waren hart. In den folgenden Jahren wurde das Land in einer Weise regiert, die auf das Nationalempfinden der Waliser kaum Rücksicht nahm.

1282 kam es flächendeckend zu Aufständen. Ihr Anführer war wieder Llywelyn II. Der englische King Edward I. warf auch diese Rebellion mit eiserner Faust nieder. Llywelyn wurde bei einem Kampf getötet. Seinem Sohn und Nachfolger wurden bei lebendigem Leib die Eingeweide aus dem Körper gerissen.

Edward errichtete in Nordwales, dem Herz des Widerstandes, einen Ring von Königsburgen rund um die Snowdonia-Berge. Sie sind heute bedeutende Sehenswürdigkeiten (siehe Seite 348). Das Land wurde nach englischen Gesetzen regiert, Waliser waren von vielen öffentlichen Ämtern ausgeschlossen. Der walisische Traum von der Unabhängigkeit war ausgeträumt.

ZEIT DER ANPASSUNG (1282 - 14oo)

In Wales kehrte eine Art Friedhofsruhe ein. Teils war man einfach resigniert, teils versuchte man, das beste aus der Situation zu machen und sich mit der neuen Situation zu arrangieren. Viele der Höflinge Llywelyns traten in den Dienst des englischen Königs.

Im Schatten der Macht kam im 13. Jh. die walisische Literatur zu einer neuen Blüte. In den Klöstern wurden die Werke aufgeschrieben. Deren Themen sind unpolitisch, - Liebe und die Schönheit der Natur dominieren.

Sonst lag vieles brach in Wales. Da es keine Universität gab, emigrierten die Gelehrten nach Oxford und Paris, den beiden Zentren der Gelehrsamkeit im 13. Jh. Auch Ritter und Soldaten mußten nach England gehen, wenn sie Karriere machen wollen.

Es setzte eine Art "brain drain" ein: die Ausblutung von Talenten, die bis heute ein trauriges Feature des walisischen Lebens ist.

DIE REVOLTE DES OWAIN GLYNDWR (14oo - 141o)

Zu Beginn des 15. Jh. kam es zu einer neuen Explosion des walisischen Nationalgefühls. Ihr Führer, Owain Glyndwr, ist die letzte der großen Persönlichkeiten, um die Kräfte zu bündeln, die für ein unabhängiges Wales kämpften.

Owain Glyndwr begann als Karrieremann in den Diensten Englands. Er hatte in London studiert und sich in Kriegen gegen das aufrührerische Schottland ausgezeichnet. Sein Landgut im Grenzland zwischen England und Wales brachte ihm ein stattliches Einkommen. Plötzlich, als Vierzigjähriger, wendet er sich zum Revolutionär.

Die Gründe lagen in der Unzufriedenheit, die in Wales weiterhin unter der Oberfläche schwelte. Die Pestwellen in der 2. Hälfte des 14. Jh. haben das Land verwüstet, viele Kleinbauern waren verarmt. Die Barden besangen die gute alte Zeit.

Am 16. September 14oo erklärte eine Gruppe von Rebellen Owain Glyndwr zum Prinz von Wales. In London reagierte man hysterisch. Truppen wurden entsandt, um den Aufstand zu ersticken. Die walisischen Studenten in Oxford verließen ihre Universitäten und schoßen sich der Erhebung an.

Im Jahr 14o1 feierten die Waliser große Siege, die ersten englischen Burgen fielen. 14o2 hatte der Aufstand alle Schichten erfaßt. Bis 14o6 erreichten die Erfolge und die Macht Owain Glyndwrs ihren Höhepunkt.

Frankreich, das mit England im Hundertjährigen Krieg lag, sandte Hilfstruppen. Vor internationalen Botschaftern ließ sich Glendwr krönen. Er plante die Gründung zweier Universitäten, um Gelehrte für den Verwaltungsapparat auszubilden.

Aber im Jahr 14o7 wendete sich das Blatt. England erwies sich als das

Land mit den größeren militärischen Resourcen. Für die Waliser folgte
Rückschlag auf Rückschlag.

141o wurde Owain Glyndwr zum Outlaw erklärt und überall im Land
verfolgt. Obwohl der englische König ihn später offiziell begnadigte, blieb
er wie vom Erdboden verschluckt. Der verzweifelte Entscheidungskampf
von Glyndwr gegen die Engländer lief in Harlech (Seite 29o).

Der Aufstand war fehlgeschlagen. Das Land lag weitgehend in Ruinen.
Der Handel zusammengebrochen, die Klöster geplündert. Eine Kluft aus
tiefem Haß zwischen Engländern und Walisern spaltete die Bevölkerung in
zwei Lager.

Andererseits war das walisische Nationalgefühl neu beflügelt, die Phase
der Resignation im 14. Jh. war überwunden. Man betrachtete sich als ein
eigenständiges Volk, das nur politisch mit England zusammengefaßt ist.
Viele Historiker formulieren die Theorie, daß das Jahr 141o die Geburts-
stunde des modernen Wales ist.

UNION VON WALES UND ENGLAND   (1536 - 16o3)

Im Jahre 1536 vereinigte König Heinrich VIII. per Erlaß England und
Wales. Da Heinrich zur Tudor-Dynastie gehört, einem alten walisischen
Adelsgeschlecht, wurde der Gewaltakt ohne großes Murren hingenom-
men.

Wales wurde in dieselben Verwaltungseinheiten aufgeteilt wie England,
englische Gesetze traten an Stelle der walisischen. Die Bewohner beider
Länder wurden politisch und rechtlich gleichgestellt.

Die Verwaltung wurde ausgeübt von einheimischen walisischen Adeligen.
Es war die ehrliche Absicht König Heinrichs, Chancengleichheit für beide
Völker zu verwirklichen. Das Reformwerk hatte andererseits aber verhee-
rende Auswirkungen auf die nationale Identität von Wales.

Das Englische wurde die Sprache in der Verwaltung und vor Gericht. Wer
politische Karriere machen wollte, mußte sich mehr und mehr anglisieren.
Auch die walisischen Namen veränderte man in eine englisch klingende
Form.

Im Verlauf des folgenden Jahrhunderts hatte die gesellschaftliche Oberschicht völlig die englische Sprache und ein englisches Lebensgefühl assi-
miliert. Eine tiefe Kluft trennte sie von der Masse der Bevölkerung, die
dem Walisischen verhaftet blieb.

Die Oberschicht wurde zu festen Anhängern der Krone in London. Entsprechend konnte auch die von Heinrich VIII. initiierte Reformation ohne
Widerstände durchgeführt werden. Reibungslos verliefen die Auflösung
der Klöster und der Übergang zur anglikanischen Staatskirche.

Überhaupt zeigten die Waliser nur wenig Fanatismus in religiösen Ange-
legenheiten. Nur ein halbes Prozent der Bevölkerung hielt - im verbor-

genen - an der katholischen Lehre fest. Die radikalen Puritaner hatten sogar noch weniger Anhänger.

1588 erschien die erste <u>Übersetzung der Bibel</u> ins Walisische. Deren Verdienst ist nicht zu überschätzen: sie hat die walisische Sprache vor dem völligen Aussterben bewahrt. Im Zuge der Renaissance wurden von den Gelehrten außerden walisische Grammatik-Bücher erstellt.

Dennoch blieb der generelle Trend unumkehrbar. Bis zum Ende des 16. Jh. stand Wales kurz davor, bezüglich seiner nationalen Identität in der Union mit England aufzugehen.

STUART-KÖNIGE UND BÜRGERKRIEG

Der Anschluß an England war für die führende Schicht in Wales zu Beginn des 17. Jh. tief im Bewußtsein verankert. England war für sie die Basis für die Karriere, es verkörperte die große Welt. Stolz bezeichnete man sich als "britische Bürger".

Nach dem Tod des letzen Tudor-Monarchen kam 1603 die Stuart-Dynastie auf den englischen Thron. Die Waliser blieben loyale Anhänger der Krone.

1642 brach in England der <u>Bürgerkrieg</u> aus: dem König gegenüber steht das englische Parlament. Die Waliser unterstützten fest die Sache des Königs. Viele Soldaten der Königstruppen wurden in Wales ausgehoben.

Es ging um zwei Dinge: erstens die Frage der Besteuerung des Bürgertums und der Kaufleute in den Städten. Zweitens um religiöse Streitpunkte. Das Parlament trat für einen strengreformierten Glauben ein ("Puritaner"), der König stand für die anglikanische Staatskirche, deren Lehre viele Elemente des katholischen Glaubens enthält.

In Wales hatte die puritanische Religionsgemeinde nur wenig Anhänger. Außerdem gab es kaum Städte oder ein Bürgertum, die Säule der Wirtschaft war nach wie vor eine extensive Weidewirtschaft. Dies waren die Gründe, warum Wales auf der Seite des Königs stand.

Der Bürgerkrieg endete mit einem Sieg des Parlaments, 1649 wurde der König hingerichtet. Wales stand auf der Verliererseite. Die wirtschaftlichen Schäden des Krieges waren jedoch schnell behoben. Das Parlament verfolgte keinerlei Politik der verbrannten Erde.

Die Politik des Parlaments zielte vielmehr auf Ausgleich und Kooperation. In Wales wurde den neuen Machthabern jedoch jegliche Sympathie verweigert. Man arrangierte sich zwar mit der neuen Situation, begriff aber die Regenten, die durch das Parlament eingesetzt wurden, als Usurpatoren. Auch bei der Forcierung des puritanischen Glaubens bewegte sich in Wales nur wenig.

1660 war die Zeit der Parlaments-Herrschaft vorbei, es erfolgte die <u>Restauration</u> des Königtums. In Wales reagierte man mit Erleichterung.

NACH DER RESTAURATION

In der Folgezeit, den 1oo Jahren bis Mitte des 18. Jh., passierte eigentlich recht wenig. Wales fuhr im Kielwasser Englands. Auf breiter Ebene erfolgte eine Flucht in die Privatsphäre.

Als es in England 1688 zu Wirren um die Thronfolge kam, hielt sich in Wales jeglicher Enthusiasmus in Grenzen. Auch zwei nationale Erhebungen in Schottland in der ersten Hälfte des 18. Jh. setzten in Wales kaum Emotionen frei.

Die oberen Gesellschaftsschichten waren vollkommen anglisiert, sie suchten ihre Szene auf der politischen Bühne in London. Zur breiten Masse der Bauern hatten sie jeden Kontakt verloren. Die Bauernschaft kümmerte sich ohnehin nicht um Dinge von größerer, nationaler Tragweite. Klerus und Kirche waren durchtränkt von spiritueller Trägheit und von Korruption, ohne auf größere Widerstände zu stoßen.

Spätere Historiker haben für die Zeit von 166o bis 175o den Begriff "Supine Century" (= gleichgültiges Jahrhundert) geprägt. Irgendwie lag Wales in einem dumpfen Dämmerschlaf. Die Nation schien auf etwas zu warten, ohne zu wissen worauf.

DAS WALISISCHE REVIVAL

Mitte des 18. Jh. erlebte das Nationalgefühl in Wales eine Art Wiedergeburt. Die Träger dieser neu erwachenden Emotionen waren jedoch die unteren Gesellschaftsschichten, vor allem die Bauern. Der Anstoß dazu kam von der Religion.

Bereits in den dreißiger Jahren des 18. Jh. formierten sich unabhängige Sekten und Religionsgemeinschaften. Ihre Führer waren qualifizierte Leute. Sie gründeten für ihre Anhänger Schulen, die schnell bekannt wurden für ihr hohes Niveau.

Der Unterricht in den Schulen erfolgte in walisischer Sprache. In den Kirchen wurden Bibeln in walisischer Sprache verteilt. Der Acker für ein nationales Revival war bestellt.

Dieses Revival kündigte sich zunächst an in der methodistischen Bewegung: eine Sekte, die sich zu einer sehr mysthischen Form der Gotteserfahrung bekennt. Als es zum offenen Bruch mit der anglikanischen Staatskirche kam, schlugen sich große Teile der Bevölkerung auf die Seite der Methodisten.

Die neuen Sekten errichteten in den Gemeinden Kapellen. Diese sogenannten "Chapels" sind bis heute ein allgemeines Feature in den Dörfern. Sie traten in Konkurrenz zu den "Churches", den Gotteshäusern der anglikanischen Staatskirche.

Beide symbolisieren den Riß, der quer durch die Waliser Gesellschaft steht. Die "Churches" wurden zum Symbol des Fremden, ihre Anhänger gehörten zum anglisierten Landadel. Die Gemeinden in den "Chapels" waren tief im Walisischen verwurzelt, sie wurden Brutstätten für radikales und demokratisches Ideengut.

Aus dem Umfeld der Methodisten wuchs eine neue Elite, die sich walisisch fühlte, im Gegensatz zum anglisierten Landadel. Die Bauernschaft und die walisische Sprache fanden zu einem neuen Selbstgefühl.

In der Literatur bildete sich die Romantik heraus, die sich ebenfalls auf das walisische Erbe besann. Die Gestalt der Druiden, der keltischen Priester, wurde oft beschrieben und verherrlicht.

DIE INDUSTRIELLE REVOLUTION   (siehe auch Seite 174)

Neben den Impulsen aus dem Lager der religiösen Sekten ist es die Industrie, die Wales im späten 18. Jh. umkempelte. Vor der Industrialisierung war Wales reiner Agrarstaat, der vor allem von Schafzucht und Viehwirtschaft lebte. Größte Stadt war Swansea, mit 7.ooo Einwohnern.

In Nordwales gewann lediglich der Abbau von Schiefer (Steinbrüche in den Snowdonia-Bergen) größere Bedeutung. Die industrielle Revolution fand vor allem in Südwales statt.

Hier fing Ende des 18. Jh. der Boom an. Als erstes wurde eine rasch expandierende Eisenindustrie aus dem Boden gestampft. Das nötige Kapital dazu kam aus England. Die Hälfte des Eisens, das weltweit für den Bau von Eisenbahnschienen verwendet wurde, stammte aus den südwalisischen Minen.

In der zweiten Hälfte des 19. Jh. lief der Kohlebergbau dem Eisen den Rang ab. Kohle wurde zum wichtigsten Exportgut. Der wirtschaftliche Boom florierte bis nach dem 1. Weltkrieg.

Gleichzeitig mit dem wirtschaftlichen Aufschwung wuchs in den Zentren von Südwales ein Industrieproletariat heran. Es bildeten sich gesellschaftliche Inseln, verglichen mit dem restlichen Land.

Es herrschten rauhe Sitten, ab der 183oer Jahren explodierte die Unzufriedenheit der Arbeiter in Massendemonstrationen und Streiks. Wiederholt wurden Soldaten gegen die Streikenden eingesetzt, im größten der Aufstände gab es 2o Todesopfer. Aber erst gegen Ende des 19. Jh. organisieren sich die Arbeiter zu festen Gewerkschaften.

Die Industrie zog eine enorme Umwälzung der Bevölkerungsstruktur nach sich. Um 185o lebten zwei Drittel Waliser (ca. 1 Mio. Einwohner) auf dem Land. In der ersten Hälfte des 19. Jh. ist es hier zu einer Bevölkerungsexplosion gekommen, da die Einführung der Kartoffeln eine sichere Ernährungsgrundlage geboten hat.

Die Überbevölkerung führte zu großer Not, als die Preise für Agrarprodukte fielen. Die walisischen Bauernsöhne mußten jedoch nicht ins Ausland emigrieren, um Arbeit zu finden. Das gelobte Land waren die Industriegebiete im Süden von Wales.

So wurde eine Ausblutung der Bevölkerung verhindert, wie es etwa in Irland durch eine Massenauswanderung geschah. Der "coal rush" zog Hunderttausende in die südwalisischen Kohlereviere. An der Küste von Südwales entstanden die großen Städte wie Cardiff und Swansea, die vom Kohleexport lebten.

Dies wirkte sich auch auf die walisische Sprache und Kultur aus, die in den Arbeitersiedlungen weiterlebten. Noch 195o sprachen hier mehr als die Hälfte der Bewohner Walisisch: anders als in Irland, wo die hohe Auswanderungsrate der alt-irischen Sprache nahezu den Todesstoß versetzte.

DER NEUE NATIONALISMUS

Unterm Strich kam es in der zweiten Hälfte des 19. Jh. zu einem kulturellen Erwachen. Den Boden dazu haben sowohl die Abspaltung von der Staatskirche als auch die Industrialisierung bereitet.

Im Gegensatz zum anglisierten Landadel des 17. und 18. Jh., für den Wales nur eine Provinz Großbritanniens gewesen ist, fühlte sich jetzt auch die obere Gesellschaftsschicht wieder als eigenständige Nation.

In der 188oer Jahren wurden sogar Stimmen laut, die nach walisischer Selbstverwaltung riefen. Träger der Bewegung war die Liberale Partei, die große Wahlsiege einfuhr.

Die Bewegung kam nach dem Wahldebakel der Liberalen 1895 abrupt zum Stoppen. Großer Gewinner war die linke Labour Party, die für eine soziale Revolution kämpfte. Internationale Solidarität und Klassenkampf waren deren Parolen, den neuen Patriotismus verstand sie als Gefühlsduselei.

Das Ergebnis der nationalen Euphorie besteht vor allem in der Schaffung eigener Verwaltungsorgane für Wales und im kulturellen Bereich (Gründung des Nationalmuseums, der Nationalbibliothek etc.). Politisch kam die Selbstverwaltung nie mehr auf die Tagesordnung.

NACH DEM 1. WELTKRIEG

Zur Jahrhundertwende war Wales noch ein sehr reiches Industrieland, was sich auch in der Architektur der walisischen Städte niederschlägt. Wendepunkt war der 1. Weltkrieg.

In der Depression der 2oer Jahre kam es zu einem Zusammenbruch der Kohleförderung. Massenarbeitslosigkeit war die Folge. In jener Zeit wanderte eine Viertelmillion Waliser aus (Gesamtbevölkerung: 3 Mio.). Vor allem betroffen waren die unteren Gesellschaftsschichten, die Walisisch sprachen, so daß es auch zu einem Exodus walisischer Kultur kam.

NACH 1945

Die Wirtschaft, die sich im 19. Jh. auf den Abbau von Rohstoffen konzentrierte, wurde in einem tiefen Strukturwandel an die neuen Bedürfnisse angepaßt.

Heute ist der Rückgang der Bevölkerung, verursacht durch die Massenauswanderung nach dem 1. Weltkrieg, wieder ausgeglichen. Bleibendes Problem ist jedoch die Landflucht. Politisch geht der Kurs in Richtung "mehr Selbstverwaltung".

LITERATUR

Es gibt in deutscher Sprache nur sehr wenig Literatur speziell zu Wales.

Zum Einstimmen

"Merian-Zeitschrift, Heft Wales" mit einer Vielzahl Fotos in s/w und Farbe zu Themen wie Industrialisierung, Landwirtschaft, Seebädern, Wandern, Dylan Thomas, Kirchen, Schlösser etc. Leider vergriffen, aber oft noch im Antiquariat oder in Bibliotheken. Ca. 13 DM.

"Wales", Peter Sager. Kultur und Landeskunde im unterhaltsamen Essay-Stil, geschrieben von einem Journalisten und Kisch-Preisträger. Ein bißchen "heavy", da etwas zu dick geratener Wälzer, aber schön zu lesen. DuMont-Kunstreiseführer, ca. 5oo Seiten, ca. 48 DM.

Bildbände

Es gibt in Deutschland keinen Wales-Bildband - lediglich zu ganz Großbritannien mit 2o- oder 3o-seitigem Waleskapitel - weil die Buch-Importeure Wales nicht im Programm haben. Wer schöne Landschaftsaufnahmen liebt, kann eigentlich nur vor Ort einkaufen: in den TI-Offices und in Buchläden (aber auch dort keine große Auswahl!).

"Schafsnasen in Wales", Ilse und Ulrich Straeter. Bibliophiles Schmuckstück mit Sammlerwert! Mehrfarbige Original-Linoldrucke, Zeichnungen - dazu Impressionen, Gedichte und Kochrezepte (Auflage: 8oo Exemplare). Bestellung am besten direkt bei den Autoren (Lambertstraße 4, 45131 Essen). Ca. 9o Seiten, 78 DM.

Geschichte, Kunst, Natur

Auch hierzu ist kaum Wales-Spezifisches auf dem Markt: wer tiefer einsteigen will, muß eigentlich auf Import-Bücher aus Großbritannien zurückgreifen. Spezial-Buchversand: "Celtic Buchservice", Bulmannstr. 26, 9o459 Nürnberg (Tel. o911/ 439 89 28). Auf Anfrage wird ein Katalog zugeschickt. Schönen Gruß an den Besitzer Otto Steudel, seit Jahren Fan des Wales-Velbinger...

Südwales
DIE SÜD-KÜSTE

CHEPSTOW ⇥ CARMARTHEN: ca. 15o km

Kulturlandschaft mit großem Römerkastelle, Klosterruinen, idyllische Märchenschlösser und Museen, oder die großen Städte wie Cardiff mit seinen architektonischen Statussymbolen. Perlen sind die Flußniederungen des Wye Valley (schön zum Wandern) sowie die Klippen und verträumten Buchten auf der Gower-Halbinsel.

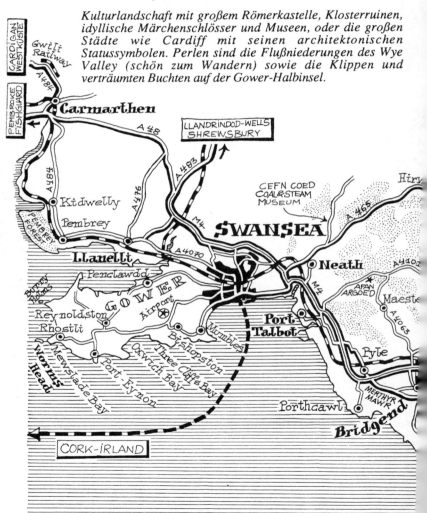

Schnell-Verbindung ist die <u>Autobahn M4</u>, nur eine Angelegenheit von zwei Stunden. Von hier sind Abfahrten zu allen interessanten Sehenswürdigkeiten beschildert.

<u>Öffentlicher Transport,</u> sowohl von London als auch vom südenglischen Bristol, alle ein bis zwei Stunden, mit Bussen und Zügen bis Pembroke

am Südwest-Zipfel. Aber Vorsicht: oftmals Expreß-Verbindungen, die nur
an ein zwei Stellen haltmachen. Vorher abchecken, wer Zwischenstops
einlegen möchte. - <u>Fahrrad</u>: auf Landstraßen, die parallel zur Autobahn
laufen. Mit einer Woche kalkulieren.

<u>CHEPSTOW</u> ist sympathisches Grenzstädtchen, nördlich die Flußniede-
rungen des Wye Valley (Wandern, Castles etc.), wofür man aber 2-3 Tage
braucht.

Dann kommen kulturelle Sights, um kurz von der Autobahn runterzufah-
ren: Römerkastelle, Ritterburgen, ein Herrenhaus. <u>NEWPORT</u> ist moderne Stadt auf Workingclass-Level, aber kein "hot spot".

An <u>CARDIFF</u> führt kein Weg vorbei: ein Märchenschloß, Top-Museen,
viel Chique und sehr viel Szene. 3-4 Tage inkl. Umgebung (z.B. Folk-
museum mit 3o altertümlichen Cottages).

Die nächsten 6o km lassen viele links liegen: Countryparks und kleinere
Sachen, wer einen Urlaubstag in Reserve hat.

<u>SWANSEA</u>: eine moderne Stadt, aber gute Museen und heißes Nachtle-
ben. Außerdem Tor zur Gower-Halbinsel (Klippen, verträumte Buchten).

In <u>CARMARTHEN</u> stellen sich die Weichen: entweder rüber zur zerris-
senen Südwestküste (Nationalpark, Wandern, Bootsausflüge), - oder inland durch die einsamen Cambrian-Hügel zur walisischen Westküste.

★ Chepstow   (8.1oo Einw.)

Englisch-walisische Grenzstadt: sehenswertes Castle und ein gewisser
Charme, um in Wales erstmal "heimisch" zu werden. Ein halber Tag reicht
aber aus, wenn man nicht das Wye Valley besucht (landschaftliche und
kulturelle Attraktionen).

Die High Street zieht sich einen Abhang runter, - auf halber Höhe das
Stadttor "<u>Westgate</u>" (13. Jh.). Weitere 5 Minuten bis zum River Wye und
einer 5-bogige <u>Gußeisen-Brücke</u> von 1816. Auf der anderen Flußseite ist
englisches Territorium! Wer aus Südengland kommt, fährt über die
Autobrücke nach Chepstow. Bei Eröffnung 1966 war sie eine der längsten
Hängebrücken der Welt und ingenieurtechnische Meisterleistung. Das
Mittelstück zwischen den beiden 125 m hohen Türmen ist 1 km lang.

 Am "Castle Carpark", neben dem Castle. Tel. o1291/ 62 37
72. Ganzjährig geöffnet. Hier auch Infos zum Wye Valley
und den dortigen Wanderungen.

CHEPSTOW CASTLE
Verschachtelte Burg auf einem spitzen Kalksteinfelsen in einer Flußschleife des River Wye - strategisch optimal! Drei Innenhöfen liegen wie Stufen

übereinander. Dieses Bauprinzip ermöglichte, daß man sich bei Angriffen dreimal zurückziehen und neu verschanzen konnte.

<u>LOWER WARD</u>: In der "Great Hall" eine Ausstellung über Angriff und Verteidigung zur Ritterzeit, also vor Erfindung der Feuerwaffen (siehe unten).

<u>MIDDLE WARD</u>: Hauptmotiv ist der "Great Tower", der zur ältesten Bausubstanz der gesamten Anlage gehört.

<u>UPPER WARD</u>: Ein Eibenbaum steht schon 6oo Jahre hier und sieht immer noch sehr agil aus. Vom "Watch Tower" schöner Blick rein ins Wye Valley.

Die Normannen bauten das Castle <u>1o67</u>, also nur ein Jahr nach der Battle of Hastings, um ihre Eroberung gegenüber den kriegerischen Walisern abzusichern. Indiz für die Wichtigkeit: Chepstow war das erste Stein-Castle in Großbritannien (bis dato nur Erdwälle und Holzbauten). Anfangs hatte die Burg auch nur zur Flußseite hin Fenster.

Während England von den Normannen in einem "Blitzkrieg" erobert wurde, setzten sie bei Wales auf die "Salami-Taktik". So wie andere Burgherren im Grenzland auch, bekamen die Herren von Chepstow den Titel "<u>Marcher Lords</u>". Diese durften auf eigene Faust Truppen aufstellen und - ohne Rückfrage beim König - nach Wales marschieren. Ein solches Vorgehen war in der mittelalterlichen Welt sensationell, da die königliche Souveränität angeknackst wurde. Es indiziert den Stellenwert der "walisischen Frage".

BELAGERUNG VON BURGEN

Hat oft Monate gedauert, wobei man die Zeit natürlich "nutzte" und die Castle-Bewohner massiv piesackte.

* Bombardement durch <u>Wurfmaschinen</u>, die wie überdimensionale Steinschleudern arbeiteten. Da Steingeschosse nur wenig Wirkung hatten, bevorzugte man halbverweste Tierkadaver und Säcke voll Scheiße. Dies waren Frühformen von chemischen Waffen!

* <u>Rammböcke</u> (Baumstämme mit Eisenspitze), um die Burgmauern zu brechen. Zur Gegenwehr schütteten die Belagerten kochendes Wassse herunter. (Die Sache mit dem siedenden Pech ist eine romantische Erfindung späterer Romanautoren - Wasser hatte denselben Effekt und war weit billiger!)

* Die effektivste Methode: man grub einen <u>Tunnel</u> unter die Burgmauern und füllte ihn mit Reisig und Schweinefett. Durch Anzünden stürzte der Tunnel ein und brachte die Mauern zum Bersten. Oft genügte schon das Faktum, daß so ein Tunnel gegraben war, damit die Belagerten aufgaben!

* Man baute hölzerne <u>Angiffstürme</u> auf Rädern, füllte den Burggraben auf und schob den Turm hin zum Castle. Die Bogenschützen konnten jetzt von oben herunter ins Castle hineinschießen.

* <u>Brandpfeile</u> hatten seit dem 11. Jh., als man Ritterburgen aus Stein baute, nur noch eine Randbedeutung.

Das Auto gleich stehen lassen, - der Ortskern und weitere Attraktionen liegen nur 2 Minuten vom Castle.

<u>CHEPSTOW MUSEUM</u>: Bedeutung der Stadt als Schiffswerft und Ha-

fen. Ein Zimmer mit alten Stichen, wie Künstler das Wye Valley gesehen haben. In dem rostbraunen Haus gegenüber vom Castle.

ST. MARY'S CHURCH: um 1o7o, Westportal noch aus der Normannenzeit, die von Säulen getragenen Archivolten mit den typischen Zickzack und Rhombenmustern verziert.

STUART CRYSTAL: die Stuart-Kristallmanufaktur, die in den englischen Midlands sitzt, verkauft hier Ausschuß mit Minimalfehlern. Ein Weinglas kostet 2o-4o DM (normalerweise das Doppelte und Dreifache!).

COUNTRY HOUSE

"**St. Pierre Hotel**", in Mathern, ca. 5 km südlich. Elite-Hotel von internationalem Zuschnitt! In einem riesigen Parkland, - bei 143 Zimmern sehr groß und alle Facilities (Wirbelbäder, Mini-Bars etc.). Die halben Gäste kommen wegen der beiden hauseigenen Golfplätze, die Weltgeltung haben (viele Tourniere werden hier ausgetragen!), oder fürKonferenzen von internationalen Großkonzernen. Tel. o1291/ 62 52 61. DZ ca. 67o-92o DM.

HOTELS

"**Castle View Hotel**", 16, Bridge Street. Ein Dutzend sehr große Zimmer gegenüber vom Castle. Exzellenter, wenn auch etwas kühler Service. Besitzer: Martin Cardole sieht nicht nur aus wie ein Schulmeister, er hat auch das entsprechende Comment. Tel. o1291/ 62 o3 49. DZ ca. 2oo-25o DM.

"**George's Hotel**", Moor Street, neben dem Stadttor. Eins der zwei teureren Hotels der Stadt, - sein Geld eigentlich nicht wert: gehört zur Trusthouse-Forte-Kette und wird recht anonym mit Personal geführt. Tel. o1291/ 62 53 63. DZ ca. 2oo DM.

"**Old Course Hotel**", an der Einfahrtstraße, wenn man von der Autobahn kommt. Sehr schönes Hotel, 1o Min. ab vom Stadtgewühl und sehr sympathisch. 3o Zimmer und großzügiger Lobby- und Rezeptionsbereich. Tel. o1291/ 62 62 61. DZ ohne Frühstück ca. 12o-13o DM.

"**First Hurdle Hotel**", 1o, Upper Church Street. Uraltes Gebäude mit verwinkelten, trickreichen Korridoren, - einerseits viel Charakter, andererseits alles sehr eng auf eng. Tel. o1291/ 62 21 89. DZ ca. 13o DM.

"**Beaufort Hotel**", St. Mary Street. Das Haupt-Hotel vom Ort - nicht zu teuer und schöne Zimmer. Fungiert als zentraler Treff von Chepstow, man verabredet sich gern in der Hotel-Bar. Insgesamt sehr lebendig und kommunikativ. DZ ca. 13o DM.

GUESTHOUSE

"**Afon Gwy House**", 28, Bridge Street. Vier Zimmer oberhalb vom Top-Restaurant, mit River-Blick. Rosemary Jenkins sorgt persönlich für behagliche Atmosphäre. Tel. o1291/ 62 o1 58. DZ ca. 1o5 DM.

BED & BREAKFAST

Großes Angebot an Privatzimmern, praktisch in jeder Straße ein B&B oder mehrere. Es gibt in Chepstow viele Pubs mit Zimmern: besser nicht, da oft lärmig und etwas rauh, viele Montagearbeiter haben dort ihre Quartiere. B&B in Privathäusern sind besser!

Eine Reihe von Farmhöfen im Wye Valley, also nördlich von Chepstow (Ausfahrt via der A 466). Sie liegen am Abhang, - vor der Haustür Blick runter aufs Tal und den Fluß.

 St. Pierre Park: neuer und moderner Platz, sehr hilfsbereite Besitzer, die sanitären Anlagen sind auf Zack. 3-4 km außer halb, an der A 48 Richtung Newport.

Upper Sedbury House: beliebter Rucksackler-Treff, - eine Farm mit Kaltwasser und Toiletten, nur ein Dutzend Zelte im Garten. Sehr billig. Der traditionelle Startpunkt für den Offa's-Dyke-Wandertrail. In Sedbury, ca. 3 km östl. an der A 48 (es gibt einen kürzeren Fußweg nach Chepstow).

 AFON GWY (28, Bridge Street): bestes Lokal in der Region, auf der Karte steht immer auch walisische Landesküche (Be - sitzerin und Hobby-Köchin Rosemary Jenkins sitzt in dem Kommittee, das Restaurants mit "best Welsh food" prämiert). Hauptgericht 25-3o DM, üppige Verwendung von Käse, Lachse aus dem River Wye.

GRAPE ESCAPE (St. Mary Street): Weinbar mit superschnellem Service und Bandbreite von Suppenteller bis volles Gericht um 2o DM. Schon seit vielen Jahren unter Regie einer eingesessenen Familie. Gute Weinkarte!

Barmeals: Das BRIDGE INN (Bridge Street, unten am River) ist bei Einheimischen das beliebteste, durchgehend warme Küche von Sandwich bis substantielle Sachen um 15 DM.

Ähnlich gut bei Zentrumslage: BEAUFORT HOTEL (St. Mary Street). Sehr große Auswahl.

NEW INN (ca. 3 km außerhalb an der A 48): schön zum Rausfahren, - viele bleiben dann gleich den ganzen Abend hier. Lunch, Afternoon Tea, Dinner. Im Sommer stitzt man im Garten. Das New Inn ist an der Straße nach Caerwent, beschildert ab Kreisverkehr am oberen Ende der Stadt.

 Viele Gasthöfe: die trinkfesten Locals fangen am obern Ende der Stadt an und saufen die High Street runter. Zwei besondere Adressen:

Pubs Beaufort Hotel (St. Mary Street): immer Hochbetrieb, vor allem beliebt bei Thirty- und Fourty-somethings, die sich nach Büroschluß hier treffen.

Bridge Inn (an der gußeißernen River-Wye-Brücke, am unteren Ende der Stadt): Treff der jüngeren Leute, - kommen für das gute Real Ale, oft Livemusik. Im Sommer sitzt man draußen an den Holztischen, sehr relaxed.

Entertainment: Pferderennen: Der "Chepstow Race Course" ist bei Insidern weithin bekannt. 2-3 mal im Monat große Rennen, wo sich britische Adels-Creme versammelt. Termine beim TI.

Verbindungen   *ab Chepstow*

Züge: direkt nach Cardiff und Swansea bzw. nach Birmingham. Für andere Strecken, z.B. nach London, zuerst nach Newport und dort umsteigen in den Intercity.

Busse: * mit Badgerline alle 2 Std. nach Bristol - dauert 3o Min. oder eine Stunde, je nachdem, ob direkt oder nicht.

* Red & White übernimmt den Transport im Wye Valley: alle 2 Std. rauf nach Tintern und Monmouth.

* National Express geht 3-4 x am Tag nach London (Heathrow, Gatwick oder Victoria Coach Station). Ticket und Infos beim Reisebüro Fowlers in der Moor Street.

Zur <u>SEVERN BRIDGE</u>, die Wales mit dem südenglischen Bristol verbindet: mehr als 4 km lang und 25o m hoch über dem Meeresfjord. Phantastische Fernsicht von hier oben, bei Wind schwankt alles ganz verdächtig. Nur per Fahrrad oder zu Fuß.

Auf der englischen Seite der Brücke ist das Dorf <u>Aust,</u> - dort kleine Cafe-

EISENBAHN-BRÜCKE über den River Wye, gebaut verg. Jhd. vom Eisenbahn Ingenieurs Isambard Kingdom Brunel. Die Eisenbahnstrecken waren zu Beginn uno

teria für Stärkung, dann wieder via Brücke zurück. Macht ca. 7 km retour ab Chepstow (1 1/2 km bis zur Brücke - dort kein Parkplatz!). Beschildert als Fahrradweg ab dem Kreisverkehr am oberen Ortsende.

Wye Valley

Abstecher ins Hinterland: am Ufer des River Wye nach Norden, der Fluß schlängelt sich in sanften Kurven durchs Tal, pastorale Viehweiden und stämmige Bäume mit Laubkronen wie Halbkugeln. Besonders die ersten 25 km bis Monmouth sind wunderschön. Auf halbem Weg eine klassische Klosterruine, tolle Ausflüge oben ab Monmouth. Mindestens ein Tag; problemlos mit Bussen.

Der River Wye ist der englisch-walisische Grenzfluß, er schlängelt sich von den Bergen Mid-Wales Richtung Süden und trennt die angelsächsischen von den keltischen Volksstämmen.

Zwei "goldene" Wandertrails gehen durchs Wye-Tal, beide ab Chepstow (siehe Seite 1o2).

Bereits um 8oo n. Chr. baute der mittelenglische King Offa zum Schutz gegen walisische Räubertrupps einen Grenzwall entlang der 27o km langen Grenzlinie: der sogenannte Offa's Dyke. Ca. 5 m hoch und 18 m breit, auf der walisischen Seite ein 4 m tiefer Graben. Folgt dem Ostufer des Wye-River, so daß Aggressoren schon beim Überqueren des Flusses abgewehrt werden konnten. Jedem keltischen Waliser, der mit Waffen in England aufgegriffen wurde, schlug man als zur Abschreckung die rechte Hand ab.

Im 12. Jh. kehrte sich die Angriffsrichtung um: die neu eingewanderten Normannen (ab 1o66, Battle of Hastings) starteten von England aus Überfälle auf Wales. Zum Schutz bauten die walisischen Ritter eine Kette von Castles auf der West-Seite des Wye.

Per Auto auf der A 446 von der Küstenstraße Richtung Norden, immer parallel zum River Wye. Ca. 25 km bis zum nördlichen Endpunkt Monmouth.

Keine Züge, aber alle 2 Stunden **Busse** der Company Red & White, auf der Linie Chepstow -> Tintern -> Monmouth. Dauert nur eine knappe Stunde: ca. 5 DM

während des Industriezeitalters elementar zur Erschließung WALES. Brunel baute u.a. die Strecken im Neath- und Llynfi Valley, im Taff Vale und die South Wales Mineral Railway mit Viadukten, Brücken und Tunnel. 1858 lief die von Brunel konstruierte "GREAT EASTERN" vom Stapel, das 2. Schiff der Welt mit komplettem Eisenrumpf und bei 4.000 Passagieren zugleich größtes! Details im VELBINGER "Südengland"

Isambard Kingdom Brunel

single, ca. 8 DM return. Abgesehen davon gibt es Netzkarten, die 1-3 Tage Freifahrt im Raum Wye Valley plus Monmouth/Umgebung erlauben.

★ Tintern

Der einzige Ort im Wye-Tal, der wegen der Klosterruine einen Aufenthalt wert ist. Das Dorf an sich bietet aber nicht viel: Hotels, Souvenirshops; ein zwei Dutzend Reisebusse.

In der Umgebung aber sehr schöne Walks, durch Eichenwälder mit Farnen und blauen Glockenblumen. Ca. 9 km nördlich von Chepstow.

TINTERN ABBEY: Das enorme Interesse hat historische und kulturelle Gründe: Tintern ist schon seit 2oo Jahren ein Lieblings-Sujet britischer Künstler. Die Popularität der Abbey hat also Tradition und ist absolut nicht Resultat eines profitgeilen Tourist-Markting!

So hat beispielsweise J.M.W. Turner ein berühmtes Bild gemalt oder Wordsworth, der Exponent der britischen Romantik, eine Gedicht-Hymne auf die Ruine verfaßt.

Und die Abbey ist tatsächlich wunderschön! Vom Talboden stemmen sich die Steinmauern zum Himmel, alles in soften Farben und die grünen Hügelkuppen als Kulisse. Bester Blick: vom gegenüberliegenden Flußufer - dazu ein Stück flußaufwärts zur Brücke, von dort führt ein Pfad auf einen Aussichtshügel.

Es ist noch sehr viel Bausubstanz erhalten. Zentralstück ist die Church aus

Tintern Abbey: Gemälde von J.M.W.Turner 1794

dem 14. Jh. Sehr filigranes Maßwerk an den Fenstern, schön auch die Steinmetzarbeiten an den Säulen und -kapitellen. Die Domestic Quarters rund um die Kirche sind die Wohngebäude der Mönche. Damals lebten hier rund 1oo Mönche und 2oo Laienbrüder (Mönche ohne Priesterweihe, die auf den Feldern arbeiteten).

Den Besuch lieber auf Vormittag legen, bevor ein Konvoi aus Reisebussen eintrudelt.

Geschichte des Klosters: Gebaut im gotischen Stil, Wende 11. zum 12. Jh. vom Zisterzienser-Orden, der angetreten war, das mehr und mehr verlotterte Ordensleben und den Glauben zu reformieren. Entsprechend die Schlichtheit der Gebäude. Buntglas fenster und Türme waren beispielsweise von der zentralen Ordensleitung verboten, was man aber durch die spitzbogigen Fenster- und Torrahmen zu unterlaufen versuchte.

Im Mittelalter war Tintern eines der reichsten Klöster von Wales und blieb wegen seiner weit vom Meer entfernten Lage von Angriffen und Zerstörungen weitgehend verschont. Auflösung des Klosters 1537 unter King Henry VIII. im Rahmen der Reformation. Die Kirchenschätze wurden zwar geplündert, allerdings blieben die Mauern stehen, da Dörfer weit entfernt waren, für die es sich gelohnt hätte, die Klostergebäude als "Steinbruch" zu verwenden.

Tintern wird Touristen-Attraktion - eine Skizze, wie Tintern Abbey und das restliche Wye Valley vor 2oo Jahren zur Touristen-Attraktion wurden. Die Situation ist prototypisch für viele "beauty spots" auf den britischen Inseln.

Im 18. Jh. gehörte es bei Adelssöhnen zum guten Ton, daß sie eine sogenannte "Grand Tour" nach Europa machten, - eine ein- bis zweijährige Reise nach Paris, Rom und Griechenland. Erst danach hatten sie Mannesreife und heirateten.

Als gegen Ende des Jahrhunderts die Französische Revolution ausbrach und es zum Krieg mit Großbritannien kam, waren diese Reisen zum Kontinent zu gefährlich. Ersatzweise mußte man sich damit begnügen, im eigenen Land herumzureisen - und entdeckte bei dieser Gelegenheit die Schönheiten, die man zu Hause hatte.

Einer jener Adelssöhne, William Gilspin, schrieb ein Buch über seine Grand Tour und widmete ein Kapitel der Tintern Abbey. Dies animierte immer mehr junge Männer, hierher zu reisen. Mit Ausflugsbooten fuhr die Adelsgesellschaft den River Wye flußauf zur Abbey. Auch der 17 jährige J.M.W. Turner (später berühmtester Landschaftsmaler der englischen Romantik) besuchte 1792 zum ersten Mal Tintern. Seine Gemälde intenivierten den Besucherstrom.

Damals besaß die Abbey noch viel mehr Flair als heute, weil die Kirchenruine über und über mit Efeu zugewuchert war (siehe Turner-Gemälde 1794). Dieser mußte leider entfernt werden, da die Pflanzenranken das Mauerwerk kaputtmachten.

 In der "Old Station", einem alten Zugwaggon ca. 1 km hinter dem Dorf. Tel. o1291/ 68 95 66. Macht aber nur lokale Buchungen innerhalb von Tintern, von hier gehen mehrere beschilderte Rundwanderungen aus.

 Es gibt mehrere Hotels und Pensionen in Tintern, - aber alle recht überteuert. Abgesehen davon ist Tintern sowieso nicht besonders schön zum Wohnen.

HOSTEL: "**St. Briavel's Youth Hostel**", gute 5 km nordöstlich. Wuchtiges Castle mit Burggraben und allem drum und dran (1o m tiefer Kerker, in den Zellen sieht man das Graffitti der Gefangenen). Liegt auf der englischen Seite, an der B 4228 Chepstow-Coleford. Ab Tintern keine Busse - nur per Auto oder zu Fuß auf dem Offa's Dyke Path (siehe unten, bei "Trails im Wye Valley"). Während der Woche aber oft Schulklassen. Tel. o1594/ 53 o2 72. Schlafsaal ca. 2o DM/Person.

Mittelalterliche Bankette jeden Samstag im August, mit Minnesängern und historisch kostümierten Geschichtenerzählern. Kosten rund 25 DM, also ein Drittel von dem, was man für solche Bankette normalerweise hinlegt.

Wandern: <u>Devil's Pulpit</u>. Der gewaltige Fels hängt wie eine Kirchenkanzel hoch über dem Valley. Startpunkt ist die Eisenbahnbrücke in Tintern Village. Hin und zurück etwa 3 Stunden.

<u>Wyndcliffe Hill</u>: 8oo m hoher Hügel für faszinierenden Blick bis runter nach Chepstow mit dem blauen Flußband, eingebettet zwischen viel Grün. Der Wye Valley Walk führt auf den Hügel, - ab Tintern ca. 3 km südlich. Hin und zurück 1 1/2 bis 2 Stunden.

TRAILS IM WYE VALLEY

Durch das River-Wye-Tal führen 2 klassische Fernwanderwege, folgen weitgehend dem River, der eine Trail auf der linken Flußseite, der andere auf der rechten. Beide durchgehend beschildert und gehören zum Standard-Programm britischer Wanderfreaks. Touristen vom Kontinent machen zwar kaum einen Trail komplett, picken sich aber oft eine oder zwei Tagesetappen raus.

Da beide Trails parallel verlaufen, läßt sich's auch bequem zickzack zwischen ihnen hin- und herwechseln.

1) Wye Valley Walk

Folgt dem rechten Wye-Ufer, - verläuft also auf der walisischen Seite des Grenzflusses. Der gesamte Trail ist 172 km lang. Startpunkt ist Chepstow, Zielpunkt Rhadayer in Ostwales.

Richtig lohnen tun sich aber nur die ersten 12o km bis Hay-on-Wye, dann wird das Land flach und langweilig. Zeitbedarf bei 3-5 Tagen. Besonders das allererste Teilstück von Chepstow bis Monmouth (rund 3o km) ist wunderschön: Trailverlauf immer oben auf dem Talhang, - mit Blick runter aufs Valley und hohe Kalkstein-Klippen als sagenhafte Viewpoints.

2) Offa's Dyke Path

Auf der linken Seite vom River Wye - also in England! Er folgt dabei strikt der englisch-walisischen Grenze und dem frühmittelalterlichen Grenzwall Offa's Dyke.

Insgesamt 27o km, - von Chepstow bis nach Prestatyn an der Nordküste von Wales. Zeitbedarf bei 1o-14 Tagen.

Unterkünfte: Bei beiden Trails zwar ein paar JuHen und simple Campingplätze, - meistens wird man aber auf B&B zurückgreifen müssen. Das TI gibt aktualisierte Unterkunftslisten heraus.

Ausrüstung: Keine Extrem-Touren, - Wanderschuhe (zur Not gehen auch Turnschuhe), feste Klamotten und Regenschutz genügen. Koffer/Rucksack im B&B-Haus in Chepstow deponieren und nur mit dem Allernötigsten aufbrechen.

Infos: Für beide Trails gibt es detailliertes Material. Beim Kauf drauf achten, ob die Beschreibung in Süd-Nord- oder in Nord-Süd-Richtung erfolgt; außerdem sollten Landkarten enthalten sein. Wichtig ist auch eine gewisse Strapazierfähigkeit: sehr gute Erfahrungen haben wir mit in Plastikhüllen eingeschweißten Karten gemacht.

2 ROUTEN-VORSCHLÄGE

* Schönes 1-Tages-Programm: von Chepstow auf dem Wye Valley Walk nach Tintern, was etwa 3 Stunden dauert. Dort kräftig lunchen und die Abbey anschauen. Am Nachmittag dann über die Brücke auf die linke Seite des Flusses und zurück nach Chepstow entlang dem Offa's Dyke Path.

* Folgendes 2- oder 3-Tages-Programm streift sehr schöne Abschnitte beider Trails, - für Übernachtung gute JuHen.

1. Etappe: Chepstow-> St. Briavel's (ca. 15 km): anfangs auf dem Wye Valley Walk 1o km bis Tintern mit klassisch-schöner Natur. Dann rüberwechseln zur JuHe in St. Briavel's (weitere 5 km, Beschreibung bei Tintern); am nächsten Morgen weiter auf dem Offa's Dyke Path.

2. Etappe: St. Briavel's-> Monmouth (ca. 12 km): gemächliche Strecke, - in Monmouth hat man wieder die Annehmlichkeiten einer Stadt.

3. Etappe: Monmouth-> Welsh Bicknor (ca. 12 km): auf dem Offa's Dyke Path rein in den Naturpark "Forest of Dean". Die Welsh-Bicknor-JuHe haben wir beschrieben im Umgebungskapitel von Monmouth, unter Goodrich Castle.

✦ Monmouth   (7.ooo Einw.)

Nördlicher Endpunkt des Wye-Valley-Trips: gemächliches Städtchen, Flair kommt durch die romantischen Fachwerkhäuser rüber. Hauptpunkt sind aber die Ausflugsmöglichkeiten in die Umgebung: mindestens einen vollen Tag freihalten!

Als Grenzstadt zu England war Monmouth in vergangenen Jahrhunderten wichtige Postkutschenstation auf der Linie London-Wales, damals eine beschwerliche 2-Tages-Reise.

Tourist INFO Im Rathaus am Haupt-Square, Tel. o16oo/ 71 38 99. Nur im Sommer.

Charles Steward Rolls im Freiballon, - eines seiner Hobbies.

Von hier zum Stadtmittelpunkt AGINCOURT SQUARE, freitags und samstags Markt. Eine Statue erinnert an den in Monmouth geborenen Charles Steward Rolls.

19o6 baute er zusammen mit Henry Roye, dem Inhaber einer Elektrofirma, den ersten Rolls Royce, der nach Firmenphilosophie "das beste Auto der Welt" sein sollte. Das Fahrzeug wurde im Anschluß das Fortbewegungsmittel der Könige, der Mächtigen und Reichen der Welt. Mr. Rolls starb 191o bei einem Flug über den Ärmelkanal.

MONMOUTH CASTLE, vom Agincourt Square die Gasse rauf: nur noch Mauerreste, da die Burg 1647 im Bürgerkrieg per Parlamentsbeschluß geschleift wurde. Dort auch ein kleines

Militärmuseum mit Uniformen und Ordensblech (nur am Nachmittag).

NELSON MUSEUM (Priory Street): Memorabilien an Admiral Nelson. Etwa die 9-schwänzige Katze, mit der einige Matrosen noch zwei Tage vor der Battle of Trafalgar für "Trunkenheit an Bord" mit 36 Hiebe bis aufs Blut ausgepeitscht worden sind (ein Nierengurt sicherte das Überleben).

MONNOW BRIDGE (am unteren Ende der Monnow Street): Steinbrücke vom 13. Jh. mit Zollhaus, wo früher Gebühren abkassiert wurden. Daneben ein "Wishing Well": wer einen Groschen in den Brunnen wirft, hat einen Wunsch frei...

ARCHEOLOGICAL DIG (Monnow Street): Archäologen buddeln hier seit 1991, es ist jemand vor Ort, der die Arbeiten erklärt. Seit den Römern stand hier immer eine Siedlung, so daß die einzelnen Bodenschichten Fundstücke der verschiedenen Epochen enthalten.

Wer will, kann jederzeit ein zwei Tage bei den Grabungen mithelfen. Fachmännische Anleitung und tiefe Einblicke in die Thematik der modernen Archäologie. Regie führt der heimatgeschichtliche Verein unter Vorsitz von Steven Clark.

THE KYMIN: Hügel mit Blick aufs River-Wye-Tal, oben ein Denkmal zu Ehren der Royal Navy. Halbe Stunde zu Fuß (Abkürzung). Mit Auto 3 km: über die Wye-Brücke auf die Straße zum "Forest of Dean", von dort beschilderte Abzweigung.

COUNTRY HOUSE: "Talocher Farm", ca. 2 km außerhalb an der Wonastow Road. Früherer Farmhof auf einem Hügel westlich der Stadt, phantastischer Blick runter ins Tal. Paul Raeburn hat die Scheunen do-it-yourself umgebaut. Mit Restaurant, Bar und Biergarten. Wahlweise Zimmer oder Selfcatering-Units mit kleiner Küche. Tel. o16oo/ 74 06 62. DZ ca. 1o5 DM, Dinner 15-4o DM/Person.

HOTEL: "Riverside Hotel", Cinderhill Street. Das einzige Hotel in Monmouth, - aber oft Beschwerden über schlechten Service und zu teuer für das, was geboten wird. War früher ein wunderschöner Gasthof, der sehr unsensibel renoviert worden ist. Tel. o16oo/ 71 55 77. DZ ca. 175 DM.

GUESTHOUSES: Die beiden Pensionen am Agincourt Square sind allenfalls mittelmäßig, viel besser folgende zwei Adressen:

"Steeples", Church Street. 7 Zimmer über dem exzellenten Restaurant, alle en suite und geschmackvoll eingerichtet. Liegt mitten in der Stadt. Tel. o16oo/ 71 26 oo. DZ ca. 11o DM.

"The Old Goal", an der Straße Richtung Hereford. Mrs. Williams kümmert sich mit mütterlichem Charme um ihre Gäste. Das Haus war bis 1965 das Stadtgefängnis (heute aber massiv bessere Facilities!): Badezimmer mit Gitterstäben, im oberen Stock Balken für den Galgen. Tel. o16oo/ 71 24 63. DZ ohne Bad ca. 9o DM.

BED & BREAKFAST: Die Auswahl ist nicht allzu groß, alle sehr verteilt, keine B&B-Straße. Besser ins TI gehen, statt selber lange rumzusuchen.

HOSTEL: "Monmouth Youth Hostel", Priory Street, innerhalb vom Ort. Altes

Kloster aus dem 15. Jh. mit knapp 4o Betten. Zimmer etwas dunkel und vollgepackt mit Matratzen, aber ordentliche Common Rooms. Nur März bis Oktober. Tel. o16oo/ 71 51 16. Schlafsaal ca. 17 DM/Person.

Wandern: * Gepäck deponieren, und auf dem Offa's Dyke Path 8 km nördlich zur JuHe in "Welsh Bicknor". Dort übernachten, - am nächsten Tag zurück mit Bussen oder zu Fuß auf Pfaden durch den Forest of Dean. * Alternative: auf dem Offa's Dyke Path 8 km südwärts, bis zur JuHe in St. Briavel's.

 Rockfield Site: der propere Campingplatz von Monmouth, sehr gut mit 1A-Facilities, sogar eigenes Klubheim. An der B 4233 Richtung Abergavenny, paarhundert Meter von der Monnow Bridge.

Monnow Bridge Site ist dagegen mehr der spartanische Wanderer-Treff: klein, basic, billig. Innerhalb vom Ort, bei der Monnow Bridge rechts rein.

 FRENCH HOUSE (Church Street): nur ein paar Tische, das Essen ist so gut wie das Ambiente. Den Laden schmeißt ein jüngeres Paar im 2-Mann-Betrieb. Bei drei Gängen plus Wein mit 4o-5o DM rechnen.

PUNCH HOUSE (Agincourt Square): im Restaurant oberhalb vom Pub ebenfalls sehr gut bei vergleichbaren Preisen, aber weniger intimer Raum.

STEEPLES RESTAURANT (Church Street): zwar ein bißchen cafeteria-mäßig, aber hervorragende Snacks/Gerichte in der 1o/15-Mark-Klasse.

Barmeals: Im Sommer fast alle Pubs - populärstes ist PUNCH HOUSE (Agincourt Square): warmes Buffet, wobei man sich das Essen an einer Glastheke raussucht. Durchgehend, preislich 1o-18 DM.

Im ROBIN HOOD, neben der Monnow Bridge, ein paar Mark billiger, dafür aber auch einfachere Sachen.

BOAT INN (in Redbrook, ca. 5 km südlich im Wye Valley): weit und breit die besten Barmeals, wem der Weg nichts ausmacht: alle Gerichte um 1o DM und garantiert ohne Pommes-Einerlei. Für Lunch oder abends von 18-21.3o Uhr.

Punch House (Agincourt Square): schon seit Ewigkeiten der zentrale Treff von Monmouth. Gemischtes Publikum.

The Griffin Inn, um die Ecke in der Church Street, ist Sammelpunkt der Stadtjugend.

Pubs Boat Inn (ca. 5 km südlich im Wye Valley): Bier-Liebhaber pilgern von weit her - 12 Fässer mit Real Ale hinter der Theke! Tip ist auch der Biergarten, mit moosigen Bänken am Flußufer. Di. und Do. Live-musik. Übrigens: Man parkt in England (am linken Wye-Ufer) und geht über die rostige Eisenbrücke zum rechten Ufer, - also nach Wales.

Märkte: <u>Viehmärkte</u>: Montag und Freitag, unten bei der Monnow Bridge. Massenweise Schafe, Rinder und Gebrüll.

Feste: <u>Monmouth Festival</u> (letzte Juli- und erste Augustwoche): alles sprudelt vor Leben - Straßentheater, Pflastermaler und jeden Abend spielen Bands auf dem Marktplatz, wozu bis 4.000 Leute zusammenkommen.

<u>Monmouth Carnival</u> (1. Sonntag im August): Umzüge mit Blumenwagen, jeder rennt maskiert durch die Gegend.

Verbindungen ab Monmouth

<u>**Züge**</u>: kein Bahnhof - per Bus nach Newport (alle 2 Std., der letzte aber schon gegen 18 Uhr), von dort dann Anschlüsse nach überall hin.

 <u>**Busse**</u>: Infos und Fahrpläne im TI, die Tickets dann im Bus kaufen.
Mit <u>Company Red & White</u>

-> Wye Valley (nach Tintern und Chepstow) alle 2 Std., Fahrtdauer ca. 5o Min.

-> Newport alle 2 Std., Fahrtdauer ca. 1 Std.

-> Gloucester/England alle 2 Std., Fahrtdauer ca. 1 1/2 Std.

-> Hereford/England alle 2 Std., Fahrtdauer 1 Std.
   Mit <u>Company Phil Anslow</u>

-> Raglan und weiter nach Abergavenny alle 2 Std., Fahrtdauer 3/4 Std.
   Von dort mit Red&White Anschluß nach Brecon und Merthyr Tydfil.

Umgebung von Monmouth

Monmouth ist zwar ein nettes Städtchen, richtig spannend wird's aber erst bei den Ausflügen in die Umgebung (mindestens ein Tag). Die Region hier ist der schönste Abschnitt vom walisisch-englischen Grenzland.

SIMONS YAT

Pittoreske Flußschleife des River Wye: Felskanzeln, knorrige Bäume und das blaue Flußband. Bootsausflüge, schöne Wanderungen. Schon seit 2oo Jahren ein klassischer "beauty spot".

Simons Yat besteht aus zwei Ortsteilen, die sich auf beiden Flußseiten gegenüber liegen. Hauptort ist <u>Simons Yat West</u>, am Westufer. Von dort führen zwei Kettenfähren rüber nach <u>Simons Yat East</u>.

<u>Anfahrt</u>: ca. 6 km nordöstlich, via der A 4o Richtung Ross-on-Wye. Busse alle 2 Stunden, aussteigen in Whitchurch und 4oo m zu Fuß.

Der Tourismus in Simons Yat hat lange Tradition: wurde schon seit der Romantik viel besungen - ein bißchen vielleicht vergleichbar mit unserer Loreley. Ausflügler und Boottrips gibt es hier schon über 2oo Jahre. Die Hintergründe, wie es dazu gekommen ist, siehe Kapitel "Tintern Abbey" (Wye Valley). Die Boote und der Irrgarten von Simons Yat sind die eine Sache. Anders dagegen der kotzhäßlichen Komplex aus Souvenirläden und Karussells. Sie sind eine Bausünde, die auch von vielen Einheimischen kritisiert wird.

JUBILEE PARK: Irrgarten aus mannshohen Hecken, es führen übrigens 12 Wege hindurch! Plus Museum über das Mysterium der Labyrinthe, das die Menschen schon seit 3.ooo Jahren beschäftigt. Sie folgen immer einem mathematischen Prinzip!

Angelegt von den exzentrischen Heyes-Brüdern (Markenzeichen: Strohhut in Übergröße), die beiden schreiben auch für das "Maze Journal", ein Fachblatt über Irrgärten.

WORLD OF BUTTERFLIES: zwei Treibhäuser mit Dschungelpflanzen, Kolibris und unzähligen Tropenfaltern, der Besitzer ist übrigens der britische Experte zum Thema artgerechte Insekten-Haltung!

RURAL HERITAGE CENTRE, ca. 4 km südlich von S. Y. West: Pflüge, Eggen, Oldie-Traktoren etc. Derek Williams hat als Hobby-Sammler angefangen, sein selbstgebrauter Cider wird so geliebt wie gefürchtet.

SIMONS YAT EAST: auf der linken Flußseite; nur 15 Häuser. Man sitzt im Biergarten vor dem "Ferry Inn" und schaut den Kanufahrern zu, die in den Stromschnellen trainieren (auch das britische Olympia-Team übt hier).

Hauptattraktion ist aber nicht der Ort selber, sondern das "Rüberkommen" mit der altertümlichen <u>Kettenfähre</u>. Der Fährmann hangelt sich an einem Drahtseil rüber, das über den an dieser Stelle nur 65 m breiten Fluß gespannt ist. Früher wurden so die Pferde rübergebracht ans andere Ufer zum Weiden.

Alternative zur Kettenfähre: per Auto über die Brücke, die ein Stück nördlich den Fluß überquert. Hat nicht nur weniger Stil, sondern macht auch 8 km Umweg.

WYE VALLEY FARM, 1-2 km nördlich von S. Y. East: "open farm" mit Hühnern, Ziegen und Rindviechern. Darunter auch Großbritanniens preisgekrönter Zuchtbulle, von dem jeder Spermatropfen den Wert flüssigen Goldes hat...

 **Boottrips**: Mit überdachten Fluß-Bargen ein Stück den River runter, hier ist das Tal sehr eng, Felsen und buschige Wälder. Die Boote sehen ein bißchen amsterdem-mäßig aus, Kommentare über das Leben der Flußschiffer. Gehen ab Simons Yat West sowie East; ca. 45 Minuten.

Früher transportierten auf dem River Wye zwei Dutzend solcher Bargen Getreide und Kohlen. Die Flußschiffe waren 22 m lang und 3 m breit, vom Ufer mit 8 Pferden gezogen. Wegen der vielen Schleusen brauchte man pro Barge 22 Männer. Als 1896 die Eisenbahn eröffnet wurde, dauerte es nur noch zehn Jahre, bis die letzte Barge fuhr.

Wandern: * <u>Simons Yat Rock</u>: Aussichtsberg auf der östlichen Flußseite, ein 2oo m hoher Kalksteinfels zwischen knorrigen Bäumen. Für Blick auf fünf Counties, dazwischen der River Wye wie ein blaues Band. Außerdem ein Horst von Wanderfalken, die im Frühling und Sommer ihre Jungen aufziehen (beschildert mit "peregrine viewing").

Zunächst mit der Kettenfähre rüber nach Simons Yat East und vom Anleger etwa 3o Minuten Aufstieg. Alles in allem ein Ausflug von 1 1/2 bis 2 Stunden. - Alternativ führt eine Autopiste rauf auf den Aussichtsberg.

* <u>Rund-Wanderung</u> (ca. 6 km): Vom Bootanleger in Simons Yat West ca. 3 km flußabwärts, immer auf dem Uferpfad. Nach 3 km kommt eine gewagte Hängebrücke, die für die Waldarbeiter gebaut wurde. Dann auf der anderen Flußseite zurück und mit der Kettenfähre zurück zum Startpunkt. Dauert ca. 1 1/4 Stunden.

Folgende Variation: Von der Hängebrücke weitere Viertelstunde flußabwärts (rechte Flußseite) zu den <u>Seven Sisters Rocks</u>: eine verwilderte und steile Felswand mit Krüppelbäumen. Ein Pfad führt rauf, - toller Blick.

Sport: In S.Y. East ist ein Outdoor-Zentrum für Canooing und Bergklettern. Vermietung von Ausrüstung, (Schnupper-)Kurse.

★**GOODRICH CASTLE**

Sehr gut erhaltene Ritterburg, entstand in zwei Bauphasen, die deutlich unterscheidbar sind. Im 11. Jh. bauten die normannischen Eroberer den 4-eckigen Hauptturm, um die Waliser einzuschüchtern. Er ist aus grauem Stein.

Die restliche Bausubstanz, aus rotem Sandstein, wurde erst 2oo Jahre später angefügt, wodurch ein - nach Geschmack der Ritter - repräsentatives Domizil entstanden ist. Dabei wurde auch den Burggraben ausgehoben (mühevoll mit Handspaten). <u>Anfahrt</u>: 3-4 km nördlich von Simons Yat West, via der A 4o.

Der Grund, das Castle explizit an dieser Stelle zu bauen, bestand darin, die Furt über den River Wye strategisch abzusichern. Über diese Furt führte schon seit der Römerzeit eine bedeutende Straße, welche die Kastelle Gloucester und Caerleon verband.

 "**Welsh Bicknor Youth Hostel**", ca. 4 km südöstlich, gut beschildert. Früherer Pfarrhof aus Stein-Cottages rund um einen Innenhof. Abseits der Zivilisation - zwischen Baumwucherung am River-Wye-Ufer, halbe Stunde Fußweg ins nächste Dorf (Goodrich oder Lydbrook, beide mit Busanschluß). Startpunkt auch für den Forst of Dean; siehe unten. Tel. o1594/ 86 o3 oo. Schlafsaal ca. 2o DM/Person.

 Es besteht auch Möglichkeit für <u>Camping</u>: paar Dutzend Zelte am Flußufer, für Facilities 5 Minuten rauflaufen ins Hostel.

✦ FOREST OF DEAN

Hochplateau mit knorrigen Bäumen und klassischen Viewpoints, lohnt sich, wer Waldspaziergänge mag. Ist bei den Briten ein beliebtes Ziel für ihre "Samt-Kind-und-Kegel-Ausflüge" am Wochenende.

Liegt jenseits der Grenze. Anlaufstelle ist Beechenhurst: dort ein Info-Centre für Karten und Startpunkt mehrer Rundwanderungen.

SKULPTURE TRAIL ist der populärste: 6 km langer Waldpfad mit modernen Skulpturen, z.b. ein Buntglasfenster freihängend zwischen den Ästen, oder ein metallenes Rentier in einem Pool.

Dazu wurden bei einer Ausschreibung Anfang der 8oer Jahre alle namhaften britischen Künstler eingeladen, Skulpturen beizusteuern, die das Thema Wald/Natur reflektieren.

Anfahrt: keine Busse, nur Auto/Fahrrad (auf der A 4136 nach Coleford, dem Eingang zum Naturpark, und weiter zum Info-Centre).

✦ THREE CASTLES

Drei Ritterburgen im Grenzland und ein schönes Rundum-Erlebnis: Countryside mit mannshohen Hecken, irgendwo in einem Gasthof einkehren und die Ereignislosigkeit genießen. Die Castles selber sind aber eher mittelmäßig interessant!

* Per AUTO ein streßfreier Nachmittag. Öffentlichen Transport zu den Three Castles gibt es nicht.

* Mit dem FAHRRAD gemütlich durch Mini-Dörfer, Schafe blöken einem irgendetwas Schwerverständliches nach. Die gesamte Tour macht rund 6o km, demnach zwei Tage ansetzen. Zuvor beim TI eine Liste holen mit Farmhöfen zum Übernachten, und vielleicht gleich buchen.

  Aber kein Bike-rent in Monmouth. Ab Abergavenny, wo es Fahrradvermietung gibt, ist die Tour ungefähr gleich lang (S. 192).

* Zu FUß eine 2-Tages-Wanderung durch friedliches Farmland. Der 28 km lange Three-Castles-Walk geht über Feldwege und Pfade, irgendwo auf einem Bauernhof übernachten. Das Auto kann man beim Skenfirth Castle geparkt lassen. Beim TI gibt's eine Broschüre mit allen Infos zu dem Walk.

WHITE CASTLE: die beeindruckendste der drei Burgen. Umgeben von einer hohen Mauer mit vier Türmen, zusätzlich schützt ein Wassergraben den inneren Burghof. Der weiße Verputz, dem das Castle den Namen verdankt, ist leider abgebröckelt. Anfahrt: ca. 16 km westlich von Monmouth (via der B 4233) in Llantilio Crossenny.

SKENFIRTH CASTLE: schöne Lage am Ufer der River Monnow, mitten in dem romantischen Bauerndorf Skenfirth. Anfahrt: ca. 1o km nordöstlich vom White Castle.

GROSMONT CASTLE: die "baufälligste" der drei Burgen, auf einem Hügel über dem Dorf Grosmont. Anfahrt: ca. 8 km nordwestlich, via der B 4347.

Die Three Castles wurden übrigens von drei Brüdern gebaut und bewohnt. Insgesamt gibt es 27 Castles allein hier im Borderland, dicht gedrängt in dem 3o km breiten Grenzstreifen zwischen Chepstow und Monmouth. Wurden im 11. Jh. von den Normannen gebaut, nachdem sie England erobert hatten.

Diese Castles entsprachen anfangs eher dem Klischee eines Wildwest-Forts (Erdwälle und Holzpalisaden). Erst in den darauffolgenden 1oo Jahren wurden sie peu à peu durch propere Steinburgen ersetzt (den Anfang machte Chepstow).

Interessant ist, daß es zu Beginn nur darum ging, sich gegen die keltischen Kriegerstämme im unwirtlichen Wales abzuschotten. Nur ganz langsam breiteten sich die Normannen, die immerhin das damals "hochzivilisierte" England im Handumdrehen genommen hatten, Richtung Wales aus. Es sollten noch mehr als 2oo Jahre ins Land gehen, bis der englische König Edward I. in einem Generalangriff die Waliser unterwarf (siehe Seite 348).

★ RAGLAN CASTLE

Erster Eindruck: eine Burgruine wie viele Castles hier im Grenzland. Es bestehen aber zwei zentrale Unterschiede: Erstens ist Raglan keine Ritterburg, sondern eine befestigte Herrenvilla. Zweitens war es die letzte Festung, die hier im Grenzland gebaut worden ist (rund 35o Jahre später als Chepstow Castle oder die Three Castles).

Wer sich sowohl Chepstow als auch Raglan Castle anschaut, kriegt einen guten Eindruck, wie sich die Festungsarchitektur entwickelt hat. Experten bewerten Raglan europaweit als bestes Beispiel für eine spätmittelalterliche Festung! Bereits in der Romantik war die Ruine ein Mekka der Maler und Schriftsteller.

Anfahrt: rund 12 km westlich von Monmouth, an der A 4o nach Abergavenny (Verbindung mit dem Newport-Bus).

Grob gesagt war Chepstow eine pur militärische Machtbasis für die Engländer, wohingegen Raglan eine Villa für die anglifizierten Waliser war. Zur Bauzeit (um 143o) war die Ära der Ritter schon vorbei. Raglan ist ein "Kind der Wendezeit": Die Zeiten waren friedlicher und sicherer, ohne aber auf militärische Aspekt ganz verzichten zu können.

Da es bereits Feuerwaffen gab, baute man 6-eckige Türme, um im Verteidigungsfall in alle Richtungen schießen zu können. (Dies war bei den geraden Mauern der Ritterburgen nicht möglich, so daß sich dort Feinde seitlich anpirschen konnten.)

Die Fenster sind im Erdgeschoß kleine Gucklöcher, im 1. Stock aber sehr großzügig. Grund: Man mußte auf Angriffe mit Kanonen gefaßt sein. Diese konnten damals nur waagrecht schießen, nicht aber steil in die Luft, so daß man im oberen Stock relativ sicher war. Entsprechend waren dort die Herrenräume, während unten das Personal wohnte.

Die Effizienz dieses Bauplans zeigt sich daran, daß Raglan Castle noch 1646 im Bürgerkrieg drei Monate (!) belagert werden mußte, bis es endlich fiel. Per Parlamentsbeschluß wurde es bis zur Unbewohnbarkeit zerstört.

CHEPSTOW ≫→ CARDIFF   (ca. 3o km)

Stark zersiedeltes Küstenland. Zwar nichts für längere Aufenthalte, aber für etliche kulturell hochinteressante Stippvisiten, um die Fahrt mal kurz zu unterbrechen. Schnell-Verbindung ist die <u>Autobahn M 4</u>, von dort mit braunen Tafeln ausgeschilderte Abfahrten zu den wichtigsten Sehenswürdigkeiten. <u>Öffentlicher Transport</u>: stündlich mit Zügen und Bussen.

<u>CALDICOT CASTLE</u>: Prototyp einer Ritterburg, wenn es auch ein Stückweit an der Authenzität fehlt, da im 19. Jh. völlig über-restauriert! Aber gerade deshalb sehr gut als "Anschauungsmaterial". Liegt in einem schönen Parkgelände.

Die Burg wurde im 12. Jh. von normannischen "Marcher Lords" gebaut und in den nächsten 2oo Jahren schrittweise erweitert, um die aufmüpfigen Waliser im Griff zu halten. Nachdem die englische Macht stabilisiert war, ließ man es zerfallen. Im 19. Jh. kaufte ein ebenso reicher wie spleeniger Rechtsanwalt die Ruine, um daraus ein Privat-Domizil zu machen.

Die <u>Gebäude</u> enthalten außerdem eine kostbare Kollektion von Stilmöbeln aus dem 17.-19. Jh. und ein Heimatmuseum (alte Kleidung, Haushaltsgeräte etc.). - Im <u>Burghof</u> sind die einzigen noch originalen Bauteile der Burg: das Torhaus und der Rundturm, die einander gegenüber liegen. Die Kanone mitten im Hof stammt vo Admiral Nelsons Flagschiff "Floudroyant".

<u>Anfahrt</u>: von der M 4 bei Ausfahrt 22 runter und ca. 12 km via der Landstraße, die parallel zur Autobahn läuft. Abgesehen vom Castle ist Caldicot eine völlig uninteressante "Schlaf-Stadt".

<u>CAERWENT</u>: Für Liebhaber alter Römerzeit-Relikte, wenn auch bei weitem nicht so umfangreich wie in Caerleon (siehe unten). Das Dörfchen war um Christi Geburt eine bedeutende Stadt, wo die Römer Handel trieben und Märkte abhielten.

Caerwent war kein Military-Fort, sondern eine zivile Stadt. Als Bewohner wurden keltische Volksstämme zwangszivilisiert und zur Annahme des römischen "life-style" gezwungen (mußten sich beispielsweise der unangenehmen Prozedur des Badens unterziehen). Heutzutage ist das Image von Caerwent weniger zivil: in der benachbarten Kaserne haben die Amerikaner ihre größte Raketen-Basis in Europa!

<u>Römische Stadtmauer</u>: besterhaltenes Feature, ein Rechteck rund um das Dorf. Die Ausgrabungsfunde sind in der Dorfkirche ausgestellt, sowie Diagramme, wie es damals hier ausgesehen hat. Gegenüber der Kirche wird derzeit das Fundament eines Römer-Tempels ausgegraben. Die Archäologen lassen sich bei ihrer Arbeit zusehen.

<u>Anfahrt</u>: von der Motorway bei Abfahrt 22 abzweigen und ca. 1o km via der A 48. Ab Caldicot ca. 4 km nordwestlich via Nebensträßchen.

<u>PENHOW CASTLE</u>: Staatsgemächer mit derben Möbeln, klitzekleine

Privat-Kammern und in der Küche baumelt das verbeulte Geschirr. Bei der Castle/Herrenhaus-Mischung aus dem späten Mittelalter kriegt man also nicht nur nackten Stein zu sehen, wie meist bei so alten Festungen, sondern es ist lebendig eingerichtet.

Das Castle wurde vom 12.-14. Jh. gebaut und vereint die Baustile dieses Zeitraums. Es ist eine der ganz wenigen Burgen, die sich auch heute noch in Privatbesitz befinden, - ein Flügel ist sogar noch bewohnt.

Der Norman Keep ist der älteste Gebäudeteil, wo die Familie ab 1129 lebte. Kommt sehr authentisch, überall liegt Krimskrams aus der damaligen Zeit herum.

Great Hall aus dem 15. Jh. ist das Herzeigestück. Auf der Galerie standen Minnesänger, um das Bankett mit Gesängen und Heldensagen aufzupeppen. Bei der Treppe, die raufführt zur Bettkammer, ist eine der Stufen um 2 1/2 cm höher als die anderen: hat man gemacht als "Stolperstein" für Eindringlinge!

Dann kommen die neueren Räume, alle in chronologischer Reihenfolge. Zunächst aus dem 18. Jh. mit eleganter Regency-Architektur, die Küche und das Kinderzimmer stammen aus dem 19. Jh.

Anfahrt: wie Caerwent, aber nochmal 5 km weiter westlich. Man bekommt einen Walkman und geht selber rum: die "Grand Tour" über Geschichte, - und die "Cook's Tour" über Essen und das tägliche Leben im Mittelalter.

✦ Usk

Überall bunte Blumenkästen, pastellfarbene Shopfronts, alles ist sehr adrett und rausgeputzt. Usk war schon mehrfach Sieger beim Wettbewerb "Britain in Bloom" - blumenreichste Stadt Großbritanniens! Derzeit bewirbt man sich für die EG-Ausschreibung "Europe in Bloom".

Die Dorfstraße zieht sich vom River Usk bergauf zur Castle-Ruine. Am Marktplatz wuchert alles vor Blumen rund um einen Uhrturm. Anfahrt: Autobahnausfahrt 24 und ca. 13 km nördlich via der A 449.

RURAL LIFE MUSEUM (New Market Street): dokumentiert das Leben der Bauern und einfachen Leute im 19. Jh. Eine Waschküche und eine verrußte Küche, Pferdegeschirre etc. Regie führt die lokal ansässige Landwirtschaftsschule.

✦ Caerleon

Lohnt sich für die Reste eines Römer-Forts, hier war eine von den drei Legionen stationiert, die es in der Provinz Britannia gegeben hat. Liegen im Stadtkern verstreut.

Das kompakte Zentrum besteht aus einer einzigen Ringstraße, die rund um die Burgruine läuft. Hat mehr Leben und Infrastruktur als das öde Newport! Anfahrt: ca. 5 km nordöstlich von Newport (Stadtbusse). Ab Autobahn M 4 die Abfahrt 25 nehmen.

Caerleon war ein militärisches Kommando-Zentrum, das alle Vorposten und Camps im Raum Südwales dirigierte. Im Gegensatz dazu war für Nordwales Chester das Zentrum. Hierher in den Süden von Wales drängten die Römer hauptsächlich wegen der Goldfunde. <u>Gegründet 74 n. Chr.</u>, war dann für 3oo Jahre eine prosperierende Garnisionsstadt. 6.ooo Legionäre waren hier stationiert, Chronisten berichten von Palästen mit vergoldeten Dächern. Das Ende von Caerleon kam mit dem Kollaps des Imperium Romanum und damit verbunden dem Abzug der römischen Legionäre.

Im römischen Weltreich gab es ein paarhundert solcher Militär-Forts, die alle völlig identisch organisiert waren, von Nordafrika bis Britannien.

In der <u>römischen Kaiserzeit</u>, also nach Augustus (ab 9. n. Chr.), war das Imperium Romanum zu einem Flächenstaat geworden. Die Zeit der kriegerischen Abenteuer, bei denen ein Volk ums andere gewaltsam unterworfen wurde, war vorbei!

Das Vereinte Europa, um das heute die Politiker verbissen kämpfen, war also vor 2.ooo Jahren bereits Realität. Überall benutzte man dieselbe Amtssprache und hatte eine einheitliche Währung. Und wichtiger: Es existierte ein starkes "Wir-Gefühl", längst hatte man sich mit dem römischen "way of life" identifiziert. Man erzählte sich zwar kopfschüttelnd von Cäsarenwahn und Verwahrlosung in Rom, in den Provinzen war die Welt aber in Ordnung. Nur an den Rändern, wie z.B. hier in Wales, flackerten gelegentliche Widerstände auf, aber auch nicht öfters als vielleicht einmal in einer Generation, wenn's hochkam.

<u>FORTRESS BATHS</u> (beim Parkplatz hinter dem Bull Inn): das soziale Herz der Kaserne, wo sich die Legionäre in ihrer dienstfreien Zeit zum Baden und Brettspielen trafen. Mit Modellen und High-Tech wird der Betrieb lebendig präsentiert. Wandgemälde, Mosaiken, Reliefs.

<u>LEGIONARY MUSEUM</u> (High Street): Ausgrabungsfunde, neben Waffen auch Öllämpchen, Haarnadeln, Nagelreiniger, Instrumente des Lager-Zahnarztes etc.

<u>AMPHITHEATRE</u> (Fosse Lane): In dem Stadion wurden die Legionäre mit blutrünstigen Gladiatorenkämpfen und Tierhatzen bei Laune gehalten. Die Arena ist oval (55 x 4o m), auf dem 1o m hohen Erdwall saßen bis 5.ooo Zuschauer auf Holzplanken.

Gebaut wurde es gegen 8o n. Chr., etwa zeitgleich mit dem Collosseum in Rom. Solche Spektakel kamen erst in der römischen Kaiserzeit in Mode, also nach Christi Geburt (Motto: "Brot und Spiele").

<u>BARRACKS</u> (gegenüber vom Amphitheatre): die Kaserne ist nur noch mäßig erhalten. Rund 5oo m lang und 4oo m breit, an den Ecken abgerundet und durch vier Tore abgeriegelt.

HOTEL: "<u>Hanbury Arms</u>", High Street, in dem Gasthof oberhalb vom River. Das schönste Hotel im Ort! Tel. o1633/ 42 o3 61. DZ ca. 13o DM.

BED & BREAKFAST: Caerleon ist Alternative zu der einigermaßen tristen Stadt Newport. Obwohl viel kleiner, bringt es mehr an Restau-

rants und Pubs, abends fahren viele zum Weggehen von Newport hier raus. Busse rein
nach Newport alle 5-2o Min.

KEMYES MANOR (Bullmore Roadeines): eines der Glanz-
lichter in der Waliser Restaurant-Szene. Stolze Villa aus dem
16. Jh., serviert wird im kronleuchter-behangenen Festsaal.
Menü ca. 3o DM, Schwerpunkt sind traditionelle Waliser
Gerichte.

TABARD'S (High Street): Bistro für kleinere Sachen, auch tagsüber. Man
kann sich auch nur für ein Bier oder einen Kaffee hier reinsetzen.

★ Newport   (135.ooo Einw.)

Industrie, working-class und irgendwie ein trister Grauschleier. Architektur mit viel Beton und wenig Phantasie, lohnt sich nur für Kurz-Besuch
und Exkursionen in die Umgebung. Ab Autobahn M 4, Ausfahrt 25 und
26.

Newport ist die drittgrößte Stadt in Wales (nach Cardiff und Swansea).
Mitte des 19. Jh. bedeutender Umschlagplatz für Kohle und Eisen; heute
kämpft die Stadt gewaltig mit der Krise! Mühsam bemüht man sich um ein
Face-Lifting und einen Touch von Chique, bleibt aber weit im Schatten
von Cardiff.

Im Museumsgebäude am John Frost Square.
Tel. o1633/ 84 29 62. Ganzjährig geöffnet.

Der Stadtkern kommt sehr trist, abends fast ein "Hauch von Ghost Town".
Dies ist Resultat einer verfehlten Stadtplanung: in den 8oer Jahren hat man
rund um die Stadt Industriezentren angesiedelt und sie zu Satellitenstädten
aufgebaut.

Technische Kuriosität ist die TRANSPORTER BRIDGE, eine 19o6 er-
baute Schwebefähre über den River Usk. Auf 4 Eisenpfeilern ruht in 75 m
Höhe der 2oo m lange Querträger, an dem mittels einer Laufrollen- Vor-
richtung unten, 65 m tiefer, eine Plattform für Fahrzeug-Transport hängt.

Newport war in der 2. Hälfte des 19. Jhds. wichtigster Kohle- Exporthafen des Landes.
Die Transporter-Bridge verband die Stadt mit dem Hafen, sicher sollte das riesige Eisen-
bauwerk auch den Reichtum und die Bedeutung der Stadt repräsentieren.

Die Brücke ist insbesondere im Bereich statischer Berechnungen eine Meisterleistung für
damalige Zeit. Einmal galt es, eine 75 m hohe Eisenpfeilerverstrebungen so zu kon-
struieren, daß sie das Gewicht der 2oo m langen Eisenquerbrücke bei allen Einflüssen
(auch Wind) ohne Schwankungen trug. Die Höhe von 75 m wurde gewählt, um auch
großen Segelschiffen mit ihren Masten die Durchfahrt zu ermöglichen, zumal es in diesem Küstenbereich hohe Unterschiede zwischen Ebbe und Flut gibt.

Zum anderen hing an einer Vielzahl von Seilen unten die Plattform für die Fahrzeuge:
diese belastete durch ihr Gewicht (inkl. Fahrzeugen bis zu 12o Tonnen) nicht nur die
Eisenkonstruktion, - zugleich durfte bei Wind nicht die gesamte Konstruktion "ins

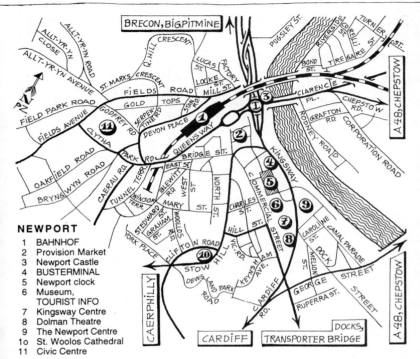

BRECON, BiGPiTMiNE

NEWPORT

1 BAHNHOF
2 Provision Market
3 Newport Castle
4 BUSTERMINAL
5 Newport clock
6 Museum,
   TOURIST INFO
7 Kingsway Centre
8 Dolman Theatre
9 The Newport Centre
1o St. Woolos Cathedral
11 Civic Centre

CARDiFF   TRANSPORTER BRiDGE   DOCKS,

A 48, CHEPSTOW

Schaukeln" geraten. Beachte: ein gewaltiges Pendel an den 65 m langen Seilen!

Den damaligen Ingenieuren gelang das Werk mit Bravour. Konstrukteur war der Franzose F. Arnodin, der bereits eine ähnliche Schwebefähre bei Bilbao/Portugal (1893) gebaut hatte (die erste ihrer Art auf der Welt), sowie die Schwebefähre über die Einfahrt des Alten Hafens von Marseille. Bei allen Vorteilen des repräsentativen Charakters hatte dieser Brückentyp einen entscheidenden Nachteil: bei starken Küstenwinden mußte der Betrieb eingestellt werden. Ähnliche Brückenwerke gibt es heute in Großbritannien nur noch an 3 Stellen: Crossfield, Middlesborough und Warrington.

Seit 1987 ist die Newport Transporter Bridge leider nicht mehr in Betrieb, da für nötige Instandhaltung die Geldmittel fehlen.

<u>NEWPORT CASTLE</u> (3): Liegt am River Usk, mit Schlickfeldern zu Füßen der hohen Mauern, - schönes Gewölbe im Hauptturm. Gebaut 1126 in Holz, 65 Jahre später als Steinfestung. Die heutige Bausubstanz stammt aber weitgehend aus dem 13. und 14. Jahrhundert.

Auf der andern Seite der Brücke (stadtauswärts) führt ein Gehweg rechts am Flußufer lang, zur Skulptur <u>Steel Wave</u>: eine Hommage an die Stahl-industrie, 199o vom Bildhauer Peter Fink aufgestellt.

In dem Gemäuer von Newport Castle war schon mal eine Brauerei (!), bis man 193o endlich den Wert einer solchen Ruine erkannte und Gelder für die Restaurierung locker machte. Die Cardiffians lästern, Newport bräuchte sowieso keine Burg, da die Stadt dermaßen häßlich sei und keiner auf die Schnapsidee käme, die Stadt erobern zu wollen.

CIVIC CENTRE (11): Amtsgebäude der Stadtverwaltung in klobiger Nachkriegsarchitektur. In der Eingangshalle großflächige Wandmalereien, für die der deutsche Künstler Hans Freibusch 1961-64 gearbeitet hat. Der bombastische "Comic-strip" schildert die Stadtgeschichte von den Kelten bis zum 2. Weltkrieg.

PROVISION MARKET (2): eine der größten Markthallen von Wales, - mit über 2oo Buden auf zwei Etagen. Es ist das älteste Gebäude der Stadt und stark verziert. Obst, Fleisch, walisische Spezialitäten. Im Teashop relaxen und dem Markttreiben zusehen.

NEWPORT CLOCK (5): die Uhr ist eine Spinnerei par excellence. Sieht aus wie ein Tempel, der zu jeder Stunde anfängt zu wackeln und qualmen wie bei einem Erdbeben.

MUSEUM & ART GALLERY (6): Fundstücke von den beiden Römerforts Caerleon und Cerwent, darunter wunderschöne Mosaike. - Englische Aquarelle aus dem 18. und 19. Jh.. - Im obersten Stock gesammelter Kitsch, darunter 3oo Teekessel mit läppischen Verzierungen. Ein Raum ist den Chartisten und ihrem Führer John Frost gewidmet:

Sie formierten sich 1838 und forderten allgemeine und geheime Parlamentswahlen, unabhängig vom Eigentum. Bis dato war nur eine kleine Gruppe von Grundbesitzern wahlberechtigt (die in der Regel ihre Stimme meistbietend verkauften). Allerdings wurde nur das Wahlrecht für Männer gefordert!

Zehntausende erklärten sich mit den Chartisten solidarisch, überall im Land gab es Kundgebungen. Als am 4. November 1839 über 5.ooo Chartisten durch Newport marschierten, eröffnete die Polizei das Feuer, es gab 22 Tote. Der Bürgermeister, der den Schießbefehl gegeben hatte, wurde von Queen Victoria feierlich zum Ritter geschlagen. Für die Chartisten-Führer lautete das Verdikt "aufhängen und vierteilen", sie wurden zu Deportation begnadigt.

ST. WOOLOS CATHEDRAL (1o): Mischung sämtlicher Architekturstile, trotzdem ein harmonisches Ganzes. Das Kirchenschiff ist normannisch, die Seitenschiffe gotisch, das Ostende stammt aus dem 2o. Jh.

NEWPORT SCULPTURES: Jahr für Jahr wird in den Straßen die Skulptur eines zeitgenössischen Künstlers aufgestellt. Dazu wird eine Ausschreibung gemacht - alles in allem Teil des Versuches, das Stadtbild aufzumöbeln. Sind in einem Gratis-Faltblatt eingezeichnet (beim TI).

LUXUS: In der Spitzenklasse gibt es drei Hotels, - liegen am Kreisverkehr, wenn man bei Abfahrt 24 von der Autobahn kommt. Zum Stadtkern rund 5 Min. (per Auto/Bus). Viele Geschäfts-leute, die Preise sind sehr verhandelbar.

"**Celtic Manor**", charaktervolle Villa aus dem 19. Jh., überall Stuckwerk und exzellente Facilities. Nicht teuer für das, was man bekommt. Der Besitzer: Terry ist einer der reichsten Männer von Wales. Er war Vertreter für Glasfenster, bevor er als junger Mann nach Kanada emigrierte und im Telekommunikations-Bereich ein Vermögen machte. Kehrte dann zurück, um in seiner Vaterstadt für Arbeitsplätze zu sorgen. Tel. o1633/ 41 3o oo. DZ ca. 25o DM.

"**Stakis Hotel**", moderner Bau mit Swimmingpool, Sauna etc. Stakis ist eine Hotelkette mit Outlets in ganz Großbritannien. Tel. o1633/ 41 37 37. DZ ca. 24o DM.

"**Hilton Hotel**", moderner Flachbau aus braunem Klinkerstein, - das preiswerteste der drei, was aber auch weniger Facilities bedeutet. Tel. o1633/ 41 27 77. DZ ca. 2oo DM.

MITTEL: Im Stadtzentrum gibt es drei Mittelklasse-Hotels, nur ein paar Minuten voneinander am oberen Ende der High Street.

"**Westgate Hotel**", Commercial Street. Klassisches Interieur, Samtvorhänge und Säulen. Sauber, gut. Tel. o1633/ 24 44 41. DZ ca. 22o DM.

"**King's Head Hotel**", High Street. Ähnliche Bausubstanz wie das Westgate, wenn auch alles eine Stufe tiefer. Tel. o1633/ 84 2o 2o. DZ ca. 14o DM.

"**Queens Hotel**", etwas abgewirtschaftet, - B&B ist besser!

GUESTHOUSES: Knappes Dutzend Pensionen in der Chepstow Road (wenn man von der Autobahnabfahrt Nr. 24 geradeaus ins Zentrum fährt). Sind eigentlich alle recht gut, die Besitzer kennen sich und vermitteln sich wechselseitig Kunden. Ab Zentrum /Busterminal alle 5 Min. Stadtbusse für 5o Pence.

Ca. 2 km vom Stadtkern ist eine Ansammlung von sechs Häusern. Kosten alle dasselbe: DZ mit Frühstück zwischen 65 und 8o DM.

"**Park Guesthouse**", 381, Chepstow Road. Martin Rowe plus Frau kümmern sich intensiv um ihre Gäste. Bei 9 Zimmern die größte der Pensionen. Freundliche Atmosphäre und sehr guter Deal! Tel. o1633/ 28 o3 33.

"**Aubrita Guesthouse**", 391, Chepstow Road. Gehört dem Bruder von Martin Rowe; 5 Zimmer. Tel. o1633/ 27 34 49.

"**Laburnum Guesthouse**", 464, Chepstow Rd. Jenny Morris ist sehr kommunikationsfreudig, vom Typus "mütterlicher Charme". 6 Zimmer. Tel. o1633/ 27 64 74.

Ca. 1/2 km vom Stadtkern, gleich nach der Eisenbahnbrücke, liegen drei Pensionen und ein Hotel. Sind o.k., aber nicht so gut wie die oben beschriebenen (dafür Gehweite ins Zentrum). DZ 2o-3o DM teurer; viele Montagearbeiter.

HOSTEL: Leider keine JuHe, dabei ist die Newport gerade für Zug-/Busfahrer enorm wichtig als Relaisstation (Ausflüge an der Südküste). Bleiben nur die Guesthouses (Stadtbusse ab Terminal).

Beim Tredegar House, ca. 3-4 km westlich: sauber, aber basic. Auf dem Werbezettel steht zwar eine Latte von Facilities, die aber zu einem benachbarten Wohnviertel gehören und von den dortigen Leuten genutzt werden. Stadtbus Nr. 15.

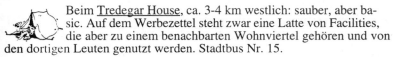

Im Zentrum überwiegend Junkfood. Abgesehen von Chinesen sind die zwei Hotels einzige Adressen für bessere Sachen. Die guten Lokale liegen eigentlich alle in der Peripherie, - am besten fragt man in seiner Pension.

Abends fahren die Leute nach <u>CAERLEON</u>: Reiche-Leute-Suburb mit respektablen Restaurants und Pubs (machen alle Barmeals!). Per Stadtbus nur 1o Minuten, ca. 5o Pence.

Im Zentrum recht öde, - ausschließlich Kids und Leute, die von den Valleys runterkommen in die Stadt. Für ein genehmes Bierchen fährt man raus nach Caerleon (siehe Restaurants). Das Dorf besteht aus einer Ring-Einbahn-straße, an der 15 Pubs liegen.

Pubs

Verbindungen ab Newport

Züge: Liegt an der Bahnlinie London -> Newport -> Cardiff -> Swansea-> Pembroke. Alle 2 Stunden. Wer nach Südwest-England will, fährt zunächst nach Bristol, von dort dann Anschlüsse.

Busse: -> London alle 2 Stunden, single ca. 25-3o DM, return ca. 4o DM. Company ist National Express: kein Office in Newport (Infos über Tel. o99o/ 8o 8o 8o.

Zu den umliegenden Städten (Merthyr Tydfil, Abergavenny, Brecon, Monmouth) alle 1-3 Stunden, mit Company Red & White. Office im Busterminal.

-> Cardiff alle 2o Minuten, bei halber Stunde Fahrt. One-way nur 3 DM. Company ist Newport Transport, die auch die Stadtbusse abwickeln. Office im Busterminal.

Umgebung von Newport

Wegen dem dichten Busnetz ist Newport für Leute ohne Pkw eine gute Basis, um die Südküste zu entdecken. Folgende Ziele:

<u>Rogerstone</u> (altes Schleusensystem), <u>Tredegar House</u> (stolze Landvilla) haben wir im Anschluß an das Newport-Kapitel beschrieben. <u>Caerleon</u> (Römer-Fort) siehe Vorkapitel. Verbindung alle 1o-2o Minuten per Stadtbus, einfach ca. 5o Pence.

Die Castles von <u>Caldicot</u> und <u>Penhow</u>, die Römerstadt Caerwent und die "Blumenstadt" Usk sind vor dem Newport-Kapitel detailliert beschrieben. Stündlich Verbindung mit Red&White-Bussen, 5-6 DM return.

ROGERSTONE: Das <u>FOURTEEN LOCKS CENTRE</u> ist ein Abschnitt von dem Kanal, der die Kohlereviere und den Hafen verband. Mittels einer Treppe aus 14 Schleusen konnten Schiffe um 52 m gehoben bzw. gesenkt werden (bei nur 7oo m Länge). Picknickplätze und schöne Wanderungen (Infos im Besucherzentrum, auch zur Geschichte des Kanals).

Rogerstone ist ein Vorort nordwestlich von Newport (Stadtbusse!). Ab Newport-Zentrum führt ein 1o km langer Wanderweg hier raus, immer am

Kanalufer lang. - Ab Autobahn M 4 die Ausfahrt 27 nehmen.

Vor dem Bau der Eisenbahn wurden Eisen und Kohle aus den Industrierevieren in den Valleys auf Kanälen nach Newport transportiert. Die beiden 18 km langen Kanalarme mit zusammen 72 Schleusen, die Dämme und die Stauseen wurden 179o-18oo mit Pickel und Schaufel gegraben!

TREDEGAR HOUSE: Schöne Landvilla aus dem 17. Jh.: ein Ziegelbau mit schlichter Fassade, geometrisches Konzept und quadratischer Innenhof. Die Staatsgemächer sind grandios, eine "Explosion in Gold und Marmor", Stuckdecken, Vertäfelung aus Walnußholz.

Krasser Gegensatz dazu sind die Gesinde-Kammern (5o Diener sorgten fürs leibliche Wohl ihrer Herren!), - außerdem wunderschöne Gärten. In den Stallungen eine Kunsthandwerker-Kolonie.

Stündlich Führungen durch das Haus, dauern 9o Minuten. Im Park ein Teich mit Ruderbooten, Angel-Vermietung, Pferdekutschen. Anfahrt: ab Autobahn M 4 Ausfahrt 28, - ab Newport alle 5-2o Minuten per Stadtbus.

Das Haus war in den 2oer und 3oer Jahren Treff der High Society. Hier stiegen rauschende Bälle, Politiker und Künstler gaben sich die Klinke. 5oo Jahre lang wurde es von der Morgan-Familie bewohnt (schwärzestes Schaf der Morgan-Familie war der berüchtigte Pirat Captain Morgan). Bei der Führung werden alle pikanten Details erzählt.

Die Morgans dominierten das öffentliche Leben von Newport, - ihnen gehörten hier alle Schulen, Hospitäler und Parks. Anfang des 2o. Jh. schenkten sie alles der Stadt. Der letzte Morgan lebte sein Leben als Playboy und starb 1951 ohne Nachkommen - womit auch die Familien-Villa an die Stadt fiel.

 "West Usk Lighthouse", in St. Brides. Unterkunft mit Kick - ein Leuchtturm mit 18 m Durchmesser und zwei Stockwerken. Die Zimmer sind keilförmig wie Tortenstücke, mit Blick aufs Meer. Nur der obere Lamp Room ist kreisrund mit Fenstern rundrum. Anfahrt: bei Ausfahrt 28 von der M 4 runter und 5-6 km via der B 4239. Tel. o1633/ 81o1 26. DZ ca. 1oo, Lamp Room ca. 15o DM.

Cardiff (28o.ooo Einw.)

Die Hauptstadt von Wales. Kosmopolitisch und vibrant - irgendwie liegt eine erfrischend optimistische Stimmung über der Stadt. Reich an Pubs, interessante Museen, guter touristischer Infrastruktur und lohnender Castles in der unmittelbaren Umgebung. Auf jeden Fall lohnend für mindestens 2-3 Tage.

Im Stadtzentrum viel Chiqué, exquisite Läden und Szenekneipen. Tip sind die Restaurants mit walisischer Küche oder die Bankette.

 Im Gebäude vom Hauptbahnhof (25), - allerdings sehr kleines und chronisch überlastetes Office. Tel. o1222/ 22 72 81. Ganzjährig geöffnet.

Stadtführungen: Bus-Rundfahrten mit unterschiedlicher Länge. Zwei Companies; Kontakte übers TI.

Busausflüge in die Umgebung: Cardiff Bus macht halb- bis ganztägige Touren. Riesiges Angebot, Broschüre beim Office im Busterminal (24).

Transport: Da das Stadtzentrum sehr kompakt ist, sind die Füße eigentlich bestes Transportmittel. Wer auf Stadtbusse zurückgreift: Kleingeld bereithalten, da kein Wechselgeld an Bord. Office im Terminal (24).

Geschichte: Cardiff ist eine durch und durch junge Stadt - noch vor 2oo Jahren ein Kaff mit gerade mal 1.ooo Einwohnern. Der rasante Boom erfolgte im Windschatten der industriellen Revolution: die unermeßlichen Kohle- und Eisenvorkommen in den südwalisischen Valleys wurden goßteils über Cardiff verschifft.

Dabei wurde der Aufbau der Stadt von der Bute-Family (damals eine der reichten Familien der Welt) systematisch forciert wie eine Privatangelegenheit. - Cardiff war um die Jahrhundertwende einer der größten Häfen der Welt!

Älteste Spuren: Gegen Ende des 1. Jh. n. Chr. bauten die <u>Römer</u> ein Castrum am River Taff. Die Bezeichnung "Castrum am Taff" wurde veballhornt zu "Caer-Dyff" und "Cardiff". Nach dem Abzug der Römer stand das Fort leer und verfiel.

Nächste Stufe: Die englischen <u>Normannen</u> eroberten Wales und bauten 1o93 eine kleine Festung, die aber nie irgendeine überregionale Bedeutung erreichte. Das Fischerdorf vor ihren Toren lag in einem jahrhundertelangen Schlummer...

Doch dann <u>gegen Ende des 18. Jh.</u> passierte eine geo-soziale Explosion. Die Kohle- und Eisenvorkommen in den südwalisischen Valleys wurden exzessiv ausgebeutet - Historiker sprechen von einem "coal rush".

Einer der Hauptakteure war die Bute-Familie, die weite Ländereien in den Kohle-Revieren

CARDIFF CASTLE, Ansicht von West, "Ausbauzustand Burges. Rechts die Normannenfestung auf Erdhügel,

besaß, - und gleichzeitig gehörte zu ihrem Familienbesitz der (damals noch mickrige) Hafen von Cardiff. Die Butes nutzten dieses Potential geschickt. Um das Geld beisammenzuhalten, - erschlossen sie nicht nur die Kohleminen, sondern parallel auch den Cardiff-Hafen für den Export.

Als erstes sorgen sie für die nötige <u>Infrastruktur</u>: 1794 - Bau eines Kanals zwischen Cardiff und Merthyr Tydfil (Zentrum für Kohle und Eisen, damals größte Stadt von Wales). Bereits 1845 verkehrten erste Züge zwischen Cardiff und den Industrie-Zentren.

1839 wurden die ersten <u>Docks</u> eröffnet, - es folgten noch drei weitere. Die größten waren die Barry Docks (19o1), für die damalige Zeit modernste Hafenanlage der Welt. Bis 25 Schiffe konnten gleichzeitig in nur 24 Stunden be- und entladen werden.

Die Begleiterscheinungen dieser rasanten Entwicklung lassen sich nur erahnen. Bei einer Volkszählung von 18o1 ergaben sich 1.ooo Bewohner, - um 19oo waren es 17o.ooo! Die Stadt war ein Molch, - zusammengewürfelte Immigranten von überall her, die entwurzelten Industriearbeiter hausten in erbärmlichen Slums.

Gleichzeitig unermeßlicher Reichtum bei den Profiteuren der Entwicklung. Wer etwas vom Protz der damaligen Zeit spüren will, muß sich nur die bombastischen Verwaltungsgebäude im Cathays Park anschauen.

William Burges
Architekt des
heutigen Castles
(1827 - 1881)

Die Kiste florierte bestens bis hinein in die <u>3oer Jahre</u>. Die wirtschaftliche Depression hat Cardiff aber hart erwischt: die Produktion fiel in den Keller, horrende Arbeitslosigkeit, der Hafen verwaiste. Der 2. Weltkrieg und die deutschen Bomben gaben der Stadt den Rest.

Es hätte jetzt alles den Bach runtergehen können, - wie in vielen britischen Industriestädten, die an dem ökonomischen Kollaps noch heute zu knabbern haben. Doch Cardiff stieg wie Phönix aus der Asche: wie ein Geschenk des Himmels kam die Entscheidung,

10 und noch vor Tätigkeit des Architekten William Mitte das später von Burges ausgebaute Castle.

daß Cardiff 1955 Haupstadt von Wales wurde.

Dies sorgte nicht nur für Tausend neuer Jobs in der Verwaltung, sondern auch für ein völlig neues Selbstverständnis. Viele Medien siedelten von London rüber nach Cardiff, - statt der Schwerindustrie sorgen heute leichte Industrien für Handel und Wandel.

CARDIFF CASTLE (1)

Märchenschloß mit schwülstigen Designs: ein Architektur-Mischmasch in Marmor, Gold und Edelstein. Das Castle war Spleen und Größenwahn des Marquis of Bute, im 19. Jh. einer der reichsten Männer der Welt.

Alle Materialien sind vom Feinsten, jedes Stück Gold hat 23 Karat. (Zum Vergleich: im Kitsch-Schloß Neuschwanstein - immerhin Burg eines Königs - ist alles Kopie, die Edelsteine nur gefärbtes Glas...) Gleichzeitig aber, trotz Romantik und Mittelalter-Schwärmerei, modernster Komfort: z.B. Zentralheizung mit Kohle oder - als erstes Gebäude in Wales - elektrischen Strom.

Besagtes Märchenschloß ist nur ein Gebäudeflügel innerhalb des Kastells, eine quadratische Anlage mit 2oo m Seitenlänge und hohen Mauern.

Geschichte: Bereits 76 n. Chr. hatten die Römer hier ein Fort. Später bauten die Normannen eine Steinfestung. Peu à peu entstand im Lauf der folgenden Jahrhunderte die Baumasse des heutiges Castles.

Im 18. Jh. gelangte es durch Heirat in den Besitz der Bute-Familie. Die Familie hat im Zug der industriellen Revolution sagenhaften Reichtum gescheffelt - unter anderem gehörte ihr der gesamte Hafen von Cardiff (siehe auch Geschichtsteil).

Aber erst der 3. Marquis of Bute (1847-19oo) war Initiator für das schwülstige Kitschwerk, das heute die Besucher en masse anzieht. Er war eine gespaltene Persönlichkeit - einerseits einsam und gebildet, andererseits ein flamboyanter Paradiesvogel in knallbunten Klamotten. Er starb 53jährig als Junggeselle.

1865 begann eine rege Bautätigkeit. Als Architekten wurde William Burges engagiert: Bauherr und Architekt hätten nicht besser zusammenpassen können. Der Marquis und Burges waren beide versponnene Exzentriker. Was sie gemeinschaftlich "auskochten", war ein Traum aus Stein - bis hin zu (ungewolltem) Kitsch.

Bei allem Mischmasch der Stile muß man zumindest anerkennen, daß William Burges ein sicheres Gespür für Proportionen besaß: die Fülle der Baustile ist in Größe, Gewichtung und Wirkung in sich integriert. Trotzdem würde niemand von einem Kunstwerk sprechen, - trotz dem großzügigen Input an Geld und Know-how.

1947 wurde das Castle (wegen hoher Instandhaltungskosten) der Stadt vermacht. Die Bute-Familie gehört noch heute zu den reichsten Familien des Landes (geschätztes Vermögen: eine Milliarde). Johnny Dumfries, der mittlerweile 7. Marquis of Bute, gewann 1988 beim Autorennen den Grand Prix de le Mans.

Die Haupträume kann man nur im Rahmen einer Führung besuchen, die im 2o-minütigen Turnus stattfindet. Die wichtigsten Räume:

WINTER SMOKING ROOM: als Türgriffe geschnitzte Vögel, - die Möbel sind beste Wertarbeit: noch nach 1oo Jahren lassen sich die Schubladen öffnen wie am ersten Tag.

CARDIFF

1 Cardiff Castle
2 normannische Burg
3 Bute Park
4 Law Courts
5 Rathaus
6 Nationalmuseum
7 Gorseald Gardens
8 Theater
9 St. Andrews Crescent
1o Universität
11 Alexandra Gardens

12 County Hall
13 Bute Building
14 Welsh College of Music and Drama
15 Welsh Gov. Office
16 Crown Gardens
17 Cricket Grounds
18 Sports Centre
19 Sophia Gardens
2o Pavillion
21 Sportanlagen
22 Nat. Rugby Stadion

23 Schwimmbad
24 BUSTERMINAL
25 HAUPTBAHNHOF TOURIST BÜRO
26 Arcades
27 Oriel
28 QUEENS STATION
29 St. Davids Cathedral
3o St. Davids Shopping Centre
31 St. Johns Church
32 Central Market

BEDROOM: alles aus hochwertigem Teakholz, die Badewanne aus Alabaster. Kitschiger geht's nimmer: die Kristalle auf den Bettpfosten zersteuen das farbige Licht der Buntglasfenster in ein leuchtendes Funkengewitter.

ARAB ROOM: Kopie eines Haremszimmers, - dazu hat man extra Fachleute aus Arabien geholt. Die Fenster sind vergittert, damit die Haremsfrauen für den Rest der Welt unsichtbar blieben.

GREAT HALL: Für den feingeschnitzten Wandschirm waren drei Mann sechs Jahre lang non-stop beschäftigt. Diese Halle kann man übrigens für seine Geburtstagsfete mieten (ca. 1.5oo Mark pro Abend).

DINING ROOM: überall Eichenholz - die Schnitzarbeiten hat ein nur 14 Jahre alter Junge gemacht. Unter dem Eßtisch wurde ein Weinstock plaziert, dessen Reben durch das runde Loch in der Tischplatte ragten, wo man sein Dessert frisch runterpflückte.

Alles in allem: "living and dining in style". Die Damen trugen zu jener Zeit ein knappes Dutzend Unterröcke, so daß die Arme nicht mehr runterhängen konnten und jede natürliche Bewegung unmöglich war. Diese Puppenhaftigkeit empfand man damals damenhaft, statt dämlich.

LIBRARY: Für die Buchregale hat man spezifisches Marmor aus Kalifornien geholt, das immer eine konstante Temperatur behält und die kostbaren Folianten schützte. Der Marquis of Bute war extrem belesen: er beherrschte 21 Sprachen, von assyrisch bis alt-keltisch.

* Im Anschluß an die Führung sieht man sich auf eigene Faust den Rest des Castles an, - Ruinen der mittelalterlichen Burg (der Marquis hat ja nur einen Teil des Castles "renoviert"). Aber eigentlich zweitklassig.

ROMAN WALL: Reste eines römischen Kastells, - simpel mit 3 m dicken Mauern und durch Erdwall und Palisaden geschützt. Hauptzweck war, irische Piraten in Schach zu halten.

REGIMENTAL MUSEUM: Waffen und Orden eines der 5o Regimenter der britischen Army, von denen fast jedes sein eigenes Museum hat.

NORMAN KEEP (2): normannischer Bergfried aus dem 12. Jh. - auf einem künstlich aufgeschütteten Hügel, um die Küste und die Siedlung besser in Schach halten zu können. Von oben Blick auf die Skyline von Cardiff.

Der unermeßliche Reichtum des Bute-Clans zeigt sich daran, daß das sündhaft teure Castle nur eine Art "Geschäftswohnung" war, - für die 6 Wochen im Jahr, in denen man in Cardiff zu tun hatte. Insgesamt hatte die Familie 6o Residenzen allein in Großbritannien; ihr Familienschloß war (und ist) in Schottland.

Der 3. Marquis of Bute, also der Auftraggeber, hat sein geliebtes Castle auch nie fertig gesehen, weil sich die Bauarbeiten ewig hinzogen: er starb 19oo, 2o Jahre bevor das Schloß fertig war. Wenn er in Cardiff war, wohnte er - wegen des Baulärms - gegenüber im Angel Hotel.

COMMERCIAL CENTRE

Das Geschäftszentrum von Cardiff liegt südlich vom Castle (1). Hauptachse ist **St. Mary's Street,** die runterführt zu Bahnhof/Busterminal. Ein Boulevard mit edlen Läden und viktorianischen Shop-Fronten, Pubs und Szene-Discos.

Von der Straße zweigen 7 ARCADES ab: das sind Ladenpassagen aus der Jahrhundertwende. Kleine Cafés und erlesene Boutiquen zum Stöbern. In den Arcades sind die interessantesten Geschäfte von Cardiff!

Am meisten Klasse haben Royal Arcade und die Morgan Arcade (26): die Durchgänge münden in die Fußgängerzone "The Hayes". Auch diese kriegt immer mehr Chique, mit schönen Pubs und Bistros.

CENTRAL MARKET (32): große Halle mit Obst- und Metzger-Buden. Elegantes Gebäude von 1891. Der Betrieb läuft zwei Etagen, oben mehr Trödel und Bric-a-brac. Rumhängen und rumessen:

Mehrere Stände haben Spareribs und Hühnchenschenkel auf chinesische, indische oder walisische Art. Außerdem die gängigen Landesspezialitäten wie Cockles oder Laverbread (siehe Einleitungsteil dieses Buches - Essen & Trinken).

Die zweite Achse ist **Queen Street**: Fußgängerzone, zwar schöne Gebäude, aber mehr Kaufhäuser und große Shopping-Centres (3o). Kein Vergleich mit der exquisiten St. Mary's Street, - im Gegensatz hier eher der erotische Flair von "Hausfrau kauft solide Feinripp-Unterhose für Gatten".

Die Queen Street läuft in West-Ost-Richtung, zwischen dem Castle (1) und dem Queen-Street-Bahnhof (28).

ORIEL, Friary Street (27): Sammlung von Gemälden und Skulpturen der Avantgarde; meist Wechselausstellungen. Unter Regie des Kulturamtes.

FOTO GALLERY, gegenüber der - allerdings wenig sehenswerten - St. David's Cathedral (29): die führende Fotogalerie in Wales, - ist oft in der Presse wegen seiner schockierenden Schnappschüsse.

CATHAYS PARK (4-16)

Kein Park, sondern das Regierungs- und Universitätsviertel. Abgesehen vom Nationalmuseum gibt es aber nichts zu tun - dort rumlaufen lohnt sich nur, wer gerne repräsentative Gebäude anschaut.

Entstand in den ersten Jahrzehnten 2o. Jahrhunderts, als Cardiff auf dem Höhepunkt seiner wirtschaftlichen Macht stand. Das protzige Selbstbewußtsein spiegelt sich in den blendend-weißen Prachtbauten in neoklassizistischer Architektur.

LAW COURTS (4): Gerichtsgebäude, in dem Kapitalverbrechen verhandelt werden.

CITY HALL (5): Amtssitz des Bürgermeisters und der Stadtverwaltung - eine monströse Angelegenheit mit riesigem Turm. Innen Säulenkolonaden und Marmorstatuen der walisischen Nationalhelden.

NATIONAL MUSEUM (6): detailiert beschrieben im Folgekapitel. Gegenüber die "Gorsead Gardens" (7): formale Gärten und ein Denkmal an David L. George, der 1916-22 britischer Premier war.

UNIVERSITÄT (1o): gegründet 19o2 - im vorliegenden Gebäude sind, abgesehen von der Hauptverwaltung, nur die chemische und biologische Fakultät. Andere Fachbereiche sind hier überall auf die einzelnen Gebäude verteilt.

ALEXANDRA GARDENS (11): zentrale Grünfläche, Studenten liegen im Gras. In der Mitte ein Säulen-Rondell als Kriegsdenkmal, aufgestellt 1928.

COUNTY HALL (12): Sitz der Regionalverwaltung für das County Mid Glamorganshire.

BUTE BUILDING (13): gehört zur Uni und beherbergt die Fachbereiche Architektur und Journalismus. Ebenfalls Teil der Uni ist das "College of Music & Drama" (14) auf der anderen Straßenseite - aber ein modernes Gebäude. Hier im Bute Park (3), am River-Taff-Ufer, wimmelt im Sommer alles vor Studenten.

WELSH OFFICE (15): Sitz der Regierung von ganz Wales, zusammen mit dem Rückgebäude "Crown Park" (16). Letzteres ein neuer Betonklotz und das häßlichste Gebäude von Cardiff. 3.ooo Beamte sind hier beschäftigt.

NATIONAL MUSEUM OF WALES (6)

Insgesamt fünf Abteilungen - für jede eine halbe Stunde ansetzen, um wenigstens halbwegs einen Eindruck zu gewinnen. An der Rezeption den Grundriß-Plan abholen und gezielt auswählen.

EVOLUTION OF WALES (Erdgeschoß): Erdgeschichte vom Urknall (vor 15 Milliarden Jahren) über die Abkühlung des Erdballs (vor 4 1/2 Milliarden Jahren) bis zur Eiszeit (vor 1o.ooo Jahren). Publikumsliebling ist das Mammut, das die Augen rollt und mit dem Schwanz wedelt...

NATURAL HISTORY IN WALES (Erdgeschoß): Flora und Fauna von Wales, angeordnet zu plastischen Arrangements. An der Decke hängt ein 7 1/2 m langer Hai mit Riesenmaul (frißt aber nur Plankton).

MAN & ENVIRONMENT (Erdgeschoß): wie der Mensch die Umwelt formt und die Umwelt den Menschen. Z.B. die größte Riesenschildkröte der Welt, die sich 1991 vom Südpazifik an die walisische Küste verirrt hat.

ARCHAEOLOGY & NUMISMATICS (Obergeschoß): eher traditionelles

Museum mit Glaskästen voll Münzen und Tonscherben, darunter viele keltische Ausgrabungsfunde.

ART GALLERY (Obergeschoß): eine der besten Kunstsammlungen in Großbritannien. Insgesamt 16 Räume - Herzstück sind die Räume 12 und 13: wer wenig Zeit hat, geht schnurstracks hierher.

* Paul Renoir: "Die Pariserin" (187o), - die Dame in leuchtendem Kobaltblau ist sein berühmtestes Bild.

* Claude Monet: "Impressionen aus Venedig", ein Zyklus aus 3 Bildern.

* Vincent van Gogh: "Regen in Auvers" - sein letztes Gemälde, kurz vor seinem Selbstmord am 29. Juli 189o. Sein allerletztes Bild hat er nur noch halb fertiggestellt. Es hängt in der National Gallery in London und heißt "Die Scheune".

* Auguste Rodin: in den Räumen 11-13 stehen 17 Skulpturen des Bildhauers, - darunter seine weltberühmten Werke "Kuß" sowie "Erde und Mond".

CARDIFF BAY

Der HAFEN von Cardiff: kaum noch Schiffe - heute ein Stadtteil mit Yuppie-Wohnungen und Bürokomplexen. Kommt sehr steril und klinikmäßig. Der Hauptgrund, hier rauszukommen, ist das sehr gute Industrial Museum. Busse Nr. 7, 8 ab Terminal (24), - alle 2o Min. bis zum Industrie-Museum. Zu Fuß eine halbe Stunde, entlang der schnurgeraden Bute Avenue.

In den Zeiten der Kohle- und Stahlindustrie herrschte hier unten am Hafen Hochbetrieb. Später gab es Probleme mit der enormen Ebbe/Flut-Differenz (bei 11 m nach Kanada die zweithöchste der Welt), so daß große, moderne Schiffe nicht mehr an die Kais fahren konnten. Abgesehen davon sind die Zeiten, als Great Britain Welthandelsmacht war, ohnehin längst vorbei.

Jedenfalls ging es nach dem 2. Weltkrieg schnell bergab. Für Jahrzehnte war das Hafenviertel eine Ruinenlandschaft: Schutthalden und ein paar verrostete Kräne, das Gelände war abgezäunt. Die Frage war: Was tun mit dem maroden Viertel?

1987 kaufte die Stadt das Land am Hafen und entwickelte daraus ein Büro- und Wohnviertel. Aber: das Resultat ist einigermaßen dürftig, - alles ist pieksauber und irgendwie fehlt das Leben. Dieselben Fehlentwicklungen liefen und laufen überall auf der Insel; prominentestes Exempel sind die London Docks.

* Erster Schritt: Die Bucht wurde durch eine Art Damm ("Barrage") abgeriegelt, damit der Wasserspiegel immer gleich hoch ist. Jachten sollen hier schwimmen und Menschen an den Kaimauern relaxen.

Hier gab es große Widerstände, weil das Vorhaben einen massiven Eingriff in die ökologische Balance darstellt. Der Grundwasserspiegel stieg um 1 m, die Schlickfelder waren Rastplatz für Zugvögel.

* Zweiter Schritt: rund um die Kais baut man Museen, Restaurants, Cafés - die 1 km lange Straße heißt "The Arc of Entertainment". Geplant ist auch ein Opernhaus in so gewagter Architektur, daß sie der Sydney Opera die Schau stiehlt.

* Dritter Schritt: Das ganze wird - so Gott will - dermaßen attraktiv, daß Cardiff runterwächst zum Hafen und hier alles sprudelt vor Leben...

WELSH INDUSTRIAL MUSEUM: Maschinen aus der industriellen Revolution, z.B. zum Belüften der Kohleminen. Die Hauptattraktionen sind aber draußen auf dem Freigelände: etwa der Sportwagen Babs, mit dem Parry Thomas 1927 tödlich verunglückt ist (S. 22o).

Oder die Replikation der Lokomotive von Richard Trevethick (18o1), die sich aber nicht durchgesetzt hat. Da alle Baupläne verloren waren, mußte man anhand alter Zeichnungen nachbauen. Fernsehteams bis aus Japan filmten das klapprige Ding. Seite 176.

TECHNIQUEST: eine Art Knoff-hoff-Show, wo auf Knopfdruck irgendwelche Physik-Experimente laufen. Aber eher für Familien mit Kindern, viele Schulklassen.

PIERHEAD BUILDING: neugotisches Gebäude, - sieht aus wie eine Kirche, überall rostbrauner Terracotta. Repräsentier-Bau der schwerreichen Bute-Familie (1896), denen die Docks gehörten. Noch heute Sitz der Hafenverwaltung.

NORWEGIAN CHURCH: Kapelle im Stil einer norwegischen Dorfkirche - ganz aus Holz und weiß lackiert. Wurde 1868 von norwegischen Seeleuten gebaut, als "Draht" zu ihrer Heimat. Heute eine Cafeteria.

Die Luxushotels haben massiv reduzierte Weekend-Tarife. Freitag bis Sonntag kostet ein Doppelzimmer im Tophotel nur 2o oder 3o Mark mehr als eine normale Pension. Wer zeitlich disponiert, kann sich hier für wenig Geld eine schöne Zeit machen.

Die Unterscheidung in Hotels/Guesthouses/B&B ist für Cardiff obsolet, da die Unterschiede sehr unklar sind. Typisches B&B (Zimmer in Privathäusern) gibt es hier überhaupt nicht. Die Hotels konzentrieren sich auf drei Stadtteile.

IM ZENTRUM

Hier sind die TOP-HOTELS, klassische Prachtkästen oder moderne Business-Hotels. Am Wochenende aber durchaus bezahlbar. Alle Zentrum-Hotels geben ihre Tarife ohne Frühstück an, was pro Person 15-2o DM extra kostet, wem nicht eine Tasse Kaffee reicht. Wichtiger "selling point" ist auch der Parkplatz: Parkhaus kostet ca. 4o DM/Tag.

Sechs Hotels sind am oberen Ende der Stadt - nahe beim Castle oder der St. Mary's Street, wo das meiste Leben stattfindet.

"**Park Hotel**", Park Place (Seitenstraße off Queen Street/Fußgängerzone). Das Grand Hotel von Cardiff - teuerste und exklusivste Bleibe: "As a guest you are a VIP and we treat you so." Repräsentative Korridore mit Serien von Kristalleuchter, 12o Zimmer mit mondänen Plüschmöbeln, Rüschenvorhängen und Mini-Bar. Pluspunkt: Sport-Komplex! Parkplätze. Tel. o1222/ 38 34 71. DZ ca. 27o DM.

"**Angel Hotel**", Castle Street, gegenüber vom Castle. Ähnlich dem Park Hotel, nur eine Idee weniger illuster und kein Leisure-Centre. Rezeptionshalle wie ein Tempel mit weißem Marmor, Kronleuchter und Freitreppe rauf in die 91 Zimmer, die standardmäßig und modern eingerichtet sind (Castle-Blick verlangen!). Parkplätze. Tel. o1222/ 23 26 33. DZ ca. 24o DM, am Wochenende ca. 17o DM.

"**Forte Posthouse**", Castle Street, neben dem Angel Hotel. Modernes Business-Hotel, - ein 6-stöckiger Turm mit 155 Zimmern (Castle-Blick verlangen!). Bezüglich Lobbyräume und Facilities aber nicht überragend. Parkplätze. Tel. o1222/ 38 86 61. DZ ca. 185 DM, am Wochenende ca. 16o DM.

"**Grand Hotel**", Westgate. Das dritte im Hotel-Dreieck beim Castle - ebenfalls gehobene Klasse und neu renoviert. Im Haus ist ein großer Nightclub. Keine Parkplätze. Tel. o1222/ 37 33 17. DZ ca. 185 DM.

"**Royal Hotel**", St. Mary's Street. Bei weitem überteuert - zwar klassisches Gebäude in der Hauptstraße, aber recht heruntergekommen. Keine Parkplätze. Tel. o1222/ 38 33 21. DZ ca. 21o DM.

"**Sandringham Hotel**", St. Mary's Street. In der mittleren Preislage die einzige akzeptable Zentrum-Adresse. Treppen rauf in die Rezeption, die 28 Zimmer sind geschmackvoll und neu renoviert. Seit vielen Jahren von privater Familie geführt. Keine Parkplätze. Tel. o1222/ 23 21 61. DZ ca. 12o DM.

Drei Hotels sind am unteren Ende der Stadt - südlich der St. Mary Street; aber nicht mehr als 1o-15 Gehminuten ins Herz der Stadt.

"**Marriott Hotel**", Mill Lane. Sehr gut und nicht teuer für das, was man kriegt (v. a. am Wochenende ein Schnäppchen!). Moderner Komplex mit 1o Stockwerken, großzügiger Lobby-Bereich mit Marmor und Glas, Shops, Bars etc. Pluspunkt: Leisure-Komplex (Swimmingpool, Sauna, Squash). Parkplätze. Tel. o1222/ 39 99 44. DZ ca. 195 DM, am Wochenende ca. 12o DM.

"**Cardiff International**", Mary Ann Street. Weiteres Business-Hotel der Luxusklasse, vom Mariott aber nochmal 5 Minuten außerhalb. Die Lobby hat zwar ein tolles Design (überdachter Innenhof), bietet aber weniger "Auslauf". Dazu kein Sportangebot. Parkplätze. Tel. o1222/ 46 58 88. DZ ca. 22o DM, am Wochenende ca. 145 DM.

CATHEDRAL ROAD

Jedes zweite Haus ist ein Hotel: ruhiges Wohnviertel mit "Vorstadt-Flair", aber nur 1o-15 Gehminuten vom Stadtkern. Stadtvillen aus der Jahrhundertwende: schöne Architektur, das Viertel steht unter Denkmalschutz. Zudem gibt es ausreichend Parkplätze. In den 8oer Jahren sind die Häuser eins ums andere zu Hotels umgebaut worden.

Um die Ecke ein riesiger Sport-Komplex: Tennis, Badmington, Squash, Swimmingpool, Sauna. Dazu sich in seinem Hotel eine "Membership Card" geben lassen.

Wie haben jedes einzelne Hotel überprüft. Die Reihenfolge geht vom Zentrum stadtauswärts. Die letzten Adressen sind also gute 1o Gehminuten weiter außerhalb.

"**Apollo Hotel**", 36 Cath. Rd. 1o-Zimmer-Hotel im Besitz einer Brauerei. Schöne Räumlichkeiten, aber oft zu wenig Engagement bis hin zu "l.m.a.A.-Gefühl". Tel.

o1222/ 43 21 67. DZ mit Bad ca. 1oo DM.

"Cathedral Hotel", 47 Cath. Rd. Eines der größeren Hotels in dieser Straße (25 Zimmer). Ruhig und sauber, freundliche "family atmosphere". Gebäude: hohe Decken mit Stuckwerk. Tel. o1222/ 23 65 11. DZ mit Bad ca. 125 DM, am Wochenende ca. 1o5 DM.

"Crowndale Hotel", 58 Cath. Rd. Toller Tip: die beiden Wadsworths - Männlein & Weiblein - schmeißen ihr Dutzend Zimmer mit Schwung und Charme. Leider kein Gäste-Lounge. Dafür das größte Breakfast von Cardiff! Tel. o1222/ 34 4o 6o. DZ mit Bad ca. 95 DM, ohne Bad ca. 85 DM.

"Townhouse B&B", 7o Cath. Rd. Upperclass-B&B, - die 6 Zimmer liegen massiv über dem Standard; alle individuell möbliert, sogar mit separater Sitzecke. Besitzer: Bart & Iris Zuzik aus Chicago hatten es mit 5o Jahren satt und wanderten aus nach Wales... Tel. o1222/ 23 93 99. DZ mit Bad ca. 13o DM.

"Beverley Hotel", 75 Cath. Rd. In erster Linie ein Pub und Restaurant, mit 17 Zimmern oberhalb. Gehört der Bass-Brauerei. Sonst aber sauber und von allen Pensionen in der Cathedral Road die professionellste Hotel-Atmosphäre. Tel. o1222/ 34 34 43. DZ mit Bad ca. 14o DM, am Wochenende ca. 115 DM.

"Courtfield Hotel", 1o1 Cath. Rd. Schwulen-Hotel mit 15 Zimmern, - gut geführt von Norman aus London. Wirbt regelmäßig im Schwulen-Blatt Spartakus, daher vor allem am Wochenende beliebter Homo-Treff. Tel. o1222/ 22 77 o1. DZ mit Bad ca. 115 DM, ohne Bad ca. 9o DM.

"Jolly's Guesthouse", 1o9 Cath. Rd. Das billigste Haus in der Straße, vielleicht in ganz Cardiff! 8 Zimmer; während der Woche überwiegend Montagearbeiter. Tel. o1222/ 22 14 95. DZ mit Bad ca. 8o DM.

"Penrhys Hotel", 127 Cath. Rd. Mr. Rees führt das 22-Zimmer-Hotel seit über 1o Jahren mit stetigem Erfolg. Die Zimmer und Common Rooms sind schöner, als man in der Preisklasse eigentlich erwartet. Tel. o1222/ 23 o5 48. DZ mit Bad ca. 1oo DM.

"Lincoln Hotel", 118 Cath. Rd. Man gibt sich exklusiv - alle 23 Zimmer sind tiptop ausgestattet, die Atmosphäre im Haus ist sehr angenehm und dezent. Dr. Beagle, der Besitzer, war früher Professor für Wirtschaftswissenschaft. Tel. o1222/ 39 55 58. DZ ca. 135 DM, am Wochenende ca. 11o DM.

"Briar's Hotel", 128 Cath. Rd. Wird von Briar&John&Kinder mit sehr viel Schwung geführt: "We are a home from home" - sehr geschmackvolle Gemeinschaftsräume, 17 schön dekorierte Zimmer. Für Sauberkeit sorgt allein schon Briars Putzzwang... Tel. o1222/ 34 o8 81. DZ mit Bad ca. 95 DM, am Wochenende ca. 9o DM.

"Ferrier's Hotel", 132 Cath. Rd. 26 sehr schöne Zimmer, sehr sauber, sehr gut. Im Rezeptions-Raum eine kleine Bar. Tel. o1222/ 38 34 13. DZ ca. 1oo-125 DM, je nach Standard; am Wochenende sind die Zimmer ca. 25 DM billiger.

"Abbey Hotel", 149 Cath. Rd. 26 Zimmer - aber hauptsächlich Vertragsgäste und Montagearbeiter, die länger hier wohnen. Tel. o1222/ 39 o8 96. DZ mit Bad ca. 1o5 DM, ohne Bad ca. 95 DM.

"Llety Cymra Hotel", 143 Cath. Rd. Nur 7 Zimmer, - man spricht Gälisch, die Schilder im Haus sind bilingual. Besitzer: Gwenda und Glyn kommen aus dem tiefen Westen von Wales und sind stolz auf ihren Stammbaum wie zwei Hunde, bloß daß sie ihn nicht anpinkeln. Tel. o1222/ 39 96 59. DZ mit Bad ca. 1o5 DM.

"Ashley Court Hotel", 138 Cath. Rd. Kleines 7-Zimmer-Hotel, nichts besonderes.

Tel. o1222/ 23 33 24. DZ mit Bad ca. 9o DM.

"**St. Hilary's Hotel**", 14o Cath. Rd. Klein und wunderschön: die 12 Zimmer sind wohnlich und bezeugen den guten Geschmack der Besitzer Sarah & Paul, die sehr viel Engagement an den Tag legen. Tel. o1222/ 34 o3 o3. DZ mit Bad ca. 9o DM, mit Himmelbetten ca. 1oo DM.

"**Chalice Keep**", 163 Cath. Road. Kleine Pension: für kurzen Aufenthalt o.k. - nicht mehr und nicht weniger. Tel. o1222/ 37 44 57. DZ mit Bad ca. 9o DM.

"**Maxines Guesthouse**", 15o Cath. Road. Die 9 Zimmer sind irgendwo angesiedelt zwischen mittelmäßig und mäßig. Tel. o1222/ 22 o2 88. DZ ohne Bad ca. 8o DM, mit Bad ca. 9o DM.

"**Hayes Court Hotel**", 154 Cath. Road. Ein Reihenhaus aus 5 Häusern, bei dem man die Zwischenmauern durchbrochen und ein großes 42-Zimmer-Hotel gemacht hat. Ständig Bus-Reisegruppen, oft eine ganze Ladung Fußball-Fans. Tel. o1222/ 39 42 18. DZ mit Bad ca. 13o DM, am Wochenende ca. 11o DM.

"**Georgian Hotel**", 179 Cath. Rd. Erstklassige Bleibe mit 5 luxuriös möblierten Zimmern. Besitzer: Giorgio hat es vor 3o Jahren aus dem sonnigen Italien hier rauf verschlagen - hat sich aber gewaltig bemüht, Akzent und Latino-Temparament zu bewahren. Tel. o1222/ 23 25 94. DZ mit Bad ca. 9o DM.

"**Preste Gaarden**", 181 Cath. Rd. Früher das norwegische Konsulat - und nach wie vor wohnt man hier mit Stil. 11 Zimmer, sehr gut. Tel. o1222/ 22 86 o5. DZ mit Bad ca. 9o DM.

"**Acorn Lodge**", 182 Cath. Rd. Alle 9 Zimmer sind neu möbliert, Atmosphäre sehr "family-mäßig". Tel. o1222/ 22 13 73. DZ mit Bad ca. 9o DM.

"**Rambler's Court**", 188 Cath. Rd. Die Engländerin Wendy Oxley schmeißt ihre 9 Zimmer mit jugendlicher Frische. Tel. o1222/ 22 11 87. DZ mit Bad ca. 85 DM, ohne Bad ca. 75 DM.

NEWPORT ROAD

Gutes Dutzend Hotels, 3o bis 4o Gehminuten im Ostteil der Stadt. Die Häuser sind an sich zwar o.k., wegen ihrer Lage aber uninteressant.

Hat sich als Hotel-Straße etabliert, weil früher jeder hier durchfahren mußte, der von Bristol nach Cardiff kam. Mit Bau der Autobahn ist die Straße ins Hintertreffen geraten und wurde von der Cathedral Road überflügelt.

Da es für die Newport Road eigentlich keine Pro-Argumente gibt, haben wir auf einzelne Listung verzichtet.

HOSTEL: "**Cardiff Youth Hostel**", 2, Wedal Road. Die einzige Billig-Unterkunft der Stadt! Roter Ziegelbau, tiptop in Schuß, sehr sauber und kleine Schlafsäle. Einlaß auch noch nach Sperrstunde! Liegt aber 3 km nördlich vom City Centre, in der Nähe des Roath Park (Stadtbusse 78, 8o, 82 ab Platform D3). Tel. o1222/ 46 23 o3. Schlafsaal ca. 25 DM/Person.

Lavernock Point Estate: der einzige Platz in der Region Cardiff, aber 25 Autominuten südwestlich. Der Platz an sich zwar gut ausgerüstet, liegt aber an einem schmuddeligen Strandabschnitt beim Seebad Lavernock. Anfahrt: via der B 4267. Busse alle

2o Minuten (Nr. P4, P5, P8 ab Platform W1 - ab Wood Street, hinter dem offiziellen Busterminal).

Teure und mittlere Restaurants im Umkreis der St. Mary Street: internationale Küchen, um sich's nochmal richtig gutgehen zu lassen, bevor's ab in die Provinz geht.

E COURCEY'S (Tyla Morris Avenue, im NW von Cardiff): eins der Top-Etablissements von Wales - ein Eß-Erlebnis für den ganzen Abend: Herrenhaus, Kronleuchter, Tapisserien und Haute cuisine. 4-Gang-Menü ca. 55 DM, die Flasche Hauswein um 3o DM (hinzu kommt das Taxi: ca. 3o DM retour). Stammgäste sind Tom Jones und Anthony Hopkins. Besitzer: der Deutsche Thilo Tielmann aus Aachen hat vor 4o Jahren als Liftboy angefangen und war zuletzt Holiday-Inn-Manager. In Wales lebt er seit 2o Jahren.

BLAS AR CYMRU (48, Crws Road): originale Waliser Küche nach traditionellen Rezepten, etwa Lamm in Honig und Apfelmost oder Ente mit Salzkruste oder Forelle in Räucherschinken. Gemütliche Atmosphäre, preislich 25-4o DM.

CHAMPERS (61, St. Mary's Street): spanische Bodega für Steaks, Paella, Fisch um 2o-3o DM.

LA BRASSERIE: gleich neben Champers und sehr ähnlich, bloß französische Küche. Beide Lokale gehören Martin, einer Honoration in der Cardiffer Gastro-Szene. Seine beiden Bistros sind Treffpunkt der Stadt!

CELTIC CAULDRON (Castle Street, gegenüber vom Haupteingang zum Castle): authentische walisische Bauern-Küche. 1o Gerichte unter 1o DM; viele vegetarische Sachen, z.B. Laverbread (Seetang und Hafermehl in der Pfanne rausgebraten) oder Glamorganshire Sausages (Gemüse und Käse gemischt und paniert). Täglich von 8.3o Uhr bis 22 Uhr geöffnet.

Barmeals: Im GOAT MAJOR (Castle Street, Ecke High Street) ganz normale Sachen für Lunch (12-14.3o Uhr) und Supper (17.3o-19.3o Uhr). Viele essen hier zum Auftakt der abendlichen Kneipen-Tour. Das Bier ist vom besten in Cardiff.

Durchgehend von Mittag bis Abend bei MULLIGAN'S (St. Mary's Street), einer irischen Kneipe mit Eichenbalken und viel Holz. Suppen, Pasteten etc.

NEWT & CUCUMBER (Wharton Street, off St. Mary's Street) für Lunch: Speisekarte eher trendy, viele Barbecue- und Texmex-Sachen zwischen 8 und 12 DM.

Take-aways: Erste Anlaufstelle ist der Central Market (32), wo's an den Metzgerbuden Chicken Wings, Spareribs oder walisische Faggots gibt. Läßt man sich aufwärmen und ißt aus der Hand.

In der <u>Caroline Street</u> britische Fish & Chips, Kebap- und Hamburger-Buden - alle in einer Reihe. Ausschließlich einheimische Klientel. Zweigt vom unteren Ende der St. Mary's Street ab.

<u>Food Theatre</u> (Queen Street): ein ganzes Stockwerk im Shopping Centre in der Fußgängerzone, - mit einem Dutzend Salat-und Baked-Potatoes-Bars.

Shops: Im <u>Central Market</u> (32) Obst, Gemüse, Käse etc. Frische Sachen und schön zum Bummeln.

Zwei Spezialisten für Gourmandise am Brotzeit-Teller: <u>Frank Gorno</u> (3o, Tudor Street) für Leute, denen die Wurst nicht wurst ist - Salami und Knacker nach 25o Jahre alten Familienrezepten, ohne Farbstoffe oder chemische Additive.

Bei <u>Huxley</u> ist alles Käse: sämtliche Waliser Käsesorten, durch die Bank hergestellt aus unpasteurisierter Milch. Im Victoria Court, Wellfield Road.

 Das Nachtleben findet rund um die St. Mary's Street statt - vor allem in den Seitenstraßen links davon (wenn man vom Castle kommt). Sehr viel Leben, an Sommerabenden ist hier alles auf der Piste.

Pubs Bei der lokalen "<u>Brains Brewery</u>" schlägt der Lokalpatriotismus höchste Wellen. Das Bitter ist dunkelblond und sehr erfrischend; das Dark ist mild und cremig und ohne Chemie-Zusätze.

<u>Goat Major</u> (Castle Street, Ecke High Street): Sammelpunkt vor der Kneipen-Runde, wo's noch sehr gesittet zugeht. Das Brains-Bier ist könnerhaft gezapft! Einrichtung: roter Plüsch, an den Wänden Military-Krimskrams.

<u>Rat & Carrot</u> (auf mittlerer Höhe der St. Mary's Street, bei Barcleys Bank die Treppen runter): eine Art Disco-Pub, - ein DJ legt Charts und Oldies auf. Bis 1.2oo Leute tanzen mit dem Glas in der Hand und werden von 16 Barkeepern versorgt. Leute von 2o bis 35 Jahre, modern und trendy.

<u>Orange Kipper</u> (Guildhall Place, off St. Mary's Street): irisches Pub mit Guinness und irischem Essen - oft Livemusik. Bierfässer als Tische, junge Leute und am Boden eine ordentliche Schicht Sägemehl.

<u>Flyhalf & Firkin</u> (Westgate Street, parallel zur St. Mary's St.): Überall Rugbyfahnen und Fotos von den Clubs. Nach den Spielen gölt man hier um die Wette. Um die Ecke vom Orange Kipper, - vergleichbares Publikum.

<u>Four Bars in Sandy's</u> (St. Mary's Street, Ecke Wharton Street): Jazz-Kneipe, jeden Tag Piano-Player oder kleine Band - in Zusammenarbeit mit der Welsh Jazz Society. Kleinigkeiten zum Essen.

<u>Newt & Cucumber</u> (Wharton Street, off St. Mary's Street): berühmt für seine "real ales" - Dunkelbier von Kleinbrauereien, die der Kenner kennt. Knallvoll und sehr groß, split-level über mehrere Ebenen.

<u>Owain Glyndwr</u> (gegenüber der St. John's Church, Stadtplan Nr. 31): Szene-Hangout, - laut, Stobo-Blitzlicht und Tanzfläche. Der DJ legt London-Sound und Dancefloor auf. Tanzfläche und zwei Bars.

<u>Gassey Jacks</u> (im Univiertel Cathays Park, 39 Salisbury Road): die populärste Studentenkneipe, wo oft schon nachmittags high-life angesagt ist. Am Abend Blues- und Soulmusik, oft live.

<u>The Welsh Club</u> (11, Womanby Street): Treffpunkt der walisischsprachigen Bevölkerung von Cardiff, nur wenige reden hier englisch! Am Abend Musik, von Provinz-Rock bis echtem Folk.

 Die Disco-Szene ist jederzeit einer Hauptstadt würdig! Richtig voll wird's gegen 23 Uhr, wenn die Pubs zumachen, dann bis 2 oder 4 Uhr. Alkohol prinzipiell aber nur bis 2 Uhr, danach nur noch Softdrinks.

Eintritt 5-15 DM, je nach Club und Wochentag. Ein Bier kostet etwa 1,5o DM mehr als im Pub, sehr teuer sind die härteren Sachen (z.B. für einen Shot ca. 5 Mark).

Alle Clubs haben Türsteher: wer einigermaßen angezogen ist, müßte aber reinkommen. Wenn nicht: cool bleiben und beim nächsten Club probieren. Di. bis Do. haben viele Discos "Student's Night" - Billig-Preise und laxer Dress Code. Fr. und Sa. sind im Normalfall keine Blue Jeans oder Turnschuhe erlaubt, - Stiefel/Slipper und schwarze Jeans tun's aber.

<u>The Astoria</u> (Queen Street, in der Fußgängerzone): die größte und populärste Disco, bis 2.5oo Gäste. Vom Alter her 18-25 Jahre. In einer Ecke eine Food-Bar für Kaffee oder einen Teller Pommes.

<u>Jackson's</u> (Westgate) und <u>The Loop</u> (St. Mary's Street) sind dasselbe in kleinerer Ausgabe; das Publikum ein bißchen älter.

<u>Winston's</u> (Queen Street, neben Capitol-Shoppingcentre): eindeutig das reifste Publikum, zumindest was das Alter anbelangt (25-5o Jahre).

<u>The Hippo</u> (ganz unten in der St. Mary's Street, neben dem Bristol Hotel): Adresse für den besten Rave, - man spielt die neuesten Techno-Schleifen aus London und Amsterdam.

Entertainment

<u>WELSH EVENINGS</u>: Bankett in der üppig dekorierten Halle des Cardiff Castle, - mit Folksongs und Storytelling, das Personal in alt-walisischen Volkstrachten. Um 5o DM. Aber nicht auf regelmäßiger Basis; vorher im TI fragen und reservieren.

<u>THEATER</u>: Das <u>New Theatre</u> (Park Place) ist Sitz der Waliser Nationaloper, aus dem 18. Jh., mit rotem Plüsch und funkelnden Kronleuchtern. Tickets recht teuer, aber verbilligte "Stand-bys" an der Abendkasse. Das <u>Sherman Theatre</u> auf dem Uni-Campus mit drei Bühnen: Theater und

Film. Alles im kleineren Rahmen.

Treffpunkt der Subkultur ist das CHAPTER ARTS CENTRE, in einer ehemaligen Schule. Avantgarde-Filme, experimentelles Theater, Kunstgalerie, Folklore-Tänze etc. Optimal, um ein bißchen Boheme zu schnuppern, mit kleinem Vegetarier-Café, und im Keller eine Kneipe, wo abends oft eine Band spielt. Adresse: Market Road, off Cowbridge Road (zu Fuß 1o-15 Min.). Kurze Busfahrt (Abfahrt Busterminal).

Sport

Stimmung und Gegröle beim Waliser Nationalsport Rugby, während der Saison von September bis April jeden Samstag. Sehenswert v.a. Spiele im Cardiff Arms Park (22), dem besten Rugby-Spielfeld der Welt.

Sonntag nachmittags läuft American Footbal, die Spieler dick vermummt mit Helmen und Schutzgitter vorm Gesicht. Saison: September bis April.

Shopping

Things Welsh (in der Arkade off Duke Street): von den vielen Souvenirshops rund ums Castle definitiv die erlesensten Sachen. Seit 197o; die Kunden sind zu 4o % Waliser, was für einen solchen Laden sehr viel ist.

Lovespoon Gallery (25, Castle Street): nirgendwo in Wales hat man eine so große Auswahl an den berühmten Lovespoons (früher Geschenk zum Zeichen der Liebe, äquivalent zum Ring).

Jacob's Antiques (West Canal Wharf): 5o seriöse Händler verkaufen hier teure Sammlerstücke (Kunst, Antiquitäten); solvente Kunden aus ganz Europa. Aber nur an zwei Tagen pro Woche geöffnet.

Cardiff Antique Market (Morgan Arcade): ebenfalls ein Händler-Kollektiv, - aber alles auf kleinerem und auch billigerem Niveau. Zu normalen Ladenöffnungszeiten.

Spillers (The Hayes): der älteste und honorigste Plattenladen von Wales, der schon seit T.A. Edison existiert. Alle Sparten und gute Selektion an Welsh Folk und Chören.

Catapault Records (Mill Lane, gegenüber vom Marriot-Hotelturm): szeniger Laden für House und Hiphop, - ein Muß für den Fan.

The Oriel (Queen Street, Stadtplan Nr. 27): Bücher exklusiv zum Thema Wales - Geschichte, Kultur, Literatur. Vieles in kymrischer Sprache.

Forbidden Planet (Duke Street): eins der 15 Outlets der britischen Kult-Shops, die sich auf Comics und Science fiction spezialisiert haben.

Disney Shop (im obersten Stock des Queens-Shopping-Entre in der Fußgängerzone): spezialisiert auf Disney-Sachen, z.B. Bücher, Comics, T-Shirts etc. Für Original-Zeichnungen aus Disney-Filmen zahlt man 1.ooo Mark und mehr.

<u>Camping & Outdoor</u> (Duke Street): Ausrüstungen für Wandern und Trecks in den Nationalparks. Sehr gutes Kartenmaterial.

Verbindungen *ab Cardiff*

Flüge: Moderner Airport 2o km westlich, Verbindung zum Airport stündlich mit Airlink-Bussen. Flüge nur nach Belfast/Nordirland, nach Paris und Amsterdam sowie zur Kanalinsel Jersey, - nicht jedoch nach London.

Auto: Cardiff liegt an der Autobahn M 4, die von London Richtung Westen führt. Entfernungen: ca. 25o km ab London, ca. 7o km ab Bristol. Die Autobahn umgeht die Stadt Cardiff als Nord-Tangente.

Züge: Alle Linien gehen ab der <u>Central Station</u> (25) in der Wood Street, 5 Minuten von der Fußgängerzone und vom TI. Außerdem mehrere Vorstadt-Bahnhöfe.

<u>Ab London</u> (Paddington Station) stündlich Züge, knapp 2 Stunden; <u>ab Bristol</u> (Endstation der Südengland-Rundfahrt) stündlich, dauert knapp 3o Minuten.

Die wichtigsten Linien <u>innerhalb von Wales</u>:

Cardiff -> Fishguard: Küstenlinie zur grandiosen Küstenlandschaft in der Südwest-Ecke; außerdem Verbindung mit der Irland-Fähre (Fishguard-> Rosslare).

Cardiff -> Abergavenny -> Hereford: um ins Hinterland von Mid-Wales zu kommen. In Abergavenny Busanschluß zum Nationalpark der Brecon Beacons.

Cardiff -> Chepstow: ab Chepstow Busse rauf nach Monmouth: schöner Kulturausflug ins Wye Valley.

Cardiff -> Merthyr Tydfil: quer durch die Waliser Kohlereviere. In Merthyr Busanschluß zu den Brecon Beacons (schneller und direkter als via Abergavenny).

Busse: Terminal (24) gegenüber dem Zugbahnhof. Innerhalb von Wales dichtes Busnetz, in alle Richtungen. Ab Cardiff operiert mehr als ein 1/2 Dutzend Companies, - das beste ist, im TI zu fragen, da in jede Richtung eine separate Company fährt (und manche haben nicht einmal ein Office in Cardiff!).

* Sehr wichtig ist der <u>Traws Cambria</u>, der von Cardiff nach Nordwales fährt, dabei immer der Küste folgend. Optimale Querverbindung, wer große Strecken zurücklegen will.

* <u>Ab London</u> (Victoria Coach Station sowie direkt ab Heathrow Airport) alle 2 Std. mit Express-Bussen. Der Bus ist billiger als der Zug, braucht allerdings auch länger (ca. 3 1/2 Std. ab London bzw. ca. 1 1/4 Std. ab Bristol).

Fahrrad: Der <u>Taff Trail</u> geht von Cardiff rauf nach Methyr Tydfil und weiter nach Brecon. Folgt über weite Strecken dem River-Taff-Ufer (asphaltiert). Gute 1oo km, - aber 2 bis 3 Tage ansetzen, da bergauf und interessante Stops. <u>Kartenmaterial</u> beim TI. <u>Bike-rent</u>: "Freewheel Cicles", Castle Street.

Umgebung von Cardiff

Mindestens 1-2 Tage für etliche Top-Attraktionen einplanen! Für Transport am besten das Auto stehen lassen: das "<u>Day Out Ticket</u>" gilt einen Tag lang für alle Busse in die Umgebung (ca. 8 DM, Vorsicht: kein Wechselgeld an Bord!).

Außerdem beschilderte Abfahrten ab Autobahn M 4, wer Cardiff nicht besucht.

MUSEUM OF WELSH LIFE

Eine der populärsten Sights von ganz Wales! Ein Freilicht-Museum mit mehr als 3o Gebäuden und Cottages, die man aus allen Teilen des Landes zusammengetragen hat. Reicht locker, um einen halben Tag zu stöbern, zum Essen traditionelle Bauernküche.

Geschichte zum Anfassen: das Museum wird seit 1946 Schritt für Schritt ausgebaut. Steht unter Regie des walisischen Nationalmuseums, was für Authenzität bürgt. In einem Park um ein Schloß von 158o wurden aus allen Landesteilen verschiedene Gebäude zusammengetragen. Z.B. eine Getreidemühle von 1852, ein Zollhaus (1771), eine Gerberei, ein Fischerbootshaus, eine Wollmanufaktur (18. Jh.), eine Schmiede (18. Jh.) sowie viele Bauernhäuser, Scheunen, Ställe etc.

Zu sehen auch eine Dorfschule für 5- bis 14-jährige Pennäler, alle im selben Raum, und das furchteinflößende Pult des Paukers wie ein Thron in erhöhter Position. Ein knallbunter Zigeunerwagen und vieles mehr.

In den Werkstätten arbeiten im Sommer speziell ausgebildete Handwerker nach alter Tradition und mit damaligen Werkzeugen, etwa der rußverschmierte, schwitzende Schmied. Außerdem eine Ausstellung von Dreschmaschinen und Oldtimer-Traktoren mit klapprigen Eisenrädern sowie ein Museum mit historischen Kostümen, Musikinstrumenten, Farmer-Werkzeugen, Waliser "Love Spoons" etc.

Die Lebensbedingungen der damaligen High Society illustriert das Castle aus dem 16. Jh. im Zentrum des Parks: teure Tapisserien im Salon, Himmelbetten in den Schlafgemächern und eine lange Ahnengalerie.

 Stündlich mit <u>Bus Nr. 56</u>, Abfahrt gegenüber vom Castle-Eingang. Vom Busterminal fahren drei Busse am Morgen und einer am Nachmittag (unbedingt einen der Morgen-Busse nehmen; Platform 31).

Per <u>Auto</u> ca. 6 km westlich, im Vorort St. Fagans: wer in einer der Pensionen in der Cathedral Road wohnt, fährt einfach besagte Straße stadtauswärts (dann beschildert).

CASTELL COCH

Lyrisches Fantasy-Schloß, vom selben Bauherrn und Architekten wie das Cardiff Castle. Aber kleiner und weniger exklusiv. Erster Eindruck: drei Türme aus rotem Sandstein ragen zwischen den Bäumen einer verwunschenen Waldsenke hervor...

Ein Gewirr aus Pfeffermühlen-Türmchen, runden Bastionstürmen und Zinnen. Innen griechische Statuen, überdimensionale Schmetterlinge aus Gips, überall prunken Edelhölzer und Goldbeschläge. Perspektivische, bunte Wandgemälde, Deckengewölbe und Lichtspiele verwischen das Raumgefühl.

Die ehemals düstere Burg aus dem Mittelalter erhielt ihr architektonisches "face-lifting" Ende des 19. Jh. durch William Burges, der auch Architekt des Cardiff Castle ist. Geldgeber war die steinreiche Bute-Dynastie, die durch den Kohle-Bergbau zu unermeßlichem Reichtum gekommen war.

 Stündlich mit <u>Bus Nr. 26</u>, ab Busterminal/Platform B 3. Per Auto ca. 9 km nordwestlich, im Dorf Tongwynlai an der Zubringerstraße zur Autobahn.

CAERPHILLY CASTLE

Die zweitgrößte Burg in Großbritannien. Für mittelalterliche Angriffs-Heere war das Castle eine fast uneinnehmbare Festung aus meterdickem Mauerwerk, Wassergräben, zwei Zugbrücken und massiven Ecktürmen.

Konzeption: zwei konzentrische innere und äußere Wehrmauern rund um den zentralen Innenhof, jede durch einen vorgeschalteten Burggraben aus einer Kette einzelner Seen doppelt gesichert. Die Notwendigkeit dazu ergab sich im 13. Jh., als durch eine verbesserte Technologie der Belagerungswaffen die Burgen reihenweise zu Fall gebracht wurden und eine wuchtige Mauer allein nicht mehr den erforderlichen Schutz bot.

Rund um das Castle wird in den Läden Caerphilly-Käse verkauft.

<u>Caerphilly Castle</u> wurde von den normannischen Besetzern Englands gegen walisische Rebellen-Truppen errichtet. Mehrfach wurden die Bauarbeiten durch Überfälle gestört. An diesen Nationalitätenkonflikt erinnert noch heute der Burg-Geist "Green Lady", die regelmäßig hier herumspuken soll: Ein normannischer Prinz verliebte sich in ein einfaches walisisches Mädel, bis der Vater des Prinzen Wind von der Romanze bekam. Sein Machtwort trennte das Pärchen, worüber das Walisermädchen angeblich bis heute keine Ruhe finden kann.

Im Bürgerkrieg (1642-48) versuchten die Reformationstruppen, die Türme zu sprengen. Von diesem vergeblichen Versuch zeugt der <u>"leaning tower"</u>, ein schiefer Turm mit bedrohlicherer Schräglage als der berühmte Turm von Pisa.

In den folgenden Jahrhunderten verfiel das Castle mehr und mehr, bis zur gelungenen Restaurierung im 19. Jh. Fehlende Steinblöcke wurden originalgetreu aus Beton nachgegossen.

 Das Städtchen Caerphilly liegt ca. 12 km nördlich von Cardiff an der A 47o. Am schnellsten mit dem Zug. Oder Bus Nr. 26, wer gleichzeitig Caerphilly und Casttell Coch besucht (beide an derselben Linie).

LLANDAFF CATHEDRAL

Die Creme der britischen Arts&Craft-Bewegung hat im 19. Jh. für die Restaurierung zusammengearbeitet. Diese Künstler wollten der seelenlosen, industriellen Massenproduktion entgegenwirken, - sie werden als einer der Vorläufer der Jugendstils bewertet.

In der ST. ILLTYD CHAPEL (im linken Querschiff) das überladene Triptychon "Die Saat Davids", - die Figuren stammen von Dante Gabriel Rossetti. - Die Buntglasfenster im rechten Querschiff stammen alle aus der Werkstatt von William Morris.

Das KIRSCHENSCHIFF wird dominiert von der Figur "Christ in Majesty" von Jacon Epstein: ein Betonbogen mit zylindrischem Aufsatz für die Orgel, über der eine Christusfigur schwebt.

Wurde erst nach dem Krieg eingebaut. Über die Schönheit dieser hypermodernen Skulptur aus Beton und Aluminium wird viel gestritten, jedenfalls bildet sie einen schrillen Kontrast zur übrigen Kirche.

Die Kirche wurde im 12. und 13. Jh. im normannischen gebaut, - verfiel dann aber völlig: im 18. Jh. stürzte einer der Türme ein, auch das Dach des Schiffes kollabierte. Für die Restaurierung ab 184o engagierten sich drei klangvolle Namen: D. G. Rossetti, William Morris und Edward Burne-Jones. Auf ihr Konto gehen die kunstvollen Buntglasfenster und die dekorative Vertäfelung.
1941 richtete eine deutsche Fliegerbombe große Zerstörungen an. Die Restaurierungsarbeiten zogen sich bis 196o hin; dabei hielt man sich ans Original, nur die Epstein-Figur wurde hinzugefügt.

Llandaff ist ein Vorort von Cardiff: sehr gesetzt und wie ein Stück eigene Welt, - steht unter dem Credo der Kirche, die hier ein Priester-College hat.

 Halbstündlich mit Bus Nr. 25 ab Castle, Bus Nr. 33, 133 ab Terminal (Platform B1). Per Auto ca. 3 km nord - westlich, - die Cathedral Road stadtauswärts (an der Zufahrt zum Welsh Folk Museum).

LLANCAIACH GARDENS

Botanischer Garten und Park mit Baumgruppen und vielen Marmorstatuen. Rosengarten, Steingarten, Heidekrautfelder. Eingestreut Treibhäuser mit Palmen-Vegetation, Kaktus-Landschaften, oder das traumhafte Farbenmeer im Orchideen-Haus.

Verbindung: ca. 6 km westlich via der B 4488, im Dorf St. Nicholas. Per Bus schlecht: X1, X2 ab Platform C5, - dann aber noch 2 km zu Fuß.

LLANCAIACH FAWR

Auf Tuchfühlung mit der Geschichte: ein Herrenhaus aus dem 17. Jh., die Mägde und Diener tragen historische Kostüme und reden untereinander in Althochenglisch. Alles sehr leger, man kann sogar in der Küche mithelfen.

Besucher werden rumgeführt und erfahren tausend Details über die (nicht immer) gute alte Zeit. Anschließend ins Restaurant, wo natürlich auch nach Rezepten aus dem 17. Jh. gekocht wird.

Das Museum liegt eine halbe bis dreiviertelte Autostunde nördlich: via der A 47o, - dann rechts weg Richtung Gelligaer. Mit Zug/Bus aber sehr umständlich.

VALE OF GLAMORGAN

Der Küstenlappen westlich von Cardiff. - Wird zwar meist übergangen, aber einen Ausflug wert, wer Zeit hat. Tip sind die Bootsausflüge!

Dörfer, grünes Weideland und Sandbeaches; der Küstensaum bis Barry ist fast eine geschlossene Siedlung. Alles in allem eine "Reiche-Leute-Wohngegend", nur kurze Busfahrt ab vom Cardiffer Großstadt-Gewühl.

Die Verbindung könnte nicht besser sein: dichtes Busnetz, teilweise alle paar Minuten. Ein Sammelticket, mit dem man zwischen Cardiff und Llanwit Major einen Tag rumfahren kann, kostet nur ein paar Mark.

PENARTH: gesetzter Badeort mit 2o.ooo Einwohnern, - Hauptbeschäftigung: Flanieren an der Promenade und in den vielen Bistros abhängen. Lohnt sich an heißen Sommertagen.

Alle paar Minuten fahren Busse, - nur eine Sache von 1o Minuten. Außerdem halbstündlich per Zug.

TURNER HOUSE GALLERY (Plymouth Road): die Kunstgalerie ist ein Outlet des walisischen Nationalmuseums, - wechselnde Ausstellungen.

LAVERNOCK POINT: Landvorsprung mit Pubs und Campingplätzen; knapp 3 km südlich, schöner Spaziergang. Blick auf zwei vorgelagerte Inselchen: Flat Holm wie ein Pfannkuchen im Meer und Steep Holm mit Steilküste. Boote fahren ab Barry.

Am 11. Mai 1897 fand hier eine Weltpremiere statt: Von Lavernock Point wurde erstmals ein Funkspruch ausgesendet, - rüber zur Partner-Station auf Flat Holm. Der Erfinder Guglielmo Marconi schickte sein legendäres "Are you ready?" über den Äther...

Boottrips: Highlight ist der Tagesausflug runter nach Ilfracombe an der südenglischen Küste. Die Nußschale schaukelt über die Wellen, paar Stunden Aufenthalt und dann wieder alles an Bord für die Rückfahrt.

Weitere Ausflüge gehen entlang der Küste rüber zur Gower-Halbinsel. Oder raus zu den Inselchen, manchmal auch Evening-Cruises. Preise zwischen 2o und 7o Mark. Vorher im TI nachfragen, da kein fixer Timetable.

Zwei Boote: die "<u>Balmoral</u>" ist ein normales Schiff, viel schöner mit der "<u>Waverley</u>", dem letzten seetauglichen Schaufelraddampfer der Welt!

Barry

Lohnt sich ausschließlich für <u>BARRY ISLAND</u>: ein mondäner Holiday-Komplex mit Riesenrad, Achterbahn und Autoscooter. Überall Pommes-Buden und Duft nach gebrannten Mandeln. Alles ein bißchen "billig", am ehesten für Kinder. Ansonsten ist Barry "mausetot" - reine Schlafstadt für Cardiff, mit rund 45.ooo Einwohnern.

Erst gegen Ende des 19. Jh. hat sich Barry durch den Bau von Hafenanlagen - in Konkurrenz zu Cardiff Harbour - binnen zehn Jahren von einem 87-Seelen-Dorf zu einem Hafen mit 13.ooo Einwohnern entwickelt.

<u>HAWKING CENTRE</u>: Volieren mit über 2oo krummschnäbligen Adlern, Falken, Habichten und Eulen. Nachmittags werden Showflüge mit den Jagdvögeln veranstaltet. Ca. 2 km nördlich via der A 4226.

 Boottrips: Das Inselchen <u>Flat Holm</u> liegt ca. 5 km offshore im Bristol Channel - Naturschutzgebiet und Nistplatz für Tausende von Möwen und Schellenten. Boote im Sommer täglich ab Hafen: Infos bei "Flat Holm Project", Harbour Road (Tel. o1446/ 74 76 61).

Auf dem Inselchen ist ein kleines "**Hostel**", das von der Vogelwarte geführt wird. Lohnt sich v.a. zur Brutzeit im Frühsommer. Infos und Reservierung über "Flat Holm Project".

Llanwit Major

Endpunkt vom Einzugsbereich Cardiff: einigermaßen häßliches Städtchen mit Neubau-Bungalows rund um den historischen Ortskern.

<u>PARISH CHURCH</u>: lohnt sich für kunsthistorisch Interessierte, wegen der Kollektion von keltischen Hochkreuzen im Innern.

<u>ST. DONAT'S BAY</u>: Bucht, ca. 3 km westlich, mit einem neogotischen Schloß. Heute ein amerikanisches College. Schöne Wanderung.

QUERVERBINDUNGS-ROUTE ab Cardiff

Wer nicht weiter Richtung Westen und zur Küstenlandschaft von Pembrokeshire fährt (mindestens halbe Woche), kann hier in Cardiff abkürzen und Kurs auf Nord-Wales einschlagen.

Abgesehen davon läßt sich ab Cardiff bestens zwischen den von uns beschriebenen Südwales-Routen überwechseln.

Verkehrsachse ist die vierspurig ausgebaute A 47o, die die Nord-Süd-Verbindung der drei hier beschriebenen Südwales-Routen herstellt.

1) Zunächst durch ein dichtbesiedeltes Industrie-Tal (Kohlebergbau im 19. Jh.) nach Norden, ca. 37 km bis Merthyr Tydfil an der "HEAD OF THE VALLEYS"- Route   (Seite 182).

2) Dann 3o km durch die Berge des Brecon-Beacons-Nationalparks bis zum Städtchen Brecon (BRECON-BEACONS-ROUTE, Seite 198).

Ab Brecon direkt weiter nach North Wales, erstes Etappenziel ist das Städtchen Aberystwyth an der walisischen Westküste (ca. 1oo km). Schöne Bergstrecke, aber keine besonderen Zwischenstops mehr. Die Strecke Cardiff-> North Wales läßt sich bequem an einem Tag machen.

Öffentlicher Transport: Zwischen Cardiff und Merthyr Tydfil fast stündlich mit der Eisenbahn oder mit Bussen. Zug ist schneller, aber etwas teurer. Ab Merthyr 7 x pro Tag Anschluß mit Bussen der "Silverline-Company" nach Brecon.

Weiter nach Nordwales: täglich einmal mit dem Bus "TrawsCambria", der in einem Rutsch von Cardiff bis rauf nach Bangor an der Nordküste führt (vorbei am Snowdonia-Bergmassiv).

WEITER RICHTUNG WESTEN

Cardiff -> Swansea   (ca. 6o km)

Im Normalfall wird man die Autobahn M 4 nehmen - nur eine Sache von 1 Stunde. Im folgenden Text haben wir alle wichtigen Stops beschrieben, wer die eine oder andere Abfahrt nehmen will.

Alternative wäre der Schlenker runter zur Küste, - via dem "Vale of Glamorgan". Kommt aber nur in Betracht, wer einen vollen Tag in Reserve hat. Details bei Cardiff/Umgebung.

Llantrisant (Abfahrt 34, ca. 4 km nördlich)

Marktstädtchen auf einem Hügel. - <u>MODEL HOUSE</u>: Ausstellungen von Kunsthandwerk, vor Ort arbeiten ein Dutzend Leute. Plus Ausstellung über die Prägung von Geldmünzen, alte Druckpressen etc. (Seit 1967 werden alle britischen Münzen in Llantrisant geprägt.)

Auf dem Marktplatz steht die Statue des berüchtigten <u>Dr. William Price</u> (1800-1893): Der Begründer einer verschrobenen Naturphilosophie wähnte sich als Nachfolger der Druiden und zog von Dorf zu Dorf. Auf krassen Widerspruch der Obrigkeit stießen seine Predigten von Nacktheit und freier "Jeder-mit-jedem-Liebe", von Vegetarismus und Umweltschutz.

Als er 84jährig Vater wurde und seinen totgeborenen Sohn auf dem Marktplatz von Llantrisant öffentlich verbrannte, wurde er verhaftet. Doch der Sensationsprozeß in Cardiff endete mit Freispruch. - Übrigens ist seither in Großbritannien Leichenverbrennung legal.

Hensol (Abfahrt 34, ca. 2 km südlich)

Besuch des <u>LLANERCH VINEYARD</u>: die Weingärten, im Anschluß ein Glas des Tropfens mit dem Label "Cariad". Diana und Peter, ein engagiertes Ehepaar, haben die Weinstöcke 1986 gepflanzt und seither ein landesweites Renommee aufgebaut.

"<u>Llanerch Vineyard</u>". Drei Zimmer auf dem Weingut, alle geschmackvoll möbliert. Unten ein Lounge mit Bücherei. Tel. o1443/ 22 58 77. DZ ca. 1oo DM.

Bridgend (Ausfahrt 35/36, 2-5 km südlich)

Industriestadt mit 31.ooo Einw., bringt so gut wie gar nichts. Vorsicht: hier ist die Polizeischule für Südwales, daher in diesem Autobahn-Abschnitt gehäufte Radarkontrollen...

<u>EWENNY PRIORY</u>: Benediktiner-Kloster mit auffällig massivem Mauerwerk (zwei Tore, Fallgitter). Grund: Angst vor Angriffen der Waliser, da die frommen bis frömmlichen Männer zusammen mit den englischen Invasoren gekommen sind. Ca. 2 km südlich von Bridgend.

<u>MERTHYR MAWR</u>: fotogenes Nest mit geduckten Cottages aus grauem

Stein und mit Strohdächern. Ca. 3 km westlich von Ewenny. Die Stichpiste führt durch ein Waldtal weiter bis zum Rand einer endlosen Dünen-
Wüste, die sich meilenweit runterzieht bis zur Küste.

Am Endpunkt der Piste steht die Ruine einer Landvilla, die im 19. Jh.
wegen der Bedrohung durch Dünen-Wanderung aufgegeben wurde. Außerdem ein kleiner <u>Campingplatz</u> für Leute, die von der Zivilisation endgültig die Nase voll haben.

<u>OGMORE CASTLE</u>: kompakte Burg wie in alten Ritterfilmen mit Schieß-
scharten und runden Festungstürmen. Aus dem 11. Jh., 2-3 km südwestlich von Ewenny.

Porthcawl (Ausfahrt 37, ca. 4 km südlich)

Es war einmal... das beliebteste Seebad von ganz Wales. Ging den depres-
siven Weg vieler Badeorte: zahlreiche Hotels in Altersheime umfunktioniert, die vielen Spielhallen haben halbstarke Hooligans als Zielgruppe.

Kenfig (Ausfahrt 37, 1-2 km südwestlich)

Küstenstreifen <u>KENFIG BURROWS</u>: weite Dünengebirge mit gelbem
Sand und bunten Wildblumen (55o Arten!) plus ein von einer unterirdischen Quelle gespeister See. Schwäne und Enten, am Ufer brüten Kiebitze. Vom Dorf Kenfig führt ein 2-km-Trampelpfad quer durch die Dünen
zu einem Strand, der nur per pedes zu erreichen ist.

Margam (Ausfahrt 38)

Beine vertreten im <u>MARGAM COUNTRY PARK</u>, - Baumgruppen und
drei Seen rund um ein Castle aus dem 19. Jh. Highlight ist der <u>Sculpture
Garden</u> mit über 7o Skulpturen und Statuen moderner bildender Künstler,
darunter klangvolle Namen wie Henry Moore, Barbara Hepworth, David
Nash oder Anthony Caro. - Die <u>Orangerie</u> wurde bereits vor über 2oo Jahren angelegt, Treibhaus mit Orangenbäumen und viel Tropenflair.

Ruinen eines Klosters (12. Jh.), die <u>Klosterkirche</u> im 19. Jahrhundert
restauriert. Schöne Buntglasfenster, einige von William Morris. Nach Auflösung der Klöster (1536) erfolgte Umbau in ein Herrenhaus: hier Ausstellungen und Film-Shows über Flora und Fauna von Südwales. Gegenüber
ein Museum mit frühchristlichen Kreuzen und einer Gesteins- und Minera-
liensammlung.

Sehr beliebt ist außerdem der über 4.ooo Quadratmeter große <u>Irrgarten</u>
("maze"), einer der größten der Welt. Jeder kann sich dran versuchen.

<u>AFAN ARGOED PARK</u>: weite Nadelwälder mit eingesprenkelten Birken-
gehölzen, Wildbäche stürzen sich die Talwände runter, an den Bergmatten
Schafe wie weiße Schneeflocken. Besonders schön das tief eingeschnittene Tal Cwm Afan.

Vom Besucherzentrum fünf beschilderte <u>Rundwanderungen</u>. Ca. 1o km landeinwärts, an der A 41o7 nahe beim Dorf Cymer.

<u>WELSH MINER'S MUSE-UM</u>: die Region war früher wichtige Bergbau-Region. Es gab 25 Kohlezechen, die letzte machte 197o dicht. Besuch des Museums lohnt insofern, als man Einblick in das Leben der Bergleute bekommt. Zu sehen: Ausrüstung, ein rekonstruierter Bergwerksstollen, Leben in den Bergarbeitersiedlung, Hütte eines Bergmanns.

<u>Lage</u>: direkt gegenüber vom Afan Argoed Park. Es gibt mehrere derartige Museen in Wales, die "Big Pit" in Blaenavon (Details siehe Seite 183) ist mit Abstand das interessanteste.

*Rekonstruierter Minen-
stollen im Welsh Miners
Museum*

▶ **Neath** (Ausfahrt 42)

Industriestadt mit 3o.ooo Einw. Sehr durchschnittlich, lohnt sich ausschließlich für die Attraktionen nördlich der Stadt, - die meisten in dem Tal "Vale of Neath".

Die Umweltschäden aus der Zeit der Kupferindustrie sind weitgehend beseitigt (siehe auch Swansea/Geschichte). Über zwei Dinge ist man besonders stolz: erstens ist der Schauspieler Richard Burton 5 km südöstlich geboren, in Pontrhydyfen, - zweitens und noch wichtiger: das Rugby-Team von Neath ist unschlagbar...

<u>BOROUGH MUSEUM</u> (Church Place): mäßig interessantes Heimatsmuseum, wenn man zufällig in der Stadt ist.

Feste: <u>International Music Festival</u> (2. oder 3. August-Wochenende): Folkgruppen aus der ganzen Welt plus ein riesiger Kunsthandwerker-Markt. In Pontardawe, ca. 6 km nördlich via der A 474.

<u>ABERDULAIS FALLS</u>: spektakuläre Naturlandschaft einen Steinwurf ab von der Straße. Der Wasserfall stürzt sich in eine mit Findlingsblöcken übersäte Schlucht. Betrieb bereits im 16. Jh. ein Wasserrad für den Bla-

sebalg einer Kupferschmelzerei, die efeu-überwachsenen Gebäude stehen heute noch. Ca. 5 km nordöstlich, via der A 465.

PENSCYNOR WILDLIFE PARK: in einen Waldhang gebauter Zoo mit Schimpansen, Pinguinen, Rotwild-Gehegen, Seelöwen-Teich, Treibhaus mit Tropenvögeln, Aquarium etc. Per Sessellift rauf auf einen Aussichtsberg. Eine künstliche alpine Rodelbahn. Liegt nahe bei Aberdulais.

CEFN COED COLLIERY MUSEUM: erst 1968 geschlossene Kohlenzeche, war mit 7oo m der tiefste Kohleschacht der Welt. Die Maschinenhallen und Bergwerksgebäude hat man zu einem Museum umgebaut, eine der Kohlenschächte kann man betreten. In Crynant, ca. 8 km nördlich via der A 41o9.

Swansea (19o.ooo Einw.)

Zweitgrößte Stadt von Wales, mit großem Freizeit- und Kulturangebot. Wichtig in erster Linie als Info-Börse und Relais-Station für den Trip runter zum Klippen- und Strandparadies auf der Gower-Halbinsel (flotte Busverbindung).

In Swansea interessant das Industriemuseum, an Städtebaulichem kaum Highlights, die einen längeren Aufenthalt lohnen würden.

OBEN: Kupferhütten im oberen Swansea Tal 1795 Die zeitgen. Darstellung zeigt, daß bereits damals große Umweltverschmutzung stattfand. RECHTS: Hafen von Swansea 1846. Im Fluß ankern Frachtsegelschiffe

Gleich neben dem Busterminal in der Singleton Street.
Tel. o1792/ 46 83 21. Haupt-Office für Swansea und die
gesamte Gower-Peninsula. Ganzjährig geöffnet.

Swansea ist eine wichtige Industriestadt und Endpunkt des südwalisischen
Industriereviers: von hier Richtung Westen geht's rein in die unberührte
Küstenwildnis von Pembrokeshire. Für kulturellen Background trägt die
Universität bei.

GESCHICHTE: Der Name "Swansea" stammt vermutlich aus dem Skandinavischen:
"Sweyn" = Name einer Person und "ey" = Flußarm. Offenbar lag hier ein Handels-
posten. Gesichert ist, daß die Normannen Anfang des 12. Jh. an der Mündung des
Flusses eine Siedlung angelegt hatten, ab 1116 stand hier eine Festung.

Über die Jahrhunderte war Swansea ein Handelsstützpunkt mit kleineren Kai-Anlagen
am Flußufer. 171o hatte die Siedlung rund 1.5oo Einwohner, und der Schriftsteller Da-
niel Defoe, der Swansea besucht hatte, berichtete von reger Aktivität im Hafen bei
Kohleverschiffung nach Nordfrankreich. Der River Tawe bot sich als Hafen zur
Verschiffung der Kohle von den Förderstellen im Landesinneren an.

Ab 1717 wurden die ersten "copperworks" (Kupferverarbeitungsfabriken) im Tawe Tal
gegründet, weitere folgten. Mitte des 18. Jh. wurde Kupfer von Cornwall, aber auch
nach Swansea per Schiff importiert und in Weiterverarbeitungsstellen am River Tawe
aufbereitet. Dabei wurde für die Gewinnung von einer Tonne reinen Kupfers insgesamt
13 Tonnen Erz und 18 Tonnen Kohle benötigt, was einen gewaltigem Schadstoffausstoß
in die Luft zur Folge hatte.

Um 189o gab es in einem Bereich von nur 6 km am River Tawe bei Swansea 16o (!)
Verarbeitungsbetriebe. Kupfer wurde damals insbesondere für Waffen sowie für die

SWANSEA: Stadt und Hafen Ende des 19. Jahrhunderts

Hafenanlagen

Swansea Festung

SWANSEA, um 1750, Ansicht Richtung Westen. Links
sich in Mitte quer durchzieht. Rechts das Stadt

Verklammerung von Schiffsplanken benötigt.

Während sich zu dieser Zeit <u>Cardiff</u> zum führenden Kohleexporthafen der Welt entwickelt hatte, war dies <u>Swansea</u> bezüglich Kupfer. Bau von Hafenanlagen, in denen jährlich bis zu 1o.ooo Schiffe anlegten. Die Stadtbevölkerung wuchs erheblich, von 6.ooo Einwohnern im Jahr 18oo auf 17.ooo zur Mitte des Jahrhunderts und auf ca. 5o.ooo Einwohner um 19oo. In den folgenden zehn Jahren eine mehr als Verdopplung auf 115.ooo Menschen, wobei die Villenviertel oberhalb der Stadt auf den Hügeln lagen.

In Sachen Kupfer kam es zur Jahrhundertwende zu Konkurrenz von <u>Minen in Chile/Südamerika</u>: hier befinden sich nicht nur die größten Kupfervorkommen der Welt, zudem ermöglichte das 191o entwickelte "Guggenheim-Verfahren" eine erheblich preiswertere Kupfergewinnung. Chile wurde zum größten Kupferlieferanten der Welt, und im Tal von Swansea sattelte man voll auf eine nicht minder die Umwelt belastende Industrie um: <u>Zinngewinnung</u> sowie Herstellung von Zinnblechen.

SWANSEA

1   BAHNHOF
2   Glynn Vivian Gallery
3   Castle Square
4   Swansea Castle
5   Plantasia
6   Markt
7   TOURIST BÜRO
8   Grand Theatre
9   BUSTERMINAL
1o Quadrant- und St. David's Shopping Centre
11 Ty Lleyn
12 Leisure Centre
13 Swansea Museum
14 Maritime & Industrial Museum
15 Observatory
16 Environment Centre
17 Uplands
18 Mumlles

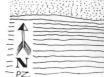

Stadtzentrum   Küstenhügel

...s Meer, darunter die Hafenanlagen am River Tawe, der ...ntrum sowie die Küstenhügel.

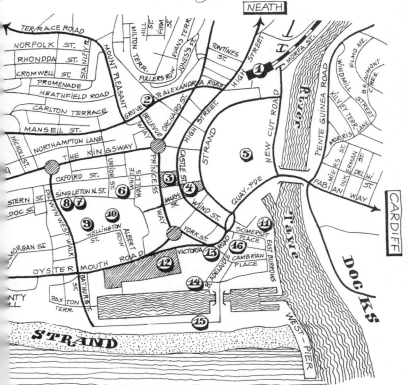

Die ersten Zinnverarbeitungsstätten gab es bereits 1845 im Swansea-Tal, weitere kamen 1859 hinzu. Bis 191o gab es im Tal mehr als 1oo Walzwerke für Zinn, die durch das Verheizen von Kohle betrieben wurden und gewaltige Rauchwolken in die Luft ausstießen. Chemische Industrie kam hinzu, aber auch Stahlwerke, die ebenfalls ihren gewaltigen Energiebedarf durch Verheizen von Kohle bezogen.

Über der Region schwebte eine ständige Wolke aus Rauch, Abgasen und sonstigen chemischen Rückständen, - hinzu kam eine erhebliche Belastung der Böden. Swansea war Prototyp unkontrollierter Industrialisierung, die ausschließlich auf Gewinne setzt und keinerlei Rücksicht auf Natur und Mensch nimmt. Das Leben hier war extrem ungesund, trotzdem zogen immer mehr Arbeiter in die Region, da es hier in Relation viel zu verdienen gab.

Mehrfach wurde Swansea won schweren Epedemien heimgesucht, so 1831/32 und 1849 von Cholera. Das Problem waren die Masse der Menschen, die hier auf engstem Raum zusammenlebten, fehlende Hygiene und auch verseuchtes Trinkwasser, das vom Landesinneren kam und zudem durch die chemischen Rückstände der Verarbeitungsbetriebe hoch belastet war. Zwar wurde bereits 1837 ein Trinkwasser-Reservoir in Brynmill angelegt. Es lag jedoch zu tief, so daß die Zufuhrleitungen nicht genügend Gefälle hatten, um große Teile der Stadt zu versorgen. Die meisten Leute tranken nach wie vor aus Brunnen, die nicht gerade die beste Trinkwasser-Qualität lieferten, zumal es an ausreichenden Abwässerkanälen fehlte; viel der Fäkalien floß in den Boden bzw. in den Fluß und ins Meer (= optimaler Nährboden für Cholera-Bakterien).

Für viele der einflußreichen Besitzer der Verhüttungswerke (aber auch der Eisenbahnen und Reedereien) waren Gewinne wichtiger als irgendwelche Investitionen in das Gesundheitswesen. Letztere hätten lediglich die Gewinne geschmälert, und nachziehende Arbeitskräfte gab es genügend... Auf Druck der Bevölkerung sanierte die Stadtverwaltung erst gegen Ende des 19. Jh. die übelsten Verhältnisse in Slums, Bau neuer Trinkwasserreservoirs (188o) und Krankenhäuser (1869). Zur "Befriedigung der Bevölkerung" wurden Parks angelegt und ein erstes Museum. Die radikale Ausbeutung von Natur und Mensch ging jedoch unverändert weiter.

Zu Einbrüchen der ungehemmten Industrialisierung kam es ab ca. 189o, - einmal wegen der chilenischen Chuquicamata Kupfermine, die im großen Stil ab 1881 ausgebeutet wurde und die weltweiten Absätze der Swansea Kupferproduktion beschnitt. Aber auch z.B. durch die 1891 erlassene "McKinley-Verordung"/USA, die 7o % Einfuhrzoll auf Zinnbleche legte und damit den bisher für Swansea wichtigen US-Absatzmarkt völlig lahmlegte. Andererseits waren neue Absatzmärkte hinzugekommen, so die riesige Kolonie Indien, aber auch Europa. Die Zinnproduktion erfuhr trotzdem einen Aufschwung, gefördert auch durch die Waffenproduktion im 1. Weltkrieg.

Die 3oer Jahre waren die Zeit der hohen Arbeitslosigkeit; die früher wichtigen Exportgüter Swanseas waren in anderen Teilen der Welt (insbesondere auch der Kolonien des britischen Empires) vielfach billiger zu fördern und herzustellen.

Zu erneuter Bedeutung kam Swansea im 2. Weltkrieg, als das zunehmend von Nachlieferung (u.a. Kohle) abgeschnittene Großbritannien beispielsweise seine Kriegsschiffe mit walisischer Kohle befeuerte. Das Nazi-Deutschland schickte daher seine Bomber-Geschwader zwischen 194o und 1943 auch Richtung Swansea. Diese richteten gewaltige Schäden an; insbesondere in den drei "Night Blitz" vom 19., 2o. und 21. Februar 1941 wurde fast die komplette Stadt zerstört.

In den 5oer Jahren wurde Swansea neu aufgebaut. Zu einem neuen Boom der traditionellen Verhüttungsindustrien kam es jedoch nicht, da in der Region Swansea nicht zu kon-

kurrenzfähigen Weltmarktpreisen (insbesondere der 3. Welt) produziert werden konnte. Zurück blieb eine industrielle Ruinenlandschaft mit stillgelegten Fabriken und Giftmüll-Halden, - eine Art riesiges "Industrie-Freilichtmuseum"...
In den letzten 2o Jahren ehrgeizige Programme zur Beseitigung der Umweltschäden und Wiederaufforstung, man siedelt saubere Industrien an.

DIE CITY

Wegen massiver Bombardierung im 2. Weltkrieg kaum traditionelle Architektur. Der Wiederaufbau des Stadtzentrums erfolgte in schnell hochgezogener Zweckarchitektur mit Bürogebäuden und Shopping-Centres.

CASTLE SQUARE (3): östlicher Abschluß der City.Wurde 1995 angelegt, um entgegenzuwirken, daß sich das Geschäftszentrum der Stadt immer mehr nach Westen verlagerte und der Ostteil zunehmend verödete.

Als Hintergrund die grauen Mauern vom CASTLE (4) und - als bizarrer Kontrast - der fast doppelt so hohe Glas-Beton-Turm, in dem die British Telecom sitzt. Davor Stufen   und ein Springbrunnen.

Gebaut 1116 zum Schutz der Siedlung an der Fluß-mündung und in den folgenden Jahrhunderten ausgebaut.

Zwar haben die Bomberpiloten im 2. Weltkrieg ihre Vernichtungswaffen seitlich plaziert. Dies war ungeschriebenes Gesetz; vergleiche auch z.B. Bombardierung von London, Köln etc., die beim Abwurf die jeweiligen Kathedralen ausklammerte. Viel erhalten ist vom Castle allerdings nicht mehr.

SWANSEA-CASTLE 1741

OXFORD STREET ist die Hauptgeschäftsstraße von Swansea, - mit den modernen Shopping-Centres "Quadrant" und "St. David's" (1o).

MARKTHALLE (6): für uns die schönste Sache in Swansea! Es ist der größte Markt in Wales, - alles platzt vor Leben mit bunten Buden und viel Gewühl. Vor allem berühmt für "Cockles" (Herzmuscheln), die jeden Morgen frisch auf der Gower-Halbinsel geerntet werden. Für ein paar Mark kriegt man eine Tüte voll: gekocht und ohne Schale, dazu einen Zahnstocher zum Rauspicken. Ebenso "Laverbread" - kein Brot, sondern gekochter Seetang (!); wird ebenfalls kalt aus der Hand gegessen.

GLYNN VIVIAN GALLERY (2), Alexandra Road: Schwerpunkt auf walisischen Künstlern: Ceri Richards oder Gwen & Augustus John (Bruder und Schwester) - in der Kunstwelt international berühmt.

Das Porzellan auf den Balkonen rund um die Haupthalle ist "Swansea China", das im 19. Jh. hier produziert wurde. Liebhaberpreise: so manches Täßchen ist mit 5o.ooo Mark und mehr versichert!

Gestiftet von G.V. Vivian (1835-191o). Die Kupferminen seines Vaters bescherten ihm ein sorgenfreies Leben. 6o Jahre lang reiste er als Playboy durch Europa und sammelte Kunstwerke ebenso wie sexuelle Abenteuer. Er hat nie geheiratet und nie einen Handstreich gearbeitet. Vermutlich hat er keine Sekunde nachgedacht, unter welch erbärmlichen Bedingungen die Arbeiter in seinen Kupferminen schuften mußten.

Das Leben gab Vivian einen grausamen Denkanstoß! Zehn Jahre vor seinem Tod wurde er blind. Der einstige Dandy kehrte heim in seine Vaterstadt: als tappriger Greis mit langem, schlohweißem Bart und nebligen Augen - ein Anblick "not easy to forget" (ein Zeitzeuge). Seine letzten Jahre verbrachte er damit, Hilfprojekte für das verarmte Proletariat zu organisieren.

PLANTASIA (5): riesiges Glashaus in Form eines 18 m hohen Diamanten, für den Bau wurde 37 Tonnen Glas verwendet. Palmen, fleischfressende Tropenpflanzen, Bananenstauden, Kokospalmen.

MARITIME QUARTER

Das frühere Hafenviertel, 1o Minuten südlich vom City Centre. Wirkt ein bißchen steril mit Bürogebäuden und Yuppie-Wohnungen, auch in den Cafés will kein rechtes Leben aufkommen. Lohnt sich nur für die Museen!

Das Marine Quarter ist Teil eines Sanierungsprogramms, um Swanseas Industrie-Narben zu beseitigen. Ob der Versuch geglückt ist, sei dahingestellt.

Als erstes hat man durch einen Damm den River Tawe aufgestaut, - damit das Hafenbecken auch bei Ebbe voll Wasser bleibt (sonst stinkender Schlamm). Dieser Eingriff stieß auf harsche Kritik bei der Umweltbewegung. Weitere Hintergrund-Infos bei Cardiff, wo man mit dem - nicht mehr gebrauchten - Hafen Ähnliches angestellt hat.

SWANSEA MUSEUM (13): Heimatgeschichte, Ausgrabungsfunde. Star der Sammlung ist die Mumie eines ägyptischen Priesters, eingewickelt in eine 1o-15 cm dicke Schicht von Bandagen. Ein zehnminütiges Video dokumentiert Innenleben und Restaurierung der Mumie.

TY LLEYN (11): das nationale Literatur-Zentrum, das als Begegnungsstätte für Dichter fungiert. Autorenparties, Lesungen, Ausstellungen, kleines Theater. Man kann immer vorbeischauen und fragen, was angesagt ist (lohnt sich, auch wenn's nur beim Cafeteria-Besuch bleibt).

MARITIME & INDUSTRIAL MUSEUM (14): Im Obergeschoß eine komplette, betriebsfertige Wollfabrik mit einem Set antiquierter Maschinen zum Spinnen, Färben und Weben des Garns. Draußen im Dock-Bassin mehrere Schiffe, z.B. ein Leuchtschiff oder ein Rettungsboot. Zugang über Ponton-Brücken.

OBERVATORY (15): Doppel-Turm mit Teleskop, von Freiwilligen geführt. Planetenmodelle und engagierte Infos, dann per Fernrohr der visuelle Griff nach den Sternen. Aber nur unregelmäßig geöffnet.

ENVIRONMENT CENTRE (16): Infos über die Ökologie der Region, - als Versuch, die "Swansea Jacks" zu mehr Umweltbewußtsein zu erziehen.

LEISURE CENTRE (12): riesiger Freizeit-Komplex mit Wellenbad, Sportanlagen, Cafés und Bars.

In der Cwondonkin Drive Nr. 5 ist das Geburtshaus (2o) des berühmten walisischen Dichters Dylan Thomas (1914-53). Er gilt als einer der bedeutendsten Schriftsteller des Landes.

Geboren am 27. Oktober 1914 in Swansea als Sohn eines Studienrats beschloß Dylan Marlais Thomas, Schriftsteller zu werden. Mit 19 Jahren gewann er einen Wettbewerb für Lyrik. Ab 192o arbeitete er als Reporter für verschiedene Zeitungen sowie die BBC in London. 1949 zog er sich in ein Haus am Meer in Broadway (südlich von Carmathen) zum Schreiben zurück. Er gilt als einer der wichtigsten Lyriker der Moderne. Seine Themen waren die Liebe, Natur und der Tod. In seinem Werk "Deaths and Entrance" (1946) beschreibt er die Apokalypse einer Großstadt. Neben Gedichten und Kurzgeschichten schrieb Thomas auch Hörspiele, zu deren berümtesten "Under the Milkwood" zählt. Am 9. November 1953 in New York gestorben.

CWMDONKIN PARK (21), in dem bereits Dylan Thomas als Kind gespielt hat und im Brunnen sein Schiff schwimmen ließ. Auch eines seiner ersten Gedichte "The Hunchback in the Park" entstand hier.

MUMBLES (18)

Der Bade-Vorort der Swansea Jacks (= Einwohner von Swansea): an heißen Sommertagen ist halb Swansea hier draußen zum Faulenzen und Eisessen. Entlang der Bucht eine Kette von Restaurants, Cafés und Kneipen.

Mittelmäßiger Beach - zum Baden lieber an den Strand in der Langland Bay, auf der anderen Seite vom Mumbles-Head-Vorgebirge. Wassersport: Segeln, Surfen, Wasserski (Vermietung von Equipement).

OYSTERMOUTH CASTLE: auf einer grünen Anhöhe stehen noch Torhaus, Bankettsaal und Kapelle. Weiter Blick auf die Swansea Bay, mit weißen Segeljollen auf dem blauen Wasser.

MUMBLES HEAD: hohe Felsklippe mit Leuchtturm. Lohnt sich für Blick in zwei Richtungen, - je 15 km Küstenlinie.

Verbindung: Mumbles liegt ca. 7 km südlich; alle paar Minuten mit dem Stadtbus. Sehr schön auch zum Laufen, - Endlos-Promenade mit Parks und Bootsteichen.

COUNTRY HOUSES: "<u>Cwmdulais House</u>", nahe Pontarddulais. In einer Talsenke mitten in den Bergen, weit und breit nichts als Schafe und Heidekraut. Besitzer: Mike Troake, früher Polizist. Anfahrt: ca. 14 km nördlich via der A 483, - an der Ausfahrt aus dem Dorf Pontlliw beschildert. Tel. o1792/ 88 5o o8. DZ ca. 95 DM, Dinner um 4o DM.

"<u>Hillcrest House</u>", ca. 7 km südlich in Mumbles (Higher Lane). Streng genommen kein Landhaus, sondern ein "Hotel mit viel Pfiff": Yvonne Scott hat jedes ihrer 7 Zimmer nach dem Leitmotiv eines Landes möbliert, das sie bereist hat. Z.B. Safari Room im afrikanischen Busch-Stil mit Himmelbett und einer Leopardenfell-Decke (Imitation). Tel. o1792/ 36 37 oo. DZ ca. 165 DM.

HOTELS: Swansea hat ein breites Zimmerangebot in der Stadt selber, aber vielfach auch im Badevorort Mumbles.

<u>TEUER</u>: Mehrere "Business Hotels", also funktionale Neubau-Hotels mit 1A Service, - Geschäftsleute stellen hier die Hauptklientel.

"<u>Marriott Hotel</u>", unten im Marine Quarter. Über 1oo Zimmer und alle Facilities, inkl. Sportraum und Swimmingpool. Das Mariott gehört zu einer internationalen Tophotel-Kette, vergleichbar mit Hilton. Tel. o1792/ 64 2o 2o. DZ ca. 2oo DM.

"<u>Forte Posthouse</u>", 39, The Kingsway (Zentrum). Moderner Hotelturm mit 7 Stockwerken und 1oo Zimmern, Fitness/Swimmingpool. Besser als das Schwester-Hotel in Cardiff! Tel. o1792/ 65 1o 74. DZ ohne Frühstück ca. 175 DM, am Wochenende ca. 15o DM.

"<u>Dolphin Hotel</u>", Whitewalls (Fußgängerzone). Das dritte der modernen "Business-Hotels", wenn auch Posthouse und Marriott schöner (aber auch teurer) sind. Tel. o1792/ 65 oo 11. DZ ca. 15o DM.

<u>BILLIG / B&B</u>: Konzentrieren sich auf drei Regionen. Die Betten-Kapazität ist angemessen, so daß man eigentlich immer unterkommt.

ZENTRUM: Die Hotels im Zentrum sind alle sehr teuer. Nur ein paar B&B, die sehr verstreut in irgendwelchen Seitenstraßen liegen, - findet man nur bei Buchung über das TI. Preise: 8o-1oo DM für ein Doppelzimmer.

UPLANDS (17): *Respektierliches Residencial-Viertel in den Hügeln nordwestlich, aber 25 Autominuten vom Stadtkern!*

Breites Angebot bei guter Wohnlage und zivilen Preisen. In den meisten Fällen wird man sich hier sein Zimmer suchen: Anfahrt via Verlängerung der Walter Street; Busse alle paar Minuten ab Terminal. Wir listen nur ein paar Beispiele.

"<u>Belmont Guesthouse</u>", Mirador Crescent. Kleine und sehr gute 6-Zimmer-Pension. Tel. o1792/ 46 68 12. DZ ca. 1oo DM.

"<u>Tregare Guesthouse</u>", 9, Sketty Road. Sympathische Bleibe mit 11 Zimmern. Tel. o1792/ 47 o6 o8. DZ ca. 85 DM.

"<u>Cefyn Bryn</u>", 6, Upland Crescent (Tel. o1792/ 46 66 87) und, in derselben Sparte, das "Crescent Guesthouse", 132, Eaton Crescent (Tel. o1792/ 46 68 14) wären zwei weitere Optionen - beide mit 6 Zimmern, ca. 1oo DM für ein Doppel mit Bad.

OYSTERMOUTH ROAD: Dutzende von Billig-Hotels, eher schmuddelig, fast wie ein Rotlicht-Bezirk. Liegen eins nach dem anderen an der Straße Richtung Mumbles (viele Passagiere der Swansea-Irland-Fähre stolpern hier rein). Vorsichtig sein: das TI bucht gerne Leute dort ein!

Einziges Pro-Argument wäre die Zentrumsnähe bei billigen Preisen (in der Off-Season schon ab 5o DM für ein Doppelzimmer). Abgesehen davon bestehen hier die besten Chancen, wenn man verzweifelt ein Bett sucht. Wir haben hier auf einzelne Adressen verzichtet - auf jeden Fall das Zimmer vorher anschauen.

MUMBLES: Im Bade-Vorort: man wohnt inmitten von Beach-Life und Kneipen. Ca. 7 km südlich. Gute Preise, die meisten Pensionen liegen an der Strandpromenade. Anfahrt Richtung Gower; alle paar Minuten Stadtbus ab Terminal.

HOSTEL: Keine JuHe in Swansea, - die nächste ist in Port Eynon, 25 km entfernt auf der Gower-Halbinsel. Daher beehren viele Rucksackler Swansea nur mit einem Kurz-Besuch und fahren noch am selben Tag runter zur Gower-Halbinsel (vorher ein Bett reservieren).

 In Swansea leider kein Campingplatz, aber in fast jedem Ort auf der Gower-Halbinsel.

 HILLCREST HOTEL, ca. 7 km südlich in Mumbles (1, Higher Lane): im Raum Swansea und Gower das beste Essen. Diniert wird im geschmackvoll möblierten Salon eines exquisiten Hotels. Hauptgericht 3o-4o DM. Sehr gute Weinkarte.

NUMBER ONE (1, Wind Street): Nummer eins innerhalb von Swansea, nicht nur dem Namen nach. Einfach dekoriert, die Würze ist im Essen: Meeresfrüchte und Wild mit dem Touch der französischen Cuisine. Menü ca. 4o-5o DM, mittags dasselbe Essen für ca. 25 DM.

LA BRASERIA (28, Wind Street): spanische Bodega für alles, was sich auf dem Holzkohle-Grill bruzzeln läßt, z.B. Spareribs, Sardinen, Steaks, Shrimps. Kerzenlicht, Sägemehl am Boden, schwere Eichenbalken. Menü ca. 18 DM.

ELEO'S (Kingsway): ähnlich wie La Braseria, mit offenem Grill im Lokal, - ein Stückweit mehr Texmex versiert. Gleich daneben ein Fisch-Restaurant, das denselben Leuten gehört: Meeresfrüchte für 15-2o DM!

INDER: Zahllose indische Restaurants liegen in der westlichen Verlängerung vom Kingsway, nach dem Kreisverkehr, alle auf der linken Straßenseite. Wahlweise Sit-in oder Take-away. Mittags ist öfters "All-you-can-eat"-Buffet für 15 Mark im Angebot!

Barmeals: Das COACHHOUSE (59, Wind Street) für Billigs-Lunches: Chilli oder Gammon Streak in Monsterportionen, dabei kostet kein Gericht über 1o Mark! Nur 11.3o-14.3o Uhr. Ambiente: Lederjacken und Nasenringe welcome.

Take-away: King's Diner (Kingsway, neben Ritzy's Nightclub) ist seit

fast 2o Jahren Spitzenreiter in Sachen Kebap, Burger, Pizza, Chicken. Bis
3 Uhr früh durchgehend geöffnet - Warteschlange garantiert.

 No Sign Bar (56, Wind Street): Der In-Treff mit Sägemehl am
Boden, offene Weinregale und laute Charts-Musik. Im Keller
eine Weinbar, und alles zusammen ein bißchen Soft-
Schickeria.

Pubs   Ely Jenkins (Lower Oxford Street): Pinte für den passionierten
Bier-Liebhaber: gute Selektion an Real Ales, die Bass-Brauerei macht
sogar einen speziellen Saft exklusiv für diesen Laden hier!

Cardiff Arms (The Strand): Jede Nacht Livemusik, am Wochenende schon
tagsüber: etablierte Rhytm & Blues- oder Rock-Bands aus London oder
Chicago. Sehr exaltierte Atmo, alles tanzt herum. Gäste: 25 bis 45 Jahre.

Coachhouse (oberes Ende der Wind Street): Freak-Kneipe; nach hinten
raus ein Biergarten. Coachhouse ist das billigste Pub von Swansea mit
Bierpreisen, die durstig machen!

Central Park (Kingsway, neben Ritzy's Nightclub): überall Video-Screens
und wie ein Stück von Amerika. Bei Kapazität von 3oo Leuten größter
Pub der Stadt. Ab 25 Jahren ist man hier Senior, - Treffpunkt der Stadtjugend, bevor's in eine der Kingsway-Discos geht.

Am Wochenende fahren viele raus zum Badevorort Mumbles, wo dann erheblich mehr los ist als in Swansea. Man ißt irgendwo gemütlich,
schlendert dann die Promenade rauf und runter, bevor's in eins der vielen
Bistros und Pubs geht.

Entlang der Promenade sind 14 Pubs - die sogenannte "Mumble Mile": zur
Szene gehört - wer's schafft - vorne anzufangen und in jedem einzelnen
Pub einen Whisky zu kippen...

Discos: Das Nachtleben spielt sich am Kingsway ab; ein Spektakel für
sich: Tausende von Leuten machen hier bis 4 Uhr früh die Nacht zum Tag.
Menschengewühl, alles ist hell beleuchtet.

8 Nightclubs und 3 Dutzend Pubs auf nur 7oo m Straße, lange Schlangen
vor den vielen Imbißbuden. Der Betrieb geht von Mittwoch bis Sonntag,
so ab 21 Uhr. Kingsway hat einen höheren Alkohol-Ausschank als jede
andere Straße auf den britischen Inseln.

Entertainment: HWYRNOS (Green Lane, off Wine Street), heißer Tip
für die "Welsh Nights", eine Tradition schon seit 2o Jahren. Man sitzt an
den langen Speisetafeln und Bänken: auf jeden Tisch kommt der Hinter-
schenkel eines Lamms, traditionell gedünstet in Honig, Apfelmost und
Rosmarin. Zulangen mit den bereitliegenden Dolchen. Dazu sehr gutes
Entertainment mit Harfenspiel und Gesängen (ausgebildeter Opernsänger).
Alles sehr authentisch, unter der Regie einer Gruppe leidenschaftlicher
Nationalisten. Preis: ca. 5o DM für Entertainment, 3-Gang-Menü plus

Wein. Zur Hochsaison fast jeden Abend, von 19.3o Uhr bis Mitternacht.

Feste: Swansea Festival (erste drei Oktoberwochen): Oper, Drama, Konzerte. Regelmäßige Gäste etwa die Berliner Philharmoniker oder das London Symphony Orchestra.

Verbindungen *ab Swansea*

Sehr gute **Zug-/Busanschlüsse** ab Swansea, daher auch wichtig als Relaisstation, wer ohne Pkw reist.

Schiff: Ab Swansea fährt ein Schiff in 1o Stunden rüber nach Irland, Zielhafen Cork. Auch nicht teurer als die Standard-Linien ab Pembroke oder Fishguard. Dabei spart man eine Hotel-Übernachtung, wenn man für die Nachtfähre bucht.

Außerdem landet man im Herzen von Irland und spart sich dort drüben die Fahrt durch recht langweilige Landschaft. Alle Details im Anreise-Kapitel des VELBINGER-Bandes Irland.

Gower Peninsula

Der Abstecher ab Swansea lohnt sich. Die Landzunge schiebt sich rund 2o km ins Meer raus. Teils Steilklippen, teils idyllische Sandbuchten. Dünenlandschaften und Dörfchen aus mausgrauen Steinhäuschen an den Klippenkanten. Im Inneren grüne Hügel, Farmhöfe und staubige Landsträßchen.

Tourismus gibt's vor allem im Süden der Halbinsel, die Landschaft aus Stränden, Buchten und Klippen, entsprechende Infrastruktur. Englischsprachig. Im Norden leeres Land mit Wattenmeer und plattgewalzten Salzmarschen, hier leben die Waliser.

Wandern: optimales Revier für den Liebhaber von Klippen-Wanderungen. Sehr instruktive Routen-Tips im Büchlein "3o Walks in Gower" von Roger Jones, ca. 2 DM. Überall in den Buchläden von Swansea.

Verbindungen *Gower Peninsula*

Busse: Im Sommer dichtes Busnetz ab Swansea, - die Hauptorte auf der Halbinsel haben stündliche Connection. Mit dem Rover-Ticket (ca. 12 DM) ein Tag Freifahrt. Auch für Leute mit Pkw zu überlegen, da nervig viel Verkehr und teure Parkgebühren.

Die abgelegenen Dörfer im Nordwesten sind aber schwer zugänglich. Auch an Sonntagen sowie außerhalb der Saison stark limitiertes Busnetz!

Bike-rent: Nach unseren Informationen sitzt der einzige Fahrrad-Vermieter in Mumbles: "Swansea Bay Cycles" (Village Lane, vor dem Antelope Hotel).

PARKMILL: Das Dorf ist sehr touristisch, das überteuerte Craftcentre "Y Felin" eher links liegen lassen und auf folgende Attraktionen konzentrieren:

PARC LE BREOS: 6.ooo Jahre altes Steinzeit-Grab, - bei 22 m Länge sehr groß, unterteilt in vier Kammern. 1869 hat man hier zwei Dutzend Menschenskelette gefunden. Das Grab liegt in einer Waldschneise, das früher ein Flußtal war (heute fließt der River unterirdisch). Schönes Wanderrevier. 1-2 km nordwestlich, hinter dem Craftcentre abzweigen.

THREECLIFFS BAY: Strand mit weiten Sandbänken, mittendurch schießt ein Priel und dahinter hohes Seegras und Dünen. Auf der linken Landzunge der Bucht drei pyramidenförmige Felszacken (Name "three cliffs"), - einer davon mit natürlichem Felsbogen, ausgeschlagen von der ewigen Brandung.

Auf der rechten Landzunge der 55 m hohe Felsturm "Great Tor": Panorama auf die westliche Oxwich Bay mit ihrem weitscheifigen Halbkreis aus goldgelbem Strand und Dünenwällen. Ansichtskartenreif!

Zugang zur Threecliffs-Bucht <u>nur zu Fuß</u>: * Pfad ab der Brücke in Parkmill, - ca. 2 km am Ufer eines Wildbachs lang. Auf halbem Weg die pittoreske Burgruine "Penard Castle" (13. Jh.), auf einer Anhöhe hoch über dem Flüßchen. * Nur halb so lang wäre der Alternativ-Pfad ab Penmaen, ca. 2 km hinter Parkmill, - aber weniger schön.

 Talbots Way: 12-km-Trail mitten durchs Landesinnere, Zeitbedarf bei knapp 4 Stunden. Er folgt immer dem Hügelkamm "Cefn Bryn" (bis 215 m hoch), der sich wie das Rückgrad von Gower in nordwestl. Richtung quer durch die Halbinsel zieht.

Startpunkt: Penmaen, ca. 2 km westlich von Parkmill. Zielpunkt: Reynoldston (siehe unten; vorher über Busse für Rücktransport informieren!). Hier ist man wirklich "off the beaten track": Heidekraut, am Himmel trillieren die Lerchen, und am Abhang grasen Schafe und halbwilde Ponies mit flatternder Mähne.

OXWICH: typischer Family-Badeort mit Strandhotels und Caravan-Parks, breiter Strand mit Halligalli und Grillplätzen, Vermietung von Surfboars und Kanus.

OXWICH BURROWS: Naturschutzgebiet mit Dünengebirgen, flachem Marschland, kleinen Wäldchen und Fischteichen. Irgendwo das verlorene Gackern der Moorhühner, Seerosen auf den Teichen, Weidensträucher hängen ihre Zweige dicht übers Wasser. 16o Vogelarten leben hier. Das Naturreservat darf nur auf festgesetzten Pfaden betreten werden, eine

Reihe von Beobachtungsständen hat man eingerichtet: Karten und Infos beim Besucherzentrum in Oxwich Village.

<u>REYNOLDSTON</u>: Basis zur Erkundung des Landesinneren, das häufig übersehen wird, da sich die Urlauber auf die Küste konzentrieren. Dazu auf das Staubsträßchen fahren, das die A 4118 in nordöstlicher Richtung mit der B 4271 verbindet.

Holprige Bergkuppen, Rundblick in alle Kompaß-Richtungen bis rauf zum Breacon-Beacon-Massiv und runter zur südenglischen Küste. Folgende zwei Stops:

<u>ARTHUR'S STONE</u>: Steinblock mit 25 Tonnen Gewicht, - der Deckstein eines Hühnengrabes aus der Bronzezeit. Immer in der Neujahrsnacht soll er sich wie von Geisterhand bewegen... Ca. 2 km hinter Reynoldston.

<u>BROAD POOL</u>, nach weiteren 1-2 km. Einzigartige Idylle für ein Picknick: azurblauer Teich mit blaßlila-farbenen Seerosen und majestätischen Schwänen, am Ufer Reiher und Schnepfen. Entstehung: durch säurehaltiges Wasser vom Kalkstein-Untergrund ausgefressen. Querfeldein ca. 5 Minuten in nordöstlicher Richtung laufen, zu einem weiteren, noch abgelegeneren Teich.

COUNTRY HOUSE: "**Fairyhill House**". Die Stil-Bleibe auf Gower: 1o Zimmer in der Villa aus dem 18. Jh., überall Antiquitäten, sehr warm möbliert mit viel Holz. In dem 1o Hektar großen Hotelpark leben Füchse und Ponies. Tel. o1792/ 39 o1 39. DZ ca. 17o DM, Dinner um 45 DM.

<u>FAIRYHILL HOUSE</u> in der Kategorie "eine Reise wert": berühmt für Seafood und erlesene Weine. Vor und nach dem Essen relaxt man auf der Terrasse und knabbert geröstete Cockles. Ambiente eher formell (Schlips & Kragen!). Menü um 45 DM.

Gute **Barmeals** im <u>KING ARTHUS HOTEL</u>, dem Dorf-Pub von Reynoldston.

◄Port Eynon

Hauptort auf der Gower-Halbinsel: betriebsamer Badestrand und Basis für Ausflüge. Hotels, B&B, JuHe und mehrere Camingplätze. Abgesehen davon liegt einigermaßen der Hund begraben, wenn man von den beiden Pubs und einem Plastik-Café mal absieht.

Auf einer Serpentinen-Piste geht's steil runter ins Dorf: kompakt zusammengeschachtelte Häuserwürfel in bunten Farben an der Oberkante der Bucht, mit Dünen und viel Sand, im Hinterland Kalksteinfelsen.

<u>CULVER HOLE</u>: künstliche Höhle, die irgendwer irgendwann in die Klippen geschlagen hat. Davor eine 2o m hohe Mauer mit Fenster- und Türöffnungen. In früheren Jahrhunderten haben Schmuggler hier ihre

Konterbande verstaut. Zugang ist nur bei Ebbe! Liegt eine halbe Gehstunde südwestlich von Port Eynon (entlang der Klippen-Oberkante oder - bei Ebbe - entlang des Strandes).

Wegen der versteckten Buchten und Höhlen an der Küste war das Dorf bis Ende des 18. Jh. ein berüchtigtes Schmugglernest. Trotz der acht hier stationierten Zöllner bekam man die Lage nicht in den Griff. Vorzugsweise wurde mit trügerischen Irrlichtern gearbeitet; vorbeifahrende Schiffe glaubten, daß es sich um Leuchttürme handeln würde, liefen auf den Riffs fest und wurden ausgeraubt. Einer der Aktivsten war der Strandpirat John Lucas, der frei in Robin-Hood-Manier die Beute an die Armen verteilte.

Im 19. Jh. wurde hinter Port Eynon Kalkstein abgebaut und über den Bristol Channel verschifft. Auf dem Dorffriedhof die Statue von Billy Gibbs: Steuermann eines Rettungsbootes, der bei einem Seenot-Fall 1916 mit 2-Mann-Besatzung ums Leben kam.

 "Culver House Hotel", kleines 1o-Zimmer-Hotel, - das Gespann Anne & Dave schmeißt den Laden mit viel Liebe; das Essen ist hervorragend (auch vegetarische Sachen). Die meisten Zimmer mit Meeresblick. Tel. o1792/ 39 o7 55. DZ ca. 9o-13o DM.

BED & BREAKFAST: Vermittlung durch das TI in Swansea, recht zeitig buchen, zur HS ist hier sonst nur schwer ein Bett zu kriegen.

HOSTEL: "**Porth Eynon Youth Hostel**", ein paarhundert Meter ab vom Dorf, direkt am Strand. Einfache Bleibe in einem früheren Rettungsboot-Schuppen. Uns liegen begeisterte Leserbriefe vor, besonders über den Common Room mit Blick aufs Meer. Nur April bis Oktober. Tel. o1792/ 39 o7 o6. Schlafsaal ca. 18 DM.

 Carreglwyd Park ist in Port Eynon: Duschen, WC und sauber. Simpler ist Bank Farm, zwischen Horton und Port Eynon.

 Wandern: Von Port Eynon führt ein atemberaubender Klippen-Trail 8 km westlich nach Rhosili, immer entlang der Abbruchkante der Steilfelsen. Die schönste Wanderung auf der Gower-Halbinsel! Zurück dann per Bus.

In der PAVILAND CAVE, auf halbem Weg, hat man 1823 ein menschliches Skelett gefunden. Man taufte es "Lady of Paviland", - bis man herausfand, daß es sich um die Knochen eines Mannes handelt. (So ganz ohne Fleisch drumrum dauert die Unterscheidung eben doch etwas länger, ist aber auch bei einem Alter von 19.ooo Jahren noch essentiell, - für Archäologen sowieso.)

Am Vorgebirge Thurba Head, kurz vor Rhosili, sind die Reste eines Hügelforts aus der Eisenzeit. - Gleich danach kommt Mewslade Bay, eine versteckte Sandbucht.

✱ Rhosili

Der westliche Vorposten der Gower-Halbinsel: nackte Steinhäuser rund um die Dorfkirche, alles zusammen an den Klippenrand gezwängt. Nirgendwo ein Baum, durch die Straßen pfeift ein scharfer Wind.

 Informationen, Wanderkarten etc. beim National Trust Info Centre (Tel. o1792/ 39 o7 o7) am Parkplatz. April bis Oktober täglich geöffnet, die übrige Zeit nur unregelmäßig.

RHOSILI BAY: 8 km langer Sandstreifen, der schönste und größte Beach auf der Gower-Halbinsel. Alles recht rauh und wild, stürmische Atlantikwellen und nicht so viele Menschen wie an den Stränden an der Südküste. Rhossili Bay ist wegen der exzellenten Windverhältnisse international renommiert für Drachenfliegen. Bei schönem Wetter sieht man die bunten Drachenflieger über dem Dorf ihre Kreise ziehen.

Früher ein berüchtigtes "Schiffsgrab" - im Lauf der Jahrhunderte sind an den Gestaden von Gower 25o Schiffe zerschellt. An beiden Enden der Bucht ragen noch heute die Gerippe zweier Wracks aus dem Sand.

WORMS HEAD: scharfkantiger Fels und eine der spektakulärsten Landschaften auf Gower. Der 1,5 km lange und 3oo m breite Landriegel schiebt sich in die tosenden Atlantikwellen. Felsbogen, Schluchten, im Frühjahr Seevögel-Kolonien. Zu erreichen ab Rhossili über einen 3o-Minuten-Fußpfad, der nur bei Ebbe für 5 Stunden frei ist: Aushang über den Tidenverlauf am Info-Centre in Rhossili.

RHOSILI DOWN: Das Hinterland der Bucht ist Naturschutzgebiet und darf nur von Fußgängern betreten werden. Nördlich, über den walfischrücken-ähnlichen Hügelkamm rauf auf den 2oo m hohen Hügel: Rundblick bis nach Pembrokeshire und 6o km runter zur südenglischen Küste.

LLANGENNITH: Dorf am nördlichen Ende der Rhosili-Bucht. Überall sieht man hier Leute mit dem Surfboard unter dem Arm geklemmt, - die Region ist für Wellenreiten der Top-Platz in Wales.

Restaurant: Das Pub KING'S HEAD ist in dieser Ecke die beste Option zum Einkehren - durchgehend warme Barmeals!

BURRY HOLM: kleine Insel vor dem Landkap. Zahllose Seevögel, an der Ostseite die Mauerreste eines Klosters von 1195. Der tiefe Graben, der sich mitten durch das Inselchen furcht, wurde von frühen Siedlern vor 2.ooo Jahren ausgehoben; später war Burrow Holm Stützpunkt für Wikinger-Piraten.

Zugänglich nur 4 Stunden lang bei Ebbe (Anschlag am Info-Centre in Rhossili). Zunächst der Beschilderung "Llangennith Burrows" folgen, bis zum Parkplatz, dann durch Dünenland mit hohem Strandgras.

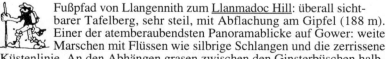

Fußpfad von Llangennith zum Llanmadoc Hill: überall sichtbarer Tafelberg, sehr steil, mit Abflachung am Gipfel (188 m). Einer der atemberaubendsten Panoramablicke auf Gower: weite Marschen mit Flüssen wie silbrige Schlangen und die zerrissene Küstenlinie. An den Abhängen grasen zwischen den Ginsterbüschen halbwilde Ponies mit flatternder Mähne, Schafe wie Schneeflocken.

LLANMADOC: lohnt sich für die Whiteford Burrows, auf dem nördlichen Landzipfel. Eine Wüste aus endlosen Dünenwellen, in den Dünentälern, wie Oasen, kleine Tümpel mit Weidensträuchern und farbenfrohen Orchideen. Ansonsten verkrüppelte Nadelbäumchen und eine monotone Prärie aus kniehohem Marram-Gras.

LLANRHIDIAN: Dorf auf einer Anhöhe, unterhalb ein weites Flußdelta, - gottverlassene Wildnis aus Salzmarschen, Schlammfeldern, Flußarmen, Schilf und Tümpeln. Enten und Gänse, Schafe und Wildponies. Schwärme von zehntausenden von Staren fliegen drüber weg, auf der Suche nach Nahrung. Streckenweise ein Gewirr von hohen Stangen im Marschland, wie Stecknadeln auf einer Pinnwand: aufgestellt im Krieg, damit deutsche Flieger nicht landen konnten.

Zufahrt: auf der Piste zwischen Llanrhidian und Crofty, die links parallel zur Hauptstraße B 4295 verläuft. Wagen parken und sich an die Pfade halten!

WEOBLEY CASTLE: keine Ritterburg, sondern ein befestigtes Herrenhaus, da es erst im Spätmittelalter (Ende des 13. Jh.) gebaut worden ist - vereinigt die Bedürfnisse nach Wohnkomfort und nach Verteidigung.

Pub: Greyhound, in Oldwalls, dem Nachbarort von Llanrhidian: das Pub ist legendär für seine Meeresfrüchte-Barmeals, in allen Variationen für 1o-2o Mark.

PENCLWDD: Zentrum der Muschelfischer! In den vorgelagerten Sandbänken werden Tag für Tag tonnenweise Cockles (Herzmuscheln) gesammelt, die überall in Wales auf den Märkten verkauft werden.

Deshalb wimmelt es hier nur so von Austernfischern: die schwarzweißen Wattvögel mit rotem Schnabel und roten Füßen ernähren sich hauptsächlich von Cockles. Man schätzt ihre Zahl auf 4o.ooo Exemplare!

Die Cockles sind ein lukratives Geschäft - werden nicht nur in Wales konsumiert, sondern auch exportiert nach Frankreich und in den Fernen Osten. Ein Muschelsammler verdient gut und gerne seine 5oo Mark am Tag, - zusammen mit den Helfern sind 2oo-3oo Leute im Einsatz. Schon seit Generationen sind die Lizenzen zum Muschelernten im Besitz der ortsansässigen Familien.

Bei Ebbe fahren die Cockle-Sammler in einer Traktoren-Karawane 3 km raus, wo die ergiebigsten Muschelbänke sind (in guten Jahren bis zu 1 m dick). Dann werden die Cockles mit Rechen aus dem Sand geholt und gleich vor Ort gesiebt, damit junge, kleine Muscheln zurückbleiben.

Cockles sammeln: Kleinere Mengen, bis max. 7 kg, darf man jederzeit ohne Lizenz einsammeln. Einen Rechen kriegt man im B&B-Haus oder kauft ihn für 15 Mark. Dann die Einheimischen fragen, wo Muschelbänke sind. In einer halben Stunde ist eine Plastiktüte voll.

* Die Cockles waschen und 12 Stunden lang in kaltes Wasser legen, damit sie sich vollsaugen.

> * Dann in einen Topf mit bodenverdeckt Wasser legen und erhitzen. Nach etwa 4 Min.
> öffnen sich die Muscheln und sind eßfertig: entweder pur oder mit einem Spritzer Essig.

Hier in Penclwdd kann man auch im Pub beim Barkeeper Cockles bestellen. Kommen im Halbe-Glas mit Zahnstocher, und schmecken mit einem Spritzer Essig vorzüglich.

Weiter Richtung Westen
SWANSEA ⋙→ CARMARTHEN (ca. 45 km)

Keine touristischen "Top Acts", meist wird nonstop gefahren. Schnellverbindung: im ersten Drittel über die Autobahn M 4, die in die A 48 übergeht. 3/4 Stunde reine Fahrzeit. Wer sich en route etwas anschauen möchte, nimmt besser die Küstenstraße (A 484), für folgende Zwischenstops:

✷ Lanelli

An sich eine sehr durchschnittliche Industriestadt, für Arbeitsplätze sorgen die Trostre-Eisenwerke und zwei Brauereien. Der Bahnhof liegt 1 km außerhalb vom Stadtkern.

WILDFOWL TRUST: Marschland und Teiche mit Schwänen, Enten, Flamingos, - sehr groß: mehrere Beobachtungsstände und im Schilfrohr versteckte TV-Kameras. Erste Anlaufstelle ist das Visitor Centre für Karten/Infos.

Geht zurück auf eine Initiative des Engländers Peter Scott, ein weltberühmer Tiermaler, der auch in England mehrere solcher Wildlife-Zentren angelegt hat. Er ist Anfang der 9oer Jahre verstorben.

PARC HOWARD (ca. 1 km nordwestlich): schöner Park rund um die Villa eines Industrie-Barons, die jetzt als Museum dient (walisische Kunst, Metallarbeiten etc).

Sport: Die Stadt ist Sitz des Rugby-Clubs Scarlet, der zu den Tabellenführern gehört (Rugby ist walisischer Nationalsport)! Samstag nachmittags wird gespielt - und dann kochen hier die Leidenschaften. Die Stimmung im Stadion und danach im Pub ist einen Ausflug wert.

✷ Burry Port

Weiterer unattraktiver Industrieort. WIND ENERGY CENTRE: die 35 m hohen Generatoren eines Wind-Kraftwerks dominieren die Skyline am östlichen Stadtrand. Kleine Exhibition über Windenergie.

PEMBREY COUNTRY PARK: Family-Freizeitpark - Wandertrails durch Dünen und Kiefernwälder, ein riesengroßer Beach, eine Trockenski-Bahn, Ponyreiten etc. Außerdem eine Autorennbahn für Formel 3, wo fast jeden

Sonntag irgendwelche Events angesagt sind. Liegt 2-3 km westlich von Burry Port.

✦ Kidwelly

Mittelalterliches Städtchen. <u>KIDWELLY CASTLE</u>: eine romantische Ritterburg aus dem 12./13. Jh., massives Kastell aus dreistöckigem Torhaus, Rundtürmen und Mauerwerk. Gut erhalten.

<u>INDUSTRIAL MUSEUM</u> (Priory Street): Bis zum 2. Weltkrieg gab es eine lebhafte Weißblech-Industrie in Kidwelly. In einer Fabrikhalle Exponate aus jener Zeit: Walzanlagen und grobschlächtige Machinen.

✦ Carmarthen   (14.ooo Einw.)

Liegt 12 km hinter der Küste, mitten in einem sanften Weideland mit grünen Tälern. Montags, mittwochs und donnerstags große <u>Viehmärkte</u> mit Lärm, wo das Gebrüll der Kühe und Schafe noch vom Geschrei der Händler übertroffen wird... Carmarthen ist zudem <u>Umsteigepunkt</u> in den Westen nach Pembrokeshire, gute Verbindungen auch nach Cardigan und Aberystwyth an der Westküste.

 Am Marktplatz, Tel. o1267/ 23 15 67. Ganzjährig geöffnet. Im Sommer 2 x täglich gratis Stadtführungen.

<u>ARTS & CRAFTS CENTRE</u> (Church Lane, bei der Kirche): Ausstellung von lokalen Künstlern und Kunsthandwerkern. Liegt gegenüber einer Kunstschule, deren Studenten hier oft ausstellen.

<u>HERITAGE CENTRE</u> (am Quay): Exponate zur Stadtgeschichte. Interessant: Coracles - traditionelle Boote zum Fischen im Fluß. Sehen aus wie Nußschalen mit 1 m Durchmesser, Flechtwerk und Leder-Bespannung.

<u>CATTLEMARKT</u>: in der St. Caterine Street, siehe oben. Ansonsten Relikte eines <u>CASTLES</u>: von hier regierten die Engländer im Mittelalter den wilden Waliser Südwesten. Eine Vermischung der Bevölkerungsgruppen versuchte man durch eine Apartheidspolitik zu verhindern: die Waliser und normannischen Engländer wohnten in voneinander abgetrennten Stadtvierteln.

<u>RÖMISCHES AMPHIETHEATER</u>: im westlichen Stadtteil aus der Zeit 1oo n. Chr., es hatte Platz für 5.ooo Zuschauer.

 COUNTRY HOUSES: Zwei exquisite Landhäuser liegen nordöstlich von Carmarthen. Ideal, wer sich für ein paar Tage einquartieren und Ausflüge machen will (weniger als eine halbe Autostunde zu den Breacon Beacons und den Cambrian Mountains).

"**Ty Mawr Hotel**", in Brechfa, ca. 15 km nordöstlich (Zufahrt via A 4o/B 431o). Liegt mitten zwischen Hügeln und Wald - gemäß Devise "simplicity with style". Weißgekalktes Haus mit Schieferdach, - innen überall Holz-balken, Antiquitäten und frische Blumen. 5 Zimmer. Tel. o1267/ 2o 23 32. DZ ca. 2oo DM, Dinner um 4o DM.

"**Pantgwyn Farm**", in Whitemill, ca. 6 km östlich via der A 4o. Billigere und einfa-chere Alternative zum Ty Mawr: 3 Zimmer in der Mitte von Nirgendwo, - Farmhaus aus dem 18. Jh., im Lounge steht ein alter Backofen und vor der Tür nichts als grünes Land. Das Riesen-Frühstück ist Legende! Tel. o1267/ 29 o2 47. DZ ca. 1oo DM.

HOTELS: Am Marktplatz (Lammas Street) liegen fünf Hotels in einer Reihe, die meisten aber nicht besonders schön, eher "Pub mit Zimmern". Positiv ist natürlich die Zentrumslage.

"**Ivy Bush Hotel**", Spilman Street. Gehört zur Trusthouse-Forte-Kette: großes Hotel mit schönen Lobby-Räumen und 75 Betten. Tel. o1267/ 23 51 11. DZ ca. 19o DM, am Wochenende nur ca. 155 DM.

"**Falcons Hotel**", am Marktplatz. Das einzige Hotel am Marktplatz, wo der Hotel-Betrieb im Vordergrund steht, nicht der Pub-Betrieb. Zimmer mit Bad/WC. Tel. o1267/ 23 71 52. DZ ca. 135 DM.

GUESTHOUSE: "**Old Priory House**", Priory Street. Die einzige, größere Pension mit kleinem Restaurant und Bar. Aber alle 15 Zimmer ohne Bad/WC. Tel. o1267/ 23 74 71. DZ ohne Bad ca. 75 DM.

BED & BREAKFAST: Innerhalb der Stadt nur ein halbes Dutzend, - und nur drei davon sind beim TI registriert. Trotzdem ist meist ein Zimmer frei. Weitere B&B liegen 2-5 km außerhalb. Eine richtige B&B-Region existiert aber nicht im Raum Carmarthen.

Im Umkreis der Stadt gibt es schöne Farmhöfe, die Fremdenzimmer haben. Sie publizie-ren eine eigene Broschüre mit 15 Adressen (gratis im TI).

HOSTEL: "**Holt Bunkhouse**", ca. 3 km außerhalb von Llansteffan (14 km südlich via der B 4312). Einzige Billig-Bleibe, da es in dieser Ecke keine JuHe gibt: umfunktio-nierte Scheune mit 2o Betten, verteilt auf 5 Zimmern. Anfahrt: täglich 6 Busse ab Carmarthen, dann 3 km per pedes: dem Schild "Golf Course" folgen, - beim nächsten Schild "Lord's Park" nach rechts. Tel. o1267/ 24 17 82. Schlafsaal ca. 15 DM/Person.

 Church House Farm, in Llangain, ca. 5 km südlich via der B 4312: sehr klein und einfach (Duschen, Toiletten), aber gut geführt. Täglich 6 x per Bus.

QUAYSIDE RESTAURANT (am Quay): das einzige Fisch-Restaurant von Carmarthen. 2o-3o DM und sehr gut.

HAMILTON'S (King Street, Ecke Queen Street): smarte Weinbar für erlesene Lunches und Dinner, alles sehr gepflegt bei Preisen von 1o-2o DM. Schwerpunktmäßig Meeresfrüchte und Steaks (von den Muscheln haben wir gleich zwei Portionen vernichtet).

WAVERLEY (am Marktplatz): Cafeteria im Hinterzimmer eines Natur-kost-Ladens. Vegetarische Sachen um 5 DM, nur tagsüber. Alles, was auf den Tisch kommt, wird vor Ort in der Küche gekocht.

GEGIN'S (Jackson Lane, off Main Street): durchgehend warme Küche im Stil von Fish & Chips oder Faggots & Erbsen. Seit vielen Jahren Fixpunkt für dickes Essen zu schlanken Preisen; 1o-15 DM. Paar Tische und Take-away.

Barmeals: Ins <u>BOAR'S HEAD</u> (am Marktplatz) für Lunch oder Supper: einfach, ehrlich, hausmannskostig.

Markt: Sehr groß, auch viele Antiquitäten. Geht von Dienstag bis Samstag, Haupttage sind aber mittwochs und samstags, wenn der ganze Platz vor der Markthalle voller Buden steht.

Der Fischhändler "<u>Raymond Rees</u>" verkauft das Wildgemüse "Samphine", das in den Marschen der Region gesammelt wird (hat höchste Werte an Mineralien und Eisen!). Preis: ca. 5 DM das Pfund. Samphine sieht aus wie grüner Spargel: in einen Topf mit bodenverdeckt Wasser geben und 5 Minuten dämpfen. Dann läßt sich das Innere herausziehen und essen (pur, ohne Gewürze).

Verbindungen *ab Carmarthen*

Züge: Carmarthen liegt an der Gleisstrasse entlang der Südküste:

London-Cardiff-Swansea-Carmarthen-Tenby-Pembroke (Irland-Fähre!). 7 x tägl.

Busse: Sternförmig in alle Richtungen von Pembroke shire. -> Tenby und Pembroke (zur Südküste), -> Haverfordwest (für die Westspitze) und rauf -> Cardigan und Aberearon (zur Nordküste mit Anschlüssen -> Aberystwyth). Infos über Fahrpläne beim TI.

Merlin der Zauberer, der in Carmarthen begraben sein soll

Umgebung von Carmarthen

Nur ein paar Sachen im näheren Umkreis, die meisten Attraktionen liegen weiter entfernt, an den Routen von und nach Carmarthen.

ABERGWILI

Im früheren Bischofspalast von 1258 ist jetzt das <u>COUNTY MUSEUM</u>: alles kunterbunt zusammengetragen, von Ausgrabungsfunden über alte Möbel bis zu historischen Kostümen. Abergwili liegt ein paar Kilometer östlich, an der A 4o.

Wandern: Raufklettern auf den <u>Merlin's Hill</u>, für den weiten Rundblick auf Stadt und Umland. Hier soll übrigens der berühmte Zauberer des King Arthurs in tiefem Schlaf liegen. Rauf und runter gute Stunde, da sehr kurviger Pfad.

BRONWYDD ARMS

Für Eisenbahn-Fans: Die GWILI RAILWAY wird im Sommer als Museumsstrecke mit alten Dampfloks betrieben. Das heute relativ kurze Gleisstück war frühere Verbindung der "Great Western Railway" von Carmarthen nach Aberystwyth (1895 eröffnet, Personenbetrieb bis 1953). Bronwydd liegt 2-3 km nördlich an der A 484.

LLANSTEFFAN

LLANSTEFFAN CASTLE sitzt wie eine Krone auf einer Klippenhöhe am Meeresufer, - unterhalb ein wunderschöner Beach mit weißem Sand. Gebaut im 11. und 13. Jh. von normannischen Eroberern. Eintritt gratis.

Vom Castle die Gasse runter zum Beach: hinter der Tür, rechts in der Mauer, ist die ST. ANTHONY'S WELL. Die Quelle soll ein Heilmittel gegen jede Form von Liebeskummer sein. (Gegen Liebe auf den ersten Blick gibt es übrigens noch ein probateres Mittel - das ist bekanntlich der zweite Blick...)

Anfahrt: Llansteffan ist ca. 12 km südlich von Carmarthen, via der B 4312 (täglich 6 Busse).

In CARMARTHEN entscheidet sich der weitere Routenverlauf:

* Pembrokeshire (Halbinselfinger von Südwales) siehe Seite 217
* Westküste ab Höhe Cardigan siehe Seite 259
* Inlands-Querverbindung Carmarthen-> Lampert-> Abersytwyth via Cambrian Mountains siehe Folgekapitel.

Cambrian Mountains

Nördlich von Carmarthen und heute eine der abgelegensten und am dünnsten besiedelten Regionen von Wales. Tip für Einsamkeitsfans, eigenes Auto sollte dabei sein, oder aber viel Zeit für Wanderungen, wer tiefer in die Hügel reinschnuppern möchte.

Carmarthen ⋙→ Aberystwyth   (A 485, ca. 85 km)

Die A 485 führt an der Westflanke der Cambrian Mountains entlang, ein menschenleeres Niemandsland aus sanften Hügeln und Hochmooren. Tief eingeschnittene Täler, Seen, Wildbäche und Wäldchen. Erschlossen von nur wenigen Haarnadel-Pisten. Wanderpfade entlang der Wildbäche.

Busse: Von Carmarthen stündlich nach Lampeter, - sechs dieser Busse fahren weiter nach Tregaron und Aberystwyth. Auf der Hauptachse also flotter Transport. Das Problem sind die kleinen Landstraßen, wo das Cambrian-Abenteuer ja erst beginnt. Dort so gut wie gar keine Busse.

✱Lampeter   (2.ooo Einw.)

Weit ab vom Schuß, ein paar Schaffarmer parken ihre Chevrolets vor den Läden. Kuriosum ist die Universität hier in der tiefsten Provinz! Bei 1.2oo Studenten ist hier jeder zweite ein Studiosus.

Außerdem leben in der Region viele Alt-Hippies und Aussteiger - sorgt alles zusammen für einen eigenartigen Touch.

UNIVERSITY COLLEGE (College Street): Der Campus ist für Besucher geöffnet - in neugotischer Architektur, weil man die honorigen Colleges in Oxford/Cambridge kopieren wollte.

Gelehrt wird fast ausschließlich Theologie: hier läuft das Trainee-Programm fürs göttliche Bodenpersonal von morgen. Die Uni wurde 1822 gegründet, damit der walisische Priester-Nachwuchs nicht ins feindliche England mußte.

TOWN HALL (High Street): sehr kleines Heimatmuseum. Im Hinterzimmer des Naturkostladens "Mulberry Bush" (Bridge Street) ist eine kleine Galerie, in der Künstler aus der Region ausstellen.

COUNTRY HOUSES: "**Falcondale Hotel**", viktorianische Villa am Eingang zu einem Waldtal, und schöner Blick runter auf Lampeter. Mit Park und See, Tennisplatz, Putting. Alles sehr nobel, aber bei 2o Zimmern weniger intim als die beiden unten beschriebenen Häuser. Tel. o157o/ 42 29 1o. DZ ca. 19o DM, Dinner um 4o DM.

"**Glanrannell Park Hotel**", in Crugybar. Liegt irgendwo mitten in en Cambrian Hills - mit großem Park hinter und kleinem See vor der Haustür. Die Besitzer helfen ihren Gästen beim Vögel-Beobachten. Anfahrt: ca. 15 km südwestlich (via der A 482). Tel. o1558/ 68 52 3o. DZ ca. 165 DM, Dinner um 35 DM.

"**Pant-Teg**", in Llanfair Clydogau. An den Abhängen der Cambrian-Hügel mit eigenem Garten und Blick runter ins Tal. Nur 3 Zimmer und eine Adresse zum Abschalten bei billigen Preisen. Anfahrt: 6-7 km nordwestlich (via der B 4343). Tel. o157o/ 45 41 6, DZ ca. 95 DM, Dinner um 2o DM.

HOTEL: "**Black Lion Hotel**", High Street. Eine Art Kommunikationszentrum für das Städtchen, wo man sich in der Bar trifft und die Einheimischen ihre Hochzeiten feiern. Die 15 Fremdenzimmer liegen im 1. und 2. Stock. War im 18. Jh. eine Postkutschen-Station. Tel. o157o/ 42 21 72. DZ ca. 13o-15o DM.

BED & BREAKFAST: In der Town Hall ist zwar eine Info-Stelle, sie macht aber keine Zimmerreservierungen. Dazu in den Naturkostladen Mulberry Bush gehen (2,

[Bridge Street), wo eine Liste mit B&B-Häuser hängt, - die Anrufe dann selber tätigen.]

 Moorlands Site: der Platz am nächsten bei Lampeter, 6 oder 7 km nordöstlich in Llangybi (via der A 485).

PEPPERS (14, High Street): unsere Lieblingsadresse für das vegetarische Lunch. Mittel- bis billigpreisig.

LLOYD'S (4, Bridge Street): war vor ein paar Jahren schon mal "Fish & Chip of the Year". Von der gebotenen Auswahl und den Preisen kann man in vielen Chippies sonst nur träumen!

KING'S ARMS (Bridge Street): Renner in Sachen Barmeals, wo auch die ganzen Studenten hinrennen. Kleiner Gasthof im Cottage-Stil, das Bier kommt handgepumpt frisch vom Faß.

Markt: Jeden letzten Donnerstag im Monat ist Pferdemarkt, einer der größten in Großbritannien: 2.ooo bis 3.ooo Ponys und edle Jagdpferde für den Adel. Aus ganz Europa kommen Händler. In Llanybydder, ca. 7 km südwestlich via der A 486.

Umgebung von Lampeter

Lampeter liegt an der Westflanke der Cambrian-Hügel: Detailkarte nehmen und auf gut Glück über kleine Landsträßchen touren. Am schönsten natürlich per Fahrrad, aber leider gibt es hier nirgendwo Bike-rent. Folgende "konkrete" Ausflugsziele:

NOAH'S ARC: Farm mit seltenen Haustier-Rassen: Warzenenten, Warzenschweine, Chinchillas und Angorahasen. Nur nachmittags. In Cribyn, ca. 1o km nordwestlich: auf A 475 Richtung West, dann nach rechts auf die B 4337.

GERDDI CAEHIR GARDENS: Herr Ackerman aus Holland hat hier aus dem Nichts ein Gartenparadies gezaubert. Lebt hier schon seit 198o in relativer Einsamkeit. Ebenfalls in Cribyn, wie die Tierfarm.

MODEL AIRCRAFTS: maßstabgetreue Modelle von über 2oo Flugzeugtypen, die seit 192o in der britischen Air Force im Einsatz waren (Spitfire, Lancaster etc). Aber sehr unregelmäßig geöffnet, vorher unbedingt abchecken. In Cellan, ca. 4 km nordwestlich an der B 4343.

LLANDEWI BREFI: Abstecher ins Herz der Cambian Mountains, - eine 12-km-Stichpiste führt in ein abgelegenes Tal mit Jugendherberge. Die Talfurche wird von der B 4343 erschlossen, die parallel zur A 485 in nordwestliche Richtung läuft. Es gibt dort draußen nichts zu tun, außer Naturerleben und Wolkenzählen.

Im ganzen Tal gibt es nur einzelne Farmhöfe, - das einzige Dorf ist Llandewi Brefi mit Marktplatz und paar Uralt-Kneipen.

"**Tyncornel Youth Hostel**", ca. 1o km außerhalb. Heißer Tip für Zivilisationsmüde: eine Art Beghütte mit 18 Matratzen, irgendwo dort draußen in der Pampa. Weder Duschen noch Warmwasser, abends sitzt man im Schein des Gaslichts beisammen. Hier geht man meilenweit für eine Camel: zum nächsten Pub oder Shop sind es 1o km (Proviant mitbringen!). Sehr schwer zu finden - nur mit Detailkarte. Kein Telefon, buchen beim Zentraloffice in Cardiff (o1222/ 22 21 22). Schlafsaal ca. 14 DM.

Vom Hostel aus ein schöner 5-km-Treck zum Brianne-Stausee, - sowie 8-km-Treck über die Berge rauf zur Dolgoch-JuHe. Beides unten beschrieben, bei Tregaron/Umgebung.

DOLAUCOTHY GOLD MINES: Besuch einer römischen Goldmine, - ein Legionär in Sandalen und Geschirr führt einen rum. Sehr lohnend! In Pumsaint, ca. 13 km südwestlich (via der A 482). Details Seite 213.

✦ Tregaron

Einziges Dorf in 15 km Umkreis: sonst nur Schaffarmen, im Hinterland die kargen Hochflächen der Cambrian Mountains. Irgendwie schlummert alles in Provinzialität.

Alle Straßen laufen auf den großen Marktplatz zu, im Talbot Hotel trifft man sich wie schon vor Jahrhunderten in der Hotel-Bar oder ißt dort einen Happen, wenn man in der Stadt ist.

Tregaron hat einen großen Influx aus der Alternativ-Szene: wegen der Zivilisationsferne haben sich viele Aussteiger hier in der Ecke kleine Farmen gekauft. In den Läden wird Bio-Gemüse und Farmhouse-Käse in Hülle und Fülle angeboten.

Die Stadt ist aufgeblüht, weil sie an der Viehtrieb-Route liegt: von den Weidegründen in Ostwales wurden die Herden rübergetrieben nach Aberystwyth. Durstrecke waren v.a. die Cambrian Hills, wo es nur wenige Pässe gab (auch sehr gefährlich wegen vieler Viehdiebe - das Böse war auch schon damals immer und überall).

In Tregaron, am Fuß der Cambrian Mountains, sammelte man sich. Das Talbot Hotel war die Spelunke der Viehtreiber, die hier mit viel Whisky ihre Einsamkeit runterspülten.

RHIANNON CRAFT CENTRE: Kunsthandwerk in walisischer Reinkultur, etwa Schmucksachen nach keltischen Designs (ab 4o DM), oder Waliser Trachtenkostüme. Wollpullis aus ungefärbter Schafwolle ca. 1oo-15o DM. Star der Kolonie ist Mrs. Rhiannon: hat als eine der letzten drei Goldschmiede eine Lizenz zur Verarbeitung von in Wales gefördertem Gold (eigener Stempel: Preise ab 5o DM).

"**Talbot Hotel**": älteste Bausubstanz aus dem 13. Jh. - entsprechend trickreich sind die Gänge und Zimmer angelegt. Alles riecht hier nach Geschichte - aber leider nicht nur danach, die Zimmer sind renovierungsbedürftig. Zum Essen und Trinken ist das Hotel aber 1A. Tel. o1974/ 29 82 o8. DZ ohne Bad ca. 1oo DM, mit Bad 13o DM.

BED & BREAKFAST: Nur wenige B&B-Häuser: von der Zimmerqualität bestimmt nicht schlechter als das Talbot Hotel, für das eher die Kernlage und die Funktion als Kommunikationspunkt sprechen.

Umgebung von Tregaron

Die Region ist definitiv "walking country". Während man um Lampeter noch Autotouren machen kann, besteht die Infrastuktur um Tregaron weitgehend aus Schaf- und Wildwechselpfaden...

CORS CARON NATURE RESERVE: unberührtes Hochmoor mit sehr seltener Flora. Fleischfressende Sonnentau-Pflanzen, Preiselbeeren, im Sommer ist alles weiß vom Wollgras. Schnepfen, Brachvögel, in den Bächen tummeln sich Fischotter.

Der Feucht-Biotop ist entstanden durch zunehmende Verlandung eines Eiszeit-Sees. Erstreckt sich von Tregaron ca. 5 km Richtung Norden und darf nur mit Spezial-Genehmigung betreten werden.

Einziger öffentlich zugänglicher Pfad: auf der B 4343 am Ostrand des Reservates lang. Nach ca. 5 km Startpunkt, - ca. 2 km querfeldein zu einem Beobachtungsstand (beschildert).

STRATA FLORIDA ABBEY: sehr romantische Kloster-Ruine, - weit draußen im Moorland, weit und breit nichts als Schafe und der blaue Himmel. Liegt am Boden einer Talsenke. Schönstes Bauelement ist der normannische Torbogen.

Gegründet 1164 vom Zisterzienser-Orden, und war trotz seiner Abgeschiedenheit weithin bekannt und unermeßlich reich. Anfahrt: ca. 9 km nördlich von Tregaron, via der B 4343.

Wandern: Von der Abbey startet ein 18 km langer Rundwanderweg durch Moor und Heide. Geht mitten durch Niemandsland, - Wollgras und Krüppelbirken, am Himmel kreisen Gabelweihen (sehr seltene, geschützte Greifvögel, identifizierbar am tief eingekerbten Schwanz).

Der Treck führt auch an den Teifi Pools vorbei: eine Serie von Teichen, aus denen der River Teifi entspringt. Broschüren Trail-Infos und -karten am sichersten im TI in Carmarthen, - wer Glück hat, auch in Tregaron.

PASS OF ABERGWESYN: 25 km lange Piste quer durch das menschenleere Hochland der Cambrian-Hügel, - führt von Tregaron Richtung Osten rüber nach Llanwrtyd Wells. Depressives Hochmoor mit Bergstöcken und von Tälern zerschnitten. Der Motor pfeift an den vielen Steigungen auch bald nicht mehr aus dem ersten Loch.

Die Route folgt einem alten Vieh-Treck, auf dem die Farmer ihr Vieh bis nach London zu den Märkten trieben.

Llyn Brianne: zerlappter Stausee, völlig abgelegen. Zwischen steile Hügel gezwängt, streckt seine vier Wasserarme tief in die Nadelwälder rein.

Anfahrt: hinter der Dolgoch JuHe von der Paß-Piste rechts abbiegen, - ca. 4 km in südlicher Richtung.

"Dolgoch Youth Hostel", an der Paß-Straße, ca. 15 km ab Tregaron. Farmhof im Herz der Cambrian Mountains, meilenweit keine Spuren von Zivilisation (Proviant mitbringen!). Gaslicht, keine Duschen, Morgenwäsche wieder mal mit dem trockenen Waschlappen. Keine Busverbindung - ca. 1 km Pfad ab der Paß-Straße, ab der Brücke kurz vor der Abzweigung zum Llyn Brianne. Kein Telefon, buchen beim Zentraloffice in Cardiff (o1222/ 22 21 22). Schlafsaal ca. 14 DM.

Vom Hostel gehen zwei Trecks quer über die Berge: ca. 8 km zur Tyncornel JuHe (siehe Lampeter/Umgebung) und 14 km zur Blaencaron JuHe (siehe unten). Lassen sich zu einem schönen Hostel-zu-Hostel-Treck kombinieren.

RIVER GROES VALLEY: verlassenes Tal, zieht sich nordöstlich von Tregaron. Lohnend für Leute mit entsprechender Zivilisations-Skepsis (v.a. wegen der Jugendherberge).

Eine enge Piste führt rein in das Tal, - eine Sackgasse, die irgendwo endet und in einen Trampelpfad übergeht. Nur in OS-Karten eingezeichnet, in der Michelin-Straßenkarte nicht!

"Blaencaron Youth Hostel", Berghütten-Atmosphäre in der simplen Bleibe mit nur 16 Matratzen. Weit und breit keine Häuser (Proviant mitbringen). Mangels Duschen runter ans Flüßchen zum Waschen. Tel. o1974/ 29 84 41. Schlafsaal ca. 14 DM/Pers. Anfahrt: ab Tregaron knappe 5 km, am Red Lion Inn vorbei Richtung Norden, und nach 2oo m die erste rechts. Ca. 3 km auf der Straße bleiben bis zum Telefonhäuschen, dann rechts weg für die letzten 1 1/2 km. - Oder kürzer, wer mit dem Bus anreist: 3 km nördl. von Tregaron aussteigen, von dort ca. 3 km Wanderung auf einem Trampelpfad.

Von Tregaron nach Aberystwyth 4o-55 km, je nach Route.

The Valleys

ABERGAVENNY → MERTHYR TYDFIL → CARMARTHEN (ca.12o km)

Besichtigung der stillgelegten <u>BIG PIT - Mine</u>, wobei man in die Schächte einfahren kann, - Industrie-Museen, - die Villen der Minenbesitzer und triste Reihenhaussiedlungen des Arbeiterproletariats im 19. Jh. Lohnend, wer sich für Sozialgeschichte interessiert.

Von der Südküste zieht sich eine Kette parallel laufender Täler nach Nord bis an die Ausläufer der Brecon-Beacons-Mountains. Diese Valleys waren im 19. Jh. Schauplatz eines gigantischen Kohle-Booms: unermeßlicher Reichtum für die Minenbesitzer sowie Besitzer der Eisenbahnen. Zugleich hohe Armut der Arbeiter, die sich zu radikalen Gewerkschaften vereinigten. An den Hängen triste Arbeitersiedlungen und schwarzen Abraumhalden.

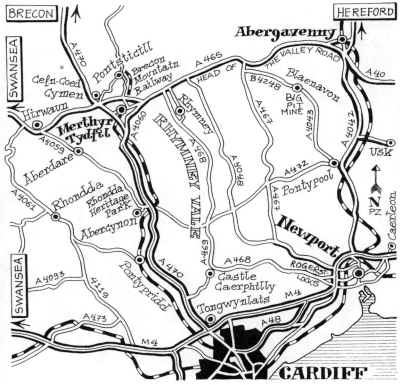

Aus dieser Zeit resultiert die größte Besiedelungsdichte des Landes: jeder dritte Waliser hatte sein Domizil in den Valleys. Kilometerlange Straßendörfer und endlose Asphaltpisten kriechen wie steinerne Schlangen am Talboden lang, in die Abhänge sind monotone Reihenhäuser terrassiert. Die Umweltverschmutzung hat man Gott sei Dank weitgehend in den Griff bekommen.

Die walisische **KOHLE-REGION** reicht vom River Gwendraeth im Westen (bei Carmarthen) bis Blaenavon (mit der Big Pit-Mine) und Abergavenny im Osten.

INDUSTRIELLE REVOLUTION (175o - 184o)

<u>1733</u> hatte der Engländer <u>John Kay</u> für die **Textilherstellung** das mechanisch bewegte Schiffchen erfunden: der Querfaden mußte nicht mehr mit Hand durchgeschoben werden. Zusammen mit der Erfindung der "Spinning Jenny" (Maschine zum automatischen Spinnen) des Engländers <u>John Wyatt</u> hatte dies zu einer Revolution in der Herstellung von Stoffen geführt und leitete das Industriezeitalter in Großbritannien ein: um 185o waren bereits fast 1 Mill. Menschen in dieser Sparte beschäftigt und rund 27 % der Erwerbstätigen.

Die Maschinen wurden zunächst mit Wasserkraft betrieben, somit an Flußläufen plaziert, dort Wasserrad und Kraftübertragung ins Gebäude zu den Maschinen per Treibriemen.

<u>1754</u> entwickelte der Engländer <u>Henry Cort</u> ein Verfahren zum **Walzen von Eisen**. Zukünftig mußten nicht mehr

James Watt (1736–1819) Erfinder der ersten effizienten Dampfmaschine, 1796 patentiert. – UNTEN: Dampfstraßenwagen 1769, der Kanonen transportieren sollte, ging aber zu Bruch. RECHTS: Kohleexporthafen Cardiff 1901 mit den damals modernsten Hafenanlagen in den Barry Docks.

Schmiede mit dem Hammer das glühende Eisen flachhämmern. Eine entscheidende Erfindung, die später vielfältige Anwendung fand, so bei der Herstellung von Eisenschiffsplanken und von Profileisen bei Eisenbahngleisen.

Ein Verfahren, das u. a. der Engländer <u>John Wilkinson</u> 1792 weiterentwickelte, wobei er erstmals eine Dampfmaschine von Boulton & Watt einsetzte.

Die wohl <u>wichtigste Erfindung</u> während der industr. Revolution war sicher die **Dampfmaschine**. Einen Prototyp hatte bereits der Engländer Thomas Newcomen 1705 konstruiert. Der Schotte <u>James Watt</u> entwickelte die Maschine weiter zu einem funktionsfähigen Antriebsaggregat, 1769 patentiert. Durch Kohle beheiztes Wasser wurde zu Wasserdampf und trieb in einem Zylinder einen Kolben, der in Drehbewegung umgelenkt wurde. Als Erfindung genial, vergleichbar mit der Erfindung des Rads.

Eine Vielzahl weiterer Erfindungen von James Watt um die Dampfmaschine ab 1781 (z.B. Planetengetriebe, Schwungrad zum Ausgleich der Massen, Fliehkraftregler etc.) verfeinerte das Antriebsaggregat. Seine 1775 gegründete Fabrik "Boulton & Watts" war bald wichtigster Lieferrant für Antriebsmaschinen in allen Bereichen der Industrie: von <u>Textilfabriken</u> bis <u>Minen</u>, wo die Dampfmaschine für den Betrieb von Förderanlagen und zur Entwässerung (Pumpen) eingesetzt wurde.

Der Dampfantrieb wurde auch für <u>Straßen- Fahrzeuge</u> (siehe Grapfik) eingesetzt: Die Kanonentransportmaschine von 1769 gilt als erstes dampfmaschinen- betriebenes Straßenfahrzeug der Welt. James Watt ließ sich ein dampfbetriebenes Straßenfahrzeug 1781 patentieren. Derartige Fahrzeuge hatten allerdings nur bescheidenen Erfolg, da sie mit ihrem Dampfkessel zu schwer und für den Landstraßenbetrieb auf Erdpisten zu unhandlich waren. Abgesehen davon, daß sie zur Befeuerung des Dampfkessels Kohle mitführen mußten und daher nur sehr geringe Reichweite hatten.

Kanäle: Vor Erfindung der Eisenbahn wurde zu Beginn des Industriezeitalters eine Vielzahl an Kanälen angelegt. Während 4-6 Pferde notwendig waren, um ein Pferdefuhrwerk mit 1,5 Tonnen Last auf schlechten, aber ebenen Erdpisten zu ziehen, - war lediglich 1 Pferd nötig, um ein Schiff von 30 Tonnen zu ziehen. Das Pferd lief auf einem Pfad

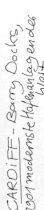

CARDIFF - Barry Docks, 1901 modernste Hafenanlage der Welt

seitlich des Kanals. Bis 185o gab es in Südengland und Wales rund 4.ooo km an Kanälen. So auch von den walisischen Häfen Cardiff, Swansea und Newport ins nördlich gelegene Kohlerevier der Valleys. Vielfach wurden hier (für damalige Zeiten) grandiose Ingenieur- Leistungen realisiert in Überquerung der Täler durch riesige Brückenviadukte, aber auch Schleusenanlagen.

Eisenbahn: Der nächste elementare Schritt ins Industriezeitalter. Die ersten Eisengleise wurden <u>1767</u> von den englischen Coalbrookdale Eisenwerken verlegt. Sie hatten U-Profil und waren mit Schmiedehammer gefertigt bei jeweiligem Gleisstück von 1,5 m Länge. Nach ungesicherten Angaben gab es bereits <u>1728</u> ein erstes Eisengleis in Cumberland. Die ersten Gleise in Wales führten zu Kohle- und Schieferminen, die Waggons wurden von Pferden gezogen.

<u>18o3</u> konstruierte Richard Trevithick die erste Dampflok der Welt, gebaut in Merthyr Tydfil im Kohlerevier der Valleys/Südwales. Die Dampflok zog auf ihrer Probefahrt 1804 ein Gewicht von 1o Tonnen auf dem 14 km langen Gleis, allerdings waren die Gleise dem Gewicht nicht gewachsen. Weitere Details siehe auch "Merthyr Tydfil".

<u>1813</u> erste Dampflok "Mylord" von George Stephenson, der <u>1823</u> eine Fabrik für Dampfloks gründete und <u>1825</u> den erfolgreichen Betrieb einer Passagier-Linie von Stockton nach Darlington in England realisierte. 1829 kam es zu der berühmten Testfahrt: die für damalige Zeiten beachtliche Summe von 5oo Pound war ausgesetzt worden für eine Dampflok, die einen Zug von 2o Tonnen schneller als 16 km/h ziehen konnte. Am <u>8. Oktober 1829</u> gewann dies die Lok "Rocket" von Stephenson, die als Spitzengeschwindigkeit sogar 56 km/h erreichte. Damit war der Nachweis erbracht, daß die Dampflok fähig war, größere Gewichte zu ziehen. Sie war zudem erheblich schneller als die früheren Transportmittel Fuhrwerk und Kanalschiffe.

Dies war der Beginn des Eisenbahn-Zeitalters; in Folge entstanden eine Vielzahl an Eisenbahnstrecken auch in Wales zum Abtransport der südwalisischen Kohle, von den Valleys zu den Exporthäfen an der Südküste. Aber auch in anderen Regionen baute man

Industriegleise zum Schieferexport von Snowdonia/Nordwales zur Küste. Weitere Details und Übersichtskarte siehe Seite 3o.

Der weltweit ab ca. 183o beginnende <u>Ausbau an Eisenbahnstrecken</u> benötige jede Menge an Gleisen, die vielfach in südwalisischen Walzwerken der Valleys gefertigt wurden, so u.a. für die Transsibirische Eisenbahn und für die Pazifik-Railway/USA, die aus Walzwerken in Merthyr Tydfil kamen, Details siehe dort.

Zu einem weiteren Boom kam es, als Mitte des 19. Jhds. Eisenschiffe die früheren Holzschiffe ablösten. Großbritannien war zur Wende ins 2o. Jhd. führend und hatte in seiner Handelsflotte die meisten Eisenschiffe der Welt. Zur Herstellung des Eisens, aber auch zur Befeuerung der Kessel auf Dampfloks und -schiffen war jede Menge **Kohle** nötig, die vielfach aus

<u>LINKS</u>: erste Eisenbrücke der Welt (1777) über den Severn bei Coalbrookdale. – <u>OBEN</u>: Dampfloks 1839 <u>UNTEN</u>: Eisenwalzwerk. Ein 1754 von Cort und 1792 von Wilkinson entwickeltes Verfahren ermöglichte das Herstellen von Profileisen ohne Schmiedehammer; elementar für insbesondere die Massenfertigung von Eisenbahnschienen.

den Valleys von Südwales stammte und über die Häfen Cardiff, Swansea etc. exportiert wurde.

1848, also nur 19 Jahre nach der erfolgreichen Testfahrt der "Rocket", gab es in Eng - land, Schottland und Wales bereits 3.2oo km Eisenbahngleis und nur 3o Jahre später bereits 23.ooo km. Der berühmte Ingenieur **Isambard Brunel** franz. Abstammung konstruierte zugleich die damals größten Schiffe der Welt: die *"Great Western"* (benannt nach der Eisenbahn, deren technischer Direktor Brunel mit 27 Jahren geworden war und die London mit Bristol verband). Die "Great Western" war noch in Holzbauweise erstellt, hatte Besegelung plus Schaufelradantrieb, der mit Dampfkessel betrieben war. Das Schiff stellte die Verbindung von Bristol nach New York her. - Dann 1845 die *"Great Britain"*, das erste Schiff der Welt in Eisenbauweise, mit Schiffsschraube plus Besegelung. - Als 3. Schiff lief die *"Great Eastern"* 1858 vom Stapel, der Rumpf kom- plett aus Eisen erstellt und bei 211 m das damals längste und für 4.ooo Passagiere größte Schiff der Welt. Man kann sich vorstellen, welche Eisenmengen für derartig große Schiffe nötig waren. Die "Great Eastern" war nur der Anfang einer ab Mitte des 19. Jhds. durchgeführten Eisenkonstruktion im Schiffsbau, wobei die Eisenteile vielfach aus walisischer Fertigung stammten.

Brunel war in Südwales Ingenieur verschiedener Eisenbahnstrecken, aber auch Viadukte. Zusammen mit Thomas Telford (Menai-Suspension Bridge, siehe Seite 355) war er für die Schaffung der Infrastruktur in Wales wichtigster Ingenieur des 19. Jhs.

Kohle-Boom in den Valleys: Kohle wurde in Südwales bereits im 17. Jhd. geför- dert, zunächst für den Eigenbedarf der dortigen Eisenhütten-Werke. Die Kohle- Flöze reichten bis fast an die Oberfläche, und das schwarze Gold war mit den vorindustriellen Werkzeugen daher relativ leicht zu fördern. Gleichzeitig waren die Valleys reich an Ei- senerzvokommen.

Zu einem regelrechten Boom kam es in der 2. Hälfte des 19. Jhd., als die vorgenannten Erfindungen sowie die Herstellung von Eisen jede Menge an Kohleenergie benötigten. Innerhalb von nur rund 4o Jahren wurden die Valleys zu einem der Brennpunkte der

Industriellen Revolution.

In den Tälern förderte man Kohle in professioniertem Bergbau mittels Schächten und Fördertürmen. Die Kohle wurde entweder direkt verschifft, oder in den Hochöfen am Kopf der Valleys verfeuert. Innerhalb von wenigen Jahren wurden die Valleys mit Industrie- Architektur bedeckt: Eisenverhüttung, Walzwerke und Fördertürme überzogen die ehemals einsamen Täler.

Die Kunde vom "schwarzen Gold" zog Tausende von Arbeitswilligen an, die auf Jobs und gute Bezahlung im walisischen Kohlerevier hofften. Monotone Siedlungen in den Valleys entstanden. Hausreihen wie vom Fließband, die kaum Lebensqualität ermöglichten und wo sich oft mehrere Familien im selben Haus zusammendrängten.

Die Jahre 1870 - 1910 standen unter der Herschaft von "King Coal": der Kohleabbau stieg von 1 Mio. Tonnen/Jahr auf fast 9 Millionen und die Bevölkerung wuchs von ehemals rund 2.000 auf mehr als 200.000 in den Valleys. Es entstand ein Bevölkerungs- Konglomerat aus den Einwanderern der verschiedensten Länder. Da die einzelnen Täler von einander abgeschieden waren, entstanden pro Tal separate Gemeinschaften. Wichtiger Kontaktpunkt war die _"chapel"_ (Ortskirche). Hier traf man sich nicht nur zu Gottesdiensten, sie war gleichzeitig sozialer Treff und kulturelles Zentrum. Die Priester unterschiedlicher Glaubensgemeinschaften (auch der Methodisten) nutzten das Bedürfnis der Arbeiter nach "Ausgleich" zu ihrer harten Arbeit, indem sie die Heils-Lehre mit Kultur (Bergarbeiter-Chöre, Laienspielgruppen etc.) verbanden. Ende des 19. Jhds. gab es in den Valleys fast 190 solcher "chapels".

Isambard Brunel beim Stapellauf der Great Eastern

Immer neue Einwanderer kamen in die Valleys, und das Überangebot an Arbeitskräften führte gleichzeitig zu Nie-

LINKS: Zur Überwindung der Täler entstanden riesige Eisenbahnbrücken. UNTEN: Great Eastern.

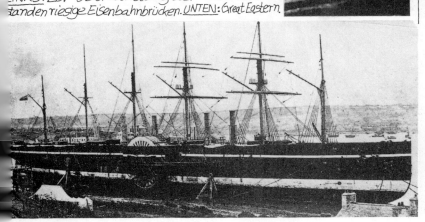

driglöhnen. Wenige Reiche als Besitzer der Minen, der Eisenhütten und Walzwerke machten das dicke Geld, - während die Arbeiter hungerten. Verheerende Typhus- und Cholera- Epedemien fegten durch die Täler, da es an ausreichenden Hygienebedingungen in den Siedlungen fehlte. Die ehemals grünen Täler glichen einer einzigen Baustelle, überall schwarze Abraum- und Schlackenhalden sowie die Elendsquartiere der Bergarbeiter.

Als sich die Unternehmer wegen Arbeiter-Überangebot die sogenannten "Skala-Löhne" erlaubten, kam es zu erheblichem Unmut. Der Lohn wird hier an den jeweiligen Kohle-Weltmarktpreis "angepasst": sank dieser, sanken auch die Löhne. Nachdem die Löhne sich sowieso schon im Bereich des Hungerniveaus befanden, war eine kaum noch tragbare Situation entstanden. Die Gewerkschaftsbewegungen erfuhren hohen Zuspruch, und die zur Jhd.- Wende gegründete Labour Partei erreichte in den Kohlerevieren von Südwales Wahlerfolge von 75 %. Bei monatelangen Streiks verhungerten die Kinder der Arbeiter, und auf die Streikenden wurde wiederholt das Feuer eröffnet. Die soziale und politische Frage des 19. Jhds stellte sich hier in den Valleys in hochkonzentrierter Form.

Walisische Steinkohle galt im Zeitalter der Dampfloks und Dampfschiffe als die beste der Welt. Aufschwung zu Beginn unseres Jahrhunderts, als immer größere Dampfschiffe u.a. zur Einwanderungswelle nach USA beitrugen und die großen Passagier- Reedereien wie die Cunnard Line gegründet wurden. Während der sich Kohlebedarf einer Dampflok noch "in Grenzen" hält, stieg er er bei den großen Transatlantik - Linern ins Gigantische: So brauchten Schiffe der Größe z.B. Titanic (1912) für die Überfahrt nach New York rund 660 Eisenbahnwaggons von je 1o Tonnen Kohle = rund 6.6oo Tonnen.

Darstellung einer Cunnard Broschüre von 1908 des Kohleverbrauchs für eine Transatlantiküberquerung nach New York : 22 Züge mit 30 Waggons und je 10to. Kohle !

Das gewaltige Passsagiervolumen über den Atlantik zur US-Ostküste ergibt sich aus damaligen Aufzeichnungen: z.B. wurden allein im Jahre 1913 fast 2.991 Überfahrten durchgeführt. Auch wenn nicht alle Überfahrten ab England erfolgten und nicht alle Schiffe die Größe der Titanic besaßen, war der Bedarf an südwalisischer Kohle doch gewaltig!

19o1 eröffnete der damals wichtigste Kohleexporthafen der Welt, das walisische CARDIFF, die modernsten Kohleverladeanlagen der Welt in seinen Barry Docks. Einlaufende Schiffe von 2.000 BRT konnten nicht nur innerhalb von 24 Std. entladen, sondern auch innerhalb dieses Zeitraums mit Kohle wieder beladen werden und den Hafen verlassen. Hierfür sorgten hydraulische Verlageanlagen sowie Krähne, die bis zu 25 Schiffe gleichzeitig beladen konnten. Die walisische Kohle wurde in englische Transatlantikhäfen wie Southampton, Bristol und Liverpool verschifft, aber auch an die US-Ostküste nach New York und Bristol.

1913 gab es in den Valleys mehr als 6oo Kohlezechen. Zu weiterem Aufschwung kam es während des 1. Weltkrieges, als Großbritannien jede Menge Kohle für seine Dampfschiffe und seine Kriegsindustrie benötigte.

Nach Beendigung des Krieges kam es zu erheblichem Einbruch der walisischen Kohleförderung, zumal die Weltmärkte nunmehr wieder offen standen, und Kohle in anderen Regionen billiger als in Wales gefördert werden konnte. Nach einem langen Generalstreik 1926 der walisischen Bergleute, die höhere Löhne forderten, kam es zur Stillegung vieler Zechen, und die arbeitslosen Bergleute wanderten aus (u.a. nach Südargentinien).

Literaturtips: "So grün ist mein Tal" von Richard Llewellew. Erschienen 1939, beschreibt aus der Perspektive eines kleinen Jungen die fortlaufende soziale Erosion, die Verzweiflung und die ökologische Katastrophe in den Industrietälern. Liest sich sehr spannend und vermittelt ein gutes Bild über die damaligen Zustände. Die engl. Original

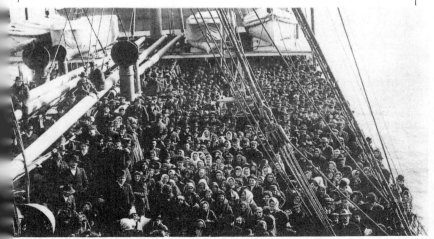

Total überfülltes Auswandererschiff nach USA. Allein bis in die 20-er-Jahre reisten mehr als 30 Mill. Menschen von Europa nach USA, um sich dort eine neue (und wie sie hofften) bessere Existenz aufzubauen. Analog riesiger Schiffsverkehr und Kohleverbrauch.

ausgabe in deutscher Übersetzung als dtv-Taschenbuch, 445 Seiten, 15 DM.

"Die großen Passagierschiffe", erschienen bei Time-Life. Hervorragend bebildert und informative Texte zur Dampfschiffahrt im Bereich des Passagiertransportes.

Die verbliebenen südwalisischen Kohlezechen wurden von der Regierung subventioniert. 1984 gab es in den Valleys noch knapp 3o Zechen, die allerdings so unrentabel arbeiteten, daß sie ein jährliches Defizit von rund 4oo Mio. DM verursachten. Durch Investitionsanreiz sollen neue Industrien geschaffen werden. Doch der Verfall der Region läßt sich nur schwer stoppen: viele der Jugendlichen wandern in die großen englischen Städte ab. Details auch bei Newport/Geschichte.

Die ökologischen Narben des Kohle-Booms beginnen zu verheilen: die Schutthalden werden abgetragen, und die für Grubenholz gefällten Wälder wieder neu aufgeforstet.

Verbindungen *The Valleys*

EINSTIEGSPUNKT in die Valleys sind die Verbindungsstraßen ab z.B. Newport, Cardiff und Swansea. Querverbindungen zwischen den Valleys gibt es nur selten. Am besten erschließt sich die Region durch die sog. "HEAD OF THE VALLEYS -ROAD" (A 465), die von Abergavenny westwärts zwischen den nördlichen "Köpfen" der Valleys und den Südausläufern der Brecons führt. Von dieser Route Abstecher in die einzelnen Valleys.

ZUG/BUS: Durch die Valleys fahren Eisenbahnen, außerdem reger Busverkehr. Das klassische Verkehrsmittel an der Aorta der Industriellen Revolution ist natürlich der Zug: etwa stündl. zum Hauptort Merthyr Tydfil. Weiter nach Westen: sehr schlechte Direktanschlüsse, geht am flottesten via Cardiff (stündlich nach Merthyr). Ansonsten Zug mit Bus kombinieren.

"Head of Valleys Road" (A 465)

Läuft von ABERGAVENNY westwärts am Nordrand der Valleys nach Merthyr Tydfil, häufige Zugverbindungen. Sehr dicht besiedelt, graue Industriestädte liegen wie an einer Perlenkette aufgereiht. Und immer wieder Abstecher rein in einzelne Täler, oder auch rauf zu den Brecon-Beacons-Bergen.

Routen-Verlauf: von Abergavenny etwa 65 km entlang der Valleys. Dann die Weichenstellung: Entweder noch gute 2o km bis Swansea an der Südküste (für Trip auf die Gower-Halbinsel, Details Seite 146).

Oder vom Ende der Täler bis nach Carmarthen, ca. 55 km (Seite 164) als Ausgangspunkt sowohl für die wilde Südwest-Ecke Pembrokeshire, als auch für den Direkt-Trip rauf nach North Wales entlang der Westküste.

Ausgangspunkt ist **ABERGAVENNY**: gemütliches Bergstädtchen an

Blaenavon:
Big Pit
Kohlenzeche

den Südausläufern der Black Mountains, gehört noch nicht zu den Industriestädten. Details zu Verbindungen ab Küste/Newport sowie zur Stadt siehe Seite 192.

BLAENAVON: 17 km südl. von Abergavenny an der B 4246. In dem heutigen 6.ooo Einwohner Städtchen lebten zur Zeit des Kohlebooms rund 2o.ooo Menschen. Der Abstecher lohnt unbedingt wegen der **BIG PIT KOHLEZECHE**, die nach ihrer kommerziellen Stillegung dann 198o als Tourismus- Attraktion ausgebaut wurde.   Man kann selber in die Schächte einfahren. Die Mine gilt als eine der ältesten Schacht-Minen von Südwales und war seit ca. 18oo in Betrieb.

1 Std.- Führungen von ehemaligen Kumpels, die die Knochenarbeit hier in den Schächten noch aus eigener Erfahrung kennen. Als Ausrüstung werden Helme und Grubenlampen gestellt, warme Klamotten und festes Schuhwerk selber mitbringen. Dann "Glück auf": wie die Bergleute seit

Blaenavon:
Ironworks
ca. 1800

Jahrhunderten geht's in einem wackeligen Aufzugs-Käfig 1oo m tief runter in den Kohleschacht.

Unten diesige Luft, Dunstkränze um die Grubenlampen, Wasser rinnt von den Schachtwänden: das Reich der Kumpels. Unwillkürlich zieht man seine Parkajacke nochmal kräftig zu...

Durch enge Tunnel zu den Flözen, wo die Bergleute liegend und mit Pickeln bewaffnet den schwarzen Stein herausschlugen, der mit Förderbändern abtransportiert wurde. Beklemmend noch heute die Vorstellung, daß 6 bis 1o-jährige Kinder sich hier täglich 12 Stunden abplackten. Oder die unterirdischen Ställe, wo die Grubenpferde gehalten wurden. Sie sahen nie das Tageslicht, noch 198o bei der Schließung waren 3o Tiere im Einsatz. Anschließend Besichtigung der Anlagen an der Oberfläche: Bäder für die Grubenarbeiter, eine Schmiede und die armselige Hütte eines Bergmannes.

BLAENAVON IRONWORKS: ein. 1798 in Betrieb genommenes Eisenhüttenwerk. Es ist ebenfalls stillgelegt, Führung durch die Fabrikhallen mit grobschlächtigen Maschinen und den Brennöfen, durch die Gießerei und durch die Cottage eines der Arbeiter. Lage: North Street, Blaenavon, südwestlich der Straßenkreuzung B 4o46 und B 4248, Nähe Big Pit.

Südlich von Blaenvon Ri. Pontypool und Newport liegt das erste der Kohle Valleys. GLYN PITS: Mine aus dem Beginn der Kohlezeit, liegt rund 2 km westl. von Pontypool   an der A 472 (Ri. Crumlin). - Interessant u.U. auch das RURAL LIFE MUSEUM beim Ort Usk an der A 472: Das Leben der Bauern vor Jahrhunderten: zwei bunte Pferdekutschen, ein Waschsalon und eine Küche mit verbeulten Pfannen, eine Molkerei mit Butterfäßchen und eine Käserei, Oldtimer-Traktoren, ein alter Pflug etc. Ausgestellt in einer alten Scheune und einer Bauernkate.

Nächste Station an der "Head of the Valleys"-Road ist **RHYMNEY TOWN**: der Vorort Butetown steht komplett unter Denkmalschutz. 3 parallele Häuserreihen, die 18o2 als Arbeitersiedlung gebaut wurden. Die Häuser an den breiten Straßen waren für damalige Verhältnisse vorbildlich und riesengroß. Als Kommunikationszentren dienten die kleine Kapelle, das Post-Office und eine Kneipe.

Nach Süden zweigt das **RHYMNEY VALLEY** ab, vielleicht den Wagen parken, und stilgerecht mit der Eisenbahn durchfahren. Es ist das beste Beispiel für die Industrietäler und erinnert noch am meisten daran, wie es zur Zeit des Kohle-Booms hier in Südwales ausgesehen hat. Überall verlassene, öde Abraumhalden, endlose Straßendörfer mit bunten Reihenhäusern in die Talhänge gekerbt, die schon seit Generationen den Bergleuten als Wohnungen dienen.

Ca. 15 km bis runter nach Aberbargoed: Besichtigung der Glasbläserei "Stuart Crystal", wie aus rotglühender Schmelze das kostbare Kristallglas entsteht. Im angeschlossenen "Seconds Shop", Ware mit leichten, nur vom Fachmann erkennbaren Fehlern, zu enorm reduzierten Preisen.

 Camping: kurz vor der Ortschaft ein modern ausgerüsteter Camp Site, wer intensiver ins Valley-Milieu reinriechen möchte.

Weiter Richtung Küste: noch ca. 4o km bis Cardiff, kurz davor das Caerphilly Castle, Seite 138/119. Vielleicht als Tagesausflug, um wenigstens ein bißchen was von der Südküste mitzukriegen.

✦Merthyr Tydfil (58.ooo Einw.)

Hauptort an der Head of Valley Road. Hier befanden sich zur Zeit der industriellen Revolution die <u>wichtigsten und größten Eisen- und Stahlwerke der Welt</u>. Die Hochöfen konnten mit billiger Kohle aus den Valleys beheizt werden, und Mitte des 19. Jhs. lebten in Merthyr Tydfil 6o.ooo Menschen, es war damals die größte Stadt von Wales. Heute vorwiegend Leichtindustrie und Dienstleistungsbetriebe, hohe Arbeitslosigkeit.

Die erste Eisenhütten (Dowlais) wurden 1759 gegründet, ab 184o waren sie der größte Produzent der Welt. 1765 folgte Cyfarthfa, sowie 1767 die Jull Plymouth Works und 1784 die Homfrays Penydarren Works.

Dowlais Walzwerk in Merthyr Tydfil 1817

Reisende, die Mitte des 19. Jhd. Merthyr Tydfil besuchten, waren fasziniert vom Anblick der gewaltigigen Industriebauten und dem Feuer, das die Nacht rot erleuchtete. Die <u>Dowlais Eisenhütten</u> hatten allein 18 Hochöfen und stellten als erstes Werk in Großbritannien Stahl nach dem neuen Bessemer Verfahren her.

Zum Boom war es ab Beginn des 19. Jhds. gekommen, als die Erfindung von Cort (1754) und Verbesserung durch Henry Wilkinson (1792) das <u>Walzen von Eisen</u> insbesondere auch für Eisenprofile ermöglichte. Damit war die industrielle Herstellung von Gleisen möglich, die zunehmend auf Industriestrecken benötigt wurden, wo Pferde die Waggons zogen.

<u>1794</u> wurde der <u>Glamorganshire Kanal</u> eröffnet, der Merthyr Tydfil mit dem Hafen Cardiff verband. Ein Meisterwerk damaliger Ingenieurkunst, da in knapp 4o km Kanal-Länge 15o Höhenmeter in 49 Schleusen überwunden werden mußten. Der Kanal schuf die Infrastruktur für den Export der Eisenerzeugnisse.

Allerdings war der Schiffsbetrieb in der Vielzahl an Schleusen sehr zeitaufwendig, so daß man <u>18o2</u> ein Gleis parallel zum Kanal und den Schleusen zwischen Merthyr Tydfil und Abercynon eröffnete, die sogenannte "<u>Penydarren Tramroad</u>". Hier ließen sich die Industriegüter per Loren und von Pferd gezogen schneller befördern, als Verkehr per Kanal und dem jeweiligem Fluten der Schleusenkammern.

<u>Samuel Homfray</u>, Besitzer der Homfrays Penydarren Works, kam auf die Idee, - die James Watt Erfindung der Dampfmaschine auf die Schiene zu übertragen. Dies realisierte ihm der Ingenieur Richard Trevithick, der in Merthyr Tydfil die <u>erste Dampflok der Welt</u> konstruierte, die am <u>21. Febr. 18o4</u> auf dem Gleis der "Penydarren Tramroad" 1o Tonnen plus Waggons von Passagieren mit Erfolg zog. Als Höchstgeschwindigkeit wurden beachtliche 8 km/h erreicht, also schneller als das Pferd vormals auf der Tramroad. Zwar waren die Gleise dem Gewicht nicht gewachsen, - aber immerhin: erste Fahrt der Welt einer Dampflok. (Replika der Lok im Industial Museum/Cardiff.)

Eisenverhüttungs-Halle der Cyfarthfa Werke 1825

Die Eisenhütten- und Walzwerke von Merthyr Tydfil lieferten die <u>Gleise</u> für eine Vielzahl weiterer Strecken. So für das Stockton -> Darlington Gleis in England, auf dem George Stephenson mit seiner Lok "Rocket" 1829 die "phänomenale" Geschwindigkeit von 56 km/h erreichte. Auch das Gleis von Merthyr Tydfil zum Hafen Cardiff sowie später die vielen tausend km langen Gleise für die <u>Transsibirische Eisenbahn</u> und für die <u>Pazifik Railway</u> in den USA stammten aus den Walzwerken von Merthyr Tydfil.

Die "IRONMASTERS", - Besitzer der Werke, waren in erster Generation Einwanderer aus England, die geschickt die Eisen- und Kohlevorkommen der Region Südwales zum Aufbau eigener Industrie- Imperien genutzt hatten. Ihre Nachkommen waren zu großem Reichtum gekommen und bestimmten wie Könige in Wales. Allein für Dowlais arbeiteten in der 2. Hälfte des 19. Jhds. mehr als 1o.ooo Menschen.

Crawshay, Besitzer der Cyfarthfa Ironworks (in der 2. Hälfte des 19. Jhd. einer der größten Eisen- und Stahlhersteller der Welt) ließ sich bereits 1825 ein solides Castle als "Wohnheim" bauen, welches nach heutigem Geldwert mehrere Millionen DM kostete, und einen eigenen Park mit See hatte. Steht heute noch und ist Museum, siehe unten.

Um 186o lebten 6o.ooo Menschen in Merthyr Tydfil, damals größte Stadt in Wales, 1925 bereits 8o.ooo. Der 1. Weltkrieg hatte (ähnlich wie bei der walisischen Kohleförderung) nochmals zu Aufschwung beigetragen, da die Kriegsmaschine jede Menge an Eisen- und Stahlprodukten benötigte. Dann setzte die Depression ein, und viele Werke schlossen bzw. mußten ihre Produktion reduzieren. Weltweite Konkurrenz war entstanden, die billiger produzieren konnte.

Manche der Industriebauten sind heute noch erhalten, teils in Ruinenzustand, teils wurden sie als National Heritage wieder restauriert. Immerhin war Merthyr Tydfil Ende des 19. Jhds. der "Nabel der Welt" in Sachen Eisen- und Stahl.

DOWLAIS STABLES: 182o von Josiah Guest in Bauauftrag gegeben. Hier waren die Pferde untergebracht, die auf den Gleisen die Loren zogen, bevor Dampfloks eingesetzt wurden. Lage: 2 km nordöstl. vom Stadtzentrum bzw. 1oo m westl. von der A 4102 im Ortsteil Dowlais.

CYFARTHFA CASTLE: typische Neureichen- Architektur des "Ironmasters" William Crawshay, Besitzer der Cyfarthyfa Werke. Gebaut 1825, eine bullige Status- Architektur. Kopiert wird "Mittelalterliches" oder was sonst, ohne jegliches Stilgefühl, - aber immerhin eine wuchtige "Villa". Von seinen Zimmern konnte der Ironmaster auf Park, See und sein Industrie-Imperium blicken.

Heute Museum, zu sehen Gemälde der Crawshay Dynastie, kostbares Silber, Edelholz-Möbel und Porzellan. Ein bemaltes Segeltuch zeigt, wie die Stadt früher ausgesehen hat, als die ewigen Feuer der Eisenwerke die Nacht erhellten. Weiterhin Aquarelle, eine Bauernküche und alte Maschinen aus den Boom- Jahren der Cyfarthyfa Ironworks.

Besuch ist interessant, Lage: 1,6 km nordwestl. von Stadtzentrum an der A 47o. Kann auch direkt von der A 465 besucht werden, ohne nach Merthyr Tydfil reinzufahren.

CEFN COED VIADUCT: wurde 1866 für das Gleis Merthyr -> Brecon gebaut. Das 225 m lange Viadukt überquert in 15 engen und bis 35 m hohen Steinbögen den River Taff und war damaliges Meisterwerk der Steinmetze. Da diese kurzzeitig in Streik traten, wurde auch Backstein verwand. Heute ist die Strecke stillgelegt. Lage: bei der A 47o Nahe des Ortes Cefn Coed und Cyfarthfa Castle.

CHAPEL ROW: Arbeitersiedlung am Glamorsganshire Kanal, eine Reihe terrassierte Cottages entlang des Kanals mit mangelnden sanitären Anlagen und minimaler Wohnfläche. Gebaut von den Crawshays für die Arbeiter in ihren Werken. Lage: 8oo m nordwestl. des Stadtzentrums.

YNYSFACH ENGINE HOUSE: Maschinenhaus der gleichnamigen Ironworks (Tochterunternehmen der Cyfarthfy Ironworks). Gebaut 18o1, heute Museum der Maschinenanlagen. Lebensgroße Puppen illustrieren die harten Arbeitsbedingungen der industriellen Pionierjahre. Lage: ca. 4oo m westl. des Stadtzentrums.

R. & L. THOMAS FOUNTAIN: gußeiserner Pavillon am Kreisverkehr A 47o mit A 41o5 Nähe Stadtzentrum.

Wurde 19o7 zu Ehren der Familie Thomas errichtet, die maßgebliche Pioniere im Kohle- Export ab der 3o-er Jahre des 19. Jhds. waren. Robert Thomas hatte 1826 eine große Kohleader bei Abercanaid entdeckt, und seine Frau Lucy gilt als eine der ersten, die südwalisische Kohle in größerem Stil exportierte. Das Gußeisen des Pavillions stammt übrigens aus schottischer Fertigung in Glasgow, - in gewisser Weise auch Symbol, wie Merthyr Tydfil Konkurrenz aus anderen Fertigungsstätten entstand.

PENYDARREN TRAMROAD: das berühmte Gleis, das die Schleusen des Glamorsganshire Kanals umging und auf dem 18o4 die erste Dampflok der Welt fuhr (siehe "Geschichte Merthyr Tydfil"). Die ehemals 16 km Gleis sind demontiert, schöner Spazierweg entlang des Kanals.

BRECON MOUNTAIN RAILWAY: eröffnet 1859 als ursprüngliches Gleis von Newport/Küste via Merthyr Tydfil rauf nach Brecon. Kam 1921 zur "Great Western Railway" und wurde 1962 wegen fehlender Rentabilität geschlossen.

Heute Museumsstrecke rein in die Berge. Ausgangspunkt ist der Vorort Pant (5 km nördl. von M.T., Verbindung mit Stadtbussen). Ab hier auf restauriertem Schmalspurgleis mit alten Dampfloks zum Zielbahnhof Pontiscilli. Betrieb Ostern bis Oktober, zur Hochsaison stündlich. Dauert 5o Min. retour, ca. 1o DM return.

Gesammelt wurden Schmalspurloks aus aller Welt, Deutschland bis Südafrika und vorwiegend Jhd.-Wende. Sie werden in Pant in Stand gehalten und sind dort zu besichtigen.

Unterwegs stoppen die alten Loks mit ihren Waggons an einem Bergsee, eingebettet zwischen "rolling hills" und Fichtenwäldern. Hier kann man die Fahrt beliebig lang bis zum "next train" unterbrechen.

An der Endstation Pontisicill ebenfalls ein kleiner Stausee, 8 km Uferwanderweg. Eine weiterer 8 km Wanderung führt ins Taf Fecon Valley: Kette aus vier Stauseen zwischen Berghängen mit dunklen Nadelwäldern. Zunächst eine Asphaltpiste, dann Trampelpfad am Talgrund, vorbei an den Seen und rauf auf einen Hügelkamm mit grandioser Fernsicht. Info-Blätter über die Wanderungen am Bahnhof.

2 km vom Bahnhof Pontisicill eine Kapelle mit dem Grab des Ironmasters Robert Thompson Crawshay (1817 -1879). "God Forgive Me" steht auf der Grabplatte.

ABSTECHER NACH BRECON: per Auto oder mit Bussen der "Silverline Company" (rund 12 x täglich) auf der Bergstrecke A 47o nach Brecon. Ca. 3o km großartige Fahrt durch den Nationalpark. Links und rechts türmen sich die Beacon Mountains hoch. An der Strecke ein Besucherzentrum und Startpunkt für den 2 Std. "Tourist Trail" auf den Pey y ffan, dem höchsten Berg in den Brecon Beacons. Beschreibung der Route Seite 2o7.

ABERDARE: Bei "Cambrian Lamps" kann man originalgetreue Bergwerks-Öllampen kaufen, wie sie die Kumpels jahrhundertelang in ihren Stollen benutzten als Indikator für gefährliche Gasentwicklung (Veränderung der Flamme, wenn sich das explosive Methan bildet).
Bestehen aus reinem Messing mit Docht und Paraffin, etwa 15-25 cm hoch, sehr dekorativ und spenden sanftes Licht. Preise: ca. 3o DM für nicht funktionstüchtige Dekorationsmodelle, ca. 1oo DM für funktionsfähige Lampen. Adresse: Robertstown Industrial Estate.

RHONDDA VALLEY: Abzweigung bei Hirwaun. Die enge A 4o61 führt in zig Haarnadelkurven runter ins Tal. Grüne Hänge, an denen Schafe weiden, hinter der nächsten Kurve wieder endlos-monotone Arbeitersiedlungen und Schutthalden.

Das Rhondda Valley war das bedeutendste Kohlereviere in Südwales. Lebendige Illustration der Geschichte im RHONDDA HERITAGE PARK, mit Hilfe von lebensgroßen Wachspuppen und High Tech, zur Imitation der Gerüche und Geräusche. Ein komplettes Bergarbeiter- Dorf wurde rekonstruiert, in Lumpen gekleidete Schauspieler geben Erklärungen und bringen die damalige Zeit hautnah. Lage: nördl. des Ortes Pontypridd.

PONTYPRIDD- BRÜCKE: im gleichnamigen Ort. Die Steinbrücke wurde 1755 fertiggestellt und überspannt in einem einzigen Bogen 42,4 m.

Erreicht wurde dies durch einzelne Steinsegmente, die unten schmaler als oben waren und durch den Gewichtsdruck sich als Brückenbogen hielten. Im Grunde ist dies das klassische System, nach dem bereits die Griechen und Römer ihre Steinbögen bauten. Die Besonderheit der Pontypridd- Brücke war ihre Spannweite mit 42,4 m. Ihr Baumeister Wiliam Edwards begann 1746 mit dem Werk, welches einstürzte. Es stellte sich nämlich heraus, daß gewaltige statische Probleme zu bewältigen waren: wegen der großen Spann- weite summierte sich das Gewicht der Steine und drückt auf das Zentrum des Bogens. Auch beim 2. Versuch stürzte die Brücke zusammen. Ewards kam dann auf die Idee, das Gewicht an den beiden Brückenköpfen durch zylindrische Löcher zu reduzieren Brücken. Der Versuch gelang 1755 erfolgreich, und seit rund 25o Jahren steht die Brücke unbeschadet. Sie dürfte vermutlich die längste, in einem Bogen gebaute Brücke der Welt sein, die aus einzelnen Steinsegmenten besteht.

Im JUNCTION COTTAGE in Pontypool ein kleines Museum zur Geschichte des in Pontypridd vorbeiführenden früheren Industriekanals. Ganz interessant. - Im Vorort <u>Danycraig</u> (Adresse: Broadways) der "John Hughs Crogg Shop": getöpferte, dreidimensionale Karikaturen und Comics berühmter Leute. Ab 5o DM.

Wenige Kilometer nach Cardiff, Details siehe dort.

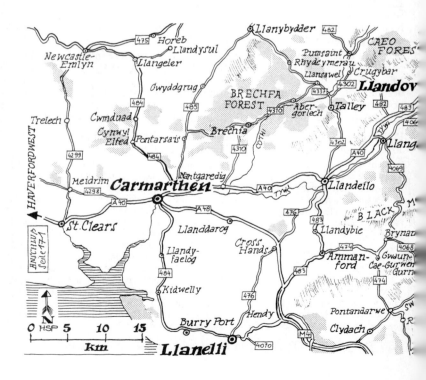

Brecon Beacons

ABERGAVENNY - BRECON - CARMARTHEN (ca. 11o km)

Via dem Brecon-Beacons-Naturschutzpark: Hillwalking in den rötlichen Sandstein-Bergen der Beacons, oder Trecks über düstere Hochmoore, eine verzweigte Tropfsteinhöhle, und im Waterfall District Dschungel-Vegetation und ein Wirrwarr rauschender Wildbäche. Für Unterkünfte Jugendherbergen im Berghütten-Stil oder B&B auf romantischen Bauernhöfen...

Verbindungen

Auto: Die Route folgt immer der A 4o, die um die Nordflanke des Bergmassivs herumführt. Schön wird's erst, wenn man Abstecher über Bergstraßen macht.

Busse: Bis zum Hauptort Brecon alle 2 Stunden Busverbindung (aber nur bis 18 Uhr; sonntags kein Verkehr). Im weiteren Routenverlauf nach Carmarthen dann aber

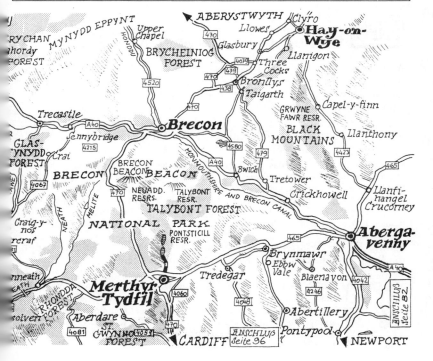

extrem schwierig, - nur 2 x pro Woche.

Eisenbahnen gibt es in dieser Region nicht!

★ Abergavenny

(ca. 1o.ooo Einw.)

Eingangstor zum Brecon-Beacons-Revier, betriebsames Marktstädtchen am River Usk: kuschelt sich zwischen friedliche Hügelkuppen zu Füßen einer verfallenen Burg.

Mehr los als im schläfrigen Dorf Brecon (Seite 198), aber ein gutes Stück von dem bei Bergwanderern besonders beliebten Beacons-Massiv entfernt. Abergavenny ist eher Ausgangspunkt für die Black Mountains.

Während des 2. Weltkrieges wurde <u>Rudolf Heß</u>, der Stellvertreter Hitlers, in der Irrenanstalt von Abergavenny festgehalten, - nach seiner mysteriösen Flucht und Landung in Schottland. Über seine Motive ist viel gerätselt worden. Manche schieben ihm unter, er hätte die Katastrophe verhindern und Frieden schließen wollen. Wahrscheinlicher ist, daß er ganz einfach den Verstand verloren hat (beim Nürnberger Prozeß waren seine Aussagen jedenfalls sehr verworren und konzeptlos).

 Auf dem Parkplatz beim Busterminal. Tel. o1873/ 85 75 88. Nur im Sommer. Im selben Gebäude auch ein National Park Info Centre, das für Wanderungen besser versiert ist.

<u>ABERGAVENNY CASTLE</u> (Castle Street): Reste einer Normannen-Burg, am Ufer der River Usk, wie in einer Kuhle zwischen Hügelketten. Durch übereifrige Restaurierung im 19. Jh. wurde aber das meiste der historischen Baumasse verfälscht.

Innerhalb der Castle-Mauern ist das <u>Stadtmuseum</u> untergebracht: z.B. eine Sattler-Werkstätte, eine Bauernküche, alte Möbel, Kleider und Werkzeuge.

Schauplatz eines blutigen Massakers am Weihnachtstag 1175: Die normannischen Besetzer laden den gesamten Hochadel der Umgebung zum Festbankett. Eine königliche Proklamation soll verlesen, unter die Zeiten der endlosen Fehden ein Schlußstrich gezogen werden. Am Tor geben die walisischen Fürsten die Waffen ab und langen bei Tisch kräftig zu, als sie mit einem Schlag alle ermordet werden. Der Mißbrauch des Gastfreundschaftsrechtes bohrt sich für Jahrhunderte wie ein Stachel ins Volksbewußtsein.

<u>MUSEUM OF CHILDHOOD</u> (Market Street): kleine Kapelle vollgestopft mit Puppen, Schaukelpferde, Krippen und Spielsachen.

 COUNTRY HOUSES: "<u>**Llansantffraed Court**</u>", in Llanvihangel Gobion. Langer Privatweg durch den Park zu einer Villa aus rotem Ziegelstein. In der Empfangshalle Gewölbe und Freitreppe, prachtvolle Lounge Rooms und Bar. 21 Zimmer, Jetset-Treff. Anfahrt: ca. 5 km südöstlich via der B 4598 Richtung Raglan, dann beschildert. Tel. o1873/ 84 o6 78. DZ ca. 19o DM.

"**Rock & Fountain Hotel**", in Glydach. Weißgekalkter, verschachtelter Altbau aus dem 16. Jh., weit ab vom Touristen-Trubel. 9 Zimmer, privat geführt und sehr gutes Essen. Anfahrt: 7 km westlich via der A 465. Tel. o1873/ 83 o3 93. DZ ca. 95 DM.

HOTEL: "**Angel Hotel**", Cross Street. Das einzige größere Hotel innerhalb vom Ort (3o Zimmer), - Treffpunkt, wo noch jede Hochzeit in Abergavenny gefeiert wurde. Der Altbau gehört zur White-Hart-Hotelkette und wird von professionellem Management geführt. Tel. o1873/ 85 71 21. DZ ca. 2oo DM.

GUESTHOUSE: "**Park Guesthouse**", 36, Hereford Road. Luxus-Pension mit 7 Zimmern, nahe am Stadtkern. Tel. o1873/ 85 37 15. DZ ca. 9o DM.

BED & BREAKFAST: An der Straße nach Brecon eine Reihe von B&B, billig und einfacher Standard. Im Schnitt 1o Mark mehr für ein Doppel an der Straße Richtung Monmouth, dafür etwas schönere Häuser und bequeme Nähe zu Bahnhof/Busterminal.

 Direkt in Abergavenny gibt es keinen Campingplatz. Der Rising Sun Site liegt knapp 1o km nordöstlich an der A 465 Richtung Hereford. Alle zwei Stunden Busverbindung, gute Facilities.

WALNUT TREE (ca. 4 km östlich, an der B 4521 Richtung Skenfrith): einer der Gourmeten-Sterne von Wales, respektable Landvilla zu Füßen des Skirrid Mountains, schon seit 3o Jahren unter Regie einer italienischen Familie. Es kommen Leute bis aus London, um hier zu dinieren. Bei zwei Personen mit vollem Menü und einer Flasche Wein über 2oo Mark!

ANGEL HOTEL (Cross Street): flexible Palette von 12 DM in der Bar bis zum Menü für fast 5o DM. Viele Einheimische, da eine Art Kommunikationspunkt.

Barmeals: Vernünftige Preise und Portionen im CANTREF (Brecon Road), wo auch die meisten Einheimischen hingehen.

Take-away: Fast ein Dutzend Imbiß-Lokale am unteren Ende der Cross Street, nahe beim Busterminal. Indisch, Chinesisch, Kebaps, Pizza etc.

Märkte: Dienstags wimmelt es von Ponies und blökenden Schafen, dazu großer Gemüse- und Flohmarkt. Alles in allem ein Riesentrubel, zu dem viele Leute aus den Valleys kommen. Am Freitag dasselbe im kleineren Rahmen.

Verbindungen ab Abergavenny

 Züge: Der Bahnhof ist 15 Gehminuten vom Busterminal/TI. Stündlich nach Cardiff, weitere Direktzüge nach Manchester. Ab London mit Umsteigen in Newport (stündlich rauf nach Abergavenny).

Busse: Ab London keine Direktbusse, - geht mit Umsteigen in Hereford/England. Nach Brecon und Mon - mouth mit Red & White, alle 1-2 Stunden.

Boottrips: Mit umgebauten Bargen auf dem Kanal, je nach Trip 1-3 Stunden. Abfahrt von Cae-Pen-y-Dre, ca. 8 km südlich via der A 4o42. Fahrplan beim TI.

 Wandern: Bei Bergwanderern am beliebtesten, vor allem wegen seiner atypischen Form: der <u>SUGAR LOAF</u> mit über 6oo m Höhe; schiebt sich am nordwestlichen Ortsrand deutlich ins Bild. Spitze in Form eines Zuckerhutes, wie sein Namensvetter in Rio de Janeiro.

Grüne Abhänge mit Heidekraut und Ginsterbüschen, hier und da blickt der rote Sandstein durch. Oben am Gipfel ein Felsplateau: Bergkegel und grüne Flußtäler und im Süden sind die parallelen Furchen der Industrie-Valleys zu sehen.

Pfad: an der Ortsausfahrt Richtung Brecon, hinter dem Krankenhaus rechts weg (beschildert), und auf dem Feldweg zum Parkplatz auf halber Höhe des Berges. Von dort eine Stunde zu Fuß.

Alternative zum Sugar Loaf ist der <u>BLORENGE</u> (ca. 57o m), der wuchtigste Bergstock hier in der Gegend. Weit weniger berühmt und daher weniger Andrang. Juli/August machen sich sehr viele auf den Weg zum Sugar Loaf. Liegt 4 km südwestlich. Pfad von der B 4269 aus, durch lauschige Wälder am Talgrund die Anhöhe rauf, im letzten Abschnitt wird's recht steil.

Schöne 2-Stunden-Rundwanderung durch das <u>ST. MARY'S VALE</u>, einem tief eingeschnittenen Tal am Fuß des Sugar Loaf. Wald mit Farnkraut-Lichtungen, stämmige Eichen und Erlen-Auwälder, in den oberen Regionen karge Krüppel-Vegetation.

Beginn des Trails: am nordwestlichen Stadtrand in die Pentre Road, an deren Ende ein Parkplatz. Dort beschildert mit "Nature Trail".

Umgebung von Abergavenny

Nördlich liegt ein weites Niemandsland, vor allem das <u>VALE OF EWYAS</u> an der Ostflanke der Black Mountains. Steile Hügelkämme und ein Wildbach, Bäume hängen ihre Zweige übers Wasser. Weiter flußaufwärts wird die Vegetation immer spärlicher, Raben umkreisen die kahlen Felsen.

Wird erschlossen durch ein kleines Landsträßchen, das quer durch die Hügel nach Hay-on-Wye führt (knapp 35 km). Kein öffentlicher Verkehr!

 **Wandern**: Herrlicher 2-Tages-Trail von Abergavenny bis Hay-on-Wye (Dutzende Secondhand-Buchläden). 1. Tag: die ersten 8 km Teerstraße, - auf der A 465 bis Pandy. Dort auf den Offa's-Dyke -Trail bis nach Llanthony oder Capel-y-ffin (siehe unten; Unterkunft telefonisch vorbuchen!). 2. Tag: gute 15 km bis Hay-on-Wye!

Llanfihangel Cruconery

Das Dorf mit dem Zungenbrecher-Namen ist Einstieg ins Ewyas-Valley. Bringt selber aber nicht viel, abgesehen davon sehr touristisch. Anfahrt: ca. 6 km nordöstlich, an der A 465 Richtung Hereford. Bis hierher alle 2 Stunden Busse, - dann aber keine Busse mehr.

 "**Penyclawdd Court**", etwas außerhalb vom Dorf. Authentische Atmosphäre aus dem 16. Jh., das Haus steht unter Denkmalschutz. Grauer Bruchstein (der Mauerkern besteht übrigens noch aus Flechwerk und Lehm), Holzvertäfelung, nur drei Zimmer. Tel. o1873/ 89 o7 19. DZ ca. 16o DM.

PENYCLAWDD COURT RESTAURANT: überall Eichenholz, beleuchtet ist der Speiseraum ausschließlich durch flackerndes Kerzenlicht. 3o-4o DM.

 Für ein Bierchen ins Skirrid Inn, dem ältesten Pub von Wales. Düsteres Steinhaus mit Balken und wurmstichigem Holz. Gute Barmeals: Lunch für 5-1o DM, Dinner wie Lammkotelett oder Lachs für 15-25 DM.

Erste Überlieferung von 111o, als hier ein Gericht über einen Viehdieb stattfand. Das Urteil "Tod durch den Strang" wurde gleich an Ort und Stelle an den Deckensparren vollstreckt. Bis ins 17. Jh. wurden hier an die 2oo Todesurteile vollstreckt, die Zerr- und Schleifspuren an den Balken, wo der Galgen festgeknüpft wurde, sind noch deutlich zu sehen...

Abstecher ins **GWYRNE FAWR VALLEY**: Zunächst Eichen- und Mischwald, Wanderpfade entlang eines Wildbaches, später Wiesentäler und friedliche Hügel. Zweigt 2 km hinter Llanfihangel nach Nordwest ab.

Im Dorf PARTRISHOW Station machen: kleines Steinkirchlein mit einem kunstvoll geschnitztem Altarlettner (aus irischen Eichen), - die Figuren symbolisieren den Kampf zwischen Gut und Böse.

Am Ende der Stichpiste durchs Tal kommt der Gwyrne Fawr,- ein kleiner See, die Hügel spiegeln sich im Wasser. Wunderschön für ein Picknick dort draußen. Ein Pfad führt flußaufwärts zur Quelle des Wildbaches.

CWMYOY: Der Kirchturm hat eine gefährliche Schräglage (aufgrund geologischer Verschiebungen im Untergrund).

Llanthony

Paar Häuser, Farmen und eine Dorfwirtschaft (Barmeals). Sehr malerisch: Mauerreste einer Augustiner-Abtei (gegr. 11o7), mitten in der Einsamkeit der Black-Mountains-Täler. Quadratischer Zentralturm, das Dach ist eingestürzt. Nicht einmal einen Shop gibt es in dem Nest. Zum Essen ins Pub, oder - besser und teurer - ins Abbey Hotel.

"**Abbey Hotel**", kleines Hotel auf dem Gelände der Klosterruine; viele Wanderer steigen hier ab. Tel. o1873/ 89 o4 87. DZ ohne Bad ca. 13o DM.

"**Halfmoon Inn**", mitten im Dorf. Ein paar Fremdenzimmer oberhalb der Dorfwirtschaft. Tel. o1873/ 89 o6 11. DZ ca. 1oo DM.

"**Court Farm**", auf der Schaffarm gleich neben der Klosterruine werden einige Zimmer viermietet. Tel. o1873/ 89 o6 11. DZ ca. 9o DM.

"**Court Farm Bunkhouse**", Hostel-Unterkunft in einem Cottage auf oben beschriebenem Farmof (selbe Telefonnummer). Sehr relaxed und irgendwie außerhalb der Welt. Schlafsaal ca. 16 DM/Person.

Capel-y-ffin

Kleines Kaff mitten zwischen schroffen Berghängen, wo sich Fuchs und Hase freundschaftlich die Hand reichen. Zu Beginn des 2o. Jh. hat sich hier eine exzentrische Künstler-Kommune eingenistet. Das Dorf ist Zentrum für Wandern und Pony-Trecking durch Hochflächen und Moore.

"**The Grange B&B**", sehr gutes B&B, alle Zimmer mit Bad/WC und Komfort-Alternative zur JuHe. Tel. o1873/ 89 o6 11. DZ ca. 1oo DM.

"**Capel-y-ffin Youth Hostel**", kleines Bauernhaus an einem Berghang, knapp 2 km ab vom Dorf. Entsprechend viel Atmosphäre, nach dem Abendspaziergang gemütlicher Smalltalk mit anderen Wanderern. Angebot von Pony-Trecking! Tel. o1873/ 89 o6 5o. Schlafsaal ca. 2o DM/Person.

Im Garten der Herberge können Camper ihre Zelte aufschlagen, Duschen und Kochgelegenheit im Haus mitbenutzen.

Wandern: Hay Bluff, 6-7 km hinter Capel-y-ffin: ca. 69o m hoher Hügel am Nordrand der Black Mountains. Von oben sagenhafter Blick auf die Brecon-Beacons und die saftig-grünen Radnor-Hügel im Nordosten. Startpunkt ist der Parkplatz am Fuß des Hügels, - von dort gute halbe Stunde bis zum Gipfel (mehrere deutliche Pfade).

ABERGAVENNY —> BRECON   (ca. 35 km)

Schöne Route durch das River-Usk-Valley zum Dorf Brecon, dem traditionellen Ausgangspunkt für Touren und Trails in die Brecon Beacons.

Hauptstraße ist die A 4o. - <u>Lesertip</u>: "Besser die B 4558 nehmen, - malerische Ecken am Kanal belohnen für die längere Fahrt."

Wandern: friedliche 35-km-Wanderung entlang des Ufers eines stillgelegten <u>Kanals</u>. Altwasser zwischen Baumgruppen am Ufer, und als Hintergrund die Berglandschaft. 1-2 Tage von Abergavenny nach Brecon.

<u>Geschichte</u>: Eröffnet 1812, als Transport-System von Brecon bis runter zur Waliser Südküste. Abtransport von Eisenerz und Kohle, bald Schlagader zur Versorgung des gesamten Reviers. Die Saison war kurz: die Eisenbahn versetzte dem Kanal nach wenigen Jahrzehnten den Todesstoß, er wurde immer mehr zu einer Provinzangelegenheit und 1938 endgültig geschlossen.

<u>Kabinen-Kreuzer</u>: ideal für Urlaub auf dem Hausboot, wegen der geringen Anzahl von nur sechs Schleusen. Oder sich ein <u>Kanu</u> mieten, um zwischen den einzelnen Dörfern am Ufer hin und her zu pendeln. Adressen beim TI.

✦ Crickhowell (2.ooo Einw.)

Dorf am River Usk, ca. 1o km hinter Abergavenny. Es gibt hier eigentlich nicht allzuviel zu tun, aber schöner Zwischenstop und Basis für die Black Mountains (S. 21o). Kuriosum ist die Brücke: Wer an ihrem östlichen Ende steht, zählt 13 Bogen, vom anderen Ende sind es nur 12.

TI: Beaufort Street, Tel. o1837/ 81 21 o5. Nur im Sommer.

"**Gellirhydd Farm**", ca. 3 km westlich in Llangenny. Farmhof mit 3 Zimmern, von Daphne & Colin nach ihrer "Stadtflucht" liebevoll hergerichtet. Steht mitten im Grünen. Nichtraucher. Tel. o1873/ 81 o4 66. DZ ca. 11o DM.

"**Bear Hotel**", Brecon Road, in Crickhowell. Tel. o1873/ 81 o4 o8. Seit vielen Jahren beliebt. Eine alte Postkutschenstation, mit Torbogen und gepflastertem Innenhof. Verwinkelte Gänge, viel Stil, 28 Zimmer. DZ ca. 14o-2oo DM.

HOSTEL: "**Perth-y-pia**", 3-4 km nordwestlich in Llanbedr. Schlafsäle in einem Outdoor-Zentrum zu Füßen des Table Mountains. Vorher anrufen, da oft belegt. Tel. o1873/ 81 oo 5o. Schlafsaal ca. 25 DM/Person.

Camping: <u>Riverside Park</u> (New Road): billiger Platz mitten im Dorf,- Treffpunkt für Wanderer in den Black Mountains.

<u>BEAR HOTEL</u> (Brecon Road): Barmeals im Pub, serviert zwischen Holzgebälk. Hausgericht ist Laverbread: gekochter Seetang, serviert mit Herzmuscheln und gebratenem Speck. Im Hotel-Restaurant substantiellere Sachen für ein opulentes Dinner.

<u>WHITE HART</u> (Brecon Road): ebenfalls sehr gut und eine Ecke billiger

als im honorigen Bear Hotel.

Tretower: Lohnt sich für Besuch des <u>TRETOWER COURT</u>, ein befestigtes Herrenhaus aus dem Spätmittelalter. Voll restauriert: gepflasterter Innenhof, in der großen Halle eine kunstvolle Holzbalken-Decke. Sehr schön ist der mittelalterliche Küchengarten. Viele der Blumen und Kräuter sind für uns heute Unkraut. Für die Anlage des Gartens wurde eigens ein Botaniker engagiert. Paarhundert Meter entfernt davon eine verwitterte Steinfestung aus der Normannenzeit.

In 18, High Street: Rast machen für einen Imbiß im <u>CHEESE PRESS</u>, kleiner Käseladen, über eine schmale Treppe für einen Snack für 3-1o DM in einem der rückwärtigen Zimmer. Nur tagsüber.

Llangmaddoc: Hinter dem Dorf türmt sich ein imposantes Bergmassiv auf: zerwühlt von stillgelegten Steinbrüchen (Schotter-Gewinnung), zwischen verkrüppelten Linden und Hainbuchen, die Ruinen der Hütten der Steinklopfer. Am südwestlichen Dorfrand zweigt sich die Straße: links zu einem Pfad, der zu den Steinbrüchen reinführt - rechts ein Paßsträßchen über die Berge, mit grandioser Aussicht.

Tal-y-bont: Wer ein eigenes Fahrzeug hat: links weg in den Talybont Forest, ein Lärchen- und Kiefernwald, der das gesamte Tal überzieht. Vorbei an einem langen Stausee, Enten und Schwäne dösen auf der Wasserfläche. An dessen Ende ein Parkplatz: Pfade zu einem Gewirr von Wasserfällen und Wildbächen.

✱ Brecon   (6.ooo Einw.)

An der Nordflanke der Beacons-Berge: bester Startpunkt für Touren in den Nationalpark und für Wanderungen. Gute touristische Infrastruktur. Gemütlicher Marktort mit alten Fassaden. Am Stadtplatz lungern ein paar Jugendliche rum, durch die Straßen zieht der Duft nach Fish & Chips und sorgt für viel Provinzstadt-Charme...

Ein Beispiel pazifistischer Defensive: im Bürgerkrieg (17. Jh.) schleiften die Bewohner Brecons ihre eigene Burg und Stadtmauern, um nicht Ziel eines Angriffs zu werden.

Tourist INFO In einem Stein-Cottage am Parkplatz beim Viehmarkt. Tel. o1874/ 62 44 85. Ganzjährig geöffnet. Im selben Gebäude ist das National Park Info Centre, - für Kartenmaterial und Wandervorschläge.

<u>BRECKNOCK MUSEUM</u> (Bulwark, Ecke Glamorgan Street): Kollektion von Lovespoons, - kunstvoll geschnitzte Holzlöffel, die früher zum Zeichen der Liebe verschenkt wurden. Oder Modell eines Hügelforts aus der

Eisenzeit, Peitschen zur öffentlichen Züchtigung (das letzte Mal 182o) etc.

REGIMENTAL MUSEUM (The Watton): Military-Museum mit Uniformen, Waffen und Orden. Gehört zur Kaserne auf der anderen Straßenseite.

BRECON CATHEDRAL (Priory Street): Das Schiff noch aus normannischer Zeit, - der Rest ist aber im 19. Jh. bei Restaurierung durch Gilbert Scott entstanden (sehr schlichte Kanzel; bulliger, quadratischer Turm wie bei einer Burg).

WELSH WHISKY CENTRE: kleines Museum über Feuerwasser, - mit alten Destillen (älteste von 356 n. Chr., hat in einem Kloster gestanden). Zum Schluß kleiner "Umtrunk". Ca. 2 km östlich, am Kreisverkehr Richtung Abergavenny.

SPEZIELLES: "Bishop's Meadow Motel", 1-2 km Richtung Hereford (an der B 42o6). Heißer Tip, wer ein paar Tage in der Region bleiben will. Motel im amerikanischen Stil - 26 Units mit separatem Eingang und Balkon, für den Bar/Restaurant-Komplex über den Hof! Outdoor-Pool. Das Motel ist schon seit 4o Jahren in der Hand der Perry-Familie. Tel. o1874/ 62 2o 51. DZ ca. 12o DM.

COUNTRYHOUSE: "Peterstone Court", Steinhaus am River Usk, ca. 6 km Richtung Abergavenny. Außen recht schlicht, innen palastmäßig mit Standuhren, schweren Vorhängen und teilweise Himmelbetten. 11 Zimmer, Swimmingpool, Sauna, Solarium. Tel. o1874/ 66 53 87. DZ ca. 25o DM.

"Griffin Inn", ca. 13 km südlich via der A 47o. Gästezimmer in einem alten Landgasthof mitten in den Brecon-Beacons-Bergen. Abends ist unten im Pub immer Hochbetrieb. Tel. o1874/ 75 42 41. DZ ca. 11o DM.

HOTELS: "Wellington Hotel", Bulwark. Der Altbau am Marktplatz war lange Zeit zentraler Treffpunkt. Leider hat es in den vergangenen Jahren so oft Besitzerwechsel gegeben und soviele Beschwerden, daß wir das - an sich schöne - Hotel nicht mehr empfehlen wollen. Tel. o1874/ 62 52 25. DZ ca. 21o DM.

"Castle Hotel", Castle Square. Sehr gutes 5o-Zimmer-Hotel, - aber vorwiegend auf den Reisebus-Markt orientiert. 5 Minuten vom Ortskern, mit Management geführt. Tel. o1874/ 62 46 11. DZ ca. 2oo DM.

"Lansdowne Hotel", 31 Watton. Georgianischer Bau im Stadtkern: klein, Privatbesitz und für die Preislage unbedingt zu empfehlen. Tel. o1874/ 62 33 21.

GUESTHOUSES: "Coach Guesthouse", Orchard Street. Nichtraucher-Pension, in der nicht nur die Luft sauber und frisch ist. Tel. o1874/ 62 38 o3. DZ ca. 1oo DM.

"Beacons House", 16, Bridge Street. Empfehlenswerte 1o-Zimmer-Pension; Nichtraucher. Tel. o1874/ 62 33 39. DZ mit Bad ca. 1oo DM, ohne Bad ca. 85 DM.

"Old Castle Farm Hotel", 1o Zimmer und 5 Sterne. Tel. o1874/ 62 21 2o. DZ ca. 9o DM.

"Borderers House", 47, Watton. Früher ein Pub, - Gebäude mit Charakter und Innenhof, wuchtiges Frühstück. Tel. o1874/ 62 35 59. DZ ca. 95 DM.

"**Glasfryn House**", Llanfaes. 8-Zimmer-Pension, - zwar ohne Bad/WC, sonst aber tiptop. Über die Besitzer, Peter & Barbara, liegen uns positive Leserbriefe vor! Tel. o1874/ 62 3o 14. DZ ohne Bad ca. 85 DM.

"**Glasfryn House**", Llanfaes. Mrs. Jackson sorgt für Wohnlichkeit und nette Atmosphäre. 8 Zimmer. Tel. o1874/ 62 3o 14. DZ ohne Bad ca. 85 DM.

BED & BREAKFAST: So ziemlich alle in bequemer Gehweite vom Stadtkern, fast durchweg solide Altbauten, die einem das Bettgeflüster des Pärchens im Zimmer nebenan vorenthalten. Konzentriert sich auf zwei Regionen:

Im Zentrum (Umkreis der Kirche und des Marktplatzes "The Bulwark"), mitten im quirligen Leben zwischen Pubs und Restaurants, und daher ideal, wer sich nach der Berg-Einsamkeit in den Beacons nach geschäftigem Treiben sehnt. Zimmer im Obergeschoß von Geschäften oder in größeren Pensionen mit zwei Handvoll Zimmern.

Links und rechts der Ausfahrtstraße zur A 4o (der Beschilderung "Llandovery" folgen): eher eine Wohnstraße und recht ruhig, da der Verkehr Ri. Westen über die Umgehungsstraße fließt. 1-2 km vom Zentrum.

Abgesehen davon gibt es in der Region viele **FARMHÖFE**, wer auch abends in der Natur bleiben will. Sonst das Übliche: Hähnekrähen als Weckruf, zum Frühstück euterfrische Kuhmilch.

"**Tyn-y-Caeau Jugendherberge**": ca. 4 km außerhalb, an kleinem Sträßchen parallel zur A 47o. Es existiert ein 1 1/2 km langer Fußweg als Abkürzung (sich von Einheimischen oder beim TI beschreiben lassen). Sehr gut geführt von engagierten Leuten, sauber und gemütlicher Aufenthaltsraum. Traditionelle Kontakt-Börse zu anderen Hillwalkern im Brecon-Beacons-Revier. Tel. o1874/66 52 7o. Schlafsaal ca. 2o DM/Person.

"**Held Bunkhouse**", ca. 3 km südl. Wunderschön und lange etabliert, - leider ist das Privat-Hostel ständig ausgebucht mit Gruppen. Tel. o1874/ 62 46 46. DZ ca. 2o DM.

"**Upper Clantref Bunkhouse**", geht ebenfalls mehr auf Gruppen, - individuelle Backpacker haben, wenn überhaupt, unter Woche Chancen. Tel. o1874/ 66 52 23. Schlafsaal ca. 2o DM/Person.

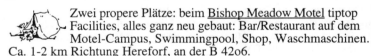 Zwei propere Plätze: beim Bishop Meadow Motel tiptop Facilities, alles ganz neu gebaut: Bar/Restaurant auf dem Motel-Campus, Swimmingpool, Shop, Waschmaschinen. Ca. 1-2 km Richtung Hereforf, an der B 42o6.

Der Brynich Park ist ebenfalls sehr gut, wenn auch auf etwas niedrigerem Level. Außerdem 4 km außerhalb, - an dem Kreisverkehr, wenn man auf die A 4 Richtung Abergavenny fährt.

Abgesehen davon gibt es im Raum Brecon zwei Dutzend Primitiv-Plätze, wo ein Farmer ein Stück von seiner Wiese freimacht. Toiletten und Wasser-Zapfstelle, Duschen sind Luxus. Beim National Park Info Centre das Faltblatt "Camping on Farms" mit 25 Adressen.

PETERSTONE COURT (ca. 6 km Richtung Abergavenny): Wer etwas Besonderes haben will, muß aus der Stadt rausfahren. Stolze Landvilla, das Essen wunderschön hergerichtet im Stil von Cuisine nouvelle. Hauptgang um 4o DM, volles Menü ca. 75 DM.

LANSDOWNE HOTEL (The Watton): urgemütliche Kerzenlicht-Atmosphäre in einem heimeligen Raum, Holztische, Teppichboden. Hat besonders bei Einheimischen guten Ruf, - preislich 25 bis 3o DM.

BISHOPS MEADOW MOTEL (1-2 km via B 42o6 Richtung Hereford): schöner Spaziergang für "very plain home-cooking" - unverschnörkelte, herzhafte Sachen. Seit 4o Jahren bei einer einheimischen Familie, - hier steigen alle Betriebs- und Vereinsfeiern in Brecon! Hauptgang 12-2o DM.

THE OAK (am Marktplatz, neben dem Wellington Hotel): sehr gemütlich für Nachmittagstee draußen im "Tea Garden", dem britischen Äquivalent zum deutschen Biergarten. Um 7 DM für "pot of tea" und einen Berg Scones. Abends properes Essen für 15 DM - uns liegen sehr positive Leserbriefe vor!

Barmeals: Über das GEORGE HOTEL (off High Street) hört man bei den Einheimischen sehr positive Echos. Den ganzen Tag bis 22 Uhr durchgehend warme Küche, 1o-15 DM.

Auf der Terrasse vom PETERSCOURT HOTEL kriegt man tolles Essen für im Schnitt 15 DM. Stolze Landvilla und Blick über die grüne Landschaft, - ca. 6 km Richtung Abergavenny.

Take-away: Im Pizza House (Bell Lane) schmecken die Pizzen am italienischsten.

 Das Nachtleben spielt sich in der High Street und am Marktplatz ab. Am Wochenende viele Soldaten von der Kaserne am Ortsrand, die statt dem Union Jack die Bierfahne flattern lassen. Bezüglich Livemusik läuft wenig bis gar nichts; keine Disco.

George Hotel (off High Street): sehr gemischtes Publikum in der Hotel-Bar, - viele kommen zum Essen und bleiben dann den ganzen Abend.

Sarah Siddon's (High Street): Schuppen mit bunten Lichtergirlanden und Musik in kräftiger Phonzahl. Junges Publikum, viele Army-Leute.

Wheat Sheaf, - von Sarah Siddon's durch die Hintertür und nach rechts: Leute dicht gedrängt wie Dosenwürstchen, sehr junge Leute und gute Stimmung.

Shopping: Eine Reihe von Outdoor-Shops für Campingsachen und alles für den Wanderer, von ordentlichen Schuhen bis zu Trockenfutter und Landkarten.

Märkte: <u>Viehmärkte</u> am Dienstag und Freitag: das ganze Dorf ist dann voll mit den Landrovern der Farmer, die Rufe der Händler gehen im Schafsgeblöke unter. Dann auch viele Buden mit Gemüse und Obst.
<u>Craft Fair</u>, jeden 3. Samstag im Monat: Kunsthandwerker aus ganz Südwales kommen zusammen und verkaufen ihre Sachen.

Boottrips: <u>Kreuzfahrten</u> auf dem Monmouth&Brecon-Kanal, im Sommer jeden Nachmittag mit der Dragonfly, einer überdachten Industrie-Barge. <u>Ruderboote</u> werden bei der Bootshütte an der Promenade vermietet.

Feste: <u>Brecon Jazz Festival</u> (2. oder 3. August-Wochenende): hat sich in den letzten Jahren zunehmend etabliert, - es treten große Namen auf, wie z.B. Johnny Dankworth aus England.

Verbindungen *ab Brecon*

 Züge: die nächsten Bahnhöfe sind <u>ABERGAVENNY</u> und <u>MERTHYR TYDFIL</u>, die als Abstecher von der Südküste aus einfach zu erreichen sind. Von beiden Städten aus dann Busanschluß nach Brecon.

 Busse: Terminal ist der große Marktplatz, Abfahrt vor dem Denkmal. Zwei Companies: Stagecoach für Fernbusse und Silverline für den Regionalverkehr.

-> Cardiff 1 x täglich und -> Swansea mehrmals täglich Busse. Beide Städte haben exzellente Bus- und Eisenbahnverbindungen mit London und Südengland.

-> Abergavenny und Hay-on-Wye alle 2 Stunden mit Stagecoach.

-> Merthyr Tydfil (Zugverbindung mit Swansea) quer durch den Natio nalpark: alle 2 Std. mit Silverline.

-> Llandovery und Carmarthen nur 2 x wöchentlich.

Der legendäre <u>TrawsCambria 7oo</u>, der von Cardiff via Brecon rauf zur Nordküste fuhr und dabei die Route durch Midwales nahm, wurde leider eingestellt. Wäre schön, wenn die Linie reaktiviert würde. - Es gibt nur noch den <u>Traws Cambria 7o1</u>, der aber entlang der westwalisischen Küste fährt.

Umgebung von Brecon

In Brecon dreht sich natürlich alles um den Brecon-Beacons-Nationalpark (siehe Folgekapitel). Hier ein paar andere Ausflüge.

<u>HAY-ON-WYE</u>: Bücher- und Freak-Stadt mit etwas ausgefranstem Flair, - es gibt in dem Dorf Dutzende von Secondhand-Buchläden. Zumindest einen Tagesausflug überlegen, wer nicht sowieso noch nach Ostwales

kommt. Detailierte Beschreibung Seite 439. Hay-on-Wye liegt etwa 25 km nordöstlich, halbe Autostunde. Alle 2 Stunden mit Stagecoach-Bussen.

Y GAER FORT: einigermaßen kümmerliche Reste eines Römerforts, alles von Holunderbüschen überwuchert. 1.ooo Legionäre waren hier stationiert. Anfahrt: schmales Sträßchen nach Cardoc, dort links weg.

Am Gipfel des 337 m hohen PEN-Y-CRUG ein System aus fünf konzentrischen Ringwällen und -gräben: 2.ooo Jahre altes Hügel-Fort der damals frisch eingewanderten Kelten - am strategisch wichtigen Schnittpunkt mehrerer Täler. Blick rein in bewaldete Talfurchen, im Süden der rötliche Bergriegel der Brecon Beacons. Lage: 1 1/2 km nordwestlich, von der B 452o zweigt ein kleines Nebensträßchen ab.

BRECON –> MERTHYR TYDFIL

Durch das Herz des Nationalparks: auch wer sich nicht länger hier aufhält, macht wenigstens diesen Abstecher. Ca. 3o km auf der A 47o, links und rechts türmen sich die rötlichen Sandsteinberge auf.

 Busse: Alle 2 Stunden mit Minibussen der Silverline-Company, 3/4 Stunden Fahrtzeit, ca. 8 DM retour (ein Tagesticket für alle Silverline-Busse kostet ca. 13 DM).

Vom Endpunkt Merthyr Tydfil besteht Zuganschluß nach Cardiff: diese "Valley Line" ist eine Querverbindung zwischen der Brecon-Route und der Südküsten-Route.

 Fahrrad/Wandern: Der Taff Trail geht von Brecon nach Cardiff; Details im Verbindungskapitel von Cardiff. Das Teilstück bis Merthyr Tydfil ist per Fahrrad an einem Tag zu schaffen, zu Fuß zwei Tage.

Erste Station nach 7 km ist Libanus: von der Bushaltestelle 2 km bergauf zum MOUNTAIN CENTRE, dem Hauptquartier der Nationalpark-Verwaltung. Ausstellungen über Flora, Fauna und Geologie der Berge, Literatur und Kartenmaterial. Liegt auf einer grünen Anhöhe, - vom Balkon hat man einen der schönsten Panoramablicke aufs Beacons-Massiv.

In der unmittelbaren Umgebung einfache Spaziergänge über grüne Hügel und vorbei an Schafen.

"**Llwyn-y-Celyn Youth Hostel**", ca. 3 km hinter Libanus. Einfache Bleibe in einer Farmscheune, - aber einmaliger Bergwanderer-Treff, abends sitzt man beisammen und redet Wander-Latein. Der Besitzer kennt die Beacons wie seine Westentasche und hilft bei der Routenplanung. Der Bus hält direkt vor der Haustür. Tel. o1874/ 62 42 61. Schlafsaal ca. 2o DM/Person.

Kurz hinter der JuHe: die Bergsteiger-Schule STOREY ARMS, Startpunkt für die Standard-Route auf den Pen-y-fan, dem höchsten Berg in den Brecon Beacons. Einfacher Aufstieg, keinerlei Orientierungsprobleme, und auch für Turnschuh-Alpinisten kein Problem. Details unten!

Im letzten Abschnitt bis Merthyr Tydfil geht's durch das <u>TAF FAWR VALLEY</u>, vorbei an drei langgezogenen Seen (Ufer-Wanderwege). Von dunklen Fichten umsäumt, Wolken spiegeln sich im Wasser. Wurden 189o-193o künstlich als Stauseen angelegt für die Wasserversorgung von Cardiff.

<u>MERTHYR TYDFIL</u>: war in der 2. Hälfte des 19. Jh. die weltweit führende Stadt in Eisen- und Stahlproduktion. Vom Stadtbild heute nicht unbedingt schön, aber einige interessante Industrie-Relikte aus der Zeit der Ironmasters sowie eine Dampfeisenbahn rein in die Beacons. Details siehe Seite 185.

DAN-YR-OGOF: Eines der größten Höhlensysteme in Westeuropa! Tonnenschwere Stalaktiten und alabasterartige Säulen, durchscheinende Felsvorhänge und erstarrte, wie festgefrorene Wasserfälle. Für Besuch mindestens zwei Stunden einplanen. Zusätzlich zwei weitere Sights (siehe unten).

<u>Anfahrt</u>: ab Brecon ca. 35 km, auf der A 4o67 durch den Nationalpark. Ungezähmte Natur und Täler, die Asphaltpiste wie eine steinerne Schlange. Täglich viermal mit dem Swansea-Bus von Silverline.

Die Höhle besteht aus einem ganzen System von Tunneln und Kammern. Zunächst die <u>Haupthöhle</u>, ein riesiges Gewölbe mit spektakulären Kalkstein-Formationen. In einer Seitenkammer hat man ein unterirdisches Eisenzeit-Dorf nachgebaut.

Sehr wuchtig kommt die <u>Cathedral Cave</u>, 15o m lang und 25 m hoch: aus Lautsprechern ertönt klassische Musik, eine Lightshow liefert optische Impressionen.

In der <u>Bone Cave</u> sind lebensechte Puppen von Urmenschen und Höhlentieren aufgestellt. Macht sehr anschaulich, wie's bei den Neandertalern auf dieser Welt so zuging.

<u>DINOSAUR PARK</u>, vor der Höhle: Modelle von Riesenechsen,- aber einigermaßen kitschig mit Gummipuppen. Ist sein Geld eigentlich nicht wert.

<u>CRAIG-Y-NOS CASTLE</u>, 5oo m südlich der Höhle. Das Märchenschloß im Disneyland-Format wurde 1842 gebaut, - 35 Jahre später kaufte es die italienisch-amerikanische Opernsängerin Adelina Patti. Von der exzentrischen Diva stammt die Replikation eines Londoner Opernhauses.

BRECON BEACONS NATIONALPARK

Patchwork aus wunderschönen Naturlandschaften: gottverlassene Hochmoore und Heide, reißende Wildbäche rauschen durch die einsamen Waldtäler, stahlblaue Seen und halbwilde Bergponies. Unvergeßliche Wanderungen auf die pastoralen Bergkegel, oder Trecks auf Pferderücken.

Die landschaftliche Gliederung des Nationalparks besteht aus vier unterschiedlichen Regionen:

1) Die <u>Brecon Beacons</u> sind das "Mittelstück", direkt südlich des Städtchens Brecon. Steinerne Wellen wie ein erstarrter Ozean - das Revier für klassisches Bergwandern, und relativ viele Touristen.

2) Am Südrand der Beacons-Berge der sogenannte <u>Waterfall District</u>: Wirrwarr von Wasserfällen und rauschenden Wildbächen, alles zugewuchert von urwaldähnlicher Vegetation. Zentrum ist das Mini-Dorf Ystradfellte.

3) Die <u>Black Mountains</u> erstrecken sich östlich der Brecon Beacons: eine Reihe paralleler, von grünen Matten überzogener Hügelketten. Zu empfehlen, wer lange Wanderungen entlang der Hügelkämme ("ridge walking") liebt.

4) Westlich der Beacons der <u>Black Mountain</u> (ohne "s" - Singular!): Hochmoor mit aufragenden Hügelgipfeln. Etwas sumpfig, nur wenige Touristen kommen hier raus!

AUSGANGSPUNKTE: <u>BRECON</u> direkt am Nordrand des Bergmassivs ist das traditionelle Zentrum, vor allem zum Bergwandern. Mehr "Facilities" bringt <u>ABERGAVENNY</u>, ist aber ein Stück abgelegen vom Bergmassiv.

 Eigens für den Park <u>National Park Information Offices</u> mit jeder Menge Broschüren und Landkarten - das Personal ist auch gern bei der Planung von Wanderungen behilflich. Außerdem Aushänge mit Wetterbericht und geführte Wanderungen. Als einziges ganzjährig geöffnet.
* in Abergavenny
* in Brecon
* in Llandovery
* Haupt-Office ist das Mountain Centre in Libanus (8 km südlich von Brecon an der A 47o) mit Ausstellungen über Geologie, Flora und Fauna.

UNTERKÜNFTE: <u>Hotels</u>: nirgendwo hier in der Region Luxus-Kästen. Komfortable Mittelklasse-Hotels in den Ortschaften Brecon und Abergavenny.

Bed&Breakfast ebenfalls in Brecon und Abergavenny, - besonders reizvoll aber in den kleineren Bauernnestern, wo zwei Kneipen und die Kirche die komplette Infrastruktur ausmachen. - Zum Frühstück Milch frisch aus dem Euter! Liste bei den National Park Offices.

Jugendherbergen: gut bestückt - ein Hostel für jede der vier Landschaften. Bei den Wardens Broschüren mit Wandertips!

 Es gibt sehr viele Campingplätze, aber alle mit limitiertem Komfort. Die TI-Liste "Camping on Farms" gibt 25 Adressen: Toiletten und Duschen sind schon Glückssache.

Volle Trapper-Romantik vermitteln die fünf Plätze der **Forstverwaltung** ("Forestry Commission"): eigens für die Bergwanderer eingerichtet; ohne irgendwelche Facilities, nicht einmal Toiletten. Auf einer einsamen Waldwiese stehen ein Dutzend Tramper-Zelte, abends sitzt man beisammen und schlürft dampfenden Tee... Keine Gebühren.

Wildcampen: Dem Farmer freundlich zublinzeln und um Erlaubnis fragen, da sich auch das scheinbare Ödland in Privatbesitz befindet.

 Wandern: Bei den National Park Offices jede Menge Broschüren mit Trail-Beschreibungen. Sehr zu empfehlen die Hefte "Walks in the Brecon Beacons" (je 2 DM) - für jede Region ein separates Heft mit detaillierten Infos und Landkarten.

Verhaltensregeln: Eine Portion Vorsicht gehört unbedingt ins Gepäck; die Berge sehen aus der Distanz oft sehr einladend aus, dann aber recht schwierige Passagen! Das Wetter wechselt von einer Minute auf die andere.

1) Warme Klamotten einpacken, auch bei strahlendem Sonnenschein: ein dicker Pulli plus Regenumhang bzw. Anorak.

2) Feste Wanderschuhe!

3) OS-Karte und Kompaß unverzichtbar, um sich wieder orientieren zu können, wenn man vom Weg abkommt.

4) Nicht alleine aufbrechen. Vorher sich bei einem der National Park Offices eine sog. "Trail-Card" geben lassen: die geplante Route darauf verzeichnen und vor Aufbruch bei der zuständigen Polizeistation hinterlegen. Bei Unregelmäßigkeiten wird die Bergwacht alarmiert.

5) Trillerpfeife und eine Reserve-Eßration für den Notfall.

6) Für den Fall der Fälle: sechs Pfiffe mit der Trillerpfeife bzw. sechsmal mit einem Spiegel blinken bzw. sechs Rufe, - nach einer Minute Pause wiederholen. Telefon der Bergwacht: o1874/ 62 23 31.

JOIN-A-WALK: mehrstündige bis eintägige Wanderungen unter sachkundiger Führung, zu überlegen für Leute mit zu wenig Erfahrung für "auf eigene Faust". Wird im Sommer jeden Tag angeboten, Termine und Treffpunkt bei den National Park Offices.

PONY TREKKING: Wunderschönes Revier für Touren auf dem Pferderücken, - durch lauschige Täler mit dem Hufeklappern als Begleitmusik. Adressen der Reitställe bei den National Park Offices. Preise: ca. 5o DM für ganztägige Ausritte.

In Brecon sehr schön das "Cantref Trekking Centre", knappe 6 km außerhalb in Upper Cantref. Liegt als einziger Reiterhof direkt in den Bergen.

★ REGION BRECON BEACONS

Das Mittelstück der Bergwelt: bis zu 9oo m hohe, rötliche Sandsteinfelsen, - sehr beliebt bei Bergwanderern, viele Gipfel direkt von Brecon aus zu Fuß zu erreichen.

Der Nordteil mit schroffen Felsabstürzen, stahlblaue Bergseen sammeln sich in den Karmulden. Im Süden laufen die Beacons sanft aus in grünes Weideland und dichte Mischwälder.

Name "beacon" = Leuchtfeuer; der rote Sandstein sieht mit etwas Phantasie aus wie Leuchtfeuer.

TRAILS: Die Brecons werden fast immer entlang der Berggrate von der Nordseite her bestiegen, weit besserer Ausblick als an der waldreichen Südflanke. Hier ein paar der klassischen Routen:

Pen y Fan: mit 9oo m die höchste Erhebung in Südwales und der Lieblingsberg vieler Wanderer im Beacons-Massiv. Frische Bergluft, Raben krächzen im Sandsteinfels, Täler und endloses Niemandsland.

Der Tourist Trail ist der kürzeste und meistbegangene Pfad rauf auf den Pen-y-Fan. Sehr steil und eine ziemliche Plackerei, - feuchter Untergrund, immer nur die steile Bergwand vor Augen. Der große Vorteil liegt im Zeitbedarf von nur 2 1/2 Stunden.

Startpunkt ist der deutlich beschilderte Pont-ar-Daf-Parkplatz an der A 47o (Brecon-> Merthyr Tydfill; Busse) kurz hinter dem Storey Arms. 5o m hinter den Toiletten am Parkplatz beginnt der deutlich ausgetretene Pfad.

Die weitaus schönste Alternative rauf auf den Gipfel ist der Horseshoe Walk, - entlang grasiger Hügelkämme mit Rundblicken in alle Himmelsrichtungen, grüne Täler und den Gipfel deutlich vor Augen. Man sollte allerdings etwas Bergwander-Erfahrung mitbringen, insbesondere bei schlechterem Wetter. Zeitbedarf gut und gerne 4-6 Stunden.

Zum Startpunkt ca. 4 km ab Brecon, evtl. mit dem Auto: in Brecon Richtung Llandovery auf der Brücke über dem River Usk, vorbei an der St. David's Kirche und die nächste links in die Frwddgrech Road (Abzweigung beim "Pub Drovers Arms"). Diese Straße teilt sich nach 1 1/2 km in drei Seitensträßchen, - die linke nehmen und dann über 2 km immer geradeaus. Rechterhand ein paar Wellblech-Baracken, dahinter ein Parkplatz.

Trail-Verlauf: Beschildert am Parkplatz, immer geradeaus, Richtung Nase auf den Bergkamm und immer dem Kammgrat folgen bis zum Pen-y-fan.

Nach der Rast auf dem Gipfel rüber zum östlich liegenden Berg Cribyn. Zurück zum Auto: zur Linken der gähnende und schroffe Berghang. Vom Cribyn: via dem Bergkamm "Bryn Tag" bis zur Straße, von dort etwa 2 km.

Das Ganze mit der OS-Karte planen: die hier beschriebene Route wurde uns von Leuten der Bergwacht empfohlen und bringt intensivste Naturerlebnisse! Der Trail ist eingezeichnet auf der OS-Karte "Landranger 16o". Einen ganzen Tag einplanen.

Llyn Cwm Llwch: unvergeßliche 3-Stunden-Wanderung zu einem einsamen Bergsee, liegt wie ein blauer Kristall in einem tiefen Mondkrater, drumherum irreale Szenerie aus kahler Felswüste. Von hier aus läßt sich ein 1/2stündiger Abstecher zum 873 m hohen Gipfel des Corn Du machen.

Startpunkt: in Libanus an der A 47o (Brecon - Merthyr Tydfil), neben der Kirche, gleich hinter dem Ortsschild (Parkplatz!). Von dort paar Kilometer nach Llwynbedw, die Grundmauern etlicher Häuserruinen - und links an einem Mischwäldchen vorbei. Von dort zum Flüßchen Nant Cwm Llwch, und sich immer in dessen Sichtweite halten. Die Richtung führt flußaufwärts, der River entspringt im Bergsee.

Vom Bergsee zum Corn Du: nur 7oo m, wobei aber fast 2oo m Höhenunterschied überwunden werden müssen. Deutlicher Pfad am Bergsattel lang!

Ridge Walk: Ausgehend vom oben beschriebenen Tourist Trail auf den Pen-y-Fan und entlang des Bergkammes nach Osten, wobei eine Reihe von Gipfeln und tiefen Bergsatteln zwischen ihnen erklommen werden müssen. Sehr anstrengend und nur für Leute mit entsprechender Erfahrung; einen vollen Tag einplanen.

Craig Cerrig-gleisiad: Steile Felswände ziehen sich um ein menschenleeres Tal. Wucherndes Krüppelgehölz unten, und oben ziehen Rabenvögel verloren ihre Kreise, am Fuß der Klippen grasen Bergponies. Nur wenige Bergwanderer kommen hier raus.

Das Tal liegt westlich der A 47o, am besten sich einquartieren in der Llwyn-y-Celyd-Jugendherberge. Pfad beschildert, vom Picknickplatz an der A 47o, kurz hinter der JuHe. Zeitbedarf: 1 1/2 Std. hin und zurück.

✦ WATERFALL DISTRICT

Südlich der Beacons-Berge: kleines Gebiet, wo drei Flüsse entspringen. Rauschende Wildbäche stürzen sich in Felspools, Höhlen und kleine Wasserfälle; drüber spannen sich moosbewachsene Holzstege und bei Sonne schillernde Regenbögen.

Ideal zum Wandern, alles überwuchert von urwüchsigen Fichten. Die Wasserfälle sind nur zu Fuß zu erreichen.

<u>Vorsicht</u>: schlüpfriger und nasser Untergrund, daher festes Schuhwerk (hat schon ernste Unfälle gegeben) und sich an die beschilderten Wanderpfade halten. Für einfache Wanderungen: beim TI in Brecon das Faltblatt "Waterfall Walks" besorgen, mit kleinen Karten-Skizzen, kostet nur ein paar Pfennige. Wer die festen Pfade verlassen und auf eigene Faust wandern möchte, besorgt sich die OS-"Outdoor Leisure"-Landkarte Nr. 11.

Zentrum des Waterfall District ist das Dorf **YSTRADFELLTE**: gottverlassenes Nest aus Post Office, Kneipe und Kirche, drumrum eine Handvoll Farmhöfe. Liegt pittoresk in einer locker bewaldeten Senke, durch die Dorfstraße schleicht ein Hund...

 BED & BREAKFAST: Die Ecke ist nicht nur einen Tagesausflug wert! Wunderschön, sich hier draußen in der Wald-Einsamkeit einzuquarieren. Hotels gibt es aber keine. Auch bei B&B begrenzte Kapazität auf ein paar Farmhöfen; unbedingt 1-2 Tage vorher in einem TI-Office vorbuchen. Wegen der schlechten Verbindungen ist aber ein Auto nötig.

"**Ystradfellte Youth Hostel**", 1 km vom Dorf an der Straße nach Glyn Neath. Simple Bleibe mit 3o Betten, Unterbringung in drei primitiven Hütten in bequemer Nähe der Wandertrails zu den Wasserfällen. Tel. o1874/ 62 42 61. Schlafsaal ca. 15 DM/ Person.

 <u>Camping</u>: nach unseren Informationen kein offizieller Campingplatz, - wildcampen!

 Anfahrt: <u>Per Auto</u>: Man kann nicht direkt an die Wasserfälle heranfahren, immer zu Parkplätzen, von denen Wanderpfade abführen (je nach Ausgangspunkt 1-2 Stunden). Entweder von Brecon aus über sehr enge Land sträßchen quer durch das Beacons-Massiv zum Parkplatz in Ystradfellte, oder von Süden her zu den Städten Hirwaun und Glyn Neath (Parkplätze in den vorgelagerten Dörfern).

<u>Per Bus</u> sehr schlecht, keine Connections direkt zu den Startpunkten der Wanderungen. Am günstigsten geht's folgendermaßen: mit dem Silverline-Bus von Brecon, Richtung Merthyr Tydfil, und den Fahrer bitten, daß er einen am Stausee "Beacons Reservoir" aussteigen läßt. Von hier ca. 13 km querfeldein zur Ystradfellte-JuHe: sehr anstrengend, entlang der Beacons-Südflanke, dauert halben Tag. Kein Pfad, Orientierung mit der OS-"Outdoor Leisure" Nr. 11. In der JuHe übernachten, und sich am nächsten Tag auf die Socken machen.

Wanderungen zu den Wasserfällen

1.) <u>Standard-Route</u> zum Reinschnuppern ist kurz und einfach, kann man zur Not mit Turnschuhen machen. Zu einer Kette von Kaskaden, das schönste Revier mit den hohen Wasser fällen wird jedoch überhaupt nicht tangiert.

Startpunkt ist "Pontneddfechan", 2 km östlich des Städtchens Glyn Neath (Busverbindung). Den Wagen vor der Kneipe "Angel Inn" parken und der Beschilderung folgen: am River-Nedd-Ufer 5 km flußaufwärts bis zum Parkplatz "Pont Melinfach"; der Fluß stürzt sich in einen tiefen Felskessel; zurück auf demselben Weg. Ca. 2 Stunden retour. Bringt während des gesamten Trails "Waterfall-Ambiente".

Weiter zur <u>Ystradfellte-JuHe</u>, knapp 5 km in nördlicher Richtung über ein kleines Landsträßchen.

2.) Der <u>kürzeste Weg</u> dauert etwa 1 Stunde retour (6 km): parken in Penderyn, und von dort Querfeldein-Pfad über sumpfiges Gelände zum "Sgwd-yr-Eira", dem höchsten und weitaus schönsten Wasserfall. Nachteil: verläuft bis zum Zielpunkt über Weideland ohne das spezifische "Waterfall-Ambiente".

3.) <u>Circular Walk</u>: Rundwanderung von 15 km und Zeitbedarf bei 5 Stunden, für Leute, die einen kompletten Tag investieren wollen. Bringt intensive Natureindrücke, rauschende Wildbäche und Bergkämme, Vögel singen in den Zweigen.

Zunächst auf der Standard-Route bis zum Parkplatz: dort rechts weg über die Brücke und 2 km entlang eines Landsträßchens bis zur T-Kreuzung. Dort links ab und 8oo m die Straße runter, bis rechts ein deutlicher Trampelpfad zum River Mellte abzweigt. Orientierungspunkt: 4oo m hinter dem Beginn des Pfades liegt eine Tankstelle.

Auf einem Steg über den Fluß und auf der anderen Seite runter zum Sgwd-yr-Eira-Wasserfall (beschildert). Von dort weiter zum Parkplatz "Craig-y-Ddinas" (1 1/4 Std., ausgeschildert). Von dort, entlang der Hauptstraße, guten Kilometer zurück zum Ausgangspunkt.

★ BLACK MOUNTAINS

Der Ostabschnitt der Brecon-Beacons-Bergregion: eine Reihe paralleler Hügelketten, die sich von Süd nach Nord ziehen. Keine isolierten Gipfel, sondern runde Buckel mit Wollgräsern und Heidekraut.

Daher: ideal für sog. "<u>Ridge Walking</u>", immer am Hügelkamm lang, mit grandiosen Ausblicken in alle Richtungen, kein Berghang verdeckt die Aussicht. Am nördlichen Ende fallen die Kämme steil ab: Butterbrote fürs Picknick auspacken, den weiten Blick übers vorgelagerte Farmland genießen und den Drachenfliegern zusehen, die hier zu Dutzenden ihre Kreise drehen...

Weiterer Vorteil der Black Mountains: wesentlich einsamer als die Beacons, wo man praktisch immer Leute auf dem Weg zum Gipfel antrifft. Vor allem zur Hochsaison einer der Hauptgründe, hierher auf die Black Mountains auszuweichen.

Die Wanderpfade sind - im Gegensatz zum Beacons-Massiv - nicht beschildert: sorgfältig mit der OS-Karte arbeiten und selbst seinen Weg suchen! Oben zum Teil recht sumpfige Regionen, ohne festes Schuhwerk kommen einem da schon mal unpassende Bibelworte über die Lippen. Heimtückisch auch der Nebel, der hier ohne lange Voranmeldung seinen Schleier über die Landschaft legt.

Trails: Prinzipiell schöner, die Hügelkämme in Süd-Nord-Richtung zu erwandern. Als Belohnung wartet der Panoramablick am nördlichen Steilhang.

Transport zum Startpunkt: mit dem Brecon->Abergavenny-Bus; zurück nach Brecon am Ende des "Ridge Walks" mit dem Hay-on-Wye->Brecon-Bus. Beide Linien alle 2 Stunden.

Eine einfache Standard-Route: frühmorgens mit dem Abergavenny-Bus bis Crickhowell, - auf dem Hügelkamm nach Norden bis Talgarth. Dort ein Privat-Hostel für die Nacht, - oder noch am selben Tag per Bus zurück nach Brecon.

Für längere Aufenthalte: Treffpunkt der Black-Mountains-Wanderer sind die JuHe und ein Privathostel, mitten in den Hügeln. Beschreibung bei "Abergavenny/Umgebung" (Seite 196).

✦ BLACK MOUNTAIN

Schließt sich westlich an das Brecon-Beacons-Massiv an. Zur Unterscheidung: im Gegensatz zu den oben beschriebenen Black Mountains ohne "s" - also Singular!

Der Black Mountain ist kein einzelner Berg, sondern eine hochliegende Wildnis aus Heidekrautsteppe, wuchtigen Findlings-Blöcken und verlassenen Steinbrüchen. Düstere Talfurchen, und nur ein paar einzelne Gipfel erheben sich darauf. Schafherden ziehen über das baumlose Moorland, die Rufe der Brachvögel, oben am Himmel ziehen Bussarde verloren ihre Kreise. Nur selten kommen Leute hier raus...

Llandeusant: ein gottverlassenes Nest mitten in der Einöde, - der traditionelle Startpunkt für Wanderungen raus in die Black-Mountain-Urwelt. Dorfkneipe "Cross Inn" (gute Barmeals) sprechen die Menschen noch ihren walisischen Slang. Und abends weht ein frischer Wind vom Moor herunter, am Himmel die bleiche Mondsichel...

Liegt etwa 35 km westlich von Brecon. Ohne Auto sehr schwer zu erreichen: frühmorgens mit dem Bus Richtung Llandovery bis zum Weiler

Trescastle, dann 15 km zu Fuß über ein kaum befahrenes schmales Landsträßchen.

"**Llandeusant Youth Hostel**", gleich neben der Dorfkirche. Früher eine Postkutschenstation, nur 28 Matratzen unterm Dach und viele hatgesotdene Bergwanderer. Bombige Atmosphäre. Der Warden kennt zig Rundwanderungen, ausgehend vom Hostel. Tel. o1222/ 39 67 66. Schlafsaal ca. 15 DM.

 Zwei Halbtages-**Wanderungen**: Höchste Erhebung im Hochmoor hinter Llandeusant ist der 8o2 m hohe <u>Fan Brychainiog</u>: Felskanzel am nordöstlichen Ende einer sanft ansteigenden Landzunge, Blick über die weite Moorlandschaft und bis runter zur südenglischen Küste.

An der "Basis" der Fan-Foel-Landzunge blinkt ein kraterartiger See mitten im Niemandsland: der <u>Llyn-y-Fan-Fach</u>, eingeschlossen in einen tiefen Felskessel, Wolken spiegeln sich im glasklaren Wasser.

> *WEITER AB BRECON: in Brecon stellen sich die Weichen, ob man direkt nach Nordwales mit seinen Snowdonia-Bergen fährt. - Oder ob man zunächst weiter Kurs West hält und auf dem Weg nach Nordwales die südwestliche Landecke ausfährt. Erstes Etappen-Ziel ist in beiden Fällen das Städtchen Aberystwyth an der walisischen Westküste.*

Brecon ⤞→ Aberystwyth/Direktroute   ca. 1oo km

Die Route für Leute mit knappem Zeit-Budget, - läßt sich problemlos in einem halben Tag machen. Auf der Route beeindruckende Landschaft, aber sonst kaum bedeutende Sehenswürdigkeiten.

Mit dem <u>Auto</u> quer durch die wilden, fast unbesiedelten Cambrian Mountains: zunächst auf der A 47o nach Builth Wells, die in die A 44 nach Aberystwyth mündet.

Wer drei Stunden reine Fahrtzeit investieren will, für den empfiehlt sich folgende Haarnadel-Piste: Von Brecon auf die B 452o, eine unbedeutende Bergstrecke, die in die sogenannte B 4519 übergeht und nach Garth führt. Nur selten begegnet einem ein Auto hier draußen. In Garth nach links abbiegen auf die einspurige Bergpiste nach Beulah (der Beschilderung "Abergwesyn" folgen). Eine Zeit-Investition, die sich auszahlt. Mit OS-Karte arbeiten!

<u>Details</u> zu Cambrian Mountains Seite 167, weiterer Routen-Verlauf ab Aberystwyth Seite 263.

Busse: sehr schwierig, da keine Direktverbindung. Einzelne Linien müssen kombiniert werden, - im TI fragen, da sich die Fahrpläne ständig ändern. Folgende Variante geht immer, ist aber teuer und umständlich: runter nach Cardiff und von dort weiter.

Brecon ⤞Aberystwyth/via Pembrokeshire ca. 24o km

Für den Schlenker über die wild-zerrissene Küstenlandschaft in der Südwest-Ecke sollte man 2-4 Tage ansetzen, damit sich die Sache wirklich lohnt. Viele lohnende Zwischenstops und unvergeßliche Klippen-Wanderungen!

Zunächst auf der gut ausgebauten A 4o nach Carmarthen, dem Vorposten zur Pembrokeshire-Küste. Von dort sich, je nach spezifischem Reisekonzept, immer an der Küste raufhangeln bis Aberystwyth.

Busse: Extrem schlechte Anschlüsse bis Carmarthen (nur zweimal pro Woche, bei Drucklegung nur dienstags und freitags), - dann aber unproblematisch! Einfach-Variante: mit dem Silverline-Bus nach Merthyr Tydfil, - dann weiter per Zug nach Swansea, wo man Zug/Bus-Anschlüsse in alle Richtungen hat.

Details: die knapp 8o Kilometer bis Carmarthen im Anschluß beschrieben. Weiter ab Carmarthen im Kapitel "Pembrokeshire", Seite 219.

Brecon ⤞ Carmarthen ca. 77 km

Via der A 4o Richtung Westen, zunächst 3o km bis zum Städtchen Llandovery, immer flußabwärts durch das River-Towy-Valley. En route schöne Stops und Abstecher, - ist locker einen kompletten Tag wert!

Llandovery: Kleines Marktstädtchen - vielleicht kurz anhalten, aber nichts für lange Aufenthalte. In den 6oer Jahren haben sich hier viele Aussteiger niedergelassen. Entsprechend Cafés, Naturkostläden etc.

DINEFWR CRAFT CENTRE, in der Markthalle: Werkstätten von Kunsthandwerkern und Shop mit guter Selektion.

DOLAUCOTHI GOLDMINE

Besuch einer Goldmine, in der schon die Römer geschürft haben. Nach ihrem Abzug lag die Mine brach, - wurde erst wieder 1888 revitalisiert und nach dem 2. Weltkrieg erneut aufgegeben.

Anfahrt: ca. 6 km hinter Llandovery rechts weg auf die A 482, - dort weitere 1o km bis Pumsaint. Folgende Aspekte:

* Bei der "Roman Tour" zeigt ein römischer Legionär in vollem Geschirr, wie man da mals vorgegangen ist.

* Die "Underground Tour" geht rein in die Schächte, - alles sehr unkommerzialisiert: man geht zu Fuß und muß unter Tage über Leitern kraxeln. Dauert eine Stunde.

* Beim "Goldpanning" kriegt man Ausrüstung und Einweisung zum Goldwaschen. Oft sind die Nuggets nur Katzengold, aber immerhin ist es selbstgewaschen.

Llandeilo: Eine graue, 113 m lange Steinbrücke spannt sich in vielen

Bogen über den Fluß. Sonst ist hier nicht viel los, - im Normalfall schaut man sich eine zwei Sachen an und fährt weiter.

<u>PLAS DINEFWR</u>: eine der schönsten Parkanlagen in Wales, - zum Wandern (Feuchtwiesen, Buchenhaine, eine Damwild-Herde etc.). 1775 von Capability Brown angelegt. Dieser war im 18. Jh. der führende britische Landschaftsgärtner, berühmt für seine romantischen Arrangements.

Mitten im Park steht eine Castle-Ruine und vor allem das "Newton House" - eine Landvilla aus dem 18. Jh. Würde restauriert und für Besucher geöffnet. 1-2 km westlich von Llandeilo, via der A 4o.

<u>CAREG CENNEN CASTLE</u>: Ritterburg auf einer scharfen Felskanzel oberhalb vom River Cennen. Zu seinen Füßen der 11o m tiefe Felsabsturz und die Laubkronen der Wälder wie eine grüne Decke. Kolkraben umkreisen den Fels, weiter Blick über den Black Mountain. Ca. 6 km südöstlich, auf kleinem Nebensträßchen.

Taschenlampe mitbringen: ein stockdunkler, über 5o m langer Tunnel führt von der Burg zu einer unterirdischen Höhle. Er diente zur Wasserversorgung der Burg. Lampen werden auch am Ticketschalter verliehen.

<u>GELI AUR</u>: Arboretum mit seltenen Bäumen, alle beschildert. Traumhaft schön im Mai/Juni, wenn hier überall die Rhododendren blühen. Bei Golden Grove, - ca. 5 km südwestlich von Llandeilo via der B 43oo.

Llanarthney: Ca. 1o km hinter Llandeilo, lohnt sich für <u>PAXTON'S FOLLY</u>: ein Turm hoch über dem Dorf, fast 2o Min. bergauf. Panorama-Blick auf das Towy Valley und den Black Mountain.

Der Turm wurde im 19. Jh. von einem steinreichen Bänker aus London gebaut. Er hatte sich für einen Parlamentssitz beworben und die Wahlmänner der Region bestochen - einer der teuersten "Wahlkämpfe" der britischen Geschichte! Zum Dank wollte er aus eigener Tasche eine Brücke über den Fluß spendieren. Nachdem er trotz allem nicht gewählt wurde, rächte er sich auf seine Weise und baute den "Nonsense-Turm" exakt an der Stelle, wo seine Brücke stehen sollte.

Auf den letzten 15 km <u>bis CARMARTHEN</u> keine Höhepunkte mehr. Details Carmarthen Seite 164.

Pembrokeshire

Der Südwestzipfel von Wales: eine gottverlassene Gegend dort draußen mit menschenleerer Küstenszenerie, friedlich schlummernden Sandbuchten, Klippenabstürzen und tief eingeschnittenen Fjorden. Sturmumbrauste Felstürme ragen aus der Brandung, Bootsfahrten raus zu Robbeninseln und schnatternden Seevogel-Kolonien, oder im PS-starken Schlauchboot durchs Schären-Gewirr und rein in nur vom Meer aus zugängliche Klippenhöhlen.

An der SÜDKÜSTE charmante Küstendörfer und Ferienorte, vielleicht einen Badetag einlegen. Kultur und Sprache ist englisch geprägt, normannische Invasoren drängten im 11.Jh. die Urbevölkerung nach Norden ab.

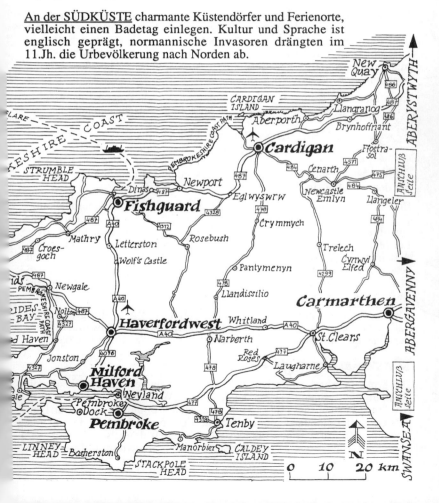

An der NORDKÜSTE unwirtliche Wildnis, der Seewind peitscht über die Klippen landeinwärts. Rein walisische Bevölkerung, der gutturale Slang ist an jeder Straßenecke zu hören. Überhaupt ist die Nordhälfte viel unwirtlicher. Aus dieser Region wurden übrigens vor 5.ooo Jahren die Steine für die Stonehenge-Kultstätte runter nach Südengland geschleift.

Der gesamte Küstenstreifen rund um die Südwest-Halbinsel wurde zum Nationalpark erklärt. In allen größeren Orten "National Park Information Centres": Background-Infos, Kartenmaterial, Tips für Wanderungen. Jedoch keine Unterkunftsreservierung.

Unterkünfte: Als Hotels oft stilechte Altbauten (etwa ehemalige Postkutschenstationen) oder B&B auf abgelegenen Farmhöfen, wo frühmorgens der Hahn kräht und die Frühstücksmilch frisch aus dem Euter gequetscht wird. Für Low-Budget-Leute eine Kette von Jugendherbergen mit kameradschaftlicher Berghütten-Atmosphäre. Nähe zum Strand, Morgenwäsche mit Meerwasser.

Ebenfalls viele Campingplätze, wo ein Farmer ein einer Klippenmulde seine Wiese freigeräumt hat und für 5 Mark Zelte aufschlagen läßt.

 PEMBROKESHIRE COASTAL PATH
19o km langer Küsten-Wanderweg - von Amroth, östlich von Tenby, im Uhrzeigersinn entlang der Küste und Klippen bis rauf nach Cardigan, im Norden. Durchgehend beschildert mit dem Symbol einer Eichel.

Eine Serie von Jugendherbergen und Campingplätzen zur Übernachtung. Bei den National Park Info Centres gute Literatur mit Landkarten für einzelne Trail-Abschnitte, Unterkunftslisten, Entfernungsangaben, Busfahrpläne. Der gesamte Pfad ist eine Lebensaufgabe. Die schönsten Abschnitte haben wir speziell herausgearbeitet und bei den einzelnen Orten beschrieben. Der Coast Path läßt sich auch insofern segmentieren, daß man sich paar Etappen davon herauspickt und die Zwischenstücke mit Bussen überbrückt.

Alternative für weniger Geübte ist das JOIN-A-WALK-Programm der Parkverwaltung: fast täglich sachkundig geführte Gruppenwanderungen. Termine und Treffpunkte in der Nationalparkszeitung "Coast to Coast".

Verbindungen

Der große Pembrokeshire-Rundtrip umrundet die gesamte Halbinsel von Carmarthen im Süden via St. David's an der Westspitze bis Cardigan im Norden. Macht insgesamt 16o km, nachts sich in einem der schläfrigen Küsten-Käffer einquartieren, am nächsten Tag eine Kurz-Wanderung und sich dann ein Stück weiter die Küste langhangeln. Jeweils mehrmals täglich Bus-Connections zwischen den einzelnen Küstenorten. Lohnt sich nur, wer 4-7 Tage investieren kann.

Oder direkt nach Haverfordwest, dem zentralen Ort an der Westküste. Flotte Zug- und Busverbindungen ab London und Cardiff. Von Haverfordwest führen Straßen strahlenförmig zu den sehenswertesten Küstenorten, einigermaßen versorgt mit Regionalbussen. Zu empfehlen, wer nur 2-3 Tage Zeit hat.

Carmarthen ❯❯❯ Tenby ca. 43 km

Die ersten 15 km auf der vierspurigen A 4o bis St. Clear's (keine Stops). Hier verzweigt sich die Straße: Entweder 7-km-Abstecher runter nach Laugharne, oder gleich weiter Richtung Westen (wahlweise nach Tenby/ Pembroke - bzw. nach Haverfordwest).

Transport: 4 x am Tag Busse von Silcox Coaches sowie 7 x täglich Eisenbahnverbindung.

St. Clear's: Lohnt sich so gut wie gar nicht, aber wichtiger Straßenknoten und Sights in der Umgebung.

GROVE LAND: Nur für Kinder interessant - eine Art Riesen-Abenteuerspielplatz mit Tret-Booten, Go-Karts, Ponyreiten etc. Paar Kilometer hinter St. Clear's, an der A 4o Richtung Haverfordwest.

PEMBERTON'S CHOCOLATE FARM: Hier werden edelste Schokoladen und 1oo Sorten Pralinen gemacht. Ihr Handwerk als "Chocolatier" hat Elizabeth Jones in Belgien und in der Schweiz gelernt. Ca. 1o km nordwestlich, an dem Nebensträßchen Richtung Llanboidy.

✦ Laugharne

7-km-Abstecher für Literatur-Fans: Wohnhaus von Dylan Thomas, dem walisischen Nationaldichter und einem der größten Literaten des 2o. Jahrhunderts. Er lebte hier die letzten vier Jahre vor seinem Tod 1953.

Laugharne (sprich: engl. "larne") besteht aus altbackenen Häusern am breiten Mündungstrichter des River Taf, - aber sehr viele Touristen (v.a. Amerikaner).

DYLAN THOMAS BOATHOUSE: in dem weißgekalkten, zweistöckigen Häuschen lebte er mit Ehefrau und drei Kindern. Familienfotos und Manuskripte, - in der separaten Arbeitshütte ein Chaos aus Zetteln und Papier.

Dylan Thomas (1914-53): Neben Gedichten und Kurzgeschichten gilt vor allem das Hörspiel *"Unter dem Milchwald"* als Meisterwerk. Es schildert 24 Stunden in Leben und Träumen einer walisischen Kleinstadt. Richard Burton und Anthony Hopkins haben das Stück intoniert.

Das Tragische im Leben des Dylan Thomas ist, daß er seinen Ruhm nicht mehr erlebt hat. Seine Todesnachricht erschien im Daily Mirror bei "kurz notiert" auf Seite 5. Wir haben viele Leute interviewt, die ihn noch kannten: Er war ein Alkoholiker in zerlumpten Klamotten, der erst nach einer satten Whisky-Zufuhr kreativ wurde. Oft soff er im Pub, kramte urplötzlich Zettelchen und Kugelschreiber heraus und kritzelte wie besessen, während die Leute kopfschüttelnd zusahen.

Zum Vergleich: Heute gibt es in den USA eine Dylan-Thomas-Society, deren Vorsitzender der frühere Präsident Jimmy Carter ist. Er kommt regelmäßig per Helikopter nach Laugharne...

BROWNS HOTEL (Main Street): die verrauchte Spelunke war Stammkneipe von Dylan Thomas, überall hängen seine Fotos. Der Wirt: Tom Watts - oho, aber klein - erzählt tausend Anekdoten über seinen Gast (Is your beer strong? - Yes, very strong. It killed Dylan Thomas...).

LAUGHARNE CASTLE: Bis vor kurzem wie ein Dornröschen-Schloß mit Efeu überwachsen - mußte leider entfernt werden, um das Mauerwerk zu schonen. Dylan-Thomas-Memorabilia im Gartenhäuschen; die Spazierwege sind mit zerbrochenen Muscheln "gepflastert" (war früher üblich).

LAUGARNE GLASS: zusehen, wie man in der Werkstatt edles Glas bläst. Sehr schön mit Silbereinlagen im Glas.

BED & BREAKFAST: Relativ geringe Auswahl an Privatzimmern und Pensionen, - bessere Hotels gibt es überhaupt keine. Für mehr Komfort fährt man die paar Kilometer rüber in den Badeort Pendine.

Restaurants: Im **BROWNS HOTEL** satte Portionen für die Lunch-Pause, - abends aber nur bis 2o.3o Uhr.

August/September werden hier am Strand <u>Cockles</u> (= Herzmuscheln) geerntet, - aufgrund der Quoten-Regelung aber nur an den Wochenenden (jeweils 1oo Tonnen). Dann gibt's hier überall spottbillige Cockles zu kaufen. Bis 2oo Leute sind mit der Cockles-Ernte beschäftigt. Die Quotierung gilt aber nur für große Mengen. Bis max. 7 kg. darf man jederzeit einsammeln. Alles zum Thema Cockles Seite 162.

Shopping: Viele Antiquitätenläden, z.B. <u>Oriel Evans</u> (King Street) mit alten Landkarten-Drucken. Oder <u>Little Treasures</u> (Duncan Street), eine alte Scheune mit einer Sammlung historischer Puppen.

Strände: Westl. <u>Pendine Beach</u>: Der Endlos-Strand ist 12 km lang und 1-2 km breit. Sehr badesicher, da der Sand ohne Untiefen flach ausläuft. - Pendine: seelenloser Badeort aus Hotels und Caravan-Parks.

Auf der völlig ebenen Sandfläche wurden bis 1939 die Land-Geschwindigkeitsrekorde aufgestellt. 1927 erreichte der Waliser Parry Thomas 275 km/h - mit dem weißen Sportwagen "Babs". Als er später seinen eigenen Rekord nochmals brechen wollte, passierte ein entsetzlicher Unfall: Ein Blechteil löste sich und rasierte Parry Thomas den Kopf ab. Seine Frau ließ am Pendine Beach ein tiefes Loch ausgraben und "beerdigte" das Unglücksauto. Erst in den 6oer Jahren wurde Babs wieder ausgebuddelt - ist im Industrial Museum von Cardiff zu sehen.

Die Geschwindigkeits-Weltrekorde liegen heutzutage bei über 1.ooo km/h, wobei keine

Ferraris zum Einsatz kommen, sondern spezialgebaute "Raketen auf Rädern". Austragungsgelände ist die Salt Lake Desert (Nevada/USA).

Radfahrer: In Leserbriefen werden wir gebeten, vor der Küstenstraße von Laugharne nach Tenby zu warnen: die extremen Steigungen gehen ans Eingemachte!

Kilgetty

Langweilig, man muß auch gar nicht reinfahren nach Kilgetty, da folgende Attraktionen alle ab der Straße A 477 beschildert sind.

STEPASIDE BIRD PARK: Show-Flüge mit Jagdfalken, - oder Eulen, die so weiche Daunen haben, daß sie absolut geräuschlos fliegen können. Außerdem Antilopen, Krokodile etc. Die Pythonschlangen darf man sogar anfassen (die Tiere aber bitte nicht würgen).

FOLLY FARM: Farmhof mit Streicheltieren - Zielgruppe sind Familien mit Kindern. Beim Probemelken darf man/frau der Kuh ans Euter fassen (auch dies für Kinder).

BEGELLY POTTERY: Im Laden töpfert ein Handwerker, bemalt die Tonsachen und glasiert sie.

AVONDALE GLASS: Glasbläser live. Zutaten werden bei 1.4oo Grad verschmolzen und dann (immer noch 1.1oo Grad heiß) geblasen. Man braucht viel Erfahrung, weil sich das Glas bei Abkühlung noch verformt. Besuch nur vormittags.

 TASTE OF WALES: typische Landeschmankerl von Wales, wie z.B. Lammbraten mit Honig und Rosmarin zum Lunch (12-14.3o Uhr; 15-2o DM). Dinner ist mit im Schnitt 3o DM etwas teurer. Das Essen ist authentisch, das Lokal ist aber voll auf die Touristen versiert. Manchmal Bankette mit Entertainment.

✦ Tenby (5.2oo Einw.)

Die walisische Riviera: charmantes Seebad mit engen Sträßchen, Sandstränden und englischen Sommerfrischlern. Für einen schönen Sommertag, um noch mal kräftig zu relaxen, bevor's rübergeht in die Pembrokeshire-Wildnis.

 Kleines Häuschen oberhalb vom North Beach. Tel. o1834/84 24 o2. Ganzjährig geöffnet.

ST. MARY'S CHURCH (Tudor Square): mit ihrem 5o m hohen Turm das Wahrzeichen der Stadt. Aus dem 15. Jh., filigranes Zierwerk an der Decke. Im Umkreis enge mittelalterliche Straßen.

TUDOR MERCHANT'S HOUSE (Quay Hill): Wohnhaus einer reichen

Kaufmannsfamilie aus dem 15. Jh. Drei Stockwerke mit Original-Möbeln, v.a. schöne Kamine im flämischen Stil.

SILENT WORLD AQUARIUM (Narthbert Street): Aquarien und Terrarien in einer Kirche. Größer und schöner sind aber die beiden Sealife-Centre in St. David's, ebenfalls Pembrokeshire.

CASTLE HILL: Landzunge oberhalb vom Hafen, mit hohen Klippen und den Mauerresten einer Burg. Im 19. Jh. wuden für die Badegäste Spazierpfade, schmiedeeiserne Bänke und Blumenbeete angelegt. Dort oben auch das Stadtmuseum: Exponate zur Lokalgeschichte, präparierte Vögel. Und Aquarelle von Augustus & Gwen John, - zwei Geschwister, die zu den größten walisischen Malern zählen.

Dem Castle Hill vorgelagert ist St. Catherine's Rock, eine Felsschäre mit verfallenen Mauern eines Forts von 1869. Zugang nur bei Ebbe.

Juli/August wird es mit Unterkünften oft "eng", - vor allem am Wochenende kann es dann schon mal passieren, daß das billigste Zimmer, das noch frei ist, schlappe 2oo Mark kostet. Zur Hochsaison also besser vorbuchen!

COUNTRY HOUSE: "**Penally Abbey**", ca. 2 km südöstlich in Penally. Von wildem Wein umranktes Gebäude, mit eigem Park und Nähe zu Strand und Klippen. Innen wimmelt es von Antiquitäten, die meisten der 12 Zimmer haben Himmelbetten. Swimmingpool, gleich daneben ein Golfplatz. Tel. o1834/ 84 3o 33. DZ ca. 25o DM, Dinner um 6o DM/ Person.

"**Heywood Lodge**", Heywood Lane. Landhaus vom 19. Jh., - weniger pompös als Penally Abbey, dafür persönlicheres Ambiente. Mrs. Marion Stone kümmert sich individuell um ihre Gäste. Tel. o1834/ 84 26 84. DZ ca. 15o DM, Dinner um 4o DM.

HOTELS: Dutzende von Hotels, - die meisten an der Promenade gegenüber dem South Beach. Im Schnitt 15o DM für ein Doppelzimmer. Außerhalb der Saison oft Sonderangebote (im TI fragen!), z.B. zwei Übernachtungen plus Dinner für ca. 3oo DM (2 Personen).

"**Fourcroft Hotel**", gegenüber North Beach. Gehört schon seit mehr als 5o Jahren derselben Familie, exzellenter Service. Mit eigenen Garten oberhalb vom Strand und Outdoor-Pool. Tel. o1834/ 84 28 86. DZ ca. 15o-17o DM.

"**Atlantic Hotel**", gegenüber South Beach. Gilt zusammen mit dem Fourcroft als die Nummer eins von Tenby. Ebenfalls privat geführt, Hotelgarten runter zum Beach, Indoor-Pool. Tel. o1834/ 84 41 76. DZ ca. 17o-2oo DM.

GUESTHOUSES: Kleine Pensionen kosten nur 5-1o DM pro Person und Nacht mehr als B&B, - haben dafür den Vorteil, daß sie innerhalb der Altstadt liegen. Wer ein paar Tage in Tenby bleibt, sollte diese Alternative überdenken! Konzentrieren sich auf die Seitenstraßen, die von der Esplanade (die Promenade am South Beach) abzweigen: Victoria Street, Picton Terrace, Sutton Street.

"**Hildebrand Hotel**", Victoria Street. Ist nur ein Beispiel, das wir erwähnen, weil uns positive Leserbrief-Resonanzen vorliegen. 11 Zimmer, sympathisch von einem Ex-Ingenieur geführt. Tel. o1834/ 84 24 o3. DZ ca. 75-85 DM.

BED & BREAKFAST: Sehr großes Angebot, - viele in den Straßen westlich von Bahnhof/Busterminal (allen voran Harding Street und Warren Street), keine 5 Minuten von der Altstadt. Preise: im Schnitt 65 DM ohne Bad/WC, 75 DM mit Bad/WC.

Erfahrungsgemäß sind die billigen Zimmer ohne Facilities schneller vergriffen, - insbesondere Juli und August. Man kommt dann immer noch unter, muß aber evtl. ein paar Pfund mehr zahlen für ein kleines Hotel. Daher in dieser Zeit besser book-a-bed-ahead.

HOSTELS: Keine JuHe, die meisten Rucksackler verlegen sich auf Camping. Wem eine kurze Busfahrt nichts ausmacht, kann in eins der beiden Hostels in Nachbar-Dörfern ausweichen.

"**Pentlepoir Youth Hostel**", ca. 5 km nordwestlich via der A 478, kurz vor Kilgety. Recht einfach in einem ehemaligen Schulhaus, nur 26 Betten. Alle 1o Minuten per Bus, dauert nur 1o Minuten und hält auf Wunsch vor der Haustür. 1 km südwestlich ist der Badeort Saundersfoot (siehe Umgebung). Tel. o1834/ 81 23 33. Schlafsaal ca. 17 DM/Person.

"**Manorbier Youth Hostel**", ca. 7 km westlich via Küstenstraße in Manorbier (Umgebungs-Kapitel). Erheblich mehr Komfort: grau-gelbes und brandneues Gebäude, zweckgebaut als JuHe mit kleinen Schlafsälen und allen Facilities inkl. Cafeteria. Aber schlechtere Verkehrsanbindung mit Tenby: Busverbindung nur stündlich bei 15 Minuten Fahrtdauer. Tel. o1834/ 87 18 o3. Schlafsaal ca. 23 DM/Person.

 Meadow Farm, oberhalb vom North Beach und nur ein paar Minuten vom Stadtkern, ist der einzige Platz innerhalb der Stadt. Klassifizierung: simple, basic, cheap - Duschen/WC und damit hat sich's.

Kiln Park hat alle Facilities, inkl. Shop, Waschmaschinen und Swimmingpool. Liegt 1-2 km westlich, an der A 4139 Richtung Pembroke.

An der Küstenstraße Tenby-> Saundersfoot liegt ein Dutzend Plätze, die meisten im Umkreis von New Hedge. Voll mit englischen Urlaubern und viel Halligalli. Busverbindung mit Tenby alle 1o-2o Minuten.

 THE MEWS (Upper Frog Street): Meeresfrüchte und Steaks, um 2o Mark. Die ganze Stadt rennt hierher - erstens sind die Besitzer Mike & Andy gute Rugby-Spieler und Maskottchen von Tenby, - zweitens haben die flotten Bedienungen jede Menge Verehrer.

PLANTGENET RESTAURANT (Quay Hill, neben Tudor Merchant's House): schon seit 1975 eine Institution für vegetarische Sachen, aber auch Seafood. Lunch 6-1o DM, Dinner um 25 DM. Besitzer Barney schwingt seinen Kochlöffel wie eh und je. Ambiente: Bau aus dem 14. Jh. Holzmöbel, Buchregal an der Wand.

CELTIC FARE (Crackwell Street): auf dem Sektor Café und "light meals" zweifellos beste Adresse von Tenby, - Bohnenkaffee und Kuchen, Salate,

Welsh Rarebits etc. Nur tagsüber. Nichtraucher.

<u>FECCI'S ICE CREAM</u>: In dem Eis-Parlour gibt es 5o Sorten genuines italienisches Eis. Die Fecci-Familie, die schon ewig hier lebt, hat in Tenby vier Filialen, die größte in der Upper Frog Street.

Barmeals: Für Lunch eigentlich alle Pubs, wobei sich schwer ein einzelnes favorisieren läßt. Adressen für "Bar Supper" am Abend sind <u>TENBY HOUSE</u> (Tudor Square) und <u>NORMANDY HOTEL</u> (Upper Frog Street).

Viel Betrieb wegen der Urlauber. <u>Lifeboat Tavern</u> und <u>Tenby House</u>, beide am Tudor Quare, fungieren als Treffpunkt der Stadt, wo auch die meisten Locals hingehen.

Pubs

<u>Three Mariners</u> (St. George's Street, hinter der Kirche): 4-5 mal pro Woche spielt eine Folk-Band oder ein Pianist. Gutes Bier.

Shopping: In der <u>Frog Street</u>, die sich von der Kirche Richtung Westen zieht, sind viele Läden für Souvenirs und Kunsthandwerk. Darunter eine überdachte Arkade mit Boutiquen. Schön zum Bummeln.

Strände: Die Hauptsache in Tenby! Im Sommer viel Betrieb am <u>North Beach</u> und <u>South Beach</u>, - Zugang über Treppen links und rechts vom Castle Hill.

Zwischen Tenby und <u>Saundersfoot</u> (8 km östlich) eine weite Bucht mit wesentlich ruhigeren Stränden, die nur zu Fuß erreichbar sind. Saundersfoot ist die Klein-Ausgabe von Tenby (JuHe für Rucksackler).

Boot-Trips: Pro Tag ein halbes Dutzend Boote und mehr. Die meisten Ausflüge dauern 1 bis 1 1/2 Stunden und kosten knapp 15 DM. Gleich oberhalb vom Hafen stehen drei braune Holzkabinen für Tickets plus Aushänge über Programm und Abfahrtszeiten.

* Island Cruises geht rund um Caldey Island, - im Anschluß zu einer Robben-Kolonie und einem Seevogel-Nistrevier (toll im Frühsommer, zur Brutzeit!).

* Etwa 1o km entlang der Küste Richtung Norden, - die Küste ist dort dicht bewachsen mit uralten, knorrigen Bäumen.

* Richtung Süden eher wechseln Felsklippen und lange Sandstrände ab.

Hochseeangeln: Mit dem Schiff raus auf See und die Angel auswerfen: Angelzeug wird gestellt, der Kapitän gibt Hilfestellung. Infos, Buchen unten am Hafen. Die Fänge kann man mitnehmen zum Kochen, - was man nicht essen kann, bitte zurückwerfen ins Wasser!

* Schnupper-Kurs für Einsteiger ist Makrelenfischen, direkt vor der Küste. Etwa 9o Minuten, um 12 DM.

* Für properes "Deep Sea Angling" muß man aber weiter rausfahren zu den lukrativen Fanggründen, wo auch größere Tiefseefische anbeißen. Um 3o DM bei 4 Stunden Dauer.

Wassersport: Tenby steht mehr für den geruhsamen Strandurlaub, - einziges Centre ist <u>Dragon Watersports</u>: Bootsvermietung, Parasending, Tauchen, Wasserski. Büro am South Beach.

Für größere Auswahl ins "Holiday Information Centre", eine Reiseagentur am Tudor Square, die Reservierungen für den ganzen Raum Pembrokeshire vornimmt.

Wandern: Auf dem Küsten-Wanderweg <u>nach Saundersfoot</u>, Richtung Osten. In 2-3 Stunden locker zu schaffen, - dort an den Quays relaxen und dann mit dem Water-Bus zurückfahren (siehe Verbindungskapitel).

<u>Nach Amroth</u>, auf dem Coastal Path Richtung Westen, satte Halbtageswanderung. Rückfahrt ebenfalls mit dem Water-Bus.

Verbindungen *ab Tenby*

Züge: Bahnhof in der Greenhill Street, - an der Schienenführung London-Cardiff-Swansea-Carmarthen-Tenby; mehrmals täglich. Führt weiter Richtung Westen bis zur Endstation Pembroke.

Busse: Terminal in der Upper Park Road, Infos über alle Timetables und Tarife im Office der "Silcox-Company", Upper Frog Street. Stündlich nach Pembroke und Haverfordwest (mit Anschlüssen nach St. David's und Fishguard), - weitere Busse nach Swansea/Cardiff. Täglicher Morgen-Bus nach London, der mehr als ein Drittel billiger ist als der Zug.

Water Bus: Im Sommer kreuzt ein Schiff ständig die Küste rauf und runter, wo man jederzeit zusteigen kann. Geht alle 1-2 Stunden: bis nach Saundersfoot im Osten und Manorbier im Westen. Attraktivstes Transportmittel für Ausflüge in die Umgebung.

Umgebung von Tenby

Tenby als Stadt wird schnell lanweilig, - für Zucker im Kaffee sorgen erst die Ausflugsmöglichkeiten.

CALDEY ISLAND

Trip rüber zu einer Mönchs-Insel, ist definitiv die Top-Attraktion. Das Inselchen gehört dem Zisterzienser-Orden, der dort ein aktives Kloster unterhält, - mit Roben bekleidete Mönchsbrüder zwischen Fischteichen und den Klosterbauten. Caldey Island ist seit 1.5oo Jahren religiöses Zentrum, der jetzige Orden hat sich aber erst 19o6 hier einquartiert.

No women, no cry: Frauen dürfen zwar die Insel betreten, aber nicht an den Führungen durch das Klostergebäude teilnehmen: mediterraner Stil mit rotem Ziegeldach, Türmchen, Rundbögen und Säulen. 191o erbaut, innen alles sehr spartanisch.

In einem Laden werden von den Mönchen in Handarbeit produzierte Parfums aus Ginsterblumen und Seife sowie Käse verkauft.

Die Insel liegt wie eine Tischplatte mit hohen Klippen an den Rändern im Meer, ein wunderschöner Sandstrand. Landsträßchen mit Hecken-Alleen, die Felder von Steinmauern eingegrenzt.

Vom Fähranleger führt ein Fußpfad zur Abbey. Von dort weiter nach Süden zu einem Leuchtturm an der Klippenkante, ca. 65 m über dem Meereslevel. Ansichtskarten-Blick über das gesamte Eiland und die walisische Küstenlinie. Gleich daneben die Ruine des alten, im 16. Jh. aufgelösten Klosters.

 Verbindungen: Caldey Island liegt 5 km vor der Küste, Pendelverkehr mit kleinen Booten ab Tenby Harbour. Fahrtdauer rund 2o Min., ca. 2o DM return. Sa./So. kein Verkehr, da die Mönche schlichtweg auch mal Ruhe brauchen. Übernachten darf man auf der Insel sowieso nicht.

SAUNDERSFOOT

Eine Art Tenby im Kleinformat: Im romantischen Hafen schaukeln Jachten vor sich hin, es gibt jede Menge Cafés und Fun-Pubs. Viele kommen hier raus für den Crazy-Golf-Platz.

Liegt ca. 5 km östlich von Tenby, Verbindung mit Bus oder alle 1-2 Stunden mit dem Küstenschiff "Water Bus". Im gesamten Küstenabschnitt reiht sich ein Caravan-Platz an den anderen. Jugendherberge: 1-2 km nördlich, nahe beim Bahnhof (siehe Tenby/Unterkünfte).

FREIZEITPARKS

Als "family resort" gibt es viele Holiday-Attraktionen, wobei aber stark auf "Umwelt-Verträglichkeit" geachtet wird. Die ersten drei liegen 1o-12 km nördlich vie der A 478, alle nahe beieinander an der Einmündung in die A 4o.

HERON'S BROOK: Family-Freizeitpark, - eher orientiert auf Kinder mit Streichel-Tieren, Ponyreiten, Kasperle-Theater etc. Für Erwachsene ein Golfplatz.

OAKWOOD PARK: Riesen-Abenteuer-Spielplatz für alle Altersgruppen, - Achterbahn durch die Baumwipfel, Minigolf, Ruderboote etc. Man zahlt ca. 2o DM und kann den ganzen Tag hierbleiben, - Leute kommen aus ganz Großbritannien hierher.

<u>CARNASTON CENTRE</u>: Zielt auf den Teenager-Markt, - mit 3D-Labyrinth und Videospielen. Bem "Crystal Maze" kämpft man sich mit Laserpistolen durch ein Labyrinth, am Ziel erhält wartet ein leuchtender Kristall als Prämie. Oder Bowling, wobei jemand vom Personal Regeln und Spieltechnik erklärt.

<u>DINOSAUR EXPERIENCE</u>, paar Kilometer westlich von Tenby, via der B 4318: zwei Dutzend lebendgroße Dinos, entlang eines Waldpfades aufgestellt. Darunter auch T. Rex mit Computer-Gebrüll.

Tenby ≫⟶ Pembroke   (ca. 18 km)

Die Landschaft wird immer unwirtlicher. Öffentlicher Transport: pro Tag sechs Züge von British Rail und stündlich Busverkehr mit der Silcox-Company. Es gibt <u>zwei Alternativen</u>: Direkt-Route, wenn's schnell gehen soll, oder die Küstenroute.

KÜSTENROUTE

via der A 423o mit einzelnen Abstechern, rund 2o km. Alternative für Radfahrer: in Tenby die Abzweigung "The Ridgeway" nehmen, - herrliche Aussicht und relativ ebene Straße, wenn man mal oben ist.

<u>RITEC VALLEY BUGGIES</u>: auf bulligen Allrad-Fahrzeugen durchs Gelände, immer sechs Leute im Konvoi. Feste Schuhe anziehen, Helme und Schutzhosen werden gestellt. Abfahrt: turnusmäßig alle 1 1/2 Stunden, pro Person ca. 35 DM. In Penally, ca. 3 km westlich von Tenby.

<u>MANORBIER CASTLE</u>: sitzt wie eine Krone auf der Sandsteinfelsen-Zunge, die sich ins grüne Tal schiebt. Älteste Teile aus dem 12. Jh.; später in ein luxuriöses Herrenhaus umgebaut; prunkvolle Staatsgemächer. Alles sehr anschaulich mit lebensgroßen Puppen: zerlumpte Gestalten, Burgherrn und Kinder. Ca. 7 km hinter Tenby; Verbindung evtl. per Water-Bus, siehe Tenby/Verbindungen.

Schöner <u>Cliff Walk</u>: 2 km an der Abbruchkante lang Richtung Westen, bis zu einer friedlichen Sandbucht am Fuß schroffer Klippenwände.

<u>LAMPHEY</u>: Mitten im grünen Farmland ein kleines Dorf, - sehenswert ist der "Bishop's Palace" aus dem 14. Jh.: Brustwehr mit vielen Zinnen, gestützt auf eine Säulen-Bogen-Reihe. Ca. 4 km vor Pembroke.

DIREKT-ROUTE

zunächst auf die B 4318, die in die A 477 mündet. Von der Entfernung etwa gleich mit der Küsten-Route.

<u>MANOR HOUSE PARK</u>: Safaripark mit Sikka-Hirschen, Emus, Lamas etc. Hauptattraktion sind die Showflüge mit Falken und Adlern, - große Sammlung an Eulen, die ein quadrophones Gehör zur Ortung haben und nachts besser sehen als Menschen am hellichten Tag. Liegt 4-5 km ab

Tenby in St. Florence, einem Dorf mit flämischer Architektur.

HEATHERTON SPORTS: bekannt für Go-Karts, wobei maßstabgetreue Kleinausgaben von Grand-Prix-Rennwagen im Einsatz sind. Als Extras Armbrust-, Tontauben- und Pistolenschießen. Gegenüber vom Manor House.

CAREW: kleines Dorf, ca. 7 km vor Pembroke, mit drei Attraktionen: Am Flußufer die Ruine des Carew Castle: ist schrittweise von einer Ritterburg zu einem Herrenhaus im 16. Jh. ausgebaut worden. - Daneben die Tidal Mill: die Mühlsteine der Getreidemühle werden mit Ebbe und Flut angetrieben.

Auf der Austernfarm Carew Oysters alle Infos zum Thema, - inkl. wie man die Muscheln öffnet und stilgerecht serviert. Wein mitbringen und am Picknickplatz ein Dutzend Austern schlürfen (sollen sehr potenzfördernd sein!). Im River Carew werden übrigens schon seit 3oo Jahren Austern gezüchtet.

★ Pembroke   (15.5oo Einw.)

Hauptattraktion ist das spektakuläre Castle auf einem Felsvorsprung. Außerdem Fährhafen rüber nach Irland (Zielhafen Rosslare). Abgesehen davon: "not much going on" Pembroke besteht aus einer einzigen Straße.

Die meisten schauen sich das Castle an und fahren gleich weiter. Ein längerer Aufenthalt lohnt sich nur, wer Ausflüge zur Küste macht: tolle Wanderungen und absolute Wildnis! Schöne Bootsausflüge.

Die Stadt liegt am Milford Haven, einem langen, fjordähnlichen Flußmündungs-Trichter. Auf dessen anderen Seite ist der Zwillingsort Pembroke Dock, wo die Irland-Fähre anlegt .

Der wichtigste Wirtschaftsfaktor sind die drei Öl-Raffinerien im Milford Haven (Texaco, Gulf, Elf). Pembroke hat nach Rotterdam das zweitgrößte Öl-Terminal Europas. Große Tanker aus aller Welt können hier einfahren, weil der Fjord sehr tief ist.

Hat Mitte der siebziger Jahre angefangen und 2o Jahre ging alles gut. 1996 passierte die Tragödie: Am 15. Februar wrackte hier, mitten in dem fragilen Biotop, der Öltanker Sea Empress. Es liefen 72.000 Tonnen Rohöl aus, - gehört damit weltweit zu den Top Twenty der Ölkatastrophen!

Schlamperei und Filz wie oft bei solchen Tankerunglücken: das Öl aus Arabien, das Schiff in Norwegen gebaut und auf Zypern registriert, die Crew reinrassig russisch etc.: Alle waren dabei und keiner war Schuld.

Man muß aber fairerweise sagen, daß die Aufräumarbeiten vorbildlich waren. Die Stimmung hier in der Ecke war extrem depressiv, und viele meldeten sich freiwillig, um die Küste per Hand vom Öl freizuschrubben.

Insgesamt waren 1.000 Helfer im Einsatz, 56 Schiffe saugten den Ölteppich auf. Zwar immer noch 19 Flugzeuge, die Chemikalien versprühten, um das Öl aufzulösen. Dies ist aber vergleichsweise wenig, - früher hatte man bei Ölpest überwiegend auf Detergentien gesetzt, die meist mehr ökologische Schäden anrichteten, als Öl.

Trotz des Schocks laufen die Ölraffinerien weiter wie gehabt. Immerhin sind 1.ooo Leute dort beschäftigt, viele Fischer verdienen dort ihr dringen benötigtes Zweiteinkommen. Texaco ist der größte Arbeitgeber von Südwest-Wales. Das grüne Bewußtsein wurde aber gestärkt hier in Wales, - die Organisation "Friends of the Earth" (vergleichbar mit Greenpeace) hat enormen Zulauf.

 In der Commons Road, die parallel zur Main Street läuft (am Parkplatz zum Castle). Tel. o1646/ 58 2148. Im Sommer 7 Tage/Woche, Oktober bis Ostern nur an den Wochenenden.

Zusätzlich ein National Park Info Centre neben dem Castle-Eingang, für Karten und Tips zu Wanderungen im Küstenbereich.

PEMBROKE CASTLE

Bullige Trutzburg aus dem 12. und 13. Jh. mit wuchtigem Mauerwerk. Es ist eins der besterhaltenen Castles in Südwales, bei dem fast die gesamte Bausubstanz noch erhalten ist!

Im Torhaus laufen Ausstellungen über die Geschichte des Castles. Auffallendstes Feature der Burg ist der turmförmige Bergfried ("keep"): ca. 25 m hoch mit 6 m dicken Mauern, als Dach ein Kuppel-Aufsatz.

Im Bürgerkrieg sind sehr viele Castles in Wales zerstört worden, - daher sind heute die meisten der Castles Ruinen. Auch Pembroke Castle ist 1648 nach sechs Wochen Belagerung gefallen (die Essensvoräte waren aufgebraucht). Obwohl ausdrückliche Order bestand, auch diese Burg dem Erdboden gleichzumachen, führte der diensthabende General den Befehl nicht aus, da er die Ästhetik und den kulturellen Wert des Gebäudes erkannt hatte.

Pembroke Castle ist eine der wenigen Burgen, die nicht dem Staat gehört, sondern einer Privatperson: Besitzer ist Major Ramsden, ein strammer Reserve-General, der in seinem Herrenhaus in den Pembroke Docks lebt. Sein Großvater hat das Castle 1928 gekauft. Kriegt keine Zuschüsse, sondern lebt nur von den Eintrittsgeldern. Gewinn wird aber keiner gemacht, da alle Gelder zurückfließen für Restaurierungsarbeiten.

DIE STADT

Abgesehen vom Castle ist nicht viel los in Pembroke: von der Burg führt die Main Street rund 8oo m runter zum Bahnhof.

MUSEUM OF THE HOME, gegenüber vom Castle: von einem Ehepaar in liebevoller Kleinarbeit zusammengetragene Haushaltswaren; alte Bügeleisen liegen neben Schnupftabaksdosen und Nudelhölzern aus Omas Backstube. Das ganze Haus vollgestopft!

ST. MICHAELS'S CHURCH (Main Street): die Gemeindekirche, - wurde im 19. Jh. "über-restauriert", wodurch viel von der Architektur zerstört worden ist.

ANTIQUE CENTRE (unteres Ende der Main Street): frühere Kirche mit einem Dutzend Verkaufsbuden, - geht von Antiquitäten bis Secondhand und Trödel.

COUNTRY HOUSES: Im Umkreis von Pembroke gibt es drei sehr gute Countryhomes in allen Preisklassen.

"**Lamphey Court**", in Lamphey, 3-4 km östlich via der B 4138. In weitem Umkreis die High-Class-Bleibe: klassische Villa mit Driveway durch den Park, Freitreppe und Säulen-Vorbau, kostbare Stilmöbel. Leisure-Komplex (Fitnes, Pool, Sauna, Tennis). Bei 32 Zimmern aber sehr groß für ein Country-House, außerdem einigermaßen anonym: manche beschreiben das Hotel als prachtvolles Mausoleum, in dem ein Stückweit das Leben fehlt. (Nicht verwechseln mit Lamphey Hall, einem Restaurant mit paar Zimmern.) Tel. o1646/ 67 22 73. DZ ca. 2oo DM, Dinner um 5o DM.

"**Underdown Hotel**", ca. 1 km außerhalb. Hat den Stil und die Noblesse, die dem Lamphey Court fehlt, kann aber bei Architektur und Facilities lang nicht mithalten. Besitzer R. J. Barret ist der letzte Gentleman aus Wales und riecht durch und durch nach "Sir". Bei 6 Zimmern ein Gefühl wie ein persönlicher Gast, abends sitzt alles im Kaminzimmer und klönt. Tel. o1646/ 62 29 oo, DZ je nach Zimmer 135-2oo DM, Dinner um 4o DM.

"**Holyland House**", ca. 2 km außerhalb an der A 477 Richtung Carmarthen. Für den Preis wirklich toll, - 14 große, helle Zimmer, Park und sehr legere Atmosphäre. Wir waren Gäste bei der Eröffnungsparty: spätestens um 5 Uhr früh waren wir überzeugt vom Holyland... Tel. o1646/ 68 14 44. DZ ca. 1oo DM, Dinner um 25 DM.

HOTELS: "**Coach House Hotel**", Main Street. Von den drei Hotels im Ort die schönsten, wenn auch etwas kleine Zimmer (überall Holz und Tapeten in sanften Farben). Unten ein Bistro. Das Holyland Countryhouse ist bei ähnlichem Preis aber besser! Tel. o1646/ 68 74 56. DZ ca. 125 DM.

"**King's Arms Hotel**", Main Street. Gemütliches Mittelklasse-Hotel mit 2o Zimmern, schon seit 4o Jahren unter Regie der Wheelers-Familie. Sechs der Zimmer sind im Annex und besser, da modernes Gebäude. Tel. o1646/ 68 36 11. DZ ca. 115 DM.

"**Castlegate Hotel**", vor dem Castle. Nur 1o Zimmer und eine kleine Bar, geht insgesamt mehr Richtung Pension. Die Zimmer sind durch die Bank sehr groß, gemütlich und sauber, - entsprechen fast dem Level vom King's Arms. Tel. o1646/ 68 61 86. DZ ca. 75-85 DM.

"**Cleddau Bridge Hotel**", in Pembroke Docks, auf der anderen Seite des Fjordes. Für Leute, die auf moderne, große Neubau-Hotels stehen. - Mitte der 8oer Jahre wurde der Flachbau von einer Company hingestellt. Steht auf einem Hügel, die Hälfte der Zimmer haben Blick auf den Fjord (danach verlangen!). Swimmingpool. Tel. o1646/ 62 29 oo. DZ ca. 14o-15o DM.

BED & BREAKFAST: Sehr viele, überall verstreut, - entweder in Pembroke oder in den umliegenden Dörfern. Wer für die Irland-Fähre gebucht hat, kann sich sein Zimmer auch direkt im Hafen-Vorort Pembroke Docks suchen, obwohl der Ort nicht besonders schön ist.

Die Spätfähre aus Irland kommt nach Mitternacht an: Im Normalfall warten die B&B-Häuser nicht so lang, - daher besser die Mittag-Fähre nehmen oder sein B&B rechtzeitig reservieren (schon bei Abfahrt!). Im Notfall ins Hotel, was aber eine Ecke teurer ist.

B&B an der Küste: Es gibt ein paar Häuser in den Dörfern an der Küste, völlig abgelegen in der Natur, wer ein paar Tage mit Wandern verbringen möchte. Sehr schön etwa in Stackpole (siehe Umgebungs-Kapitel).

HOSTEL: Leider keine Jugendherberge in 1o-km-Umkreis. Die nächstgelegene ist in Manorbier, beschrieben im Tenby-Kapitel.

 Der nächste Campingplatz liegt 2 km außerhalb an der Straße B 4319, Richtung Castlemartin: <u>Windmill Site</u>. Auf einem Hügel und zu einer Farm gehörend, Facilities beschränken sich auf Toiletten und Duschen.

Für Leute mit gehobenen Ansprüchen: der <u>Freshwater East</u>, 5 km ab vom Ort an der Küste. Top ausgerüstet und wunderschöne Lage an einer friedlichen Sandbucht.

An derselben Straße kommt noch ein Schwung weiterer Plätze, eigentlich alle mit gutem Standard.

 <u>LAMPHEY COURT</u> (3-4 km östlich, siehe Country Houses): Zufahrt durch Tor und langen Park, - dann erstmal im Salon den Aperitif heben. Der Dining Room kommt wie ein Festsaal mit Kronleuchtern, Kerzenlicht und Tafelsilber. Viel Wild und gute Lachssteaks. Um die 4o-6o DM.

<u>HOLYLAND HOUSE</u> (ca. 2 km außerhalb, siehe Country Houses): Die Atmosphäre ist weniger illuster als im Lamphey Court, - vom Essen her aber ebenso gut! Dafür sorgt Chefkoch Taffy, der aus Swansea stammt, aber schon 3o Jahre hier in der Region rumkocht und viele Fans hat. 3-Gang-Menü für nur 3o DM.

<u>ROUMOR BISTRO</u> (neben dem Castle, unterhalb vom Castlegate Hotel): dunkles mittelalterliches Kellergewölbe, von den Steinwänden flackert Kerzenlicht. Preislich und qualitativ Mittelklasse, 2o-25 DM.

<u>MIDDLEGATE</u> (Main Street, auf halber Höhe): Cafeteria für deftige Magenfüller um 7-12 DM, durchgehend geöffnet von 8 bis 21 Uhr. Wegen der deutschen Soldaten, die jahrelang in Pembroke stationiert waren, haben sich auf der Menükarte die Currywurst und das unvermeidliche Wiener Schnitzel etabliert. Im Sommer Biergarten-Betrieb.

Barmeals: Viele der Pubs servieren Barmeals, - am beliebtesten ist bei weitem das <u>KING'S ARMS</u> (Main Street). Haben auch etwas ausgefallenere Sachen, wie etwa Haifisch-Steak ("shark steak") oder das vegetarische Mandel-Risotto ("almonds risotto").

Shops: Jeden Freitag ist drüben in den Pembroke Docks Wochenmarkt.

 Pubs: Laut Statistik hat die Region Pembroke die höchste Trunkenheitsquote von ganz Wales. Es gibt zwei Dutzend Pubs, die meisten entlang der Main Street, ohne daß eine dieser Tränken besonders rausstechen würde.

Pubs <u>Cresswell Quay Pub</u> (in Cresswell, ca. 15 Autominuten westlich via der A 477): klein, dreckig und populär - die Schinken an der Decke sind nur mit Zigarettenqualm geräuchert. Das Spezial-Bier "firewater", das exklusiv gebraut und vom Faß in Holzkrüge eingeschenkt wird, ist für seine Heimtücke berüchtigt.

Am Wochenende auch tagsüber Hochbetrieb, wenn alles draußen auf den Holzbänken sitzt und in der Scheune die Fässer gezapft werden. In memoriam: Auch nachdem 1993 die Vor-Besitzerin als 1o6jährige gestorben ist, bleibt der Gasthof on top.

Boot-Trips

Im tief eingeschnittenen Milford-Haven-Fjord mit seinem klaren Wasser. Dauern 1 1/2 Stunden, um 1o DM. Abfahrt von Pembroke Docks. Dabei stehen zwei Trips zur Auswahl, beide je einmal am Tag:

* Den River Daugleddau flußaufwärts, wer Natureindrücke sammeln möchte. Grüne Hügel, Eichenwälder bis runter ans Ufer und Strandvögel, die einbeinig im Schlick stehen.

* Oder flußabwärts Richtung Atlantik zu den Öl-Terminals. Der Kahn zieht an den riesigen Öltankern vorbei; gewaltige Stahl-Ungeheuer, die draußen in der Bucht Anker geworfen haben und auf die Löschung des Rohöls warten.

Zusätzlich sind zur Hochsaison fast jeden Abend "Evening Cruises" angesagt, mit Dinner auf dem Schiffs-Deck oder einer Jazz-Band an Bord. Kosten aber rund 3o-35 DM.

Verbindungen ab Pembroke

Infos für Busse und Fähren beim Tourist Office.

 Züge: Endstation der Südküsten-Linie London-> Cardiff-> Swansea-> Tenby-> Pembroke, mehrmals täglich. Fahren bis dicht an die Fähranlegestelle, machen aber auch in Pembroke halt.

 Busse: Mit National Express 5-6 x pro Tag ab London; Fahrtdauer ca. 6 Std. Regional-Transport übernimmt die Silcox-Company: fast stündlich nach Tenby, Haver - fordwest, Milford Haven oder Carmarthen. Office in Pembroke Docks, Abfahrt vor dem Castle.

 Fähren: Pembroke ist Hafen für die Irland-Fähre (Companies: P&O Stenaline und Irish Ferries). Die Schiffe gehen 2 x am Tag. Fahrtdauer ca. 4 1/2 Stunden, Check-in eine Stunde vor Abfahrt. Alle weiteren Konditionen, inklusive der Tarife, sind exakt gleich mit den Fähren ab Holyhead/ Nordwales (Details Seite 365).

Mit dem <u>Day Trip</u> wird viel Werbung gemacht: kostet nur 2o DM und er

laubt einen kompletten Tag in Irland (Ankunft gegen 7 Uhr, Rückfahrt ge
gen 2o Uhr). Dieser Tagesausflug ist aber zehnmal besser ab Holyhead,
weil man mitten in Dublin ankommt.

Anders hier, bei der Fähre ab Pembroke: Zielhafen ist Rosslare, wo's absolut nichts zu tun gibt. Auch die Busfahrt zur Nachbarstadt Wexford ist
nur ein schwaches Trostpflaster, da auch dort der Hund begraben liegt.

Pembroke Docks: der Fähranleger, - ca. 3 km ab Pembroke, alle 3o Minuten mit Silcox-Bussen. Ein grauer und relativ uninteressanter Hafenort auf
der anderen Seite vom Fjord. War bis Mitte der 8oer Jahre einer der ganz
große Fischerhäfen, von wo 5o bis 1oo Trawler operierten. Nach der
Fangquotierungen durch die EG haben viele der Fischer aufhören müssen.

Umgebung von Pembroke

Abstecher runter zur Küste: unbedingt lohnend für atemberaubende Wildnis, auf der Halbinsel südwestlich von Pembroke. Steiniges Land, an den
Steilklippen trainieren oft Bergsteiger. Nur wenige Touristen verschlägt es
hier raus.

Aber: weite Teile dieser Region sind Manöverplatz für die Kaserne in
Castlemartin - und daher limitierter Zutritt! Betrifft den Bereich südlich der
Straße B 4319, zwischen Stackpole Head und Linney Head:

Östlich der Stichstraße runter zur Bucht "THE WASH": abends ab 17.3o
Uhr und an Wochenenden ist der Zutritt generell freigegeben; die übrige
Zeit stehen die Chancen bei fifty-fifty (siehe Aushänge im TI und National
Park Office/ Pembroke). Alle unten beschriebenen Ziele liegen in diesem
Gebiet!

Westlich der Stichstraße: darf man prinzipiell nur im Rahmen von offiziell
geführten Wanderungen betreten. Sind aber nur 3-4 mal im Monat angesagt, - Termine beim National Park Office. Diese Wanderungen sind der
Hit für Natur pur: sehr seltene Vögel und bunte Wildblumen, da die
Region von Zivilisation völlig unberührt ist!

Orientierung: dort draußen im Küstenbereich miserable Beschilderung und
ein Gewirr von kleinen Nebensträßchen. Daher: normale Autokarte genügt
nicht, sich auch für Trips mit dem Wagen eine OS-Karte besorgen.

STACKPOLE: Gottvergessenes Nest aus Kirche, Pub und ein paar
Häusern. Im 19. Jh. wohnten hier Arbeiter, die in Steinbrüchen Schieferplatten gebrochen haben. Ca. 6 km ab Pembroke.

STACKPOLE QUAY: Steinbruch, eingezwängt zwischen zwei halsbrecherische Klippenabstürze. Faszinierendes Farbenspiel: östliche Klippenwand aus rostrotem Sandstein, die westliche aus aschgrauem Schiefer.
Und dazwischen die idyllische Bucht am Ende eines lauschig bewaldeten

Tales. Ca. 2 km ab Stackpole.

Wandern: Auf dem Coastal Path an der Klippen-Abbruchkante knappe Viertelstunde südlich zur Barafundle Bay: herrlicher Sandstreifen, dahinter von Strandgras bewachsene Dünenwälle. Vom Klippenpfad aus runter auf einer in das Gestein gemeißelten Treppe. Sehr abgelegen, da ohne Straßenzugang, nur ab und zu kommen ein paar Einheimische hier raus.

STACKPOLE HEAD: Landvorsprung, - von der Brandung zerfressen, mit Felstürmen und Schären, die aus der Gischt ragen. Faszinierender Blick über die Küste, und kaum andere Menschen hier draußen... Zufahrt per Auto über kleine Piste, - oder schöner per pedes: von Barafundle Bay ca. 2 km weiter auf dem Cliff Treck.

BOSHERTON: Ein weiteres verschlafenes Nest dort draußen, - etwa 8 km südlich von Pembroke.

LILY POND: völlig zerlappter See, eingerahmt von üppigen Wäldern und übersät mit Seerosen. Besonders im Juni wie im Märchen, mit unbeschreiblicher Farbenpracht, Schwäne auf dem Wasser und Libellen wie kleine Hubschrauber. Rund um die Ufer führt ein 3-4 km langer Wanderpfad.

BROADHAVEN, ein Stück südlich: weite Dünen-Landschaft, - Hunderte von Karnickeln, das Strandgras steht hüfthoch.

ST. GOVAN'S HEAD, 2-3 km Stichpiste ab Bosherton: hier die spektakuläre "St. Govan's Chapel", ein kleines Steinkirchlein aus dem 13. Jh., das in die wildzerklüfteten Felsspalten auf halber Höhe der Klippen eingekeilt ist. Geschrei der Seevögel, und es duftet nach Salzwasser...

Wandern: Vom Govan's Head Richtung Westen, - eine unvergeßliche Klippen-Wanderung durch einen der wildesten Abschnitte der Pembrokeshire-Küste.

Wenigstens den knappen Kilometer bis Bosherton Mere laufen: ca. 4o m tiefe Spalte in den Klippen, unten tost die Brandung und sprüht ihre Gischt 15 m hoch und mehr. Oft hängen Felskletterer in der Steinwand!

Weiter zu den Stack Rocks: Naturschauspiel aus zwei schwarzen Felssäulen und einem natürlichen Felsbogen, die aus einer türkisgrünen Lagune ragen. Zigtausende Seevogelnester auf den Felssimsen, die Brandung schäumt um die Felsnadeln, und ständig heult der Wind...

Zu besagten Stack Rocks sind es 7-8 km ab Parkplatz am St. Govan's Head. Der Trail geht durch den Truppenübungsplatz: Aushang am Post Office von Bosherton, wann man den Pfad betreten darf.

CASTLEMARTIN: Hier ist die Kaserne der British Army, das Dorf liegt aber bereits außerhalb vom Manövergebiet. Die Orgel in der Dorfkirche war einmal im Privatbesitz des Komponisten Mendelssohn. Es gibt ein paar B&B. Ca. 12 km ab Pembroke.

FRESHWATER WEST: langgezogener Strand mit Dünenwällen dahinter. Wunderschön für Picknick oder zum Sonnenbaden! Aber nicht zum Schwimmen, wegen der gefährlichen Strömungen schon viele Todesopfer! Auf den Wellen reiten Surfer mit dem Wind.

ANGLE: Ganz am Westzipfel der Halbinsel - eine einzige Dorfstraße mit alten Stein-Cottages. Ca. 15 km ab Pembroke.

ANGLE BAY: weit ausladend und wie eine Lagune mit grünlichem Wasser, eingeklammert zwischen zwei braunen Landzungen. Schuhe ausziehen und rumwandern, draußen vor der Bucht tuckern riesige Öltanker vorbei zum Terminal im Milford Haven. Zum Schwimmen besser geeignet als der Freshwater West Beach.

Angle hat zwei berühmte Pubs. Point House ist so alt wie es aussieht, - urgemütlich und ein Kaminfeuer, das angeblich seit 3oo Jahren non-stop brennt.

Das Hibernia Inn, nicht weit davon, ist berühmt für seine **Pubs** Barmeals. Tip für einen Zwischenstop!

Pembroke ≫→ Haverfordwest   (ca. 18 km)

Fast stündlich öffentlicher Transport mit Bussen der Companies Cleddau und Silcox. Keine nennenswerten Zwischenstopps.

MILFORD HAVEN: Jachthafen, - um ein bißchen an den Kais langzulaufen und irgendwo Kaffee trinken. Alles in allem aber etwas steril. Der Ort wurde Ende des 18. Jh. angelegt als Station für Walfisch-Fänger, die man extra aus Amerika geholt hat. Viel gelobt wird das Heimatmuseum.

✦ Haverfordwest   (13.5oo Einw.)

Wichtiger Verkehrsknotenpunkt: Straßen- und Zug-/Bus-Verbindungen in alle Richtungen, und vorgelagert eine wilde Küstenlandschaft (zwei Jugendherbergen). Ansonsten für längere Aufenthalte wenig zu bieten.

Das Marktstädtchen mit seinen alten Häusern ist auf eine Anhöhe gesetzt. Hinter der High Street das CASTLE: auf einer Klippe hoch über der Stadt und war somit sehr schwer einzunehmen. Blick runter auf die Straßen von Haverfordwest. Aus dem 12. Jh., vier Meter dicke Außenmauern; gleich daneben das Heimatmuseum.

Old Bridge - ein kleines Office am Busterminal, für Infos zur gesamten Westecke von Pembrokeshire. Tel. o1437/ 763 11o. Ganzjährig geöffnet. Zusätzlich ein National Park Info Centre

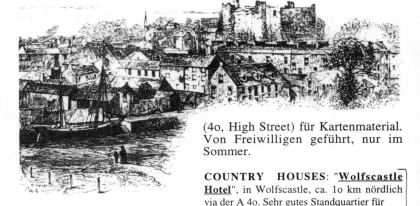

(4o, High Street) für Kartenmaterial. Von Freiwilligen geführt, nur im Sommer.

COUNTRY HOUSES: "<u>Wolfscastle Hotel</u>", in Wolfscastle, ca. 1o km nördlich via der A 4o. Sehr gutes Standquartier für Pembrokeshire: 2o Zimmer in einem Backstein-Gebäude, alle modernen Facilities inkl. Tennis- und Squash-Platz. Tel. o1437/ 74 12 25. DZ ca. 18o DM, Dinner um 4o DM.

"<u>Stone Hall</u>", ca. 12 km nördlich in Welsh Hook. Fünf Zimmer bei einem reputierten Restaurant, mitten in der Pampa. Hauptpunkt ist das Essen: die Besitzer sind ein walisisch-französisches Ehepaar, was sich auch in der Küche niederschlägt. Tel. 91348/ 84 o2 12. DZ ca. 165 DM, Dinner um 5o DM.

HOTEL: "<u>Hotel Mariners</u>", Mariner Square. Von den drei Hotels in Haverfordwest das einzige, das mittleren bis gehobenen Ansprüchen genügt. (Bei den anderen ist man mit B&B eigentlich besser bedient.) Seit 1981 unter Führung von Mutter&Sohn Cromwell. Tel. o1437/ 76 33 53. DZ mit Bad ca. 18o DM.

BED & BREAKFAST: Das Zimmerangebot ist genügend groß. Die Pensionen liegen überwiegend im Viertel "St. Thomas Green": Wohnviertel mit alten Häusern, rund um einen Parkplatz. Liegt am Anfang von Haverfordwest, wenn man aus Pembroke kommt - ins Zentrum 5 Minuten zu Fuß.

HOSTELS: Leider gibt es keine JuHe in Haverfordwest selber, aber zwei Hostels an der Küste: "Broadhaven JuHe" hat 4-5 x am Tag Busanschluß bei 2o Min. Fahrtdauer, - "Marloes Sands" hat nur Di. und Fr. Busanschluß (dort müßte man also dann 3 Tage bleiben). Alle Details siehe Umgebungs-Kapitel.

 <u>Rising Sun Site</u> (in Pelcombe, ca. 2 km nordwestlich via der A 487 Richtung St. David's): der stadtnächste Platz, - liegt hinter einem Restaurant, wo es gutes und billiges Essen gibt.

 <u>JEMIMA'S</u> (ca. 4 km südlich in Freystrop, Ausfahrt Richtung Burton): bestes Lokal der Gemarkung Haverfordwest. Alles "home-made" und Gemüse vom eigenen Garten, serviert in einem bescheidenen Häuschen. Dinner für 25-35 DM (nur mit Buchen - Tel. 89 11 o9). Außerdem ein Bistro, wo's einfachere Gerichte schon ab 1o Mark gibt.

<u>OLD BRIDGE CAFÉ</u> (gegenüber den Markthallen, auf der anderen Fluß-
seite): nach Kennermeinung "best restaurant in town" - nur tagsüber, 1o-
15 DM.

Take-away: Auf Vorschlag mehrerer Leserbriefe empfehlen wir den
Naturkostladen <u>Healthwise</u> (High Street), für selbstgemachte Snacks um
5 DM. Sehr praktisch, wer auf Durchreise ist, da nur 5 Minuten vom
Busterminal.

Shops: Paar Adressen für um sich mit Wegzehrung einzudecken, ein
Stück bei Trecks draußen an der Küste, die jenseits von Bifi mit Knäcke-
brot liegt! Der <u>Market</u> ist im Shopping Centre am River Cleddau, nur
3 Minuten ab Busterminal. Montags sind die Lebensmittel-Buden aber
geschlossen.

<u>Clark Brothers</u>, schon seit 1946 am Flußufer neben der Markthalle, für
Cockles oder für geräucherte Makrelen (ca. 5 DM das Pfund). Gleich um
die Ecke krosses Brot von der <u>Welsh Bakery</u>: Mrs. Davies backt jeden
Morgen frisch, was hier in Wales keine Selbstverständlichkeit ist.

Discos: Am Wochenende strömt von ganz Pembrokeshire alles hier zusammen fürs Nightlife. Zunächst Kneipen-Tingeltangel, - dann gegen
23 Uhr in eine der Diskotheken (entlang der High Street ein halbes Dutzend!).

Shopping: Am Wochenende großer Markttrubel in den Hangars am
Flughafen. Hunderte von Buden und die halbe Stadt ist auf den Beinen.
An der A 4o Richtung Fishguard, 1-2 km vor der Stadt.

Feste: <u>Agricultural Show</u> (Mitte August, 3 Tage von Di. bis Do.): zweit-
größte Landwirtschaftsmesse von Wales (nach der Royal Agricultural
Show in Builth Wells/Ostwales). Traktoren, Springreiten, Tier-
Prämierungen, Kunsthandwerk. Auf dem Flughafen.

Verbindungen *ab Haverfordwest*

Exzellente Straßen- sowie Zug-/Busverbindungen, wer knapp mit Zeit ist,
kann statt der Küstenroute via Tenby und Pembroke von Carmarthen aus
direkt hierher fahren; Anschlüsse raus zur Küste!

Auto: ab Carmarthen knapp 5o km auf der A 4o, von
Haverfordwest führen Straßen wie die Speichen eines
Rades zu allen bedeutenden Küstenorten!

Züge: Bahnhof in der Straße nach Carmarthen. Entweder
direkt ab Carmarthen oder entlang der Küste (Zugschiene
bis Pembroke, von dort stündlich Cleddau-Busse rauf nach
Haverfordwest). Stündlich auch rauf nach Fishguard/
Cardigon.

Busse: Terminal an der Old Bridge, gegenüber vom TI und 5 Minuten vom Bahnhof. Alles auf kleinstem Raum: über die Brücke zu den Markthallen und zum City Centre.

Nach <u>Cardiff</u> mit National Express: 2 x tägl., - fährt weiter nach London. Geht aber nicht rein nach Cardiff, Connection mit Shuttle-Bus.

Für <u>Regionalverkehr</u> operieren drei Companies: Timetables und Infos beim TI. Stündlich nach Tenby, Pembroke, St. David's, Fishguard und Cardigan (dort dann ohne lange Warterei Anschlüsse nach Aberystwyth). Nach Carmarthen 5 x am Tag.

Raus zur <u>Küste</u>: nach Broadhaven und weiter nach Litte Haven 4-5 x täglich. Nach Marloes aber nur 2 x pro Woche (man müßte dort also 3 Tage bleiben).

Bike-rent: <u>Mike's Bikes</u>, paarhundert Meter vom Busterminal. Eventuell für Ausflüge zur Küste, da die Busverbindungen doch nicht ganz das Gelbe vom Ei sind.

Westlich von Haverfordwest

<u>ST. BRIDE'S BAY</u>: sehr schöne Küstenregion mit einsamen Buchten, Felsklötze und weite Sandbeaches. Schön für Wanderungen und Insel-Trips, zwei Jugendherbergen. Nur wenige Touristen kommen hier raus.

 <u>Busse</u>: recht dünnes Netz, obwohl von der Regionalver - waltung gesponsort. Nur nach Marloes (nur an 2 Tagen pro Woche) und nach Broadhaven (4-5 x am Tag).

★ Dale

Zentrum für Yachting und Wassersport, insbesondere für Segeln und Windsurfen sehr gutes Revier. Als Ort aber nicht besonders attraktiv, ca. 22 km ab Haverfordwest via der B 4327.

<u>ST. ANN'S HEAD</u>: der südliche Landzipfel, - mit heftigen Winden, Wellenbrecher und völlig verlassen. An der Spitze ein Leuchtturm. 3-4 km Stichstraße - oder Wanderung auf dem Coastal Path, vorbei an kleinen Buchten.

Wassersport: Ausrüstung zum Windsurfen (inkl. Schutzkleidung) für ca. 15 DM/Stunde, für 4 DM extra Teilnahme an einem Anfänger-Kurs (3-5 Schüler, täglich ab 1o Uhr). Vielleicht nur zum Spaß mal probieren.

Segeln: Vermietung von kleinen Dinghies für ca. 15 DM für vier Stunden. 2-stündiger Anfänger-Schnupper-Kurs ab 4o DM.

★ Marloes

Das schönste Dorf an der St. Bride's Bay: weiter Honeymoon-Beach,

Bootsausflüge zu Vogelinseln. Alles in sanften Farben, irreale Traumkulisse besonders bei Sonnenuntergang. Cliff Walks zu versteckten Buchten, wo früher Schmuggler ihre Konterbande versteckt haben. Busse: nur dienstags und freitags.

DEER PARK: Landzipfelchen ganz im Westen, - abgegrenzt durch einen Steinwall, am Eingang ein Parkplatz. Steingarten-Landschaft aus Ginster, Heidekraut und Brombeergestrüpp, Schmetterlinge gaukeln durch die Luft. An der Küste Seehunde (die silbergrauen Robben-Babies im Oktober). Erfrischende 2-km-Rundwanderung entlang der Küste.

Marloes Sands Youth Hostel", romantische Primitiv-Absteige mit 4o Betten in ein paar Farmhütten, - 1o Minuten Feldweg zum Meer und einen der schönsten Strände von Wales mit bizarren Klippen. Tel. o1646/ 63 66 67. Schlafsaal ca. 17 DM/Person.

Strände: Marloes Sands an der Südküste der Halbinsel: der schönste Strand in der gesamten Südwest-ecke **BADEN** von Wales. Rostbrauner Sandstreifen und dahinter wüste Felsklötze am Fuß der senkrechten Klippenwand (wegen Erdumwälzungen vor 4o Mio. Jahren vertikale geologische Lagerung). Hinkommen: vom Dorf-Parkplatz 3 km beschilderter Pfad entlang der Klippen.

Am Westende der Marloes Sands ragt bei Ebbe das Felsinselchen "Gateholm Island" aus dem Wasser, bei Flut unterhalb des Wasserspiegels. Per natürlichem Felsdamm vom Festland aus zu erreichen; Blick auf die von Seevögeln umschwirrte "Skomer Island"! Noch ein Stück westlich die "Albion Sands", wo bei Ebbe das Gerippe eines 184o hier gewrackten Paddel-Dampfers aus dem Sand ragt.

Von Marloes Village zur Nordküste: Musselwick Sands, - steile Klippen, verlassene Sandbucht, Blick über die weite Bucht.

BOOTTRIPS

Vor der Küste liegen drei Vogelinseln: allen voran Skomer Island, das als einzige regulären Boot-Service hat. Zu den anderen Inselchen nur ab und zu Ausflugsboote, um die dortigen Vogelbestände zu schonen. Abfahrt von Martin's Haven, ein Stück westlich von Marloes.

Auf SKOMER ISLAND Hunderttausende von Möwen, Eissturmvögeln, Seeschwalben und 6.5oo Paare der fremdartigen Papageitaucher: bevölkern mit viel Lärm die Felssimse in den Klippen rund um das Inselchen, unten tummeln sich Seehunde auf den Felsen. Im Frühling und Sommer blüht es auf dem vulkanischen Untergrund von Skomer wie in einem Steingarten. Verbindungen: täglich drei Landungen, viermal pro Woche Kreuzfahrten mit Umrundung des Inselchens. Abfahrten schon am Vormittag, ca. 2o DM (bei Landung zusätzlich ca. 13 DM Eintritt).

GRASHOLM ISLAND liegt viel weiter draußen, sturmumbraust im Atlantik. Unbedingt im voraus buchen, da aus Naturschutzgründen maximal

15 Leute eine Passage erhalten. Im Schnitt einmal pro Woche, ca. 5o DM.

SKOKHOLM ISLAND ist reserviert für die Forschungsarbeiten der dortigen Vogelwarte und darf auf eigenen Faust überhaupt nicht betreten werden. Einmal in der Woche jedoch organisierte Trips mit sachkundiger Führung. Ein Erlebnis für jeden Vogelliebhaber.

Wandern: Unvergeßlicher 18 km langer Treck von Marloes rauf nach Broad Haven, immer entlang der Klippen und Buchten. An Start und Zielort eine JuHe.

Zunächst mit dem Bus nach Marloes und dort in der JuHe schlafen. Dann volles Tagesprogramm nach Broad Haven für die zweite JuHe. Unbedingt in dieser Richtung wandern, da ab Zielort Broad Haven täglich 4-5 Busse zurückfahren nach Haverfordwest, - ab Marloes aber nur zweimal pro Woche, so daß man dort u.U. tagelang festsitzen würde.

✦Broadhaven

Überall Trubel, Pubs und Campingplätze mit englischen Familien. Nicht besonders originell, aber sehr badesicherer Strand und gut mit Kindern. Viel Wassersport. Positiv ist auch die flotte Busanbindung mit Haverfordwest (3-4 x am Tag).

"**Broad Haven Youth Hostel**", mitten in Broad Haven, paar Minuten zum Strand. Moderne 6o-Betten-JuHe mit allen Facilities, wurde eigens für diesen Zweck gebaut. Aber etwas steife Atmosphäre und oft Schulklassen. Tel. o1437/ 78 16 88. Schlafsaal ca. 2o DM.

LITTLE HAVEN, ca. 3 km südlich von Broadhaven. Pittoreskes Fischerdorf und früher Hafen für Kohleexport. Über enge Treppen runter zum steinigen Beach. Im Swan Inn, am Hafen, durchgehend warme Barmeals und schöne Einkehr, wer den Cliff Treck macht.

Nördlich von Broadhaven wird das Land flacher und ist auch weniger schön. Es kommt eine Reihe von Badeorten ohne größere Glanzpunkte.

✦Nolton

Kleines Dorf im Inland, 2 km Piste zum Resort Nolton Haven, der nur aus ein paar Häusern und Caravans besteht. Wanderung: halbe Stunde entlang der Cliffs zu den Newgale Sands, wo Surfer über die Wellen reiten.

CELTIC CORNER (in Nolton): auf einem Farmhof steigen Welsh Nights, wo Landesschmankerl serviert werden. Die Kellnerinnen in Folkore-Tracht, jemand spielt Harfe und singt walisische Folksongs.

Den Besuchern wird gezeigt, wie die alten Volkstänze funktionieren. Leider nur zweimal die Woche - mit viel Herz aufgezogen von einer Familie. Vorausbuchen.

Hinterland von Haverfordwest

Die meisten zieht's natürlich gen Westen und Küste, - obwohl es auch östlich von Haverfordwest mehrere Attraktionen gibt.

PICTON CASTLE: kein Castle, sondern ein Landschloß, das noch von einer waschechten Adelsfamilie bewohnt wird. Deshalb nur an zwei Tagen pro Woche Führungen durch das Haus, - ansonsten ist nur der Park zu besichtigen. Anfahrt: ca. 8 km östlich, via der A 4o Richtung Carmarthen.

SCOLTON MANOR: Herrenhaus aus der georgianischen Zeit (18. Jh.), die Möblierung stammt aus der Mitte des 19. Jh. Sammlung alter Kostüme, Kunstgegenstände etc. Anfahrt: ca. 1o km nördlich, via der B 4329 Richtung Cardigan.

CWM DERI VINEYARD: Besichtigung eines Weinberges, der 199o angelegt worden ist. Zwei Glas "Pembrokeshire Wine" zum Probieren. Plus Shop (dort auch süßester Met). Anfahrt: in Martletwy, - ca. 12 km östlich via der A 4o, dann rechts weg und 5 km über Nebensträßchen.

Haverfordwest ≫──► St. David's   (ca. 26 km)

Auf der A 487, Kurs Nordwest. Stündlich Busse der Company Richard Bros., Fahrtdauer knappe 5o Minuten. Keine Züge.

Der Ort **SOLVA** liegt ca. 4 km vor St. David's: Vielleicht reinschauen zum "Window of Wales", - drei Etagen mit Kunsthandwerk und Mode von walisischen Designern. Alles "made in Wales" und der einzige Souvenirladen in dieser Ecke, der wirklich gut ist.

"Penycwn Youth Hostel". Früheres Farmgebäude mitten in der Landschaft, das man zu einer JuHe umfunktioniert hat. In Rucksacker-Kreisen berühmt für gutes Essen! Vom St. David's-Bus in Penycwm aussteigen und 2 km laufen. Tel. o14 37/ 72 o9 59. Schlafsaal ca. 18 DM/Person.

St. David's   (1.5oo Einw.)

Ganz in der Nordwestecke: hier die meisten Landschaftsreize von ganz Pembrokeshire, stille Buchten, einsame Strände und Klippen, wo die Brandung rauscht und schäumt.

St. David's ist ein kleines Nest, das nur wegen seines Bischofssitzes und der Kathedrale Status einer "City" innehat. Im Sommer aber viele englische Familien, die wegen der Strände hier Urlaub machen. Im Winter fällt hier alles in den Winterschlaf.

Die CATHEDRAL liegt in einer tiefen Erdsenke am River Alun. Besticht durch seine Einfachheit, die nackten Steinwände mit einer Überfülle von Blumen geschmückt, und durch die Fenster Blick auf grüne Hügel.

Schiff und Presbyterium aus spätnormannischer Zeit; die schön verzierte Holzdecke und die geschnitzten Miserikordien im Chorgestühl Ende des 15. Jh. Deckengemälde in Chor und Presbyterium (19. Jh.) von Gilbert Scott, dem größten britischen Architekten der Neugotik.

Täglich um 18 Uhr wird die heilige Messe gelesen. (Leserbrief: "Danach kam der Priester, um ein Schwätzchen zu halten...")

Am gegenüberliegenden Flußufer der imposante <u>BISHOP'S PALACE</u>,- im 14. Jh. von einem prunksüchtigen Bischof aufwendig konstruiert und stark befestigt. Überall Gewölbe, die Brustwehr mit einer Arkadenreihe. Vom Südwest-Turm (schmale Treppe!) Blick über die gesamte Anlage. Heute residiert der Bischof von St. David's in Carmarthen.

<u>OCEANARIUM</u> (New Street): große Tanks mit Haien, Rochen und Meerforellen, die vor der Küste gefangen wurden. Mit sehr viel Engagement geführt, wer ernsthaft über Fische lernen will (Fragen stellen!).

Besitzer Gary Cross hat die Aquarien selber entworfen: Sauerstoffnachfuhr durch Plankton (nicht der Regenwald, sondern das Meeresplankton erzeugt 5o-6o % des Sauerstoffs in der Atmosphäre!). Normalerweise arbeitet man bei Aquarien mit Filtern, die aber die Balance stören, so daß chemisch nachgeholfen werden muß.

<u>MARINE LIFE CENTRE</u> (an der Ortseinfahrt): ebenfalls Aquarien mit einheimischer Meeresfauna, - aber mehr touristisch versiert (Zielgruppe Kinder). Viel kleinere Aquarien, ein Rettungsboot, Pitch'n'Putt-Platz etc.

<u>FARM PARK</u> (Llanrhion Road, ca. 15 Gehminuten Richtung Fishguard): Show-Farm mit seltenen Haustier-Rassen und schwerfälligen Ackergäulen, Lämmchen mit der Flasche füttern etc. Für Familien mit Kindern.

 Im Rathaus in der High Street, Tel. o1437/ 72 o3 92. Nur im Sommer. Dient gleichzeitig als <u>Nat Park Info Centre</u>.

 COUNTRY HOUSES: "<u>Warpool Court Hotel</u>", 1-2 km Richtung St. Non's Chapel. Noble Atmosphäre in dem grauen Granit-Bau zwischen grünen Bäumen. Bei 25 Zimmer aber einigermaßen "unintim" für ein Countryhouse - dafür beste Facilities im Raum St. David's: Swimmingpool, Sauna, Tennis, Squash. Tel. o1437/ 72 o3 oo. DZ ca. 28o-38o DM, Dinner um 35 DM.

"<u>Ramsey House</u>", 1-2 km Richtung Porth Clais. Sehr "posh" für die Preislage! Die 7 Zimmer sind individuell möbliert, kleine Bar zum Garten raus. - Kinder nicht erlaubt. Besitzer: Sandra Thompson, eine außergewöhnliche Köchin, und ihr Mann Marc, mit der Physiognomie eines Küchenschrankes. Nichtraucher. Tel. o1437/ 72 o3 21. DZ ca. 12o DM, Dinner um 35 DM.

HOTELS: "<u>Old Cross Hotel</u>", am Marktplatz (Cross Square). Mitten im Ort und fester sozialer Bestandteil von St. David's - im Restaurant und in der Hotel-Bar trifft man auch viele Einheimische. Großzügige Lobby, die 17 Zimmer sind sauber und gepflegt. Schon seit 195o in der Hand der Lynas-Familie, die es als Privathaus gekauft und umgebaut haben. Tel. o1437/ 72 o3 87. DZ ca. 18o DM.

"**St. Non's Hotel**", Catherine Street. Weiteres Hotel, unter Regie der Besitzer des Warpool Court Hotels. Tel. o1437/ 72 o2 39. DZ ca. 18o DM.

"**Whitesands Bay Hotel**", mehrere km außerhalb an der Whitesands Bay. Gebäude mit dunkler Holzvertäfelung, steht weit ab vom Ort allein am Beach. Vor allem englische Familien, die für eine ganze Woche rauskommen. 12 Zimmer und o.k., - nicht mehr und nicht weniger. Tel. o1437/ 72 o4 o3. DZ ca. 15o-18o DM.

GUESTHOUSES: Vier sehr schöne Pensionen liegen - in einer Reihe - in der Nun Street (Ausfahrt Fishguard/Whitesands).

"**Glendower House**", Nun Street. Oberhalb eines Restaurants, auf das sich die Besitzer leider vorrangig konzentrieren. Die Zimmer sind schön, obwohl der hohe Preis etwas übertrieben ist. DZ ca. 1oo DM.

"**Alandale House**", Nun Street. 5 Zimmer plus Lounge, z.T. mit antiken Bauernmöbeln. Brenda Devonald versorgt ihre Gäste mit dem besten Frühstück der Stadt (laut Michelin-Guide). Nichtraucher. Tel. o1437/ 72 o3 33. DZ ca. 9o DM.

"**Y Glenydd**", Nun Street. Zwischending zwischen Hotel und Pension - 1o Zimmer, kleine Bar und exzellentes Restaurant. Von jüngerem Paar sehr professionell geführt. Die rückwärtigen Zimmer haben Meeresblick. Tel. o1437/ 72 o5 76. DZ ca. 95 DM.

"**Y Gorlan**", Nun Street. 6 Zimmer: wirklich gut mit urgemütlichem, kommunikationsförderndem Lounge. Für letzten Touch der "home from home"-Atmosphäre sorgt Carol Dyson. Exzellente Dinner für 1o-15 DM. Tel. o1437/ 72 oo 82. DZ ca. 9o DM.

"**Pen Albro**", Goat Street. Oberhalb eines Pubs und relativ laut - dafür aber sehr billig. Tel. o1437/ 72 16 51. DZ ca. 65 DM.

BED & BREAKFAST: Überall im Dorf, im Sommer hat jedes dritte oder vierte Haus ein B&B-Schild raushängen. Liegen fast alle innerhalb von St. David's, Farmhäuser gibt es in dieser Region weniger.

HOSTELS: "**St. David's Youth Hostel**", ca. 3 km außerhalb an der Whitesands Bay, an einem wunderschönen Traumstrand. Sehr einfach in einem früheren Farmhof, - die Weiblein schlafen in der Scheune, die Männlein (stilecht) im Viehstall. Keine Busse: ab St. David's Richtung Fishguard laufen, dann vor dem Rugby-Spielfeld links weg auf die B 4583. Tel. o1437/ 72 o3 45. Schlafsaal ca. 18 DM/Person.

"**Twr-y-Felin**", High Street. Unterbringung in einem Outdoor Centre: sehr relaxed, - einer der Plätze, wo man hingeht und meint, wan wäre schon immer hier gewesen. 15 Doppelzimmer, kleine Küche, TV-Zimmer, kleine Bar. Tel. o1437/ 72 o3 91. DZ mit Frühstück ca. 3o DM/Person.

 St. David's ist Camper-Paradies: ein Dutzend Plätze, vielleicht auch mehr. Überwiegend junge Familien aus England, die eine Woche Strandurlaub machen.

An der Caerfai Bay sind drei Plätze: tiefe Bucht mit braunem Sand; nicht ganz so betriebsam. Nur 1-2 km vom Ortskern und damit die stadtnächsten. Alle drei eigentlich gut ausgerüstet.

An der Whitesand's Bay ebenfalls drei Plätze - liegen einander gegenüber an der Zufahrtstraße. Gut geführt; nur 2 Minuten zum Strand: wunderschön mit blendend-weißem Sandstreifen, aber im Sommer sehr hektisch.

In <u>St. Justinian</u>, ein Dorf 5 km westlich von St. David's, ist ein Platz neben der Rettungsboot-Station. Pluspunkt: hier fahren die Boote zur Ramsey-Vogelinsel. Simpel, aber tiptop sauber: Duschen und Toiletten-Block.

In <u>Pencarna</u>: größter und bestausgestatteter Platz im Umkreis von St. David's (Shop, Waschmaschinen, eigener Strandabschnitt). Die Leute kommen für den Beach von Porth Celi, der etwas kleiner ist als Whitesands. Anfahrt: ca. 3 km Richtung St. Justinian's, dann die Schotterpiste nach rechts.

So ziemlich an jeder Einfahrtstraße sind kleine Zeltplätze <u>auf Farmhöfen</u>, bei denen sich die Facilities auf Toiletten beschränken. Dafür aber auch billiger als Standard-Camping!

 <u>MORGAN'S</u> (Nun Street): spezialisiert auf Meeresfrüchte, die lokal gefangen werden. Hauptgericht um die 3o Mark. Gehört einer englischen Familie, der Chefkoch kommt aber aus der Region.

<u>OLD CROSS HOTEL</u> (Marktplatz): im "Middle of the Road"-Sektor, viele vegetarische Sachen. 3-Gang-Menü für 35 DM. Schon seit 25 Jahren derselbe Koch, hat sich eine feste Reputation aufgebaut.

<u>Y GORLAN</u> (Nun Street, gegenüber der Elf-Tankstelle): sehr gute und abwechsungsreiche Bistro-Küche, im Dining Room einer kleinen Pension. Carol Dyson ist Hobbyköchin mit 5-Sterne-Talent. 15-2o DM.

Barmeals: Im <u>FARMER'S ARMS</u> alle Standard-Sachen, von Lasagne bis panierter Fisch in Portionen, die kaum zu schaffen sind. 1o-12 DM. Man sitzt im Pub mit großem Eß-Bereich oder im Wintergarten hinter dem Haus. Im <u>CROSS HOTEL</u> vielleicht 5 Mark teurer, dafür auch etwas interessantere Gerichte.

<u>OCEAN HAZE</u>, ca. 2 km Richtung Haverfordwest: bei schönem Wetter Biergarten-Betrieb auf Holzbänken, preislich 12-15 DM. Joker ist seit vielen Jahren der "Ocean Haze Grill" für ca. 45 DM: Grillteller mit T-Bone-Steak, Kotelett von Lamm, Schwein und Rind, Niere, Leber, Blutwurst und ein Spiegelei.

Außer den Hotel-Bars nur eine einzige Kneipe, das <u>Farmer's Arms</u> mit rauhen Steinwänden. Bei schönem Wetter draußen sitzen im Biergarten, und sich sein Worthing-Bier (ein Dunkles vom Faß) schmecken lassen.

Pubs Wer eigenen Pkw mit hat, fährt vielleicht in einen der Nachbarorte: 12 km via der A 487 Richt. Westen nach Porthgain ins <u>The Sloop</u>, ca. 25o Jahre alt, und die Jahrhunderte hängen noch im Gebälk: Steinplatten am Boden, die Eichenbalken an der Decke biegen sich verdächtig durch... Abends meist gerammelt voll, und gute Barmeals.

Oder 4 km auf der A 487 runter nach "Solva": heimeliges Ambiente mit dunklen Holzbänken und offenem Kamin im <u>Cambrian</u>. Immer Hochbetrieb, etwas gehobene Klasse mit separatem Meeresfrüchte-Buffet.

Boottrips

Nicht versäumen! Vor der Küste von St. David's liegt ein Gewirr von Inselchen und Schären, zahllose Seevögel, Großbritanniens größte Robben-Kolonie. Es operieren drei Companies, deren Offices nur paar Minuten voneinander liegen. Am besten alle abklappern und Angebote einholen (unten eine Liste, was in etwa im Angebot ist).

<u>Companies</u>: Thousand Islands Expedition (Cross Square), Voyages of Discovery (High Street) und Celtic Cruises (High Street). Abfahrt von der Rettungsboot-Station in St. Justinian oder von der Whitesands Bay (siehe Umgebungs-Kapitel).

* Spritztouren mit PS-starken Schlauchbooten: kreuz und quer durch das Inselchen-Gewirr, rein in Klippenhöhlen, die nur von See aus zugänglich sind. Nur 8 bis 12 Leute in einem Boot: Schwimmjacke überziehen, Schuhe runter und auch bei schönem Wetter Pulli/Anorak, da das Schlauchboot mit 3o Knoten (ungefähr 5o km/h) übers Wasser hechtet. Täglich 5-8 x: für den Crack reicht eine einstündige Spritztour, die ca. 25 DM kostet. Tiefere Naturerlebnisse erst bei der zweistündigen Tour (ca. 4o DM).

* 4 x pro Tag mit großen Booten für 3o oder 4o Leute, - ruhiger mit dem Pluspunkt, dabei nicht naß zu werden. Diese Ausflüge dauern 9o Minuten, um 2o DM.

* Halbtages- und Tagestrips mit größeren Booten: sehr schön, weil man den Inselteppich vom Meer aus sieht, also von weiter draußen. Vorsicht aber bei rauher See, so mancher dann seekrank. Nur unregelmäßig, in den Offices nachfragen. Preislich 5o bis 8o DM.

* Landung auf Ramsey Island (siehe Umgebungs-Kapitel). Um ca. 2o DM.

Shopping

<u>Crafts</u>: Der Ort ist zwar voll mit Souvenirshops, - aber oft miese Qualität. In St. David's lebt nicht ein einziger profilierter Kunsthandwerker! Die besten Sachen kriegt man noch bei "Ian Taylor", der seinen Laden schon seit 3o Jahren hat. Im "Mill Shop" beste Qualität für walisische Stricksachen.

<u>John Roger Gallery</u> (Peters Lane, off Nun Street): Galerie des meistverkauften Malers in Wales - hat seine Sammler überall auf der Welt (z.B.

auch Prinz Charles). Sein Lieblingsthema sind Aquarelle mit walisischen Landschaftssujets. Preise zwischen 800 und 5.000 Mark.

John bezeichnet sich als post-abstrakten Maler. Die Landschaften sind zwar leicht abstrahiert, aber im Freien gemalt, nicht im Studio. Schon seit 25 Jahren arbeitet er in St. David's. Er gehört zu den wenigen Künstlern, die auch großflächige Aquarelle machen, die ein hohes Maß an Sponaneität verlangen, da - ander als bei Öl- und Acrylfarben - keine Korrekturen möglich sind. Die Grobstruktur muß in wenigen Minuten gemalt werden, bevor die Farbe trocknet. Die hellen Bildflächen sehen aus wie Farbe, sind aber unbemalte Leinwand.

Sport

<u>Adventure Days</u> (High Street): Outdoor-Centre für Kajak, Kanu, Abseiling, Klippenklettern etc. Einfach anklopfen und nachfragen, was gerade angesagt ist: halber Tag um 50 DM, voller Tag um 100 DM (inkl. Ausrüstung und Instruktion).

<u>**Surfen**</u>: Der Whitesands-Beach ist beliebtes Wellenreiter-Revier. Boards für Surfing und Windsurfing werden vor Ort vermietet (vielleicht vorher bei Adventure Days fragen).

Feste

<u>Bach Festival</u> (letzte Mai- und erste Juni-Woche): Großbritanniens beste Musiker geben sich die Ehre bei Fugen des Meisters Johann Sebastian. In der Kathedrale - Tickets schon einen Monat im voraus übers BTA/Frankfurt reservieren.

<u>Carneval Day</u> (letzter Montag im August): alles rennt maskiert durch die Stadt, Umzüge mit dekorierten Lkws.

Verbindungen  ab St. David's

 <u>**Busse**</u>: Terminal in der New Street, Companies sind "Richard Bros" und "Bws Dyfed".

Runter nach Haverfordwest stündlich, Fahrtzeit 40 Min.; Richtung Osten ebenfalls stündlich bis Fishguard, Fahrtdauer 50 Minuten. Ab Fishguard Anschlüsse rauf nach Nordwales. An Sonntagen sehr limitierter Verkehr: nur 1-2 x mit Bws Dyfed auf der Linie Haverfordwest-> St. David's-> Fishguard.

 <u>**Bike rent**</u> in der Sportschule hinter dem "Marine Life Centre", gleich an der Ortseinfahrt. Hier auch Mountain Bikes, um den Coastal Path zu machen!

Umgebung von St. David's

Hauptpunkt sind die Beaches, die viele englische Touristen nach St. David's ziehen, - sowie die Vogelinsel Ramsey.

CAERFAI BAY: idyllischer, rostbrauner Strand, in einer tiefen Bucht, und von verwitterten Klippenabstürzen umrahmt. Meist nur ein paar Leute, im Hinterland drei Plätze. Ca. 1 km südlich, via Stichpiste.

 Tip für eine 6 km lange Rund-**Wanderung**: von der Caerfai Bay entlang der Abbruchkante der Klippenwand nach Westen bis Porth Clais mit seinen atemberaubenden Klippen, unterwegs an dem mittelalterlichen Steinkirchlein "St.Non's" vorbei. Von Porth Clais auf der Landstraße zurück nach St. David's.

PORTHCLAIS: Die Mündung des River Alun, hohe Klippen und ein verfallener Hafen aus dem Mittelalter. St. Non's Chapel, auf einem Landvosprung an der Ostseite der Bucht: sich zwischen die romantische Mauerreste setzen, und den salzigen Wind durchs Haar wehen lassen. Daneben eine Quelle, der im Mittelalter, als St. David's ein bedeutender Pilgerort war, wundersame Heilkräfte zugeschrieben wurden. Liegt knappe 2 km südwestlich von St. David's.

ST. JUSTINIAN: Kleines Dörfchen, etwa 5 km westlich. St. Justinian's Chapel, haarscharf an der Klippenkante, ist ein kleines und unscheinbares Steinkirchlein. Unten am Fuß der Klippen eine Rettungsboot-Station, wo die meisten Boottrips losfahren.

★ RAMSEY ISLAND

Atlantikwellen donnern gegen die 1oo m hohe Klippenwand, die sich rund um die Insel zieht: nur an einer einzigen Stelle können Boote festmachen. Hunderte von Robben tummeln sich an der Südseite, die in den zahllosen Klippenhöhlen ihren Nachwuchs großziehen. Die silbergrauen Robbenbabies kriegt man von Ende August bis November zu Gesicht.

Die Felssimse in den Cliffs sind übersät mit Abertausenden von Möwen und Trottellummen, ohrenbetäubendes Geschrei, die beste Zeit hierfür während der Brutphase Mai/Juni. September/Oktober wartet ein anderes Spektakel: Zeit der Hirsch-Brunft, eine Rotwild-Kolonie mit 3o Tieren auf der Insel, und im Herbst liefern sich die Hirsche erbitterte Zweikämpfe.

Ramsey Island war früher ein gefürchteter Piraten-Stützpunkt. Jetzt schon seit 1944 im Besitz des Vogelschutzbundes. Nur ein Aufseher lebt auf dem Inselchen, zusammen mit gut und gerne 3o.ooo Kaninchen.

Boote: * Die Umrundung des Inselchens bringt eigentlich tiefere Eindrücke als Landung, wenn der Kahn haarscharf an den Klippen vorbeizieht. Täglich mehr als ein Dutzend Boote: fast alle Boottrips ab St. David's haben auch Ramsey Island im Programm. Alle Details dort.

* Landung auf Ramsey Island: schöner Tagesausflug; für die Rundwanderung entlang der Klippenkante braucht man 2-3 Stunden. Täglich drei Boote, - Hinfahrt am Vormittag, Rückholung am Abend. Der Transfer dauert eine Viertelstunde, preislich bei 2o DM. Abfahrt von St. Justinian.

HOSTEL: Für ca. 1o DM darf man in der <u>Scheune</u> des Aufsehers übernachten, muß aber eigenen Schlafsack mitbringen und auf primitive Facilities gefaßt sein. Komfort-Alternative wäre <u>Bed&Breakfast</u>: allerdings nur zwei Zimmer, daher beizeiten reservieren. Ca. 8o DM pro Person und Vollpension. <u>Camping</u> ist auf Ramsey Island verboten!

WHITESANDS BAY: Sehr betriebsamer Strand mit Surfern und Windsurfern: Dünenwälle mit schneeweißem Sand, das Meerwasser färbt sich türkis. Mit Parkplatz, Toiletten und einem Café. Liegt 4 km westlich vom Dorf via der B 4583, hinter der Jugendherberge; drei Campingplätze und ein Hotel.

Ein Abstecher von der Piste zur Whitesands Bay (beschildert): das <u>LLEITHYR FARM MUSEUM</u> mit Kollektion von Oldtimer-Traktoren, Pflügen und Karren, Butterfäßchen, Farmer-Werkzeug etc.

ST. DAVID'S HEAD: Ganz im Nordwestzipfel dieser Ecke! Die felsige Landzunge schiebt sich raus in den Atlantik, an der Südseite eine stille Bucht, an der Nordseite unwirtliche Felstrümmer-Wildnis, wo die Wellen meterhoch sprühen. Mitten auf der Landzunge der 185 m hohe "Carnllidi Hill", bei schönem Wetter sieht man bis nach Irland rüber, traumhaft die Sonnenuntergänge von hier oben.

<u>Anfahrt</u>: Parkplatz an der Whitesand's Bay, von dort 1 1/2 km Fußpfad oder den 3 km Pfad, der ab St. David's ausgeschildert ist (ca. 1 Stunde).

St. Davids ✌➤ Fishguard   (ca. 26 km)

3/4 Stunde Fahrtzeit über die A 487, parallel zur Küste, mit Möglichkeiten für Abstecher. Alle zwei Stunden Busse der Richard Bros. Company.

✦Abereiddi

Betriebsamer, steiniger Strand, wo man angeblich Fossilien finden kann. In dem Dorf wohnten früher die Arbeiter eines Steinbruchs, der 19o4 geschlossen wurde.

<u>BLUE LAGOON</u>: tief eingeschnittene Lagune, die entstanden ist, nach-dem man - aus Sicherheitsgründen - den Steinbruch gesprengt hat. Wegen der Mineralien im Untergrund erscheint das Wasser tiefblau mit einem Stich ins Violette. Aber leider nicht zum Schwimmen geeignet!

 Wandern: Von der Blue Lagoon knappen Kilometer auf dem Coast Path zum <u>Traeth Llyfn</u>: schöner Beach, - idyllischer als der Strand von Abereiddi mit hellem Sand.

COUNTRY HOUSE: "<u>Cwmwdig Water Guesthouse</u>". Ein Farmhaus plus Scheune mit 1o Zimmern, knappen Kilometer hinter der Abereiddi-Bucht. Auch berühmt für Naturkost und Vegetarier-Essen. Tel. o1348/ 83 14 34. DZ ohne Bad ca. 9o DM, mit Bad ca. 115 DM, Dinner um 3o DM.

✦ Porthgain

In einer fjordähnlichen Bucht zwängt sich ein Dutzend geduckter Stein-
häuser um die Dorfkneipe. Sehr idyllisch der verrottete Hafen, bis 1931
Abbau des Schiefers für Straßenschotter, bis zu 4o.ooo Tonnen im Jahr.
Und heute verfällt alles in Provinzialität...

CREFFTIAU MELIN, ca. 3 km westlich in Trefin: Kunsthandwerker-
Kolonie, schöne Sachen aus walisischem Gold und Bernstein. Ein Weber
arbeitet an einem 3oo Jahre alten Webstuhl.

"**Trefin Youth Hostel**", mitten in Trefin, ca. 3 km westlich von Porthgain. Total
renoviert, hinter dem Hostel Tennisplätze und eine Bowlingbahn. Tel. o1348/ 83 14 14.
Schlafsaal ca. 18 DM/Person.

 HARBOUR LIGHTS (in Abereiddi): weit und breit das
exklusivste Lokal - kleines Haus mit ein paar Tischen und
sanftem Kerzenlicht. Meeresfrüchte sind die Spezialität des
Hauses, zwei Leute zahlen um 13o DM (inkl. Wein).

SLOOP INN (in Trefin): Tip zum Einkehren - wegen herzhafter Barmeals.
Und handgepumptes Bier vom Faß, das noch ganz wie Bier schmeckt.

Abercastle: Beach, Segelhafen und viele Ferienhäuser. Lohnt sich für
die Wanderung nach Trwyn Llwynog: etwa 3 km auf dem Coast Path und
definitiv einer der schönsten Abschnitte. Schwindelerregende Steilklippen
ragen wie eine senkrechte Mauer aus dem Atlantik, unten donnern Ozean-
brecher dagegen!

✦ Mathry

Zeitlich so disponieren, daß man die LLANGOFFAN FARM besuchen
kann: auf der ökologischen Farm wird Käse nach Altväter Sitte hergestellt
(zusehen zwischen 1o und 12.3o Uhr). Leon und Joan waren 1977 eine
der ersten, die "Farmhouse Cheese" wiederbelebten - waren schon oft im
TV-Programm. Fabelhaft würzig mit Knoblauch und Schnittlauch. Ca.
3 km östlich in Castlemorris.

 FARMER'S ARMS (in Mathry): heißer Tip für Lunch - der
Gasthof hat sich auf Meeresfrüchte spezialisiert, die frisch
mit dem eigenen Kutter gelandet werden. Herrliche Gerichte
für 1o-15 DM, die Hummer für 25 DM sind die billigsten,
über die wir auf den britischen Inseln gestolpert sind. Auch für Leute mit
knappen Budget zu überlegen, ob man sich hier vielleicht mal einen
Lobster leistet. Aber nur 12-15 Uhr, - nicht am Abend!

St. Nicholas: TREGWYNT MILL: museumsreife Wollweberei aus
dem 19. Jh., wie zu Gerhard Hauptmanns Zeiten sitzen die Weber vor
ihren Webstühlen und lassen mit viel Gescheppere das Schiffchen flitzen.
Mit Shop.

✦ Fishguard

(2.9oo Einw.)

Terminal der Fähre von P&O Stenaline rüber nach Irland, daher im Sommer voll von Touristen! Aber auch sonst ein nettes Städtchen, um kurz Rast zu machen. Unten am Hafen das Altstadtviertel Lower Fishguard (vom Square aus die Main Street runter): verschachtelte, efeuüberwachsene Hütten, Hummerkörbe an den Kaimauern und bunte Fischkutter. Im "Workshop Wales" guter Querschnitt durch das Waliser Kunsthandwerk.

Überhaupt ist Fishguard eine Art Künstler-Zentrum, in der Umgebung jede Menge Kunsthandwerker, die ihre Sachen in den Läden der Stadt verkaufen.

Tourist INFO In der Stadthalle, in Fishguard Town, paar Meter vom Kreisverkehr. Tel. o1348/ 87 34 84. Ganzjährig geöffnet.

COUNTRY HOUSES: "**Glanmoy House**", Goodwick. Stolzes Giebelhaus aus dem 18. Jh. mit schwarz-weißem Fachwerk. Die 6 Zimmer sind riesengroß, urgemütlicher Lounge, stilvolle Bibliothek. Der Koch hat sein Handwerk in einem Londoner Top-Hotel gelernt. Tel. o1348/ 87 28 44. DZ ca. 125 DM, Dinner um 4o DM.

HOTELS: "**Fishguard Bay Hotel**", Goodwick. Teuerste Bleibe der Stadt: weißgetünchter Prachtkasten mit kleinen Balkonen und Giebelchen - dahinter ein Waldhang. War früher das Bahnhofshotel. Viele Reisegruppen. Tel. o1348/ 87 35 71. DZ ca. 15o DM.

"**Cartref Hotel**", Fishguard Town (High Street). Gehört Barbara Wren, der besseren Hälfte einer walisisch-jugoslawischen Mischehe. Zentrale Lage, nette Atmosphäre. Das Hotel wurde einmal in einer ZDF-Reportage erwähnt - schon am drauffolgenden Tag liefen Buchungen auf Germany ein. Tel. o1348/ 87 24 3o. DZ ca. 14o DM.

"**Seaview Hotel**", zwischen Fährterminal und Fishguard Town. Hotel der Mittelklasse mit 16 Zimmern, schon seit Ewigkeiten von derselben Familie geführt. Tel. o1348/ 87 42 82. DZ ohne Meeresblick ca. 1oo DM, mit Meeresblick und schöner möbliert ca. 12o DM.

GUESTHOUSES: "**Ivybridge Hotel**", Goodwick (Dyffryn). Luxus-Pension mit Swimmingpool im Keller und kleiner Haus-Bar. 6 Zimmer. Tel. o1348/ 87 53 66. DZ ca. 11o DM.

"**Manor House**", Fishguard Town (Main Street). Weitere Luxus-Pension, Schwerpunkt liegt mehr auf den Zimmern - sieben Stück, toll eingerichtet und groß. Tel. o1348/ 87 32 6o. DZ ca. 115 DM.

"**Blair Atholl**", am Ortsanfang, wenn man von der Fähre kommt. 9 Zimmer - in Ausstattung ist das Haus "middle of the road", aber sehr freundliche Eigentümer. Tel. o1348/ 87 31 47. DZ ca. 75-9o DM.

BED & BREAKFAST: Wer mit der Spätfähre ankommt und in Fishguard übernachten will, bucht besser im voraus. Nur wenige B&B warten bis das Schiff ankommt, - meist muß man in ein teureres Hotel oder zumindest Guesthouse gehen.

In Goodwick großes Angebot - die Häuser sind zwar schön und liegen auf einem Hügel, der Ort hat aber kaum Substanz, sondern ist rein residential. Aber nah am Fährterminal, - deshalb o.k., wer spät nachts ankommt oder die Frühfähre gebucht hat.

In <u>Fishguard Town</u> weit größere Kapazität und am Nerv der Stadt, wo auch die Pubs und Restaurants sind. Die meisten in der High Street und in der West Street, die beide vom Kreisverkehr abzweigen.

In <u>Lower Fishguard</u> gibt es keine B&B.

HOSTEL: **"Pwll Deri Youth Hostel"**, ca. 8 km westlich von Fishguard auf der vorgelagerten Halbinsel. Einfache Bleibe oberhalb einer 12o m hohen Klippenwand. Häufig ausgebucht, daher lieber reservieren. Zufahrt über holprige Landsträßchen - keine Busse, das Taxi kostet aber nur 1o-15 DM. Tel. o1348/ 52 33. Schlafsaal ca. 18 DM/Person.

Zwei Plätze, beide klein bis mittel. Die besseren Facilities hat der <u>Fishguard Bay Site</u> (ca. 2 km außerhalb an der A 487 Richtung Cardigan): sauber, gepflegt und haarscharf an der Klippenkante. Aber die Hälfe des Platzes ist für Stellcaravans reserviert. Facilities: WC/Duschen und Waschmaschinen.

<u>Tre-groes Site</u> (1-2 km außerhalb, an der A 4o Richtung Haverfordwest): unbedingt die schönere Alternative, da hier keine Stellcaravans rumstehen, nur Zelte und Wohnwagen. Aber leider keine Waschmaschinen.

<u>Fishguard Holiday Park</u>, am Stadtrand: Platz voller Stellcaravans, die wochenweise vermietet werden. Sehr ätzend.

PLAS GLYN-Y-MEL (Lower Fishguard): altes Herrenhaus mit Wald und eine Wiese zum Fluß hin. Eines des Highlights in der kulinarischen Diaspora von Pembrokeshire. Lokale Zutaten und klassische Saucen, für volles Essen 4o-6o Mark. Die letzte Schlemmer-Adresse, bevor es aufs Schiff nach Irland geht.

<u>CARTREF HOTEL</u> (Fishguard Town, High Street): Favorit bei den Einheimischen für seine 5-Gang-Dinner um 35 DM.

Barmeals: Im <u>GLOBE INN</u> (Main Street) sehr große Auswahl zu Normalpreisen (alles unter 12 DM). In die gleichen Kategorie fällt das <u>COACH HOUSE</u> (High Street).

Die Kneipenszene spielt sich in Fishguard Town ab, in erster Linie rund um den Kreisverkehr und in der High Street.

<u>Coach House</u> (High Street): sehr groß mit hellem Holz und sympathisch. Saturday Night Fever: dann Treffpunkt der Stadtjugend.

<u>Globe Inn</u> (Main Street): gutes Real Ale, - probieren: "Felinfoel", von der kleinen, hier in Fishguard ansässigen Brauerei. Ein Leserbrief lobt die hervorragend sortierte Musicbox.

Discos: Am Wochenende große Disco-Rallye 23 km runter nach Haverfordwest.

Verbindungen ab Fishguard

Exzellente Verbindungen; aber wenig öffentlicher Transport an Sonntagen (1-2 x nach Haverfordwest).

Züge: Endstation der Zuglinie, die via Cardiff an der Südküste langführt und Weiterfahrt nach London. 2 x täglich, ist abgestimmt auf den Fahrplan der Irland-Fähre.

Busse: Company ist Richard Bros., Timetables beim TI. Abfahrt vom Kreisverkehr in Fishguard Town. Stündlich runter nach Haverfordwest. Stündlich nach Cardigan und zweistündlich nach St. David's.

Fähre nach Irland: Mit der P&O Stenaline täglich 2 x per Schiff (Fahrtdauer ca. 3 1/2 Stunden) oder 4 x mit dem Katamaran, der nur 1oo Minuten braucht. Abfahrt vom Stadtteil Goodwick - die Eisenbahn fährt direkt rein in die Docks; ab Fishguard Town Zubringerbus (Abfahrt vom Kreisverkehr/ vor der Drogerie "Boots") oder Taxi (ca. 5 DM). Ticketoffice in den Docks.

Auto vor Urlaubsbeginn reservieren, um den verbilligten Durchbuchungstarif zu bekommen. Alle Preise und Konditionen analog der Fähre ab Holyhead/Nordwales.

Day Trips sind für ca. 25 DM retour im Angebot: lohnen sich genauso wenig wie die Day Trips ab Pembroke, da man mitten in der Pampa landen würde - nicht wie bei dem Schiff ab Holyhead, das direkt nach Dublin fährt. Alle Details bei Pembroke (S. 232) und Holyhead (S. 365).

Umgebung von Fishguard

PEN CEAR-HALBINSEL: nordwestlich der Stadt, - eine windgepeitschte Landzunge mit bis zu 125 m hohen Klippen. Mit der "Pwll Deri"-Jugendherberge (siehe Unterkünfte) an der Westküste. Ihr nördlichster Punkt ist der Strumble Head: rauhes Land mit Heidekraut und Krähenvögeln, ganz draußen ein blendend weißer Leuchtturm. Schön für ein Picknick. Vielleicht wandern über den Küstenpfad: 1o km ab Goodwick, 3 km ab der JuHe.

Fishguard ⤳➤ Cardigan   (ca. 29 km)

Weiter auf der Küstenstraße A 487 bis zum Endpunkt der Pembrokeshire-Küstenroute. Stündlich Busse mit der Company Richard Bros.

Newport: kleines Dorf mit 1.2oo Einwohnern, Beach und in der Dorfstraße nette Cafés - aber nichts für längere Aufenthalte!

PENTRE IFAN: Hühnengrab aus der Jungsteinzeit, - ein massiver Deckstein mit fast 6 m Durchmesser balanciert auf Felsblöcken. Anfahrt: ca. 3 km hinter Newport rechts weg (beschildert), und mehrere Kilometer in die Hügel. Lohnt sich auch für den Rundblick!

SEVERN: Auf dem Friedhof steht ein keltisches Hochkreuz aus dem 1o. Jahrhundert, fast 5 m hoch. Ca. 2 km nördlich von Newport.

 Wandern: Carn Ingli, der Felshügel hinter Newport, lohnt sich für wirklich tolles Panorama, weit über die Bucht. Rauf und runter zusammen zwei Stunden.

Eglwyswrw: Hauptattraktion ist CASTELL HENLLYS, ein Hügelfort aus der Eisenzeit. Geschichte zum Anfassen: wurde wieder so hergerichtet, wie es vor 1.5oo Jahren und mehr ausgesehen hat. Zwei strohgedeckte, runde Häuser und ein paar Hütten, auf den Feldern wächst Korn.

SHIRE HORSE FARM: Gestüt für schwerfällige Ackergäule, - es wird demonstriert, wie man früher mit Pferdegespännen gepflügt und geeggt hat. Vor allem bei Kindern sehr populär.

★ Cardigan (3.8oo Einw.)

Endstation der Pembrokeshire-Küste; friedvolles Städtchen am River Teifi, über den sich eine fünfbogige Steinbrücke aus dem 18. Jh. spannt. Montags viel Betrieb bei den Viehmärkten, dauern den ganzen Tag über. Vor der Ortseinfahrt rechts weg (bevor's über die Brücke geht).

 Im Theater-Gebäude in der Bath House Road. Tel. o1239/ 61 32 3o. Ganzjährig geöffnet.

COUNTRY HOUSES: "Allt-y-Rheini Mansion", in Cilgerran, ca. 4 km südlich via der A 478. Kleines 8-Zimmer-Haus unter Regie einer Familie, - mit eigenem Park; Bar im Wintergarten und Holzscheiten im Kamin. Tel. o1239/ 61 22 86. DZ ca. 14o DM, Dinner ca. 3o DM.

"Croft Farm House", etwas außerhalb in Llantood. Ferien auf dem Bauernhof - kleines Gehöft mit Kühen im Stall, im Hof gackern Hühner. 8 Zimmer und eine Welt für sich. Tel. o1239/ 61 51 79. DZ ca. 9o DM, Dinner ca. 2o DM (aber auch Küchenbenutzung für Gäste).

HOTELS: "Gwbert Hotel", in Gwbert, ca. 5 km nördlich via der B 4548. Völlig abgelegen dort am Ende der Stichpiste, draußen an der Küste oberhalb der Klippen. Die Komfort-Bleibe im Raum Cardigan - gepflegt und modern, Lift, sehr gutes Restaurant. Tel. o1239/ 61 26 38. DZ ca. 15o DM.

"Black Lion Hotel", 3o, High Street. 14 Zimmer oberhalb von einem Pub und etwas lärmig. Hat aber gewissen Charakter: uralte Postkutschen-Station mit verwinkelten Korridoren. Erste urkundlicher Erwähnung um 11oo. Tel. o1239/ 61 25 32. DZ mit Bad ca. 1oo DM.

GUESTHOUSES: **"Highbury House"**, High Street. Besticht durch seine Lage mitten in der Stadt: 12 geschmackvoll renovierte Zimmer, Breakfast im Wintergarten, Solarium. Tel. o1239/ 61 34 o3. DZ mit Bad ca. 8o DM, ohne Bad ca. 7o DM.

Drei weitere Pensionen mit je halbem Dutzend Zimmern liegen in der Gwbert Road: bei dem Monument am Ende der High Street, kurz vor Ende der Stadt, nach links abbiegen und an der Schule vorbei. Liegen dann auf der linken Straßenseite.

BED & BREAKFAST: Innerhalb von Cardigan nicht allzu viele - liegen verstreut, eine regelrechte B&B-Straße gibt es nicht.

Für Cardigan als Kern eines landwirtschaftlichen Distrikts bietet sich Farmhouse B&B an: eine Reihe von Optionen 1o-15 Autominuten von der Stadt. Noch abgelegener sind die Schaffarmen tiefer in den Cambrian-Hügeln. Vermittlung durch das TI.

HOSTEL: **"Poppit Sands Youth Hostel"**, ca. 8 km nordwestlich an der B 4546 Richtung Cenmaes Head. Romantische Herberge auf eine Klippenkrone hoch über dem Dorf, unten donnert die Brandung. Schöner Strand. Die Atmosphäre sehr sympathisch. Täglich 4 Busse, den letzten Kilometer zu Fuß. Tel. o1239/ 61 29 36. Schlafsaal ca. 18 DM.

 Mehrere Leserbriefe empfehlen folgenden Campingplatz: Richtung JuHe und den schmalen Weg am Hostel vorbei, bis links ein Parkplatz auftaucht. Dort eine Dose für 2o Pence Parkgebühr - Camping auf der Wiese für nicht einmal 2 DM.

Noch ein Stück weiter auf diesem Weg kommt eine zweite Wiese, die ebenfalls als Zeltplatz dient.

 GWBERT HOTEL (ca. 5 km außerhalb): Rausfahren zur Küste, für einen ruhigen Abend "in style". Das Hotel ist der kulinarische Lichtpunkt im Umkreis von Cardigan; schwerpunktmäßig Meeresfrüchte. Menü um 4o DM.

THEATRE MWLAN (High Street): Das Theater-Café mit Naturkost hat schon seit langem gute Reputation. Kleinere Happen, nur tagsüber.

Barmeals: Riesenportionen bei Superqualität werden im EGALE (High Street) serviert: an der Brücke, wo die Hauptstraße den Teifi-Fluß überquert.

Shop: Im Naturkostladen Go Mango, in der kleinen Gasse hinter dem Black Lion Hotel, gibt es kleinere Snacks zum Mitnehmen. In dieser Gasse sind noch weitere kleine Cafés.

Verbindungen ab Cardigan

Busse: Kein Zuganschluß, Busterminal am Finch Square. Richtung Südwest, bis Fishguard: im 2-Stunden-Takt mit der Company Richard Bros.

Richtung Nordost ebenfalls zweistündlich: manche Busse fahren durch bis Aberystwyth, - bei anderen muß man im Dorf Synod Inn umsteigen. Es operieren zwei Companies: Richard Bros und Crosville.

Bike Rent: Cycle Mart, 47 North Road.

Umgebung von Cardigan

Cardigan als Stadt wird schnell langweilig, interessant wird die Sache erst, wenn man Ausflüge macht: raus zur Küste oder rein ins Hinterland.

WESTLICHES VORLAND

Raus zur Landzunge CENMAES HEAD. An ihrer Westflanke halsbrecherische, über 17o m hohe Klippenabstürze. Ein Pfad folgt der Abbruchkante, - ist aber recht steil und schlüpfrig. An der Ostflanke der Cenmaes-Landzunge eine stille Bucht und eine JuHe (siehe Cardigan/Unterkünfte).

Cenmaes Head liegt ca. 8 km nordwestlich von Cardigan: die ersten 5 km via der B 4546 bis zur JuHe (4 Busse pro Tag), die letzten 3 km zur Landspitze dann per pedes.

ST. DOGMAEL: Ruine eines Klosters, im 12. Jh. von französischen Mönchen gegründet. Nicht weit davon eine Getreidemühle, die wie eh und je mit Wasserkraft betrieben wird. Ca. 2 km ab Cardigan, an der Straße raus zum Cenmaes Head.

ÖSTLICHES VORLAND

In Cardigan zweigt die B 4548 ab (Richtung Cwbert) und folgt der Küste. An der Straße kommen - nacheinander - die folgenden Attraktionen.

COASTAL FARM PARK: seltene Haustier-Rassen, ein Hängebauchschwein, Weiher voller Goldfische, Enten und Gänse aus allen Teilen der Welt. Liegt an der Küste, wo sich Seehunde tummeln (bester Beobachtungsort für Robben in Wales!) - im Herbst sieht man Robbenbabies.

MWNT: Vorland mit blütenweißem Beach und einem verlassenen Steinkirchlein aus dem 14. Jh. Vorgelagert eine kleine Vogelinsel.

FELINWYNT BUTTERFLY CENTRE: "butterfly, flutter by" - in einem Treibhaus voller Dschungel-Vegetation schwirren bunte Tropenfalter rum. Anfahrt: bei der Texaco-Tankstelle, ca. 2 km hinter Cardigan, Richtung Küste fahren.

River Teifi Valley

Südöstlich von Cardigan - schöner Ausflug: Das Tal war bis zur Jahrhundertwende Zentrum der walisischen Textilproduktion. Entsprechende Museen, Webereien, überall Läden für bunte Strickwaren und Wollpullis.

Landschaftlich eine Alternative zu den ständigen Klippen/Küsten-Regionen. Schafweiden und Farmhöfe, irgendwo einkehren in einer idyllischen "country town". Wird erschlossen durch die A 484.

CILGERRAN: Breite Dorfstraße, im River Teifi tummeln sich Kanufahrer. Ein kleines "Information Centre" illustriert die Geschichte der Amerika-Auswanderer, von denen viele in Cardigan einschifften. Ca. 5 km südlich von Cardigan.

CILGERRAN CASTLE: Ruine auf einem Burgfelsen, oberhalb vom Flußtal. Rundgang auf der Zinnenmauer, schöner Ausblick!

WELSH WILDLIFE CENTRE: Naturschutzgebiet in den Auwäldern des River Teifi - Schilffelder, Marschen, grüne Wiesen. Hier leben noch Otter und Dachse, in den Büschen brüten seltene Vögel. Das Reservat ist durchzogen mit einem Netz von Fußpfaden. Erste Anlaufstelle ist das Visitor-Centre, wo man nötige Infos und Wanderkarten kriegt.

CENARTH: Viele englische Touristen, da das Dorf in der Romantik im 19. Jh. vielfach gemalt und beschrieben worden ist. Liegt irgendwo zwischen pittoresk und kitschig, lohnt sich aber für paar Attraktionen!

OLD SMITHY: Dorfschmiede aus dem 18. Jh. mit Blasebalg, Amboß etc. dazu ein Craftshop, wo es Dinge wie keltischen Schmuck oder Wollpullis gibt.

CORACLE CENTRE: Coracles sind traditionelle Boote, die aussehen wie Nußschalen: ovaler Ring aus Eschenholz, bespannt mit Flechtwerk und geteerten Leintüchern. Durchmesser 1 1/2 m. In dem Privatmuseum wird demonstriert, wie man solche Boote macht - außerdem originale Corracles aus anderen Teilen der Welt, von Irak bis Indien und Vietnam.

Neben dem Museum ist eine Getreidemühle aus dem 17. Jh.: das schwere Mühlrad dreht sich quietschend im Wasser, das Mehl wandert gleich in die altertümliche Bäckerei nebenan. In Cenarth, ca. 13 km ab Cardigan.

Die Coracles nimmt man seit der Vorgeschichte zum Lachsfischen: zwei Boote paddeln nebeneinander her, dazwischen ist ein Netz ausgespannt. Sie sind sehr schwer manövrierbar, da man sich bei der runden Form ständig im Kreis dreht, wenn man nicht geübt ist.

In Großbritannien braucht man aber heutzutage für das Coracle-Fischen eine Lizenz, die vom Vater zum Sohn weitervererbt wird. In ganz Wales sind nur noch 14 Leute im Besitz einer solchen Lizenz - einer davon ist Martin Fowler, dem das Museum gehört.

WELSH CHEESE: Eine Familie macht hier schon seit Jahrzehnten Farmhouse-Käse, nach einer jahrhundertealten Rezeptur, ohne Chemie. Kleines

Museum und Käseladen. Besuch am besten auf 1o.3o Uhr legen, um bei der Herstellung zuschauen zu können. Paar km hinter Cenarth.

NEWCASTLE EMLYN: Marktstädtchen mit Burgruine, romantisch an einer Flußbiegung. Hat alles sehr dörflichen Charme, - bißchen durch die Straße bummeln und irgendwo lunchen. Lohnt sich doppelt am Freitag, wenn Markt ist und das halbe Teifi-Tal hier zusammenströmt.

TEIFI VALLEY RAILWAY: Museumseisenbahn auf einem Schmalspur-Gleis, - tuckert am Ufer des River Teifi lang. Gezogen von einer Dampflok von 1896, oder von Dieselloks aus der Vorkriegszeit (1936, 1941). Die Waggons wurden von Liebhabern in Handarbeit spezialangefertigt.

Startpunkt ist Henllan, ca. 4 km westlich, und geht bis Llandyfriog. Im Sommer immer zur vollen Stunde, - zwei Stunden für den Retour-Trip.

MUSEUM OF WOLLEN INDUSTRY: interessante Kollektion von Textilmaschinen aus dem 19. Jh. sowie Fotos. Befindet sich in Drefach Felindre, ca. 6 km südwestlich von Newcastle Emlyn entlang der A 484. Das Dorf war 187o-193o eines der Zentren der walisischen Textilproduktion: damals hat es allein in dem Dorf zwei Dutzend Wollmühlen gegeben.

Die Industrielle Revolution begann mit entscheidenden Erfindungen im Bereich Textilmaschinen, die die Stoffherstellung revolutionierten, so der mechanische Webstuhl (1733) und die "Spinning Jenny" (Spinnmaschine, 1764). Maschinen, die in den folgenden Jahren durch weitere Erfindungen verbessert wurden. Antrieb war zunächst die Wasserkraft, daher lagen die Betriebe an Flußläufen. Später kamen dampfbetriebene Anlagen hinzu. Da Wasserkraft aber gratis ist, sparte man sich insbesondere bei den kleineren Betrieben die Umstellung auf Dampfkraft.

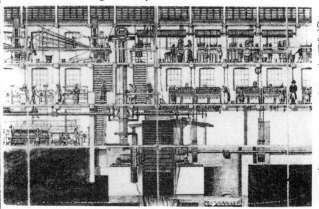

QUERSCHNITT durch eine mit Wasserkraft betriebene Textilfabrik. Unten im Keller des Hauses das Wasserrad, dessen Drehbewegung mittels Umlenkzahnrädern und Stampfen zu den Maschinen in den einzelnen Stockwerken geleitet wurde

Die größten Textilbetriebe befanden sich zunächst in England (Yorkshire und Lancashire). In Wales mit mehr als 5 Millionen Schafen hatte die Textilindustrie ihre Blüte zwischen 184o und 193o. Die größten Textilfabriken befanden sich in Newtown/Westwales, Ende des 19. Jhds kamen weitere, meist kleinere und mit Wasserkraft betriebene

Textilfabriken in der Gegend um Henllan entlang des Teifi-Tales hinzu. Die Eröffnung der Eisenbahnstrecke Carmarthen-> Aberystwyth mit Schmalspur-Zweig im Teifi-Tal führte zu erheblichem Aufschwung in der Gegend.

Ab dem Textil-Museum wurden mehrere <u>Rundwanderungen</u> angelegt, - wunderschön durch die Auen am Riverside, addieren sich zu insgesamt 35 km. Karten und Infos im Museum.

<u>ROCK MILL</u>: eine der letzten Wollmühlen von den 4o oder 5o, die es einst im Teifi-Tal gegeben hat. Wie eh und je mit einem Wasserrad betrieben. Besucher dürfen durch die Manufaktur gehen und den Arbeitern zuschauen, die alle Arbeitsgänge noch per Hand machen - von der Schafwolle bis zum fertigen Stoff.

Die Rock Mill wurde 189o gegründet und ist seither im Besitz der Morgan-Familie. Die Stoffe gehen als hochexklusive Ware in die Top-Boutiquen von London oder in die Vereinigten Staaten. Anfahrt: Richtung Osten nach Llandysul, - durch den Ort und ca. 5 km auf der B 4336, dann links abbiegen auf die B 4459 nach Capel Dewi.

Feste: <u>Celtic Folk Festival</u> (1. oder 2. Juli-Woche): ist unbedingt den Abstecher wert - einer der größten Folklore-Events in Wales mit Bänkelsängern, Geschichtenerzählern und viel Stimmung. In Ffostrasol, gute 1o km nördlich von Newcastle Emlyn via der B 4571.

<u>WEITERER ROUTEN-VERLAUF</u>: Das River-Teifi-Valley zieht sich weiter Richtung Osten, an der Flanke der Cambrian Mountains lang. Provinzstädtchen und Hügelketten - bis nach Aberystwyth. Alle Details Seite 167. - Oder auf der A 484 runter nach nach Carmarthen, an der Südküste (4o-5o km ab Cardigan).

<u>WEITER AB CARDIGAN</u>: Immer die Küstenstraße A 487 lang, gute 6o km bis Aberystwyth, täglich 6 Busse. Von dort weiter in die Bergwelt von North Wales. Details siehe Folgekapitel.

Westküste

**Von Carmarthen rauf nach Nordwales
(je nach Route 15o-23o km)**

*Im ersten Bereich bis <u>ABERYSTWYTH</u> leicht abfallende Küste mit
Strandbereiche, einige Badeorte. Landein grüne Wiesentäler und
Farmland, - aber auch gottverlassene Hochmoor-Flächen (Cambrian*

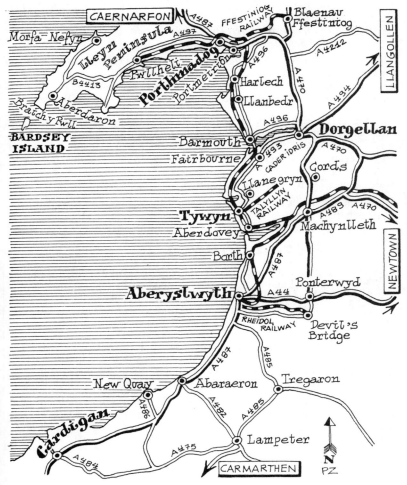

Mountains), über denen die Bussarde kreisen. Sich in irgendeiner Pension in einem der Bauerndörfer einquartieren, oder in einem der charmanten Marktstädtchen.

Hauptort an der Westküste ist ABERYSTWYTH mit guter Infrastruktur (Unterkunft, Restaurants). Zivilisation tanken für die nordwalisische Bergwildnis.

Nördlich schließen die Küstenberge eng ans Meer. Jede Menge Stops und Ausflüge ab Küste: SCHMALSPUR-MUSEUMSDAMPFLOCKS in Tälern rauf zu ehemaligen Minen. - Bei Fairbourne ein Wattenmeer-Naturpfad, - faszinierendes Bergpanorama des CADER IDRIS und bei Llanfai der Besuch des freigesprengten Höhlensystems der Quarry Slate Cavern, aber auch weltabgeschiedene Täler landein.

Das HARLECH CASTLE: mittelalterliche Ritterarchitektur par excellence. In Porthmadog 2 Toplights: die längste Dampflokstrecke von Wales: 22 km Geschaukel über Schmalspurgleise. Und das Märchendorf Portmeirion in Architekturvielfalt mediterraner Einflüsse mitten im rauhen Wales.

Die hier beschriebene Region ist (ausgenommen einiger weniger größerer Küstenorte) eine der abgelegenste von ganz Wales. Bei einem Anteil von 4o % an der Gesamtfläche des Staates Wales leben hier nur 7 % seiner Bevölkerung. Im vorigen Jahrhundert einige Minen. Nach deren Stilllegung sind viele Menschen abgewandert zu den Kohlerevieren in Südwales, ganze Dörfer verfielen zu Ruinen.

Die Sprache ist hier noch Walisisch, Englisch wird nur als Zweitsprache gesprochen.

Verbindungen

 ZUG: keine Verbindungen mit dem südwalisischem Gleisnetz. - Landschaftlich sehr lohnend sind jedoch beide Zugverbindungen: Aberystwyth -> Shrewsbury und Aberystwyth -> entlang der Küste nach Porthmadog. Etwa alle 2 Std. Zugverbindungen.

BUS: Langstrecken- Expressbusse der "TrawsCambria" Nr. 7oo und 7o1 verbinden von Südwales (z.B. Carmarthen und Cardiff) via Aberystwyth nach Porthmadog und rein in die Snowdonia Bergwelt (z.B. Betws-y-coed) sowie nach Bangor

Provinzbusse der Crossville Company fahren rund 4 mal/tägl. auf Inlandsrouten wie z.B. Aberystwyth nach Machynlleth und Dolgellau, - aber auch entlang der Küste von Aberystwyth -> Cardigan (6 mal tägl.) und Aberystwyth -> Porthmadog.

VON SÜDWALES NACH ABERYSTWYTH

Zwei Routen, abhängig vom Ausgangspunkt. Besonders die sog."Cambrian-Route" bringt viel Reiz, wer Weltabgeschiedenheit und Einsamkeit sucht (mehrere Jugendherbergen).

Cardigan ⋙→ Aberystwyth   (ca. 6o km)

Schließt sich an die Pembrokeshire-Rundsfahrt an. Einige Badeorte und Strände, landschaftlich jedoch nichts besonderes. Eine Sache von zwei Stunden.

Immer auf der A 487 parallel zu Küste. Abzweigungen bestehen zu den Badeorten. Oft wird die Route aber am Stück durchfahren.

<u>Busse</u>: bis 6 mal/Tag, fahren die Strecke manchmal in einem Stück, manchmal aber auch mit Umsteigen im Dorf Synod Inn. Es operieren zwei Companies: Richard Bros. und Crosville.

Abgesehen davon gibt es zwei Alternativen:

* <u>Inlandsroute</u>: In Cardigan landein ins River-Teifi-Tal mit seinen Textilmuseen, weiter dann, off the beaten track, entlang der Cambrian Mountains. Als Strecke zwar nur ein Drittel länger als die Küstenstraße, Zeitbedarf aber bei 1-2 Tagen. Schafweiden, Countryside und eine Abwechslung zur ständigen Küstenlandschaft. Vom Landesinneren kriegt man sonst sowieso nicht viel mit. Details bei Cardigan/Umgebung.

* Wer nicht ab Cardigan nach Aberystwyth fährt, sondern schon <u>ab Carmarthen</u>, weil er den Südwest-Zipfel von Wales abschneidet, hat mehrere Alternativen. Alle Details, auch zu Verbindungen, ab Seite 167.

Der öffentliche Transport ist sehr umständlich und mit viel Umsteigerei.

<u>GELLI AUR</u>: idyllischer Landschaftspark mit Teichen und Wildwassern, Freiflugkäfig für Vögel. Liegt nahe Aberporth, einem leicht abgehalfterten Seebad (ca. 8 km ab Cardigan).

<u>COUNTRYSIDE COLLECTION</u>: In einem Gebäude in Sarnau, beim Farm Hotel. Antike Farm-Werkzeuge, vom Butterfäßchen bis zu einem Traktor von 1943.

★ New Quay

Badevergnügen und aktives Nachtleben in den Kneipen und Discos. Immer voll mit englischen Urlaubern, am Hafen liegen Batterien von Jachten. Sehr touristisch, quasi eine Ansammlung von Caravan-Parks und Middleclass-Hotels.

Das Auto am oberen Stadtrand stehen lassen, von dort zu Fuß die engen Sturzgassen runter zum Hafen. Die "lower town" ist voll mit Cafés, Pubs und kleinen Boutique-Läden.

In der Church Street, direkt oberhalb des felsigen Nordstrandes. Tel. o1545/ 56 o8 65. Nur April bis September.

> HOTELS und B&B-HÄUSER unten am Strand. Praktisch nie Engpässe wegen der nachlassenden Beliebtheit der englischen Badeorte. Beim TI vermitteln lassen.

Reihenhäuser und enge Sträßchen ziehen sich runter zum Sandstrand, nördlich davon ein von Klippen eingefaßter Felsstrand.

LIFEBOAT: Besichtigung eines Rettungsbootes von 19o4, in einem Bootsschuppen am Pier.

BIRD HOSPITAL: Tierheim, das verletzte Vögel und kranke Robben gesundpäppelt, um sie wieder freizulassen. Als Privatinitiative, vielleicht kleine Spende zur Finanzierung. Liegt ca. 2 km südlich via der B 4334. Unregelmäßig geöffnet, derzeit nur Di., Do. und Sa. nachmittags.

Wandern: ca. 8 km südlich an der Küste lang zum Kiesstrand Cwmtudu, von hohen Klippen umrahmt. Unterwegs vorbei an einer hektischen Seevogel-Kolonie.

Boottrips: Zwei Boote tuckern ein kurzes Stück die Küste rauf und runter (2o Min. oder 1 Std.), bringen aber nur kurze Eindrücke. Abfahrten ständig, ohne Buchen.

Tiefe Naturerlebnisse bringen aber erst die Wildlife Cruises, die 2, 4 oder 8 Stunden dauern: zu Seevogel-Klippen und Meereshöhlen, Delphine tanzen im Wasser. Der 11 m lange Kahn ist ein Forschungsschiff von Sea Watch, einem Verein zur Überwachung der Meeresfauna, um Daten zu sammeln.

Außerdem Trips zum **Hochseeangeln**.

★Aberaeron

Eines der ganz wenigen Dörfer in Wales, die am Reißbrett entworfen und künstlich angelegt worden sind. Da dies zu Beginn des 19. Jhs. war, sind alle Häuser einheitlich in der damaligen eleganten Regency-Architektur gehalten. Unten am Hafen sind die Häuser alle knallbunt angemalt, von narzissengelb bis grasgrün und schweinchenrosa. Schöner Kontrast zum Hafenschlamm, wenn die Flut draußen ist.

SEA AQUARIUM (unten am Hafen): mit Tiefseefischen von der Waliser Westküste.

HONEY BEE EXHIBION (paar Schritte vom Aquarium): Bienenstöcke und Hummel-Nester in Schaukästen. Hektisches Gewimmel: fleißige Arbeiterinnen, faule Drohnen und die Königin legt Eier.

 Unten am Hafen, Tel. o1545/ 57 o6 o2. Ganzjährig geöffnet.

Camping: Rund 5 km Richtung Aberystwyth, in <u>Llanon</u> (kleines Dorf mit zwei Pubs), ein schöner, wenn auch etwas teurer Platz. Vom Meer leicht ansteigender Rasen, und Blick auf die Cardigan-Bucht und im Hintergrund die Hügel mit der genialen Küstenstraße.

Aberystwyth (12.5oo Einw.)

Größte Stadt an der Westküste und daher Basis für Ausflüge in die Region Midwales. Auch sonst recht gemütlich: als bedeutende Uni-Stadt viel Szene, vor allem schöne Studentenkneipen. Badestrände und 3 km Flanier-Promenade, Angebot an Kultur. Außerdem lohnende Ausflüge ins Hinterland.

Architektonisch aber nicht unbedingt eine Perle, die meiste Bausubstanz stammt aus dem 19. Jh., als Aberystwyth eine populäre Ferienregion war.

Tourist INFO (11) Im Gebäude des "Credigion Museum", Terrace Road, Ecke Bath Street. Tel. o197o/ 61 21 25. Ganzjährig.

SEAFRONT

Die Promenade war früher, als Aberystwyth predominant Seebad war, der wichtigste Teil der Stadt. Liegt gegenüber North Beach, teure Hotels und Flanier-Betrieb im Sommer.

<u>PIER</u> (8): auf Stelzen ins Wasser gebaut. Früher "catwalk" für illustre Badegäste, heute alles recht billig mit Spielautomaten. Mit einer Bar, wo man vom Fenster Blick auf die Promenade hat.

<u>OLD COLLEGE</u> (7): die ehemalige Universität. Neugotisches Gebäude mit verspielten, etwas überladenen Designs. Trotzdem sicher sehr repräsentative Architektur und Wahrzeichen der Stadt. Schön auch der hintere Teil mit zwei Rundtürmen und Eingang. Zu besichtigen sind Eingangshalle und das Treppenhaus, - schönes Holz-Tonnengewölbe mit Buntglas-Einsätzen.

Das Gebäude hat Geschichte: Ursprünglich befand sich hier an der Strandpromenade eine Villa. Als die Eisenbahn Aberystwyth erreichte, wurde die Villa aufgekauft und ein Architekt damit beauftragt, für die Urlauber, die mit der Eisenbahn erwartet wurden, ein feudales Strandhotel zu errichten, das "Castle Hotel". 1867 kaufte die Stadt für damals 1o.ooo Pfund das Hotel auf, - ab 1872 Sitz der Universität. Heute ist die Uni in modernere Gebäude auf dem UCW Campus im Stadtteil Penglais umgezogen, nur die Fakultäten für Pädagogik und Drama sitzen noch hier.

<u>ABERYSTWYTH CASTLE</u> (1): romantische Mauerreste: mehrere Türme und das Torhaus, 1277 erbaut. Blick über die weit geschwungene Cardigan Bay. Hunderte von Steinmetzen und Zimmerleuten hat man aus England geholt, Baumaterialien per Schiff aus Bristol und Dublin. Hafen

und Stadt wurden gleichzeitig gebaut, die Burg war aber schon 1343 eine Ruine.

STADTZENTRUM

Besteht nur aus ein paar Straßen hinter der Promenade.

<u>CREDIGION MUSEUM</u> (11), oberhalb vom TI: lebendig arrangiert, mit einer schummrigen Apotheke aus der Jahrhundertwende, eine Bauernkate aus dem 19. Jh., alten Uhren und Haushaltsgeräten. Untergebracht in einer Musikhalle von 1905: kolosseumartiger Bau mit Balustraden und Logen. Eintritt frei.

<u>ABERYSTWYTH YESTERDAY</u> (13), in der St. Paul's Church: Klamotten, Puppen etc. aus den 20er und 30er Jahren, alles vollgestopft wie ein Ramschladen. Wurde von einer gewissen Mrs. Evans in 55 Jahren Sammelwut zusammengetragen und der Stadt übergeben.

<u>MARKTHALLEN</u> (14): Die Buden quellen über mit Ramsch und Krempel, alles mehr Trödel- als Flohmarkt. Kaum Eßbares.

CONSTITUTION HILL

Am Nordende der Promenade, für den schönsten Stadtrundblick: Strand, Häuser und Straßen im Puppenkisten-Format. Bei klarem Wetter kann man 150 km Küstenlinie sehen. Mit der <u>Electric Cliff Railway</u> (15), einer Kabelbahn (gebaut 1896) geht's rauf auf den Hügel.

Oben in einem runden Gebäude die <u>Camera Obscura</u> (16). Mittels einer großen Linse wird im Inneren des Hauses ein 360-Grad-Stadtpanorama projiziert.

HAFEN

Am Südende der Promenade. Segeljollen schaukeln im Hafenbassin, insgesamt können in der Marina rund 100 Boote ankern. Wird schrittweise ausgebaut: Yuppie-Wohnungen, Büros, Boutiquen. Alles in allem recht aktiv: man sitzt draußen und trinkt Kaffee, Boote kommen und gehen.

ABERYSTWYTH

1	Castle-Ruinen	12	Town Hall
2	Portland Street (B & B)	13	Aberystwyth Yesterday
3	BUSBAHNHOF	14	Markthallen
4	BAHNHOF	15	Cliff Railway Talstation
5	HAUPTPOST	16	Camera Obscura
6	Bath Street (B & B)	17	Golfplatz
7	Old College	18	Walisisches Nationalzentrum
8	Pier		für Kinderliteratur
9	Penglais	19	British Rail nach Shrewsbury
10	Öffentliche Bücherei		bzw. Nordwales
11	TI - Credigion Museum	20	Vale of Rheidol Railway

N
PZ

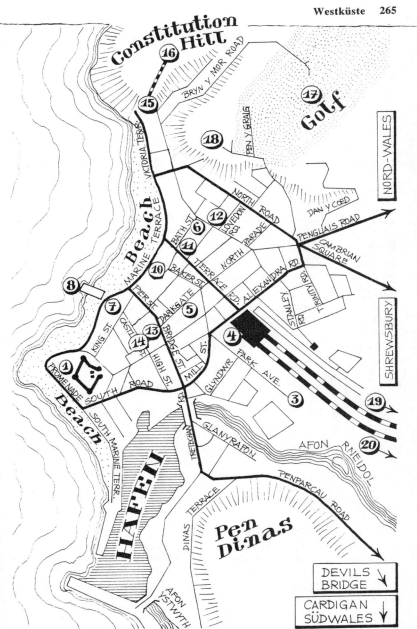

Besuch eines <u>Lifeboat</u>: Rettungsboot, das am Quay vor Anker liegt. Abfahrt der Boot-Trips.

PENGLAIS (9)

Das Univiertel von Aberystwyth: Vorort mit Häuserzeilen und Campus, aber kaum Shops oder Pubs. Zu Fuß eine halbe Stunde, aber anstrengend bergauf. Stadtbus: alle 2o-3o Minuten mit dem Waunfawr Circular Bus.

<u>NATIONAL LIBRARY</u> (auf dem Uni-Campus): Sammlung sämtlicher walisischer Bücher und Schriften, darunter auch die erste Bibel-Übersetzung in walisischer Sprache. Mehr als 2 Mio. Bücher, aber auch riesiges Fotoarchiv insbesondere Zeit der Industrialisierung, Bergbau, Transportwesen etc. Ein kühler, neoklassizistischer Bau, in der Haupthalle Kunstausstellungen.

<u>ART CENTRE</u> (auf dem Uni-Campus): im Foyer Keramiken seit dem 18. Jh., Ausstellungen (Gemälde, Skulpturen). Für einen Kräutertee oder einen Salatteller ins <u>Vegetarier-Café</u>.

<u>NATURE PARK</u>: klassischer Blick auf die Stadt und die Cardigan-Bucht, im Frühling ist alles blau mit Glockenblumen. Für die zweistündige Rundwanderung vorher beim TI ein entsprechendes Faltblatt holen.

<u>LLANBADURN CHURCH</u> (liegt ebenfalls am Rundpacour des Waunfawr-Busses): Ausstellung zur Geschichte des walisischen Christentums. Hier landete im 6. Jh. ein Missionar aus der Bretagne, zusammen mit 85o Mönchen, und gründete die christliche Keimzelle von Wales.

COUNTRY HOUSES

Zwei etablierte Landhäuser im Umkreis der Stadt, man sollte aber eigenen Transport haben.

"<u>Ynyshir Hall</u>", ca. 17 km nördlich, an der Straße nach Machynlleth. Wunderschön und intim bei nur 8 Zimmern. Das Haus ist voller Antiquitäten, die Besitzer Joan & Rob Reena sind leidenschaftliche Porzellan- und Kunstsammler. Alles in allem: elitär und die Steigerung davon, trotzdem aber sehr freundlich. Tel. o1654/ 78 12 o9. DZ ca. 25o-3oo DM, Dinner um 65 DM.

"<u>Conrah House</u>", ca. 5 km südlich, in Chancery an der A 487. Weißgetünchtes Landhaus mit 2o Zimmern, versteckt an einem bewaldeten Hügelabhang. Service 1A, mit Sauna und Swimmingpool. Das ganze Haus ist voller Blumen, man relaxt im Salon mit Blick übers Tal. Tel. o197o/ 61 79 41. DZ ca. 2oo-25o DM, Dinner um 5o DM.

HOTELS / GUESTHOUSES

Aberystwyth hat ein breites Angebot an Hotels und Pensionen, wie das ja eigentlich bei allen Seebädern der Fall ist. Aufpassen bei manchen Billig-Pensionen: haben teilweise Studenten einquartiert, die die halbe Nacht Raudau machen.

<u>TEUER</u>: Auf dem Luxus-Sektor nur begrenzte Auswahl. Folgende Adressen haben seit vielen Jahren gutes Renommée.

"<u>Belle Vue Hotel</u>", The Promenade. Bestes und größtes Hotel in Aberystwyth, kommt wie ein Herrenhaus mit großzügiger Lobby. Hier werden alle rauschenden Galas und Partys gefeiert, die hier in der Stadt angesagt sind. Privat geführt. Tel. o197o/ 61 75 58. DZ ca. 2oo DM.

"**Groves Hotel**", North Parade. Schon seit 3o Jahren unter der Regie der alteingesessenen und deutschstämmigen Albert-Familie (Ururgroßvater kam aus Eschfeld, nahe der luxemburgischen Grenze). Exzellent! Tel. o917o/ 61 76 23. DZ ca. 15o DM.

"**Four Seasons Hotel**", 5o Portland Street. Sehr gut: Mrs. Jones versorgt ihre 15 Gäste mit Charme und Engagement. Pluspunkt: Garten und Wintergarten. Tel. o197o/ 61 21 2o. DZ ca. 15o-18o DM.

MITTEL und BILLIG: Konzentrieren sich auf drei Stadtbereiche. "Selling Point" sind Wohnlage und Standard - bezüglich Gehweite ins Zentrum ist es egal, wo man wohnt, da der Stadtkern sehr klein ist. Auch überall genauso laut: im Zentrum herrscht mehr Verkehr, - dafür haben an der Promenade die Pubs Sperrstunde bis 2 Uhr.

PROMENADE

Zweifellos die beste Wohnadresse: viele Zimmer haben Meeresblick (danach verlangen!), ins Zentrum nur 5-1o Minuten. Hier ist fast jedes Haus ein Hotel: Stadtvillen aus dem 19. Jh. mit hellen, großen Zimmern, - durchweg etwas teurer. Liegen alle gegenüber vom North Beach (am South Beach eher B&B-Häuser).

"**Queensbridge Hotel**", The Promenade. Hat eine Renovierung nötig. In jedem der 15 Zimmer steht zwar ein Farbfernseher, dafür blättert die Farbe von den Wänden runter. Tel. o197o/ 61 23 43. DZ ca. 125 DM.

"**Bay Hotel**", The Promenade. Das Hotel an sich ist sehr gut, aber: viele Studenten haben hier Zimmer als Dauergäste, in der Bar geht's bis 2 Uhr früh rund. Insgesamt sehr laut! Tel. o197o/ 61 73 56. DZ ca. 9o-125 DM.

"**Richmond Hotel**", The Promenade. Richard führt das 16-Zimmer-Hotel mit Mama, Papa und viel Engagement. Sehr freundlich und Tip! Tel. o197o/ 61 22 o1. DZ ca. 125-14o DM.

"**Brendan Guesthouse**", Marine Terrace. Pension mit 6 Zimmern und gutem Ruf. Tel. o197o/ 61 22 52. DZ ohne Bad ca. 75 DM ohne Bad, mit Bad 95 DM.

"**Glyn Garth Guesthouse**", South Road. 1o Zimmer in Spitzenqualität. Schon seit 37 Jahre unter Regie der Evans-Familie. Nichtraucher. Tel. o197o/ 61 5o 5o. DZ mit Bad ca. 115 DM.

"**Helmsman Guesthouse**", Marine Terrace. 1o Zimmer und superbequemer Lounge. Besitzer: Tony Meyler ist Schiffsfan, überall stehen seine Modelle rum. Tel. o197o/ 62 41 32. DZ ca. 75-9o DM.

"**Marine Hotel**", The Promenade. Die meisten der 35 Zimmer haben Meeresblick: eigentlich recht durchschnittlich, dafür aber schöner Lobby- und Bar-Bereich. Das Essen könnte besser sein. Tel. o197o/ 61 24 44. DZ ca. 1oo DM.

"**Yr Hafod Guesthouse**", South Marine Terrace. Liegt nicht am betriebsamen North Beach, sondern am South Beach, südlich vom Hafen. Sehr sauber, 7 Zimmer. Tel. o197o/ 61 75 79. DZ mit Bad ca. 1oo DM, ohne Bad ca. 8o DM.

HINTER DER PROMENADE

Die billigeren Pensionen liegen in den Seitenstraßen, die parallel zur Promenade verlaufen. Hauptsächlich: Bath Street und Portland Street. Die Standards sind aber spürbar niedriger als an der Promenade, teils kleine Zimmer und dünne Mauern. Wir greifen nur zwei Häuser raus:

"Sinclair House", 43, Portland Street. Eine kleine Pension mit sehr viel Format - die drei Zimmer sind erstklassig und geschmackvoll eingerichtet. Tel. o197o/ 61 51 58. DZ ca. 1oo DM.

"Shangri-La Guesthouse", Portland Street. Sehr billig, aber auch sehr laut - hellhörige Wände und viele Studenten, die nicht immer still über ihren Büchern brüten. 6 Zimmer. Tel. o197o/ 61 76 59. DZ ohne Bad ca. 75 DM.

IM STADTKERN

Weitere Hotels in den Geschäftsstraßen und rund um den Bahnhof. Die Standards sind unterschiedlich.

"Windsor Hotel", 41, Queens Road. Lieber nicht, lärmige und wenig einladende 1o-Zimmer-Bleibe. Tel. o197o/ 61 21 34. DZ mit Bad ca. 9o DM, ohne Bad ca. 7o DM.

"Savannah Guesthouse", Queens Road. Leserbrief-Zitat: "Zimmer mit TV, nette Vermieter, direkt im Stadtzentrum - klasse!" Tel. o197o/ 61 51 31. DZ ca. 65 DM.

"Cambrian Hotel", Alexandra Road. Altbau gegenüber vom Bahnhof - nicht großartig, aber o.k.: zur Rezeption die Treppen rauf, etwas lärmig, kleine Fenster. Tel. o197o/ 61 24 46. DZ mit Bad ca. 125 DM, ohne Bad ca. 11o DM.

BED & BREAKFAST

Landesübliche Preise von 7o-85 DM, je nachdem, ob mit Bad/WC oder nicht. Im Hochsommer öfters Engpässe, daher die Ankunft besser auf die Zeit vor 15 Uhr legen. Eine typische B&B-Straße mit einer Reihe von Privatpensionen gibt es nicht, liegen alle recht verstreut.

* Bei weitem größtes Angebot in den Seitenstraßen, die parallel zur Promenade laufen (siehe oben, bei Hotels). Wer später ankommt und auf Zimmersuche geht, probiert es lieber gleich hier.

* South Marine Terrace: Ein halbes Dutzend B&B-Pensionen liegen an der Strandstraße gegenüber des South Beach (im Gegensatz zum North Beach, wo die teureren Hotels liegen). Sehr schöne, helle Zimmer und ein paar Mark teurer.

* In der Bridge Street - Zentrumsbereich nahe Bahnhof - ebenfalls eine Handvoll Häuser. Viele Stammgäste wegen des sehr guten Standards der Häuser, mit herzlicher Atmosphäre. Nachteil: keine Parkplätze.

* Paar Häuser in der Cambrian Street (Parallelstraße zur Alexandra Road, wo der Bahnhof liegt). Vorteil ist die Parkmöglichkeit.

HOSTELS

Direkt in Aberystwyth gibt es weder JuHe noch Privat-Hostel. Am besten: paar Mark drauflegen für B&B, wer nicht weit außerhalb wohnen will.

"Borth Youth Hostel", ca. 6 km nördlich an der Küste. 3-Sterne-Herberge mit allem Komfort, in einer Stadtvilla an der Strandpromenade von Borth. Vermietung von Surfbrettern. Oft ausgebucht, vorher anrufen. Verbindung flott mit Crosville-Bussen. Zug lieber nicht, da 1 km vom Bahnhof in Borth entfernt. Tel. o197o/ 87 14 98. Schlafsaal ca. 2o DM.

"**University College**", im Stadtteil Penglais (Stadtbusse ab Bahnhof). Während der Ferien (Anfang Juli bis Ende September) kann man sich im Studentenwohnheim auf dem Uni-Campus einquartieren. Tel. o197o/ 62 37 57. Preise geringfügig billiger als B&B.

 Eine Kette von Campingplätzen zieht sich in Nord- und Süd-Richtung an der Küste lang. Viele englische Arbeiterfamilien schlagen hier ihr Zelt auf.

<u>Holiday Village</u> (Penparcau Road): hat zwar breite Facilities, inkl. Swimmingpool, aber alles einigermaßen vergammelt und bei weitem überteuert. Kaum Schatten. Stadtbus alle 1o Minuten.

<u>Midfield Park</u>, ca. 3 km außerhalb an der A 412o Richtung Devil's Bridge: in ländlicher Umgebung, ab vom Stadtgewühl, und viel kleiner. Shop, Waschmaschinen. Taxi ca. 5 DM. Oder mit Stadtbus zum oberen Ende der Penparcau Road (ca. 2 DM) und 1o Minuten zu Fuß.

<u>Glan-y-Mor Park</u>, ca. 5 km nördlich entlang der B 4572. Wurde zum besten Campingplatz von Wales gekürt, mit Beach, Indoor-Sportkomplex, Pool, Sauna, Bar/Disco. Zu Fuß nur 2o Minuten, da es eine Abkürzung gibt: an der Cliff Railway (15) vorbei und die Klippen lang.

 CONRAH HOUSE (ca. 5 km südlich an der A 487): Eß-Erlebnis der besonderen Art - man diniert in einem Landschlößchen: lange Zufahrtstraße durch den Park, der Bankettsaal quillt über vor Antiquitäten. Himmlische Gaumenkitzler für im Schnitt 75 DM bei drei Gängen; erlesene Weinkarte.

GROVE'S HOTEL (North Parade): Möblierung könnte besser sein. Aber: hinterm Herd steht der Sohn des Hauses, der sein Handwerk in einem französischen 3-Sterne-Hotel gelernt hat. Schwerpunkt auf Waliser Landesküche. Hauptgericht 2o-3o DM,

GANNETS (St. James' Street): bei unschlagbar niedrigen Preisen (im Schnitt 2o-25 DM) tischt Besitzer David Milton erlesene "haute cuisine" wie Wildkaninchen, Meeresfrüchte auf. David war Koch im Ritz, Londons Top-Hotel. Dezente Dämmer- und Kerzenlicht-Atmosphäre. Flasche Wein fast zum Einkaufspreis (um 2o DM).

CONNEXIONS (Bridge Street): Steaks vom Holzkohlengrill um 25 DM, Vegetarisches und Pizzen für ca. 12 DM. Alles sehr romantisch mit Dämmerlicht.

ELIZABETH'S (2o, North Parade): langweiliges Interieur, verschmutzter Filzboden, aber: bester Kaffee der Stadt, exzellentes Frühstück, kreative Bistro-Gerichte für 12-15 DM.

Y GRAIG (Pier Street): Alternativen-Treff, gemütlich mit Holzplanken-Boden und massiven Tischen. 3o Teesorten, gutes Essen für 8 DM im Schnitt (vegetarische Sachen). Probieren: "Dandelion-Kaffee" aus Löwenzahnwurzeln, der bei uns im Krieg als Kaffee-Ersatz getrunken wurde. Der recht nette Schuppen fungiert auch als Info-Börse, was in der Subkultur so läuft. Durchgehend geöffnet von 9.3o bis 2o.3o Uhr.

Barmeals: <u>WHITE HORSE</u> (Terrace Road) ist definitiv Lieblingsadresse der Aberystwythians. 1o-15 DM, die Besitzerin Jennifer Jones steht in persona am Herd.

<u>HALFWAY INN</u>: Die Leute fahren raus zum Essen und bleiben dann den ganzen Abend. Pittoreskes Wirtshaus oberhalb eines Tales, mit dem Bier in der Hand genießt man den Sonnenuntergang. Publikum: bunter Mix aus Farmern, Yuppies und Studenten. Ca. 1o km südlich, an der A 412o Richtung Devil's Bridge.

Hier ist noch keiner verdurstet: an jeder Ecke eine Kneipe. Immer Hochbetrieb: Ende September bis Anfang Juli die Studenten, die andere Zeit die Touristen.

Es gibt in Aberystwyth zwei Kneipenpflaster:

Pubs   **In der Stadt**: Etwas gesetzter, das Publikum ist gemischter. Man läßt hier den Abend etwas ruhiger angehen, bis gegen 1o Uhr die Promenade lebendig wird.

<u>White Horse</u> (Portland Street): zwei Bars auf zwei Etagen, oben stürzen die Studenten ab, unten eher die Einheimischen. Real Ale, Guinness und diverse Import-Biere.

<u>Harley's</u> (Eastgate Street): Filmposter an den Wänden, aus den Boxen Elvis und Eagles und Nirwana. Ziegelwände, heiße Theke mit Texmex-Futter.

<u>The Angel</u> (Great Darkgate Street): in der kleinen Kaschemme drängeln sich die Studenten, oft Disco und heftiger Sound. Immer was los, Sperrzeit bis 1 Uhr. Billige Barmeals um ca. 7 DM.

<u>Rummers Winebar</u> (Trefechan Bridge, nahe beim Hafen): urige Holzdecke und Sägemehl am Boden. Täglich außer Sonntag Livemusic (Saxophon, Jazz, Rhythm & Blues), viele Studenten. Sehr szenig: Bier aus Indien oder Mexiko, Wein aus China oder Beirut.

<u>Cooper's</u> (Northgate Street): hier trifft sich mittwochs der Jazz-Club und macht Musik.

An der Promenade: An der Seafront sind die Nächte lang: 5 - 6 Studentenkneipen in den Hotels, einige mit Late-Night-Lizenz bis 1 Uhr und einer Disco im Hinterzimmer. Freitag und Samstag ist die Hölle los, aber erst ab 22 Uhr wird's richtig spannend. Die Pubs liegen zwischen Pier (8) und Cliff Railway (15).

<u>Inn on the Pier</u>: auf dem Pier, neben der Halle mit den Spielautomaten. Quadratisch und sehr modern, laute Musik: von der Fensterseite Blick auf

die beleuchtete Promenade.

Bay Hotel: split-level, auf beiden Ebenen sorgt ein DJ für Rhythmus. Sehr laut; bis 1 Uhr.

Marine Hotel, in der "Bear Bar": Treppen runter für Pool-Tables und das billigste Bier der Stadt. Die Studenten sammeln sich hier für den Abend und trinken sich in Fahrt.

Glengower: beliebteste Studentenkneipe von Aberystwyth, wo's Fla-schenbier aus der ganzen Welt gibt. Bis 24 Uhr; im Sommer Terrassen-betrieb. Ein bißchen sehen und gesehen werden, anmachen und angemacht werden.

The Boar's Head (in der Prallelstraße, hinter dem Glengower): Treffpunkt gegen Ende des Abends, wenn die Augenlider zunehmend schwerer wer-den. Lauter Sound, kleiner Dancefloor und alles vollgepackt. Bis 1 Uhr.

Seabank: das letzte der Promenade-Pubs, weniger Studenten und auch sonst nicht so toll.

Porky's Nightclub (Pier Street, Ecke Great Darkgate Street): die einzige propere Disco, wenn man von den improvisierten Dancefloors in den Promenade-Pubs absieht. Jeden Freitag und Samstag Riesenparty von 22 bis 1 Uhr. Eintritt 3-7 DM.

ENTERTAINMENT

Musical: im Sommer 6-7 Wochen lang mit professionellen Ensembles. Sehr gut! Tickets: bei "Gwenyn Tours", dem Reisebüro in der Terrace Road.

Theater: Profi-Ensembles spielen im Art Centre, auf dem Uni-Campus. Dort auch ein Arthouse-Kino und klassische Konzerte.

Wer mehr auf halbimprovisiertes Laientheater steht: Theatr y Castell (Vulcan Street). On stage eine lokale Spielgruppe, die sich auf walisische Stücke spezialisiert hat.

Unten am Strand ebenfalls vielfältiges Programm: Laien-Theater, Konzerte und Show-Tänze.

Chöre: In der Tabernacle Chapel (Powell Street) trifft sich jeden Donners-tag abend der Männerchor von Aberystwyth zum Proben. Waliser Volks-lieder aus fünfzig Kehlen. Beginn gegen 19.45 Uhr.

Boottrips: Rund um die Cardigan Bay, in der Robben und ein Rudel Delphine rumschwimmen. Außerdem Trips zum Hochsee-Angeln. Im Sommer jeden Tag, - die Abahrtszeiten stehen auf einem Plakat an der Holzkabine, in der der Hafenmeister sein Büro hat.

Verbindungen ab Aberystwyth

Sehr gute Verbindungen in alle Richtungen. Busterminal und Bahnhof in der Alexandra Road/Park Road, - Office für die Busse in der Laden-Reihe links vom Bahnhof.

Züge: ab Bahnhof (4) das landschaftlich lohnende "Heart of Wales"- Gleis nach Shrewsbury. Zug alle 2 Std.

Sowie die ebenfalls lohnende Strecke "Cambrian Coast" entlang der Küste rauf nach Porthmadog und weiter bis Pwllheli auf der Lleyn Halbinsel. Abfahrt alle 2 Std. und erschließt eine Vielzahl an interessanten Punkten entlang der Küste.

Vale of Reidol Railway: Schmalspurgleis zur Devils Bridge, Details siehe Ausflüge ab Aberystwyth.

Busse: Busse der "Company Crosville" nach Süden bis Cardigan und rauf nach Norden sowie Inlandsstrecken.

Zweimal täglich mit dem "TrawsCambria 7o1" Direktanschluß bis nach Betws-y-Coed (Startpunkt für Snowdonia).

Umgebung von Aberystwyth

Von Aberystwyth zieht sich das Tal der River Rheidol 2o km landein: eine bewaldete Talsenke und kleine Dörfer, insgesamt ein sehr schöner Halbtagesausflug.

Per Auto auf der A 412o bis nach "Devil's Bridge". Crosville-Busse gehen zwar alle 2 Stunden, fahren aber auf der - weniger schönen - Parallelstraße A 44 und gehen nicht bis Devil's Bridge, sondern nur bis Ponterwyd (ca. 5 km vor Devil's Bridge).

Klassische Variante ist aber zu Recht der Dampfzug! Ist aber einiges teurer und macht kaum Stops bis zur Endstation Devil's Bridge.

VALE OF RHEIDOL RAILWAY: Das 19-km-Schmalspurgleis rauf im Tal bis zur Devil's Bridge ist eine der Hauptattraktionen für Eisenbahnfans, lohnt aber auch als Fahrt wegen schöner Natur und dem Kaskaden-Wasserfall beim Zielbahnhof. Dort in Devil's Bridge ein paar Stunden verbringen und wieder zurück.

1895 wurde der Bau des Schmalspurgleises im Tal rauf zu Blei- und Goldminen beschlossen. Um die geschätzten 51.ooo Pound Bausumme zusammenzubekommen, dauerte es allerdings 5 Jahre. Die Fertigstellung ging relativ schnell, und am 8. August 19o1 befuhr der erste Zug das Gleis, Personentransport ab Dezember des gleichen Jahres.

Für die verschiedenen Betreibergesellschaften und deren Aktionäre war das Gleis als Waren- und Personentransportmittel nicht sehr profitabel und wechselte mehrfach den Besitzer. 1956 Schließung, allerdings Weekend-Betrieb für Ausflugsfahrten. Seit 1968 gehört die Strecke der British Rail, die mit alten Dampfloks touristischen Betrieb durchführt und jährlich rund 2oo.ooo Personen befördert.

Strecke: Ab Bahnhof (4) Aberystwyth steigt das Schmalspurgleis im Tal des Rheidol aufwärts und überwindet bis Devil's Bridge in 19 km 145 Höhenmeter. Als Strecke reizvoll, da es durch dichte Vegetation geht.

Die Waggons der Schmalspur-Railway stammen von 19o1 und 1938, die Dampfloks sind weitgehend originalgetreue Nachbauten von 19o2. Fahrten April bis Oktober, zur Saison bis zu sechsmal täglich, Fahrzeit 1 Std. Preis ca. 15 DM retour.

✦ Capel Bangor

Langweiliges Nest. Eventuell Stop für die HYDRO-ELECTRIC POWER STATION: Wasserkraftwerk mit Stausee plus eine Fischfarm. Kurze Einweisung und Führung durch das Kraftwerk. Ab Bus-Stop ca. 3 km zu Fuß.

✦ Devil's Bridge

Schon seit einigen hundert Jahren ein klassischer "beauty spot", das Mini-Nest ist ausschließlich für Touristen gebaut worden. Ein landschaftliches Juwel aus Kaskaden, Krüppelkiefern und Farnkraut in einer 1oo m tiefen Schlucht. Drei Brücken spannen sich über den Klamm: die untere aus dem 13. Jh. von Mönchen konstruiert (vielleicht daher der Name Devil's Bridge). Die mittlere Steinbrücke von 17o8. Die obere Eisenbrücke wurde 19o1 gebaut. Ab Devil's Bridge lohnende Kurzwanderungen:

Nature Trail: einstündige Wanderung, bringt faszinierenden Blick auf den Wasserfall mit seinen drei Brücken. Jacob's Ladder: ebenfalls einstündige Wanderung. Über 94 Stufen runter in den Talboden der Schlucht, zu einem Holzsteg über den Wildbach.

Bed & Breakfast: Sehr schön, nachts hier draußen zu sein, wenn alle Touristen abgezogen sind. Aber nur sehr begrenzte Kapazität, daher schon im TI in Aberystwyth reservieren.

"Ystumtuen Youth Hostel". Ehemaliges Schulhaus in dem alten Bergarbeiter-Dorf Ystumtuen, einfache Barracke mit nur 25 Betten. Zum nächsten Pub oder Shop 3 km. Anfahrt: mit dem Dampfzug bis Rhiwfron und 3 km Fußpfad. Oder mit dem Ponterwyd-Bus bis 1 1/2 km vor Ponterwyd, und dann noch 2 km zu Fuß (Fahrer nach der richtigen Haltestelle fragen). Tel. o197o/ 89 o6 93. Schlafsaal ca. 15 DM.

 Kleiner, simpler Platz bei der Tankstelle, gleich hinter den Brücken.

✦ Ponterwyd

Im 18. Jh. als Bergarbeiter-Siedlung entstanden (Abbau von silberhaltigen Bleierzen). Gegen 18oo hat es hier fast eine Art "Klondyke-Fieber" gegeben. Letzte Förderung zu Beginn des 2o. Jhs.

LLYWERNOG MINE: Besichtigung der alten Silber-Blei-Mine. Ausrüstung der Kumpels im Museum. Dann runter in die Schächte, bewaffnet mit Helm und Grubenlampe. Fünf Wasserräder drehen sich in den Stollen.

Danach kann man sich versuchen, Gold zu waschen, - die Nuggets sind aber leider nur Katzengold. - Die Mine liegt ca. 2 km westlich von Ponterwyd, der Bus hält auf Wunsch vor der Mine.

NANT-YR-ARIAN: schönes Waldrevier zum Wandern, Karten kriegt man beim Visitor Centre. Schnupper-Wanderung ist der "Nant-yr-Arian Trail", nur 2 1/2 km lang. Reiche Vogelwelt.

Der 8-9 km lange "Jubilee Trail" führt von der Talsenke rauf auf den Hügelkamm. Panorama-Blick über das gesamte Rheidol-Tal und rüber nach Aberystwyth.

VON ABERYSTWYTH NACH NORDWALES

Prinzipiell zwei Alternativen, eigentlich beide sehr lohnend:

Die KÜSTENROUTE (im folgenden beschrieben) bringt kleine Dörfer und Meereslandschaft. Allerdings sollte man für Stop und Abstecher zwei, besser aber drei Tage Zeit haben.

Die INLANDROUTE (A 487, A 47o) geht durch Berglandschaft, die nach Norden hin immer wilder wird. An 1-2 Tagen zu machen. Siehe Seite 3o4.

An zwei Punkten schneiden sich beide Routen-Varianten (Machynlleth, Dolgellau): dort sind die Highlights beider Routen. Wer also knapp mit Zeit ist, bekommt auch auf der kürzeren Inlandsroute das Wesentliche mit.

Verbindungen

Problemlos mit öffentlichem Transport, wobei der Zug zwar teurer ist, aber flotter geht!

Zug: Mit dem "Cardigan Bay Express", der ab Aberystwyth immer der Küsten-Route folgt. Täglich 7 x bei 2 1/2 Std. Fahrzeit.

Vom Zielort "Porthmadog" zwei Alternativen:

* Der Cardigan Bay Express fährt weiter nach Pwllheli auf der Lleyn-Halbinsel (keltisches Kulturgut, Seebäder, Boottrips).

* Mit dem Dampfzug nach Blaenau Ffestiniog, wer lieber gleich reinfährt in die Snowdonia-Berge.

Busse: Von Aberystwyth stündlich Dolgellau. Dort Umsteigen in den Bus, der fast jede Stunde rüberfährt nach Barmouth. Von Barmouth geht stündlich ein Bus der Crosville-Company nach Harlech und weiter nach Bleanau Ffestiniog (im Snowdonia-Nationapark). Wer nach Porthmadog möchte, muß in Harlech ein drittes Mal umsteigen!

Aberystwyth ≫→ Porthmadog (via Küste) (13o km)

Die erste Etappe bis MACHYNLLETH benötigt fürs eigene Auto bzw. Zug ca. 3o Min. Der Zug verläuft zunächst landein und führt dann bei Borth am Meer entlang mit Sanddünen und weiter südwärts der Flußmündung des Dyfi.

Die Straße A 487 führt landein, knapp 3o km bis Machynlleth und flott ausgebaut. Halbstündlich mit Crosville-Bussen.

★ Tre'r Ddol

In der YR HEN CAPEL, einer Baptisten-Kapelle, ist ein Museum zur Entwicklung und Auswirkung der 1859 vom Prediger Wesley ins Leben gerufenen Sekte untergebracht.

Die Baptisten übten große Anziehungskraft auf die unteren, walisischsprachigen Bevölkerungsschichten aus, während die englischsprachige Bevölkerung der anglikanischen Staatskirche verhaftet blieb. Ab der Mitte des 19. Jh. bewirkten die Baptisten ein gewaltiges Comeback des walisischen Nationalgefühls und große soziale Umwälzungen. Details im Geschichtsteil, Seite 88.

★ Furnace

Das Dorf ist im 17.-19. Jh. entstanden, für die Arbeiter, die Silber- und später Eisenerze verarbeiteten.

DYFI FURNACE: Der River Dyfi stürzt sich in ein Bergklamm und treibt ein ca. 1o m hohes, eisernes Wasserrad. Diente für den Betrieb eines Brennofens (1755) zur Eisenverhüttung. Der Brennofen und die Lagerhalle für die Koks wurden renoviert.

CWM EINION: pittoreskes Flußtal des River Einion, östlich vom Dorf. Auch "Artist's Valley" genannt, da früher viele Künstler hier rausfuhren zum Malen.

Von einem Tearoom führen Spaziergänge die Talhänge rauf, - etwa zu den Eiszeit-Seen Llyn Conach und Llyn Dwfn, die wie glitzernde Kristalle in der braunen Moorlandschaft liegen. Hin und zurück ca. 1o km.

YNYS-HIR BIRD RESERVE: Naturschutzgebiet mit Salzmarschen, Moor und Kiefernwald. 67 Vogelarten brüten hier, darunter drei Spechtarten. Anlaufstelle ist das Visitor Centre für Karten: von hier startet ein verzweigtes Netz von Pfaden mit vielen Beobachtungsständen.

Das Besucherzentrum ist beschildert in Eglwysfach, ca. 2 km nördlich von Furnace.

Alternativ-Route via Küste

Ab Aberystwyth auf der B 4572 zum Badeort Borth, und weiter entlang der Sanddünen am Mündungstrichter des River Dyfi. Schlechter Busverkehr, aber alle 1-2 Stunden mit dem Zug.

✦ Borth

Badeort mit einer einzigen Häuserzeile: Ferienhäuser und Hotels, der Ort wurde ausschließlich für Urlauber gebaut. 3 km langer Beach: ein Sand-Beach (wie unsere Recherche ergeben hat, obwohl alles Badetuch an Badetuch tapeziert war). Populär ist Wasserski.

Im Winter völlig desolat, alles ist verriegelt: wenn man hier im November durch die Geisterstraßen schlendert, riecht das fast ein bißchen nach Gary Cooper und High Noon...

> Borth ist berüchtigt für seine Sommerstürme: auf der einen Seite der Ozean - auf der Land-Seite ein großes Moor, was entsprechende Luftzirkulation garantiert. Analog häufige Stromausfälle! Daher: eine Kerze gehört in jeden Haushalt! Insider munkeln, der Kerzenwachsverbrauch von Borth würde locker den Bedarf von Madame Tussaud's in London decken.

Animalarium : kleiner Privatzoo, Säugetiere, Vögel und Reptilien.

> Jedes zweite Haus an der Seafront ist ein Hotel oder eine Pension. Das **Youth Hostel** von Borth haben wir im Aberystwyth-Kapitel beschrieben. Mehrere Campingplätze, aber voll mit Wohnwagen und englischen Familien.

✦ Ynyslas

Weite Sanddünen-Gebirge nördlich vom Dorf, teils sahara-like, teils mit meterhohem Strandgras. Wegen der reichen Fauna als Naturschutzgebiet deklariert. Watt- und Strandvögel stelzen umher, in den Dünen brüten Kiebitze. Im Frühsommer wimmelt alles vor bunten Schmetterlingen. Visitor Centre, im Dorf: für Info-Blätter und Wandervorschläge.

✦ Machynlleth   (1.9oo Einw.)

Markt- und Einkaufsstädtchen mit zwei Hauptstraßen. Seit dem 13. Jh. Handelszentrum der Region, schöne Architektur mit Fachwerk-Häusern und eleganten Stadtvillen des 18. Jhs. Die Locals nennen das Städtchen salopp "Mach".

 Im Owain Glyndwr Centre. Tel. o1654/ 76 24 o1. Ganzjährig geöffnet.

CELTICA: Eine der ganz großen Attraktionen von Wales! Schildert die Geschichte der Kelten, sehr lebendig! Dafür hat man ein keltisches Dorf nachgebaut, moderne Computer-Technologie sorgt für authentische Geräusch- und Geruchkulisse. Dann eine Ausstellung, mit deutschsprachigen Kommentaren aus dem Kopfhörer.

> Historiker nennen die Kelten das Volk, das aus dem Dunkeln kam, da man bis heute über ihre Ursprünge rätselt. Die Kultur der Kelten bzw. Gallier überspannte vor 3.000 Jahren ganz Europa, von der Türkei bis nach Frankreich. Später wurden sie von den Germanen verdrängt und sind sang- und klanglos untergegangen. Nur noch in Wales,

⌈Schottland und Irland leben ihre Nachfahren.⌉

Das Projekt, das 1995 eröffnet hat, hat rund 8 Mill. Mark gekostet. Als Geldgeber fungierten die EG und das Welsh Office der britischen Regierung (kümmert sich um den Erhalt des keltischen Kulturerbes). Die größten Experten des Landes haben ihr Know-how beigesteuert, was Authenzität garantiert.

Besuch dauert rund 1 1/2 Stunden, die 12 DM Eintritt sind happig, aber gerechtfertigt.

MEMORIAL CLOCKTOWER: das Wahrzeichen der Stadt, ein 24 m hoher Uhrturm am Kreuzungspunkt der beiden Hauptstraßen. Gebaut 1873 in neugotischer Zuckerbäcker-Architektur.

OWAIN GLENDWR CENTRE (Maengwyn Street): Museum über Owain Glenwr, den letzten großen Freiheitskämpfer gegen die englische Bevormundung. 14o4 richteten die Aufständischen im Haus ein eigenständiges walisisches Parlament ein. Der Aufstand wurde blutig niedergeschlagen

Y TABERNACLE (Heol Penallt): alte Kapelle, die heute als kleines Kulturzentrum fungiert. Mit Ausstellung avantgardistischer Kunstwerke, welche Leihgaben des walisischen Nationalmuseums sind.

 HOTEL: "**Wynnstay Arms Hotel**", Maengwyn Street. Uralt-Gasthof in einer früheren Postkutschenstation. Hat viel Charakter und sehr angenehme Atmosphäre. Die Bar ist Treffpunkt der Einheimischen. Tel. o1654/ 7o 29 41. DZ ca. 135 DM.

GUESTHOUSE: "**Maenllwyd House**", Newton Road. Das Haus der Vincent-Familie ist schon seit Jahren konstante Spitzenklasse. 8 Zimmer, behaglicher Lounge mit Bibliothek, Riesen-Breakfast. Tel. o1654/ 78 12 o9. DZ mit Bad ca. 9o DM.

BED & BREAKFAST: Eine Reihe von Häusern, aber im Sommer recht viel Andrang, seit es in der Stadt mehrere Top-Attraktionen gibt.

HOSTELS: Ein Youth Hostel und ein Privat-Hostel in Corris, ca. 12 km nördlich via der A 47o. Beschreibung Seite 3o4.

Camping: Lleyngwern Farm, ca. 5 km nördlich via der A 487. Einfacher Platz, nicht weit vom "Centre for Alternative Technology".

WYNNSTAY ARMS (Maengwyn Street): gut zum Abendessen mit sehr positivem Preis-/Leistungsverhältnis. Gutbürgerlich, etwa 2o-25 DM.

SIOP Y CHWAREL (Heol Pentrerhedyn, gegenüber vom Post Office): Laden für Naturkost mit kleinem, feinem Vegetarier-Café.

Barmeals: Obwohl man auch im Wynnstay Arms gute Barmeals kriegt, gehen die meisten Locals doch lieber ins <u>DYFY FORESTER INN</u> (Heol Penallt), sowohl für Lunch als auch für Supper.

<u>Glyndwr Arms</u> (Heol Doll): beliebter Pub, - lohnt sich vor allem am Wochenende, wenn Livemusic angesagt ist.

<u>Skinners Arms</u> (Heol Penallt): immer knallvoll, aber recht zerschrammter Schuppen, wo man so manche Zigarette gemeinschaftlich raucht. Viele Motorrad-Typen in Lederkluft.

Pubs

Chöre: Immer wieder montags trifft sich der Männerchor: gegen 2o Uhr im Green Room, Penrallt Street.

Märkte: Jeden Mittwoch, Buden auf beiden Seiten der Hauptstraßen, überall Töpfe, Gemüse und Wollpullis. Gute walisische Produkte, nicht ausgerichtet auf Touristen und Souvenirs.

Feste: <u>Gwyl Machynlleth</u> (zweite August-Hälfte): Theater, Konzerte und in den Pubs viel Folkmusik.

Umgebung von Machynlleth

<u>FELIN CREWI</u>: In der Getreidemühle aus dem 16. Jh. wird wie eh und je Korn gemahlen. Verkauf von frisch geschrotetem Müsli. Kurzer Wanderpfad mit Beobachtungsstand für Wasservögel. In Penegoes, ca. 3 km westlich via der A 489.

<u>CENTRE FOR ALTERNATIVE TECHNOLOGY</u>: Forschungslager für ökologische, postindustrielle Projekte. Besteht aus einem kompletten Dorf mit rund 3o Bewohnern, das ausschließlich mit sauberen, erneuerbaren Energien betrieben wird. Solarzellen auf den Häuserdächern, Windmühlen, Abfälle wandern auf den Komposthaufen, Recycling-Programme etc.

Das CAD wurde schon vor über 2o Jahren gegründet und hat sich zu einem der populärsten Sights von Wales avanciert. Wir erhalten begeisterte Leserbriefe im Tenor: "...sehr lehrreich, wir haben die Leute gelöchert mit Fragen." Außerdem gibt es einen Buchladen mit versierter Literatur, - zusätzlich sind Kurse im Angebot.

Mit <u>Restaurant</u>: die Vollwertkost zeigt, daß auch Naturliebe durch den Magen gehen kann. Kleinere Snacks für paar Mark; ein Hauptgericht plus Dessert für ca. 14 DM. Der Strom für die Küche kommt überwiegend von Windgeneratoren und Solarzellen.

Liegt etwa 5 km nördlich, via der A 47o. Alle 2 Stunden Verbindung mit dem Dolgellau-Bus.

Ab <u>MACHYNLLETH</u> geht die kürzere Straßenverbindung über die A 487 nach Dolgellau, die den weiten Küstenschlenker der A 493 abkürzt. Details zur Inlandsroute Seite 3o5.

Weiter via Küste: die A 493 verläuft von Machynlleth zunächst entlang der Flußmündung des Dyfi westwärts. Der Schlenker via Küste macht ca. 45 km, im Gegensatz zur nur 25 km langen Direkt-Route.

Ganzen Tag einplanen. Öffentlicher Transport am besten mit der Eisenbahn. Keine durchgehende Buslinie, da die Busse nur einzelne Punkte ab Machynlleth ansteuern.

✦Aberdovey   (3.ooo Einw.)

Wunderschön! Ozean und die Berge, während unten in der Bucht Boote schaukeln. Auf Dauer wird das Dorf aber langweilig, besser für eine kurze Lunch-Pause und ein bißchen Bummeln an der Promenade...

In den vielen Hotels wohnen vor allem Urlauber aus den englischen Midlands. Segler und Surfer (Ausrüstung wird vermietet).

HAPPY VALLEY: 1-2 km vor Tywyn zweigt eine einspurige Piste landeinwärts von der Küstenroute ab. Folgt einer alten Postkutschen-Straße, links und rechts die Bergbuckel.

✦Tywyn

Badeort mit Kies- und Sandstrand sowie langen Dünenwällen. Hat etwas mehr Substanz als der "Nur-Badeort" Aberdovey. Im Shop der "Holgates Honey Farm" gibt's walisischen Bienenhonig und leckeres Honig-Eis.

Hauptattraktion von Tywyn ist die TALYLLYN RAILWAY: die Schmalspurlok schnauft rein in eine der einsamsten und wildesten Landschaften von Wales. Die Trasse führt über eine

Engine No 1: "Talyllyn" gebaut 1864. Die 2. älteste in Wales noch in Betrieb befindliche Schmalspur Lok.

tiefe Schlucht, weite Strecken in den Berghang gekerbt, rauf nach Abergynolwyn. Retour ca. 2 Std. Fahrt.

Das Schmalspurgleis wurde 1866 eröffnet und ist damit (nach der Ffestiniog Railway) das zweitälteste in Wales. Seit 1847 wurde oben bei Abergynolwyn Schiefer abgebaut und zunächst mit Packeseln mühsam runter an die Küste zum Hafen Tywyn transportiert. Man entschloß sich daher zum Bau einer Schmalspurstrecke. Die Talyllyn Railway war von Anbeginn wirtschaftlich sehr erfolgreich und transportierte neben Schiefer auch Personen, vorwiegend Minenarbeiter. Betrieb bis 1948.

Anfang der 5oer Jahre wurde die Strecke in Gleisanlagen und Brücken komplett renoviert und als erste in Wales für touristische Fahrten eröffnet. Großer Pluspunkt (u.a.): sie hat die zweitälteste Schmalspurdampflok von Wales, die noch in Betrieb ist, die Engine No. 1 "Talyllyn", gebaut von Fletcher Jennings in Whitehaven 1864. Faszinierend: das Mini-Maschinchen schnauft nun seit rund 13o Jahren! Heute werden in den Sommermonaten jährlich rund 2oo.ooo Passagiere transportiert.

STRECKE: Im Bahnhof Tywyn in der Neptune Road ein Museum über die "Great Little Trains" (blankpolierte Loks, Waggons, Ausrüstung der Eisenbahner). Sich in eine Lokomotive von 1897 setzen und die Steuerknüppel bedienen. - Dolgoch Station: in der Nähe eine bewaldete Bergschlucht mit Steinbrüchen und Schieferminen. Drei Wildbäche stürzen sich rauschend über die Abhänge. - Abergynolwyn: ein Museum über die Arbeitsbedingungen in den Steinbrüchen. - Nant Gwernol: Endstation. Ein Pfad führt durch den Wald zu einem verwaisten Schiefer-Steinbruch.

Prinzipiell ist die Strecke auch per Auto möglich, auf der Singletrack-Piste B 44o5, die parallel zum Schmalspurgleis führt. Aber natürlich schade, wenn man hier nicht auf den "relaxing train-trip" zurückgreift.

Abergynolwyn ist Startpunkt für den längsten der Trails rauf auf den 893 m hohen Cader Idris (Details Seite 285).

ST. CADFAN'S CHURCH: In Kunsthistoriker-Kreisen wird die Kirche aus dem 14. Jh. als eine der interessantesten von Wales taxiert. Reinrassiger normannischer Architektur-Stil, besonders schön sind die Effigien. Der "Cadfan Stone" enthält die älteste Inschrift in walisischer Sprache (Kymrisch).

DYSYNNI VALLEY: Hecken säumen die Wiesenränder, in der Entfernung die Berge als blaue Silhouetten. Auf einem Vorgebirge am Ende des Tales die verfallenen Gemäuer einer walisischen Burg.

Das Tal zweigt 3-4 km nördlich von Tywyn, vom Ort Llangeryn, Richtung Osten ab.

Im Dysynni Valley hat die Bauerstochter Mary Jones gelebt: Anno 1588 ging sie barfuß von hier nach Bala, wo erstmals die Bibel ins Walisische übersetzt wurde. Sie harrte so lange vor den Toren der Druckerei aus, bis sie das allererste Exemplar erhielt. - Was überall sonst längst zu einer süßlichen Legende geworden wäre, hat hier in Wales nationalen Symbol-Charakter. VieleWaliser pilgern zu ihrem Grab oder Geburtshaus.

★Fairbourne

Der Ort ist Ausgangspunkt für Wanderungen entlang der Mündung des Mawddach River und für die FAIRBOURNE RAILWAY: der kleinste der walisischen "Great Little Trains". Schienenverlauf: 3 km die Küste lang, raus zur Spitze der nördlich gelegenen Landzunge.

Das Gleis der Fairbourne Railway ist das schmalste von Wales, nur 45 cm (!) breit. Bereits Ende des 19. Jahrhunderts befand sich hier ein damals breiteres Gleis (ca. 60 cm), auf dem Pferde Güterwaggons vom Hafen an der Spitze der Landzunge zum Ort Fairbourne zogen. Transportiert wurde Baumaterial für den Ort.

1916 wurde auf 15 inch umgespurt (ca. 45 cm) und die 4-4-2 Dampflok "Prince of Wales" angeschafft. Der Lokführer schaut über das Dach seines Führerhauses raus, so klein ist die Lok, - fast wie eine Spielzeugeisenbahn. Weitere Mini-Dampfloks kamen 1924 und 1926 hinzu. Das Gleis und die Loks dienen seither touristischem Zweck.

Vom Endpunkt der Zugschiene geht eine Passagier-Fähre rüber nach Barmouth.

Tip für ein Souvenir: die Zunge nochmal durchtrainieren und dem Schalterbeamten mitteilen, daß die Fahrt unterbrochen werden soll in:

"Gorsafawddachaidraigodanheddogleddollonpen-
rhynarueurdraethceredigion".

Auf dem Ticket steht eine der längsten geographischen Bezeichnungen der Welt. Die 67 Buchstaben heißen soviel wie "der Bahnhof am Mawddach-Fluß, neben den Drachenzähnen an der Penrhyn-Straße, nördlich des goldenen Sandes in der Cardigan Bay".

Wandern: Von Fairbourne entlang der Flußmündung des Mawddach Rivers. Je nach Tide des Meeres ist der Trichter mit Wasser angefüllt, oder Sandbänke und Schlickfelder liegen frei. Wattvögel und Schwärme von Möwen.

Der Nature-Trail beginnt bei der Eisenbahnbrücke über den Mawddach. Von der Brücke schöner Blick auf den Mündungstrichter des Flußes und den Cader Idris. Ab Brücke 12 km entlang des Flusses bis PENMAEN-POOL. Rücktransport nach Fairbourne, zum geparkten Auto: mehrmals täglich mit Bus oder Zug.

Penmaenpool ist zugleich Startpunkt für den Pony Path rauf auf den Cader Iris (Details unten, bei Dolgellau).

COUNTRY HOUSE: "**Penmaenuchaf Hall**". Stolze Landvilla mit einem guten Dutzend Zimmern, die Zimmer sehr edel möbliert und gutes Essen. Tel. o1341/ 42 21 29. DZ ca. 25o-35o DM, Dinner ca. 5o DM/Person.

BED & BREAKFAST: Nur beschränkte Kapazität. Hotels gibt es im Dorf Penmaenpool leider keins.

HOSTEL: "**King's Youth Hostel**", ca. 2 km westlich vom Dorf. Recht komfortables Landhaus in einem verlassenen Waldtal. Abends wird gegrillt, man sitzt gemütlich beisammen. Zum nächsten Pub oder Shop sind es mehrere Kilometer. Im Garten der Herberge ein kleiner Campingplatz. Tel. o1341/ 42 23 92. Schlafsaal ca. 2o DM/Pers.

"**Caban Cader Idris**", Privat-Hostel in der früheren Dorfschule - zwei Schlafsäle mit zusammen 16 Betten. Meistens aber für Gruppen reserviert; wer partout etwas gegen die Jugendherbergen hat, kann hier im Privat-Hostel anrufen. Tel. o1341/ 42 31 78. Schlafsaal ca. 18 DM/Person.

Die Küstenstraße A 493 von Fairborne führt südlich um den Mündungstrichter des Mawddach nach DOLGELLAU.

Mit eigenem Auto lohnende Parallelroute ab Arthog, über eine holprige Bergpiste rauf zu einem einsamen Moor-See (Llynnau Cregennen). Faszinierend wegen des Vogelperspektive-Panoramas runter auf die tief eingeschnittene Mawddach-Mündung.

✦ Dolgellau   (2.7oo Einw.)

Kompaktes Städtchen am Fuß des Cader Iris Bergriegels. Die Häuser aus grauen, grob behauenen Steinblöcken gemauert. Die Einwohner sind fast reinrassig walisisch-sprachig.

Tourist INFO Am Eldon Square, dem Hauptplatz von Dolgellau. Tel. o1431/ 42 28 88. Ganzjährig geöffnet. Das Office dient gleichzeitig als National Park Info Centre, um sich mit Vorab-Infos zu Snowdonia einzudecken.

WELSH GOLD

Die einzige Goldmine in Großbritannien, die Tour dauert geschlagene 3 St. Mit der Grubenlampe durch den Schacht, filigrane Goldadern. Im Anschluß kann man sich beim Goldwaschen beweisen.

Walisisches Gold ist das teuerste der Welt (fast das Dreifache vom Weltmarktpreis). Wird ausschließlich als Schmuck verkauft, Barren kommen nicht auf den Markt.

VISITOR CENTRE: kleines Museum, in einer Werkstatt machen 4 Goldschmiede Schmuck (teures, aber originäles Souvenir!). An der Rezeption Anmeldung für die Minen-Tour.

Nur der Schmuck in den roten Schatullen ist aus walisischem Gold, der andere ist Gold von den freien Märkten. Für einen Ohrring oder Anhänger 25o DM aufwärts.

MINING TOUR: Per Minibus 15 Minuten rauf zum Bergwerk, wo man mit Stiefeln, Helm und Grubenlampen ausgerüstet wird. In der Mine ist es stockdunkel, und laut wegen der Explosionen. Jede Menge Infos zum Thema Goldförderung damals und heute.

Es wird eine "Show-Sprengung" durchgeführt, ein Kumpel zeigt einem die Goldadern. Mit dem Hammer einen Erzbrocken als Souvenir rausschlagen. Abfahrt alle 3o Minuten. Ca. 25 DM, inkl. Goldwaschen am Ende der Tour. Warme Klamotten anziehen.

PANNING CENTRE: Ausrüstung und Know-how zum Goldwaschen.

Die Chancen, ein Goldkorn in Größe eines Stecknadeikopfes zu finden, stehen fifty-fifty. Im Preis inklusive, wer eine Mining Tour bucht. Goldwaschen allein kostet ca. 7 DM für halbe Stunde.

Pro Monat werden nur 1-2 Unzen gefördert (1 unze = 28,4 Gramm), wobei man für eine Unze 2 Tonnen Erz auswaschen muß. Walisisches Gold trägt den Stempel AC und darf nicht mit anderem Gold vermischt werden. Spätestens in 3o Jahren ist der letzte Nugget aus dem Berg gekratzt!

Eine gute Kapitalanlage: da die Vorräte an walisischem Gold begrenzt sind, werden Liebhaberpreise gezahlt. Steigt ständig im Wert, ganz unabhängig vom normalen Goldpreis. Die Tradition will es, daß alle Hochzeitsringe für die britische Royal Family aus walisischem Gold geschmiedet werden (glänzt selbst dann noch, wenn die Liebe leicht stumpf geworden ist).

Geschichte: Um 186o herum gab es einen kleinen "gold rush" hier in der Region Machynlleth, in 2o Minen wurde geschürft, Hunderte von Abenteurern und Glücksrittern hofften auf die schnelle Mark. Teilweise ging die Rechnung auf: ein gewisser William Morgan fand in nur zwei Wochen das doppelte seines Körpergewichtes in Gold...

Die Goldmine, die hier zu besichtigen ist, machte 1916 dicht. 4o Jahre lang ist Gold gefördert worden, das heute rund 5o Millionen Mark wert wäre. Erst 1981 Wiedereröffnung: sechs Männer schuften im Stollen, vier Goldschmiede verarbeiten das Metall. Dabei ist der Tourismus nur eine Seitenlinie, das meiste Geld wird nach wie vor durch Goldverkauf gemacht.

WEITERE ATTRAKTIONEN

Abgesehen von "Welsh Gold" und Besteigung der Cader Idris eigentlich nur zweitrangige Sachen.

QUAKER EXHIBITION (oben im TI): Fotos, Filme etc. über die Quäker, die den amerikanischen Staat Pennsylvania gegründet haben. Bis zur Toleranzakte von 1689 wurden sie als religiöse Minderheit verfolgt, 2.ooo sind ausgewandert.

WHION BRIDGE: alte Steinbrücke über den River Whion, gebaut 1638. Steht unter Denkmalschutz.

ST. MARY'S CHURCH: wurde 1716 fertiggestellt, die hölzernen Säulen stammen von einheimischen Eichen. Sehenswertes Taufbecken, im Westfenster Buntglas aus dem 18. Jh. Neben der Kanzel das Grabmal des Ritters Meurig (14. Jh.), eine Plastik zeigt den Ritter in voller Rüstung.

CYMER ABBEY: Ruinen des um 12oo vom Zisterzienser-Orden gegründeten Klosters. In der Kirche sehenswerte Arkaden, der Westturm stammt von 135o. Vom Kreuzgang stehen nur noch Grundmauern. Anfahrt: ca. 2 km nördlich (via A 47o).

 COUNTRYHOUSES: "**Dolserau Hall**". Stolzer Fachwerk-Giebelbau zwischen knorrigen Bäumen. 14 Zimmer. Das Hotel unter Regie von Marion und Peter Kaye wird in allen internationalen Hotel- und Restaurant-Führern hochgelobt. DZ ca. 19o DM, Dinner um 45 DM/Pers. "**Ty Isaf Farmhouse**", paar Kilometer nordöstlich in Llanfachreth.

De-Luxe-Bleibe zu bezahlbaren Preisen: 3 Zimmer in einem Farmhaus aus dem 17. Jh. und eine Welt für sich da draußen. Sehr gutes Essen. Nichtraucher. Tel. o1341/ 42 32 61. DZ ca. 115 DM, Dinner ca. 3o DM/Person.

HOTELS: "**Royal Ship Hotel**", Queens Square. Bestes Hotel im Ort, unten großzügiger Lobby-Bereich. Die 4 Zimmer ohne Bad sind sehr groß, die 1o Zimmer mit Bad mehr als riesengroß. Als "family business" geführt und sehr sympathisch. Tel. o1341/ 42 22 o9. DZ mit Bad ca. 13o DM, ohne Bad ca. 75 DM.

"**Clifton House Hotel**", Smithfield Square. Kleines 7-Zimmer-Hotel und brauchbar, wenn auch nicht das Niveau vom Royal Ship. Tel. o1341/ 42 25 54. DZ mit Bad ca. 125 DM, ohne Bad ca. 9o DM..

GUESTHOUSE: "**Ivy House**", Finsbury Square (um die Ecke vom Marktplatz). Gehört zu einem Restaurant mit erlesenem Weinkeller. Die Zimmer im Royal Ship sind schöner bei gleichem Preis, wenn man aufs Bad verzichten kann. Tel. o1431/ 42 25 35. DZ mit Bad ca. 8o DM.

BED & BREAKFAST: Es gibt im Sommer eine Latte von Privatzimmern. Im Winter aber absolute Flaute, wir haben bei unserem letzten Trip nicht ein einziges B&B gefunden.

HOSTELS: In Dolgellau leider keine Billig-Unterkunft. Aber im Umkreis zwei Ju-Hen, in denen sich traditionell die Cader-Idris-Bergsteiger einquartieren, beide am Fuß des Bergriegels): "Kings Youth Hostel" in Penmaenpool ca. 7 km westlich, S. 281) und "Corris Youth Hostel" in Corris (ca. 13 km südlich, S. 3o4).

Bryn-y-Gwyn Site (Cader Road): sehr simpler Platz, nur für Zelte. Hang-out der Tramper. Etwa 1-2 km südöstlich.

Tan-y-Fron Site (Arran Road): ebenfalls am Stadtrand, vom Marktplatz nur 1o Minuten. Bessere Facilities und nicht nur Zelte, sondern auch Caravans.

DYLANWAD DA (Smithfield Street): hat schon mehrfach Preise für "best Welsh lamb" bekommen. Lamm ist walisisches Nationalgericht, als "roast lamb" mit Honig, Rosmarin und Met in der Pfanne geröstet oder als Billig-Version der Eintopf Welsh Stew. Für dezentes Gericht 2o-25 DM. Kein geringerer als Richard Gere hat hier schon Lamm genossen.

FRONDAU FARM (1-2 km außerhalb): traditionelle walisische Hausmannskost auf einem romantischen Farmhof. Oft macht ein Harfenspieler Musik. Um 3o DM, oder kleinere Barmeals um die 15 Mark.

ALO ALLO (Queen's Square, hinter dem TI): Café für tagsüber, guter Bohnenkaffee und kleinere Sachen.

Barmeals: Viele Einheimische fahren am Abend raus nach Penmaenpool, ca. 6 km westlich: etwa ins GEORGE III. HOTEL für Barmeals oder auch properes Dinner.

Ruhiger und dezenter ist das TYN Y GROES HOTEL, ca. 4 km nördlich

in Glanllwyd: etwas abgelegen mit herzhaften Essen und Real Ale zum
Runterspülen.

 Pubs: Keine große Szene. Am ehesten noch das <u>Stag Inn</u>
(Bridge Street): gutes Bier und o.k. für den "quiet drink".
Weil das Nachtleben insgesamt einigermaßen tot ist, fahren
viele die 6 km rüber nach Penmaenpool.

Märkte: Viehmärkte - jeden Freitag ab 12 Uhr auf der Wiese an der
Ortsausfahrt Richtung Bala. Viel Gebrüll, die Schafe kuscheln sich in den
Pferchen zusammen.

Umgebung von Dolgellau

Schöne Fahrt nach <u>BALA</u>: mitten durch Bergland, zum Schluß dann am
Seeufer lang. Bala bringt's für den 1o km langen See, wo ein bißchen
Wassersport läuft. Mit JuHe und Hotels. <u>Lake Vyrnwy</u>, rund 15 km süd-
östlich von Bala, ist Vogelschutzgebiet. Details zu Bala Seite 419.

Von Dolgellau nach Bala rund 28 km via der A 494, alle 2 Std., ca. 45
Min. Fahrtzeit). Leider kein Busanschluß von Bala rauf nach Snowdonia.

 CADER IDRIS: Spektakulärer, ca. 983 m hoher Bergrücken,
schiebt sich wie ein gewaltiger Felsriegel 1o km breit in Ost-
West-Richtung. Die Nordflanke ist klippenartig steil. Im Süden
sanfter, mit Eiszeit-Seen an den Ausläufern. Auf dem Kamm
eine wüste Felsklotz-Wildnis aus kantigen Gesteinstrümmern (herrliche
Kammwanderung).

Für den <u>Aufstieg</u> ca. 2 1/2 Stunden einplanen. Oben eines der schönsten
Berg-Panoramen auf den britischen Inseln: rüber nach Irland und im Osten
die englischen Grashügel, im Norden Snowdonia, ein kristallener Bergsee
im Südosten.

Drei Aufstiegsrouten:

1) <u>Minffordd Path</u>: der kürzeste, steilste und anstrengendste der Trails.

   Startpunkt im Dorf Minffordd, 12 km südlich von Dolgellau an der
   A 487. An der Abzweigung der B 44o5 von der Hauptstraße ein Parkplatz. Von dort durch das Eisentor am Straßenrand. Weiter durch
   dichten Wald steil bergauf und dann über einen human ansteigenden
   Grasabhang.

   <u>Anfahrt</u>: problemlos, stündlich mit dem Bus von Dolgellau nach Aberystwyth.

   <u>Unterkünfte</u>: Auf dem B&B-Sektor sehr geringe Betten-Kapazität. Die nächstgelegene Jugendherberge ist in Corris, ca. 4 km südlich (Seite 3o4). Der traditionelle Treff
   der Bergwanderer sind aber die zwei Campingplätze in schöner Lage zu Füßen des
   Bergriegels.

2) <u>Llanfihangel y pennant Path</u>: der längste Trail, dauert um die 4 Stunden
   bis zum Gipfel. Geht über offenes, baumloses Land, Schafe grasen an

den Talhängen. Steigt sehr sanft an und insofern einigermaßen "erholsam".

Startpunkt: vom Dorf Abergynolwyn (an der B 44o5, auf halbem Weg zwischen Dolgellau und Tywyn) ca. 5 km auf kleinem Nebensträßchen nach Norden bis zu einem Parkplatz. Für die letzte Stunde vor dem Gipfel trifft dieser Pfad auf den Pony Path (siehe unten).

Anfahrt: keine Busse ab Dolgellau, - nur ab Küste: entweder mit dem Dampfzug nach Abergynolwyn oder täglich 5 Busse ab Tywyn.

Unterkünfte: Angebot an B&B und Camping in Abergynolwyn. Leute ohne Pkw müssen dort übernachten, da der Abstand zwischen dem ersten und dem letzten Bus zu kurz ist für den Trail.

3) Pony Path: Der Haupt-Trail, den die meisten machen: definitiv der einfachste, nur ganz kurze Etappen sind etwas anstrengender. Alles Land ist Schafweide, ab und zu den Kopf drehen schadet nicht: Blick auf die versandete Mawddach-Mündung und rauf zur Lleyn-Halbinsel.

Startpunkt: von Dolgellau ca. 5 km südwestlich auf der nicht-klassifizierten Cader Road, bis zu einem Parkplatz, auf der anderen Straßenseite ein Telefonhäuschen. Der Pfad ist bis zum Gipfel ausgeschildert.

Anfahrt: alle 2 Stunden mit dem Bus, der die Küstenstraße von Dolgellau nach Fairbourne (A 493) abfährt, und in Penmaenpool aussteigen. Von hier rund 2 km zu Fuß. Viele Backpacker laufen die 5 km zur King's JuHe und übernachten dort.

Unterkünfte: in Penmaenpool paar B&B und ein sündhaft teures Countryhouse-Hotel. Traditionstreff ist aber die King's JuHe, ca. 2 km westlich vom Startpunkt. Details Seite 281.

Abgesehen von obigen drei Trails taucht in diversen Reiseführern noch der "Foxes' Path" auf. Die Verwaltung vom Nationalpark hat uns explizit gebeten, vor diesem Trail zu warnen: extrem steil und lockeres Gestein, es hat schon viele Unfälle gegeben. Dieser Path war früher einer der Cader-Idris-Klassiker, ging wie der Pony Path ab der King's JuHe.

KOMBINATION: Da die "Golden Trails" den Cader Idris von drei verschiedenen Richtungen angehen, bietet sich an, daß man via dem einen Pfad raufsteigt und via einem anderen wieder runter.

* Ab Küste Dampfzug-Ritt und rauf über den Llanfihangel y pennant Path, - dann wieder runter über den Pony Path und in der King's JuHe schlafen.

* Ab Inlandsroute: in Corris schlafen und via Minnfordd/Pony Path zur King's JuHe. Hat den Vorteil, daß an Start- und Zielort billige JuHen sind.

* Off the beaten track in Ost-West-Richtung: von Tywyn mit Dampfzug/Bus zum Start des Llanfihangel y pennant Path, dann ausgiebige Kammwanderung rüber nach Corris.

 PRECIPE WALK: gehört zu den Klassikern unter den Wander-Trails in Wales, ca. 5 km Rundwanderweg, Gehzeit bei 1 1/2 Stunden.

Der Pfad führt rund um einen Bergkegel, auf halber Höhe in den Abhang geschnitzt. Auf der einen Seite die Bergwand, auf der anderen geht's steil runter. Dann weiter zum Ufer eines stillen Bergsees. Ursprünglich ein Schafspfad, 189o wurde er als öffentliche Wanderung deklariert. Geringer Schwierigkeitsgrad.

Startpunkt: in Dolgellau über die Brücke und die erste nach rechts, dann beim Kwiksave-Supermarkt nach links (Beschilderung: Llanfachreth). Nach ca. 3 km ein Parkplatz.

✦ Barmouth

Die Küstenstaße A 496 führt ab Dolgellau nördlich entlang des Mündungstrichters des Mawddach und erreicht bei Barmouth wieder die Küste.

Zu Beginn des 19. Jhs. ein beschauliches Fischernest am Strand (siehe Illustration), wurde zur Jh.-Wende zu einem Badeort von regionaler Be -

BARMOUTH, Anfang des 19. Jhds noch ein beschauliches Fischernest an 3km Sandstrand.

deutung. Am Südende der Strandpromenade Gassengewirr, am Nordende Badevergnügen und viktorianische Hotel-Villen.

 Gegenüber dem Bahnhof in der Jubilee Road.
Tel. o1341/ 28 o7 87. Nur im Sommer.

TY CRWN (in der Altstadt): rundes Haus, gebaut 1782 als Gefängnis für betrunkene Seeleute. Zwei Türen: eine für die Seemänner, die andere für ihre weibliche Begleitung.

LIFEBOAT MUSEUM (am Quay): Rundum-Infos zu Seenotdienst und

Rettungsbooten.

TY GWYN MUSEUM (ebenfalls am Quay): ein mittelalterliches Turm-
haus, mit etwas Heimatgeschichte und Teilen von Schiffswracks.

Hotels gibt es in reicher Auswahl und billiger als normal, außerdem jede Menge B&B.

HOSTEL: "**Just Beds**", an der Durchfahrtstraße bei der Kirche.
Findet in einem Privathaus statt, quasi wie B&B ohne Frühstück.
Nur 3 Zimmer mit je 2 Betten und schöner Lounge. Nichtraucher.
Tel. o1341/ 28 11 65. Im Doppelzimmer ca. 2o DM/Person.

Wandern: Schöner Spaziergang auf dem Fußgänger-Steg hoch
über die Watt- und Schlammfelder der breiten Flußmündung
"Mawddach Estuary". Der Steg verläuft neben der Eisenbahn-
brücke aus dem 19. Jh. Einfach ca. 4 km.

Für den Rückweg bestehen drei Alternativen: entweder mit der Passagier-
fähre zwischen Barmouth und Fairbourne, - oder mit dem Zug, - oder als
drittes die Kombination Dampfzug plus Fähre (siehe Kapitel Fairbourne).

Feste: Three Peaks Yacht Race (Mitte Juni): Bootswettfahrten, wo die
ganze Stadt Kopf steht.

★**TAL-Y-BONT**: Weiterer Badeort, weniger trubelig als Barmouth, die
Strände sind abgeschlossener.

Wandern: Pfad ins Hinterland, zum Bergsee Llyn Bodlyn:
entlang des Wildbaches, der ca. 1 km nördlich vom Dorf ins
Meer mündet. Ca. 8 km, immer flußaufwärts am Ufer lang. Hin
und zurück etwa 4 Stunden.

★**LLANBEDR**: Kleines Dorf und Zentrum für Hillwalking, die Trails zu
den beiden Rhinog-Bergstöcken im menschenleeren Hinterland gehören zu
den "Classic Walks of Wales". Maes Artro Tourist Village: Freizeitpark
mit Aquarium, Disneyland-Dorf, Wildwest-Fort etc. Die Zielgruppe sind
Familien mit Kindern.

COUNTRYHOUSE: "**Cae Nest Hall**". Landsitz aus dem 15. Jh.,
wo dereinst der Herr Graf von Llanbedr gewohnt hat. 9 Zimmer und ein
behaglicher Wohlfühl-Lounge, in der Bar antike Holzbalken. Tel. o1341/
2 33 49. DZ ca. 15o DM, Dinner ca. 4o DM/Person.

HOSTEL: "**Llanbedr Youth Hostel**". Ehemalige Pension in einem
Landhaus aus dem 19. Jh. Liegt mitten im Dorf, rechts der Hauptstraße,
5oo m vom Bahnhof. Tel. o1341/ 24 12 87. Schlafsaal ca. 18 DM/Person.

SHELL ISLAND: Dünen-Inselchen, an dessen Strand 2oo verschiedene
Muschelarten angeschwemmt werden. Außerdem viele Wildblumen (allein
13 Arten von Orchideen). Ca. 2 km westlich, Zufahrt via Damm. Dort

auch ein Riesen-Campingplatz.

Hinterland von Llanbedr

In Llanbedr münden zwei Gebirgstäler zusammen, in die staubige Asphaltpisten reinführen (Cwm Brychan und Cwm Natcol):

CWM BRYCHAN: ca. 1o km in nordöstlicher Richtung, flechtenbewach-
sene Bäume am Fahrbahnrand. Mündet in eine felsige Platform, die wie
ein Amphitheater von einem Kranz von Bergen umgeben ist, in der Mitte
der blaue Wasserspiegel eines Sees. Mit sehr einfachem Campingplatz:
traditioneller Bergwanderer-Treff, nur Zelte.

 Roman Steps Walk: vom Campingplatz auf einer mittelalterlichen Packesel-Route über den Gebirgspaß, der zwischen
die beiden Rhinog-Bergen führt. Zur Heideblüte im August
leuchtet der Gebirgskessel rot! Hin und zurück (ab Campingplatz) 1 1/2 bis 2 Stunden.

Wer nicht zurückwandern will, kommt auf dem Trail weiter nach "Bronaber" an der Inlandsroute (A 47o). Macht ab Campingplatz im Cwm Brychan ca. 12 km. Mit Kompaß und OS-Karte arbeiten. Sich vorher über
Unterkünfte bzw. Busanschlüsse in Bronaber kümmern (alle 2 Std. nach
Blaenau Ffestiniog).

Triangle Walk: frühmorgens von der JuHe in Llanbedr aufbrechen und die
1o km durch das Cwm Brychan wandern. Die Nacht verbringt man dort
draußen auf dem Campingplatz. Am nächsten Tag dann die 8 km rüber
nach Harlech, um in einem der B&B-Häuser die Beine auszustrecken.
Zurück nach Llanbedr am einfachsten mit dem Zug.

CWM NANTCOL: ca. 1o km in südöstlicher Richtung. Die kurvige Piste
führt talaufwärts. Wird immer enger, am Ende ein Zwillings-Bergstock
mit nackten Felszacken und Felstürmchen.

Sehr schöne Piste, aber auch sehr eng. Man sollte einigermaßen fahrsicher
sein: für die Schaffarmer gemacht, nicht für Touristen. Viel Rangiererei,
wenn ein Wagen entgegenkommt, die vielen Eisentore nach Durchfahrt
bitte wieder schließen!

LLANFAIR: direkt nördlich an Llanbedr anschließend. Interessant ist
der Besuch der QUARRY SLATE CAVERNS: Steinbruch, wo im 19. Jh.
Millionen von Schieferplatten zum Dachdecken gebrochen wurden. Dabei
entstand ein System aus neun künstlichen Höhlen, die man aus dem Berg
gesprengt hat. Sie sind durch Tunnel verbunden. Für Besichtigung
werden Sicherheitshelme gestellt, was Warmes überziehen. Sehr schön am
Nachmittag, wenn durch eine Luke im Deckengewölbe die Sonnenstrahlen
filtrieren. - JACOB'S LADDER: Stein-Treppe in den Berg gemeißelt.
Aufstieg für faszinierenden Blick auf die Küste.

Camping: einfacher Platz vor dem Eingang zur Höhle, - Duschen und Toiletten.

★Harlech   (1.3oo   Einw.)

Lohnt sich unbedingt für das majestätische Castle, auf eine steile Fels-klippe gesetzt. Es gehört zu den vier berühmten Königsburgen: eine der schönsten mittelalterlichen Burgen in Europa! Außerdem: schöner Beach mit Sanddünen.

Besteht aus zwei Ortsteilen: <u>Lower Harlech</u>, an der Hauptstraße, mit einer Reihe von Hotels. Der eigentliche Ortskern, wo die Pubs und Läden sind, heißt <u>Upper Harlech</u>. Viele Besucher kommen gar nicht hier rauf, sondern schauen sich nur das Castle an und fahren dann weiter.

 In der High Street in Upper Harlech. Tel. o1766/ 78 o6 58. Nur im Sommer. Dient gleichzeitig als <u>Nat. Park Info Centre</u>.

<u>HARLECH CASTLE</u>: steht 6o m hoch auf einem Felsvorsprung mit grandioser Fernsicht über die gesamte Bucht und die nach Irland raus-ragende Halbinselspitze der Lleyn Halbinsel. Die strategische Position war daher optimal.

HARLECH CASTLE mit Fernblick

Das Castle wurde als reine Festung gebaut. Es zählten nur militärische Aspekte, - die Stadt Harlech kam erst später. Im Gegensatz dazu waren z.B. Caernarfon und Conwy Castle, die zeitgleich gebaut wurden, mehr eine Mischung aus Burg und Palast. Dort mußte man Kompromisse einge-hen, so daß letztere weit verwundbarer waren.

Geschichte: Gebaut wurde das Castle als Teil eines Ringes aus vier Befestigungs-anlagen, die King Edward I. bauen ließ. Sie dienten der Okupation von Wales und der Sicherung der Machtansprüche Englands in Wales (Details siehe Seite 348).

Baubeginn Harlech Castle <u>um 1283</u>. Rund 9oo Mann waren beschäftigt, und King Edward I. scheute keine Kosten, wie auch bei seinen anderen Castles. Bereits um 129o war die Festung fertig, ungewöhnlich schnell in Relation sonstiger damaliger Castle- Bauzeiten, die sich nicht selten 6o oder mehr Jahre hinzogen. Immerhin waren gewaltige Massen an Steinen heranzuschaffen und von Steinmetzen mit der Hand zu behauen.

Nach <u>Westen</u>, also zum Meer hin, war das Castle durch steile, fast senkrechte Felsen vor Angreifern geschützt. Das Meer (heute rund 8oo m entfernt) reichte damals bis an die Felsen, hier lag ein kleiner Hafen sowie Docks zum Reparieren von Versorgungsschiffen. Der Hafen hatte "Rückendeckung" durch das gewaltige Castle oberhalb auf dem Felsplateau.

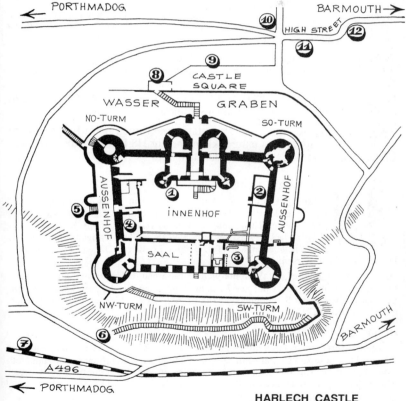

HARLECH CASTLE

1 Gatehouse	5 Nebentor	9 Castle Hotel
2 Kornspeicher	6 Seetor	1o Bank
3 Küche	7 Bahnhof	11 Post
4 Kapelle	8 heutiger Eingang	12 Tourist Office

Die Problemflanke war die <u>Ostseite</u>, wo ein tiefer Wassergraben und das gewaltige Gatehouse (1) mit seinen vier Türmen schützte, gewissermaßen eine Festung in der Festung. Von den einzelnen Türmen nicht nur weiter Blick über die Tremadog Bucht in Bezug dort eventuell aufkreuzender Angreifer, - sondern auch landein auf die Berge des Snowdonia, wo sich die walisischen Widerstandskämpfer verschanzt hatten.

Harlech war wichtiger englischer Stützpunkt im Nordwesten, wurde aber <u>14o4</u> vom walisischen Widerstandsführer Owain Glyndwr eingenommen, der sich zum Fürst von Wales ausrief und hier das Parlament von Wales proklamierte. 14o8/o9 konnte Harlech Castle mit 1.ooo Mann englischer Soldaten durch Belagerung zurückerobert werden.

In späteren Jahrhunderten, als Castles bei modernerer Waffentechnologie keinen Schutz mehr gegen Angreifer boten, verfiel Harlech zur Ruine. Als "national monument of history" wurde es jedoch originaltreu wiederaufgebaut. Die modernen Rekonstruktionsarbeiten sieht man beispielsweise im Gatehouse, dort wo sich der Eingang befindet: der untere Teil in grober Steinmauerung, darüber sehr glatte und pefekte Mauerweise.

Der <u>Besuch von Harlech Castle</u> lohnt allein wegen des grandiosen Blicks über die Bucht. Besonders schön am Spätnachmittag, wenn die Sonne im Westen über der Bucht und Llyn Halbinsel untergeht.

Der <u>südl. Turm des GATEHOUSE</u> kann mit rund 15o Stufen bestiegen werden, oben grandioser Panoramarundblick.

<u>PARKPLÄTE</u>: Achtung, der Parkplatz direkt oben beim Eingang zum Schloß (Castle Square) ist extrem klein und zur HS kaum Chance. Weitere bestehen unterhalb des Castles Nähe Bahnhof.

 COUNTRY HOUSE

"**Mais y Neuadd**", ca. 3 km nördlich entlang der A 496. Lange Zufahrtstraße zur prächtigen Landvilla mit fast 3o Zimmern. Wird von zwei einheimischen Familien im "joint venture" geführt. Hier hat übrigens Jackie Onassis übernachtet, als sie zur Beerdigung von Lord Harlech geladen war. Tel. o1766/ 78 o2 oo. DZ ca. 25o-3oo DM, Dinner um 5o DM/Person.

"**Gwrach Ynys House**", ca. 3 km nördlich in Talsarnau. Billigere und intimere Version eines Countryhomes, - mit nur 7 Zimmern in einem abgelegenen zweistöckigen Landhaus. Joker ist der Swimmingpool. Tel. o1766/ 78 o7 42. DZ ca. 1oo DM, Dinner um 35 DM/Person.

HOTELS

"**Estuary Motel**", ca. 6 km nördlich in Talsarnau. Ein Motel im amerikanischen Stil, - man schläft in separaten Units mit sehr guter Möblierung und Eingangstür zum Hof raus. Liegt auf halbem Weg zwischen Harlech und Porthmadog, - gut für 2 bis 3 Tage, um von hier aus Trips zu machen. Tel. o1766/ 77 11 55. DZ ca. 11o DM.

"**St. David's Hotel**", Lower Harlech. Modernes 6o-Zimmer-Hotel, wo viele Reisegruppen und auch Golfspieler absteigen. Tadelloser Service, wenn's auch ein bißchen an Seele fehlt. Tel. o1766/ 78 o3 66. DZ ca. 16o DM.

"**Castle Cottage Hotel**", Upper Harlech. Geht etwas Richtung "Restaurant mit 6 Zimmern". Sonst aber gut, wer Wert auf ein gepflegtes Dinner legt. Besitzer Mr. Roberts ist leidenschaftlicher Koch. Tel. o1766/ 78 o4 79. DZ ca. 125 DM.

"**Noddfa Hotel**", Lower Harlech. Uns liegen begeisterte Leserbriefe vor! Die Besitzer Gillian & Eric führen das 6-Zimmer-Hotel schon über 1o Jahre. Eric ist offizieller "Castle Guide" und führt seine Gäste individuell rum. Außerdem begeisterter Bogenschütze (Komparse im Film "First Night" mit Sean Connery und Richard Gere): gibt gerne eine kurze Lektion. Tel. o1766/ 78 oo 43. DZ ohne Bad ca. 8o DM, mit Bad ca. 9o DM, plus Seeblick ca. 115 DM.

GUESTHOUSE

"**Byrdir House**", Upper Harlech. Größte und beste Pension im Ort, - ein Dutzend Zimmer, die meisten aber ohne Bad/WC. Tel. o1766/ 78 o3 16. DZ o. Bad ca. 75 DM.

BED & BREAKFAST

Sehr großes Angebot, zumindest das TI findet immer was. Schöner sind die Häuser in Upper Harlech, wo es sowas wie Dorfstruktur gibt. Bißchen Leben auf der Straße, paar Pubs und Geschäfte.

Lower Harlech ist die Durchfahrtstraße A 496: Hat etwas weniger Atmosphäre, aber durchaus o.k. Auch nicht übermäßig laut, da die Häuser alle etwas rückversetzt sind und nicht direkt am Straßenrand stehen.

HOSTEL: Leider keine Schlafsaal-Unterkunft in Harlech. Die nächste JuHe ist ca. 5 km südlich in Llanbedr. Gute Anbindung mit Bus oder Zug.

 Zwei Campingplätze an der Beach Road, die in Lower Harlech von der A 495 abzweigt. Moderne Facilities, hauptsächlich Caravans und englische Familien auf Badeurlaub.

Tanforhesgan, ca. 1 km nördlich, an der A 496: klein und einfach, nur Toiletten und Duschen, aber mehr für Zelte. Dabei auch nur paarhundert Meter zum Beach.

Barcdy Site, ca. 2 km nördlich via der A 495: viel größer und bessere Facilities (Waschmaschinen), aber trotzdem kein öder Geruch nach Family-Badeurlaub.

MAIS-Y-NEUADD (ca. 3 km nördlich via der A 496): Im Salon der Landvilla - Kaminfeuer, Tafelsilber und das Personal im viktorianischen Zofen-Dress. Cuisine nouvelle: kleine Portionen liegen wie Kunstwerke auf dem Teller. Insider schwärmen vom hausgebackenen Brot (sechs Sorten mit Lauch, Knoblauch oder Tomate). Volles Dinner um 75 DM.

CASTLE COTTAGE (Upper Harlech): Mr. Roberts hat jahrelang in Londoner Top-Etablissements gearbeitet und kam zurück. Um 45 DM für drei Gänge bei Portionen, die so gewichtig sind wie der Besitzer.

YR OGOF BISTRO (Upper Harlech): das beliebteste Lokal von Harlech - eingerichtet im Stil der 3oer Jahre mit Reklametafeln, Kerzenlicht. Walisische Gerichte und kreative Saucen, um 2o DM für Hauptgericht. Nur abends ab 19 Uhr, unbedingt buchen!

PLAS CAFÉ (Upper Harlech): kleinere Sachen für tagsüber, bei schönem Wetter sitzt man im Garten. Billig.

Barmeals: Das LION HOTEL (Upper Harlech, kurz hinter dem Castle) ist der Favourit bei den Einheimischen. Ein uralter Gasthof: Vor 2oo Jahren hat der Reiseschriftsteller Dr. Lewis Lloyd kritisiert, im Lion würde das Stroh im Bett nur einmal pro Jahr gewechselt, statt wie üblich zweimal...

 Lion Hotel (Upper Harlech): Treffpunkt fürs Dorf, viele kommen wegen dem handgepumpten Real Ale.

Ins Rum Hole und Queens Hotel, beide in Lower Harlech (an der A 496), kommen mehr die jüngeren Leute. Freitag/Samstag spielt in einem der beiden Pubs eine Band.

Pubs

Entertainment: Theatre Ardudwy, in Lower Harlech. Gehört zum College für walisische Sprache und Kultur, entsprechend authentisches Programm. Um 3oo Sitzplätze, Eintritt 8-3o DM.

Medieval Fighting: Einmal pro Woche, meist Sonntag oder Montag abend, laufen im Castle Ritterturniere. Dabei gehen zwei Trupps in voller Rüstung aufeinander los. Eintritt ca. 8 DM. Lohnt sich unbedingt!

1991 passierte ein Eklat, als man die Schlacht von 14o8 nachspielen wollte. Bei dieser Schlacht hatten die Engländer die Burg von den Walisern zurückerobert. Daher ließ man - aus Gründen der Authenzität - 3o walisische gegen 3o englische Akteure antreten.

Die Rechnung wurde ohne den schlummernden Patriotismus gemacht: Mitten im Gefecht wurde aus dem Spaß bitterer Ernst! Die beiden Trupps schugen aufeinander ein, es gab Arm- und Beinbrüche. Das Publikum johlte vor Begeisterung - immer noch der Meinung, hier würde besonders realitätsnah gespielt. Bis plötzlich die Ambulanz anrückte...

★ Porthmadog   (4.ooo Einw.)

Lohnt sich für zwei Dinge: einmal die längste Museums-Schmalspurbahn von Wales, - mit Dampflok rüber nach Bleanau Ffesiniog und anschließend Besuch einer Schiefermine. Zweite Attraktion ist Portmeirion, ein originelles Architektur-Folly im italienischen Piazza-Stil (gebaut 1926).

Porthmadog liegt am Nordende der Cardigan Bay. Damit auch Relais-Station für den Trip rein in die Snowdonia Mountains (ab Seite 3o7) sowie Eingangstor zur Lleyn-Halbinsel (Seite 339).

Der kleine Hafenort in der Mündung des River Glaslyn entstand zu Beginn des 19. Jh., als nahe Blaenau Ffestiniog in den Snowdonia Mountains Schiefer abgebaut wurde. Porthmadog war damals wichtiger Exporthafen.

 High Street, in der Shopfront linkerhand nach der Ortseinfahrt. Tel. o1766/ 51 29 81. Ganzjährig geöffnet.

Der **Schiefer-Boom** in Nordwales begann zu Beginn des 19. Jhs. Kräftiger Bevölkerungsanstieg in den Industrierevieren von Südwales aber auch Englands benötigte zum Dachdecken der neuen Siedlungen Schieferplatten. Die Platten waren witterungsbeständig und zudem preiswert. Als Hauptabbaugebieten entwickelten sich die Minen bei Blaenau Ffestiniog, oberhalb von Portmadog in den Snowdonia Mountain - sowie bei Bethesdea südlich von Bangor, ebenfalls Snowdonia.

Reiche Unternehmer wie Lord Penrhyn und die Assheton-Smiths kontrollierten den Abbau und erwirtschafteten hohe Gewinne. Ende des 19. Jhs. wurden in Nordwales jährlich rund 1/2 Mio. Tonnen gewonnen, eine in ihrem Sektor sehr florierende Industrie.

Walisischer Schiefer fand Verwendung nicht nur für Dachschindeln, sondern beispielsweise auch für den Fußboden des Boston Airports/USA, für Häuser und Kirchenbauten in Hamburg und Köln, sowie viele anderen Teilen der Welt.

Wichtigster Baumeister von Portmadog war William Alexander Madock, ein Unternehmer. Er besaß eine Tuchfabrik, die Uniformen herstellte und diese gleichzeitig an die englische, wie auch französische Armee verkaufte. 18o7 bewirkte Madock im Parlament Geldmittel für den Bau eines 1 km langen Dammes quer durch die Mündung des Glaslyn Rivers, um eine Siedlung, die hier angelegt werden sollte vor der Flut zu schützen. "The Cob", wie der Damm hieß, wurde bis 1811 fertiggestellt.

Während dieser Zeit entstanden auch die Hafenanlagen und die Siedlung, die nach Madock "Porthmadog" benannt wurden. Ziel und Zweck war die Erschließung der Schiefermine oben in Blaneau Ffestiniog. Ebenfalls wurden vom Parlament Geldmittel bewirkt für den Bau eines Schmalspurgleises rauf zur Mine. Die Fertigstellung des Gleises (1836) erlebte W. A. Madock allerdings nicht mehr; er starb 1828.

Ebenfalls auf W.A. Madock geht der Bau des Ortes Tremadog zurück. Geradlinige Anlagen von Straßen. Man plante große Expansion des Ortes, u.a. sollte eine Postkutschenlinie von London via Porthmadog/Tremadog und weiter per Schiff nach Dublin/Irland führen.

Bis Ende des 19. Jhs. erfuhr Porthmadog großen Aufschwung und wurde zum wichtigsten Schieferexporthafen von Wales. In Sachen der Passagierfähre nach Dublin machte allerdings Holyhead das Rennen, da es näher an Irland liegt.

Thomas Eward Lawrence (Lawrence von Arabien), der berühmteste Sohn der Stadt, wurde am 15. August 1888 in Porthmadog geboren und wohnte hier bis zu seinem 8. Lebensjahr. Weitere Details siehe Stadtbeschreibung.

In den 2o-er Jahren unseres Jahrhunderts waren die goldenen Zeiten Porthmadogs als Schieferexporthafen zu Ende, da wegen Unrentabilität viele der Minen in den Snowdonia Mountains geschlossen wurden. Trotzdem verfiel der Ort nicht zur Bedeutungslosigkeit, da durch die Eisenbahn Badegäste nach Porthmadog kamen. Werbewirksames Aushängeschild war insbesondere auch der Architektur-Kitsch Portmeirion, erbaut ab 1926 in Phantasievielfalt.

Lawrence von Arabien, 1888 in Tremadog geboren

DIE STADT

THE COB (17): ca. 1 km langer Steindamm, war 1811 der erste Schritt zum Bau des Hafenortes Porthmadog. Schon ein Jahr nach Fertigstellung zerstörte eine Sturmflut den Damm, anschließend aber schnell wieder aufgebaut. Bei Flut schlossen sich die Sluice Gates (15) automatisch. Heute werden für den Damm 5 Pence Wegzoll kassiert - gehen für einen guten Zweck.

FFESTINIOG RAILWAY (16): kleines, aber interessantes Museum über die Geschichte der Gleistrasse, - z.T. alte, pferdegezogene Waggons. Weitere Details siehe Seite 3o1.

MOTOR MUSEUM (8): Oldtimer-Autos und klapprige Motorräder von anno dazumal. Zusammen rund 7o Fahrzeuge.

SNOWDON MILL (12): Kunsthandwerker-Kolonie in einer alten Getreidemühle. Töpferei, Stricksachen etc.

ART GALLERY (11): Verkaufsgalerie des Maler Rob Pearcy, ein Einheimischer, der früher Lehrer war und jetzt von seiner Malerei lebt. Ölbilder um 1.ooo Mark.

TUHWNT-I'R-BWLCH (1o): ältestes Haus der Stadt (1479), von der Madocks Familie im 19. Jh. renoviert.

DER HAFEN

Transportschiffe für Schiefer sieht man hier schon seit dem Krieg nicht mehr. Zwei Dutzend Segeljachten dümpeln heute noch hier rum.

Porthmadog ca. 1908. Im Vordergrund Schieferplatten für die Verladungung auf Segelfrachtschiffe, - The Quai.

PORTHMADOG / TREMADOG

 1 BAHNHOF British Rail und Welsh
    Highland Railway, Museum
 2 Queens Hotel
 3 Geburtshaus T.E. Lawrence
 4 Wollen Mill
 5 Post Office von 18o5 und
    Madocks Arms Hotel 181o
 6 Dublin Street
 7 Fford Haerarn Bach
 8 Motor Museum
 9 Tan yr Allt, Wohnhaus der
    Familie Madocks
1o Tugwwnt-i'r-bwlch (1479)
11 Art Gallery
12 Snowdon Mill
13 Maritime Museum
14 The Quay
15 Sluice Gates
16 Ffestiniog Railway
17 The Cob
18 South Snowdonia Wharf
19 Garth Terrace
2o Borth y Gest
21 Ynys Cyngar

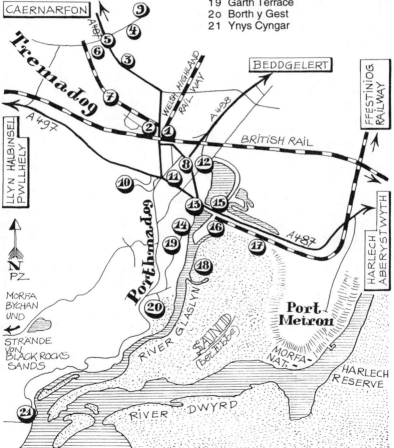

MARITIME MUSEUM (13): sehr kleines Seefahrtmuseum, nur zwei Zimmer. Schiffsmodelle und Infos zu den Schiefer-Seglern.

THE QUAY (14): Kaianlagen des Hafens, rund 1 km lang und 1824 fertiggestellt. Vorher mußte der Schiefer bis CYNS CYNGAR (21) gebracht werden, wo die Frachtsegler warteten. Von den neuen Hafenanlagen führen Stufen ins Stadtviertel GARTH TERRACE (19), wo die Schiffskapitäne und Reeder ihre Villen hatten. Die Häuser meist aus der Zeit Mitte des 19. Jh. Hier befand sich auch eine Schule für Schiffskapitäne. Die Werften für Holzschiffe waren in BORTH Y GEST (2o).

Die Segel-Frachtschiffe, die Schiefer nach Porthmadog brachten, mußten leer zurückfahren. Um sie besser navigieren zu können, hatte man Balast wie Steine und Kalk an Bord, der an einer bestimmten Stelle (18) ausgeladen wurde. Hier entstand die South Snowdon Wharf, eine weitere Hafenanlage. Anschließend wurde der Schiffsbalast auf dem Sandareal südlich abgeladen, wo ein kleines Inselchen entstand. Es ist mit Pflanzen bewachsen, die die Kapitäne aus aller Welt mitbrachten.

TREMADOG

Dieser Ortsteil entstand zwischen 18o5 und 1812 in klarem städteplanerischem Grundriss und einer Erwartung zukünftiger Expansion. "Tre" = von, "madog" also die Stadt der Madocks. Als erstes war das POST OFFICE (5) fertiggestellt (18o5), damals die wichtigste Stelle im Ort, wo auch die Pferde der Postkutschen gewechselt wurden. Gegenüber befand sich das MADOCK HOTEL (5) von 181o und das Rathaus. Westlich wurden Straßenzüge angelegt, die in Erwartung eines regen Verkehrs Namen wie "Dublin Street" (6) trugen. Hier befand sich auch das erste Gasthaus des Ortes.

TAN YR ALLT (9): Wohnhaus der Madock-Familie, umliegend ein Eichenwald, der heute unter Naturschutz steht. Die Madocks kauften das Haus 1798 und bauten es aus. Als sie später in finanzielle Schwierigkeiten kamen, mußten sie das Haus vermieten. Heute ist das Haus eine Privatschule der Anthroposophen Steiner.

PORTHMADOG POTTERY (Snowdon Street, Porthmadog): Führungen durch die Töpfer-Manufaktur. Für eine kleine Gebühr kann man sich an der Töpferscheibe beweisen (oder auch nicht).

WOODLANDS (3): Geburtshaus von Thomas Eward Lawrence, Schriftsteller und Archäologe (1888 - 1935). Das Haus fungiert heute als Jugendzentrum.

Als Lawrence 8 Jahre war, zog er mit seinen Eltern nach Oxford. Nach dem Studium der Orientalistik und der Archäologie durchwanderte er Syrien und studierte Arabisch. Archäologische Grabungen 1912-14 im Nahen Osten.

Wegen seiner hervorragenden Kentnisse der arabischen Sprache und Mentalität wurde Lawrence im 1. Weltkrieg als Agent des britischen Geheimdienstes u.a. in Ägypten eingesetzt. Während dieser Zeit gewann er die Freundschaft von König Feisal I., Saudi Arabien, wurde dessen persönlicher Berater und konnte einen gesamtarabischen Aufstand gegen die (mit Deutschland verbündeten) Türken organisieren.

Das von Großbritannien gegebene Versprechen der Autonomie gegenüber den arabischen Staaten sowie weitere Zusagen wurden jedoch in der Friedenskonferrenz 1911 nicht realisiert. Lawrence geriet zunehmend in Widerspruch zur britischen Kolonialpolitik, löste sich 1922 von seinem bisherigen Arbeitgeber und trat mit Namen Ross, später Shaw als einfacher Soldat in den Militärdienst der Royal Air Force.

Zu seinen wichtigsten Büchern zählen "Die sieben Säulen der Weisheit" (1926), welches 1929 in gekürzter Fassung ("Aufstand in der Wüste") erschien, mehrere Millionen Leser fand, den Freiheitskampf der Araber beschreibt und auch verfilmt wurde. Lawrence von Arabien starb am 19. Mai 1935 in Clouds Hill/Dorset an den Folgen eines Motorradunfalls.

PORTMEIRION

Das sogenannte italienische Dorf liegt östlich auf einer felsigen Landzunge. Besuch lohnt in jedem Fall: Ein Märchenland verschiedenster Baustile kunterbunt und gekonnt zusammengemischt, vorwiegend italienische Stil-Anleihen. Verwaschene Häuser, Pavillions, Türme und Brunnen, dazwischen subtropische Pflanzen.

Gebaut ab 1926, als irrwitziges "Folly" des damaligen Star-Architekten Williams Ellis. Er hatte sich Geld verdient im Bau von Landhäusern für die Reichen von London, aber auch in Gebrauchsarchitektur wie Postämter, Restaurants etc. Auch das Gipfelhaus auf dem Snowdon Mountain am Endpunkt der Zahnradbahn stammt von ihm.

Gleichzeitig war Ellis auf Reisen viel in Europa herumgekommen und insbesondere von der Mittelmeerarchitektur Italiens, aber auch von Korfu/Griechenland (damals beliebtes Reiseziel der Engländer) fasziniert. 1925 begann er sich seinen Wunschtraum zu verwirklichen: zunächst kaufte er sich eine viktorianische Villa an der Ostseite der Felshalbinsel in der Flußmündung von River Glaslyn und Dwyryd. Im Kaufpreis inkl. ein großer verwilderter Park.

Auf Grund seiner guten Kontakte zur High Society konnte Ellis im Anschluß alte Häuser in Großbritannien erwerben, die zum Abbruch bestimmt waren. Er kam somit für einen Spottpreis an Bauelemente wie wertvolle Geländer, Holzdecken, Eingangsportale etc., die er nach Portmeirion verschiffte und dort praktisch wie eine "Architektur-Collage" zusammensetzte.

Viele Spielfilme wurden hier gedreht. Zugang durch ein italienisches Torhaus, und weiter zur von Kolonnaden eingefaßten Piazza.

Beherrschender Bau ist das Pantheon mit seiner Rundkuppel. Als Gegensatz die Stadthalle mit einem mittelalterlichen Tonnen-Gewölbe und einem Deckengemälde über das Leben des Herkules. Es gibt einen italienischen Campanile, andere Kolonaden stammen von Bristol, einen Uhrenturm von einer Brauerei, woanders wurde das Interieur eines ehemaligen Ballsaales integriert. Auf Entdeckungen gehen, es lohnt sich und macht Spaß!

Zufahrt: eine Abfahrt von der A 487, etwa 5 km östlich von Porthmadog. Am schönsten mit dem Dampfzug "Ffestiniog Railway" (ca. 7 DM retour) und dann 15 Minuten zu Fuß.

Es gibt mehrere Unterkünfte in Portmeirion, mitten in der exotisch-mediterranen Architektur-Collage. Alles in allem sehr ausgefallenes Domizil - Gäste aus der ganzen Welt -, obwohl man bei den vielen Besuchern tagsüber ein bißchen wie im Zoo lebt. Ausgesprochen schön am Abend, wenn die Gäste weg sind und wenn es still wird auf der Piazza... Monate im voraus buchen!

"**Hotel Porthmeirion**", das Hotel im italienischen Dorf, umgeben von extravaganter Architektur (wurde nach dem Feuer 1981 nach alten Blueprints von Ellis rekonstruiert). Tel. o1766/ 77 o2 28. DZ ca. 26o-38o DM je nach Ausstattung, Dinner um 5o DM.

Abgesehen vom Hotel gibt es in Portmeirion Bed & Breakfast und einige Ferienwohnungen (selfcatering flats): Ebenfalls rechtzeitig reservieren, Kontaktadresse ist das Hotel. Doppelzimmer mit Frühstück ca. 19o DM.

HOTELS: "**Royal Sportsman**", High Street. Das größte und auch beste Hotel innerhalb von Porthmadog mit sympathischer Atmosphäre. Relativ neuer, dreistöckiger Bau. Tel. o1766/ 51 2o 15. DZ ca. 115 DM.

"**Tyddyn Hotel**", ca. 1/2 km Richtung Morfa Bychan (bei Woolworth links weg und den Berg rauf). 1o Zimmer bei großartiger Hotellobby, Bar, Restaurants und Sauna. Jedenfalls mehr, als man in der Preisklasse erwarten würde. Tel. o1766/ 51 39 o3. DZ ca. 1oo DM.

"**Owen's Hotel**", High Street. Halb Hotel, halb Pension. 1o Zimmer und seit vielen Jahren etabliert. Tel. o1766/ 51 2o 98. DZ ca. 1oo DM.

"**Queen's Hotel**" und das "**Madog Hotel**" wären weitere Optionen, qualitativ aber doch eher mittel- bis unterprächtig.

BED & BREAKFAST: Große Auswahl und kaum Engpässe. Porthmadog und das Nachbardorf Tremadog sind zwar keine besonders tollen Orte zum Wohnen, aber o.k. als Standquartier wegen Nähe zu Shops und Restaurants. Die meisten Häuser liegen an der High Street. Zwei Alternativen, wer mehr Wohnkultur haben möchte:

Borth-y-Gest (2o): kleines Dörfchen an der Bay, knorrige Bäume und tiefblaues Wasser. Der Strand aber nicht badesicher! Ca. 1 km ab von Porthmadog, - beim Woolworth nach links und runter zur Küste. Kleiner Trost: Borth-y-Gest hat zwar kein Pub, dafür aber eine Kirche.

Morfar Bychan: ewig langer Sandstrand, wunderschön mit sanften Dünen dahinter. Außerdem ist der Beach o.k. zum Schwimmen. Aber 5 km ab vom Schuß.

HOSTEL: "**Eric's Bunkhouse**", ca. 3 km nördlich, an der A 498 Richtung Beddgelert (gegenüber Eric Jones' Cafe). Sehr primitiv und noch ein bißchen mehr, man schläft im eigenen Schlafsack auf Matratzen. Hauptsächlich Bergsteiger im Snowdonia-Massiv. Schlafsaal ca. 6 DM/Person.

Eine normale JuHe gibt es leider nicht im Umkreis von Porthmadog!

Ty Bricks (Snowdon Street): der simpleste, aber auch billigste Platz, auf Duschen wurde verzichtet. Liegt nur guten Kilometer vom Dorfkern, viele Rucksackler.

Tyddyn Llwyn (Black Rock Road): Standard-Platz, wer auf Duschen partout nicht verzichten kann. Rund 15 Gehminuten Richtung Morfa Bychan.

Mehrere Luxus-Plätze liegen in Morfa Bychan, einem Badeort mit traumhaftem Sandstrand und weiten Dünen. Aber 5 km ab vom Dorf, überwiegend englische Familien auf Badeurlaub.

PORTHMEIRION HOTEL, ca. 5 km östlich im italienischen Dorf: die Luxus-Option in dieser Region, ca. 5o bis 6o DM für volles Gericht, dazu kommt der Wein.

HARBOUR RESTAURANT (gegenüber vom TI): für die Verhältnisse hier in der kulinarischen Diaspora ein Gourmet-Restaurant. Schwerpunktmäßig Meeresefrüchte, ca. 2o-25 DM für ein Hauptgericht.

PASSAGE TO INDIA (Bank Street): preisgekrönt als bester Inder in Wales, und dabei nicht teurer als anderswo. Ca. 15-3o DM.

Barmeals: YR WYLAN (High Street) für Lunch oder Supper - billig, herzhaft und gut.

Das SHIP INN (Lombard Street, unterhalb von dem China-Restaurant) serviert durchgehend warme Küche, etwas abwechslungsreichere Sachen mit einem Twist Richtung chinesisch oder Thai.

Take-away: All Parts wurde zum besten Fisch & Chip-Shop von Wales gewählt, alles crispy und frisch. Beim Woolworth (High St.) nach rechts.

Chöre: Der Männerchor von Porthmadog trifft sich donnterstags gegen 19.3o Uhr on der Eifion-Wyn-Schule.

✦Ffestiniog Railway

Die schönste und längste Dampflok-Schmalspurstrecke von Wales! Auf 22 km rein in die Snowdonia Mountains, was retour 2 1/2 Stunden dauert. Läßt sich mit dem Besuch einer Schiefermine oben in Ffestiniog kombinieren (Seite 312).

Wie in alten Wildwest-Filmen schnauft die zwergwüchsige Dampflok, sie muß 2oo m Höhendifferenz überwinden. Vorne schippt der Heizer kräftig Kohlen, während die Waggons über das kurvige Schmalspurgleis wackeln und rattern.

Geht durchs "Vale of Ffestiniog", immer die blauen Berg-Silhouetten als Kulisse. Dann über Hochplateaus mit Wildziegen und Schafen, im letzten Stück bergauf zu den zementgrauen Schiefer-Bergen von Blaeneau.

Die Trasse wurde in der Zeit des Schiefer-Booms angelegt, um die Schieferplatten von den Minen runterzubringen zum Hafen für den Export. Heute fahren die damaligen Loks im Museumsbetrieb.

TARIFE: retour knapp 3o DM, single ca. 2o DM, damit ist die Ffestiniog Railway die teuerste aller Schmalspurbahnen. Analog billiger, wer nur eine Etappe fährt, und nicht bis zur Endstation.

Spartip ist das "Early Bird Ticket", das nur ca. 2o DM retour kostet: Abfahrt mit dem ersten Zug gegen 8.3o Uhr (Diesel-Lok!), Dampf-Betrieb dann erst auf der Rückfahrt. Preisnachlässe gibt es auch bei diversen Netz- bzw. Rover-Tickets (vorher fragen).

Timetable: Ostern bis Oktober 5-1o Fahrten pro Tag, je Richtung. Im Winter nur Wochenendbetrieb.

Fahrzeit: hin und zurück zusammen 2 1/2 Stunden, ist aber vollen Urlaubstag wert, weil man die Fahrt so oft unterbrechen kann, wie man will. Vielleicht ein Fahrrad mitnehmen, was pro Richtung ca. 5 DM extra kostet. Teilweise wird an den Haltestellen nur auf Wunsch gestopt (schon beim Einsteigen Bescheid sagen):

* PORTHMADOG: Abfahrt vom Bahnhof (16), dort Sammlung hochpolierter Uralt-Loks. Möglichst früh losfahren!

* Boston Lodge Station, nur 1 1/2 km ab Porthmadog, Pfad auf einen Hügel mit schönem Blick auf das Städtchen.

FFESTINIOG-RAILWAY: Dampflok "Mountaineer" 1916 in den USA gebaut.

* Minfford Station, von hier rund 15 Minuten Fußpfad zum italienischen Dorf Portmeirion. Kostet ab Porthmadog ca. 7 DM retur.

* Penrhyn Station, schöne Wanderung zur nächsten Station, rund 6 km durch lauschiges Waldland, um dann wieder zuzusteigen.

* Plas halt Station, für das Grapes Pub in Maentwron, berühmt für exzellente Barmeals bei Portionen, daß fast der Hosengürtel reißt.

* Tan-y-bwlch Station, der beliebteste Stop, entsprechend aber auch viele andere Touristen. Naturschutzgebiet mit kleinem See, schöne Spaziergänge und ein Restaurant.

* Dduallt Station, hält mitten im Niemandsland, vielleicht für eine etwas toughere Wanderung.

* Tanygrisiau Station, letzter Halt vor der Endstation, für Besichtigung eines Wasserkraftwerkes (siehe Ffestiniog-Kapitel).

* BLAENAU FFESTINIOG ist Endstation: wer hier raufkommt, sollte auf jeden Fall eine der beiden Schieferminen ansehen (Seite 312). Bringt's bei weitem mehr als jede andere Station! Besser erst bei Rückreise an einer der anderen Stationen aussteigen, um nicht unter Zeitdruck zu kommen.

Das Gleis wurde bereist 1936 eröffnet, um die in Bleanau Ffestiniog geförderten Schieferplatten zum Hafen von Porthmadog zu transportieren. Im Grunde bequem, denn bergab fuhren die mit Schiefer beladenen und handgebremsten Waggons von selber, - retour zogen Pferde die leeren Wagen wieder bergauf. Um die Pferde wieder an den Ausgangspunkt ihrer Arbeit, den Hafen von Porthmadog, zurückzubringen, führten die bergab fahrenden Züge einen eigenen Pferdetransport-Waggon mit sich.

1863 ersetzten erste Dampfloks die Pferde und 1865 wurden erste Passagierzüge eingesetzt. Die Strecke war wirtschaftlich äußerst erfolgreich. So wurden um die Jahrhundertwende jährlich knapp 2oo.ooo Passagiere und ca. 15o.ooo Tonnen Fracht befördert. Schließung der Strecke 1946 (ausgenommen kurzes Stück bei Ffestiniog), - 1955 Wiedereröffnung für touristischen Betrieb und heute mit rund 35o.ooo Passagieren jährlich die beliebteste der walisischen Schmalspur-Museumsstrecken. Zum Teil sind Lokomotiven der ersten Generation im Einsatz (u.a. zwei Loks von 1863 und 1879) sowie Uralt-Waggons mit feudalen Speisewagen.

Die Ffestiniog-Museumsstrecke soll von Porthmadog bis rauf nach Caernarfon ausgebaut werden. Dies bedeutet, daß man dann im Dampfzug von Carenarfon via Porthmadog bis ins Herz von Snowdonia tuckern kann. Die Gelder sind bereitgestellt. Fertigstellung bis 2oo5 geplant.

WEST HIGHLAND RAILWAY: die zweite Museums-Eisenbahn von Porthmadog, aber weit weniger interessant und nur 2 km lang. Abfahrt gegenüber vom British Rail Bahnhof. Ca. 5 DM return, 6-8 mal am Tag.

Zu überlegen, wer Zeit/Geld sparen will und die berühmte Ffestiniog Railway nicht fährt, respektive vom Dampfzugfahren einfach nicht genug kriegt.

Die Linie ging früher knapp 35 km weit nördlich über den Aberglaslyn Pass bis zu Schieferminen bei Dinas. Sie war die längste aller walisischen Schmalspurstrecken. Der Rückgang des Schieferexportes führte 1937 zur Schließung der Strecke, 1943 wurden die

Eisengleise demontiert. Seit 1964 liebevolle Pflege durch einen Eisenbahnclub, - der schrittweise Ausbau bis zum Aberglaslyn Pass ist geplant.

Weiter ab <u>PORTHMADOG</u>:

* nach <u>Blaenau Ffestiniog/Snowdonia</u>: entweder mit der Museumsbahn siehe oben, oder über die A 496. Weitere Details siehe ......Seite 312
* nach <u>Caernarfon</u>: über die A 487. Die Schnellverbindung für Leute, die es eilig haben, ca. 5o km, Fahrzeit knapp 1 Std. Lohnender der Schlenker über die Lleyn Halbinsel, Details siehe ....Seite 344

Inlandsroute Aberystwyth -> Porthmadog

Ist gegenüber der im Vorkapitel,beschriebenen Küstenstraße "Aberystwyth -> Porthmadog" ca. 4o km kürzer, streift aber trotzdem die interessantesten Punkte.

Von **MACHYNLLETH** (Beschreibung siehe Seite 276) statt des weiten Küstenschlenkers direkt via Inland und A 487 rauf nach <u>Dolgellau</u>. Lohnt sich für <u>CELTICA</u>, ein modernes High-Tech-Museum über die Kelten. Rund 5 km nördlich, an der Direktroute, das <u>CENTRE FOR ALTERNATIVE TECHNOLOGY</u> (Seite 278): Forschungsdorf zum Thema erneuerbare Energien Machynlleth hat alle 3o Min. Busverb. mit Aberystwyth.

✦ Corris

Eine Gruppe grauer Steinhäuser zwischen massiven Bergstöcken. Nordwestlich liegt wie ein Felsriegel der <u>CADER IDRIS</u>, auf den mehrere Trails führen (siehe Seite 285) der kürzeste, aber auch steilste Aufstieg beginnt ca. 5 km nördlich in Minffordd.

<u>KING ARTHUR'S LABYRINTH</u>: mit dem Boot auf einen unterirdischen See rein in den Berg, dann zu Fuß durch ein Labyrinth aus Gängen und Höhlen. Dabei erzählt man Episoden aus dem Romanzyklus von König Arthur und den Rittern der Tafelrunde. Überall stehen Ritter, mythische Wesen und Riesen rum, aus Lautsprechern tönen Musik und abenteuerliche Legenden. Dauert 45 Minuten, ca. 1o DM.

<u>CRAFT CENTRE</u>: Kunsthandwerker-Kolonie, Kerzenmacher, Puzzle-Spiele, ein Brandmaler, Silberschmied und last not least ein nettes Café. Im selben Gebäude auch ein Tourist Office.

 COUNTRY HOUSE: "**Minffordd Hotel**", 5 km nördlich, irgendwo in der Pampa zu Füßen des Cader Idris. Ein Gasthof aus dem 17. Jh.: Holzbalken, Kaminfeuer und 6 Zimmer. Aus Prinzip gibt es hier keine Fernseher, man pflegt noch die hohe Kunst der Konversation. Familienbetrieb. Tel. o1654/ 76 16 65. DZ ca. 175 DM, Dinner um 5o DM.

HOSTEL: "Corris Youth Hostel", an einem Abhang am Dorfrand von Corris. 42-Betten-Bleibe in der früheren Dorfschule, bei gutem Standard, seit die Handwerker den Laden auf Trab gebracht haben. Tel. o1654/ 76 16 86. Schlafsaal ca. 19 DM.

Folgender Routen-Tip: mit Bus von Machynlleth nach Corris (alle 2 Stunden) und die Nacht über in der JuHe kräftig an der Matratze horchen. Am nächsten Morgen dann raus, wenn die Hähne krähen, für die Besteigung des Cader Idris.

Dann aber nicht auf demselben Weg wieder runter, sondern via der Nordflanke (Pony Path) zur King's JuHe für die nächste Nacht. Dort dann Busanschluß nach Dolgellau. Alle Details und weitere Routen-Kombination bezügl. des Cader Idris ab Seite 285.

Ebenfalls in Corris ein einfacher Campingplatz.

Machynlleth -> Dolgellau/ via Ost-Route

Schlenker via Osten (A 489 / A 47o), hat zwar weniger Attraktionen, aber viel schöner mit grandioser Berglandschaft, wohingegen die Direktroute meist durch Wald geht. Nur wenige Touristen kommen in diese Ecke. Ohne eigenes Fahrzeug aber ungünstig, da wenig Busverkehr mit viel Umsteigerei.

MALWYDD: interessant ist die Weberei Meirion Mill, im 1951 geschlossenen Bahnhofsgebäude. Tapisserien, Tweedstoffe, Stricksachen. Fabrikbesichtigung und Gelegenheitskäufe. Liegt paar hundert Meter hinter der Ortschaft.

DINAS MAWDDY: frühere Bergarbeiter-Siedlung mit ein paar aschgrauen Häusern links und rechts der staubigen Dorfstraße. Sehr attraktiv, zwischen steile Berghänge gekeilter Talkessel.

Bergwandern: nördlich des Dorfes liegen die wilden Aran-Berge, sehr ursprünglich, nur sehr selten kommen Menschen hier raus (im Gegensatz zu den populären Bergen Cader Idris und Mount Snowdon).

Im Herzen dieser Landschaft türmt sich der 9o7 m hohe Aran Fawddy hoch. Dazu hinter der Dorfausfahrt nach rechts weg, auf die Piste, die um das Bergmassiv herumführt, zum Ausgangspunkt des Trecks. Mit Detailkarte arbeiten.

Hinter Dinas Mawddy beginnt eine atemberaubende Landschaft, der sogenannte BWLCH: die Piste steigt steil bergauf, links und rechts wölben sich die Berge in einer perfekten Konvex-Kurve runter.

DOLGELLAU ist auf Seite 282 beschrieben. Von hier entweder weiter via Küstenroute: Barmouth -> Harlech -> Porthmadog.

Oder via A 47o rauf nach Blaneau Ffestiniog/Snowdonia, ca. 3o km durch Berg- und Waldlandschaften dreimal pro Tag mit Crosville-Bussen, Fahrtdauer gute halbe Stunde. En route folgende Stops:

✳ Ganllwyd

Das Nest liegt rund 6 km hinter Dolgellau, - mitten in einer weiten Wald-landschaft (einfachere Spaziergänge).

RHAEADR DDU: Waldpfad zu einem Revier mit Kaskaden und Wasser-fällen ("rhaeadr ddu" ist walisisch für schwarze Wasserfälle). Hin und zurück 1-2 Stunden. Start vom Parkplatz, rechterhand kurz nach der Orts-einfahrt.

COED-Y-BRENIN: Naturpark mit meilenweiten Nadelwäldern, die sich vom Fluß "Afon Eden" die Berghänge raufziehen. Damwild, das Kreis-chen der Eichelhäher, oben kreisen Bussarde.

Anlaufstelle ist das Visitor Centre, ca. 2 km hinter dem Dorf: Infos über Flora und Fauna. Startpunkt mehrerer Rundwanderwege: Der Eden Trail geht am Flußufer lang, - der Gold Road führt zu verfallenen Goldgräber-Stätten. Alternative: Mountain-Bike mieten, dazu kriegt man eine Karte mit Tourenvorschlägen.

✳ Trawsfynned

Kleines Dorf an einem ausgedehnten See. 1994 wurde hier der Film "First Night" mit Richard Gere und Sean O'Connery gedreht, der von König Arthur und Camelot handelt. Die beiden Stars waren eine Woche hier, vie-le Einheimische wurden als Komparsen eingesetzt.

Wer den Steifen gesehen hat: Für das Castle hat man lediglich die Vorder-mauer aufgebaut, - der Rest war reine Computer-Simulation.

NUCLEAR POWER STATION: Besuch eines stillgelegten Kernkraftwer-kes, das wie ein grauer Quader am Seeufer steht. 4-5 Führungen am Tag.

Anfang der 7oer Jahre ist das Projekt heftigst diskutiert worden, hier einen Atommeiler in die Wildnis zu pflanzen. Bereits 1993 mußte die veraltete Anlage abgeschaltet werden, da zu viele Reparaturen nötig gewesen wären. Von den ursprünglich 65o Arbeitern sind immer noch 125 nötig für Entsorgungsarbeiten.

ABER GEIRW: 3o km staubiger Singletrack rüber zum Bala Lake (Seite 419), mitten durch menschenleere Wildnis. Zig Haarnadelkurven, Berg-kuppen, intensiver Flair nach Verlassensein. Beschildert kurz vor der Dorfeinfahrt.

SKI CENTRE: Trockenski-Piste, preislich bei 2o Mark für eine Stunde.

Snowdonia Revier

*Die Perle von Wales: dramatische Berglandschaften, wuchtige karge Fels-
gipfel, Felszinnen und Cliffs, aber auch Wasserfälle, Kristall-Seen und
Hochmoore. Snowdonia ist einzigartiges Revier für Bergkletterer.*

*Oder mit der Zahnradbahn (Dampfbetrieb seit 1896) rauf auf den 1.085 m
hohen Gipfel. Bei gutem Wetter grandioser Rundblick über weite Teile des
Nordwestens von Wales und die irische Küste am Horizont.*

*Rundflüge in klapprigen Oldtimer-Fliegerkisten aus den 3oer Jahren. Bei
Blaenau Ffestiniog stillgelegte Schieferminen, die besichtigt werden können, - oder Spaziergänge zu idyllischen "beauty spots".*

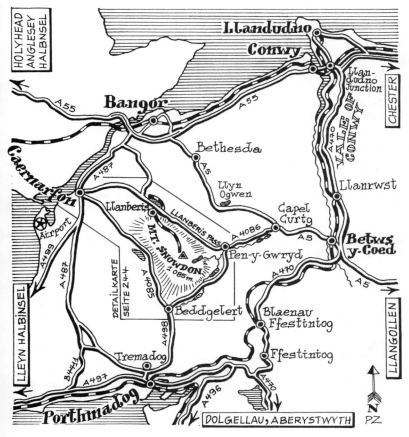

Optimale Infrastruktur mit Hotels/B&B-Häusern sowie acht Jugendherbergen.

Das gesamte Revier ist zusammengefaßt im 2.2oo qkm großen <u>SNOWDONIA NATIONAL PARK</u>, alljährlich rund 12 Mill. Besucher! Tourismus ist wichtigste Einkunftsquelle, dann kommt die Schafzucht (25 Schafe pro Bewohner).

Der Nationalpark zieht sich nach Süden bis Machynlleth: wir bezeichnen in diesem Buch mit "Snowdonia" nur den nördlichen Teil mit seinen hohen, schroffen Bergen. Der Südabschnitt ist im Kapitel "Westküste" beschrieben.

In jedem der größeren Orte ein <u>NATIONAL PARK INFO CENTRE</u>, meist zusammengelegt mit dem TI-Office. Hier erste Anlaufstelle für Kartenmaterial, Wandertips etc.

Verbindungen

* Einstieg von *Süd* ist <u>PORTMADOG</u> (Seite 294) und weiter mit der sehr lohnenden Schmalspur-Dampfstrecke nach <u>BLAENAU FFESTINIOG</u> (auch von Süd über die A 47o erreichbar, täglich Busse).

* Einstieg von *Nordwest* sind die Orte <u>CAERNARFON</u> (Seite 344) und <u>BANGOR</u> (Seite 373). Ab Caernarfon im Sommer häufige Busverbindung nach Llanberis, wo die Zahnradbahn auf den Snowdon beginnt.

* Einstieg von *Nord* ist <u>LLANDUDNO</u> (Seite 388) mit Anschluß an British Rail und Gleis durchs Vale of Conwy bis Ffestiniog.

<u>OHNE EIGENES AUTO</u>: Das Snowdonia-Revier ist ein Muster für öffentlichen Transport! (Dies gilt aber nur im Sommer: von Oktober bis April sieht der Transport sehr mager aus.)

Zunächst sind die obengenannten Einstiegspunkte im 1- bis 2-stündigen Takt per Bus/Zug erreichbar (das ganze Jahr über). Die Details haben wir in den Verbingungs-Kapiteln bei den einzelnen Städten beschrieben.

Innerhalb vom Nationalpark exzellentes Transportsystem mit den <u>Snowdon Sherpas</u>: Minibusse, die den gesamten Streckenbereich in Snowdonia abfahren. Wichtig: auch die "Einstiegspunkte" sind ins Sherpa-Netz integriert.

Die Tarife der Sherpas sind sehr günstig, sie werden von der Nationalpark-Verwaltung subventioniert. Sie will damit die Besucher des National Parks motivieren, das Auto stehen zu lassen und auf öffentliche Verkehrsmittel umzusteigen.

Bei 12 Mill. Besuchern in dieser relativ kleinen Region ein absolut sinn-volles Unterfangen. Man stelle sich vor, welche Massen an Autoblech sonst seitlich des Straßenrandes stehen würden. Zudem sieht es wegen teils enger Straßen mit Parken oft schlecht aus, bzw. dort, wo es Parkplät-ze gibt, sehr teuer.

* In der <u>Hochsaison</u> wird jede Straße im Kernland von Snowdonia im 3o- bis 6o-Minuten-Takt abgefahren. Sonntags nur halb so oft.

* Die Sherpa-Busse fahren <u>nur im Sommer</u> (Anfang Juli bis Ende September).

* Als erstes eine <u>Karte</u> besorgen, in die alle Routen eingezeichnet sind plus die jeweiligen Fahrpläne. Gibt's gratis bei alles Tourist Offices, Hotels, JuHen etc.

* Strecken-Tickets wird man nur selten kaufen: meist ein "<u>Day Rover</u>" für ca. 9 DM, mit dem man einen Tag lang alle Sherpa-Busse benutzen darf. Solche Rover-Tickets gibt es auch für mehrere Tage oder eine komplette Woche.

* Die Busse sind nicht auf Haltestellen fixiert, sondern können per <u>Winken</u> an jeder x-beliebigen Stelle gestopt werden.

 Zug: Innerhalb von Snowdonia basiert der öffentliche Verkehr ganz auf Bussen. Es gibt nur zwei Zugschienen, die reinführen in den Nationalpark und zur "Durchreise" kombinierbar sind.

Im Snowdonia Nationalpark

Porthmadog -> Blaenau Ffestiniog: Museums-Dampfstrecke und ein Erlebnis nicht nur für erklärte Fans.

Von Bleanau Ffestiniog geht eine Zugschiene rauf nach Betws-y-Coed. Von dort Gleisverbindung mit Llandudno, an der walisischen Nordküste.

Abgesehen davon ist die Zahnradbahn auf den Mount Snowdon unbedingt lohnend. Beschreibung im Text zu Llanberis.

Unterkunft

Juli und August oft Engpässe bei der Unterkunft: schon am frühen Nachmittag (vor 15 Uhr) eintreffen und sich vom TI vermitteln lassen, oder schon tags zuvor reservieren, - gilt vor allem an den Wochenenden.

Bergwandern

Abgesehen von einigen Tourist-Trails ist eine gewisse Erfahrung nötig. Immer wieder passieren Unfälle, weil Leute mit völlig inadäquater Ausrüstung losziehen. Das Dutzend Menschenleben, das das Massiv jedes Jahr fordert, sind vorwiegend Bergsteiger, die sich an Steilwände machen. In der Saison vergeht kein einziger Tag, an dem nicht die Bergwacht ausrückt.

Die Höhenangaben um die 1.ooo Meter lassen einem die Sache leicht unterschätzen, wenn man Alpen-Zahlen im Ohr hat. Vor allem das heimtückische Wetter macht die Sache pikant: plötzliche Stürme und Regenschauer, da die Berge zur See hin völlig ungeschützt sind.

Viele Trails beginnen fast bei Meereshöhe, außerdem viele schroffe Felswände. Für die Erstbesteigung des Mount Everest 1953 durch Lord Hunt wurde beispielsweise ausschließlich im Snowdonia-Revier trainiert!

Der Star unter den Snowdonia-Gipfeln ist seit Zeit der Romantik der MOUNT SNOWDON (1.085 m) und seine Besteigung gehört zum Pflichtprogramm. Er ist der höchste Berg von Wales. Weitere Details, auch zu Aufstiegsrouten siehe Seite 333.

VERHALTENSREGELN

* Nur mit entsprechender Ausrüstung aufbrechen: Bergstiefel oder feste Wanderschuhe, ein warmer Pulli und Regenschutz (Anorak), dies auch bei strahlendem Sonnenschein. Zu kaufen in den "Climber Shops", die es fast in jedem Snowdonia-Dorf gibt. Oder mieten bei "Joe Brown" in Llanberis (High Street), - auch die Stiefel!

* Nur mit OS-Karte wandern, auf der die Wanderpfade eingezeichnet sind. Instruktiv sind OS Landranger Nr. 115 (1: 5o.ooo) und OS Outdoor Leisure Nr. 17 (1: 25.ooo).

Diese beiden Regeln genügen für den höchsten Berg "Mount Snowdon".

Folgende Maßnahmen, wer in entlegenere Regionen wandert:

* Kompaß: der Nutzen verdoppelt sich, wenn man sich seine Handhabung vorher erklären läßt.

* Eine Tagesration Essen zusätzlich als Not-Ration.
* Für den Fall der Fälle: Taschenlampe und Trillerpfeife zum Signalgeben, Erste-Hilfe-Packung.
* Vorher sich über den Wetterbericht informieren: in den Jugendherbergen, TI-Offices oder direkt unter Telefon o286/ 87 o1 2o.
* Geplante Route in Hotel, B&B-Haus bzw. JuHe hinterlegen.
* Faustregel für den Zeitbedarf: 3/4 Stunde pro Meile (1,6 km) in der Horizontalen plus 1 Stunde für 1.ooo foot (1 ft = o.31 m) zu überwindenden Höhenunterschied addieren.

FIELD STUDIES: Bergschulen, die Wochen- und Wochenend-Kurse geben im Bergsteigen, -klettern und -wandern. Für Kursgebühren mit 25-3o DM pro Tag kalkulieren, inkl. Ausrüstung. Bieten zusätzlich Unterkunft oder Vollpension. Längere Kurse schon vor Urlaub buchen, oder einfach am Tag vorher anrufen, ob was frei ist (es gibt auch eintägige Schnupperkurse). Wir empfehlen 2 Adressen, die öffentlich gefördert werden und bessere Preise haben als die Privatschulen:

* National Park Study Centre, Tan-y-Bwlch, Maentwrog, Blaenau Ffestiniog, Gwynedd. Vorausbuchung ist empfehlenswert.
* Plas y Brenin: Capel Curig, Gwynede, Tel. o169o/ 72 o2 14.

JOIN A WALK: Die Verwaltung des Nationalparks unternimmt in den Monaten Juli und August täglich mehrstündige bis ganztägige Wanderungen unter Führung eines erfahrenen Bergmanns. Termine und Treffpunkte bei den Info Centres. Gut auch für Kontakte.

PONY TREKKING: Zwei Reitställe liegen innerhalb vom Nationalpark und machen Trecks rein in die Berge. Preisbeispiele: 1 Std. ca. 25 DM (Anfänger!), halber Tag ca. 6o DM.

* Snowdon Riging Stables in Waunfawr (ca. 5 km von Caernarfon, an der A 4o85 Richtung Beddgelert). Tel. o1286/ 65 o3 42.
* Hafod y Llyn Stables nahe Nantmor (an der A 4o85, paar km südlich von Beddgelert). Tel. o1766/ 89 o2 8o.

RUNDFLÜGE: Eine heiße Sache! In der brummigen Fliegerkiste hoch über den Gipfeln, die von hier oben wirken wie eine Pappmaché-Landschaft. Und gar nicht mal so teuer: ca. 75 DM bei 1/2 Stunde Flugzeit. Details bei Caernarfon.

Routen durch Snowdonia

Die einzelnen Streckenabschnitte lassen sich im Bausteinsystem gemäß eigener Routenplanung zusammensetzen.

* Bei wenig Zeit bestehen zwei Alternativen, beide in zwei drei Tagen locker realisierbar. Entweder: in PORTHMADOG (architektonisches

Folly im italienischen Piazza-Stil) das Auto stehen lassen und per Dampfzugstrecke rüber nach BLAENAU FFESTINIOG zum Besuch einer Schiefermine. Oder:

CARERNARFON (sehr lohnend wegen seinem Castle und der Altstadt) verbinden mit LLANBERIS, dem Ausgangspunkt der Zahnradbahn auf den Snowdon. Vorteil: nur wenige Kilometer bis Llanberis und man ist mitten im Zentrum von Snowdonia. Auto besser in Caernarfon stehen lassen und mit dem halbstündlichen Sherpa-Bus nach Llanberis.

* Bei etwas mehr Zeit: Rundtrip im Nationalpark mit Sherpa-Bussen, Route anhand der Fahrpläne zusammenstellen. Lohnend hier u.a. Blaenau Ffestiniog wegen zweier Schieferbergwerke.

* Irland-Fahrer, die von London kommend weiter zum Fährhafen Holyhead wollen, erreichen auf der A 5 den Snowdonia National Park in Betws-y-Coed. Im folgenden über die A 4o86 via Llanberis und Caernarfon (siehe oben). Oder Südschlenker via Ffestiniog. Viele Routenkombinationsmöglichkeiten nach eigenem Geschmack und Zeit.

* Via walisischer Westküste: Endpunkt ist Porthmadog (Details siehe Seite 294). Ab hier mit der Schmalspur-Museumsbahn nach BLAENAU FFESTINIOG und weiter den Schlenker gegen Uhrzeigersinn durch den Nationalpark nach Llanberis/Snowdon Mountain und Caernarfon.

Läßt sich als Rundtour bei entsprechender Zeit ausdehnen via Beddgelert (Kupferminen) -> Porthmadog -> und Rundtrip um die Lleyn Halbinsel (Details siehe Seite 339) nach Caernarfon.

Diese Variante wird im folgenden Text beschrieben und kann bausteinweise zu eigenem persönlichem Rundtrip variiert werden.

✦Blaenau Ffestiniog

Altes bergbaustädtchen, die Piste windet sich den Talkessel runter: erstmal aschgraue Cottages am Talboden und überall aschgraue Abraum-Halden, die aus Millionen Tonnen Schieferschutt bestehen.

Die unterschiedlichen Grau-Schattierungen geben der Bergsiedlung irgendetwas Irreales. Die Ortschaft verführt trotzdem nicht gerade dazu, die Nacht mit ihr zu verbringen, ist aber unbedingt einen kurzen Flirt wert für Besuch der SCHIEFERMINEN. Per Tramway tief rein in den Berg, wo die Kumpels geschuftet haben. Folgende romantische Variante für die Anfahrt:

Eine 22 km lange DAMPFZUG-Linie verbindet Blaenau Ffestiniog mit Porthmadog/Westküste. Das fauchende Stahlroß tuckert über Großbritanniens längste Museumsstrecke.

LOVESPOON CENTRE: Zwei Kunsthandwerker schnitzten sogenannte

Lovespoons. Dies sind hölzerne Löffel, die man in früheren Jahrhunderten hier in Wales als Liebeserklärung verschenkte, - vergleichbar mit dem heutigen Ring. Griff mit filigranen Verzierungen, auf Wunsch werden Namen eingeschnitzt.

 In der High Street nicht weit vom Bahnhof. Tel. o1766/ 83 o3 6o. Nur April bis Oktober. Dient auch als National Park Info Centre: Infos zu Natur und Geologie.

Der Ort hatte seine Blüte zur Zeit des Schieferbooms im 19. Jh., als der hier abgebaute Schiefer über das Ffestiniog Schmalspurgleis runter zum Hafen Porthmadog transportiert und von dort verschifft wurde. Details zum Schieferboom siehe Seite 315.

Ende des 19. Jh. lebten in B.F. rund 12.ooo Menschen, die vorwiegend in den Schieferbergwerken beschäftigt waren. Der Ort florierte ähnlich wie der unten am Meer gelegene Exporthafen Porthmadog.

In der 1. Hälfte des 2o. Jh. (bis hin Beginn des 2. Weltkrieges) kam es wegen fehlender Schiefer-Nachfrage (neue Materialien zum Dachdecken fanden Anwendung) zu einem Einbruch der vormals florierenden Industrie, und die meisten Minen wurden geschlossen.

 HOTELS / B&B: Es gibt ein paar Hotels/B&B; Vermittlung durch das TI. Wir haben auf ausführliche Listung verzichtet, da die meisten Touristen es doch lieber bei einem Tagesausflug belassen.

"**Cae Du House**", ca. 2 km südlich via A 47o. Mausgraues Schieferhaus am Hügelabhang, 7 Zimmer und sehr sympathische Besitzer. Das Essen soll "spitze" sein (Leserbrief-Zitat). Nichtraucher. Tel. o1766/ 83 o8 47. DZ ca. 9o DM.

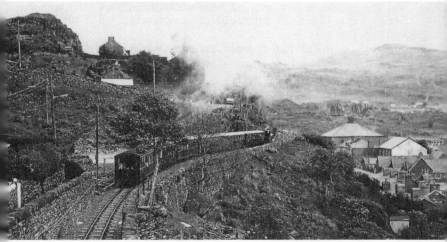

BLAENAU FESTINIOG: Schmalspurbahn von Porthmadog, gebaut 1836 zum Personen- und Schiefertransport

HOSTEL: "**Ffestiniog Youth Hostel**", in Llan Ffestiniog, ca. 5 km südlich via der A 47o. Ordentliche Unterkunft in einem großen Haus aus dem 19. Jh. Herrlich "off the beaten track" mit Blick auf die Berge. Bus Nr. 1, 2 und 35 ab Bahnhof - dann 1 km zu Fuß. Tel. o1766/ 76 21 65. Schlafsaal ca. 18 DM/Person.

MYFANWYS (Market Place): preislich mittel bis billig, - und das einzige propere Restaurant, sonst nur lärmige Self-service-Cafés.

GRAPES INN (in Maentwrog, ca. 6 km südlich via A 496, neben der Kirche): die besten Barmeals in dieser Ecke von Wales, - sehr geschmackvoll bei Holzfäller-Portionen! Außerdem Real Ale und Veranda mit Blick übers Tal. Wurde schon mal preisgekrönt als "best pub of Britain".

Chöre: Als alte Bergarbeiter-Siedlung haben Männerchöre in Bleanau Ffestiniog große Tradition. Bei den Proben sind Besucher herzlich willkommen. Der "Brynthoniaig Choir" probt Mo. und Do. (Ysgol y Moelwyn, neben dem Krankenhaus in der Wyne Road). Ab 19.45 Uhr.

Di. und Fr. um 19.3o Uhr trifft sich der "Cór Meibion" in der Old Salem Capel (in Rhiw, knappen Kilometer nördlich via der A 47o).

FFESTINIOG RAILWAY

Längster und schönster der berühmten GREAT LITTLE TRAINS von Wales: das Schmalspur-Gleis ist 22 km lang, geht von Blaenau Ffestiniog nach Porthmadog. Die Dampfzug-Linie ist allein als Fahrt lohnend, selbst wer Porthmadog eigentlich nicht besuchen will. Eröffnet 1863, um den Schiefer zum Hafen in Porthmadog zu transportieren, wo er auf Schiffe verladen wurde.

Abfahrt vom British-Rail-Bahnhof. Schöne Alternative als Anreise. Alle Details siehe Seite 3o1.

 Zwei SCHIEFERMINEN ("slate mines") liegen 1 km nördlich an der A 47o, einander schräg gegenüber. Anstrengender Weg, da bergauf: stündlich mit Bus Nr. 14o ab Bahnhof. Warmen Pulli überziehen, da es dort unten im Berg recht kühl ist.

LLECHWEDD CAVERNS

Einigermaßen berühmt, hat als Touristen-Attraktion schon zahlreiche Preise gewonnen. Aber entsprechend kommerzialisiert, zur Hochsaison werden jeden Tag 2.ooo Leute durchgeschleust. Besuch besser vor 11 Uhr legen, um Schlangestehen zu vermeiden!

Zwei "Touren" stehen zur Auswahl, beide etwa eine halbe Stunde, aber sehr unterschiedlich. Preis: je ca. 15 DM (Kombi-Ticket für beide Tours ca. 22 DM, was fast die Hälfte der Besucher macht).

Underground Tramway: Mit einer ratternden Tram horizontal rein in den Berg. Dann eine Führung durch einzelne Minenkammern, wobei ein Kumpel jede Menge Infos gibt. Geht mehr darüber, wie die Arbeit im Berg ausgesehen hat. Die "Tramway Tour" ist die informativere und vielleicht auch ein bißchen seriösere Alternative.

Deep Mine Tour: spektakulärer, dafür sind die Infos etwas dürrer. Im Aufzug 15o m runter in eine verborgene Welt voll bizarrer Schönheit. Zu Fuß durch zehn Kammern, ein unterirdischer See, tolle Light&Sound-Effekte. Kommentare aus Lautsprechern: allgemeiner, über das Leben der Kumpels (im Ticket Office fragen, ob deutschsprachige Comments verfügbar sind).

GODDFA GANOL MINE

Besuch der größten Schiefermine der Welt, wo noch heute 18o Leute arbeiten. Hat weniger Museumscharakter: Arbeiter und Staplerfahrer, man hört und sieht die Explosionen.

Läuft alles sehr informell: die Besucher kriegen einen Plan in die Hand gedrückt und laufen auf eigene Faust rum. Eintritt: ca. 11 DM.

Das Standard-Programm beginnt im "Heritage Centre" mit einem Film über Geologie und Geschichte des Schiefers. In der "Slate Mill" wird der Schiefer wie eh und je mit Hammer und Stemmeisen gesplittet.

Besuch eines 1 km langen Minen-Tunnels: lebensgroße Puppen, Infos vom Band, dauert eine 1/2 Stunde (insgesamt hat Goddfa Mine fast 7o km Tunnelgänge!).

Von einer Minen-Kammer hat man das Dach abgesprengt, um von oben runterschauen zu können: in 2oo m Tiefe schuften zehn Leute mit Bohrern und Kompressoren.

Unbedingt lohnend ist die Ivestition für den Landrover-Trail: per Jeep rein in den Berg, bewaffnet mit Helm und Grubenlampe. Drinnen hält ein Kumpel Smalltalk über die Arbeit in der Mine. Kostet ca. 7 DM extra.

Nordwales war weltweit die einzige Fundstelle für Schiefer! Die Heydays des Schiefer-Booms waren um 188o. Da sich Schiefer in dünne Platten splitten läßt, wurde es hauptsächlich zum Dachdecken verwendet, aber auch z.B. für Schultafeln.

Wales hat sein Monopol verloren, nachdem um die Jahrhundertwende auch woanders Schiefer entdeckt worden ist. Außerdem wurde es durch neue Werkstoffe verdrängt (z.B. Dachplatten aus gebranntem Ton).

Heute wird Schiefer nur noch für Zier-Zwecke gebraucht, etwa für Hausnummern-Schilder. Nach wie vor kommt das beste Schiefer der Welt aus Nordwales.

Schiefer ist Lehm und Schlamm, der in der Erdgeschichte erhitzt und gepreßt worden ist. Nur 2 % des geförderten Materials sind brauchbar, - 98 % sind Abfall und Schutt. Insgesamt liegen an den Berghängen rund um Blaenau hunderte Millionen von Tonnen solcher Abraum. Er ist übrigens sehr schwierig zu begrünen, da auf dem Schieferschutt nichts wächst.

Arbeitsweise: Die Berge rund um Blaenau sind wie Schweizer Käse durchlöchert mit Kammern, welche ungefähr die Größe einer Kathedrale haben. Die Llechwedd Mine besteht z.b. aus 25o Kammern, die in 16 Ebenen übereinander liegen.

Eine Kammer gab genügend Schiefer her, um 15-2o Jahre darin zu fördern. Dabei arbeiteten vier Bergleute im Team: zwei brachen unter Tage den Stein, zwei saßen oben in der Werkstatt und splitteten den Schiefer in dünne Scheiben. In den Höhlenkammern war es stockdunkel!

Schwer vorstellbar: hoch oben in der Höhlenwand, in 3o Meter Höhe, turnten die Männer auf den Felssimsen bei 3o % Gefälle! Für Licht flackerte eine Kerze, die man mit einer Kette um den Oberschenkel band, damit die Hände frei blieben.

Lebensbedingungen: Knochenhart, man arbeitete an sechs Tagen pro Woche, jeweils 12 Stunden (im Winter haben die Bergleute kein Sonnenlicht gesehen!). Sonntags forderte dann der Herrgott seinen Tribut: morgens, mittags und abends ging es zur Kirche.

Die Bergleute lebten entweder in Blaenau oder hausten in Baracken-Dörfern rund um die Minen und gingen nur sonnntags heim zu ihren Familien. Und trotzdem hatte diese Welt - bei allen Abstrichen - irgendetwas "heiles".

Vor allem ein großes Zusammengehörigkeitsgefühl, - Kernpunkt des Lebens waren die Kapellen, wo man sich zum Chorsingen traf. Auch in den 3o Minuten Mittagspause unter Tage trafen sich die Kumpel im Bergwerk und sangen gemeinsam.

Extrem wichtig für das Selbstbewußtsein war, daß die Bergleute keine Tagelöhner waren, sondern eine Art Sub-Unternehmer, die auf eigene Rechnung arbeiteten: Je vier Freunde arbeiteten zusammen und teilten sich den Gewinn.

Dabei ging der Minenbesitzer zu Beginn des Monats in jede Höhlenkammer und steckte einen Bereich ab, der an das Vierer-Team verkauft wurde. Am Ende des Monats kaufte er die daraus gewonnenen Schieferplatten zurück. Vom Gewinn mußten aber auch Kerzen, Sprengstoff etc. bezahlt werden.

Alles in allem waren die Schiefer-Bergleute jedenfalls besser dran als die Leute in den Kohlezechen in den Valleys von Südwales. Jene waren einmal reine Lohnarbeiter, - zum anderen fehlte dort jede soziale Struktur (die Menschen waren keine Einheimischen, sondern sind massenhaft aus England und Irland zugewandert).

Umgebung von Blaenau Ffestiniog

FFESTINIOG POWER STATION: Führung durch den Turbinenraum, vom Staudamm weiter Blick und schöne Spaziergänge. Das Kraftwerk produziert 36o.ooo KW pro Minute.

Arbeitsweise: Turbinenantrieb durch Wasser, da nachts - mit billigem Nachtstrom - wieder hochgepumpt wird und permanent zirkuliert. Ca. 2 km westlich, über den "Alpine Drive" in tausend Straßenwindungen. Busse ab Bahnhof.

MAENTWROG: Der gewaltige Steinblock auf dem Dorffriedhof ist - gemäß Sage - zur Zeit der Christianisierung von einem Berg runtergerollt und hat einen heidnischen Altar zermalmt. Ca. 6 km südlich, an der A 496 Richtung Porthmadog.

LLAN FFESTINIOG: Kleines Dorf, ca. 3 km via A 47o Richtung Bala. Bei der Kirche parken und 2o Min. zum "Gorge" (beschildert): spektakuläre Schlucht mit einer Art Steinsäule, auf der vor 1oo Jahren Priester gestanden und gegen die grassierende Trinksucht gepredigt haben. Weitere 3 km Richtung Bala kommt eine Seie von Wasserfällen.

Blaenau Ffestiniog —> Betws-y-Coed (16 km)

Auf der A 47o ins Herz des Snowdonia-Reviers. Schon bald erfaßt einen die pure Natur hier draußen, die Landschaft riecht nach Einsamkeit... Öffentlicher Transport: täglich fünf Züge, duch einen 3 km langen Tunnel. Kaum Busse.

✦ Dolwyddelan

Kleines Dörfchen zu Füßen einer urtümlichen Felstrümmer-Wildnis. Traditioneller Startpunkt für den Moel Siabod (682 m). Auf einer Felsklippe unterhalb eines wuchtigen Bergstocks steht die Ruine einer düsteren Ritterburg. Sie wurde um 12oo von den Walisern gebaut gegen englischen Eroberer und um die Paßstraße kontrollieren zu können. 8o Jahre später fiel das Castle. Von den Zinnen herrlicher Blick.

GUESTHOUSE: "**Eirianfa House**", Castle Road. Sympathische 3-Zimmer-Pension, komfortabler Lounge für die Gäste. Tel. o169o/ 75 o3 6o. DZ mit Bad ca. 75 DM.

HOSTELS: "**Elen's Castle Hotel**", mitten im Dorf. Zu dem Hotel gehört eine einfache Schlafsaal-Unterkunft. Tel. o1698o/ 75 o2 o7. Schlafsaal ca. 15 DM.

"**Ledr Valley Youth Hostel**", 1-2 km nördlich (gegenüber vom Bahnhof Pont-y-Pant). Altes Gebäude an der Hauptstraße, vollständig mit Holz vertäfelt. Viele Radfahrer machen hier Station, außerdem Kajakfahrer, da der Fluß vor dem Haus ein sehr gutes Kajakrevier ist. Tel. o169o/ 75 o2 o2. Schlafsaal ca. 19 DM/Person.

Bryn Tirion Farm: simpler Campingplatz und Treffpunkt für die Moel-Siabod-Wanderer. Weiterhin besteht bei der JuHe Möglichkeit zum Zelteln.

Hier noch eine sehr lohnende Halbtages-**Wanderung**: Vom Dorf ein Pfad Richtung Norden durch Wald (ca. 3 km), im letzten Abschnitt noch ein Stück offenes Bergland bis zum Llyn-y-Foel: tiefer, kraterartiger See mit eiskaltem Kristallwasser, zu Füßen der Felstrümmer-Wildnis. Eine Welt für sich dort draußen, und nur ein Stück ab von der Hauptroute.

Vom See aus evtl. noch den Aufstieg auf den Moel Siabod anhängen: recht steil und anstrengend, am besten über die Nordost-Flanke. Als Gegenleistung der traumhafte Panoramablick auf die Bilderbuch-Landschaft aus Bergen und Tälern, Seen und Wäldchen.

★ Betws-y-Coed   (67o   Einw.)

Wurde im 19. Jh. rein für Touristen gebaut: ein langes Straßendorf mit
Hotels, Restaurants und Souvenir-Shops. Auf der anderen Seite zieht der
River Conwy vorbei, das Wildwasser schäumt zwischen wuchtigen
Felsklötzen. Alles aus blauschwarzem Gestein, für akustische Unter-
malung sorgt der Wildbach.

Juli und August kommen jeden Tag Tausende in das Dorf, überall parken
die Reisebusse. Betws-y-Coed ist zwar sehr kommerzialisiert, hat aber bei
weitem die beste Infrastruktur innerhalb von Snowdonia (vor allem größte
Auswahl an Hotels und Pensionen). Ist demnach o.k., wer von hier Auto-
Touren machen will.

 Gegenüber vom Bahnhof, Tel. o169o/ 71 o4 26. Ganzjährig
geöffnet. Fungiert gleichzeitig als National Park Info Centre:
größte Info-Stelle für Snowdonia.

In einem alten Warenhaus beim Bahnhof das <u>RAILWAY MUSEUM</u> mit
alten Loks und Geräten der Eisenbahner. Im Gebäudekomplex des TI's
einige Attraktionen: das "Waterlife Centre" mit Fischen, Muscheln und
Wasserpflanzen aus heimischen Gewässern, eine Exhibition des britischen
Vogelschutzbundes sowie ein paar Oldtimer-Autos.

 Jedes zweite Haus in Betws ist ein Hotel bzw. Guesthouse. Fast alle
sehr klein, da es sich meist um umfunktionierte Privathäuser handelt.

COUNTRY HOUSE: "<u>Tan-y-Foel House</u>", paar Kilometer
östlich in Capel Garmon. Steinhaus aus dem 16. Jh. zwischen hohen
Bäumen. 7 Zimmer z.T. mit Himmelbetten. Besitzerin Janet ist Hobby-
Köchin. Nichtraucher. Tel. o169o/ 71 o5 o7. DZ ca. 25o-3oo DM,
Dinner um 5o DM.

"<u>White Horse Inn</u>", ebenfalls in Capel Garmon. 7 Zimmer in einem Pub, zu dem die
Einheimischen von weither kommen (siehe Pub-Kapitel). Weißgekalkt, winklige Gänge
und Atmosphäre wie früher in den Postkutschen-Stationen. Tel. o169o/ 71 o2 71. DZ
ca. 11o DM.

"<u>Penmachno Hall</u>", ca. 6 km südlich in Penmachno. Alles sehr persönlich, Modwe-
na und Ian Cutler sitzen zusammen mit ihren Gästen beim Abendessen. 4 Zimmer, Bücherei, Wintergarten. Tel. o169o/ 76 o2 o7. DZ ca. 125 DM, Dinner um 4o DM.

"<u>Fron Heulog House</u>", liegt zwar innerhalb vom Dorf, hat aber trotzdem Country-
house-Feeling. 5 Zimmer am Flußufer. Tel. o16o9/ 71 o7 36. DZ ca. 125 DM.

HOTELS: "<u>Waterloo Hotel</u>", größtes Hotel in Betws-y-Coed mit 4o Zimmern
(teilweise im Motel-Stil mit separatem Eingang) und großzügigem Lobby-Bereich aus
Bars und Coffeeshop. Pluspunkt: das einzige Hotel in Snowdonia mit Leisure-Komplex
(Schwimmbad, Sauna etc.). Tel. o169o/ 71 o4 11. DZ ca. 18o-21o DM.

"<u>Royal Oak Hotel</u>", sehr schöner Bau und etwas mehr Stil als im Waterloo, dafür
weniger Facilities. Weitläufige Lobby, geschmackvoll möbliert und zum Teil riesen-
große Zimmer, gemächliche Atmosphäre. Tel. o169o2/ 71 o2 19. DZ ca. 185 DM.

"**Ty Gwyn Hotel**", 4oo Jahre alte Postkutschenstation vor der Dorfeinfahrt, die Jahrhunderte hängen im Gemäuer: Eichenbalken, überall Antiquitäten, teilweise Himmelbetten. Etablierter Familienbetrieb. Ein Dutzend Zimmer. Tel. o169o/ 71 o3 83. DZ ca. 1oo-18o DM.

"**Glan Aber Hotel**", herzliche Atmosphäre und "highly recommended", schon seit vielen Jahren unter Regie der Dycon-Familie aus Nordwales. Tel. o169o/ 71 o3 25. DZ ca. 1oo-15o DM.

GUESTHOUSES: "**Bron Celyn House**", auf einem Hügel oberhalb vom Dorf, 5 Zimmer und sehr hoher Standard. Tel. o169o/ 71 o3 33. DZ ca. 95 DM.

"**Bryn Llewelyn**", gute 7-Zimmer-Pension mitten im Dorf. Tel. o169o/ 71 o6 o1. DZ ca. 95 DM.

"**The Ferns**", Keith & Teresa Roobottom haben nicht ohne Grund sehr viele Stammgäste. 9 Zimmer und exzellent. Tel. o196o/ 71 o5 87. DZ ca. 8o-1oo DM.

"**Tyn y Celyn**", etwas ab vom Dorf, vom Lounge hat man schönen Blick runter aufs Tal. 8 Zimmer. Tel. o196o/ 71 o2 o2. DZ ca. 1oo-15o DM.

BED & BREAKFAST: Privathäuser, die nur im Sommer ein paar Zimmer vermieten, findet man hier in Betws-y-Coed kaum, da hier alles ganz auf den Tourismus ausgerichtet ist. Natürlich gibt's noch einen ganzen Schwung kleinerer Guesthouses: kosten ein paar Mark mehr als normale B&B. Im Sommer unbedingt im voraus reservieren, sonst kaum Chancen unterzukommen.

HOSTELS: Leider keine Billig-Absteige direkt im Ort, die nächsten JuHen sind in Lledr Valley (ca. 8 km südlich) und Capel Curig (ca. 1o km westlich).

 Zwei Plätze, beide mit Toiletten und Duschen. Direkt im Dorf der Riverside Site, gleich hinter dem Bahnhof und dem TI.
Viel schöner liegt der Hendry Farm Site, guten Kilometer außerhalb an der A 5 Richtung Capel Curig, auf einem Farm-Gelände mit Bäumen drumrum.

 Nobel-Atmosphäre im "Dining Room" des ROYAL OAK HOTEL: Säulen, rote Samtstühle, Stuckdecke. Um nicht aufzufallen, besser den Anzug aus dem Koffer holen. Menü um 5o DM von Fred, einem international renommierten Koch, aus dem Topf gezaubert.

In der Mittelklasse gehen die Sternchen ans TY GWYN, rechterhand vor der Ortseinfahrt: verwinkelter Raum, mit Antiquitäten vollgestopft, Holzbalken, Dämmerlicht und herrliche Düfte. Um 25 DM.

CROSS KEYS: Adresse für Steaks, billig und qualitativ o.k.

Barmeals: Alle Hotels in Betws-y-Coed servieren Barmeals, eigentlich wenig Unterschiede. Die Hotels, die wir aufgelistet haben, sind eingesessene Familienunternehmen: dort dürfte man auch bezüglich Essen gut aufgehoben sein.

ROYAL OAK und WATERLOO HOTEL haben im Sommer Terrassen-

Betrieb zur Straße hin.

<u>WHITE HORSE INN</u>, ca. 3 km außerhalb in Capel Garmon, ist aber nach einstimmiger Meinung der Einheimischen der Spitzenreiter: enges Landsträßchen rein in die Berge zu einem kleinen Cottage.

Im Ort wenig Originelles - Hotel-Bars voll mit englischen Touristen. Im <u>Royal Oak</u> und <u>Waterloo Hotel</u> kann man draußen sitzen.

White Horse Inn, ca. 3 km östlich in Capel Garmon, ist wohl der schönste Ort, den Abend zu verbringen! Irgendwo mitten in den Bergen, aus 2o km Umkreis fahren die Locals hier raus: altbackener Bau mit tiefhängender Eichenbalken-Decke, von der Porzellankannen baumeln. Gutes Bier.

Verbindungen *ab Betws-y-Coed*

Per Zug: Richtung Norden durch das liebliche Conwy Valley bis zur Llandudno Junction. Dort Anschluß an das Gleis entlang der Nordküste nach Holyhead (Irland-Fähre) und nach Chester (mittelalterliches Stadtbild). Oder rauf zum Seebad Llandudno, wer am Strand relaxen möchte.

Richtung Süden durch schroffes Bergland nach Blaenau Ffestiniog. Von dort weiter mit dem Dampfzug nach Porthmadog, das Anschluß an den "Cardigan Bay Express" hat.

Busse: ausgezeichnete Anschlüsse mit den Sherpa-Bussen, halbstündlich via Capel Curig nach Llanbedris, weiter nach Caernarfon ebenfalls halbstündlich. - Weiterhin von Betws-y-Coed 6 x tägl. via Beddgelert nach Porthmadog, mit Umsteigen in Penygwryd häufiger (oder man fährt via Blaenau Ffestiniog nach Porthmadog). - Nach Norden Llandudno entweder mit dem Zug oder mit Sherpa-Bussen.

Umgebung von Betws-y-Coed

Da die Sights im Dorf eigentlich zweitklassig sind, empfehlen sich Wander- und Auto-Trips in die Umgebung. Alles sehr leicht zu erreichen!

✦ CONWY FALLS

Schon seit dem 19. Jh. ein klassischer "beauty spot": der River Conwy stürzt 2o m tief in einen Felspool. Unten üben (oft Dutzende) Kajakfahrer. Ca. 4 km südlich via der A 5 (beim Conwy Falls Café, 5o Pfennig Eintritt).

✦ PENMACHNO

Verschlafenes Nest an einem wilden Bergfluß, in dessen Umkreis sehr

CONWAY FALLS bei Betws-y-Coed, 19.Jh.

kontrastreiche Landschaft. Liegt ca. 6 km südlich (Zufahrt via A 5 und B 44o6).

PENMACHNO WOLLEN MILLS, paar Kilometer vor dem Dorf. Bekannt für sehr feine Tweedstoffe in ausgefallenen Designs (Kleider, Kostüme, Sakkos). Fabrikbesichtigung: sehr gut, um über die Materie mehr zu lernen, auch viele Schulklassen machen hierher Ausflüge.

GLEN ABER TERRACE: Gurgelndes Wildwasser rauscht durch Farnkraut und Gebüsch talwärts. Dazu die Piste hinter dem Dorf in südwestlicher Richtung fahren, immer das Flußtal lang mit seinen Fichtenbäumen.

Vor "Glen Aber Terrace" links weg: steil ansteigende Staubpiste rauf auf ein urwüchsiges Hochmoor, der Blick verliert sich irgendwo in der Monotonie am Horizont. Von dem Sträßchen führt ein 1-km-Trampelpfad rüber zum Llyn Conwy, einem versteckten See in einer Senke, nur ein paar Bläßhühner flattern auf...

✦ VALE OF CONWY

Breites Flußtal mit saftigen Viehweiden und Farmhöfen, zieht sich von Betws-y-Coed rauf nach Llandudno an der Nordküste. Etwa 23 km lang, flotte Verbindung mit Zügen und Bussen.

Zwei Straßen laufen durch das Tal: die Main Road (A 47o) und die schönere Back Road (B 51o6). Folgende Stationen:

Llanwrst: Altes Marktstädtchen, wo sich die Farmer vom Tal versorgen. Nichts besonderes, vielleicht für eine Tasse Tee. Lärmige Viehmärkte (Mittwoch und Freitag) und Straßenmarkt am Dienstag.

PONT MAWR: Die Brücke spannt sich in drei eleganten Bögen über den Fluß. Gebaut von Inigo Jones, einem berühmten Architekten vom Anfang des 19. Jahrhunderts.

Kleines Café im ehemaligen Zollhaus, auf der linken Seite der Brücke, für Tea-time mit herrlichem Bara Brith (walisischer Kuchen).

Trefriw: Schön, um anzuhalten: zwei Sehenswürdigkeiten und gute Cafés, Pubs. WOLLEN MILLS (im Dorf): Die älteste Wollmanufaktur in Wales. Man zeigt die Produktionsmethoden im 19. Jahrhundert.

TREFRIW WELLS (ca. 2 km nördlich vom Dorf): Schon die Römer sind hierher gekommen, später dann im 19. Jh. kam ein zweiter Run. Besuch der römischen Anlagen, das eisenhaltige Heilwasser gibt's zu kaufen.

Bodnant Gardens: Einer der schönsten Gärten in Großbritannien, angelegt 1875 im formalen Stil nach geometrischen Mustern. Zieht sich den Hügelhang runter zu den Wassern des River Conwy, jenseits die Silhouetten der Snowdonia-Berge.

Am Uferabhang terrassierte Flächen mit Felsengärten und Rosenbeeten. Unten im waldigen Tal ein Wild-Garten, durchzogen von zig gurgelnden Bächen und wuchernde Vegetation. Liegt ca. 1o km vor Llandudno.

Rowen: Verschlafenes Bauerndorf an der Westseite des Tales, ca. 16 km nördlich von Betws. Paar Häuser und ein Pub - abgesehen davon starten hier zwei klassische Wanderwege.

"**Rowen Youth Hostel**". Simple Berghütte mit 3o Betten. Abends sind die Bergwanderer unter sich und sitzen ums Feuer beisammen. Liegt 1 1/2 km vom Dorf und vom nächsten Pub (steil bergauf!). Es gibt zwar kleinen Shop im Hostel, aber besser Proviant mitbringen. Fürs Hostel lieber mit Bus anreisen, der in Rowen hält, der Zug aber 3 km außerhalb! Tel. o1492/ 53 o6 27. Schlafsaal ca. 13 DM/Person.

Wandern: * Drei Stunden auf einer alten Römerstraße zu den "Aber Falls", an der Nordküste, mit Busanschluß ins Studenten-Städtchen Bangor oder rüber ins mittelalterliche Conwy.

* Der Carnedd-Ridge-Walk runter zu den südlichen Snowdonia-Bergen. Sehr anstrengendes, sattes Tagesprogramm, nur was für Leute mit einschlägiger Bergwander-Erfahrung.

Von der JuHe in Roewen gute 18 km durch die Stein- und Felslandschaft, immer dem Berggrat lang über drei höhere Gipfel des Cardedd-Massivs. Bergseen in den Karmulden, die Luft so klar wie ein Kristall und ein unbeschreibliches Feeling hier draußen in der Wildnis. Zielpunkt ist die "Idwal Cottage"-Jugendherberge an der Straße Capel Curig nach Bangor (Seite 325).

Nur mit Kompaß und OS-Karte, mit dem JuHe-Warden in Roewen die Route besser noch mal durchsprechen.

Betws-y-Coed ≫→ Capel Curig   (ca. 1o km)

Richtung Westen zu einem kleinen Bergsteiger-Dorf, immer die hohen Snowdonia-Gipfel im Visier. Die A 4o86 folgt immer dem River Llugwy. Halbstündlich mit Sherpa-Bussen.

Wandern: Auf dem Uferweg des River Llugwy, durch Bruch- und Auwälder, rüber nach Capel Curig. Rund 2 1/2 Stunden. Da die Straße ebenfalls dem Fluß folgt, kann man jederzeit abkürzen (weiter bzw. zurück mit Sherpa-Bussen).

Start: an der Pont-y-Pair-Brücke in Betws-y-Coed.

Schon nach wenigen Kilometern durch ein weites Waldrevier, die nackten Felsberge am Horizont. Kurz parken beim GWYDYR FOREST CENTRE, einem Besucherzentrum für Infos über das Waldgebiet, Aquarien mit Süß- und Meerwasser-Fischen, ausgestopften Vögeln, Ausstellungen über die Arbeit der Bauern. Speziell ausgebildete Handwerker demonstrieren, wie die Arbeit vor Jahrhunderten mit den damaligen Werkzeugen ablief.

Rund ein Dutzend Spazierwege starten vom "Visitor Centre" (beschildert). Am bekanntesten die Swallow Falls (3 km westlich, Zugang auch direkt von der Straße aus), wo sich der Fluß in hundert Kaskaden die Wald- schlucht runterstürzt. Oder zum Giant's Head, einer wie von einer Riesen- hand aus dem Untergrund gerissene Schlucht mit halsbrecherischen Fels- abstürzen. Der Pfad zum Summerhouse Crag führt zu einer friedlichen Hügelkuppe, von aus man einen faszinierenden Blick über das Waldrevier hat.

★Capel Curig

Verstreut in einem Tal liegende Häuser und Farmhöfe, nestelt sich alles zusammen zwischen ein paar Baumgruppen. Alles weit auseinandergezo- gen, der Ortskern ist quasi eine Straßenkreuzung mit zwei Cafés, Outdoor- Shops und Post Office. Alles noch recht unkommerzialisiert.

Capel Curig ist der Treffpunkt der ernsthaften Wanderer und Bergsteiger, da es als einziger Ort mitten im Bergmassiv liegt - ideal also, wer in der entsprechenden Szene verkehren möchte.

HOTELS: "Cobden Arms Hotel", die 2o-Zimmer-Bleibe ist schon seit vielen Jahren etabliert. Von privater Hand geführt, das komfortableste Hotel (die andern sind predominant Bergsteiger-Hotels). Tel. o169o/ 72 o2 43. DZ ca. 15o DM.

"Bryn Tyrch Hotel", hat die intensivste Bergsteiger-Klientel von allen drei Hotels in Capel Curig. Alles sehr relaxed und lebhaft, abends hebt man in der Bar ein Bier. Die Zimmer sind modern möbliert und sauber. Tel.

o169o/ 72 o2 23. DZ ca. 13o DM.

"Tyn-y-Coed Hotel", die Common Rooms sind im Altbau, 13 Zimmer im Neu-bau-Annex. Ist auch Hang-Out der Soldaten, die im benachbarten Übungscamp auf Manöver sind. Trotzdem angenehm und schön. Tel. o169o/72 o3 31. DZ ca. 15o DM.

BED & BREAKFAST: Eine Anzahl von Häusern, die vom TI in Betws-y-Coed vermittelt werden (in Capel Curig kein TI). Schon frühzeitig reservieren, da nur be-schränktes Angebot und zur Saison alles voll.

HOSTELS: "**Capel Curig Hostel**", ca. 5oo m vor der Straßenkreuzung. Ehema-liges Hotel, eingebettet zwischen Hügel, und entsprechender Standard. Liegt an der Route raus zum Irland-Hafen Holyhead (Fähre nach Dublin), daher nicht nur Bergstei-ger, sondern auch viel "passing trade". Tel. o169o/ 72o 225. Schlafsaal ca. 2o DM/ Person.

Drei Campingplätze für die Bergwanderer: eingeklemmt zwischen die Berge und alle sehr "basic", nur mit Toiletten und Kaltwasser für die Morgenwäsche. Ansprechendes Berg-wanderer-Milieu, abends sitzt man beisammen und spricht über die Tou-ren.

Garth Farm Site kriegt die positivsten Leser-Kritiken: am Ufer eines klei-nen Sees. Eventuell für Morgenbad, aber eisiges Wasser, das Mut und Männlichkeit schrumpfen läßt.

TYN-Y-COED HOTEL: etwas großer Speisesaal, aber satte Menüs für 35 DM; unverschnörkelte Hausmannskost in ordentlichen Portionen.

SNOWDONIA RESTAURANT (neben dem Bryn Tyrch Hotel): einfache Sachen, z.B. das heftig-deftige Climber's Breakfast. Man sitzt 2o m über der Straße, von der Terrasse toller Blick auf das Tal.

Barmeals: Viel Lob hören wir über die Barmeals im TYN-Y-COED HO-TEL und im BRYN TYRCH HOTEL. Auch im Naturkost- und Vegeta-rier-Sektor breite Palette.

Bryn Tyrch Hotel ist Treff der Bergsteiger: abends werden gelegentlich Lieder angestimmt, wobei volle Gläser nicht lange voll und leere Gläser nicht lange leer bleiben.

Cobdens Hotel: In der "Mountain Bar" wurde de rauhe Granitfels der Bergwand in den Raum integriert. Viele Leute aus der Jugendherberge.

Tyn-y-Coed Hotel: Einheimische und Soldaten vom Army-Camp. Nette Atmosphäre.

Wandern: Verschiedenste Touren-Tips kursieren unter den Bergsteigern auf den Campingplätzen und in der JuHe; hier ein einfacher Trip zum "Warm-Wandern": Rund 4 km nordöstlich zum Bergsee Llyn Crafnant zwischen Hügelketten und knorrigen Bäumen. Der Wasserspiegel absolut ruhig und glänzt bei Sonne wie flüssiges Silber, an einem Abhang wie verloren die Gebäude einer Schaffarm...

PLAS-Y-BRENIN: sehr renommierte Bergsteiger-Schule. Längere Kurse vorbuchen, wer nur kurz vorbeischaut, kann sich an der Kletterwand versuchen (ca. 5 DM). 2-stündige Kurz-Kurse im Abseiling oder Canoeing kosten ca. 2o DM, werden dreimal pro Tag abgehalten.

Umgebung von Capel Curig

Durch das "Ogwen Valley" Richtung Nordwest: ein leeres, U-förmiges Eiszeittal bis Bethesda, ca. 23 km auf der A 5. Die Piste windet sich in eine wilde Berglandschaft. Mehrmals täglich Verbindung mit dem Sherpa-Bus.

 Wandern: Statt Bus/Auto auf der alten Packesel-Route, die von Capel Curig nach Idwal Cottage geht (halbe Wegstrecke). Immer parallel zur Straße. Pluspunkt: eine JuHe an Start und Ziel der Wanderung.

Abenteuer-Variante für dieselbe Strecke ist die Kammwanderung über die Gipfel des südlich der Straße liegenden Glyder-Massivs. Steinwüste, Einsamkeit. Für die rund 15 km einen vollen Tag reservieren. Infos über den Routenverlauf bei den Hostel-Wardens.

Auf halber Strecke an der A 5 der seichte, langgezogene See LLYN OGWEN, umrahmt von wolkenverhangenen Gipfeln, die sich im Wasser spiegeln.

✦ Idwall Cottage

Mini-Siedlung auf halber Wegstrecke, praktisch nur ein Parkplatz, wo Bergsteiger ihre Autos parken können. Plus ein Café, eine Station der Bergwacht und eine JuHe. Ist auf vielen Landkarten nicht eingezeichnet! Idwall Cottage liegt am Westzipfel des Llyn Ogwen.

 HOSTELS: "William's Barn", 4-5 km westlich von Capel Curig und 1-2 km vor Idwal Cottage, an der A 5. Sehr basic, weniger Rucksackler, sondern vielmehr sehr ernsthafte Bergsteiger. Schlafsaal ca. 12 DM/Person.

"Idwal Cottage Youth Hostel", am Parkplatz. Gut erhaltenes Gebäude am Seeufer, früher das Haus eines Minen-Besitzers. Sauber und nette Atmosphäre. Tel. o1248/ 6o o2 25. Schlafsaal ca. 18 DM/Person.

Tip für eine Kurz-Wanderung: vom Parkplatz Richtung Süden durch ein tief eingefurchtes Tal mit der berüchtigten Felskluft "Devil's Kitchen" und weiter zum Bergsee Llyn Idwal, der wie ein Kristall schimmert. Hin und zurück und zusammen mit dem Uferwanderweg ca. 4 km.

Weiter auf der A 5 ab Llyn Ogwen durch urwüchsiges Hochland. Die Paßstraße wurde im frühen 19. Jh. in den Berg geschlagenen, Felswände, Gesteinsblöcke und Sturzbäche.

BETHESDA: Bergbau-Siedlung am Ende vom Ogwen Valley, hat sonst eigentlich wenig zu bieten. Hier in Bethesda waren im 19. Jh. Minen im Besitz des mächtigen Penrhyn-Clans. Dessen Familien-Schloß ist an der Nordküste zu besichtigen (Seite 377).

Capel Curig ⫸→ Penygwryd ⫸→ Llanberis (16 km)

Llanberis sollte man in jedem Fall einbauen, hier beginnt die Zahnradbahn auf den Mount Snowdon: bei klarem Wetter großartiges Panorama! Zudem in der Region Wandertrails rauf auf den Snowdon, siehe eigenes Kapitel.

 Busse: Alle 3o Minuten mit dem Sherpa-Bus, der aus Betws-y-Coed kommt und via Capel Curig nach Llanberis weiterfährt. Dort kann man umsteigen für den Bus nach Caernarfon, der ebenfalls halbstündlich geht.

PEN-Y-GRYD

Bezeichnet die Abzweigung der Paßstraße A 4o88 nach Llanberis (ca. 6 km ab Capel Curig). Dort ein kleiner See und ein traditionelles Bergsteiger-Hotel (gute Barmeals). Die Hotel-Bar ist weit und breit die einzige "Nass-Zelle". Treff mit anderen Snowdonia-Liebhabern.

In dem Hotel hat 1953 die erste Mount-Everest-Expedition gewohnt, um letzte Material-Tests durchzuführen. Vor Aufbruch zu dem todesmutigen Unternehmen haben die vier Männer ihre Unterschriften an der Decke in der Bar hinterlassen: Edmund Hillary, Doug Scott, Chris Bonnington, Clough Williams-Ellis. Nach Rückkehr brachten sie als "Souvenir" einen Felsbrocken vom Gipfel des Mount Everest, ist in der Bar ausgestellt.

"**Pen-y-Gwryd Hotel**", knapp 2o Zimmer, sehr authentische Atmosphäre. Tel. o1286/ 87 o2 11. DZ en suite ca. 1oo DM.

PEN-Y-PASS

Parkplatz, ein Café und eine JuHe: wichtig als Startpunkt für zwei Trails rauf auf den Mount Snowdon (Miner's Track und Pyg Track; Details im Anschluß ans Llanberis-Kapitel).

Atemberaubende Anfahrt: Hinter dem oben beschriebenen Hotel windet sich die Piste steil bergauf zum PASS OF LLANBERIS; grandiose Fernsicht und kühle, frische Bergluft. Kleines Café, wer sich hier ein bißchen aufhalten möchte.

Hinter der Paßhöhe geht's dann kilometerweit über Hochland, bis die Piste wieder talwärts kurvt: unten im Panorama ein tiefes Tal, mit Llanberis und zwei blauen Seen.

> "**Pen y Pass Youth Hostel**", die JuHe ist die einzige Unterkunft auf dem Pen-y-Pass: top-modern und sehr gut erhalten. In ehemaligem Hotel-Gebäude und bei 12o Betten sehr groß; Cafeteria und Spieleraum. Tel. o1286/ 87 o4 28. Schlafsaal ca. 23 DM/Person.

NANT PERIS

Letztes Dorf vor dem Bergsteiger-Zentrum Llanberis. Alternative für Leute, die den dortigen Betrieb etwas meiden wollen, gleichzeitig aber nur ein Katzensprung entfernt (ca. 6 km, alle 1/2 Stunde Sherpa-Bus).

Proviant mitbringen, da es in dem Nest keinen Shop gibt. Berüchtigte Bergsteiger-Tränke ist das <u>Vaynol Arms Hotel</u>: im Hinterzimmer ("Slate Room") serviert man chemiefreies Real Ale, nach Kenner-Meinung bestes Bier in Snowdonia.

> "**Gwastadnant Bunkhouse**", 6-7 km hinter der Pen-y-Pass-JuHe (Richtung Llanberis). Privat-Hostel in einem sehr simplen Cottage, außerdem Einfach-Camping. Tel. o1286/ 87 o2 11. Schlafsaal ca. 14 DM/Person.

 Camping: <u>Cae Gwyn Site</u> uns <u>Pritchard's Site</u> gehören zu Farmhöfen. Facilities: Warmwasser, Duschen. Einer der bei den Plätze liegt direkt gegenüber vom Hotel (gute Barmeals).

✦Llanberis   (1.8oo Einw.)

Wichtigstes Bergsteiger-Dorf im Nationalpark, am Fuß des massiven Snowdon-Bergstocks. Eine Zahnradbahn rauf zum Mount Snowdon, ebenso der Standard-Trail zum Wandern. Es gibt im Umfeld des Dorfes

SNOWDON & LLANBERIS LAKE, Illustration 19.Jhd.

aber noch zahlreiche andere Walks in allen Schwierigkeitsgraden.
Llanberis ist eine einzige Straße mit Hotels und Outdoor-Shops, alles aus
grauem Schiefer. Überall Wanderer mit Goretex-Jacken und Backpacker
aus der ganzen Welt.

 High Street, Ecke Goodman Street (gegenüber von Pete's Café). Tel. o1286/ 87 o7 65. Ganzjährig.

SNOWDON MOUNTAIN RAILWAY

Großartige Strecke in Zahnrad-Betrieb über kahles Bergland rauf auf den
höchsten Gipfel von Wales (1.o85 m).

Bereits 1869 diskutierte man den Bau einer Zahnradbahn in Dampflokbetrieb rauf auf den
Gipfel. Ähnliche Zahnradgleise existierten in den Schweizer Bergen, - und das während
der industriellen Revolution zu Reichtum gekommene Wales wollte hier seinen heiligen
Berg ebenfalls touristisch erschließen. Der damalige Star-Architekt Williams Ellis (siehe
"Portmeirion") wurde mit dem Bau eines Hotels oben auf dem Gipfel beauftragt, -
gleichzeitig wurde 1894 seit Freistellung der Geldmittel mit dem Bau des 9o cm breiten
Zahnradgleises auf den Gipfel begonnen.

Feierliche Einweihung am Ostermontag 1896, wobei leider die Dampflok aus den Gleisen kippte und den Hang runterstürzte. Lokführer und Heizer sprangen rechtzeitig ab,
während die Waggons auf den Gleisen stehen blieben. Allerdings stürzte sich ein Passa-
gier in Panik zu Tode. Dies war in den mehr als 1oo Jahren bis heute der einzige Unfall.

In Folge wurde die "Snowdon Mountain Railway" zu äußerst lukrativem Geschäft der
Betreiber. Alle Zahnradloks stammten aus Schweizer Fertigung der SLM in Winterthur:
erste Lok, die "Ladas" 1895 gebaut, weitere u.a. 1922 und 1924. Jede der Zahnradloks
schiebt einen Waggon mit 6o Passagieren.

Die Geschwindigkeit ist aus Sicherheitsgründen auf 5 Meilen/h beschränkt, weswegen
das 8 km lange Gleis rund 1 Std. Fahrt benötigt. In den 6oer Jahren wurde Dieselbetrieb
probiert, anschließend jedoch (aus Nostalgiegründen) wieder auf Kohlebetrieb umgestellt.

Seit 1896 mit kleinen, grasgrünen Dampfloks: schlucken Kohle und äch-
zen wie eh und je. Lohnt sich besonders bei guter Fernsicht. Wenn dagegen Wolkenschwaden vom Meer um den Gipfel ziehen: je nach Bedingungen faszinierende Fahrt "zwischen den Wolken"...Oben am Gipfel ein
unvermeidliches Café, und ein Post Office, um die Ansichtskarte an die
Lieben daheim am Gipfel stempeln zu lassen.

Abfahrt: nur von Ostern bis Ende Oktober, - täglich von 9 bis 18 Uhr (von
dreimal täglich bis halbstündlich). Juli/August oft 1/2 Stunde Schlangestehen, da Vorbuchen leider nicht möglich ist.

Return-Ticket kostet 35 DM. Der Trip dauert 2 1/2 Stunden: eine Stunde
rauf, 3o Minuten unterm Gipfelkreuz und eine Stunde zurück. Wer länger
oben bleiben will, muß zwei Single-Tickets lösen (je ca. 25 DM).

Kombination: eine Strecke per Railway, die andere per pedes. Die meisten fahren rauf und wandern dann runter (ca. 3 Stunden). Wer raufwandern und zurückfahren will, muß sein Tix bereits an der Talstation kaufen, da oben kein Kios.

Oft gibt es "special offers". Sonntagsmesse am Gipfelkreuz. Im TI fragen.

PARC PADARN

Waldpark zwischen den beiden Seen Llyn Padarn und Llyn Peris. Gehört der Verwaltung des Snowdonia-Nationalparks. Bringt eine ganze Reihe von Activities, alle nahe Parkplatz (am östlichen Dorfende).

SLATE MUSEUM: Werkstätten aus der Zeit des Schiefer-Bergbaes - speziell ausgebildete Handwerker arbeiten nach Altväter Sitte, eine Schmiede, ein Wasserrad etc. In Llanberis wurde der Schiefer im Tagebau gebrochen (nicht unter Tage wie z.B. in Blaenau Ffestiniog).

QUARRY HOSPITAL: das alte Krankenhaus für die Kumpels. Furchterregende Instrumente der Ärzte und unbequeme Metall-Pritschen.

CRAFT SHOPS: Werkstätten von Kunsthandwerkern, wo man den Leuten zusehen kann. Schmuck aus Schiefer, Holzsachen, ein Harfenbauer (auch erschwingliche Miniaturen) etc.

LAKE RAILWAY: Dampflok-Betrieb auf 6 km Gleis entlang des Ufers vom Llyn Padarn. Gebaut 184o zum Abtransport des Schiefers. Hin und zurück ca. 4o Minuten. Evtl. am Zielpunkt Fahrt unterbrechen: Picknick mitnehmen, oder im See baden (aber tief und kalt - bereits Todesfälle!).

WALKS: Beginn ab Parkplatz, dort ein Info-Kiosk für gratis Landkarten. Drei Alternativen:
* Der Vivian Trail führt rauf zu den Schiefer-Steinbrüchen, die wie sieben Treppen übereinander liegen. 1 Stunde, blaue Schilder.

* Der Nature Trail für Flora und Fauna, - v.a. viele Vögel. 1 Stunde, grüne Schilder.

* Der Forest Walk geht stark bergauf in die Waldhänge nördlich vom See. 1/2 bis 3 Stunden (frei kombinierbar), gelbe Schilder.

BOOTE: In der Holzhütte beim Kinderspielplatz werden Ruderboote vermietet (sehr gute Preise).

SNOWDON MUSEUM: Unter Regie des Nationalmuseums von Cardiff, was für Qualität bürgt. Die Ausstellung wechselt alle paar Monate - von Picasso bis zu ausgestopften Mammuts. In der High Street. Bei ca. 9 DM Eintritt recht teuer (vielleicht mit dem Kraftwerk kombinieren; siehe unten).

DINORWIG POWER STATION: Speicherkraftwerk. Man trifft sich am Snowdonia-Museum: kurze Film-Einführung, dann im Minibus zum Kraftwerk. Zusammen ca. 13 DM (inkl. Besuch des Museums).

Besteht aus zwei übereinanderliegenden Seen. Dabei fließt tagsüber das Wasser nach unten und treibt die Turbinen an. Übernacht wird es wieder hochgepumpt mit billigem Nachtstrom von einem anderen Kraftwerk. Unterm Strich wird also keine Energie gewonnen, - lediglich Energie-Speicherung.

SNOWDON HONEY FARM: Wespen und (sechsbeinige) Bienen: durch Glasscheiben sieht man rein in die Stöcke und Waben, wo Blütenstaub zu Honig wird. Verkauf von süffigem Met.

DOLBADARN CASTLE: Die Burgruine lohnt sich hauptsächlich für Blick runter auf den Padarn-See: blaues Bergwasser, - am Ufer das Kraftwerk und die Steinbrüche. Eins der wenigen Castles in Nordwales, das von den Walisern gebaut wurde und nicht von den Engländern - zur Bewachung der Paßstraße von Llanberis.

Dazu den River Hwch lang bis zur Brücke, dann noch ein Stück durch den Wald.

COUNTRY HOUSE: Es gibt in Llanberis nur wenige up-markt Unterkünfte, alles mehr auf die Bergsteiger zugeschnitten. Wer Wert auf gepflegte Hotel-Kultur legt, quartiert sich besser in Caernarfon ein, wo es etliche Country Houses gibt (nur 2o Autominuten von Llanberis).

"**Bryn Bros Castle**", ca. 5 km nordwestlich, Richtung Caernarfon.

Kein Hotel, sondern 2-Mann-Apartements (kleine Küche, Geschirrspüler etc.) in stilechtem Castle mit Türmchen und Park. Vermietung nur wochenweise und optimal, wer sich länger im Snowdonia-Revier aufhält. Tel. o1286/ 87 o2 1o. Apartement pro Woche 4oo bis 1.3oo DM, je nach Saison und Ausstattung.

HOTELS: "**Royal Victoria Hotel**", gegenüber von der Zahnradbahn. 114 Zimmer. Stichwort "Komfort-Absteige". Größtes, teuerstes und bestausgestattetes Hotel im Ort. Tel. o1286/ 87 o2 59. DZ ca. 18o DM, für "Bergblick" ca. 3o DM Zuschlag.

"**Alpine Lodge Hotel**", High Street. Sehr sauber, sehr gute Atmo und Riesen-Breakfast für Bergsteiger-Mägen. Tel. o1286/ 87 o2 94. DZ ca. 15o DM.

"**Padarn Lake Hotel**", High Street. Ähnlich gut wie das Alpine Lodge, und bei 18 Zimmern recht groß für Llanberis-Verhältnisse: drei Bars, öfters Live-Entertainment. Tel. o1286/ 87 o2 6o. DZ ca. 15o DM.

"**Heights Hotel**", High Street. Der *Bergsteiger-Treff* von Llanberis, oft quartieren sich "climbing clubs" hier ein. Tolle kameradschaftliche Atmosphäre, am Abend geht's in der Hotel-Bar rund. 12 Zimmer. Tel. o1286/ 87 11 79. DZ ca. 1oo DM.

"**Dolbadarn Hotel**", High Street. 27-Zimmer-Hotel unter Regie von Aneuryn plus Familie. Gutes Restaurant, großzügige Lobby. Tel. o1286/ 87 o2 77. DZ ca. 1oo DM.

"**Dolafon Hotel**", High Street. Seit vielen Jahren etablierte 6-Zimmer-Pension, persönliche Atmosphäre. Tel. o1286/ 87 o9 93. DZ ca. ca. 85 DM.

BED & BREAKFAST: Juli/August wie überall hier im Snowdonia-Revier sehr viel Andrang. Daher besser im voraus reservieren (book-a-bed-ahead), auf jeden Fall aber vor 15 Uhr ankommen. Viele Häuser mit 2-4 Zimmern liegen in der High Street. Oder auf Farmhöfen, um das Dorf herum, wer ein Stückweit weg vom Trubel sein möchte.

HOSTELS: Abgesehen von der offiziellen JuHe ein Schwung von privaten Hostels. Größter Vorteil: keine Sperrstunde (gut bei Regen!), kleiner und überschaubarer. Für Juli/August vorher anrufen und buchen, da traditionell viele Stammgäste.

"Llanberis Youth Hostel", in einer Seitenstraße der High Street (1 km steil berg-auf). Ein Stück oberhalb vom Dorf, Mount Snowdon im Genick. Erstklassiger Service, supersauber und gut in Schuß. Frühstück, Abendessen und für die Wandertouren Lunch-Packete. Vorsicht: Mai/Juni oft Schulgruppen. Tel. o1286/ 87 o2 8o. Schlafsaal ca. 2o DM/Person.

"Heights Hotel", High Street. In dem traditionsreichen Bergsteiger-Hotel sind 3 Zimmer mit je 4 Etagen-Betten ausgestattet. Leider keine Küche für Selbstverpfle-gung, aber billige Barmeals. Abends trifft sich unten in der Bar die ganze Bergsteiger-Szene. Tel. o1286/ 87 11 79. Schlafsaal ca. 18 DM, mit Breakfast ca. 27 DM.

"Bryn Du", Snowdon Street (gegenüber vom Fish&Chip in der High Street ca. 2oo m bergauf). Gehört zu einem Outdoor-Centre für Bergsteiger- oder Wassersport-Kurse. 6o Betten und o.k., wenn auch magere Küche. Die Herberge ist aber schöner. Tel. o1286/ 87 o5 56. Schlafsaal ca. 18 DM, mit Breakfast ca. 25 DM.

"Gallt-y-Glyn Hotel", ca. 5oo m außerhalb (Richtung Caernarfon). Zwei Cottages hinter dem Hotel, nichts besonderes. Tel. o1286/ 87 o3 7o. Schlafsaal mit Breakfast ca. 25 DM.

"Jesse James Bunkhouse", ca. 5 km Richtung Bangor, an der B 4547 (gegenüber vom Snowdon View Campsite). Jesse James ist passionierter Bergführer, der seine Gä-ste entsprechend instruieren kann (evtl. Kurz-Kurse). Die Berghütte ist schon seit 1966 eine Institution! Tel. o1286/ 87 o5 21. Schlafsaal ab 16 DM, je nach Ausstattung.

"Judy & Walton", ca. 6 km Richtung Bangor, in Brynrefail. Von ambitioniertem Bergsteiger-Paar geführte Berghütte, häufig laufen gemeinsame Expeditionen unter Füh-rung der Waltons. Tel. o1286/ 87 o7 44. Schlafsaal ca. 16 DM/Person.

Hafod Lydon Site (ca. 2oo m oberhalb der JuHe): einziger Campingplatz innerhalb vom Ort. Basic mit Toiletten und Kaltwasser. Auf einem Feld, das zu einer Farm gehört, - daneben grasen Kühe und Schafe. Nur Zelte.

Snowdon View Site (ca. 5 km Richtung Bangor, an der A 4546): der ein-zige vollausgerüstete Platz im Raum Llanberis. Waschmaschinen, Swim-mingpool, Shop und Pub. Auch für Caravans. Liegt aber eine Ecke ab von den Bergen.

Dritte Altenative wären die beiden Zeltplätze im Nachbardorf Nant Peris, siehe weiter oben. Warmwasser und Duschen. Bus: alle 3o Minuten.

Y BISTRO (High Street, neben dem TI): für den Bergsteiger mit Gourmet-Attidüden, Top-Etablissement im Raum Snowdonia! Schon seit über 15 Jahren, mit internationalen Auszeichnungen überhäuft. 4o-6o DM.

HEIGHTS HOTEL (High Street): Zwar servieren mehrere Hotels gutes Essen, kommen aber alle erst auf Rang zwei! Der "seriöse Bergsteiger" geht ins Heights: Barmeals durchgehend ab Mittag, für 1o-13 DM

(Burger, Salate, Pizzen). Die Pudding-Desserts sind Legende. Zusätzlich Abend-Speisekarte, um 2o DM, wobei man im Wintergarten sitzt.

PETE'S EATS (High Street, gegenüber vom TI): lärmiges Café, wo sich traditionell die Bergwanderer mit Tee oder einer dampfenden Suppe aufwärmen. Seit 1978 etabliert und in der Szene längst zur Institution geworden - Pete ist übrigens selber Bergsteiger. Nur tagsüber, lediglich am Wochenende bis 2o Uhr.

Height's Hotel (High Street): Treffpunkt der Bergsteiger-Szene, auch die Leute aus der JuHe stehen oder liegen hier rum (Tip: eigene Musik-Cassette mitbringen). Im Nebenzimmer Kletterwand und Gummi-Matratze: wenn die Stimmung heiß wird, verwaist die Theke, weil alles an der Decke hängt.

Pubs

Prince of Wales Bar, schräg gegenüber vom TI: gute Real Ales und am Samstag Welsh Singing. Schon über zehn Jahre von Graham & Jean geführt.

Im Dolbadarn Hotel und Padarn Lake Hotel treffen sich die trinkfesten Einheimischen. Manche Gäste stehen mit einer Schräglage an der Theke, die dem Turm von Pisa locker die Schau stiehlt.

Vaynol Arms Hotel, ca. 5 km außerhalb in Nant Peris: bestes Bier in Snowdonia! Halbstündlich mit Bus: man fängt dort mit dem Feiern an und nimmt den letzten Bus zurück nach Llanberis, um weiterzumachen.

Chöre: Ein- bis zweimal pro Woche trifft sich der Männerchor von Llanberis, - im Dolbadarn Hotel. Dort genauere Infos.

Reiten: Im Sattel den Mount Snowdon rauf, aber nur ein Stückweit, nicht bis zum Gipfel. Eine unvergeßliche Expedition. Kostet knapp 15 DM pro Stunde. Infos im Dolbadarn Hotel (High Street).

Wassersport: Im Parc Padarn werden Kurse veranstaltet: Kanu, Windsurfing, Floßbauen etc. Ein "Multi Activity Day", um einen Tag lang alles auszuprobieren: bei 2 Teilnehmern ca. 65 DM pro Person, mit individueller Einweisung.

Fahrrad: Bei Mountain-Bikern wird der "Llanberis Path" rauf auf den Mount Snowdon von Jahr zu Jahr beliebter. Es gibt aber ein Agreement auf freiwilliger Basis, daß der Berg von Juni bis September zwischen 1o und 17 Uhr für Radfahrer "gesperrt" ist. Bitte dran halten!

In Llanberis bis dato leider kein bike-rent (könnte sich mittlerweile geändert haben, im TI fragen). Sonst sitzt der nächste Fahrradvermieter in Betws-y-Coed.

Umgebung von Llanberis

BRYN BRAS CASTLE ist einen Ausflug wert: 183o in Kopie des mittelalterlichen Stils gebaut. Eingerichtet mit schönen Stilmöbeln, Buntglasfenster, kunstvolle Wandvertäfelung.
Die Gärten sind im formalen Stil gehalten: englischer Rasen und akurat
geschnittene Hecken. Das Schloß, das übrigens noch bewohnt ist, liegt ca.
5 km nordwestlich, an der A 4o86 Richtung Caernarfon.

✦ Besteigung des Mount Snowdon (1.o85 m)

Der Star unter den Snowdonia-Gipfeln war bereits zur Zeit der Romantik
ein beliebtes Ziel der Bergwanderer. Vom steinernen, nackten Gipfel bei
schönem Wetter Fernsicht bis rüber nach Irland, oft aber "trübe Aussich-
ten" rein in den Dunst.

Zugegeben - sehr viel Andrang, teilweise befestigte Wege, ständiger
"Blickkontakt" mit anderen Wanderern. Trotzdem ein Highlight. Wer sehr
allergisch gegen Menschen ist, tut vielleicht gut daran, die Wochenenden
zu meiden.

Der Grund für die Beliebtheit des Mount Snowdon liegt in seinem Charakter als National-Symbol der Waliser. Bei feindlichen Invasionen haben
sich hier in den Snowdonia Mountains die Widerstandsgruppen am längsten gehalten.

Außerdem ist der Schicksals-Berg von majestätischer Schönheit, in Form
einer perfekten Pyramide mit fünf Felsgraten. Die Wirkung verstärkt sich
durch die karge, baumlose Vegetation und durch die tiefen Täler, die ihn
von allen Seiten umgeben. Für magischen Flair und ein Gefühl der Verlas-
senheit dort oben sorgen die Lichtverhältnisse und die Nebelbänke an den
Abhängen...

Routen auf den Mt. Snowdon (auf Walisisch: "Yr Wyddfa")

Insgesamt vier klassische Routen plus zwei Variationen, die den Berg von
allen vier Himmelsrichtungen bezwingen. Sie folgen den einzelnen Felsgraten. An den Startpunkten der vier Trails je eine Jugendherberge als
Standquartier. Außerdem kurven Sherpa-Busse um den Fuß des Berges
herum, so daß man problemlos zum Startpunkt des Trails gelangt.

Tip: morgens an der einen Seite rauf zum Gipfel und für den Weg runter
einen anderen Trail nehmen. Das normale (nicht für die Besteigung not-
wendige) Reisegepäck deponiert man in der JuHe am Startpunkt, um es
am nächsten Tag wieder abzuholen. Die Nacht erholt man sich in der JuHe
am Zielpunkt.

Ausrüstung: siehe Kasten Seite 31o. - Zeitbedarf: je nach Routenlänge,
Steigung und Kondition grob etwa 3 1/2 Stunden rauf und 2 1/2 Stunden
runter - also ein kräftiges Lunchpaket in den Rucksack! Wer die Sache
abkürzen möchte, kann auch mit der Zahnradbahn runterfahren nach Llan-

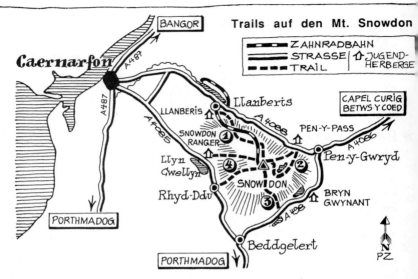

Trails auf den Mt. Snowdon

beris. Der Weltrekord im alljährlichen Snowdon-Wettrennen liegt übrigens bei 1 Std. 6 Min. rauf und runter...

1.) LLANBERIS PATH ist die Standard-Route: am einfachsten, mit dem geringsten Steigungs-Quotienten. Dauert dafür aber am längsten von allen vier Trails.

Startpunkt ist Llanberis (Llanberis Youth Hostel, Seite 327) am Bahnhof der Zahnradbahn, deutlich beschildert, folgt bis zum Gipfel weitgehend den Bahngleisen. Von daher keine Orientierungsprobleme. Der Trail wird manchmal auch mit guten Sportschuhen begangen, obwohl die Park Rangers das nicht gerne sehen.

2.) MINER'S TRACK (plus Pyg Track): beginnt ab der Pen-y-Pass Jugendherberge (S. 326) und ist recht steil und anstrengend. Unterwegs entlang zweier Bergseen.

3.) WATKIN'S PATH: beginnt ab der Bryn-Gwynant Jugendherberge (Seite 335): der schwierigste aller Trails und nur für erfahrene, schwindelfreie Leute. Weiter oben loses Felsgeröll, Orientierungsprobleme.

Trotzdem nicht abschrecken lassen: uns liegt der Brief eines Lesers vor, der 75 Jahre alt ist und begeistert von seiner Besteigung des Watkin's Path erzählt...

Außerdem wird der Pfad unter Kennern als der schönste der Trails gehandelt, vorbei an Wasserfällen und verfallenen Schiefer- und Kupferminen. Darüber hinaus hier am wenigsten Touristen.

4.) RANGER PATH: beginnt an der A 4085 und Westflanke des Berges an der Snowdon Ranger Jugendherberge (Seite 337). Die Juhe liegt bereits in 4oo m Höhe. Der Trail ist daher der schnellste auf den Gipfel (im Schnitt ca. 2 Std.), außerdem einfache Orientierung. - Der RHYD DDU PATH ist vor allem für den Abstieg beliebt; blickt exakt nach Westen, und daher unbeschreiblich schöne Sonnenuntergänge. Er erreicht die A 4o85 rund 3 km südöstlich der Ranger JuHe.

Beschreibung der <u>Jugendherbergen</u> siehe jeweilige Textpassage der Straßenbeschreibung um den Mt. Snowdon. Der Hostel-Warden hat zugleich detaillierte Information über den Trailverlauf, Orientierung und seine Schwierigkeiten.

Capel Curig 〰→ Beddgelert (ca. 2o km)

Durch ein tiefes Tal an der Ostflanke des Mount Snowdon lang, pro Tag 5 Sherpa-Busse. Nach etwa 6 km das oben beschriebene <u>PENYGWRYD</u> mit Abzweigung (A 4o88) nach Llanberis.

Im weiteren Verlauf nach Beddgelert furcht sich das Tal zwischen stolzen Bergkegel durch, Wildbäche stürzen durchs Gehölz, weiter oben nackter Fels. Zwei stille Seen: besonders schön der <u>LLYN GWYNANT</u>: bekannt für seine Sonnenuntergänge, wenn der Mount Snowdon aussieht wie mit flüssigem Gold übergossen.

HOSTEL: "**Bryn Gwynant Youth Hostel**", ca. 6 km vor Beddgelert auf einem Hügel oberhalb des Sees Llyn Gwynant. Sehr schönes, altes Herrenhaus mit tiptop Facilities. Vorsicht: Juni/Juli fast immer voll mit Schulklassen (aber nicht an den Wochenenden). Ab dieser JuHe beginnt der Watkins Path auf den Mount Snowdon. Tel. o1766/ 89 o2 51. Schlafsaal ca. 2o DM/Person. Camping!

"**Bryn Dinas Bunkhouse**", ca. 5 km vor Beddgelert. Über 5o Jahre Tradition als Berghütte: jetzt schon 3o Jahre unter Regie von Jerry und Barbara, zwei passionierten Bergsteigern. Entsprechend viel Szene-Klientel aus der walisischen Bergsteiger-Welt. Ein Farmhaus mit 2o Zimmern und 5o Betten, - schöner Common Room, Küche etc. Tel. o1766/ 89 o2 34. Schlafsaal ca. 15 DM/Person.

✦ Beddgelert

Ein weiteres Touring-Centre: Nähe zu Bergen (vor allem Mount Snowdon) und zu Seen. Pluspunkt: Beddgelert ist ein natürlich gewachsenes Dorf, - nicht bloß eine Ansammlung aus Hotels und Restaurants wie Betws oder Llanberis. Wer hier ein Hotel nimmt, fährt "gegen den Touristen-Strom", da die meisten in Betws und Llanberis wohnen. Kann Juli/August bei hoher Verkehrsdichte ein enormer Vorteil sein! Sherpa-Busse: fünfmal am Tag nach Llanberis und Betws-y-Coed.

Beddgelert liegt am Ende eines tief eingekerbten Tales, graue Granithäuser kuscheln sich unter den knorrigen Bäumen zusammen, und abends trifft man sich zum Dorfklatsch auf der Brücke über den Wildbach...

Schon eine Reihe von Spielfilmen wurden hier in der rustikalen Land-Idylle gedreht, unter anderem von Spielberg und Bergman. Gelegentlich treiben sich Filmteams in den Kneipen rum.

<u>SYGUN COPPER MINE</u>: Besuch eines Kupferbergwerks, das 19o3 seine Produktion eingestellt hat. Führungen rein in das System aus dem Fels gehauener Höhlen und Kammern, bizarre Felsformationen und, recht anschaulich, die Arbeitsweise der Kumpel im 19. Jahrhundert.

COUNTRY HOUSE: "Sygun Fawr", auf einer Anhöhe ca. 2 km ab vom Dorf. Farmhaus aus dem 17. Jh., überall Mahagoni-Möbel. 7 Zimmer und Blick runter ins Tal - schon seit 1972 in der Hand derselben Familie. Tel. o1766/ 89 o2 58. DZ ca. 13o DM, Dinner um 45 DM.

HOTELS: "Royal Goat Hotel". Altbau von 18o2: neben dem Royal Oak in Betws-y-Coed bestes Hotel im Snowdonia-Revier (außerdem: via Satellit-Schüssel deutsche TV-Programme). Mr. Roberts kam nach 18 Jahren Karriere in Australien zurück und bewies auch im Hotel-Business eine glückliche Hand - bitte einen schönen Gruß von uns. Im Gästebuch stehen Namen wie Jimmy Carter und Clint Eastwood... Tel. o1766/ 89 o2 24. DZ ca. 17o DM.

"Tanronen Hotel", eine Klasse tiefer angesetzt als das Royal Goat, in seiner Preislage aber gut. Gehört zwar zu einer großen Hotel-Kette, aber eher persönlicher Führungsstil. DZ ca. o1766/ 89 o3 47. DZ ca. 14o DM.

BED & BREAKFAST: Ganz allgemein recht hoher Standard hier in Beddgelert, - allerdings schnell ausgebucht und auch relativ teuer (DZ ohne Facilities bis 1oo Mark).

HOSTELS: Keine Billig-Unterkunft innerhalb vom Dorf. Die Snowdon Ranger JuHe liegt ca. 6 km nordwestlich Richtung Caernarfon (siehe weiter hinten), zwei Hostels liegen 5 bzw. 6 km nordöstlich Richtung Capel Curig (siehe oben).

Beddgelert Forest Site, ca. 2 km außerhalb Richtung Caernarfon: Mitten im Wald - Zelt zwischen Bäumen, kleiner Wildbach rauscht über den Platz. Extrem sauber und top ausgerüstet (Waschmaschinen, Trockenraum, Shop). Außerdem ein Orientierungs-Pfad, wo man das Handling von Kompaß und Karte einüben kann.

Cae Du Camping: liegt 1o Gehminuten außerhalb, an der A 498 Richtung Capel Curig.

Sehr gut das ROYAL GOAT HOTEL mit seinen zwei Restaurants: das "Corral Restaurant" in einem Festsaal mit Kronleuchtern und herrlichen Stuckarbeiten und das viel kleinere und intimere "Galert Restaurant". In beiden dasselbe Essen, knapp 5o DM für drei Gänge.

Ansonsten kleinere Cafés. Im BEDDGELERT ANTIQUES an der Brücke wird Tee und Kuchen zwischen altem Gerümpel serviert, sehr stilvoll.

Barmeals: Die besten Barmeals weit und breit werden im CWELLYN ARMS, 5 km außerhalb, Richtung Caernarfon, serviert. Innerhalb des Dorfes Beddgelert genießt das ROYAL GOAT HOTEL den besten Ruf, gilt sowohl für Portionen als auch für Qualität.

Royal Goat Hotel: viele Einheimische, - oft spontane Sessions. Die Leute bringen Bodhran und Banjo mit und lassen ihre Bierfahnen durch die Kneipe flattern.

Cwellyn: klitzekleine Kaschemme mit durchgebogenen Deckenbalken, im Kamin brutzeln die Holzscheite vor sich

Pubs

hin. Abends wird's oft sehr laut, wenn sich die Einheimischen hier versammeln. Die Kneipe liegt 5 km außerhalb, Richtung Caernarfon, in einem kleinen Nest aus einer Handvoll Häusern. Exzellente Barmeals!

Die Einheimischen nennen es The Ring: offizieller Name "Bron Danw Arms", 6 km außerhalb in Llanfrothen. Etwas moderner als das Cwellyn, und ebenfalls immer gesteckt voll. Wegen der Billard-Tische jüngeres Publikum. Oft Spontan-Sessions.

Umgebung von Beddgelert

CAE DAFYDD: Besuch einer Farm mit Kühen, Geflügeln etc., schön für Familien mit Kindern. In Llanfrothen, in den Hügeln ca. 6 km südöstlich.

Wandern: Klassiker ist der Aberglaslyn Gorge: ca. 6 km lang bei 2 1/2 Stunden Zeitbedarf. Von Beddgelert den River Glaslyn flußabwärts: dann durch das Klamm, mit steilen Felsen auf beiden Seiten. Nach einem Tunnel links auf den Hügel Cwn Bychan, von dort toller Blick bis zur Nordküste. Für Rückweg an den Schafskobeln lang und dann zur Sygun-Kupfermine.

Beddgelert ≫→ Caernarfon   (via A 4o85)

An der Südostflanke des Mount Snowdon lang, rund 22 km bis Caernarfon an der Küste. Startpunkt zweier Trails auf den National-Berg. Pro Tag fünfmal mit Sherpa-Bussen.

RHYD DDU: gottverlassenes Nest, etwa 6 km ab Beddgelert: eine Handvoll Stein-Cottages und das Cwellyn-Pub (siehe oben!). Wichtig vor allem als Startpunkt für den Rhyd Ddu Path auf den Mount Snowdon. 1o km hinter Beddgelert am Nordufer des Bergsees Llyn Cwellyn liegt der Startpunkt für den Ranger Path auf den Mt. Snowdon.

"**Snowdon Ranger Youth Hostel**", am Startpunkt für den Ranger-Path. Großartig gelegen am Berghang, vor der Haustür die blaue Wasserfläche des Sees. Die moderne Herberge, sauber und flott geführt, bietet allen Komfort inkl. Spieleraum. Tel. o1286/ 65 o3 91. Schlafsaal ca. 2o DM/Person.

Weiterer ROUTENANSCHLUSS: Ab Beddgelert entweder die 1o km runter nach Porthmadog und die LLEYN HALBINSEL umfahren (siehe Folgekapitel). Oder direkt von Beddgelert bzw. Llanberis nach CAERNARFON (Seite 344).

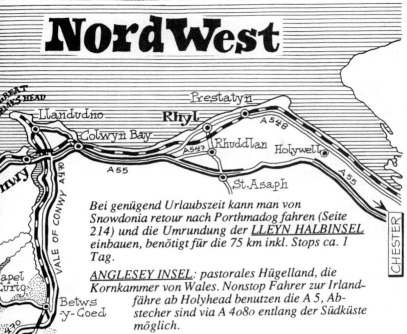

NordWest

Bei genügend Urlaubszeit kann man von Snowdonia retour nach Porthmadog fahren (Seite 214) und die Umrundung der LLEYN HALBINSEL einbauen, benötigt für die 75 km inkl. Stops ca. 1 Tag.

ANGLESEY INSEL: pastorales Hügelland, die Kornkammer von Wales. Nonstop Fahrer zur Irlandfähre ab Holyhead benutzen die A 5, Abstecher sind via A 4080 entlang der Südküste möglich.

Die Hauptattraktionen liegen entlang der MENAI - MEERESSTRASSE: die gewaltige mittelalterliche Festung Caernarfon, die Menai - Bridge, gebaut 1826 von Teldford und das Wasserschloß Beaumaris.

Lleyn Peninsula

Lohnt sich für die Hügellandschaft mit Landsträßchen, Dörfer, Heidekraut und Ginster. Bonbon: zwei Boot-Trips zu Vogelinseln. Die Küste ist felsig mit eingestreuten Badeorten und Sandbuchten.

Die meisten Touristen, die hier rauskommen, sind Engländer, die Urlaub in den Badeorten machen. Manche haben hier ihre Sommerhäuschen stehen.

KULTUR: die Lleyn-Halbinsel ist ein Reservat der walisischen Sprache. Viele ältere Leute sprechen nur gebrochenes Englisch. Grund: durch die Snowdonia-Berge, wie ein Sperriegel im Rücken, war die Halbinsel bis zur Ankunft der Eisenbahn weitgehend von der Außenwelt abgeschnitten. Die walisisch-sprachige Bevölkerung konnte sich reinrassig erhalten.

An der SÜDKÜSTE liegen drei Familien-Badeorte mit Rummel und Feriencamps. Kaum Attraktionen, abgesehen vielleicht von Wassersport, oder für Shopping bzw. abends reinfahren für die Kneipen.

Davon sollte sich aber niemand abschrecken lassen! Wer "off the beaten track" reisen möchte, hält sich an die NORDKÜSTE sowie an die Spitze der Halbinsel. Fast die ganze Küstenlinie ist hier ausgewiesen als "area of outstanding natural beauty". Viele Rucksackler zieht's hier raus.

Im LANDESINNERN Hügel, Farmen und Landsträßchen, Dörfer, Heidekraut und Ginster.

Verbindungen

Zug: bis zum Hauptort Pwllheli mit der Cambrian Railway von Aberstwyth via Harlech -> Portmadog alle 2 Std. sonntags bis 3 x täglich.

Bus: Mit "National Express" von der nordwalisischen Küste bis nach Pwllheli, - dem Nabelpunkt für weitere Verbindungen auf der Halbinsel. Fast stündlich mit lokalen Bussen nach Porthmadog und Caernarfon, - aber auch zu allen wichtigen Ortschaften auf der Halbinsel.

Der Day Pass (ca. 12 DM) berechtigt zu einem Tag Freifahrt im gesamten Nordwesten, von Machynlleth bis Bangor (inkl. Lleyn-Halbinsel).

★ Criccieth
(1.8oo Einw.)

Leicht abgehalfteter Badeort, eigentlich nichts für längere Aufenthalte. Criccieth war im 19. Jh. "in-spot", als Baden am Meer modern wurde. Bau der Eisenbahn und reihenweise Hotels. Heute fahren die Badeurlauber mehr in die westlicheren Orte, in Pwllheli sind viele Hotels heute zu Altersheimen umfunktioniert.

Kein offizielles TI, in manchen Jahren (aber nicht immer) operiert die Stadt ein Behelfs-TI. Bei den vielen Pensionen findet man ohnehin locker ein Zimmer.

CRICCIETH CASTLE: angelegt 123o-8o in strategisch perfekter Lage auf einem Felsvorsprung, an drei Seiten von Wasser umgeben. Vom Ticketschalter den Pfad rauf zum Burgfels, oben ein doppelter Burggraben. An der Innenseite der Burgmauer, links vom Eingang, die rechteckigen Grundmauern eines Katapultes, um Wurfgeschosse auf Belagerer zu schleudern. Imposantes Torhaus mit zwei Türmen.

Das Criccieth Castle wurde von den Walisern gebaut, bereits 123o benutzte es Llewellyn der Große. Später wechselte es mehrmals den Besitzer, wobei jeder die Festung ergänzte.

Die umfangreichste Befestigung nahm um 13oo der englische König Edward I. vor. Er integrierte das Castle in seinen Plan, die walisischen Rebellen in den Snowdonia-Bergen durch einen Ring von Königsburgen in Schach zu halten.

14o4 plünderte und brandschatzte der walisische Freiheitsheld Owen Glyndwer das Castle, damit Wales nie wieder von dieser Burg aus beherrscht würde.

DAVID LLOYD GEORGE MUSEUM: Museum zum britischen Premierminister während des 1. Weltkriegs, 1914-18. Geboren 1863 in Manchester, verbrachte er seine Kindheit bei seinem Onkel in Criccieth. Später arbeitete er als Anwalt in Porthmadog, bevor er in die Politik ging. Er heiratete ein Mädchen aus der Region und starb 1945 in Criccieth.

RABBIT FARM: Über 5oo Kanickel der verschiedensten Rassen, man kann sie füttern und in den Arm nehmen. Besonders für Kinder!

✦ Pwllheli   (4.ooo Einw.)

Hauptort der Lleyn-Halbinsel. Hat die beste Infrastruktur, was Pubs und Restaurants anbelangt. Vor allem am Wochenende strömt hier alles zusammen! Aussprache: engl. "pootl-heli".

Lohnt sich besonders mittwochs: einer der größten Märkte in Nordwest-Wales. Überall Buden und viel Gewühl, Gemüse, Klamotten und Karotten. Außerdem: Konzerte und Filme in der Stadthalle. Größtes Leisure Centre der Region mit Squash, Fitneß, Swimmingpool, Sauna.

Abgesehen davon ist die Stadt überflutet von Urlaubern aus dem Raum Manchester/Birmingham, die hier im Starcoast-Feriencamp "ihre schönsten Wochen" verbringen. Im Sommer machen die Engländer die Hälfte der Einwohner aus!

Wichtige Relais-Station: Endstation der Eisenbahn und Knotenpunkt für das Busnetz.

 Gegenüber vom Bahnhof. Tel. o1758/ 61 3o oo. Es ist das Hauptoffice für die gesamte Halbinsel. Ganzjährig geöffnet.

BUTLINS STARCOAST PARK: Eine Art Ferienclub-Dorf, voll mit englischen Familien. Rundum Entertainment: 3 Swimmingpools, Achterbahn, Tischtennis, Bootteich, Filmshows etc. unbegrenzt für ein Tagesticket (ca. 15 DM). Liegt auf halbem Weg zwischen Cricieth und Pwlheli.

BODVEL HALL: Per Go-Kart oder im Allrad-Landrover über Stock und Stein, Schutzausrüstung und Helm wird gestellt. Kurze Einweisung und los geht's. Ca. 6 km nordwestlich von Pwllheli via der A 499.

✦ Lanbedrog

"One steet village", Häuser links und rechts der Straße. Ca. 6 km westlich von Pwlheli.

GLYN-Y-WEDDW: In der neugotischen Villa finden wechselnde Ausstellungen statt; schwerpunktmäßig walisische Künstler.

COUNTRY HOUSE: "**Plas Glyn-y-weddw**", Zimmer in einem Seitenflügel des Herrenhauses, wo man auch Kurse zu Literatur oder Kunsthandwerk belegen kann. Optimal, wer Künstler-Flair liebt. Tel. o1758/ 74 o7 63. DZ ca. 1oo DM.

Pubs: Ship Inn: sehr beliebt für die tollen Barmeals, - im Sommer großer Biergarten. Treffpunkt der Insider der gesamten Südküste.

Sport: In der Shooting School läuft Tontauben- und Bogenschießen. 15 bis 2o DM nur zum Schießen, - kompletter Kurs um 8o DM.

✱ Abersoch

Riesiges Jachtzentrum mit dem gewissen "Geruch": Segelschulen, Palmen unten am Hafen. Jedes dritte Haus in Abersoch ist ein Ferienhaus. Der Jachtbetrieb geht schon seit dem 19. Jh. Wir haben in einem Pub Fotos von einer internationalen Regatta anno 191o gesehen.

Boottrip: Vor der Küste liegen zwei Inselchen, in deren Klippen seltene Lummen und Papageitaucher brüten. Die St. Tuwal's Islands sind Naturschutzgebiet und dürfen nicht betreten werden. Aber einstündiger Bootsausflug rund um die Inselchen. Um 1o DM; tags zuvor im Craft & Angling Centre buchen.

PORTH NEIGWL: berühmter Surfer-Beach, ausladend mit 6 km langem Sandstrand und hohen Wellen. Strandwandern und den Wellenreitern zusehen. Zufahrt ab Llanengan, paar Kilometer südwestlich.

PLAS Y RHYN: Kleines Herrenhaus aus dem 17. Jh., Tudor-Fachwerk mit georgianischen Elementen und formale Gärten. Ca. 5-6 km westlich, auf halbem Weg zwischen Abersoch und Aberdaron. Idyllisch oberhalb dem Surfer-Beach.

✱ Aberdaron   (1.28o Einw.)

Paar Dutzend Häuser am Westzipfel der Halbinsel: Kirche und Gasthaus, Fischerboote und alles sehr walisisch. Viel Charme gibt auch der 2 1/2 km lange Sandstrand mit Klippen dahinter. Das graue Steindorf ist im Mittelalter aufgeblüht durch den Pilgerstrom zur Bardsey-Insel. Deren letzter Rastplatz war die Herberge "Y Gegin Fawr", die heute noch steht und als Café fungiert.

Charakterfigur des Dorfes ist Richard Jones, der hier lebte und 1843 starb. Er war ein Trinker und Faulenzer, dem man den Spitznamen "Dic Aberdaron" gab. Irgendwann gab er sich selbst einen Ruck und brachte sich als Autodidakt 36 Sprachen bei.

ST. HYWYN'S CHURCH: Kirchlein an der Küste mit schönem normannischem Portal (12. Jh.) sowie spätgotischen Fenstern und die Arkaden im

Innenraum aus dem 15. Jh.

BRAICH-Y-PWLL: Westspitze der Lleyn-Halbinsel mit Aussichtsplattform raus auf der aufgewühlten Atlantik. Ab Aberdaron ca. 4 km lange, rauhe und hügelige Stichpiste. Schöner zu Fuß, auf dem Pfad entlang der Klippen: retour ca. 3 Stunden (sehr steile Klippen - bitte Vorsicht!).

WHISTLING BEACH: Der Name "pfeifender Strand" kommt daher, daß der Sand wegen seiner physikalischen Beschaffenheit bei jedem Schritt einen Qietsch-Ton abgibt. Liegt ca. 4 km nordwestlich von Aberdaron, kurz vor Methlem ein Parkplatz (von dort etliche Minuten Fußweg).

✦ Bardsey Island

Inselchen vor der südwestlichen Landspitze, nur 2 qkm groß. Vogelschutzgebiet: rund ein Dutzend Arten brüten auf der Insel, Hauptpunkt sind die Kolonien von Sturmvögeln und Dreizehenmöwen.

Werden von einer Vogelwarte (Bird Observatory) umsorgt. Der Warden gibt Anleitung für eigene Beobachtung. Abgesehen davon leben auf Bardsey Island nur eine Handvoll Farmer. Es gibt dort weder Shop noch Pub, also Proviant mitbringen!.

Im Mittelalter stand auf der Insel ein bedeutendes Kloster: einzige Überreste sind ein Glockenturm (13. Jh.) und in dessen Umkreis ein paar keltische Hochkreuze.

Erste Gründung des Bardsey Klosters durch den hl. Cadnan um 516, - wurde im Lauf der Zeit zum bevorzugten "Beerdigungsort". Nennt sich stolz "Insel der 2o.ooo Heiligen" (soviele Pilger sollen zum Sterben hierher gereist sein). Noch heute sagen die Bewohner, Krankheiten seien auf der Insel sehr selten, die häufigste Todesart sei Altersschwäche.

Dies sprach sich schnell herum, und Bardsey Island wurde ab dem 6. Jahrhundert einer der wichtigsten Wallfahrtsorte Großbritanniens. In der Sprache der Seelenheil-Buchhaltung in Zeiten des Ablasses las sich das so: Drei Pilgerreisen nach Bardsey Island haben einen ebenso großen Sündennachlaß zur Folge wie eine Pilgerreise nach Rom. In der Zeit der Reformation (ab 1534) wurde das Kloster aufgelöst.

Bardsey Island liegt 3 km vor der Küste. Wegen des sehr wilden Wassers am Cap auf eine rauhe Überfahrt einstellen. Abfahrt ca. 2 km südwestlich von Aberdaron; 2-4 x am Tag. Rund 4o Minuten Überfahrt, dann etwa 1 1/2 Stunden Aufenthalt auf der Insel. Preis: ca. 4o DM. Im Winter sehr begrenzt, nur Versorgungsboote für die Vogelwarte (Infos im Ship Hotel).

✦ Nefyn

Eins der wenigen Dörfer an der Nordküste der Halbinsel. Das MARITIME MUSEUM wurde von Schiffsenthusiasten aus reinem Idealismus aufgezogen. In der alten Dorfkirche, auf deren Turmspitze als Wetterfahne ein Segelschiff sitzt.

✦ Llithfaen

Eine Kette von Badeorten an der Nordküste der Lleyn Peninsula. Nahe von Llanaelhaearn ist der Berg Yr Eifl (564 m), ein Massiv mit drei Gipfeln. Von oben Rundblick auf die gesamte Westküste von Wales.

Ebenso die Überreste einer Siedlung aus der Eisenzeit. Mit über 1oo Steinringen der Rundhäuser, umgeben von einem doppelten Erdwall. Liegt auf dem östlichen Gipfel des Yr-Eifl-Bergmassivs. Aufstieg: ca. 1 1/2 km nordöstlich des Dorfes, entlang der B 4417 bis zur Beschilderung. Von dort ca. 1 Stunde Fußpfad. Anorak mitnehmen, oben meist kühler Wind.

VORTIGERN VALLEY: auf der Meerseite des Bergmassivs, das Tal stürzt sich waghalsig vom Hauptgipfel runter zur Küste. Unten im Tal ist das "Welsh Language Centre" (dort ein Café für Besucher). In der Sprachschule kann man eintägige Kurz-Kurse zur Aussprache des Walisischen belegen. Anfahrt: Von Llithfaen entlang einem kleinen Sträßchen, das abenteuerlich in den Berghang reingekerbt ist und um das Massiv herumführt.

Pub: Das Vic in Llithfaen wird von den Dorfbewohnern gemeinsam als Kooperative geführt. Sehr walisisch, oft wird hier musiziert und gesungen. Auch viele Leute aus der Sprachschule.

✦ Caernarfon   (9.ooo Einw.)

An der Menai-Meeresstraße, die die Anglesey Halbinsel vom Festland trennt. Das Caernarfon Castle ist eine der faszinierensten Ritterburgen von Großbritannien. Die Altstadt komplett mit Stadtmauer erhalten, zeigt die Einheit von Burg und Stadt und ist als Gesamtheit befestigt.

 Gegenüber vom Castle, in der Kunstgalerie Oriel Pendeitsh. Tel. o1286/ 67 22 32. Ganzjährig.

Das Castle steht am Südrand der Altstadt, die Mauer ist mit 2 Wehrtürmen der Burg verbunden. Die Stadt wurde planmäßig angelegt: 4 Straßen verlaufen in Nord-Süd-Richtung, quer durchschnitten von der High Street (an deren Enden zwei weitere Stadttore).

Geschichte: Burg und Stadt wurden Ende des 13. Jh. vom englischen König Eduard I. gegründet, im Anschluß an Aufstände der walisischen Stammesfürsten. Sie waren Teil eines Konzeptes, das Land durch einen Kranz von Königsburgen zu beherrschen (siehe Kasten "Königsburgen").

Eduard verfolgte drei Ziele: Erstens eine uneinnehmbare Festung, um im Eventualfall Aufstände in den Griff zu bekommen. Zweitens wollte er die keltische Kultur urbanisieren, die bisher auf nomadischen Viehzüchter-Stämmen beruhte.

Die Kelten sollten sich im Umkreis der Stadtmauern ansiedeln und englische Lebensgewohnheiten adaptieren. Im Inneren der Stadtmauern durften sie aber aus Sicherheitsgründen nicht wohnen: die Stadt war lange Zeit nur Engländern vorbehalten.

CAERNARFON: Castle und Hafen, Illustr. Ende 19. Jh.

Als drittes zielte er auf die psychologische Wirkung: Burg plus Stadt sollte ein unübersehbares Wahrzeichen der englischen Herrschaft über Wales sein. King Eduard unterstrich dies durch einen symbolischen Akt:

Im April 1284 ließ er die hochschwangere Königin nach Caernarfon bringen, damit sie ihr erstes Kind zur Welt bringt. Dies war ein unerhörter Plan angesichts der damaligen Unsicherheit der Verkehrswege und der Bedeutung, die man einem potentiellen Thronfolger zumaß. Im Castle brachte sie den späteren Eduard II. zur Welt. Er wurde formell zum "Prince of Wales" gekrönt, um den Herrschaftsanspruch seiner Dynastie über die Waliser zu untermauern.

Daraus wurde Tradition: Wenn das erste Kind des englischen Monarchen ein Sohn ist, wird er feierlich zum "Prince of Wales" gekrönt. (Wenn das älteste Kind eine Tochter ist, gibt es keinen vergleichbaren Titel.) In den folgenden Jahrhunderten wurde die Investitur aus Sicherheitsgründen jedoch in London gefeiert. Erst 1911 wurde beschlossen, künftig die Zeremonie wieder in Caernarfon abzuhalten.

Der gegenwärtige "Prince of Wales" ist Prinz Charles ("he was born mit großen Ohrn"). Am Morgen des 1. Juli 1969 wurde Prinz Charles mit einer Pferde-Parade zum Castle gebracht, wo ihm seine Mutter die Krone zwischen die - nicht zu knapp bemessenen - Ohren setzte. Dann präsentierte er sich am Queen's Gate, wo ein Jubel-Chor aus Tausenden von (handverlesenen!) Zuschauern und Presseleute aus der ganzen Welt warteten.

Caernarfon Castle wurde in drei Bauphasen errichtet:

1285-91 der südwestliche Teil: Eagle Tower, Queens Tower und Chamberlain Tower, zusammen mit einer Verbindungsmauer.

Zweite Bauphase 1295 - 13o1, nachdem es bei einer Revolution wegen zu hoher Steuern geplündert worden war. Dabei kam der östliche Teil hinzu: Black Tower, Queen's Gate und Northeast Tower. Dritte Bauphase: 1315 - 22, bereits unter King Eduards II. Erst jetzt wurde der Ring aus Türmen und Mauern vollendet.

Bei weiteren walisischen Aufständen unter Owen Glendower wurde das Castle 1401 und 1414 belagert, ohne daß es eingenommen werden konnte. Während des englischen Bürgerkrieges zwischen König und Parlament fiel Caernarfon in die Hände der Parlamentstruppen (1646). Von ihnen wurden die Gebäude im Innern geschleift (z.B. Ritterhalle und Küche).

CAERNARFON CASTLE

Hat von allen vier Königsburgen das meiste "Innenleben", - d.h. hier ist am meisten zu sehen, was Details und Gebäude innerhalb der Burgmauern anbelangt. Bei einer Fläche von 1 1/4 Hektar ist es sehr groß, mit zwei Torwegen und dreizehn Türmen.

Es steht an der Südwesteinfahrt der Menai-Meeresstraße, - die andere Einfahrt wurde durch das Beaumaris Castle bewacht (Seite 367). Diese im Mittelalter wichtige Wasserstraße (sie ersparte den Schiffen die weite Umfahrung der Westspitze der Anglesey-Insel), wurde durch beide Castles perfekt bewacht. Daher waren die beiden Castles die strategisch wichtigsten der englischen Königsburgen in Wales.

Das Caernarfon Castle hatte natürlichen Schutz im Süden durch den River Seiont und im Westen durch die Menai-Straße. Nördlich schloß sich die Altstadt an, die mit Stadtmauern und Wassergräben geschützt war.

Großen Wert legte der Architekt darauf, eine symbolische Verbindung zu Konstantinopel herstellen. Die Stadt war im Mittelalter durch die Kreuzzüge legendär geworden als das mächtige und reiche "zweite Rom": Wie die Stadtmauern Konstantinopels sind die Castle-Mauern geschichtet aus

NE   GRANARY KINGS EAGLE   IRISCHE SEE   EINGANG
TOWER   TOWER   GATE TOWER   ZUR
                                                     MENAI-
                                                     STRASSE

CAERNARFON CASTLE Mitte 18.Jhd., Ansicht von der Landseite Richtung Meer. Rechts die Altstadt mit Stadtmauer, - links das Castle

hellen und dunklen Bändern, - hier wie dort sind die Türme sechseckig. Schönster Blick: von der gegenüberliegenden Flußseite des River Seiont.

KING'S GATE: Eingang in die Burg. An der Außenfront eine Statue King Eduards I. (in der Nische oberhalb des Durchgangs). Das Torhaus ist konzipiert als Festung innerhalb der Festung mit einer dreifachen Sicherung:

Nachdem ein potentieller Angreifer den Burggraben überquert hatte (heute eine Brücke), warteten fünf Tore und sechs Fallgitter auf ihn. An den Innenwänden des Durchgangs Schießscharten für Bogenschützen, - an der Decke sog. "Mörderlöcher", um kochendes Wasser runterzuschütten.

Das Königstor führt in den INNEREN BURGHOF. Die grüne Rasenfläche vermittelt einen falschen Eindruck, - hier hat früher eine ganze Reihe von Gebäuden gestanden, die im Bürgerkrieg zerstört wurden.

Nur von der Küche sind noch Grundmauern erhalten. Ein Ring aus Schieferplatten markiert die Stelle, wo der Krönungsstuhl gestanden hat.

Rund um die Burgmauern führen drei Wehrgänge, auf unterschiedlichen Ebenen: Grundlevel - Mittelgang - Zinnen. Zugang dazu hat man von allen Mauertürmen.

GRANARY TOWER: diente als Kornspeicher. Er mußte immer gefüllt

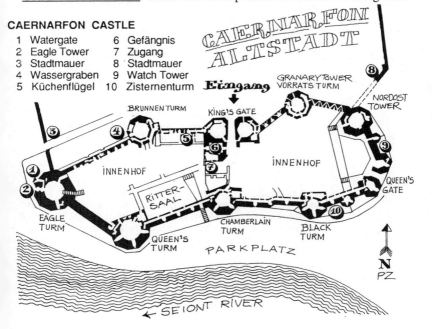

CAERNARFON CASTLE

1	Watergate	6	Gefängnis
2	Eagle Tower	7	Zugang
3	Stadtmauer	8	Stadtmauer
4	Wassergraben	9	Watch Tower
5	Küchenflügel	10	Zisternenturm

CAERNARFON ALTSTADT

Eingang

GRANARY TOWER VORRATS TURM

NORDOST TOWER

BRUNNEN TURM

KING'S GATE

INNENHOF

INNENHOF

QUEEN'S GATE

RITTER-SAAL

EAGLE TURM

QUEEN'S TURM

CHAMBERLAIN TURM

BLACK TURM

PARKPLATZ

N PZ

SEIONT RIVER

sein, um für einen Belagerungsfall gewappnet zu sein.

NORDOST TOWER: enthält Fotos und Andenken an die große (und um-strittene) Zeremonie vom 1. Juli 1969, als Prinz Charles feierlich zum "Prince of Wales" gekrönt worden ist.

QUEEN'S GATE: Von diesem Tor führte eine Zugbrücke ans andere Ufer des River Seiont, außerhalb der Stadtmauer. Die Bewachung des Tores übernahm der Watch Tower (9).

BLACK TURM und der Zisternenturm (1o).

CHAMBERLAIN TURM, gegenüber vom Haupteingang: Das Erdge-schoß ist abgeschlossen, da hier die Insignien aufbewahrt werden, die bei der Krönung des Prince of Wales zum Einsatz kommen.

RITTERSAAL: nur noch die Grundmauern, hier hielten sich die Wachen auf. Ein Tor führte von der Halle runter zum River Seiont, damit bei Gefahr ein letzter Fluchtweg offen blieb.

QUEEN'S TURM: Museum zur Geschichte des walisischen Füsilier-Regimentes.

EAGLE TURM: Der wichtigste Turm, da er sowohl den Eingang zur Menai-Meeresstraße als auch den River Seiont überblickt. Daher sind drei Fingertürmchen aufgebaut, um ein möglichst weites Blickfeld zu haben.

Enthält heute ein Museum über die Geschichte des Castles: unten Schau-tafeln zum Durchlesen, oben eine audio-visuelle Show.

BRUNNEN TURM: Stellte bei Belagerung die Wasserversorgung sicher.

DIE KÖNIGSBURGEN VON WALES

KING EDWARD I.
(1272 – 1307)

Die Burgen im Nordwesten von Wales wurden Ende des 13. Jh. gebaut, um die englische Herrschaft über die Waliser zu sichern. Sie zeigen schulbuchhaft die Konzeption von Festungsbauten im Hoch-mittelalter, zur Zeit der Ritter und Kreuzzüge.

15 Castles ziehen sich wie ein Kranz entlang der Küste. Gleichzeitig schirmten sie die Snowdonia-Berge ab, wo die walisischen Rebellen ihre Widerstandsnester hatten.

* IM VORFELD: Nachdem die normannischen Könige 1o66 Eng-land erobert hatten, gaben sie sich für 2oo Jahre mit dem Gebiet des heutigen Englands zufrieden. Ernsthafte Versuche, auch Wales und Schottland zu erobern, hat es nie gegeben: Die englischen Könige besaßen noch ausge-dehnte Besitzungen in Frankreich, die für sie wesentlich wertvoller waren. Sie bündelten ihre Energien, damit nicht die Felle in Frankreich davonschwammen.

* EDWARD I.: Bis Anfang des 13. Jahrhunderts waren - unter schwachen Königen - die Besitzstände in Frankreich jedoch weitgehend verloren. 1372 kam mit Edward I. ein kraftvoller König und genialer Feldherr auf den englischen Thron. Sein Ziel war nicht

die Rückgewinnung des französischen Territoriums, es ging ihm vielmehr um die Randgebiete auf der britischen Insel: Wales und Schottland.

* ERSTER FELDZUG (1277): Auch die Waliser hatten unter Llywelyn seit langem wieder einen starken Führer. Dessen Verweigerung des eher formellen Lehenseides war für King Edward der willkommene "causa belli".

Die Schiffe des Königs schnitten die Waliser von der Anglesey-Insel ab, die sehr wichtig für den Nachschub von Getreide war. Nach Llywelyns Niederlage stellte Edward nur sehr maßvolle Friedensbedingungen: Es wurden ein paar einfache Garnisions-Burgen im Grenzland gebaut.

* ZWEITER FELDZUG (1292-83): Edward versuchte in den Folgejahren, in Wales schrittweise die englische Verwaltung und Rechtssprechung einzuführen. Es kam zum erneuten Widerstand der walisischen Stammesfürsten, wieder unter Führung Llywelyns. Der Krieg wurde auf beiden Seiten mit zunehmender Verbitterung geführt. Trotz Zwischenerfolgen auf walisischer Seite ging Edward als klarer Sieger hervor, und Llywelyn wurde in London geköpft und geviertelt.

Edward veranlaßte den Bau der drei mächtigsten Burgen: Harlech, Caernarfon und Conwy. Der König wollte Dauerherrschaft in Wales: nur so ist der gewaltige Einsatz zum Bau der Königsburgen zu verstehen.

* DIE BAUARBEITEN: Der Burgenbau wurde generalstabsmäßig organisiert und von Chester aus geleitet. Beim damaligen Stand der Verkehrswege waren ungeheuere logistische Anstrengungen erforderlich.

Die Arbeiter brachte man aus England, wo sie in den einzelnen Grafschaften zwangsrekrutiert wurden: 3.ooo Gräber, 1.1oo Zimmerleute, 65o Steinmetze. Für ihre Verpflegung brachte man Schiffsladungen von Pökelfleisch aus Frankreich, Getreide aus Südengland und Vieh aus den schottischen Lowlands.

Die Baumaterialien, sofern nicht vor Ort vorhanden, wurden auf dem Seeweg antransportiert. Ganze Schiffsflotten waren hierzu nötig. Als Baumeister wurde Jacques de St. Georges verpflichtet, der damals beste und renommierteste Festungsarchitekt.

Geld spielte keine Rolle, so daß J. de St. Georges kaum Limits hatte und beste Qualität an Festungsarchitektur liefern konnte. Die Burgen enthielten modernste Militärtechnologie, und die Dicke ihrer Mauern ging erheblich über das hinaus, was eigentlich erforderlich war, um den Walisern standzuhalten.

Parallel wuchsen die Kosten ins Astronomische. Allein zur Bezahlung der Arbeiter transportiert man ganze Schiffsladungen von Silberpennies nach Wales.

* DRITTER FELDZUG (1293-95): Um den Burgenbau zu finanzieren, dreht Edward die Steuerschraube in Wales, aber auch in England, weit über die Schmerzgrenze hinaus. Es kam zu einem erneuten Aufstand der walisischen Stammesfürsten, der ebenfalls niedergeschlagen wurde.

Edward reagierte, in dem er seine Festungsbauten nochmals verstärken ließ. In Beaumaris am Nordosteingang zur Menai-Straße baute er ein viertes Castle, das durch einen doppelten Mauerring und einen Wassergraben geschützt war. Bis zur Erfindung der Kanone (höhere Schußreichweite und höherer Druck auf die Mauern beim Aufprall) galten die Festungen praktisch als uneinnehmbar.

Die **ALTSTADT** von Caernarfon schließt sich nördlich ans Castle. Die mittelalterlichen STADTMAUERN sind fast vollständig erhalten, das ganze ist aber doch ein bißchen am Bröckeln. In der Altstadt nicht viel los. Zum Vergleich: Die andere walisische Altstadt mit Stadtmauer ist Conwy - dreimal so groß und voll Pubs, Shops und Leben.

PORTH MAWR (östliches Ende der High Street): Das gälische Wort heißt übersetzt "das große Tor". Mit großer Turmuhr, diente zeitweilig als Rathaus.

PORTH YR AUR (westliches Ende der High Street): das "Seetor", wo früher Schiffe einfuhren. Im Mittelalter waren diese beiden Tore die einzigen Zugänge zur Stadt.

ST. MARY'S CHURCH: an der Nordwestecke der Stadtmauer, deren Eckturm wurde als Glockenturm in die Kirche integriert. Die drei Kirchenfenster in der Stadtmauer wurden erst 1814 eingemauert. Innen schöne Arkaden im frühgotischen Early English Style. Die Kirche ist übrigens das einzige Gebäude der Stadt, das so alt ist wie das Castle.

ORIEL PENDEITSCH (im TI-Gebäude, gegenüber vom Castle): Galerie mit Kunst und Craftsachen von lokalen Künstlern, - hohe Qualität wegen der strengen Zulassungskriterien!

AM STADTRAND

MARITIME MUSEUM: Modelle und Tableauxes zur Seefahrt, die Stadt war im 16. und 17. Jh. wichtiger Gewürz-Hafen, später dann Schiefer-Export.

Die Victoria Docks, wo auch der 87-Fuß-Baggerkran vor Anker liegt, mit dem die Docks ausgebaggert wurden, werden jetzt Zug um Zug zur Yacht-Marina ausgebaut.

SERGONTIUM: Mauerreste eines römischen Forts, - aber nicht überaus eindrucksvoll, nur die Fundamente von Baracken und Badehaus sind noch erkennbar. Die Ausgrabungsfunde sind in einem kleinen Museum ausgestellt. Liegt 1-2 km südöstlich, auf einem Hügel an der A 4085 nach Beddgelert. Zu Fuß knappe Viertelstunde.

Das Fort war ein Außenposten, das den Endpunkt der Römerstraße aus dem Legionslager in Chester bildete. Bereits 78 n. Chr. als Holzkonstruktion gebaut, mit Stein aber erst zu Beginn des 4. Jh. Bereits siebzig Jahre später mußte es aufgegeben werden.

LLANBEBLIG CHURCH: älteste Teile der Kirche aus dem 13. Jh., im Innern mittelalterliche Grabmonumente. Liegt im Vorort Llanbeblig, nahe beim römischen Fort.

TWTHILL: für Blick runter auf Castle und die befestigte Stadt. 15 Gehminuten: entlang der Bridge Street zum Vorort Twthill West, dort nach links über die Fußbrücke.

 COUNTRY HOUSES: "<u>Seiont Manor</u>", ca. 3 km außerhalb Richtung Llanberis (off A 4o86). Prächtiges Herrenhaus mit Samtvorhängen und Bibliothek. Gehört zur Virgin Group, die sich auf Highclass-Hotels spezialisiert hat. Einerseits also palastartiger Bau, andererseits etwas sachliche Atmosphäre. Tel. o1286/ 67 33 66. DZ ca. 225 DM, Dinner um 45 DM.

"<u>Tyn Rhos House</u>", ca. 8 km Richtung Bangor (off B 4366). Die bessere Alternative, wer auf Atmosphäre Wert legt: ein Dutzend Zimmer in einem früheren Farmhaus. Gehört der Kettle-Familie, die sich nach der Milchquotierung durch die EG ein neues Business suchen mußten. Hervorragendes Essen! Tel. o1248/ 67 o4 89. DZ je nach Zimmer und Saison ca. 15o-2oo DM, Dinner um 5o DM.

"<u>Stables Hotel</u>", in Llanwnda, ca. 5 km südlich an der A 499. Ehemaliger Reitstall mit Innenhof und Swimmingpool. In den letzten Jahren aber so oft Besitzerwechsel, daß wir es nur mit Vorbehalt empfehlen können. Tel. o1286/ 83 o7 11. DZ ca. 17o DM, Dinner um 5o DM.

HOTELS: "<u>Menai Bank Hotel</u>", 15 Gehminuten außerhalb an der Straße nach Bangor. Bestes Hotel der Stadt, 15 Zimmer in zwei Giebelhäusern, die man zu einem Hotel zusammengefaßt hat. Sehr ruhig, da ohne Bar. Wird von der Baxtor-Familie mit viel Herz & Hirn geführt. Tel. o1286/ 67 32 97. DZ 1oo-12o DM, je nach Saison.

"<u>Prince of Wales Hotel</u>", 1o Gehminuten Richtung Bangor. Schon o.k. - aber auch nicht mehr! Zwei Bars und recht betriebsam, geführt mit Angestellten. Die 21 Zimmer mehr in der Kategorie "so o-la-la". Tel. o1268/ 67 33 67. DZ ohne Bad ca. 85 DM, mit Bad ca. 1o5 DM.

"<u>Black Boy Inn</u>", Northgate Street. Einzige Bleibe innerhalb der Stadt mit (dringend benötigten) Parkplätzen. 11 Zimmer über einem Pub, aber nicht besonders groß oder hell. Das Gebäude ist Jahrhunderte alt und hat sogar einen eigenen Hausgeist. Tel. o1286/ 67 36 o4. DZ ohne Bad ca. 85 DM, mit Bad ca. 1oo DM.

BED & BREAKFAST: Guesthouses gibt es in Caernarfon nicht. Für B&B: "selling point" ist die Frage nach dem Parkplatz, da die Parksituation in Caernarfon katastrophal ist.

<u>Innerhalb der Stadt</u> gibt es kein einziges Haus mit Carpark. Leuten mit Pkw raten wir deshalb ausdrücklich ab! Ansonsten o.k. - vor allem in der Church Street (Altstadt), wo jedes zweite Haus ein B&B-Schild raushängen hat. Dreistöckige Stadtvillen aus dem 19. Jh. mit großen, hellen Zimmern.

<u>St. David's Road</u>, eine Seitenstraße der Straße nach Bangor: ebenfalls schöne Stadtvillen aus dem 19. Jh. Vorteil: Parkplatz-Suche nach 17 Uhr nervig, aber wenigstens nicht aussichtslos. Eine Viertelstunde ins Zentrum.

In der <u>North Road</u>, außerhalb Richtung Bangor, nachdem man linkerhand den Safeway-Supermarkt passiert hat, liegt ein Dutzend Häuser (aber recht verstreut). Hier gibt es einige Häuser mit Parkplatz, außerdem findet man auch am Straßenrand was. Zur Stadt aber 15-2o Gehminuten.

Lesertip: "Pros Kairon" an der Straße zum römischen Fort. "Man wird verwöhnt wie ein Familienmitglied." Victoria Road, Tel. o1286/ 676 229; DZ ohne Bad ca. 75 DM.

HOSTEL: "<u>Totters</u>", 2, High Street. Privates Hostel, wo 3o Backpacker aus aller Welt rumhängen. Mitten in der Altstadt, paar Minuten vom Busterminal. Gruß an den Besitzer Bob und seine holländische Freundin Henrietta, die die Idee dazu bei ihrem achtmonatigen Asien-Trip hatten. Tel. o1286/ 67 29 63. Schlafsaal ca. 23 DM/Person.

 <u>Cadnant Valley Park</u>, nur 5oo m vom Castle, an der A 4o86 Ri. Llanberis. Hat die besseren Facilities, inklusive Waschmaschinen und Shop. Sehr sauber, aber viele Stellcaravans.

<u>Riverside Camping</u>, ca. 3 km Richtung Llanberis, ist die romantischere Alternative. Am Flußufer mit vielen Bäumen, abends grillt man am Lagerfeuer. Eher basic mit Duschen und Toiletten. Vorsicht: nach Regenzeiten kann der Platz sehr naß sein, weil der River dann alles überflutet.

 <u>COURTNEY'S</u> (Sergontium Terrace, hinter dem Post Office): nur ein Zimmer in einem Privathaus, wo ein Dutzend Gäste beisammen sitzen, die dann gleich den ganzen Abend hierbleiben. Ca. 3o-4o DM, Lunch nur 2o DM. Grundsätzlich buchen!

<u>STONES BISTRO</u> (Hole in The Wall): internationale, einfallsreiche Küche in einem 3oo Jahre alten Cottage, serviert zwischen Kerzenlicht und Holzbalken. Die Riesenportionen sind Legende.

<u>HARLEQUIN'S CAFÉ</u> (in der Markthalle, Palace Street): tagsüber für Naturkost - nahrhaft, herzhaft, schmackhaft.

Barmeals: Alle Pubs in Caernarfon servieren für Lunch und Supper. Eigentlich alle recht gut, Präferenzen sind da schwer zu setzen. Ein Leserbrief empfiehlt die "Prince of Wales Bar" (Bangor Street) mit "...beste Barmeals der ganzen Wales-Reise".

 Im Sommer haben die meisten Pubs unterhalb vom Castle und am Marktplatz Tische draußen. Weitere Adressen:

<u>Black Boy Inn</u> (Northgate Street): Uralt-Kneipe in einer Herberge aus dem 15. Jh. Tiefhängende Decke und Bruch-stein, gutes Bier, gute Barmeals.

<u>The Anglesey</u> (The Promenade): an der Menai-Meeresstraße, sehr schön im Sommer, wenn man draußen am Wasser sitzen kann.

<u>The Albert</u> (am Anfang der Sergontium Terrace): Samstag und Sonntag "welsh music". Cymraig klingt ähnlich wie in der Bretagne, ist aber grundverschieden zu irischem oder schottischem Folk.

Shopping

<u>Markt</u>: Samstag und Montag großer Markt auf dem Platz vor den Castle-mauern.

<u>Brynkir Wollen Mill</u>, am Castle Square: Fabrikshop für Pullis aus walisischer Wolle. Die Schnitte sind sehr traditionell, zeitlos und fernab jeder Mode: "They last for ever and ever." Alles aus unbehandelter Wolle, - wenn der Pulli naß wird, riecht man ein bißchen nach Schaf.

<u>Craftcentre Cymru</u> (Castle Ditch, gegenüber vom Castle-Eingang): Querschnitt durch das walisische Kunsthandwerk. Das Geschäft gehört zu einer Kette, die bekannt ist für hohe Qualität.

<u>Fourteenth Peak</u> (Palace Street): Camping-, Wander- und Bergsteiger-Outfit. Gute Adresse, wer Bergtouren im Snowdonia-Nationalpark plant.

Boottrips: Durch die Menai-Wasserstraße und raus in die Bay, - bringt tollen Blick auf die Anglesey-Insel und die Snowdonia-Berge. Abfahrt vom Slate Quay. 2o Minuten (ca. 7 DM) oder 45 Minuten (ca. 1o DM).

Leider können die Boote nicht rauffahren zu den Brücken (siehe unten), da die Wasserstraße wegen Wirbel und Sandbänken schwer navigierbar ist.

<u>Chöre</u>: Jeden Dienstag von 19.3o bis 21.3o Uhr im Conservative Club, - und sonntags in der Salem Chapel - beide innerhalb von Caernarfon.

Montags um 7 Uhr trifft sich der Männerchor von Bethel, ca. 5 km nordwestlich via der B 4366, in der dortigen Chapel.

Rundflüge

Ein unvergeßliches Wales-Erlebnis: Kreise ziehen in klapprigen Oldie-Doppeldeckern oder zweimotorigen Cessna-Maschinen. Und gar nicht mal so teuer:

* Schnupper-Flug über Caernarfon für Vogel-Blick auf Castle und Stadt mauer. Kostet nur ca. 45 DM bei knapp 15 Min. Dauer.

* Rundflug über die Snowdonia-Berge, - die Tracks auf den Mount Snowdon sehen von oben aus wie Bänder. Tolle Fotos! Preis ca. 75 DM, Flugzeit ca. 35 Minuten.

* Der Flug zum Beaumaris Castle (auf der Anglesey Island) kostet ebenfalls ca. 75 DM und dauert 35 Min.

Der Airport ist in <u>DINAS DINNLE</u>, ca. 12 km südwestlich. Anfahrt via der A 487 und dann der Beschilderung folgen. Kleines <u>Museum</u> am Flughafen: alte Fliegerkisten, Ausrüstung der Royal Air Force, man kann sich in einen Helikopter reinsetzen. Eintritt ca. 9 DM.

Verbindungen *ab Caernarfon*

Busse: Abfahrt vom Penllyn Terminal (nahe der Fuß - gängerzone).

-> Llanberis im Sowdonia-Nationalpark (alle 3o Min.)

-> Bangor und Conwy an der Nordküste (alle 2o-3o Min.)

-> Porthmadog mit Anschlüssen auf die Lleyn-Halbinsel (stündlich)

Keine **Züge**, eine Bahnlinie ist aber ab Porthmadog geplant.

INIGO JONES SLATEWORKS: In der Manufaktur wird Schiefer verarbeitet, zu Schmuckstücken, Schildern etc. In der kalligraphischen Abteilung, wo die Platten mit Schönschrift graviert werden, kann man sich selbst versuchen. Der Betrieb besteht schon seit 1861, ursprünglich um Schreibtafeln für Pennäler herzustellen. Ca. 1o km südlich, an der A 487 Nähe Groeslon.

Caernarfon -> Bangor   (ca. 15 km)

Die A 487 führt am Ostufer der MENAI-MEERESSTRASSE lang: Der Wasserweg (rund 2o km lang und zwischen 3oo m und 2 km breit) trennt die Insel Anglesey vom Festland.

GREENWOOD CENTRE: Wissenswertes zum Thema Wald und Holz. Der Stamm eines Mammutbaumes oder computergesteuerte "Schnüffel-

MENAI – SUSPENSION – BRIDGE: gebaut 1819–1826 v[..]
Großbritanniens. Angewandt wurden eine Reihe neu[..]

Boxen", die Regenwald-, Bergwald- oder Wüstengerüche verströmen. In Bethel, ca. 5 km hinter Caernarfon.

<u>Kurz vor Bangor</u> führen zwei Brücken über die Menai Strait: beides sehenswerte Industrie-Denkmäler aus dem 19. Jh. Bester Blick ab der "Anglesey Column", einem Turm mit Wendeltreppe (siehe Llanfair P.G./ Anglesey Island).

MENAI SUSPENSION BRIDGE: Hängebrücke des berühmten Brückeningenieurs Thomas Telford. Eröffnet am 3o. Januar 1826 nach 7-jähriger Bauzeit. Sie war damals die längste Hängebrücke Großbritanniens und technisches Wunderwerk:

323 m lang, davon 176 m freihängend zwischen den beiden Hauptpfeilern. Die Aufhängung des freischwebenden Teiles erfolgt an 16 rund 22o m langen Ketten: insgesamt 17.952 (!) Einzelglieder waren hierzu nötig, die in Spezialanfertigung gegossen wurden, sowie rund 2.2oo Tonnen Eisen. Telford hätte statt Ketten lieber Stahltrossen (= höhere Belastbarkeit) verwendet, aber die entsprechenden Stahlwerke hatten damals nicht die erforderliche Lieferkapazität.

Die beiden Pfeiler sind 46,5 m hoch. Großes Problem war die Setzung der Pfeilerfundamente auf dem Meeresgrund, unterhalb des Wasserspiegels der Menai Strait: hier wurde ein neues Verfahren angewandt, das sogenannte *"Caisson- Verfahren"*. Dies sind Senkkästen, die wie eine Käseglocke auf den Meeresboden abgesenkt wurden. Mit Pumpen wurde Luft reingepreßt, um das Eindringen von Wasser zu verhindern. Dies hatte zur Folge, daß die Arbeiter, die hier auf dem Meeresboden das Loch für die Pfeilerfundamente ausschachteten, bei erheblichem Luftüberdruck arbeiten mußten, was oft zur tödlichen Caisson-Krankheit führte. Auch die berühmte New Yorker Brooklyn Bridge wurde nach diesem Verfahren erstellt.

...omas Telford. Sie war damals die längste Hängebrücke ...hnologien im Brückenbau, wie z.B. das "Caisson-Verfahren".

An den Pfeilern befestigte man die Tragketten, die mit Flößen zu den Pfeilern gefahren und dort mit Seilwinden hochgezogen wurden. In 1,5 m Abstand sind Eisenstäbe an den Ketten befestigt, welche die hölzerne Brücke tragen, die rund 3o m über dem Wasser hängt.

Die Menai Bridge war wichtiges Glied auf dem Verkehrsweg von London nach Irland via Fährhafen Holyhead (die heutige A 5). 1939 wurde die Brücke verbreitert.

BRITANNIA BRIDGE: Die Eisenbahn- und Autobrücke, liegt ca. 1 1/2 km südwestlich der Hängebrücke. Mit den Arbeiten wurde 1846 begonnen, Fertigstellung 185o. Dabei arbeitete man erstmals mit dem sogenannten Kastenträger-System. Die Brücke besteht aus einer 46o m langen Eisenröhre mit rechtwinkligem Querschnitt (wie zwei aufeinanderliegende Eisenwannen).

Die Brücke fungierte ursprünglich ausschließlich für die Eisenbahn. Die Züge laufen durch den Hohlraum des langgezogenen Eisenkastens. Die insgesamt vier Röhrenabschnitte wiegen zusammen 12.ooo Tonnen. Sie werden von fünf Türmen in rund 3o m Höhe gestützt.

Konstrukteur war Robert Stephenson, der Sohn des Eisenbahnpioniers George Stephenson. Er baute auch die berühmte Victoria Bridge über den St. Lorenz-Strom in Montreal/Kanada.

BRITANNIA – BRIDGE, Menai Strait. Gebau
Höhe von 70m. Die Röhren bestehen aus Eise
einzelnen Segmente wurden am Ufer vorgefer
und mit hydraulischen Pressen raufgehobe

197o, nach einem großen Feuer im Holzbereich der Brücke, wurde dort Stahl eingebaut und zugleich eine zweite Ebene für Autos integriert.

BANGOR und weiterer Verlauf entlang der Nordküste siehe S. 373.

Isle of Anglesey

Die Kornkammer von Wales, leicht hügelige Landschaft mit Farmen. Die Küste mit Klippen, Buchten und Beaches. Viele Sehenswürdigkeiten, z.B. BEAUMARIS-CASTLE (auch als Abstecher ab Bangor möglich), daher kompletten Tag einplanen.

HOLYHEAD: wichtig als Hafen für die Irland-Fähre, viele Irland-Touristen kommen also automatisch auf die Insel.

Im Landesinnern ist die Landschaft aber nicht gerade spektakulär: hügeliges Weideland mit Mini-Dörfern und Farmhöfen. Also lieber im Bereich der Küste bleiben! - Wer auf dem Weg zur Irland-Fähre lediglich durchprescht nach Holyhead, versäumt das schönste.

346-50. Der mittlere Turm besitzt eine atten und Winkelprofilen. (Vernietet). Die am mit Flössen zwischen die Türme gebracht ir damalige Zeiten eine techn. Meisterleistung!

Früher war Anglesey eine Kornkammer von Wales, hieß deshalb "Mother of Wales". Heute sind Tourismus und die Irland-Fähre die wichtigsten Industrien.

Geschichte: Die zahlreichen prähistorischen Monumente indizieren, daß die Insel schon in der Steinzeit und Bronzezeit dicht besiedelt war. Dann bei den Kelten (Eisenzeit, ab 8oo v. Chr.) hatte Anglesey zentrale Bedeutung: hier befand sich eine große Schule zur Ausbildung von Druiden, der Priesterkaste der Kelten. Sie war im gesamten damaligen Europa bekannt: Schüler reisen aus Süddeutschland und Frankreich nach Anlesey.

Der römische Geschichtsschreiber Tacitus nannte Anglesey die "Insel Mona". Gerade wegen der Druidenschule legten die Römer Wert auf Eroberung der Insel: die Druiden waren das gesellschaftliche und moralische Rückgrad der unterworfenen Kelten. 78 v. Chr. eroberte der Feldherr Agricola die Insel.

Im 13. Jh. spielte Anglesey erneut eine wichtige Rolle für die walisisch-keltische Identität: unter Führung des Prinzen Llewelyn erhoben sich die Waliser gegen die Engländer. Die sehr fruchtbare Insel fungierte als Brotkorb der Aufständischen.

Der englische König Eward I. versuchte daher, die Rebellen mit Eroberung der Anglesey-Insel vom Nahrungsmittel-Nachschub abzuschneiden.

Später wurde es ruhig um Anglesey, die Bevölkerung betrieb Getreideanbau und Schafzucht. Leben brachte seit Mitte des 16. Jh. die Postkutschen-Linie quer über die Insel nach Holyhead, wo die Post- und Paket-Boote nach Irland abfuhren.

Mit Bau der Eisenbahn (185o) kam der Tourismus auf die Insel, - auch da zur selben Zeit Urlaub in Seebädern am Meer Mode wurde. Heute ist der Fremdenverkehr einer der wichtigsten Wirtschaftszweige.

Routen auf der Anglesey Insel

Direkt-Route ist die vierspurige A 5, quer durch die Insel (von Bangor nach Holyhead). Quer durchs Landesinnere, lohnt sich als Verbindung nur, wer möglichst schnell zum Fährhafen Holyhead will. Alternative zur A 5 wäre die Landstraße, die paar Kilometer nördlich und parallel verläuft.

Via Küste: jede Menge Zwischenstops, die den Abstecher auf die Anglesey Insel lohnen. Einmal rum macht rund 13o km. Fast alle Attraktionen, die wir hier im Buch beschrieben haben, liegen im Küstenbereich.

Verbindungen

Zug: Bangor -> Holyhead alle 2 Std. mit British Rail. Die Züge kommen von Chester, zugleich viele Direktverbindungen ab London direkt bis zum Fährhafen Holyhead. Anschluß an die Fähre von Holyhead rüber nach Irland.

Busse: Den Transport übernimmt die Crosville-Company, Abfahrt in Bangor. Nach Holyhead exzellente Anbindung (jede 1/2 Stunde). Schlechter aber für die Küstenorte, - im Schnitt 2-3 x pro Tag Anschluß, So. kaum Service.

Fahrrad: Die Insel ist recht gut zum Radfahren, obwohl es an der Küste einige Steigungen gibt. Nur von der vielbefahrenen A 5 hält man sich besser fern. Wer sich hier länger aufhält: jedes TI verkauft das Buch "Holiday Cycling" mit Radtouren im Raum Anglesey/Bangor (aber mit ca. 18 DM recht teuer).

1.) Die Südwest-Küste: Menai Bridge -> Holyhead

Ca. 55 km entlang der A 4o8o. Strände in der 2. Hälfte der Route.

★ Menai Bridge   (2.6oo Einw.)

Der erste Ort nach der Suspension Bridge. Ab Bangor eine halbe Stunde zu Fuß, ein schöner Walk über die Brücke.

TEGFRYN ART GALLERY (Cadnant Road): Verkaufsausstellung spezialisiert auf bekanntere walisische Maler der Gegenwart.

CHURCH ISLAND (off Western Promenade): kleine Schäreninsel in der Menai Strait mit einem Kirchlein aus dem 14. Jh. Zu erreichen entlang der Promenade, hinter der Hängebrücke durch ein Kiefernwäldchen: rüber zur Insel per Damm.

PILI PALAS: sehr große Schmetterlingsfarm. Halbes Dutzend Glashäuser mit Dschungelvegetation, in denen handteller-große Tropenfalter rumflattern. Außerdem ein Vogel- und Schlangenhaus. Seltene britische Schmetterlinge werden gezüchtet und ausgewildert. Liegt 1-2 km nordwestlich, gut beschildert.

GAERWEN: Lärmige Viehmärkte jeden Montag und Freitag. Die Farmer der ganzen Insel kommen zusammen. Ca. 5 km westlich via der A 5.

 Pub: The Victoria (an der Straße von der Brücke zur Stadt): etabliertester "live-music spot" von Anglesey, - die Bands wechseln zwischen Folk und Cajun. Zur Riesen-Session am Mittwoch lohnt sich die Anfahrt doppelt.

Feste: Ffair y Borth (immer am 24. Oktober): historisches Jahrmarkttreiben, die halbe Insel ist im Karneval-Fieber und treibt sich hier rum. Der Markt ist erstmals im 16. Jh. urkundlich erwähnt.

★ Llanfair PG

Das berühmte Dorf mit dem längsten Namen der Welt - und entsprechend touristisch, obwohl ein sehr langweiliger Ort! Der Name besteht aus 58 Buchstaben, und "Llanfair PG" ist nur Abkürzung für:

"Llanfairpwllgwyngyllgogerychwyrndrobwllllantysil iogogogoch"

Heißt wörtlich übersetzt soviel wie: "Marienkirche bei der weißen Haselnußquelle, nahe dem wilden Strudel an der Sysilio-Kapelle in der roten Höhle".

Wurde erst im 19. Jh. von einem einheimischen Schneider auf den absolut unaussprechlichen Namen getauft. Er wollte dadurch die Aufmerksamkeit von Touristen auf den Ort ziehen, was ihm auch gelungen ist. Alle paar Monate ist der Bürgermeister oder das TI-Personal per Telefon-Interview in irgendeiner Radio-Show irgendwo auf der Welt.

(In eigener Sache: In der ersten Auflage hieß es hier im Buch noch "...mit dem zweitlängsten Ortsnamen der Welt. Den längsten Namen trägt eine Maori-Siedlung in Neuseeland mit 82 Buchstaben". Mittlerweile wissen wir es besser:

Ein Radio-Mann aus Neuseeland hat während seiner Nachtshow im Tourist Office von Llanfair PG angerufen. Das Maori-Dorf ist demnach keine geographische Ortsbeschreibung, sondern eher eine Geschichte...)

Beliebtes <u>Fotomotiv</u>: das Ortsschild auf dem stillgelegten Bahnhof. Ein absolutes Muß für den unvermeidlichen Urlaubs-Dia-Abend im Kreis der Onkels und Tanten. Souvenirtip: gegenüber vom Bahnhof ist der Wolladen "James Pringle". Drinnen ein Automat, aus dem man ein Zugticket mit dem kompletten Namen ziehen kann.

 Im "James Pringle Millshop", einem riesengroßen Souvenirgeschäft. Tel. o1248/ 71 31 77. Abgesehen von Holyhead das einzige Office auf der Insel, das ganzjährig an 7 Tagen pro Woche offen hat.

Umgebung von Llanfair

ANGLESEY COLUMN: Ca. 27 m hohes Memorial auf einer Hügelkuppe. Eine Wendeltreppe führt in 115 Stufen rauf auf die Spitze. Von hier hat man den besten Blick auf die beiden Brücken, die die Isle of Anglesey mit dem Festland verbinden. <u>Anfahrt</u>: 1-2 km Richtung Bangor.

PLAS NEWYDD

Herrenhaus aus dem 18. Jh. Ein graues Steinhaus, von Efeu umrankt und direkt am Ufer der Menai-Meeresstraße. Die Architektur in neogotischem und klassizistischem Stil. Innen: hochrangige Kunstobjekte - u.a. eine Galerie des britischen Malers Rex Whistler. Es ist der Wohnsitz der reichen Marquis of Anglesey, die dort immer noch wohnen, obwohl sie heute das Haus vom National Trust verwalten lassen.

Der Grundstock des Hauses entstand um 155o. Später weitgehende Veränderungen bei zwei Restaurierungen: erstmals 1792-99 unter James Wyatt, der dem Herrenhaus gotische Prägung gab, Zinnen und Türmchen, Stuckarbeiten im Innern. 193o wurde viel vom gotischen Outfit korrigiert und im klassizistischen Stil umgebaut.

<u>GOTHIC HALL</u>: Das Prachtstück in der Eingangshalle ist das imposante Fächergewölbe. - Führt in den <u>Music Room</u>, wo jedes Stück Wandfläche mit Ölgemälden bedeckt ist (vor allem Familienporträts).

STAIRCASE HALL: Nachdem die beiden ersten Räume gotisch gehalten sind, kommt jetzt klassizistische Architektur. Die Treppe ist freitragend, - die dorischen Säulen sehen täuschend echt aus (aber nur bemaltes Holz).

REX WHISTLER EXHIBITION: Nach einer Handvoll weiterer Zimmer, - dokumentiert das Werk des berühmten Künstlers (Buchillustrationen, Porträts, Bühnenbilder). Whistler war ein Freund der Familie und hat in den 193oer Jahren zwei Jahre hier im Haus gewohnt.

DINING HALL: das Glanzstück des Hauses! Auf der einen Seite eine Fensterreihe mit Blick auf die Meeresstraße, gegenüber ein 18 m langes Wandgemälde von Rex Whistler.

Das Murual zeigt eine italienisch angehauchte Flußmündung, wobei der Meeresgott Neptun gerade den Wellen entstiegen ist, um am Gastmahl teilzunehmen. Sehr realistisch: an der Wand lehnt sein Dreizack, am Boden sieht man seine nassen Fußtapser...

CAVALRY MUSEUM, nach ein paar weiteren Zimmern: Exponate zur Schlacht von Waterloo gegen Napoleon, an der der erste Marquis of Anglesey teilgenommen und ein Bein verloren hat. Highlight ist das älteste gelenkige Kunst-Bein - ein Urgetüm aus Holz, Leder und Eisenfedern.

Außerdem ein schöner **PARK** mit vielen exotischen Sträuchern und ein Rosengarten im italienischen Stil. Anfahrt: rechts an der A 4o8o, ca. 2 km südlich von Llanfair PG. Zeitbedarf bei 2-3 Stunden.

BRYN CELLI DDU: Grab aus der Jungsteinzeit, etwa 4.ooo Jahre alt. Bei den Ausgrabungen (1928) wurde der Grabhügel abgetragen, der ursprünglich so groß war wie der gesamte, heute eingezäunte Bereich. Im Innern des Hügels fand man die Grabkammer, die von vier Steinkreisen umgeben war. Der heute sichtbare Hügel wurde künstlich aufgeschüttet, um das Grab zu schützen.

Anfahrt: 3 km nach Llanfair PG rechts abzweigen (beschildert mit "Llandaniel"). Weiteren Kilometer auf der Nebenstrecke bis zur Beschilderung des Grabhügels.

ANGLESEY SEA ZOO: Tanks mit einheimischen Meerestieren, die vor der walisischen Küste leben. Hunderte von Hummerkrebsen, Rochen, Haie, Meeresforellen etc. Es gibt in Wales ein halbes Dutzend solcher "Sea Zoos", - wobei dieser hier definitiv der beste ist.

Gegründet von einem Studenten der meeresbiologischen Fakultät der Uni in Bangor. Alles sehr lehrreich, - nicht bloß Fun für Touristen! Wir haben Studenten der Uni/Bangor getroffen, die jedes Semester hier rauskommen! Ca. 2 km südwestlich.

MODEL VILLAGE: hüfthohe, maßstabgetreue Modelle von allen prominenten Gebäuden auf Anglesey, Beaumaris Castle, der Bahnhof von Llanfair PG, in einer Capel singt ein Kirchenchor etc.

Wurden vom Besitzer alle selbst gemacht. Er hat sehr klein angefangen und baut sein Dorf jeden Winter ein Stückweit aus. In Newbourogh, 4-5 km westlich.

NEWBOROUGH WARRENS: Naturschutzgebiet südöstlich des Ortes.Salzmarschen, Sanddünenlandschaft und Kiefernwäldchen. Herrlich zum Wandern, Kiebitze brüten zwischen den Sandgras-Büscheln. Liegt südöstlich des Ortes Newborough.

✶ Aberffraw

Mitten in einer Dünenlandschaft. Eine 2-km-Piste führt zu einem feinen Sandstrand: auf dem vorgelagerten Felseninselchen ein Kirchlein aus dem 19. Jh., bei Ebbe zugänglich.

BARCLODIOD Y GAWRES: Grabkammer aus der Jungsteinzeit, ca. 2ooo v. Chr. Befand sich ursprünglich in einem Grabhügel mit 3o m Durchmesser: seit Ausgrabungen 1958 durch eine Betonkuppel geschützt.

Eine 7 m lange Passage führt zur Hauptkammer, von der drei Seitenkammern abzweigen. Davor stehen Megalithen (= aufrechtstehende, große Steine). Fünf von ihnen haben Linien eingeritzt: Nach Experten-Meinung Symbol für die Muttergöttin. Ähnliche Symbole fand man im Mittelmeer-Raum, - danach kamen also die walisischen Steinzeit-Siedler von dort.

Anfahrt: ca. 3 km hinter Aberffraw links weg (beschildert), dann noch 1o Minuten zu Fuß. Nur an drei Wochentagen geöffnet.

✶ Holyhead   (12.ooo Einw.)

Der wichtigste Fährhafen rüber nach Irland! Direkt nach Dublin. Companies: P&O Stenaline und Irish Ferries. Das betriebsame Städtchen lebt fast ausschließlich vom Fährbetrieb. Der Hafen wird ständig erweitert und soll der modernste Hafen Europas werden. Seit 1996 sind neue, supermoderne Katamarane im Einsatz, die die Größe eines Fußballfeldes haben!

Die anderen Irland-Fähren gehen ab Südwales: Fishguard, Pembroke und Swansea (jeweils detailierte Beschreibung in diesem Buch).

 Beim Fährterminal, Tel. o14o7/ 76 26 22. Ganzjährig an sieben Tagen die Woche geöffnet.

Schon in prähistorischer Zeit war Holyhead Ausgangspunkt für Boote nach Irland. 1573 wurde erstmals ein Linienverkehr mit einem Postboot eingerichtet. Zusätzlichen Aufschwung brachte der Bau der Eisenbahn und der Menai-Suspension Bridge.

ST. CYBI'S CHURCH: kreuzförmige Kirche im spätgotischen Perpendicular-Stil, mit schönen Buntglasfenstern von William Morris. Außen rum eine 5 m hohe Römermauer, die zu einem römischen Fort gehört hat.

MARITIME MUSEUM
(Newry Road): Schiffsmo-
delle etc., ausgestellt in der
Baracke, wo ehedem die
Rettungsboote "geparkt"
waren.

COUNTRY HOUSES: "**Presaddfed Hall**" in Bodedern. Etabliertes
Haus aus dem 17. Jh., - etwa 15 Autominuten vom Fährhafen. Zehn
Zimmer, eigener Park und viel Stil. Tel. o1o4o7/ 74 o4 84. DZ ca. 18o
DM, Dinner um 3o DM.

"**Tan y Cytiau**", South Stack Road. Halbes Dutzend Zimmer mit
herrlichem Fenster-Blick und kleinem, feinem Garten. Tel. o14o7/ 76
27 63. DZ ca. 9o DM.

HOTELS: Im Umkreis vom Fährterminal - viele leben vom Fährbetrieb und Leuten,
die ihr Schiff verpaßt haben und ein Quartier "auf Teufel komm raus" suchen. Ein paar
Adressen sind aber trotzdem sehr gut:

"**Boathouse Hotel**", Newry Road. Eins der besten und schönsten Hotels der Stadt.
Etwa 1 km vom Fährterminal. Tel. o14o7/ 76 2o 95. DZ ca. 13o DM.

"**Marine Hotel**", Marine Square. Größter Vorteil ist die unmittelbare Nähe zum Fährterminal - auf Wunsch wird das Frühstück auch sehr früh serviert. Tel. o14o7/ 76 35 12.

DZ ca. 11o DM.

BED & BREAKFAST: Es gibt eine Reihe von Häusern, die sich auf die Irland-Fahrer spezialisiert und teilweise rund um die Uhr geöffnet haben. Wenn das TI bei Ankunft schon geschlossen hat: im Fenster hängt ein Plakat mit B&B-Adressen, die noch Zimmer frei haben.

An der A 5, der Ausfahrtstraße raus aus Holyhead, liegt eine ganze Kette von B&B. Wir haben aber viele Beschwerden erhalten über miesen Service und lapprige Breakfasts. Besser bedient ist man abseits der Hauptstraße.

Gute Adressen im Umkreis der Walthew Avenue: beim Fährterminal auf die Küstenstraße, die sogenannte Prince of Wales Road, und dann wieder links.

Lesertips: "Orotavia House" (66, Walthew Avenue, Tel. o14o7/ 76 o2 59), 2 Zimmer und sehr freundlich. 3 Minuten vom Fährterminal ist "Hendre" (Porth-y-Felin Road, Tel. o14o7/ 76 29 29).

HOSTEL: "**Outdoor Alternative**", ca. 1o km ab Holyhead. Brandneues Gebäude mit Schieferdach und High-Quality-Facilities. Aber oft ist das 36-Betten-Hostel voll bis unters Dach mit Sportgruppen - daher prinzipiell vorher anrufen! Anfahrt: in Valley, ca. 6 km vor Holyhead, von der A 5 nach links abbiegen zur Trenaddur Bay (schwer zu finden!). Tel. o14o7/ 86 o4 69. Schlafsaal ca. 22 DM/Person.

 Tyn Rhos Site an der Trearddur Bay. Etwa 3 km südlich von Holyhead, via der B 4545.

 GATEWAY RESTAURANT (High Street): wer keine Gelegenheit zum Frühstücken hatte, kann hier auch etwas später stücken. Für ca. 1o DM den ganzen Tag über "Full English Breakfast".

HOT BREAD SHOP (High Street): warme Pasteten und Sandwiches. Preise 3-6 DM, nur tagsüber.

CT'S SPEED FRY (1 Swift Square): Hamburger vom Holzkohlegrill. Immerhin: "Something new..." Geöffnet bis 23.3o Uhr.

GLOBE CAFÉ (Church Terrace): Fish&Chip-Bude, viel Stammkundschaft unter den Einheimischen. Vom Bahnhof aus über die Brücke.

Verbindungen ab Holyhead

  Züge und **Busse:** stündlich von Chester/Engl. entlang der walisischen Nordküste via Bangor -> Holyhead. Direktverbindung per Bus/Zug von London -> Holyhead und Schiff -> Dublin: 4-5 x/ Tag.

 Fähren: Zwei Companies fahren rüber nach Dublin, - beide mehrmals am Tag plus mehrere Nachtfahrten - Fahrplan abhängig von der Saison. Dabei besteht Wahlmöglichkeit zwischen normalen Schiffen (brauchen 3-4 Stunden) oder einem Katamaran (um 1oo Minuten - dafür teurer).

* <u>P&O Stenaline</u>, bei 75 % Marktanteil, fährt zum Dublin-Vorort Dun Laoghaire.
* <u>Irish Ferries</u> bedient den Fährbetrieb direkt nach Dublin. Die Preise iegen bei beiden etwa gleich - differieren aber stark nach Tageszeit und danach, ob man mit Schiff oder Katamaran fährt.

Wer ausgiebigen Irland-Urlaub plant, bucht unbedingt schon zu Hause: Man bekommt dann den sogenannten <u>Durchgangstarif</u>, der die Kanalüberfahrt nach England plus die Fähre Holyhead-> Irland enthält (jeweis retour) und massiv billiger ist als einzeln gekaufte Teilstrecken. Details in unserem Irland-Führer, VELBINGER Band 24.

Wer sich <u>kurzfristig</u> entschließt, rüber nach Irland zu fahren, geht recht-zeitig in ein Reisebüro und vergleicht die Preise. Es gibt diverse "Short Breaks" bei Aufenthalt von zwei Tagen, z.B. übers Wochenende, - gehen so ab 3oo DM retour (Auto + Insassen).

Day Trips nach Dublin

Der eigentliche Joker - für einen Tag rüberstechen nach Dublin! Bißchen Sightseeing, in der chiquen Grafton Street bummeln, am Abend dann wieder zurück. Mit schlappen 2o bis 3o Mark ist man dabei! Wer im Duty-free Shop auf dem Schiff eine Stange Ziga-retten oder eine Pulle Whisky einkauft, spart den Fahrpreis fast wieder rein!

Tagesausflüge nach Irland werden ab hier, also Holyhead, und ab Pembroke (S. 228) und Fishguard (S. 25o) angeboten. Dabei ist Holyhead zehnmal besser, da man mitten in Dublin landet, während die beiden anderen Schiffe irgendwo in der Pampa anlegen.

Preise: Bei P&O Stenaline und Irish Ferries ungefähr gleich. Entscheidend für die Preisfrage ist, ob man die normale Schiffsfähre nimmt (ca. 2o DM) oder den schnellen Katamaran (ca. 3o DM) bzw. eine Kombination für Hin- und Rückreise.

Zeitbedarf: 3-4 Stunden für die Fähre, gute 1 1/2 Stunden für den Katamaran. Insge-samt 1o-15 Fahrten pro Tag.

Timing: Das Day Ticket gilt von o bis 24 Uhr. Für diese Zeitspanne gilt, "möglichst viel Irland rausholen". Natürlich bringt es nichts, wenn man mitten in der Nacht in Irland ankommt. Wer's bequem haben will, fährt gleich so, daß er erst gegen 9 Uhr in Dublin ankommt. Denn erst dann wird die Stadt lebendig!

Frühester vernünftiger Zeitpunkt für die Ankunft ist 7 Uhr, wenn der öffentliche Verkehr vom Hafen in die Stadt anläuft. Davon hängt die Entscheidung Schiff/Katamaran ab:

Wer das Geld für die letzte Nacht sparen will, nimmt das langsamere Schiff, das massiv länger braucht und schon gegen 3 Uhr losfährt. Die Zeit vorher im Pub abhängen, dann zum Pennen im Hafenterminal die Matratze ausrollen, später im Liegesessel auf der Fähre. Wem Komfort wichtiger ist, schläft die Nacht vorher im Hotel und nimmt den Katamaran. Dieser ist nur 1 1/2 Stunden unterwegs, fährt gegen 5.3o Uhr los.

Für beide Varianten heißt die bange Frage: "Was mache ich in den 2-3 Stunden, bis Dublin endlich wach wird?" Folgender Vorschlag:

Ankunft mit P&O Stenaline: Landung im Hafen-Vorort Dun Laoghaire (sprich: engl. "doon-leary"), - die Verbindung rein nach Dublin mit dem Vorortzug DART-Train, der alle 15 Minuten geht.

Aussteigen bei der Station "Tara Street", eine Haltestelle vor dem Hauptbahnhof ("Conolly Station"). Vom Teminal-Exit ca. 3o m nach links zum <u>White Horse</u> Pub, das nach uraltem Marktrecht schon um 7 Uhr aufmachen darf.
Heißt im Trinker-Slang "Early House": Mischung aus Nachtschwärmern, Frühschichtlern und Studenten. Immer knallvoll - hier hält man's locker bis 9 Uhr aus. Ein paar Türen weiter ist übrigens eine Sandwich-Bar, die ebenfalls um diese Zeit schon aufmacht (die Brötchen darf man mitnehmen in die Kneipe).

Ankunft mit Irish Ferries: Hierbei erfolgt die Landung im "Dublin Harbour", von wo jede Fähre einen Zubringerbus zum Hauptbahnhof hat. Auch dort gibt es Frühlokale, die aber recht versifft sind: besser 5 Minuten laufen zum oben beschriebenen "Early House".

Rückfahrt: Schiebt man natürlich möglichst weit raus, - die fahrplanmäßige Ankunft muß beim Day Ticket spätestens bis 24 Uhr erfolgen. Dann hat man auch noch Zuganschluß nach Bangor.

Egal, on man in Holyhead bleibt oder gleich nach Bangor fährt: schon *vor* dem Ausflug eine Unterkunft buchen! Denn nichts ist lästiger, als wenn man nach Ankunft hundemüde bei den Hotels Klinkenputzen muß!

Umgebung von Holyhead

Holyhead liegt auf der separaten Holy Island, die der Anglesey-Insel vorgelagert ist, angebunden durch zwei Dammstraßen.

<u>SOUTH STACK</u>: Landkap mit tausenden Seevögeln, vor den Klippen kreisen Wanderfalken und Raben. Brutzeit: April bis Ende Juli. Danach sind die Bergsteiger die Attraktion, die in den Halsbrecher-Klippen trainieren.

Ca. 3 km westlich von Holyhead zu einem Parkplatz, dort der <u>Ellin's Tower</u>, wo Feldstecher ausliegen Außerdem wurden Videokameras in den Klippen versteckt, so daß man die Vögel auf Bildschirmen sieht.

<u>HOLYHEAD MOUNTAIN</u>: 22o m hoher Berg, der die Form einer Kröte hat (bei kräftiger Prise Phantasie). Weiter Blick bis zur Isle of Man und rüber zu den irischen Küstenbergen. Auf dem Gipfel sind die Wallanlagen eines Eisenzeit-Forts und die Mauerreste einer Kapelle.

Pfad ab dem Parkplatz beim South Stack (3o Minuten) - oder direkt ab Holyhead (1 Stunde).

2.) Die Nordost-Küste: Holyhead -> Beaumaris

Entlang der A 5o25, - ca. 75 km für den kompletten Weg zurück zum Festland. Fast alle Küstendörfer sind Seebäder mit Strand.

Dieser Abschnitt ist ruhiger als die Südküste, - hauptsächlich englische Familien machen hier Urlaub. Nicht spektakulär, vielleicht aber schön für eine Radtour.

WYLFA NUCLEAR POWER STATION: Kernkraftwerk seit 1969 in Betrieb, für das Kühlsystem wird Meereswasser verwendet. Umweltschützer werfen radioaktive Belastung des Meeres vor. Um dem "vorzubeugen", hat das Kernkraftwerk einen "Beobachtungsturm" sowie zusätzlich Führungen durch das Innere der Anlage inkl. Dokumentation. Anfahrt: auf der Landspitze an der Cemlyn Bay, ca. 3 km vor Cemaes.

✦Beaumaris   (2.ooo Einw.)

Altertümliches Städtchen, Highlight ist das Castle. Außerdem: Baden am Strand und Segelschiffe im Jachthafen. Weiterer Tip sind die Bootsausflüge! Alles in allem hat Beaumaris mehr zu bieten als der Rest von Anglesey zusammen, entsprechend viele Touristen im Sommer.

BEAUMARIS CASTLE

Rechteckige Anlage mit Wasser-gräben und Türmen, das beste, was es damals an Festungsarchitektur gab. Es war das letzte Castle, das Edward I. baute, um diewalisischen Freiheitskämpfer in Schach zu halten.

Baubeginn 1295. Mehr als 2.5oo Arbeiter waren tätig, so daß das Castle bereits 3 Jahre später in verteidigungsfähigem Zustand war. Weiterer Ausbau bis 1323.

Die Mauern besitzen 5 m Dicke (für mittelalterliche Rammböcke nicht einzustoßen), zudem eine vorgebaute weitere Ringmauer, die zusätzlichen Abstand vom Burgkern schaffte zur Prävention gegen mittelalterliche Bogenschützen und Steinschleudern. Um die äußere Ringmauer verlief zudem ein Wassergraben.

Damals ging das Meer bei Flut bis vors südliche Torhaus. Hier befand sich ein kleinerer Hafen, in dem Schiffe anlegen konnten. In der Mauer sind noch heute die Ringe zum Vertauen der Schiffe zu sehen. Weiterhin eine Schleuse für das Wasser des Burggrabens.

Die schnelle Fertigstellung ist doppelt faszinierend, weil Beaumaris in einem Marschland liegt, wodurch die Steine für den Bau der Festung von weit her rangeschafft werden mußten. Da es damals bekanntlich keine Dampfwinden oder Lkws gegeben hat, geschah alles in Handarbeit. Beispielsweise wurden Felsbrocken auf runde Holzstämme gelegt, vorne zogen mehrere Dutzend Menschen den "Brocken" mit Seilen, während der zweite Teil der Mannschaft hinter dem Stein das Rundholz entfernte, um es vorne vor den Stein vorzulegen. Die Felsen wurden vorab in "handliches Format" geschlagen und per Schiff zum Bauplatz Beaumaris gebracht.

Auch die <u>Steinmetze</u> leisteten bei der Größe des Castles und Menge benötiger zugehauener Steine gewaltige Handarbeit mit primitivem Eisenwerkzeug wie Hammer und Meißel und Sprengpflöcken.

Architekt des damals besten Festungsbauwerks in ganz Europa war <u>Jacques de St. Georges</u>. Die Lage im weiten Marschland und an der Nordostmündung der Menai-Straße hatte den Vorteil, daß weite Bereiche auf potentionelle Angreifer überblickt werden konnten. Aber auch erschwerte Baubedingungen siehe oben.

Beaumaris kontrollierte die <u>Insel Anglesey</u>, die Kornkammer des mittelalterlichen Wales. Mit Beaumaris am Nordosteingang der Menai-Straße und der bereits bestehenden Caernarfon-Festung am Südwesteingang konnte der <u>Getreidenachschub der Waliser</u> von Anglesey nach Snowdonia (Rückzuggebiet der Widerstandskämpfer) kontrolliert und unterbrochen werden.

Die Größe der Beaumaris-Festung war so bemessen, daß eine Garnision Soldaten Platz hatte. Vermutlich im nordwestlichen Teil der Festung befand sich ein Brunnen (2) zur Trinkwasserversorgung, daneben die Küche (3). Versorgt wurden die Soldaten mit Anglesey-Getreide, welches per Schiff vor den Eingang des Castles transportiert wurde, wo sich eine Getreidemühle befand.

DIE STADT

Wurde mit dem Castle gebaut und explizit mit englischen Gefolgsleuten besiedelt. Dazu wurden walisische Bewohner vertrieben. Wegen des Hafens wuchs die Stadt schnell zu einem wichtigen Handelszentrum. Das Meer ist heute wegen Landsenkung vom Castle und der Stadt entfernt. Der Name "beau marais" hat normanisch-französischen Ursprung und bedeutet "schönes Marschland".

Als Thomas Teldford dann Mitte des 19. Jh. die Straße und Brücke von London nach Holyhead baute, verlagerte sich der Handelsschwerpunkt nach Holyhead. Erst der Tourismus gab dem Ort neues Leben.

BEAUMARIS COURTHOUSE (gegenüber vom Gefängnis): seit 1614 Gerichtsgebäude, im 19. Jh. aber stark verändert. Die Verhandlungen wurden in En-

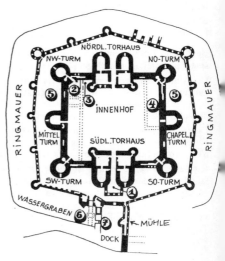

BEAUMARIS CASTLE

1   Vorbau, Eingang
2   vermutl. Brunnen
3   vermutl. Küche
4   vermutl. Wohnungen
5   Außenhof
6   Zugbrücke
7   Schleuse

glisch abgehalten, wodurch die - walisischen - Angeklagten oft kein einziges Wort verstanden haben.

BEAUMARIS GAOL (gleich gegenüber): im 19. Jh. das Stadtgefängnis. Zeigt die damaligen Haftbedingungen: etwa eine Tretmühle, in der die Gefangenen unter unmenschlicher Anstrengung eine Wasserpumpe antreiben mußten. Die Dunkelzelle war schalldicht und ohne Fenster. Zu sehen auch der Arbeitsraum, wo weibliche Gefangene im Akkord stricken mußten. In der Decke ein Mauerschlitz, durch den man ein Seil in den darüberliegenden Raum zog, um die dort befindlichen Kinderwiegen zu schaukeln.

MUSEUM OF CHILDHOOD (1, Castle Street): Spielzeug und Puppen. Sehr faszinierend, z.B. alte Spieluhren, Teddybären, Spielzeug zum Auf-

BEAUMARIS CASTLE gebaut 1295 – 1323

ziehen, ein singender Vogel in einem Goldkäfig etc.

<u>COUNTY HALL</u> (Castle Street): das Rathaus, erbaut 1614. Das Gebäude ist noch heute Sitz der Stadtverwaltung.

COUNTRY HOUSE: "<u>Hennlys Hall</u>", in einem Park außerhalb der Stadt. War 25 Jahre Top-Absteige unter Regie von Vat Williams, hat aber seit dem Besitzerwechsel etwas Federn gelassen. Tel. o1248/ 81 o4 12. DZ ca. 2oo DM, Dinner um 4o DM.

HOTELS: "<u>Old Bull's Head Inn</u>", Castle Street. Bestes Hotel im Ort - alles sehr komfortabel, wohlige Polstermöbel im Lounge. Erste urkundliche Erwähnung 1295 als Postkutschenstation. 1959 wohnte Charles Dickens hier, die Zimmer sind nach seinen Romanfiguren benannt. Tel. o1248/ 81 o3 29. DZ ca. 185 DM.

"<u>Bishopsgate Hotel</u>", Castle Street. Stadthaus aus dem 18. Jh. - kleines, aber feines Hotel mit 8 großen, hellen Zimmern und viel Stil. Tel. o1248/ 81 o3 o2. DZ ca. 13o DM, mit Himmerbett ca. 15o DM.

"<u>Liverpool Arms Hotel</u>", Castle St. Postkutschenstation seit 17oo. Entsprechendes Outfit mit Holzbalken und Antiquitäten. Tel. o1248/ 81 o3 62. DZ ca. 15o DM.

"<u>White Lion Hotel</u>", Castle Square. Kleine 8-Zimmer-Pension, freundlich geführt von den Besitzern Keith & Shirley Charlton. Tel. o1248/ 81 o5 89. DZ ca. 1oo DM.

BED & BREAKFAST: Beaumaris dürfte von allen Orten auf Anglesey die beste Wohnlage sein. Daher entsprechende Nachfrage und im Sommer schnell ausgebucht, trotz des respektablen Zimmerangebotes. Also nicht zu spät ankommen.

Der nächste Platz ist in Kingsbridge, etwa 3-4 km außerhalb. Stündlich Anschluß mit Bus Nr. 57 (außer sonntags).

<u>OLD BULLS HEAD</u> (Castle Street): Definitiv das beste Lokal auf der Anglesey-Insel, viele zählen es zu den Top Twelve von ganz Wales. Besitzer Keith Rothwell steht selber am Herd. 4o-5o DM für Meeresfrüchte und Wild.

<u>BERKELEY HOTEL</u> (Castle Street) ist guter Tip für die Mittelklasse, 15 bis 25 DM im Dining Room. Schon seit vielen Jahren etabliert.

Barmeals: <u>SAILOR'S RETURN</u> (Church Street): exzellentes Essen in dem uralten Gasthof, - große Auswahl und liebevoll hergerichtet.

Shopping: <u>Tudor Rose</u> (Castle Street): Kunstgalerie und Antiquitätenladen. Untergebracht in einem Fachwerkbau aus dem 15. Jh. dem ältesten Haus der Stadt.

Sea Angling: Ab Beaumaris operieren paar Boote für Hochseeangeln: die See rund um Anglesey gilt als bestes Revier von Wales. Geht von 2-stündigen Schnupper-Trips (um 2o DM) bis zu ausgiebigen 8-stündigen Törns (um 5o DM).

Umgebung von Beaumaris

PENMON: 6-km Abstecher zum nordwestlichen Landzipfel, via B 5lo9. Hier die Klosterruine der Penmon Priory, das bis auf das 6. Jh. zurückgeht. Damals noch Holzgebäude, wurden bei Wikinger-Einfällen niedergebrannt und dann in Stein nachgebaut. Die heutigen Gebäude stammen aus dem 12./13. Jh. und waren früher Schlaf- und Speisesaal der Mönche.

Die <u>Klosterkirche</u> wird noch genutzt: älteste Teile sind Schiff und das südliche Querschiff (12. Jh., frühnormannische Architektur). In der Kirche ein keltisches Hochkreuz aus der Zeit um 1ooo. Die Reliefs zeigen den heiligen Antonius. Hinter der Kirche das <u>Taubenhaus</u> des Klosters: lebender Fleischvorrat für die Mönche, hatte Platz für 1.ooo Nester.

PUFFIN ISLAND: 8oo m vor der Küste liegendes Inselchen mit einer Brutkolonie von Papageientauchern. Bedrohung für die Vögel stellt die immense Rattenplage dar. Man schätzt die Zahl auf eine halbe Million, sie gelangten 1816 bei einem Schiffbruch auf die Insel.

Schönster Blick auf die Insel: hinter der Klosterkirche in Penmon die kleine Privatstraße raus bis zur Landspitze. Kleine Gebühr für Autofahrer; zu Fuß etwa eine Viertelstunde.

Boot-Trip: Ab Beaumaris gehen einstündige Bootsfahrten rund um das Inselchen. Billig bei nur 8 DM. Landung auf dem Inselchen ist nicht möglich, da Privatbesitz.

Nordküste

*Eine Schnellstraße führt von der Anglesey-Insel rüber nach Chester/
England. En route viele Durchschnitts-Badeorte, aber auch "hot spots",
die absolut einen Abstecher wert sind!*

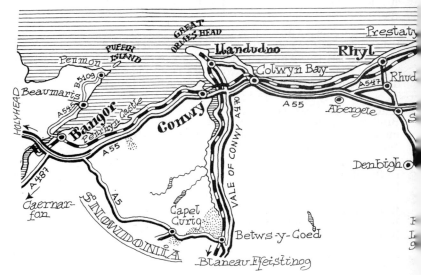

<u>Bangor</u> hat viel Szene: Unistädtchen mit tollen Kneipen und Intellek-
tuellen-Flair zum niveauvollen Versumpfen. Westlich das Märchenschloß
Penrhyn Castle.

In <u>Conwy</u> klebt an jedem Stein Geschichte: weltberühmtes Castle, vollständig erhaltener Stadtmauer-Ring, sehr viel Mittelalter.

<u>Llandudno</u> ist ein up-market Seebad, nirgendwo in Nordwales gibt es so-
viel Nachtleben, Konzerte und Theater. Schnäppchen: rein in eine Kupfermine, in der schon Bronzezeit-Menschen geschürft haben.

Von <u>Colwyn Bay</u> nach <u>Rhyl</u> und weiter bis <u>Prestatyn</u> liegt eine Kette von
Seebädern mit leicht marodem Flair: englische Kids, Spielhallen und
Zuckerwatte. Für Kurzbesuch mit Betonung auf kurz!

<u>Östlich</u> geht die Küste über in den "industry belt": besser non-stop nach
Chester, - oder runterbiegen in die walisischen Midlands. Details im
Folgekapitel "Nordost-Wales".

Abgesehen von oben genannten Perlen ist die Nordküste definiert durch

Badeorte, weitgehend Durchschnitt und dicht darunter. Familien aus dem Raum Birmingham/Manchester machen hier Urlaub. Diese Seebäder sind zu Beginn des 2o. Jh. entstanden, als sich endlich auch Fabrikarbeiter Urlaub leisten konnten. Kamen scharenweise mit dem Zug. Der Abstieg begann dann in den sechziger Jahren, als Urlaubsflüge ans Mittelmeer angesagt waren. Heute ist hier alles recht zweitrangig.

Bangor -> Chester

Rund 1oo km, immer auf der A 55. Seit diese vierspurig ausgebaut ist mit By-passes, nur eine Sache von einer knappen Stunde.

 Zug: British Rail geht alle 2 Stunden auf der "North Wales Line", interessante Fahrt von Seebad zu Seebad, und weiter nach Holyhead für die Irland-Fähre.

Evtl. umsteigen in Llandudno, auf die "Conwy Linie", die schnurstracks runtergeht in den Snowdonia-Nationalpark.

 Bus: Zwei Linien: Express-Busse von National Express, - oder mit dem sog. "Coastliner", der überall in den Ortschaften anhält. Beide mehrmals pro Tag, obwohl der Zug hier das klassische Transportmittel ist.

✦ Bangor   (17.ooo Einw.)

Die 7.ooo Studenten bringen das Städtchen zum Vibrieren und sorgen ein Stückweit für kosmopolitischen Flair. Alles sehr lebendig - szenige Kneipen und billige Bistros.

Bangor kommt ganz anders als die völlig "un-walisischen" Seebäder. Außerdem zentrale Lage - etwa gleich weit zu den Snowdonia-Bergen, zur Anglesey-Insel und zu den "Castle -Städten" (vier Städte mit Ritterburgen, die Weltformat haben; Seite 348).

Hauptstraße ist die lange High Street, die sich vom Bahnhof/Kino zickzack runterzieht, - an ihrem unteren Ende Fußgängerzone. In der High Street sind die ganzen Pubs und Bistros.

Parallel dazu: die vierspurige Deiniol Road - die verkehrsreiche Haupt-Durchfahrtstraße durch Bangor. Die Universität und Wohnbezirke der Stadt liegen auf einem Hügel hinter dem Zentrum.

BANGOR CATHEDRAL: kleiner und recht bescheidener Kirchenbau, kein Kirchturm wegen der wenig tragfähigen Fundamente. Hatte mehrere Vorgänger-Bauten, letzter Neubau 1532 im spätgotischen Perpendicular-

BANGOR - CATHEDRAL, Illustration aus 19. Jahrhunde

Stil. 187o grundlegend restauriert. Im Kapitelhaus ein kleines Museum mit alten Manuskripten und Büchern. Bangor ist seit 548 Bischofssitz für den gesamten Nordwesten von Wales.

BANGOR MUSEUM (Fforth Gwynedd): walisische Möbel aus dem 17.-19. Jh., alte Volkstrachten, Ausgrabungsfunde aus der Zeit der Kelten. Im Basement eine Galerie mit walisischen Kunstwerken.

UNIVERSITY OF NORTH WALES: die Gebäude von 1911 stehen wie ein Wahrzeichen auf einem Hügel über der Stadt. Die ca. 1o Gehminuten vom Zentrum lohnen sich für den Blick von der Dachterrasse im 4. Stock.

An der Uni sind etwa 7.ooo Studenten eingeschrieben. Sie wurde 1872 gegründet als Zweig der walisischen National-Universität.

GARTH PIER: schiebt sich 5oo m rein in die Meeresstraße Menai Strait (durchmißt sie zu zwei Dritteln). Schön zum Rausschlendern.

Tourist INFO Das offizielle TI liegt außerhalb an der Schnellstraße A 55 (an der Abzweigung der A 5 Richtung Betws-y-Coed) - auf dem Gelände des Schnellrestaurants "Little Chef". Nur im Sommer. Tel. o1248/ 35 27 86.

Außerdem unterhält die Stadt ein kleines Behelfs-TI im Rathaus (off Deiniol Road). Ganzjährig.

HOTELS: "**Carreg Bran Hotel**", ca. 3 km außerhalb (jenseits der Britannia Bridge, auf der Isle of Anglesey). Das beste Hotel der Region, um sich ein paar Tage einzunisten (nichts Vergleichbares im Raum Bangor, Caernarfon und Beaumaris!). - Das Wohlfühl-Hotel hat 34 Zimmer und ist etwas ab vom Trubel: "People come here for its service and warmth, we have no gimmicks." Tel. o1248/714 224. DZ ca. 17o DM.

"**Menai Court Hotel**", Craig y Dan Road, off College Road (5 Gehminuten vom

Zentrum). De-Luxe-Unterkunft, seit vielen Jahren mit gleichbleibend gutem Standard: 14 große und helle Zimmer, auf einer Anhöhe mit Blick runter zum Pier. Tel. o1248/ 35 42 oo. DZ ca. 155 DM.

"**British Hotel**", am oberen Ende der High Street, beim Bahnhof. Über 5o Zimmer und beste Bleibe innerhalb vom Stadtkern. Rotes Gebäude - innen sehr gepflegt. Tel. o1248/ 36 49 11. DZ ca. 13o DM.

"**Eryl Mar Hotel**", Upper Garth Road. 22-Zimmer-Hotel unten am Pier, - unter sympathischer Regie von Mrs. Williams. Für die Preisklasse unschlagbar! Tel. o1248/ 35 37 89. DZ mit Bad ca. 85 DM.

BED & BRAKFAST: Die größte Konzentration in der Garth Road (Verlängerung der Durchfahrtstraße Deiniol Road) - dazu der Beschilderung "Holyhead" folgen: ein knappes Dutzend B&B vom Theater bis runter zum Pier. Weitere Häuser liegen in der Stadt verstreut.

HOSTEL: "**Tan y Bryn Youth Hostel**", knapp 1o Minuten vom Stadtkern. Sehr gut ausgerüstet. Wird immer beliebter und entsprechend oft ausgebucht, daher prinzipiell vorher anrufen. Tel. o1248/ 35 35 16. Schlafsaal ca. 2o DM/Person.

 Dinas Farm: Geschützter Platz an einem Flußufer. Ca. 3 km außerhalb, in Halfway Bridge (an der A 5, Richtung Betws-y-Coed).

Nant Porth Farm (Holyhead Road, hinter der Michelin-Tankstelle die Straße runter): einfacher Platz mit Basic-Facilities; Toiletten.

 Alles sehr auf die Studenten zugeschnitten: Bistros und Pubs, Top-Lokal gibt es eigentlich keines. Für opulentere Sachen bleiben eigentlich nur die Hotels, oder rüberfahren nach Beaumaris.

FAT CAT (High Street, oberhalb der Fußgängerzone): internationale Bistro-Sachen bis max. 15 DM, etwa Burritos oder Tagliatelle mit Spinat-Walnuß-Sauce. Für uns jedesmal willkommene Abwechslung vom britischen Roastbeef- und Einheits-Mampf.

CANES (215 High Street, in der Fußgängerzone): Sandwiches, Burgers etc., weniger versponnen und billiger als im Fat Cat. Helle Holzmöbel, Grünzeug.

Barmeals: THE GAZELLE (am Kreisverkehr vor der Menai Bridge): für Leute mit Auto die beste Option. In der Bar zahlt man 12-15 DM, im Restaurant Richtung 2o DM.

THE OLD GLAN (am Parkplatz bei der Kathedrale): steht eher für cheap & chearful, also einfach und preislich um die 1o Mark. Vorteil ist die Zentrumslage.

Take-away: Fish & Chips der Spitzenklasse bei Sea Fresh (Dean Street). Riesenportionen für 5 DM, sehr populär bei den University-Studenten.

Alles fest in studentischer Hand. Bangor hat am meisten Szene von ganz Nordwales, - abgesehen vom Seebad Llandudno, wo die Kneipen aber gestylter kommen.

In der High Street

Pubs Hier spielt sich eigentlich alles ab, abgesehen von ein paar reinrassigen Studentenkneipen im Uni-Bereich. Unsere Tips beginnen am oberen Ende (bei Bahnhof/Kino) und gehen runter bis in die Fußgängerzone.

The Crypt (gegenüber vom Kino): Anarcho-Flair, dunkles Licht und alles in pechschwarzen Farben, auch die Gäste sind schwarz angezogen. Musik: Punk, Rock und alles, was sonst noch laut ist.

Alexander: ist Hang-out für Schwule.

Fat Cat: Eine Art Brasserie, alles sehr schwungvoll mit leichtem Boheme-Touch. Schön auch tagsüber zum Rumsitzen und Zeitunglesen. Guter Kaffee und gute Cocktails, - Insider trinken aber das "Theakstons", ein chemiefreies Bier aus Nordengland. Heimtückisch, aber stark.

The Old Glan (am Anfang der Fußgängerzone 1oo m die Seitenstraße runter): nahe der Students' Union, man trinkt sich nach den Vorlesungen wieder Mut an, manche Seminare und Arbeitskreise werden gleich hier abgehalten.

O'Shea's (Fußgängerzone): irisches Pub - als Tische große Bierfässer und Folkmusic vom Band. Gutes Guinnes und Prädikat B-B-B (= Bangors billigste Bar). Im Umkreis von Bangor leben 1.5oo Iren!

The Ship (Fußgängerzone): berüchtigtes Sauf-Lokal, wo sich viele "Islanders" von Anglesey treffen. Trotz Türsteher geht's oft recht rauh zu. Das Ship ist Sammelpunkt vor der Disco. Betrieb auf zwei Etagen, immer gepackt voll.

Barrels (unten in der Fußgängerzone): Gäste von 16-2o Jahre. Der DJ spielt Charts- und Mainstream-Musik, - überall Spiegel und Laserlight.

Studentenkneipen

The Bellevue (Holyhead Road, knapper Kilometer vom Zentrum): hier im Stadtteil Upper Bangor liegen die Studentenwohnheime - entsprechend Hochbetrieb, trotz "Bahnhofwartesaal-Atmo" (Leser-Zitat). Wird in Kenner-Kreisen BV genannt.

Students' Union (Deiniol Road, neben dem Theater): Im 2. Stock vom Studentenwerk sind drei Bars. Eintritt eigentlich nur für Mitglieder, oft geht's aber auch mit dem internationalen Studentenausweis. Billigstpreise.

The Harp (High Street, schräg gegenüber vom Fat Cat): laut Leserbrief jeden Mittwoch "German Stammtisch" der Universität, der sich über jeden deutschen Besuch freut. Termin könnte sich geändert haben, vorher nachfragen!

Disco: Octagon ist der einzige Ort in Bangor, der nach 23 Uhr auf hat. Über den Laden wird viel gelästert: heißt im Studenten-Slang "Meat Market", - wer hier nichts aufreißt, sollte ein Ticket ins Kloster kaufen. Geht bis 24 Uhr, Eintritt 5-1o DM. Keine Jeans/Turnschuhe. Adresse: Dean Street, Seitenstraße vom unteren Ende der Fußgängerzone.

Entertainment: Teatr Gwynedd (Deiniol Road): Theater und ansässige Company verstehen sich als Forum walisischer Autoren. Sowohl in englischer als auch in walisischer Sprache.

Chöre: Es gibt zwei Männerchöre in Bangor: Am Montag von 19.15 bis 21.3o Uhr probt der Penrhyn-Chor (Adresse: Ysgol Pen-y-Bryn). Mittwochs 19.3o bis 21.3o Uhr der "Meibion Dinas" in der Glanadda School.

Shopping: Wellfield Shopping Centre (off High Street, nahe beim Uhrturm): gleich links beim Eingang ist ein Laden, der sich auf walisische Bücher und CDs spezialisiert hat.

Cob Records (ganz unten in der Fußgängerzone): neue und Secondhand-Platten (12-15 DM). Große Auswahl, auch im Sektor Welsh Folk.

Verbindungen ab Bangor

Bangor ist Knotenpunkt für öffentlichen Transport. Geht in 3 Richtungen:
-> auf die Isle of Anglesy.
-> in den Snowdonia-Nationalpark.
-> auf die Lleyn Peninsula.

Züge: Bahnhof in der Holyhead Road am Ende der Deiniol Road. Alle 2 Stunden in östliche Richtung -> Chester und -> Holyhead auf der Isle of Anglesy.

Busse: Terminal in der Garth Road, gegenüber vom Theater. Mit Crosville stündlich nach Porthmadog, mit Umsteigen in Caernarfon, - alle 3o Minuten -> Beaumaris auf der Anglesey-Insel. Mehrmals täglich -> Llanberis im Snowdonia-Nationalpark.

-> London 1-2 x täglich, geht entlang der Nordküste via Chester. Company ist hier National Express.

★ **Penrhyn Castle**

Herrenhaus aus dem 19. Jahrhundert. Ein spleeniges Architektur-Folly: konzipiert im Stil einer mittelalterlichen Burg. Mit Torweg und neun Türmen, im Burghof der mächtige Bergfried. Im Innern wertvolle Holzschnitzereien und Steinmetz-Arbeiten, die Möbel in gigantomanen Designs.

PENRYHN CASTLE, gebaut 1824-45.

Der Herrensitz wurde 1825-45 erbaut im Auftrag der Penrhyn Familie, die durch ihre Schieferminen bei Bethesdea (an der heutigen A 5) zu großem Reichtum gekommen war. Es galt, hier durch ein repräsentatives Gebäude den persönlichen Erfolg zur Schau zu stellen. Beauftragt wurde der Architekt Thomas Hopper, der sowohl das Gebäude aber auch seine Innenausstattung bis hin zu den Möbeln entwarf. Bei der Gestaltung hatte er keinerlei Limits, was die Kosten betraf.

Mit dem Bau wurde 1825 begonnen, wobei frei interpretierter normannischer "Castle-Style" vorschwebte, der mehr oder weniger gekonnt prestigeträchtig aufgepäppelt wurde.

Im Inneren des Penryhn Castle mit einem der ersten Billiard-Tische der Welt.

Die Architektur ist nicht unbedingt eine Glanzleistung, aber sehr protzig und sehenswert.

GREAT ROOM mit Rundbogen-Fenstern in Buntglas. Die Tische mit Marmorplatten, als Basis steinerne Delphine.

BIBLIOTHEK: feudal repräsentative Raumgestaltung. Hier steht zugleich einer der ersten Billiardtische der Welt. Das Spiel wurde um 18oo in heutiger Form kreiert und ist in Großbritannien ein ähnlich beliebter Volkssport wie Darts.

EBONY ROOM: die Wände tapeziert mit karminrotem Damast, die Kamine als Indiz auf die Geldquelle des Bauherrn in schwarzem Schiefer, die Möbel aus geschnitztem Elfenbein.

SCHLAFGEMACH: Himmelbett aus Schiefergestein, hat ein Gewicht von mehr als einer Tonne. Im "Breakfast Room" Gemälde holländischer und italienischer Meister.

WEITERE ATTRAKTIONEN: eine wertvolle Kollektion von über 1.ooo Puppen. In den Stallungen Industrielokomotiven, die in den nordwalisischen Schiefer-Steinbrüchen verwendet wurden.

Anfahrt: 3-4 km südöstlich von Bangor an der Abzweigung der A 5 von der A 55.

Aber Falls: Ein silberweißes Wasserband rauscht zwischen düsteren Felsbuckeln 35 m tief runter. Anfahrt: beim Aber Falls Hotel (6 km östlich von Bangor) für knapp 2 km das Seitensträßchen landein zu einen Parkplatz, wo drei Wanderpfade losgehen. Halbe Stunde Gehzeit.

Tip: sich mit dem Rücken auf den Stein legen, der unten am Wasserfall ist, und das Wasser von unten anschauen. Man wird dabei tüchtig naß, die Übung ist aber obligatorisch unter den Aber-Falls-Wanderern.

 Wandern: Wir beschreiben eine ausgefallene Wanderroute, die die Nordküste mit dem Snowdonia-Nationalpark verbindet. Dazu 3 km weiter auf oben beschriebenem Stichsträßchen bis zum Fuß der Carneddau Hills.

Von hier auf einer alten Römerstraße rüber nach Roewen (im Vale of Conwy, Seite 321). Rund 1o km, 3 Stunden Gehzeit. In Roewen gibt es eine romantische Jugendherberge. Oder: alle 2 Stunden Bus rauf nach Conwy (siehe unten) oder runter in den Nationalpark (S. 3o7).

Sychnant Pass: Wilde Paßstraße in 16o m Höhe über dem Meer, Panoramablick über die Conwy Bay. Die Abzweigung zur Paßstraße ist gut beschildert: kurz vor dem Badeort Penmaenmawr, ca. 7 km vor Conwy. Alternative ist die A 55, die den Küstenberg auf 17o m Länge untertunnelt.

✶ Conwy   (3.ooo Einw.)

Eine der schönsten Städte von Wales! Im Schatten der mächtigen Königsburg liegt viel Mittelalter, eingerahmt von der Stadtmauer. Im Sommer sehr viele Touristen.

Conwy liegt am 8oo m breiten Mündungstrichter des River Conwy. Die STADTMAUER ist noch vollständig erhalten: wurde im 13. Jh. gebaut, zusammen mit dem Castle zur Sicherung der Stadt gegen Übergriffe walisischer Rebellen. Sie ist 1 1/2 km lang, ein schöner Rundgang auf dem Mauerring.

Drei Stadttore gesichert durch Doppeltürme. Dazu 21 halbkreisförmige Mauertürme. Die 12 kleinen Häuschen, die auf die Mauerkrone gesetzt sind, dienten im Mittelalter als öffentliche Toiletten.

CONWY CASTLE

Das massive Kastell wurde von King Edward I. 1288 in nur 5 Jahren fertiggestellt. Es diente einmal dem Schutz und der Verteidigung der englischen Ansprüche in Wales, - zum anderen der Königsfamilie als Wohnung.

Der langgestreckte Grundriß des Castles ergab sich aus dem Felsen in der Flußmündung, auf dem das Castle steht. Die gesamte Anlage besticht in ihrer Harmonie. 1.5oo Arbeiter waren nötig, um den Festungsbau in derart kurzer Zeit fertigzustellen, Architekt wie bei anderen Edward-Castles wieder Jacques de St. Georges.

Das Castle hatte Eleganz und war (im Gegensatz zu sonstiger roher Steinarchitektur)

CONWY-CASTLE: gebaut 1283-87. Ansicht Richtung Süd im Vordergrund die neue Brücke, dahinter die Teldford Suspension Bridge von 1826.

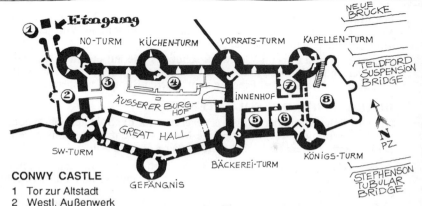

CONWY CASTLE
1 Tor zur Altstadt
2 Westl. Außenwerk
3 Raum für Wache
4 Küche und Ställe
5 King Hall
6 King Chamber
7 Königsgemächer
8 Östl. Außenwerk

weißgekalkt. Die Great Hall von 4o m Länge und im Bereich des äußeren Burghofes hatte drei Kamine und Fenster. Das Dach war durch acht gotische Bögen gestützt. Der innere Bereich der Burg war durch zwei Türme und querlaufende Mauer abgetrennt. Hier befanden sich die Staatsgemächer (5-7).

Conwy Castle sicherte den nördlichen Bereich von Snowdonia, wo im unzugänglichen Gebirgsmassiv sich die walisischen Widerstandkämpfer verschanzt hatten.

1628 wurde das Castle bei zunehmendem Verfall an den Viscount of Conwy für die lächerlich niedrige Summe von 1oo Pound verkauft. Renovierung zur Zeit des Civil War, es konnte allerdings von Cromwells Truppen bei nunmehr modernerer Waffentechnologie schnell eingenommen werden. Rekonstruktion der Ruine im 2o. Jahrhundert als britisches Nationalmonument.

EINGANGSBEREICH

Der Eingang ist die Achillesferse eines jeden Castle. Wie nie zuvor im britischen Festungsbau wurde der Eingangsbereich konzipiert als "Burg in der Burg". Angreifer hätten zwei Sektionen überwinden müssen, um in die Burghof zu gelangen: zunächst den Barbican (1), dann das "westliche Außenwerk" (2).

BARBICAN (1): damit ist ein "befestigter Eingang" gemeint - war vierfach gemoppelt! Erstens: Die Zugbrücke aus Holz, ca. 7 m lang, wurde mit Winden/Seilen hochgezogen. Zweitens: Ein schweres Fallgitter (die Maueröffnung hierfür ist deutlich zu sehen). Drittens: Nach dem Fallgitter kam die "murder passage", - ein Tunnel mit Öffnungen in der Decke, um die Angreifer mit Speeren oder Steinbrocken zu attackieren. - Viertens: am Ende der Mörder-Passage versperrte ein Holztor den Weg ins Westwerk.

WESTLICHES AUSSENWERK (2): eine Art Vorhof, der vom NO- und SW-Turm flankiert ist. In den Türmen sind Mauerschlitze, hinter denen hochtrainierte Bogenschützen warteten. Oberhalb der Mauern, die den Vorhof umgeben, war ein Rundgang, auf dem Soldaten mit Wurfgeschossen und kochendem Wasser saßen.

Angreifer wären also im Westwerk schutzlos wie auf einem Präsentierteller gestanden. Es wäre in dieser Situation unmöglich gewesen, das Falltor einzurammen, das den Eingang zum äußeren Burghof versperrte.

BEREICH FÜR DIE SOLDATEN

Die westliche Hälfte der Burg war reserviert für die Soldaten-Garnision, die hier stationiert war, um ständige Militär-Präsenz zu demonstrieren. Dies bedeutete: weniger Wohnkomfort, eher Kasernen-Alltag.

ÄUSSERER BURGHOF: In den sechs Türmen rund um den Burghof waren die Offizierswohnungen: jeweils zwei Stockwerke und Vorratsspeicher im Keller. Die Mannschaften wohnten weit weniger individuell: Damals war der Burghof vollgeschachtelt mit Schlafsälen und Baracken. Wurden leider im Bürgerkrieg (1643) zerstört, als die Angreifer bereits Kanonen hatten und von außen in den Burghof hineinschießen konnten.

Nur noch einige Grundmauern vom Wachraum (3) sowie von Küche/Pferdeställen (4). Der Brunnen (extrem wichtig bei Belagerung!) wurde mit Hammer und Pickel mühsam 3o m tief in den Fels geschlagen.

GREAT HALL: Hier saßen die Soldaten "nach Dienstschluß" und klönten von ihren Heldentaten. Nur wenn der König anwesend war, wurde heftigst gefetet. Dann gab es massenweise krosses Roastbeef und Krüge mit süßem Met auf langen Tisch-Tafeln, - drei Feuerplätze und bunte Flaggen, Fackellicht tanzte an den Wänden.

Der Graben hier in der Great Hall war seinerzeit überdacht - diente als Keller und Voratsspeicher!

BEREICH DES KÖNIGS

Die östliche Hälfte der Burg war eigentlich keine Burg, sondern ein Palast für den König und die Königin. Für damalige Verhältnisse top-luxuriös. Der König war natürlich nur ab und zu zu Gast, da sich seine Residenz in London befand.

INNENHOF: War für die normalen Soldaten Tabu-Zone. Für die Sicherheit des Königs wurde ein zusätzliches Sicherungssystem integriert: weiteres Fallgitter plus Turm mit Wachsoldaten. Außerdem war vor dem Tor ein 1o m tiefer Graben, der jetzt zugeschüttet ist.

Im Gegensatz zum äußeren Burghof, wo alles eng und voller Baracken war, war der Innenhof leer. Zur Steigerung des Wohnkomforts wurde der Bäckerei-Turm so plaziert, daß er an die Räume des Königs angrenzte, um die Wärme beim Brotbacken zur Heizung zu verwenden.

KING'S HALL (5): diente für Empfänge, - wenn beispielsweise zwei Barone Streit hatten und sich an den König wandten. Man legte Wert auf eine würdige Inszenierung: Zutritt durch einen elaborierten Spitzbogen, der König saß auf einem Thron.

KING'S CHAMBER (6): die Privatwohnung von King Edward I. und der Königin Eleonore. Die Ehe der beiden war natürlich politisch motiviert (beim Hochzeitstermin war er 14 Jahre, sie 12).

Normalerweise waren solche Königsehen gelebte Tristesse. Doch bei den beiden entstand tatsächlich eine heiße Lovestory: sie begleitete ihn bei allen Kriegen, - sogar beim Kreuzzug nach Jerusalem. Trotz der vielen Kriegszüge fanden sie Zeit, 16 Kinder zu zeugen.

KÖNIGSGEMÄCHER (7): grenzten an den Kapellen-Turm an (Burgkapelle). Durch eine Mauerluke konnte der König der heiligen Messe zusehen. In der Mauer gegenüber von diesem Fenster ist eine Primitiv-Toilette eingebaut (ein quadratisches Mauerloch).

ÖSTLICHES AUSSENWERK (8): grenzt ans Flußufer, so daß der König mit dem Boot zu seinem Castle fahren konnte, um quasi durch den Hintereingang - unbelästigt von der Volksmenge - hineinzugehen.

Interessant auch der Blick auf die drei Brücken über den River Conwy (siehe unten bei der Stadtbeschreibung).

Die Altstadt

Die 1o m hohen TOWN WALLS bilden ein Dreieck mit drei Stadttoren, gesichert durch Doppeltürme, und 21 halbkreisförmigen Mauertürmen. An der NW-Seite ist ein Laufgang oben bei den Zinnen: toller Rundblick runter auf das Altstadt-Geschachtel.

Aufgang: neben der Midland Bank am Square die Gasse runter. Der Rundgang dauert ca. 15 Minuten.

ST. MARY'S CHURCH (off Rosehill Street): Kirche mit halbverfallenem Friedhof, mitten in der Stadt. Die meisten Bauteile stammen aus dem 13. Jh., u.a. das sehr schöne Westportal.

Im Altarraum eine Grabplatte zu Ehren von Nicholas Hookes - er war das 41. Kind seines Vaters. Der Apfel fiel nicht weit vom Stamm bzw. der Same fiel nicht weit vom Stiel: auch die Hobbys von Nicholas gingen in eine einschlägige Richtung - er zeugte 27 Kinder.

VISITOR CENTRE (Rosehill Street): hochtrabender Name für einen Souvenirladen, in dem (gegen Gebühr) ein kurzer Videofilm gezeigt wird.

TEAPOT MUSEUM (Castle Street): Teekannen - von Meißner Porzellan bis Metallkannen im Bauhaus-Stil. Die Privatsammlung wurde schon oft in Zeitungen und amerikanischen Magazinen porträtiert.

ABERCONWY HOUSE (Castle Street, Ecke High Street): alte Kaufmannsvilla aus dem 14. Jh., - das Fachwerkhaus ist das älteste Gebäude der Stadt. Jedes Zimmer ist so eingerichtet, daß es eine andere Epoche der

6oojährigen Geschichte des Hauses reflektiert.

PLAS MAWR (High Street): Stadthaus im Tudorstil (Bauzeit 158o), Fachwerk und Treppengiebel. Spleen des Bauherrn: das Haus hat 365 Fenster und 52 Türen, 52 Treppen führen rauf zur Turmspitze.

Plas Mawr ist übrigens ein unheimliches Geisterhaus, - nachts schlürfen hier drin gleich mehrere Gespenster durch die Gänge (war deswegen schon oft im TV-Programm!). Mitte der 9oer Jahre hat man bei der Renovierung mehrere Geheimzimmer gefunden, deren Existenz man bis dato nicht einmal vermutet hat...

SMALLEST HOUSE (The Quay): laut Guinnnes-Buch das kleinste Haus in Großbritannien (3 m lang, 1,83 m breit. 2,54 m hoch). Gebaut im frühen 19. Jh. In dem Schuhkarton hat ein hühnenhafter Fischer gewohnt, der 192 cm an die Meßlatte brachte.

Die Besitzerin empfängt Besucher in walisischer Volkstracht (das Haus ist schon ewig in ihrer Familie). Die Dame heißt Margareth Williams: Autorin mehrerer Bücher über Gespenster in Conwy. Insider wissen, daß es in der mittelalterlichen Stadt mehrere Spukhäuser und an die 3o verschiedene Geister gibt.

AQUARIUM (The Quay): eine Art Höhle mit illuminierten Aquarien. Ausschließlich einheimische Fische.

Außerhalb der Altstadt

Relativ langweilige Siedlungsviertel (B&B-Häuser).

BUTTERFLY HOUSE (Bodlondeb Park): Schmetterlingsfarm. In einem Treibhaus wuchert Vegetation, Hunderte von Tropenfaltern flattern durcheinander.

CONWY BRIDGES: Drei Brücken überspannen den Mündungstrichter der River Conwy, alle drei schön nebeneinander. Östlich vom Castle.

Suspension Bridge: 1826 von Thomas Telford gebaute Hängebrücke aus schweren, heute silbern gestrichenen Eisengliedern. Sie läuft direkt auf das Castle zu. Damit Burg und Brücke optisch zusammenpassen, wurden Zinnen-Attrappen aufgesetzt. Die Brücke ersetzte

CONWY–CASTLE
Die Illustration von 185

die Fähre, welche bis dato die einzige Verbindung über den Conwy River war. Lange Zeit war sie die Hauptzufahrt in die Stadt.

Als Industrie-Denkmal hat man die Suspension Bridge in den letzten Jahren für 3 Mio. Mark restauriert. Für kleine Gebühr kann man drüberlaufen. Im alten Zollhaus eine Ausstellung zum Werk des berühmten Brückenbauers Telford.

Eisenbahn-Brücke: wannenförmig, 1848 von Robert Stephenson konstruiert. Die beiden Brückentürme sind in neugotischer Architektur gehalten und sollten "stilistisch zum Castle passen". Noch heute für die Eisenbahn in Betrieb, die südlich am Castle vorbeiführt.

Neue Brücke: 1958 eröffnet, ersetzte die Teldford Suspension Bridge für den Verkehr, der von der A 55 abzweigt und reinführt in die Stadt.

Seit 1991 verläuft die vierspurige A 55 via Tunnel durch den River Conwy. Dabei hat man nicht - wie normalerweise - gebohrt, sondern baute den ersten "Tubular Tunnel" in Europa. Das Bauverfahren für den 1.1oo m langen Tunnel war revolutionär:

In einem Trockenbecken betonierte man sechs Tunnel-Segmente: je 118 m lang, 24 m

rdergrund die Suspension Bridge von Th. Telford.

breit und 1o m hoch. Jedes Segment wiegt 3o.ooo Tonnen! Um sie in den Fluß zu bringen, flutete man das Becken und versah die Betonstücke mit riesigen Schwimm-Ballons. Schleppschiffe mit der nötigen Leistungskraft wurden von einer Spezial-Reederei in Dänemark angeheuert. Gekostet hat der ganze Spaß an die 25o Millionen Mark.

 In der Rezeption zum Castle. Tel. o1492/ 592 248. Ganzjährig geöffnet.

Stadtführungen: Beim Ghost Walk führt die Lehrerin Mary Nixon einen Schwung Leute rum: schwarzer Umhang, kreidebleiches Gesicht und eine Glocke in der Hand. Nur Juli/August, gegen 19 Uhr ab Castle.

Guide Friday ist ein Sightseeing-Bus, der jede Stunde Conwy und die Nachbarstadt Llandudno abfährt. Jemand gibt Infos per Mikro.

 COUNTRY HOUSE: "Synchant Pass Hotel", ca. 2 km westlich. Schöner Park, im Lounge Room stehen Möbel aus dem 18. Jh. Brian & Jean Jones kümmern sich persönlich um ihre Gäste. Sauna, Solarium. Tel. o1492/ 63 68 68. DZ ca. 14o DM,. Dinner um 45 DM.

HOTELS: "Castle Hotel", High Street. Das einzige Hotel innerhalb der Stadtmauern - knapp 3o Zimmer und höchster Standard innerhalb von Conwy. Gehört zur Trusthouse-Kette, wird aber persönlich und sympathisch geführt. Tel. o1492/ 59 23 24. DZ ohne Breakfast ca. 18o DM.

"Castle Bank Hotel", Mount Pleasant (durchs Stadttor und dann nach links). Liegt bei nur 11 Zimmern zwischen Hotel und Guesthouse. Unter Regie der Gilligan-Familie; viel Positives haben wir über das Essen gehört. Tel. o1492/ 59 38 88. DZ ca. 13o DM.

BED & BREAKFAST: Guesthouses gibt es nicht in Conwy. Folgende Privathäuser mit 2-5 Zimmern, pro Person 53 DM.

In der Altstadt in jeder Straße 1-2 Häuser, überall verstreut. Aber oft kleine Zimmer und viel Gewühl im Sommer, wenn alles verstopft ist mit Touristen. Mehrere B&B haben Zimmer en suite.

Cadnant Park ist eine schöne Wohngegend draußen vor den Stadtmauern: stolze Villen, aber keine Zimmer mit Bad/WC. Dafür viel Grün, Front-Zimmer haben River-Blick. Ruhig, da ab von der Hauptstraße, und genügend Parkplätze. Anfahrt: durchs Stadttor Richtung Bangor - dann die zweite links.

Beispiel: "Angorfa House", 25 Cadnant Park. Mrs. Williams führt ihre 5-Zimmer-Pension mit Herz und Engagement. Tel. o1492/ 63 32 8o. DZ ohne Bad ca. 7o DM.

HOSTEL: Leider keine JuHe in Conwy. Die nächsten in Bangor, Colwyn Bay und ein sehr einfaches Hostel beim Dorf Roewen, im Vale of Conwy: ca. 5 km südlich via der B 51o6, dann beim Groes Inn nach rechts. Beschreibung seite 322.

 Touring Park: schöne Parklandschaft mit Baumgruppen. Sehr gut ausgerüstet, inkl. Shop und Pub. Jeden Abend walisisches Entertainment, vor allem Männerchöre oder Folksinger. Der Platz liegt knapp 2 km südlich, an der B 51o6.

Abgesehen davon gibt es noch einen zweiten Platz am Stadtrand, der aber voller Stell-Caravans ist (also nicht verwechseln!).

 CASTLE HOTEL (High Street): das einzige Hotel der Stadt ist auch die beste Eß-Adresse - um 4o DM für opulentes Menü. Raum mit dezenten Grünfarben und rosa Plüsch- möbeln: etwas mondän, aber schön.

LLEWELYN RESTAURANT (Castle Street): Joker ist "Roast of the Day" für nur ca. 13 DM - ein Stück Braten mit drei Gemüsen, dazu Suppe und ein Dessert. Raum im ersten Stock, viel Holz und Kaminfeuer. Für Qua- lität bürgt die Hendy-Familie aus Mutter plus zwei Söhnen.

WALL PLACE (off Lancaster Square, in einer Seitengasse hinter der Polizei): kleines Vegetarier-Café mit Innenhof, wo man für 1o-15 DM ins Gras beißen kann. Und zwar durchgehend von 12 bis 22 Uhr.

CASTLE TEA GARDENS (Castle Street): Tip für den Afternoon Tea, stil- echt mit Rosinenkuchen und Erdbeermarmelade. Wird im Garten unter lauschigen Bäumen serviert.

AUSTRIAN RESTAURANT (hinterm Sychnant Pass, ca. 7 km westlich von Conwy): Wiener Schnitzel, Gulasch und Nockerl. Der Besitzer stammt aus den Bergen südlich von Deutschland, seine Frau ist Waliserin. Hier im Dorf Capelulo gibt es außerdem ein paar Pubs mit Biergarten.

Barmeals: GEORGE & DRAGON (Castle Street). Über die panierte und gegrillte Blutwurst ("black pudding") spricht ganz Conwy.

Take-away: Edward's Butcher macht mit seinen deftigen Sandwich- Kreationen von sich reden. Außerdem Chilli und Pasteten.

 Viel ist nicht los! Besonders für junge Leute sieht's zappen- duster aus (nicht ein einziger Nightclub!). Deshalb fährt für größeres "Weggehen" alles nach Llandudno mit trubeliger Kneipenszene und Discos (Motto: Conwy has history - **Pubs** Llandudno has the entertainment). Liegt ca. 8 km östlich, alle halbe Stunde Busverbindung.

Tip: in Conwy hat jeden Abend ein anderes Pub Quiz-Abend, wo man sich seine Drinks verdienen kann. Dort ist dann meist "full house".

George & Dragon (Castle Street): die Uralt-Kneipe lohnt sich an lauen Sommerabenden: nach hinten raus ein Biergarten, der bis zur Stadtmauer reicht. Sonntags spielt ein Gitarrist.

White House (1/2 km hinter dem Stadttor Richtung Bangor, linkerhand): immer Hochbetrieb wegen der vielen Camper vom Campingplatz auf der anderen Straßenseite. Samstags Musik.

Liverpool Arms (The Quay): unten am Bootsanleger - man sitzt draußen an der Kaimauer und schaut den Jachten zu.

Shopping: <u>Antiquitäten</u>: Conwy - selber eine Art Antiquität - hat mehrere Läden (Adressen beim TI).

<u>Craftcentre Cymru</u> (Castle Street): Querschnitt durch das walisische Kunsthandwerk, zu ehrlichen Preisen. Etwa 1oo m vom Castle entfernt.

Boot-Trips: Mit dem Dampfer "Queen Victoria" den Mündungstrichter des River Conwy rauf und runter. Lohnt sich besonders für den atemberaubenden Blick auf das Castle: vom Wasser aus die schönste Ansicht. Ständig Abfahrten vom Quay. Der Trip dauert 1/2 Stunde und kostet nur 5 DM, wobei Kaffee/Tee inklusive geht.

Wandern: Der <u>Conwy Mountain</u> liegt ca. 5 km westlich, - schöner Blick auf die Stadt und Küste. Gemütliche Wanderung.

Verbindungen *ab Conwy*

Züge: entlang der Nordküstenschiene Richtung Chester bzw. Holyhead alle 2 Stunden. Weiterhin Zugverbindung Conwy -> Betws-y-Coed -> Blaneau Ffestiniog.

Der Bahnhof ist unbemannt: nur vier Züge halten hier, die man per Handaufheben stoppen muß. Alle anderen Züge halten in "Landudno Junction", das auf der anderen Flußseite liegt (15 Min. zu Fuß).

Busse: Der <u>Coastliner</u> geht 2 x am Tag entlang der Nordküste (nach Caernarfon bzw. Chester). Aber Schneckentempo und Stops in jedem Nest: dauert 2-3 x so lang wie der Zug, dafür ein Drittel billiger (z.B. nach Chester ca. 18 DM per Zug, 13 DM per Bus).

-> <u>Caernarfon</u> alle 1/2 Stunde mit Crosville, ebenso halbstündlich -> Llandudno.

In den <u>Snowdonia-Park</u> etwa 5 x am Tag mit Sherpa-Bussen, die aus Llandudno kommen und im Rundpacour durch den Nationalpark fahren.

Umgebung von Conwy

Klassischer Ausflug geht ins <u>VALE OF CONWY</u>, ein breites Farmer- und Wiesental, das runterführt nach Betws-y-Coed (eines der Hauptdörfer im Snowdonia-Nationalpark). Gute 3o km, Busse alle zwei Stunden.

Hauptattraktion im Tal sind die <u>Bodnant Gardens</u>: einer der schönsten Parks in Großbritannien! Ca. 1o km ab Conwy. Alle Details Seite 322.

✦ Llandudno   (2o.ooo Einw.)

Strand und Urlauberrummel: Llandudno ist das beliebteste Seebad in Wales. Vor allem englische Familien, entsprechend großes Angebot an Wassersport, Kinos, Spielhallen, Theater und Konzerte. Die Stadt wurde

LLANDUDNO

1	BAHNHOF	6	North Wales Theatre
2	Mostyn Art Gallery	7	Alice-Statue
3	The Rabbit Hole	8	Llandudno Museum
4	Holy Trinity Kirche	9	Bootsanlegesteg
5	TOURIST INFO	1o	Seilbahn

11	Ski-Bahn
12	Happy Valley
13	Llandudno Pier
14	Tramway Station
15	Haulfre Gardens
16	Cricket- und
	Tennis Grounds

Mitte des 19. Jhs. einzig zum Zweck des Badeortes aus dem Boden gestampft. Entsprechend reinrassige Architektur im typischen viktorianischen Stil.

Tourist INFO Chapel Street, Ecke Lloyd Street (5). Tel. o1492/ 876 413. Ganzjährig geöffnet, Juli/August auch am Wochenende. Das Office ist nicht nur für Llandudno zuständig, sondern für ganz Nordwales.

Geschichte: Gegen Ende des 18. Jh. wurde in Großbritannien Badeurlaub am Meer modern (bis dato hatte man die Salzluft für gesundheitsschädlich gehalten). Vor allem an der südenglischen Küste entstanden zahlreiche Resorts. Da es hier, wo heute Llandudno steht, bis vor 15o Jahren eigentlich gar nichts gab, konnte man ein (damals supermodernes) Seebad vom ersten Ziegelstein designen.

Initiator des "Unternehmens Llandudno" war die schwerreiche Mostyn-Familie. Die komplette Stadt wurde inszeniert wie ein Familienbetrieb. Grundsteinlegung 1854.

Schon zwanzig Jahre später flanierten hier "the rich and beautiful": Otto von Bismarck, Napoleon III., englischer Hochadel, die Königin von Rumänien etc. In Llandudno hat es die teuersten Boutiquen außerhalb Londons gegeben.

In den Konzerthallen spielte die Creme de la Creme. Superstar war der französische Dirigent Jules Rivière, der im vergoldeten Thronsessel auf der Bühne saß und einen diamanten-besetzten Taktstock schwang...

Seit Anfang des 2o. Jh. kam auch die Mittelklasse hierher zum Urlaubmachen. Für diese Kunden entstanden die billigeren Hotels in den rückwärtigen Straßen. Doch in den 6oer Jahren hat sich das Blatt gewendet, als man lieber mit der Eisenbahn nach Südfrankreich fuhr - später kamen dann Flugzeuge und Massentourismus.

Diese Veränderung hat die meisten britischen Seebäder in eine tiefe Krise gestürzt. Machen heute oft depressiv, - die früheren Grandhotels sind jetzt Altersheime (z.B. die Nachbarstädte Colwyn Bay und Rhyl).

Llandudno ist eine der wenigen Ausnahmen, die das Kap der guten Hoffnung umschiffen konnte: frühzeitig hat die Stadtverwaltung die neuen Trends erkannt und das Steuer herumgerissen: setzte rechtzeitig auf ein modernes Entertainment-Konzept, die Stadt machte PR als Konferenz- und Tagungszentrum.

THE PARADE

Die Strandpromenade - Grandhotels in der viktorianischen Architektur des 19. Jh. Extrem britisch und Geruch nach steifer Noblesse. Die Zeit ist ein bißchen stehengeblieben. Die Menschen sind irgendwie fast so alt wie die Gebäude, in denen sie wohnen: der Geldadel weit über der Pensionsgrenze ergötzt sich am "british way of holiday".

Man sitzt den ganzen Tag in den Glas-Verandas der Hotels, beobachtet den Strand und stemmt Teetassen. Wenn Action angesagt ist, wird die Promenade rauf- und runtergelaufen. Zitat: "The 2oth century development hasn't taken place." - Sehenswert, wie Reisefieber vor hundert Jahren ausgesehen hat...

LLANDUDNO PIER (13): schiebt sich 715 m raus in die Meeresbucht, immer zu Füßen vom Ormes-Vorgebirge. Schön mit Pavillons und Kiosken: Porträtmaler, eine Handleserin, man kann Fotos im viktorianischen Kostüm machen etc.

DIE STADT

Hat westenlich mehr Verve als die Promenade! Vor allem in der Mostyn Street gibt es chique Shops, wie Bennetton oder Juweliere, oder man trifft sich in den Bars.

LLANDUDNO MUSEUM (8): alte Waffen und Rüstungen, Exponate aus der Römerzeit etc. Sehr stilvoll: Küche aus einer walisischen Bauernkate. Außerdem Fundstücke aus der Great-Ormes-Kupfermine (siehe unten).

MOSTYN ART GALERY (2): wechselnde Ausstellungen - gehört nicht der Stadt, sondern einem privaten Kunstverein. Wiederholt in der Presse kritisiert, da oft sehr revolutionäre Sachen gezeigt werden.

RABBIT HOLE (3): Episoden aus dem Kinderbuch "Alice im Wunderland", - werden erzählt mit lebensgroßen Puppen und Text aus dem Kopfhörer. Gut gemacht von einem lokalen Unternehmer, - wurde schon im japanischen TV porträtiert.

Der Autor: <u>Lewis Caroll</u>, ein Mathe-Professor in Oxford. Zu der Geschichte wurde er bei seinem Urlaub in Llandudno inspiriert, nachdem er sich in das kleine Mädchen Alice Liddell, Tochter eines Freundes, verliebt hatte. Diese Liebe war von einer Art, daß heute wohl die Sittenpolizei wachsam würde...

Damals setzte man Denkmäler, 1933 wurde die Alice-Statue (7) enthüllt: ein Baumstumpf, auf dem ein Kaninchen sitzt.

GREAT ORMES HEAD

Kalkstein-Vorgebirge nordwestlich des Städtchens, 2o7 m hoch. Bringt faszinierenden Blick bis rauf nach Liverpool, Schiffe pflügen durch den Ozean. Großartige Sonnenuntergänge hier oben. Die Aussicht kann sich mit dem Mount Snowdon messen! Besser eine Jacke überziehen wegen der kühlen Meeresbrise.

<u>SUMMIT COMPLEX</u>: eine Ansammlung von Cafés auf der Gipfelkuppe. Man sitzt draußen, umzingelt vom britischen Adel, und genießt die Aussicht. Wer aber nur ein paar Schritt weggeht, ist relativ allein dort oben.

<u>MARINE DRIVE</u>: eine schmale, ca. 8 km lange Einbahnstraße führt gegen den Uhrzeigersinn rund um den Great Ormes, eingekerbt in die Klippenwand. Für Autos kleine Gebühr, im Sommer auch Busse.

Gleich am Anfang ist <u>Happy Valley</u> (12), ein formaler Garten. Zufahrt von italienischen Säulen flankiert. Wer überschüssige Energie hat, dann den Marine Drive natürlich auch wandern (schön an langen Sommerabenden, wenn nicht soviel Betrieb ist).

<u>Verbindung</u>: Es gibt vier Alternativen, um auf das Ormes-Steilkap zu kommen.

* Der <u>Marine Drive</u> ist die klassische Art, - eine Abzweigung führt rauf zum Gipfel. Eine weitere Piste läuft parallel zur Tramway, siehe unten.

* Ebenso traditionell wie der Marine Drive ist die <u>Tramway</u> (14): Blaue Straßenbahnwaggons werden - wie die berühmte Cable Car in San Francisco - von einem Seil gezogen, das sich in der Mitte der Gleise befindet. Eröffnet 1902.

* Die <u>Seilbahn</u> (1o) bzw. Cabin Lift, - etwa 3 km bis zum Gipfel.

* Zu Fuß eine halbe Stunde.

GREAT ORME MINES

Kupfermine aus der Bronzezeit - damals die größte in Europa! Mit primitiven Werkzeugen wie Tierknochen hat man eine 7o m tiefe Höhle in den Berg gekratzt, um das Erz herauszuschaben. Bei dieser "Technologie" war es natürlich predominant wichtig, daß das Gestein butterweich ist.

Mit Grubenhelmen und -lampen geht's rein in den Berg. Unbedingt lohnend, eine Führung mitzumachen: jede Menge Infos, wie der Bergbau damals ablief. Die Minen liegen auf dem Great Ormes Head. Anfahrt mit der
Tramway (14), - oder mit dem kostenlosen Zubringerbus ab Stadt (Prince
Edward Square).

Von der Mine hat man schon lange gewußt. Die Archäologen wurden aber erst in den
8oer Jahren aktiv, nachdem man Tierknochen gefunden hat, die mit der C-14-Methode
auf ein Alter von 4.ooo Jahren datiert werden konnten. Die Arbeiten dürften noch ein
halbes Menschenleben weitergehen!

Kupfer aus Llandudno konnte in ganz Europa als Grabschmuck etc. nachgewiesen werden. Es hat also schon vor 4.ooo Jahren einen weitverzweigten Tauschhandel gegeben.

7oo Hotels und Pensionen, - alles von top bis flop. Insgesamt befinden
sich 2o % aller Fremdenbetten von Wales hier in Llandudno. Richtig
eng wird's eigentlich nur an den Wochenenden in der Spitzensaison.

SPEZIELLES: "**The Lighthouse**", Marine Drive (siehe "Great
Orme's Head"). Wohl die extravaganteste Unterkunft in Wales - drei
Zimmer in einem Leuchtturm, an der Küste 4 km von der Stadt!
Schönen Gruß an John Collins: hat 1985 seinen Manager-Job geschmissen und bei
einer Verteigerung für 16o.ooo Mark einen Leuchtturm gekauft. Um ein paar Tage
abzuschalten: große Zimmer mit separater Sitzecke. Der Lamproom kostet ca. 25 DM
extra, hat dafür Wintergarten raus zur See. Tel. o1492/ 87 68 19. DZ ca. 175 DM.

COUNTRY HOUSE: "**Bodysgallen House**", ca. 3 km Richtung Colwyn Bay.
Gehört zu den Top Ten in Wales - auf einem Hügel mit langem Zufahrtsweg, 5o ha
Parkland. Oft steigen Leute von arabischen Königshäusern hier ab. Positiv: das einzige
Herrenhaus in Wales, das einen Sport-Komplex dabei hat. Negativ: mit 3o Zimmern
recht groß und von einer Company geführt. Tel. o1492/ 58 44 66. DZ ca. 28o-42o DM,
Dinner um 8o DM.

LUXUS

Die Top-Hotels liegen alle an der Promenade, gegenüber vom North Beach. Juli/August
um die 25o DM fürs Doppel. Außerhalb der Spitzensaison purzeln die Preise aber gewaltig, - man kann dann ein Doppelzimmer schon für 8o-1oo DM haben. Dazu einfach
die Promenade auf- und abfahren und auf Preisaushänge achten.

"**Imperial Hotel**", Promenade. Der Prachtkasten mit 1oo Zimmern ist die Nr. 1 in
Llandudno: architektonisch ein Stück vom 19. Jh., aber mit Lift und sehr tollem Sport-
Komplex. Stammgast ist der Folk-Sänger Christy Moore, wenn er in der Stadt Konzerte
gibt. Tel. o1492/ 87 74 66. DZ ca. 225 DM, mit Meeresblick ca. 25 DM Zuschlag.

"**Saint George's Hotel**" (Tel. o1492/ 87 75 44) und das "**Empire Hotel**" (Tel.
o1492/ 86 o5 55) liegen ebenfalls in derselben Klasse. Beide an der Promenade, ähnliche
Preise wie das Imperial.

MITTEL

Die meisten in den Straßen, die von der Promenade stadteinwärts laufen. Aber auch
direkt an der Promenade kann man schon für 9o-12o DM ein Doppelzimmer kriegen.

"**St. Kilda Hotel**", Promenade. Hat schon seit Jahren guten Ruf in der Mittelklasse.
Tel. o1492/ 87 63 48. DZ ca. 1oo-2oo DM.

"**Glenormes Hotel**", Promenade. 34 Zimmer von Ehe-Team geführt, hervorragend! Tel. o1492/ 87 66 43. DZ bis 115 DM.

"**Grafton Hotel**", Promenade. 23-Zimmer-Hotel als Familienbetrieb. Note sehr gut. Tel. o1492/ 87 68 14. DZ mit Bad ca. 9o DM.

BED & BREAKFAST: Die kleinen Pensionen liegen hinter der Mostyn Street, - die meisten in der Lloyd Street und deren Seitenstraßen (Deganwy Avenue, St. David's Road). Natürlich nicht die Traumlage an der Seafront, aber ebenfalls absolut zentral!

Die Preise fürs Doppel liegen bei 65 DM ohne Bad (aber nur ganz wenige Häuser) bzw. bei 9o DM für Zimmer en suite.

HOSTEL: Leider hat Llandudno keine JuHe. Die nächste ist in Colwyn Bay: ca. 1o km östlich und halbstündlich Busverbindung. Von Bushaltestelle/Bahnhof in Colwyn Bay muß man aber noch 45 Minuten steil bergauf laufen zur Herberge.

 Innerhalb von Llandudno kein Campingplatz. Der nächste ist Dinarth's Hall in Rhos-on-Sea, ca. 6 km Richtung östlich (an der B 5115 Richtung Colwyn Bay). Gut ausgerüstet und modern.

Penrhyn Hall, ca. 5 km Richtung Colwyn Bay an der B 5115, nimmt nur Wohnwagen, - keine Zelte.

 Es gibt Dutzende von Italienern, Chinesen, Indern, Pakistanis, Bistros, wo man für 15-25 DM essen kann. Es ist schwierig, da einzelne Adressen rauszupicken - liegen alle in der Mostyn und Lloyd Street.

BODYSGALLEN HALL, ca. 3 km Richtung Colwyn Bay: Dinieren im Landschlößchen, wie seine Lordschaft zwischen Antiquitäten. Küche: "Modern British" - d.h. lokale Zutaten mit einem internationalen Twist. Koch: Michael Penny, hat schon in Michaels's Nook gekocht, einem weltberühmten Tophotel im Lake District.

Menü um 8o DM. Unbedingt buchen! Tip für schlankere Brieftaschen ist das Lunch-Menü, das nur 3o DM kostet (zwar etwas einfacheres Essen, aber derselbe Chefkoch).

IMPERIAL HOTEL (Promenade): leider Hotel-Atmosphäre mit großem Speiseraum, - aber: Andy Goode ist einer der begnadetsten Köche von ganz Wales. Daß ihm sein Essen auch selber schmeckt, sieht man ihm übrigens deutlich an. Menü ca. 5o DM.

RICHARD'S BISTRO (Church Walk, off Promenade nahe beim Pier): Meeresfrüchte und vegetarische Haute-cuisine für 25-3o DM. Kerzenlicht und Steinwände mit Holzbänken. Alles sehr persönlich und doch viel Klasse.

HOME COOKING (Upper Mostyn Street): britisches Traditionsessen vom Stil "Roastbeef mit zwei Gemüsen und Kartoffeln" für 12-15 DM.

<u>TRIBELL'S</u> (Lloyd Street): beste Adresse für Fish & Chips, die traditionelle britische Form von Schnellküche. Sehr groß und auch zum Mitnehmen.

<u>HABIT TEAROOM</u> (12, Mostyn Street): Kaffee, Kuchen, Sandwiches. Auch viele Einheimische kommen für "good value for money".

Barmeals: <u>QUEEN'S HEAD</u> (in Glanwydden, ca. 5 km Richtung Colwyn Bay): Viele Einheimische fahren hier raus zum Essen und trinken danach noch ein zwei drei Glas Bier. Interieur: Holzbalken, Kaminfeuer und Biergarten.

<u>KING'S HEAD</u> (Old Road): gute Sachen und eine rühmliche Ausnahme, denn innerhalb der Stadt sehen Barmeals oft sehr mager aus.

<u>OLD VICTORIA BAR</u> (Church Walk): genauso gut wie das King's Head, aber einfachere Sachen und ein paar Mark billigen, Pizzen oder Pasteten.

 <u>Pier Head Bar</u> (am Ende vom Pier): man sitzt draußen mit weitem Blick aufs Meer. Dann bingt's die Promenade doppelt: auf und ablaufen, oft spielt eine Band, und zum Abschluß ein Bier hier in der Pier Head.

Pubs Viele Pubs sind in der Mostyn Street plus deren Seitenstraßen. In irgendeiner ist immer Livemusik angesagt. Am Wochenende ist die Hölle los, wenn die Leute aus Conwy und den Snowdonia-Dörfern anrücken.

<u>Barton's</u> (Lloyd Street, gegenüber vom St. George's Hotel): Bar mit separatem Tanz-Bereich. Hat bis 24 Uhr auf.

<u>King's Arms</u> (Mostyn Street): sehr traditionell und nostalgische Atmosphäre, Gäste eher mittelalterlich.

<u>Cottage Loaf</u> (off Mostyn Street): der Treffpunkt für Leute bis 25 Lenze. Sieht aus wie ein Cottage und immer Hochbetrieb.

Disco: <u>Broadway Boulevard</u> (Mostyn Boulevard, nahe beim North Wales Theatre, 6): Hier versammelt sich alles, was kein Bett findet - auch die vielen Leute, die in den Hotels/Restaurants arbeiten. Bis 2 Uhr, ca. 8 DM Eintritt. Humane Türsteher, aber besser keine Jeans oder Turnschuhe.

Entertainment: <u>North Wales Theatre</u> (6): Bei 1.5oo Sitzen eine der größten Bühnen in Wales - auch Musicals vom Londoner Westend oder die Nationaloper gastieren hier. Lohnt sich immer, das Programm zu studieren.

<u>Dolphin Bar</u> (am Aufgang zum Pier): jeden Abend ist irgendwas los, - Musik, Comedy etc. Ca. 5 DM Eintritt, Getränke etwas teurer.

 Zwei schöne Sandstrände auf beiden Seiten der Stadt. <u>North Beach</u>: 3 km lang und etwas lebhafter: hier sind die Grandhotels, schöner zum Flanieren. Esels-

reiten und Kasperletheater, abends spielt oft eine Kapelle. - <u>West Beach</u> ist viel ruhiger: schöner Blick rüber zur Anglesey-Insel.

Boottrips: Keine große Sache: zwei Boote fahren zum Fuß der Great Orme oder kreuzen in der Bay rum. Bei ca. 8 DM für nur 25 Minuten recht teuer. Gehen ab Bootsteg (9).

Sport: <u>Canolfan Centre</u>: moderner, sehr großer Sportkomplex an der North Promenade. Squash, Swimmingpools, Sauna, Bars, Restaurant etc.

<u>Skibahn</u> (11): Trockenski, für 25 DM den ganzen Tag. Oder Tobaggan: eine Mischung aus Seifenkisten-Rennen und Trocken-Bob, - kostet ca. 8 DM.

Verbindungen *ab Llandudno*

Züge: via Landudno Junction-> Betws-y-Coed-> Blaenau Ffestiniog 6 x tägl. In Landudno Junction besteht Anschluß an die British Rail Nordschiene Chester-> Bangor -> Holyhead mit 1- bis 2-stündlicher Verbindung.

Busse fahren ab "Mostyn Street". Nach Conwy alle 2o Minuten, - auf der Nordschiene Llandudno-> Bangor-> Caernarfon stündlich. Richtung Osten nur bis Colwyn Bay und Rhyl. Wer nach Chester will, muß in Rhyl umsteigen, was dann aber 3 Stunden dauert.

Runter nach Snowdonia mit <u>Sherpa-Bussen</u>: im Sommer 5 x tägl. auf der Strecke Llandudno-> Betws-y-Coed-> Capel Curig-> Llanberis. Dauert 2 Stunden bis Lanberis.

✦ Colwyn Bay   (23.000 Einw.)

Relativ abgetakeltes Seebad! Viele Hotels sind jetzt Altersheime, - am Strand Liegestühle und Leute mit Thermoskanne. Hohe Arbeitslosigkeit. Vielleicht für kurzen Zwischenstop. Colwyn Bay besteht aus drei Siedlungen, die zusammengewachsen sind und eine 5 km lange Strandpromenade abgeben. Ständig Pendel-Busse.

<u>DINOSAUR WORLD</u>: Dinos in Lebensgröße, alles sehr realistisch gemacht, bis hin zu einem furchteinflößenden Urgebrüll. Lieblinge sind T. Rex und Archaeopteryx. Gibt's übrigens schon seit Jahrzehnten, nicht erst seit dem Film Jurassic Park. Zufahrt ab der A 55 (exit Colwyn Bay).

<u>WELSH MOUNTAIN ZOO</u>: Gehege mit Löwen, Elefanten, Pinguinen etc. schön in die Landschaft eingepaßt. Bekannt ist der Zoo vor allem für seine Raubvögel: angeblich die größte Sammlung in Europa. Spezialität: tägliche Shows mit Falken und Seelöwen. Der Privatzoo liegt im Waldrevier oberhalb der Bucht. Pluspunkt sind die Gärten mit verwilderter Vegetation.

HARLEQUIN THEATRE: bekanntes Puppentheater, hat schon oft positive Kritiken bekommen. Dabei sind kunstvoll bemalte Marionetten im Einsatz. Wurde für diesen Zweck gebaut, über 1oo Sitze. Täglich zwei Shows, rund 1 1/4 Stunden.

Nachmittags um 3 Uhr eher für Kinder, um 2o Uhr mehr für Erwachsene. Juli bis September, ca. 9 DM. An der Promenade im westlichen Vorort Rhos-on-Sea, Direktabfahrt von der A 55.

HOSTEL: "**Colwyn Bay Youth Hostel**". Leserbriefe loben das schöne, rote Backstein-Gebäude. Duschen in einem separaten Haus. Frühstück wird angeboten. Handicap: ab Bahnhof/Busterminal heißt es - beladen mit Gepäck - 45 Minuten bergauf laufen. Tel. o1492/ 53 o6 27. Schlafsaal ca. 2o DM/Person.

Sport: Wassersport: Colwyn Bay ist Zentrum für Wasserski, Segeln und Tauchen. Kurse und Vermietung von Ausrüstung.

Eirias Park: riesengroßer Ausflugspark mit vielen Attraktionen: Tennis und Bowling, See mit Ruderbooten und ein Multi-Sport-Komplex (Squash, Sauna, Swimmingpool).

Östlich von COLWYN im Ort Abergele entscheidet sich der weitere Routenverlauf:

* Am schnellsten ist die A 55 nach CHESTER, rund 6o km und gute 1/2 Stunde Fahrzeit.

* Die Küstenstraße A 548 ebenfalls nach Chester geht durch die einzelnen Ortschaften: anfangs Seebäder, hinter Holywell dann Industrie. Ca. 7o km, eine Stunde Fahrzeit.

* Ab St. Asaph südöstlich über die A 542 direkt nach LLANGOLLEN, lohnend als Stop wegen u.a. Kanalmuseum. Details siehe Kapitel "Nordost-Wales". Im Anschluß dann via Shrewsbury der Rückweg nach London bzw. noch Ostwales anhängen.

Ob man noch Chester in England einbaut (was in jedem Fall wegen schöner Altstadt lohnt) oder gleich nach Llangollen fährt, ist persönliche Entscheidungsfrage und abhängig von der verbliebenen Urlaubszeit.

✦Rhyl   (23.ooo Einw.)

Leicht Marodes Seebad, - die Urlauber kommen aus den englischen Industrie-Städten: überall Spielhallen, Softeis und Zuckerwatte. Wurde vor der Jahrhundertwende als Badeort gegründet.

 An der Promenade, in der Amusement-Anlage "Children's Village". Tel. o1745/ 35 5o 68. Ganzjährig geöffnet.

In der allgemeinen Krise solcher Seebäder ging es vor 4o Jahren rasant bergab mit Rhyl.

RHYL Beschauliches Seebad Mitte des 19.Jahrh.

Was noch zur <u>Jahrhundertwende</u> Vorteil von Rhyl war, der lange Sandstrand und sichere Badebedingungen, - besteht heute kaum noch: Auch im Sommer ist die Irische See kalt, und die Briten jetten zum Baden nach Mallorca.

<u>Rhyl</u> machte seinen Ruf wett und nutzte seinen Vorteil im Einzugsbereich des Groß-raumes Liverpool/Manchester als Familien- und Amusement-Resort. Eine Fülle an Entertainment wurde aufgebaut. Zur Hochsaison sehenswert, was hier an innerbritischem Ausflugs- und Familientourismus abläuft.

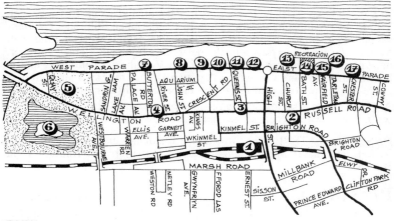

RHYL

1 BAHNHOF	6 Marine Lake Leisure Park
2 St.Thomas's Kirche	7 Golf
3 Town Hall	8 Boating Pool
4 St.John`s Kirche	9 Coliseum Theatre
5 Ocean Beach Amusement Park	1o Poll
	11 Skate World
12 Cycle Track
13 Galery Theatre
14 Sealife Centre
15 Knights Caverns
16 Lifeboat Station
17 The Sun Centre

SEALIFE CENTRE (14): große Tanks mit Fischen, Hauptattraktion ist ein Tunnel aus Plexiglas, der mitten durch ein Becken voller Haifische und Meeresaale geht. Besuchszeit so legen, daß man bei der Fütterung zusehen kann.

KNIGHTS CAVERN (15): mit lebensgroßen Wachsmodellen werden Szenen aus dem Mittelalter nachgestellt, bis zur schaurigen Folterkammer. Aber ein bißchen kitschig gemacht, geht etwas Richtung Geisterbahn.

SUN CENTRE (17): großer Sport- und Unterhaltungskomplex mit Wellen-Pool, künstlicher Lagune mit Palmen, Restaurant und Disco.

OCEAN BEACH AMUSEMENT PARK (5): permanentes Volksfest mit Achterbahn, Autoscootern, Schießbuden etc.

MARINE LEISURE PARK (6): mit künstlichem See, wo man Boote mieten kann und eine Spielzeugeisenbahn für Kinder fährt.

Entlang der Western Parade eine Reihe von Amusement wie Rollschuhbahn, Golf, Bowling, Boating Pool, Theater etc.

Umgebung von Rhyl

RHUDDLAN: Der Ort liegt ca. 3 km südlich von Rhyl. Hier befindet sich die erste der Edward-I.-Burgen. Er ließ sie 1277 am River Clwyd errichten, damit die Burg mit Schiffen versorgt werden konnte.

BODRHYDAN HALL: Herrensitz in Rhuddlan aus sanftrotem Ziegel. Wurde im 17. Jh. gebaut, Umbauten im 19. Jh. Innen Stilmöbel, Waffensammlung, Gemälde und wertvolles Porzellan. Schmankerl sind die zwei Mumienkästen (einer davon noch "bewohnt") in einem kleinen Zimmer, der von der Empfangshalle abzweigt. Ein Vorfahr der heutigen Familie brachte die Schreine von einem Ägypten-Urlaub mit, als man sich derartige Souvenire noch recht freizügig "unter den Arm klemmte".

Anfahrt: knapp 2 km östlich von Rhuddlan, an der B 5151 Richtung Dyserth. Nur an zwei Wochentagen geöffnet.

DYSERTH WATERFALLS: wuchernde Waldlandschaft mit vielen Wildbächen, schön für Spaziergänge. Ca. 3 km östlich von Rhuddlan via B 5151.

★Prestatyn (15.ooo Einw.)

Mischung aus Marktstädtchen und Seebad, am Beach ein großer Komplex mit Wellenbad und Sport (Nova Centre). Sonst ist hier nur wenig geboten.

Prestatyn ist nördlicher Start für den Offa's Dyke Path: ca. 27o km Langstrecken-Wanderweg durch das englischwalisische Grenzland. Bei britischen Wander-Freaks als Klassiker gehandelt! Zeitbedarf bei 2 Wochen.

Wer den Trail wenigstens ein Stückweit machen will· zuerst ins "Offa's Dyke Info Centre", gleich neben dem Nova-Centre-Komplex, für Literatur und ein 3-D-Diagramm. Südlicher Zielort: Chepstow, - dort alle Details (Seite 1o2).

✦ Holywell

Alte Industriestadt, die Luft mit leichtem Chemie-Cocktail gewürzt. In der vorgelagerten Bucht wurden Ölfelder entdeckt, die man jetzt nach und nach erschließt.

ST. WINEFRIEDE'S WELL (Greenfield Road): heilige Quelle, die im Mittelalter bis zur Reformation ein wichtiger Wallfahrtsort war und oft als das "Lourdes von Wales" bezeichnet wurde.

Die Legende: Ein Mädchen namens Winefried blieb eines Sonntagmorgens zu Hause, während ihre Eltern pflichtgemäß die heilige Messe besuchten. Die Gunst der Stunde nutzte der junge Bursche Caradoc, um das Mädchen zu verführen. Die Dame "roch die Lunte" und lief lauthals schreiend zur Kirche. Caradoc erwischte sie an der Kirchentreppe und schlug ihr mit dem Schwert den Kopf ab.

Daraufhin rannte der Onkel des Mädchens aus der Kirche und verfluchte den Übeltäter. In Folge öffnete sich die Erde einen Spalt und verschluckte ihn. Der Onkel setzte den abgehackten Kopf des Mädchens auf den Hals und betete, damit der Kopf wieder anwachsen würde.

Das Gebet zeigte Wirkung, und das Mädchen lebte weitere 15 Jahre. Just an der Stelle, wo der Kopf wieder anwuchs, entsprang die heilende Quelle. Als Legende phantastisch, und ein neuer Wallfahrtsort war geboren...

Über der Quelle wurde eine Kapelle errichtet. Das Wasser hat eine konstante Temperatur, mittlerweile kommen auch wieder Gläubige, um sich mit dem heiligen Wasser zu waschen. Alles streng nach Sitte und Regel: täglich von 8-9 Uhr die Männer, von 9-1o Uhr die Frauen.

CHESTER (ca. 6o.ooo Einw.) gehört zu den großen Attraktionen in Mittelengland und ist auf jeden Fall einen Besuch wert.

Schwarzweiße Fachwerkhäuser und mittelalterliche Straßen, alles umrahmt von der vollständig erhaltenen Stadtmauer mit ihren sieben Stadttoren. Highlights sind ein römisches Amphitheater und die Kathedrale. Last not least: sehr urige Pubs, wo das Dunkelbier doppelt ölig runtergeht...

Die Beschreibung von Chester wie auch Liverpools, der Geburtsstadt der Beatles, bleibt einem separatem Band der VELBINGER-Reihe "England-Mitte/Nord" vorbehalten.

Nord Ost Wales

Schöne Landschaft mit Wiesentälern, Hochmooren und Paßstraßen. Besuch mehrerer Herrenhäuser. Zentrum ist <u>LLANGOLLEN</u> (Bootsfahren auf stillgelegtem Kanal). In Ruthin mittelalterliche Bankette im dortigen Schloß. Wassersport auf dem Bala Lake.

Schön für den Urlaubs-Ausklang. Alternative wäre die Altstadt von Chester, das aber bereits zu England gehört.

Der östliche Teil der hier beschriebenen Region ist ein dicht besiedelter Industriegürtel mit Wrexham als Zentrum, weiter westlich aber landschaftliche Ecken weit "off the beaten track".

St. Asaph

Einstieg von der "Nordküste", die wir im Vorkapitel beschrieben haben. Das Dorf darf sich offiziell City nennen, obwohl es nur 3.000 Einwohner hat. Der Grund liegt darin, daß der Ort seit 537 Bischofssitz ist.

<u>CATHEDRAL</u>: ist bei nur 55 m Länge und 21 m Breite die kleinste Kathedrale von Großbritannien. Aber wunderschön,

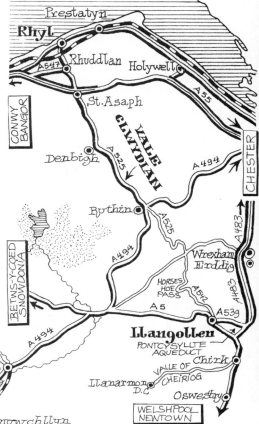

HENRY MORTON STANLEY
Geboren am 28.1.1841
in Denbigh. Journalist
und berühmter Afrika-
forscher.

liegt auf einem Hügel, das Gestein in leuchtend-grauer Farbe.

Im nördliche Querschiff ist eine "Morgan-Bibel" ausgestellt: William Morgan hat 1588 als erster die Bibel ins Walisische übersetzt (vorher wurden ausschließlich englische Bibeln verwendet).

Im südlichen Querschiff weitere Gebetsbücher aus der Reformationszeit. Gegenüber, in einer Nische in einer Säule, steht eine Madonna aus Elfenbein, die von einem Schiff der spanischen Armada stammt.

Die Krypta kann man nur auf Wunsch besuchen, lohnt sich für wertvolles Kirchensilber. Und ein walisisch-griechisch-hebräisches Wörterbuch, im 19. Jh. von Dic Aberdaron zusammengestellt, der als Penner lebte und 15 Sprachen fließend und weitere 2o bruchstückhaft beherrschte.

Die Morgan-Bibel ist freilich die Hauptattraktion; von den 1.ooo gedruckten Exemplaren sind nur noch 19 erhalten. Ihr Wert liegt vor allem in den linguistischen Konsequenzen, vergleichbar mit der lutherischen Bibelübersetzung fürs Deutsche. Indem die walisische Sprache kodifiziert worden ist, wurde verhindert, daß sie in einzelne Dialekte zerfallen oder sogar ganz ausgestorben ist (wie z.B. das Cornische, die Sprache von Cornwall).

An der Übersetzung haben vier Priester 25 Jahre lang gearbeitet. Für sein Lebenswerk hat William Morgan seine seelsorgerischen Pflichten dermaßen vernachlässigt, daß die Menschen mit blankem Haß reagiert haben: Er konnte nur noch mit Leibwache zur Kirche gehen und hielt während der Predigt eine Pistole im Anschlag...

BODELWYDDAN CASTLE

Märchenschloß, - klischeehaft mit Zinnen und Türmen. Das ganze ist aber keine Burg, sondern ein Spleen aus dem 19. Jh. als man ein Faible für mittelalterliche Architektur hatte und entsprechende Landvillen baute.

Innenräume: wertvolle Kunstschätze, Stilmöbel. Gemälde, Porzellan. Die Artefakte wurden von namhaften Londoner Staatsmuseen zur Verfügung gestellt.

Anfahrt: ca. 5 km westlich von St. Asaph (ca. 1o Min. mit Bus Nr. 51). Nur im Sommer, Eintritt ca. 1o DM.

FELIN-Y-GRORS FISHERIES: Waldgelände mit Fischteichen, wo man angeln kann. Ausrüstung wird gestellt, Anfänger werden eingewiesen. Liegt nicht weit vom Castle.

★ Denbigh   (8.ooo Einw.)

Einkaufsort für die Schaf-Farmer der Umgebung. Zentrum der Stadt ist der Marktplatz mit dem Rathaus von 178o. Denbigh ist Geburtsort des berühmten Afrika-Forschers Sir Henry Stanley.

Er hieß mit offiziellem Namen John Rowlands und erblickte am 28. Januar 1841 in Denbigh als uneheliches Kind einer Magd das Licht der Welt. Seine Jugend verbrachte er im Armenhaus. Um etwas mehr von der großen, weiten Welt mitzubekommen, fuhr er mit 17 als Schiffsjunge nach New Orleans/USA und konnte dort die Gunst eines Kolonialwarenhändlers namens Stanley gewinnen, der den cleveren und agilen Jungen adoptierte. Drei Jahre später starb sein Pflegevater, und der jetzt 2ojährige Stanley war wieder einmal auf sich alleine gestellt.

Die weitere Lebensgeschichte liest sich in Abwandung des amerikanischen Traums "vom Tellerwäscher zum Millionär" spannend und lautet: "vom Schiffsjungen zum Sir".

Stanley diente zunächst in der Armee der Südstaaten und bewarb sich beim New York Herald als Kriegsberichterstatter. Mutige Leute, die keine Mühen der damals noch beschwerlichen Reisen scheuten - und zugleich lebendig schreiben konnten - waren beim New York Herald als Journalisten gefragt.

Für den New York Herald wurde Stanley in Abessinien, Indien und Persien eingesetzt. Als dann der britische Afrika-Forscher Dr. Livingstone bei einer Forschungsreise 1869 keine Lebenszeichen per Kurier mehr schickte und als verschollen galt, witterte der New York Herald auflagenstarke Schlagzeilen. Er schickte den erfolgreichen Journalisten Stanley auf Suche nach Livingstone.

LESETIP, der Originalbericht in Reprint.

"Dr. Livingstone, I presume?" Stanley findet Livingstone, zeitgen. Darstellung.

Die Expedition gelingt: nach 236 Tagen beschwerlicher Reise mit allen Entbehrungen und Erschwernissen steht Stanley am 1o. November 1871 Dr. Livingstone gegenüber.

Sein diesbezüglicher Bericht im New York Herald war ein voller Erfolg, - sowohl für die Auflage der Zeitung, als auch für die weitere Karriere des Henry Stanley.

Aufgrund seines erworbenen Renomees spezialisierte Stanley sich auf Afrika und wurde zu wichtigem Entdecker und Forscher im schwarzen Kontinent. 1874-77 Durchquerung Afrikas von West nach Ost, 1882-84 Erforschung des Kongobeckens u.a. Gebietsannexionen großer Flächen für den König von Belgien. Bei Aufteilung der neuentdeckten Gebiete in Schwarzafrika fiel in der Kongo-Konferenz 1884 die Region an Belgien und führte zu hohen Gewinnen wegen reicher Bodenschätze.

In Großbritannien wurde Stanley zum Sir geadelt wegen seiner Leistungen in der Erforschung Afrikas. Er starb am 1o. Mai 19o4 in London.

Literaturtip: "Wie ich Livingstone fand", Reprint des Originalberichts von Stanley 1872. Liest sich äußerst spannend und ist in der Reihe Edition Erdmann im Thiene-

[manns Verlag Stuttgart erschienen.]

Der Ort Denbrigh ist weniger spannend als die Lebensgeschichte seines berühmtesten Sohnes: kleine Altstadt, - an der Peripherie Neubauten. Dienstag und Freitag ist Markt (in der High Street).

 In der Stadthalle, High Street. Tel. o1745/ 86 13 13. Im selben Gebäude auch ein kleines Museum, Exponate u.a. zu Sir Henry Stanley.

<u>DENBIGH CASTLE</u>: 1282 von King Eduard I. erbaut. Gut erhaltenes Torhaus mit achteckigen Türmen in mehrfarbigen Steinen. Über dem Torbogen eine Statue von King Eduard I. Oben vom Burghügel schöner Ausblick: Richtung Süden ein monumentaler Gebäudekomplex, wurde 185o erbaut als psychiatrische Klinik mit über 2.ooo Betten.

<u>ST. MARCELLA'S CHURCH</u>: Doppelschiff mit Hammerbalkendecke aus dem 14. Jh., der Turm vom 13. Jh. Im Innern interessante mittelalterliche Grabmonumente. Die Kirche liegt 1 km östlich der Stadt.

Umgebung von Denbigh

<u>LLYN BRENIG</u>: Der See liegt mitten in einem urwüchsigen Hochmoor-Revier. Azurfarbene Wasserfläche, umrahmt von Wald und Heidekraut. Der Ufer-Rundweg ist rund 17 km lang, - aber auch kürzere Nature Trails.

Karten und Infos im Visitor Centre. <u>Anfahrt:</u> ca. 12 km südwestlich via der B 45o1. Außerdem ist der Brenig-Stausee Revier für Segeln und Windsurfen (Ausrüstung und Kurse).

★ Vale of Clwyd

12 km langes Tal, zieht sich von Denbigh Richtung Süden bis Ruthin mit einer Reihe von kleinen Bauerndörfern. Durchs "vale" fließt der River Clwyd, östlich eine steile Hügelkette, westlich Niemandsland und Hochmoore. Verbindung mit Bus Nr. 51, der stündlich zwischen Denbigh und Ruthin verkehrt.

<u>LLANRHAEDR</u>: sehenswerte Dorfkirche von 145o, vor allem wegen seinem Jesse-Fenster im rechten Querschiff. Schönes Buntglas aus dem Jahr 1533. Zeigt den biblischen Stammbaum: Jesse auf einem Ellbogen gestützt, König David mit einer Harfe, neben ihm sein Sohn Salomon. Am oberen Ende das Jesuskind im Arm der Maria.

<u>LLANDYRNOG</u>: liegt am Fuß der Clwydian-Hügelkette. Lohnender Spaziergang rauf auf die Hügel: Panorama mit dem grünen Tal im braunverwaschenen Heidekraut-Umland. Anfahrt: über ein kleines Landsträßchen, zweigt hinter Llanrhaedr nach links von der A 525 ab.

✦ Ruthin

Gemütliches Landstädtchen: alte Fachwerkhäuser, über den Marktplatz schlendern und irgendwo eine Tasse Tee trinken. Sehr interessantes Craftcentre. Weiterer Tip sind mittelalterliche Bankette!

 Im Ruthin Craft-Centre, am Stadtrand. Tel. o1842/ 7o 39 9o. Ganzjährig geöffnet.

<u>ST. PETER'S CHURCH</u> am Marktplatz: erbaut um 131o, kunstvoll geschnitzte Eichenholz-Tafeldecke, 16. Jh. Das schmiedeeiserne Tor am Eingang zur Kirche vom 18. Jh.

<u>OLD COURTHOUSE</u> (am Marktplatz): Rathaus von 14o1. Diente früher als Gerichtssaal und Gefängnis. Gegenüber ein Felsblock: Hinrichtungsstätte, wo etliche Köpfe abgetrennt wurden.

<u>NANTCLWYD HOUSE</u> (Castle Street): eine der schönsten Stadtvillen in ganz Wales. Elisabethanischer Stil des 16. Jh. Als Eingangsperspektive ein übergiebelter Säulenportikus, Buntglas-Fenster, Holzvertäfelung und eine schöne Veranda.

<u>RUTHIN CRAFT CENTRE</u>: die Kunsthandwerker-Kolonie ist die Hauptsache hier in dem Städtchen. Die Werkstätten gruppieren sich rund um einen Innenhof, gearbeitet wird nach traditionellen Methoden: Schmuck- und Kerzenmacher, Porzellan- und Holzarbeiten, Buchbinder etc. Schmankerl: ein Hersteller von bunt bemalten Modellen der Industrie-Barken, wie sie im 18. Jh. auf den walisischen Kanälen im Einsatz waren.

<u>RUTHIN GRAMMAR SCHOOL</u>: alte Elite-Schule, historisch ersmals 1284 belegt. Die heutigen Gebäude auf einem Hügel oberhalb des Tales stammen von 1892. Zwei prominente Schüler: der Vater des Rock-Stars Elton John und John Lennons Sohn aus erster Ehe.

 COUNTRY HOUSE: "**Ruthin Castle**". Herrenhaus mit hohen Decken, Eichenholz-Täfelung in der Lobby, Erkerfenster. Das ganze in einem großen, ummauerten Parkland, wo Pfaue stolzieren und die Ruine einer Burg aus dem 13. Jh. steht. Tel. o1842/ 7o 26 64. DZ ca. 22o DM plus Dinner.

HOTEL: "**Old Anchor Inn**", Rhos Street. Sehr gutes Hotel in der Mittelklasse, für ein paar Mark mehr als B&B kriegt man den vollen Hotel-Service. 1o Zimmer. Tel. o1824/ 7o 28 13. DZ ca. 1oo DM.

<u>OLD ANCOR INN</u> (Rhos Street, paar Minuten vom Markt - platz): etablierter Familienbetrieb, wo auch die meisten Einheimischen zum Essen hingehen. Im Restaurant 2o-25 DM, oder in der Bar für 12-15 DM.

<u>FARMER'S ARMS</u> (Mwrog Street): einfache und billige Barmeals für

Lunch, 1o DM und weniger.

Mittelalterliche Bankette: Bleibendes Urlaubserlebnis: zum Empfang wird Brot und Salz gereicht, eine alte Pilger-Speise. Anschließend Begrüßungstrunk an der Bar, bevor es in den Speisesaal geht.

Der Mundschenk weist die Hofdamen an, die mit langen Schleppen durch den Saal gleiten und die Tafel aufdecken. Insgesamt 4 Gänge, Dinge wie gegrilltes Lamm oder Huhn in Honig gebacken. Dazu Wein und Honigmet. Gegessen wird mit einem langen Dolch und den Fingern. Kräftiges Rülpsen ist Ehrensache: aber bitte nicht in den Hemdsärmel des Nebenmannes schneuzen, das sah man schon bei den alten Rittersleut' nicht so gern... Für Entertainment sorgen die "Hofdamen" mit alten Gesängen, und ein Harfenspieler zupft an den Saiten...

Finden im Ruthin-Castle-Hotel statt; dort an der Rezeption anmelden. Im Sommer zwei- bis dreimal pro Woche, immer wenn genügend Leute zusammenkommen. Preis: ca. 55 DM für vier Gänge (inkl. Wein).

Ruthin -> Llangollen (ca. 25 km)

Hochgelegende Paßstraße über Berghügel und Heidekraut (folgt der A 525). Knapp 6 km vor Llangollen geht's über den HORSESHOE PASS mit großem Parkplatz. Faszinierender Blick runter auf Llangollen und den River Dee. Frischer Wind, Schafe weiden zwischen den Ginsterbüscheln. Vorsicht: Die Schafe sind sehr zahm, da sie schon seit Generationen von Touristen gefüttert werden. Aber nicht vom Auto füttern - kratzen mit ihren Klauen den Lack runter.

Auf der anderen Straßenseite vom "Ponderosa Café" sind die Ruinen von Schiefersteinbrüchen: eine 1oo m tiefe Schlucht mit Wasser gefüllt (oft Taucher!).

Ein kurzer Spazierweg führt zum Horseshoe Fall: ein Wehr, das zur Regulierung des Wasserstandes im Llangollen-Kanal angelegt wurde. Beschildert ab Parkplatz.

Weiterfahrt: die kurvige Piste schlängelt sich talwärts. Hinter dem Paß die Klosterruinen der Vale Crucis Abbey (siehe Llangollen/Umgebung).

★Llangollen ("Chlan-go-chlen", 3.ooo Einw.)

Schon seit 2oo Jahren ein Touristen-Städtchen: Hauptattraktionen sind Bootsausflüge auf einem stillgelegten Kanal, - sowie viele Ausflugsmöglichkeiten in die Umgebung.

Llangollen liegt im Tal des River Dee: lauschig bewaldet, eingerahmt von einer Kette steiler Kalkstein-Felsen. Die Häuser weißgetüncht mit aschgrauen Schieferdächern.

Castle Street, im Gebäude der Stadtverwaltung.
Tel. o1978/ 86 o8 28. Ganzjährig geöffnet.

Geschichte: Im Postkutschen-Zeitalter war Llangollen wichtiger Zwischenstop für den Brief- und Paketdienst nach Irland, aber auch Personentransport: Pferdewechsel und ein Bier zur Erfrischung, bevor's weiterging, - bzw. Übernachtung.

Daran erinnert beispielsweise noch das "Wynnstay Arms Hotel" (Bridge Street) - früher eine Postkutschenstation. Zwei Aspekte:

* Anlage mit großen Toren und Innenhof, wo die Kutschen über Nacht abgestellt wurden. Die Pferde wurden ausgespannt und kamen in die Scheune.

* Der Hoteleingang hat Treppen: die Kutschen hielten daneben, so daß die Gäste ebenerdig in ihr Hotel gehen konnten.

Später wurden die Postkutschen von der Eisenbahn ersetzt, dann wurde die Gleis-Trasse via Llangollen ebenfalls stillgelegt. Seit dem späten 18. Jh. ist Llangollen wichtiger Touristenort. Viel geholfen haben dabei die "Lady's of Llangollen", die viel Boheme-Flair verbreiteten (siehe "Plas Newydd" im Sighseeing-Teil).

LLANGOLLEN CANAL: stillgelegter Industrie-Kanal, gilt als einer der schönsten in Großbritannien. Er führt in die englischen Midlands und mündet ins dortige Kanalnetz. Heute nur noch für Bootsausflüge und Freizeitkapitäne genutzt (siehe auch Seite 35).

Der Kanal wurde gebaut, um die Grenzstädte Chester und Shrewsbury mit dem Flußsystem des River Dee und River Severn zu verbinden. Insgesamt entstand ein durchgehendes System von Wasserstraßen, das bis nach London reicht.

Maßgeblicher Ingenieur war Thomas Telford: er konstruierte die gesamte Straße A 5, die quer durch Wales bis zum Fährhafen Holyhead ganz im Nordwesten führt. Auf Telfords Reißbrett entstanden auch alle Brücken der Straße, inkl. der berühmten Menai Bridge.

LLANGOLLEN Ende 18.Jhd. Im Vordergrund Dee River mit der Llangollen Brücke, auf dem Berg das Dinas Bran Castell.

Telford war einer jener vielschrotigen Pioniergeister, die typisch für die industrielle Revolution waren. Für "seine" Straßen mußten die verwendeten Steine entsprechend klein sein. Dazu steckte er sie des öfteren in den Mund: wenn sie dort nicht Platz hatten, waren sie untauglich.

CANAL MUSEUM (1): dokumentiert die Geschichte des Kanalzeitalters (vor dem Bau der Eisenbahnen) sowie die Lebensbedingungen der Schiffer, die hier arbeiteten. Das Museum ist sehr klein. Direkt daneben der Anleger für Boottrips (2), Details siehe Seite 34.

MOTOR MUSEUM (4): Autokisten der 2oer bis 6oer Jahre. Wer rein zufällig mit einem Oldtimer unterwegs ist: die Leute besorgen jedes Ersatzteil!

INTERNATIONAL PAVILLION (3): hypermoderne Messehalle - das zeltartige Gebäude in weißer Farbe soll einen Drachen symbolisieren, der das Tal raufläuft. 1991 gebaut: sieht nach Meinung der Locals eher wie eine Garnele aus als wie ein Drachen... Café, Kunstgalerie, Sportkomplex.

LLANGOLLEN RAILWAY (5): von hier tuckert ein Dampfzug durch das Vale of Llangollen, - bis Endstation Carrog liegen vier Haltestallen, wo man jederzeit die Fahrt unterbrechen und ein bißchen wandern kann. Im Sommer stündlich, der Retour-Trip kostet ca. 15 DM.

Kein Great Little Train, sondern ein Normalspur-Gleis: hat früher Llangollen mit der Nordküste verbunden. Im Bahnhof kleines Museum (Dampfloks, Uniformen der Eisenbahner).

MODEL RAILWAY (11): fast 2o Modellbahnanlagen mit Landschaft und Zügen, die auf Knopfdruck losstarten. Werden im Nebenraum hergestellt, wobei man zusehen kann (haben die weltgrößte Sammlung an Werkzeugen, um solche Züge herzustellen).

DR. WHO EXHIBITION, im selben Gebäude: Original-Modelle der Science fiction-Fernsehserie "Dr. Who", - erstmals 1963 ausgestrahlt und längst Kultstatus hier in Großbritannien! Dr. Who trifft mit seiner Zeitmaschine, die aussieht wie eine Telefonzelle, innen aber riesengroß ist, auf alle möglichen Monster...

VICTORIAN SCHOOL (7): Man wird in die Uniform eines Internatszöglings im 19. Jh. gesteckt (Jungs mit Schirmmütze und Weste, Mädels mit Rüschenkappe und Schürze) und bekommt eine Schiefertafel in die Hand gedrückt. Eine pensionierte Lehrerin hält dann Unterricht. Dauert eine Stunde und kostet nur 5 DM.

ECTARC (9): Ausstellungen über europäische Kulturen, - unter Regie einer Organisation, die sich um Schüleraustausch und das Zusammenwachsen der Kulturen kümmert. Alle 1-2 Wochen Folknight - nicht entgehen lassen!

LLANGOLLEN BRIDGE (6) über den River Dee: sehr pitoresk mit ihren vier Steinbogen. Stammt aus dem 14. Jh. und wurde zweimal verbreitert.

ST. COLLEN'S CHURCH (12): die Gemeindekirche, schönes Schnitzwerk an der Eichendecke: Tier- und Blumenmotive, Trompeter und Engel. Für die Beleuchtung Lichtschalter links vom Eingang. Älteste Teile der Kirche sind Haupt- und nördliches Seitenschiff (14. Jh.). Der Turm stammt von 1749, südliches Seitenschiff und Kapellen wurden 1863 angefügt.

PLAS NEWYDD (13), wird ausgesprochen "plas-NO-ith": Haus in schwarz-weißer Fachwerkarchitektur, plus schöne Gärten. In den Zimmern Einrichtung aus dem 18. Jh. Sehr kostbare Wandvertäfelung mit Schnitzereien. Außerdem Ledertapeten und mittelalterliche Buntglasfenster.

1790-1831 wohnten hier die beiden Ladys of Llangollen, zwei sehr exzentrische Damen aus Irland. Durch ihren Lebensstil erregten sie bald Aufmerksamkeit: sie trugen stets Männerkleidung und Zylinderhut. Bald wurde ihr Haus Treff von Künstlern und Literaten.

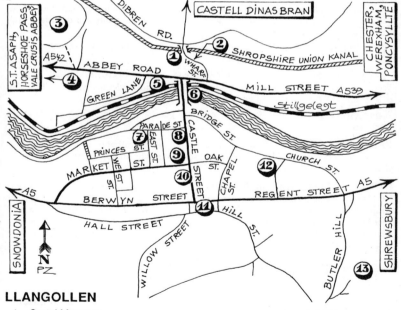

LLANGOLLEN

1	Canal Museum		10	POST
2	Bootsanleger	6 Llangollen Bridge	11	Model Railway
3	International Pavillion	7 Victorian School		
4	Motor Museum	8 TOURIST INFO	12	St. Collens Church
5	Llangollen Railway	9 Ectarc	13	Plas Newydd

Jeder Besucher mußte als Geschenk eine geschnitzte Eichenholz-Tafel mitbringen, so entstand die Wandverkleidung. Eleanor Butler und Sarah Ponsonby, die nie heirateten, lebten 5o Jahre lang zusammen. Sie verbrachten keine einzige Nacht außer Haus.

COUNTRY HOUSES: "<u>Bryn Howell Hotel</u>", in Trevor (ca. 5 km östlich via A 539). Roter Ziegelbau mit Fachwerk und voller Antikmöbel, Leisure Centre und absolutes Spitzenessen. Die 35 Zimmer sind hell und groß. Von einer Familie geführt, keine Hotelkette! Prominenten-Gast: Luciano Pavarotti! Tel. o1978/ 86 18 37. DZ ca. 22o DM, Dinner um 5o DM.

"<u>Trevor Hall</u>", ebenfalls in Trevor. Landhaus aus dem 18. Jh., mit großem Park. Bei nur drei Gästezimmern sehr persönlicher Touch - trotz viel Klasse: Antikmöbel, Stuckwerk, offene Kamine. Tel. o1978/ 82 39 26. DZ ca. 13o DM.

HOTELS: "<u>Wild Pheasant Hotel</u>", 1 km Richtung Gorwen. Sehr schönes Hotel unter privater Führung, ein Stück ab vom Trubel der Stadt. Großer Park mit Fasanen und Pferden. Großzügiger Lobby-Bereich, 34 Zimmer (Blick auf das Llangollen Vale verlangen!). Tel. o1978/ 86 18 37. DZ ca. 19o DM.

"<u>Royal Hotel</u>", Bridge Street. Ehemalige Postkutschenstation, wo auf der Postlinie nach Irland die Pferde gewechselt wurden. Entsprechend viel Charakter: Innenhof, Holzvertäfelung und 35 komfortable Zimmer. Bestes Hotel innerhalb von der Stadt. Tel. o1978/ 86 o2 o2. DZ ca. 18o DM.

"<u>Bryn Derwen</u>", Abbey Road. Sehr schönes 16-Zimmer-Hotel, inkl. Sauna/Solarium. Tel. o1978/ 86 o5 83. DZ ca. 17o DM.

"<u>Gales Winebar</u>", Bridge Street. Ein Dutzend Zimmer oberhalb von der Yuppie-Weinbar: erstklassig ausstaffiert mit Messingbetten und modernen Möbeln. Tip! Tel. o1978/ 86 oo 89. DZ ca. 125 DM.

"<u>Four Poster Hotel</u>", Mill Street Square. Sehr gut - aber nur drei Zweibett- und ein Doppelzimmer. Tel. o1978/ 86 1o 62. DZ ca. 11o DM.

BED & BREAKFAST: Überall verstreut, auch auf Farmhöfen in der Umgebung. Für die Zeit des Eistedfodd (2. Juli-Woche) schon ein Jahr im voraus buchen - sonst eigentlich kaum Engpässe!

HOSTEL: "<u>Llangollen Youth Hostel</u>", ca. 2 km östlich der Stadtmitte. Luxus-Hostel, ein Herrenhaus im Fachwerk-Stil, tiptop ausstaffiert, großer Park. Aber oft Gruppen, da das Hostel ein breites Activity-Programm bietet (an dem Einzel-Touristen aber aus versicherungstechnischen Gründen nicht teilnehmen können). Mountainbike-Verleih. Beschilderte Abfahrt von der A 5, zu Fuß 2o Minuten ab Busterminal. Vorher anrufen, da oft ausgebucht. Tel. o1978/ 86 o3 3o. Schlafsaal ca. 2o DM/Person.

Es gibt mehrere Plätze, bei 1-2 km alle gleichweit von der Stadt.

<u>Eirianfa Holiday Park</u>: tiptop Facilities, z.B. Waschmaschinen, Elektro-Anschluß, Mountainbike-Verleih. Tip: für 1o DM kann man ein großes Zelt mieten. Liegt am River-Dee-Ufer, gleich neben dem Sportzentrum für Rafting/Canoeing. Anfahrt via der A 5, in nördlicher Richtung.

<u>Wern Isaf</u>: gleiche Facilities und Preise wie der Eirianfa. 1-2 km nordöstlich - beim Kanalmuseum über die Brücke, dann rechts.

<u>Ty Ucha Farm</u>: nur für Wohnwagen! Der Platz ist klein, aber supersauber und gut ausgerüstet; an seiner Südflanke rauscht ein Bach vorbei. Ca. 2 km östlich, via der A 5.

<u>Tower Farm</u>: sehr einfach, nur Toiletten und Duschen. Beliebt bei Backpackern. Liegt nördlich, via der A 542.

 <u>BRYN HOWEL HOTEL</u> (ca. 5 km östlich in Trevor): unschlagbar, - am Herd steht Dai Davies, einer der besten Köche in Wales: Kapitän der walisischen Nationalmannschaft bei internationalen Koch-Meisterschaften. Zuerst in die Bar für den Aperitiv, dann in den Dining Room mit Fensterwand raus zum beleuchteten Park. Menü ca. 5o DM.

<u>GALES</u> (18, Bridge Street): internationale Bistro-Sachen, interessant und kreativ. Die hausgemachten Suppen und Eiscremes sind Legende. Ambiente: leicht yuppiemäßig. Preisband: 1o-25 DM.

<u>MAY'S</u> (Chapel Street): Monster-Portionen für 5-1o DM lassen beim Ambiente vieles entschuldigen. Nur tagsüber, bis 19 Uhr, für All-Day-Breakfast, Gammon Steak etc.

<u>ROBIN'S NEST</u> (Market Street): Vegetarier- und Naturkost für 1o-15 DM. Mehr Café als Restaurant, mittags und abends.

Barmeals: <u>SMITHFIELD</u> (Berwyn Street) und <u>WYNSTAY</u> (Bridge Street) bevorzugen die Einheimischen. Zwar kleine Auswahl, dafür aber billig, herzhaft, gut. 8-12 DM.

<u>WILD PHEASANT HOTEL</u> (1 km Richtung Gorwen, an der A 5): größere Auswahl und eine Klasse höher. 12-17 DM.

Take-away: <u>Regent Café</u> (Regent Street): wer was von Fish & Chips versteht, gehört längst zur Stammkundschaft! Alles frisch, kross und knackig. Geöffnet bis Mitternacht. Auch paar Tische zum Reinsetzen.

Shop: Der <u>Mead Shop</u> (unten am River) ist spezialisiert auf Met (Honigwein).

The Bull (Castle Street): von 18-25 Jahren eine Art Sammelpunkt - man trifft sich für die Kneipenrunde oder versumpft gleich hier. Laute Musik, gute Stimmung und jeder steht rum. Nach hinten raus ein Biergarten.

Pubs <u>Winstay</u> (Bridge Street): tieffliegende Decke, an den Wänden Bauerngerät, im Kamin knistern Holzscheite. Gäste: eher Mittelalter, - immer knallvoll (das Lokal, nicht die Gäste).

<u>Jenny Jones</u> (Abbey Road, ca. 8oo m Richtung Horseshoe Pass): mehr für

"quiet drink" - gute Barmeals und Smalltalk. Der alte Cottage wurde innen leider renoviert, trotzdem aber schön.

Prince of Wales Bar: oft Livemusik, mittwochs immer. Dann trifft sich hier die halbe Stadt.

Disco: Um 23 Uhr macht Llangollen dicht - wer kein Bett findet, fährt in die Disco nach Wrexham oder Chester.

Shopping: Antique Centre (Berwyn Street): 13 Läden in einem alten Lagerhaus, - auf zwei Etagen. Geht von Antikmöbeln bis zu Jugendstil-Schmuck. Nur gute Sachen, Preise sind o.k.

BOOTTRIPS

Auf dem Kanal (2) fahren schmale Industrie-Barken aus der industriellen Pionierzeit des 18. Jh. Schöner Trip durch das waldige Tal mit seinen bizarren Kalkstein-Felsen. Es gibt zwei Alternativen - Abfahrten ständig.

* Der <u>Standard-Trip</u> geht 1 1/2 km den Kanal rauf und zurück. Dabei sind sogenannte "horse-drawn boats" im Einsatz, die mit Pferden vom Ufer aus gezogen werden. Dies war vor Erfindung der Motoren der traditionelle "Antrieb". Dauert ca. 45 Minuten und kostet 5 Mark.

* Ein <u>zweistündiger Trip</u> geht rauf zum berühmten Pontcysyllte-Aquädukt, auf dem der Kanal das River-Dee-Tal in rund 4o m Höhe überquert (Details bei Llangollen/Umgebung). Ebenfalls alte Kanal-Barken: aber Motor-Betrieb, nicht getreidelt. One-way ca. 12 DM.

Das Return-Ticket kostet ca. 2o DM, - aber besser per Taxi zurück (nur 3 DM), sonst wird die Bootfahrt zu langatmig. Oder einstündiger Spaziergang auf dem Treidelpfad, von dem die Pferde die Barken gezogen haben (sog. Towpath). Alles sehr friedlich, der Blick geht weit durchs Tal.

<u>**Wassersport**</u>: <u>Rafting</u>: ideales Revier sind die Stromschnellen im River Dee, von der Brücke flußabwärts. Anmeldung bei "River Wild" (Berwyn Road): ca. 2o DM für einstündige Spritztour.

Man kann dort am Sportzentrum auch <u>Kanus</u> mieten, etwa 3o-5o DM für kompletten Tag.

PONTCYSYLLTE BRIDGE
Siehe auch Seite 417.
Die 1805 eröffnete Kanal-
brücke ist Meisterlei-
stung damaliger Ingeni-
eur-Kunst. Der Besuch
lohnt: entweder ab
Langollen per Kanal-
fahrt (2 Std.), die schönste
Variante.
Oder: ab Trevor (A539) über
schmale Seitenstraße, auf der
Ostseite des Viaduktes ein
Parkplatz sowie kleiner Hafen
für die Boote und Pub.

Feste: International Eistedfodd (2. Juli-Woche): ein Weltereignis auf dem Folklore-Sektor, wo Gruppen aus 3o bis 4o Staaten auftreten und über 12o.ooo Zuschauer kommen. Eintrittskarten schon halbes Jahr im voraus reservieren. Seite 72.

Stargast 1995 war Luciano Pavarotti, weil er 4o Jahre früher, als 2ojähriger, zusammen mit seinem Vater auf dem Eistedfodd gesungen hat. Damals war Pavarotti noch ein unbeschriebenes Blatt, - hat sich erst hier entschieden, Opernsänger zu werden. Er kam mit seinem alten Vater und vielen Freunden; besuchte auch Alice Griffith, bei der er 4o Jahre früher privat gewohnt hat.

Auch Placido Domingo hat schon beim International Eistedfodd gesungen!

Verbindungen ab Llangollen

Züge: Kein Bahnhof in Llangollen. Die beiden nächstgelegenen: in Chirk (ca. 1o km südöstl. via A 5) und in Ruabon (ca. 1o km östlich via A 539). Die Züge nach Chester und London haben Zubringer-Busse ab Llangollen.

Busse: * Täglich ein Direktbus nach London. Abfahrt frühmorgens, braucht etwa 6 Stunden.

* Sehr flott Richtung Westen: stündlich -> Chester und von dort gute Anschlüsse in alle Landesteile.

* -> Snowdonia und in den Nordwesten aber keine Verbindungen! Einzige Möglichkeit: täglich 5 Busse nach Dolgellau, - von dort dann gute Anschlüsse.

Umgebung von Llangollen

Es gibt hier in der Region tolle Sachen. Unbedingt einplanen, ohne die Umgebung ist Llangollen nur eine "halbe Kiste".

CASTELL DINAS BRAN: Mittelalterliche Burgruine auf der 3oo m hohen Bergkuppe eines Kalksteinfelsens, der zu einer ca. 6 km langen Gebirgskette gehört. Lohnt sich vor allem wegen des Blicks runter auf das Städtchen. Das Castle wurde ca. 127o gebaut, ohne je eine große militärische Bedeutung zu erlangen. Im 16. Jh. war es bereits eine Ruine.

Nur per Fußpfad zu erreichen: 5 km nordwestlich, hin und zurück ca. 2 Stunden. Beginnt an der Kanalbrücke, neben dem Canal Museum (1) - sehr guter Pfad.

WORLD'S END: Am Ende der Welt liegt eine Landschaftsperle: hohe Klippen und sehr felsig, - ein Wildbach rauscht über die Gesteinsblöcke und rundrum tiefer Wald. Schon seit 2oo Jahren ein populärer "beauty spot".

Ca. 6 km nördlich: beim Canal Museum über die Brücke und dann nach links. Der klassische Weg dorthin geht aber zu Fuß - hin und zurück 3-4 Stunden. Auf den ersten 2o Minuten Landsträßchen und paar Häuser, -

dann an der Rock Farm abzweigen auf den "Offa's Dyke", einen 285 km langen Fernwanderweg.

Führt am Fuß einer steilen, 15o m hohen Klippenmauer lang, - auf der anderen Seite sanfte Wiesentäler und grünes Gras. Durchgehend beschildert mit einem Eichel-Symbol (Karte: OS-Pathfinder 8o6).

<u>VALE CRUCIS ABBEY</u>: Kloster-Ruine, liegt romantisch in einem grünen Wiesental, nebendran ein kleiner Bach. Sehenswert ist vor allem die <u>Westseite</u>, im frühgotischen Early-English-Style des 13. Jh. Elaborierte Steinmetz-Arbeiten: das üppig ornamentierte Portal, eine Fensterrosette und drei Lanzettfenster. Schön auch der <u>Kapitelsaal</u>: kunstvolles Portal und Kreuzrippen-Gewölbe.

Ein Besucherzentrum dokumentiert das Leben der Mönche im Mittelalter - interessant! Anfahrt: ca. 2 km nördlich von Llangollen, via der A 542.

<u>ELISEG'S PILLAR</u>: ca. 2 m hohe Steinsäule aus dem 9. Jh. mit einer keltischen Inschrift (nur noch undeutlich erkennbar). Ursprünglich war die Säule ca. 3 1/2 m hoch und trug ein Kreuz: vermutlich eine römische Säule, die man Jahrhunderte später wiederverwendet hat. Sie steht 5oo m von der Klosterruine auf einem Feld.

> Die Vale Crucis Abbey wurde 12o1 von Zisterzienser-Mönchen gegründet; im 14. Jh. erweitert. War sehr bedeutend: Schüler aus ganz Großbritannien kamen hierher. Nach Auflösung der Klöster im 16. Jh. verfiel die Abbey. Teile wurden zu einem Privathaus umgebaut. Um 18oo funktionierte man die Schlafsäle der Mönche zu einem Falmgehöft um.

PONTCYSYLLTE AQUEDUCT

Auf der schwindelerregenden Brücke überquert der Llangollen-Kanal den River Dee: sehr beliebtes Fotomotiv; schön auch zum Drüberlaufen.

PONTCYSYLLTE AQUEDUCT (1795-1805), Ingenieur Thomas Teldford. Zu sehen oben die Pferde, die die Lastkähne zogen.

Gebaut 1795-18o5 von Thomas Telford. Die Brücke hat eine Länge von 335 m und wird von 19 Steinpfeilern gestützt, die eine Höhe bis knapp 4o m besitzen. Oben aufgesetzt eiserne Tröge, deren Fugen mit Teer abgedichtet sind. Auch die Bögen zwischen den einzelnen Pfeilern waren in Eisenbauweise erstellt.

Das Bauwerk galt für damalige Zeiten als Meisterwerk wegen statischer Probleme, aber auch wegen dem sicher nicht unproblematischen Einsetzen der schweren Eisentröge oben in 4o m Höhe. Man verwendete Krähne, die die gewaltige Gewichtsbelastung aushalten mußten.

Den ersten Industriekanal in Großbritannien baute James Brindley 1765 in Worsley/Lancashire. Der Beginn der industriellen Revolution benötigte bessere Transportwege als die bisher bestehenden Erdpisten, wo Pferde mühsam die Karren mit den Gütern schleppten. Auf Kanälen konnte in Frachtkähnen ein Vielfaches an Gewicht transportiert werden; die Kähne wurden mit Pferden gezogen.

Das wichtigste Kanal-Aquädukt in Wales war Pontcysyllte. Allerdings gingen die großen Zeiten der Kanalschiffahrt (und dicke Einkünfte für die Kanalbetreiber) langsam zu Ende: Die Eisenbahn löste ab Mitte des 19. Jahrhunderts das frühere Kanalwesen ab.

Das Aquädukt ist in Trevor, ca. 5 km westlich via der A 593. Aber lieber nicht mit dem Auto, sondern per Kanalboot oder zu Fuß (siehe Langollen/ Boottrips).

Weitere 6 km ab Poncysyllte ist ein weiteres Kanal-Aquädukt Teldfords (Höhe 2o m), direkt daneben eine 1848 fertiggestellte Eisenbahnbrücke sowie ein Kanaltunnel.

JAMES BRINDLEY, baute 1765 den ersten Industriekanal

THOMAS TELDFORD, das Gemälde zeigt ihn vor seiner Pontcysyllte Brücke

✦ Chirk

(3.ooo Einw.)

Hauptattraktion ist Chirk Castle, eine luxuriöse Villa. Chirk ist Grenzstadt zu England, am Zusammenfluß der River Dee und Ceiriog. Ca. 11 km südöstlich von Llangollen. Hier wird übrigens der Cadbury-Schokolade hergestellt, den es in Großbritannien an jedem Kiosk pfundweise gibt.

CHIRK CASTLE: Herrenhaus, seit dem Mittelalter bis heute bewohnt und ständig umgebaut, - entsprechend ist das architektonische Stilmischmasch. Viereckiger Grundriß, mit vier Ecktürmen. Anfahrt: ca. 2 km westlich, an der B 45oo (gut beschildert).

Chirk Castle (131o fertiggestellt) wurde ursprünglich als Burg konzipiert. Es gehörte zu einer Kette von "Border Castles", gebaut von englischen Lords, um das walisische Grenzland zu kontrollieren. Im 16. Jh. wurde es umgebaut in ein Herrenhaus, nachdem Wales befriedet war und militärische Erfordernisse nicht mehr gegeben waren.

Eingang durch ein schmiedeeisernes Tor aus dem 18. Jh. Stammt von den berühmten Kunstschmieden der Davies-Brüder. Das Tor ist eines der seltenen Beispiele für den englischen Barockstil. Barock war in Europa während der 1. Hälfte des 18. Jhs. vorherrschend, konnte auf den britischen Inseln jedoch nur wenig Fuß fassen. Das Schmiedeeisen-Tor zeigt Pflanzen, Ornamente und Wappen.

Das Innere des Schlosses ist feudal ausgestattet und lohnt den Besuch. Die Eingangshalle in Neogotik, 19. Jh. Das Treppenhaus gestaltete Joseph Turner 1777, aus der gleichen Zeit stammt die Ausstattung der Räume im 1. Stock mit kostbaren Möbeln, Wandbehängen und Deckentäfelung. Die Long Gallery (Ende des 17. Jh.) mit kostbarer Wandvertäfelung und einer Reihe aus neun Fenstern.

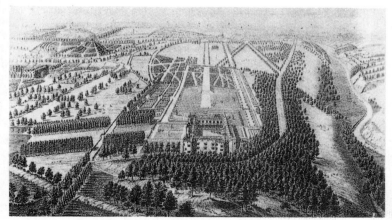

CHIRK - CASTLE mit Parkanlagen Mitte 18. Jhd.

Der Kerker unter dem Westflügel stammt noch vom ursprünglichen Castle (um 131o), wurde seither nicht mehr verändert. Auch die Fallgitter im Torweg zum Innenhof stammen noch aus dem Mittelalter.

Die Parkanlage ist ebenfalls einen Besuch wert. Von der Aussichtsterrasse hat man 17 britische Grafschaften im Blick. Die Anlage des Parks wurde in den Jahrhunderten mehrfach verändert, obiges Gemälde zeigt den Stand Mitte des 18. Jahrhunderts. Anfang des 2o. Jh. mietete Lord Howard de Walden das Castle samt Park. Literarische Zirkel wurden abgehalten, u.a. Rudyard Kipling ("Das Dschungelbuch") und andere bedeutende Autoren trafen sich im Chirk Castle.

Wegen gewaltiger Unterhaltskosten von Castle und Park wurde beides Ende der 7oer Jahre dem National Trust übergeben; Eintrittsgelder und Veranstaltungen finanzieren heute den Unterhalt.

ANSCHLUSS: ab Chirk weiter in den Südosten von Wales siehe Kapitel "Ostwales".

✦ Vale of Ceiriog

Südwestlich von Llangollen: zieht sich 2o km entlang der B 45oo, die in Chirk beginnt. Das schönste Tal der Region: die Straße folgt ständig dem River Ceiriog, verschlafene Käffer, Landgasthöfe und nur wenig Wald. Links und rechts Moorhügel und Heidekrautbüschel.

GLYN CEIRIOG: Besuch der Schiefermine Chwarel Wynne Mine: Zunächst ins Museum, wo die Ausrüstung der Kumpels zum Brechen und Bearbeiten des Schiefers gezeigt wird. Ein Film rollt die walisische Schiefer-Industrie auf. Dann eine Führung rein in die Mine, erhellt von Flutlicht. Dauert eine halbe Stunde. Die Mine ist am Berghang oberhalb des Tales. Zu erreichen entweder per Auto, oder von Dorf aus über den alten Pfad, den seit Jahrhunderten die Bergleute benutzten.

Pulli überziehen, da es dort im Berg bitterkalt ist. Schiefer-Boom in Wales: siehe Infos bei der Schiefermine Llechwedd Cavern (S. 314), - die Mine hier ist kleiner und weit weniger kommerzialisiert. Man kann richtig spüren, wie die Kumpel geschuftet haben!

LLANARMON D.C.: Altes Dorf am Ende des Tales - paar Dutzend Häuser und zwei alte Gasthöfe (in beiden 1A Barmeals für 1o-15 DM). Ein Abstecher von 1o km führt über eine Berg-und-Tal-Straße Richtung Süden nach Llanrhaedr-y-Mochnant: Besichtigung der Wasserfälle Pistyll Rhaedr: rauschen in Kaskaden 75 m talwärts. Schöne Landschaft, Gischt, Farnkraut und die Felsblöcke mit Moos überwachsen.

In <u>LLANGOLLEN</u> entscheidet sich der weitere Routenverlauf:

* Die <u>A 5</u> verbindet Holyhead via Bangor-> Betws-y-Coed/Snowdonia->
Llangollen-> Chirk-> Shrewsbury-> London

* Die <u>A 539 / A 483</u> verbindet Llangollen nördlich via Wrexham nach
Chester. Sinnvoll, wer den Schlenker in Nordostwales noch ausfährt
bis zur lohnenden Stadt Chester. Ab hier Autobahn bis London als
Schnellverbindung. Details siehe Seite 421.

* Die <u>A 5 / A 494</u> führt westlich 34 km nach Bala (im folgenden beschrieben) und weitere 3o km nach Dolgellau an der walisischen Westküste.

Llangollen ⋙➤ Bala   (ca. 34 km)

Abstecher zum schönen Bergsee Bala. Er ist das walisische Wassersport-
paradies mit breitem touristischem Angebot.

Die A 5 geht ab Llangollen zunächst durch das grüne Valley des River Dee
bis <u>CORWEN</u>. Hier spaltet sich die Route: die A 5 führt westlich rauf
nach Betws-y-Coed im Snowdonia Nationalpark, - die A 494 führt südwestlich in 16 km runter nach Bala.

➤Bala   (1.85o Einw.)

Das Angebot an Wassersport ist der Hauptgrund, hierher zu fahren - das
Städtchen liegt an der Ostspitze des langgezogenen "Wasser-Ritze" Bala
Lake. Überwiegend britische Touristen.

 High Street. Tel. o1678/ 52 o3 67. Nur April bis Oktober.
Dient parallel als Nat. Park Info Centre für Snowdonia.

<u>BALA LAKE</u>: 6 km lang und nur 7oo m breit, umrahmt von Gebirgs-
stöcken. Der See ist Zentrum für Wassersport. Landschaft: langgezogene
Ritze im Bergland, gefüllt mit Kristallwasser. Wegen der Tiefe von 5o m
ist das Wasser eiskalt, mit tiefblauer Färbung, am Ufer ausgefallene
Fauna. Die Uferstraße führt 15 km entlang des Sees und ist Tip für Radfahren. Pisten führen ab Seeufer rauf in die Berge mit tollem Blick auf den
See.

<u>BALA LAKE RAILWAY</u>: ein 7 km langes Schmalspur-Gleis entlang des
südlichen Seeufers. Fährt stündlich (April bis Oktober) - hin und zurück
ca. 1 Std.

Die Railway wurde 1867 als Gleis zwischen Bala entlang des Sees bis Dolgellau an der
walisischen Westküste eröffnet. Einstellung des Betriebes 1962 und Wiedereröffnung als
Museumsstrecke auf besagten 7 km entlang des Sees von Bala bis Llanuchllyn am Süd-
westende des Sees.

COUNTRY HOUSE: "**Palé Hall**", ca. 3 km östlich in Llandderfel. Elegantes Landschlößchen von 187o: Stuckdecken, im Dining Room teures Porzellan und Marmor-Thresen in der Bar. 17 Zimmer, alle mit Top-Standard und hervorragendes Essen. Tel. o1678/ 53 o2 85. DZ ca. 3oo-4oo DM, Dinner um 65 DM.

"**Fron Feuno Hall**", in Bala. Zwischending zwischen "country home" und "family home": massives Steinhaus am Seeufer, eigene Gärten und 3 Zimmer voller Antiquitäten. Gäste-Salon mit Seeblick. Tel. o1678/ 52 11 15. DZ ca. 15o DM.

HOTEL: "**Plas Coch Hotel**", High Street. Dreistöckiger Altbau mitten im Dorf, - 1o Zimmer, sympathische Atmosphäre. Tel. o1678/ 52 o3 o9. DZ ca. 14o DM.

BED & BREAKFAST: Zwar breites Zimmerangebot - im Hochsommer aber oft schwer unterzukommen, da sich viele Briten für eine ganze Woche einquartieren.

HOSTEL: "**Bala Youth Hostel**", ca. 2 km südwestlich, kurz vor dem Weiler Plas Rhiwaedog (via der B 44o2). Ein Herrenhaus vom 17. Jh., ordentlich in Schuß! Tel. o1678/ 52 o2 15. Schlafsaal ca. 19 DM/Person.

"**Coach House Hostel**", ca. 3 km nördlich via der A 494. Privat-Hostel in der O.K.-Klasse: Bettleinen werden gestellt, auf Wunsch sogar Essen. Tel. o1678/ 52 o7 38. Schlafsaal ca. 17 DM/Person.

<u>Pen-y-Bont</u>: der Campingplatz am nächsten bei Bala Village. Am Seeufer, gut ausgerüstet. Anfahrt via der B 44o2 Richtung Llandrillo.

<u>Glanllyn</u>: liegt am anderen Ende des Sees, 6 km entfernt an der A 494. Treff für Wassersportler, Ausrüstung kann man am Platz mieten.

<u>PALÉ HALL</u> (ca. 3 km östlich): Luxus-Dinner im Salon eines honorigen Countryhouses, hat erstklassigen Ruf. Man sammelt sich im Lounge bei einem Aperitiv - alles in allem ein schöner Abend. Komplettes Menü um 9o DM, der Wein kommt noch extra.

<u>PLAS COCH</u> (High Street): für ein gutes Dinner in der Mittelklasse, Hauptgang um die 3o Mark.

Barmeals: Das <u>SHIP INN</u> (3o, High Street) ist die beste Adresse, wo man für nur 15 DM ein opulentes 3-Gang-Menü im Sektor Hausmannskost kriegt.

Wassersport: <u>Windsurfing</u> ist exzellent, da der Bala Lake in einer geologischen Falte liegt, durch welche die Winde bis von der Küste (3o km entfernt) blasen.

In der Hütte am unteren Ende der High Street kann man <u>Segelboote</u> (ca. 45 DM/Tag) und <u>Kanus</u> (ca. 25 DM/Tag) mieten.

<u>Kajak</u>: In den wilden Wassern beim Sportzentrum "Canolfan Tryweryn" wurden schon zweimal die Weltmeisterschaften im Slalom-Kajak ausgetra-

gen. Ca. 4 km westlich via der A 4212. Pro Tag ca. 3o DM.

Rafting (ebenfalls obiges Sportzentrum): für rund 18 DM eine kurze Spritztour auf einer sehr ungezähmten und abenteuerlichen Strecke voller Stromschnellen.

Umgebung von Bala

CWM HIRNANT: durch das abgeschiedene Gebirgstal mit Nadelwald-Taiga immer entlang eines schäumenden Wildbaches. Eingangstor ins Hirnant-Tal ist die Jugendherberge, die ca. 2 km südwestlich von Bala liegt (via B 4391). Von hier einspuriges Holpersträßchen bergauf ins Tal rein.

LAKE VYRNWY: stahlblauer See in den südöstlichen Bergen, umfaßt von einem Nadelwald-Saum. Vom Bala Lake führen zwei Bergpisten runter, - eine geht ab Ostspitze des Sees, die andere ab Westspitze. Ergibt einen unvergeßlichen Rundtrip. Details zum Lake Vyrnwy Seite 426.

LLANWDDYN: Weiler an der Südost-Spitze des Stausees, liegt am Fuß des Dammes. In der Dorfkapelle ein "Visitor Centre" für Background-Infos zur Region.

BALA-> FFESTINIOG: einsame Bergstrecke über die A 4212 und B 4391, etwa 3o km. Ffestiniog ist Ausgangspunkt für den Snowdonia-Nationalpark. Aber keine Busse.

BALA-> DOLGELALU: über die gut ausgebaute A 495 in 3o km. Busverbindung alle 2 Stunden.

Llangollen ⋙→ Wrexham ⋙→ Chester

Querverbindung, wer noch Chester einbauen will. Ab Llangollen zunächst die A 539, nach rund 12 km Autobahn (A 483), und weitere 3o km bis Chester.

ERDDIG HALL

Herrenhaus von der Wende 17. auf 18. Jh. mit fast 8oo Hektar Parklandschaft. Ein gutes Beispiel für ein feudales Landwirtschaftsgut seiner Zeit. Lohnt sich - fast ein volles Tagesprogramm!

HERRENHAUS: besticht nicht übermäßig mit Architektur, - es wurden zwar Top-Architekten engagiert, die aber strikte Vorgaben vom Besitzer bekamen, der sich mit der Kunst nicht immer verstand. Aber sehr anschaulich: Salons und Kinderzimmer, die Küche und die Kammern für die Dienstboten.

STALLUNGEN: hier ist landwirtschaftliches Gerät aus dem 17. Jh. ausgestellt. Man kann auch Pferde mieten zum Ausreiten.

PARK: Die Büsche sind nach geometrischen Mustern zugeschnitten. Highlight ist der "cup-and-caucer waterfall": ein Bach fließt in eine Art Ringteich, bei dem das Wasser im Mittelteil hinunterfließt. Anfahrt: ca. 3 km vor Wrexham von der A 483 abfahren.

INDUSTRIAL HERITAGE CENTRE

Kleines, aber interessantes Museum über die Geschichte der Eisenindustrie, die bis heute ein sehr wichtiger Wirtschaftsfaktor in Nordwales ist. Es gehört zum Wilkinson-Stahlwerk, das seit dem 18. Jh. internationale Bedeutung hat und u.a. bekannt ist für seine Rasierklingen.

Anfahrt: ca. 2 km westlich von Wrexham, Abfahrt von der A 483.

WREXHAM (35.000 Einw.), wichtigste Industriestadt in Nordwales und Mittelpunkt des nordwalisischen Kohle- und Eisenrevieres. Bringt für Besuch nur wenig.

Von Wrexham nach Chester noch ca. 20 km Autobahn, keine lohnenden Zwischenstops.

Ost Wales

"Green rolling hills": friedliches Weideland und Grasmatten, Schafe an den Abhängen wie Schneeflocken. Seen und Flüsse. In den Dörfern lärmende Viehmärkte, wo sich die Farmer in hohen Gummistiefeln durch die Schafkobeln kämpfen.

In der walisisch-englischen Grenze die "Border Towns", mit halbverfallenen Burgruinen und dem Grenzwall Offa's Dyke.

Weiter im Süden eine Reihe von Kurorten: georgianische Architektur des 18. Jhds. mit großzügiger Konzeption der öffentlichen Plätze und Gebäude.

Die hier beschriebene Region gehört zur GRAFSCHAFT POWYS. Touristen vom Kontinent kommen nur selten in diese Ecke von Wales.

FARMHOUSE ACOMMODATION: Ostwales ist ist die optimale Gegend für Ferien auf dem Bauernhof. Viele der Farmen nehmen im Sommer Gäste auf: ein paar Tage sich fest einquartieren und Ruhe tanken.

Zum Breakfast kuhwarme Milch, vormittags beim Dorfkrämer die Zeitung holen. Schöne Wanderungen und Fahrradfahren. Zum Dinner tischt die Bäuerin Hausmannskost auf: ohne gourmetische Kapriolen, aber herzhaft und ehrlich im Geschmack.

Meist wird man im Haus der Familie einquartiert. Teilweise vermieten die Farmer aber auch Wochenendhäuschen und Cottages, wo man sich selbst versorgt. Preislich bei ca. 45 DM pro Nacht und Person, - mit Dinner ca. 60 DM.

Kataloge schon im voraus anfordern beim Tourist Office in Llandrindod Wells, Powys, Wales - Großbritannien.

Verbindungen ab Newtown

 Züge: Ostwales wird von zwei Zugstrecken berührt: ab Shrewsbury einmal die Strecke via Welshpool, Newtown nach Aberystwyth an der Westküste: fast stündlich, Fahrzeit ca. 1 1/2 Std. Zum weiteren ab Shrewsbury via Llandrindod Wells, Builth Wells nach Carmarthen und Swansea 4 x tägl., Fahrzeit ca. 3 1/2 Std. bis Swansea.

 Busse: Da es keine Nord-Süd-Zugverbindungen gibt, spielt der Bus in diesem Teil von Wales eine besonders wichtige Rolle. Kein besonders üppiges Liniennetz, oft mit Umsteigerei. Bei Routenplanung helfen die TI-Offices.

Llangollen ⋙→ Welshpool   (ca. 50 km)

Llangollen in Nordost-Wales ist unbedingt sehenswert (z.B. Bootsfahrten auf stillgelegtem Industriekanal), Details siehe Vorkapitel, auch bezüglich der Umgebung z.B. Pontcysyllte Aqueduct und das Chirk Castle. Ansonsten bis Welshpool keine weiteren Highlights.

★Welshpool   (7.000 Einw.)

Eines der schönsten Herrenhäuser von Wales (Powis Castle)! - Abgesehen davon und den Viehmärkten am Montag bringt das Städtchen nahe der englischen Grenze nicht viel.

Vom Stadtbild her viele georgianischen Häuser des 18. Jh. aus ziegelrotem Backstein. Wichtiger Einkaufsort für das umliegende Farmland; etwas Wollindustrie.

ST. MARY'S CHURCH: aus dem 14. Jh. mit wuchtigem Turm, im Innern mittelalterliche Grabsteine. Am Eingangsportal der sogenannte Maen-Llog-Setin: ein ehemaliger Altar der keltischen Druiden-Prieser, wurde später als Thron des Abtes verwendet.

POWYSLAND MUSEUM: römische Ausgrabungsfunde, - viel über die Pest, der im 14. Jh. die halbe Stadt zum Opfer gefallen ist! Ausgestellt in einer restaurierten Lagerhalle am Montgomery-Kanal, früher eine wichtige Verkehrsader!

WELSHPOOL & LLANFAIR RAILWAY: Der Dampfzug schnauft über 12 km Gleis durch ein idyllisches Flußtal (aber normale Spurbreite, kein

Schmalspurgleis!). Alle 2 Stunden vom alten Bahnhofsgebäude; dauert eine Stunde.

Zielort ist Llanfair: die Region ist eine schöne Wandergegend (Vorschläge mit Rundwanderungen im Post Office, gegenüber der Dorfkirche). Die Barmeals im Goat Hotel sind vom besten.

Bereits <u>1818</u> gab es eine kurze Strecke (mit rund 1 m langen Eisengleisstücken), auf denen Pferde Güterwaggons zogen. Sie führte vom Shropshire Union Canal 5 km zu Minen. Die heutige Strecke wurde <u>1903</u> eröffnet und führte rund 12 km bis Llanfair Caercinon an der B 4385. Transportiert wurden u.a. Kohle und landwirtschaftliche Güter. Schließung der Strecke 1931, jedoch heute durch einen Eisenbahnclub im Sommer betrieben.

Neben Loks britischer Fertigung hat der Eisenbahnclub alte Loks aus vielen anderen Gebieten der Welt zusammengekauft, so aus Österreich, Afrika und von den westindischen Inseln.

Boottrips: Mit knallbunten Industrie-Barken ein Stück den Montgomery-Kanal rauf und runter. Abfahrt bei der Kanalbrücke.

Viehmärkte: montags einer der größten Märkte von Wales! Lkws und Traktoren karren Herden von Schafen und Rindern in die Stadt, werden in die Kobeln nahe des Stadtzentrums eingepfercht. Die Versteigerung findet in den Markthallen statt: der Auktionator brüllt und die Schafe blöken, manchmal auch umgekehrt - jedenfalls immer einen Besuch wert, wer das Chaos liebt...

✦ Powys Castle

Ca. 1 1/2 km südlich von Welshpool an der A 483. Ein Herrenhaus aus rotem Sandstein, steht wie eine mittelalterliche Burg auf einem Bergrücken. Sehr schöne Gärten.

Geschichte: Gebaut im 13. Jh. als Teil einer Kette von Ritterburgen, um das walisische Grenzland (die "Marshes") vor englischen Überfällen zu schützen. 1587 wurde die Burg vom "Grafen von Powys" gekauft. Er baute sie in ein Herenhaus um, das zeitgemäßen Komfortansprüchen genügte, ohne das mittelalterliche Erscheinungsbild zu zerstören. Die Powys-Familie bewohnte das Schloß für beinahe 500 Jahre, bevor es in den Besitz des National Trust überging.

Innenräume: Stuckwerk, Schnitzarbeiten, Stilmöbel, das meiste vom späten 17. Jh. Zahlreiche Familienporträts, ein Gemälde von Bellotta zeigt eine Stadtansicht von Verona. Zwei Angehörige der Powys-Familie machten Karriere in den indischen Kolonien. Daher sehr viele Souvenirs vom Subkontinent, vor allem indisches Porzellan und ein Bett aus Zedernholz.

Die <u>Long Gallery</u> stammt aus dem 16. Jh. Kostbare Wandvertäfelung mit einem Gemälde von 1660. - Im <u>State Bedroom</u> kostbare Stühle mit Silberbeschlägen und Samtüberzügen. Das Bett in einer Nische, durch eine Holzballustrade abgetrennt vom Raum: Modell stand das Versailler Schlafgemach von Louis XIV., wo er seine allmorgendlichen Audienzen gab.

Terrassengärten im französischen Stil des frühen 18. Jh. angelegt, formale Arragements, die Büsche und Hecken mit der Wasserwaage beschnitten. Eine der wenigen formalen Gärten, die in Großbritannien noch erhalten sind.

Drei übereinanderliegende Terrassen wurden in den Fels geschlagen, auf dem die Burg steht. Die untere mit einer Orangerie: auf der Brustwehr posieren Schäferfiguren aus Blei. Die mittlere Terrasse mit einer Kollonade aus roten Ziegelsäulen. Die obere Terrasse: an der Terrassenmauer wechseln übergiebelte Einbuchtungen mit Flächen aus poliertem Ziegelstein. Eibenbäume am Oberrand hängen ihre Äste über die Mauer.

✦ Lake Vyrnwy

Wunderschöner See mit Kristallwasser, an seinen Ufern softe Hügelwellen und Wald. Die Region ist ein Vogelschutzgebiet - zahllose Wasservögel und idyllische Countryside zum Wandern.

Hier wurde übrigens der Film "Vier Hochzeiten und ein Todesfall" gedreht. Der Lake Vyrnwy liegt eine gute halbe Autostunde nordwestlich von Welshpool, - auf der A 489 nach Llanfyllin und weiter via der B 4393.

VISITOR CENTRE, in Llanwddyn am Ostufer: Landkarten mit Wanderpfaden zum Birdwatching. Außerdem Vermietung von Fahrrädern, auch Tandems.

BWLCH-Y-GROES: der höchste Bergpaß in Großbritannien, - mit großartigem Panorama (in alten englischen Reiseführern als "Hellfire Pass" bezeichnet). Anfahrt via der Singletrack-Piste, die von der Westküste des Vyrnwy-Sees raufführt zum Bala Lake.

Der See wurde in der 188oer Jahren als Stausee angelegt zur Trinkwasser-Versorgung Liverpools. Dabei hat man das 4oo-Einwohner-Dorf Llanwddyn geflutet und am Ostende des Reservoirs neu gebaut. Entschädigung für die Bewohner: schlappe fünf Pfund...

"**Lake Vyrnwy Hotel**", auf einem Hügel hoch über dem See. Der Besitzer ist ein Kanadier, - das Haus hat knapp 4o Zimmer und sehr viel Klasse. Tel. o1691/ 87 o6 92. DZ ca. 2oo-25o DM.

BED & BREAKFAST: Im Umkreis vom See gibt es eine Handvoll hochwertiger Unterkünfte auf Farmhöfen. Beim TI vorbuchen!

Ein Eß-Erlebnis im LAKE VYRNWY HOTEL: Man diniert in einer Art Salon mit museumsreifen Antikmöbeln, echtes Tafelsilber ist eine Selbstverständlichkeit. Dinner-Menü ca. 6o DM; für Lunch nur die Hälfte.

AFTERNOON TEA im Lake Vyrnwy Hotel: mondäne Plüsch-Atmosphäre in der Glasveranda, Blick runter auf den See. Ca. 15 DM für einen "pot of tea" und einem Berg von Scones.

Welshpool ⫸→ Newtown (25 km)

Auf der gut ausgebauten A 483 zwei Zwischenstops.

✦ Berriew

Grenzdorf mit englischer Architektur, - im Klartext: schwarzweiße Fachwerkhäuser mit viel Holz rund um die Kirche. Ca. 8 km südlich von Welshpool.

ANDREW LOGAN MUSEUM: Galerie des zeitgenössischen Bildhauers, der zu den führenden Köpfen der britischen Kunstszene gehört. Seine Entwürfe sind umstritten und schräg, z.b. metallene Blumen umgeben von einem Arrangement aus zerbrochenen Spiegeln. Furore hat Andrew Logan erstmals in den siebziger Jahren gemacht, mit seiner skurrilen Wahl zur "Alternative Miss World".

SILVER SCENES: in der kleinen Fabrik werden Silbersachen gemacht, - Schmuck und Bilderrahmen. Spezialität des Hauses: immer ist ein Gedicht eingraviert.

✦ Montgomery

Schlanker Kirchturm und paar Straßen in einer Talhöhle, umgeben von grünen Hügeln. Etliche Kilometer südöstlich von Berriew.

CHURCH OF ST. NICHOLAS: Highlight ist ein Denkmal aus dem 16. Jh., das ein Ehepaar mit acht Kindern darstellt.

OFFA'S DYKE, ca. 2 km östlich via der B 4386: einer der besterhaltenen Abschnitte vom englisch-walisischen Grenzwall (Details S. 1o2). Ist hier 7-8 m hoch und illustriert, wie er damals ausgesehen hat.

✦ Newtown (9.ooo Einw.)

Langweiliges Städtchen, bekannt vor allem als Geburtsort des Frühsozialisten Robert Owen. Früher Zentrum für Textilindustrie, heute ist die Laura Ashley Company der Arbeitgeber Nummer eins.

Viele Briten assoziieren aber ganz was anderes mit Newtown: Sitz der britischen Lottoanstalt!

1289 als "Neue Stadt" im englisch-walisischen Grenzland gegründet. Vom 19. bis ins frühe 2o. Jh. bedeutendes Zentrum der Flanell- und Wollindustrie. Pryce Jones, einer der Textil-Barone von Newtown, verkaufte ab 1859 Flanellprodukte per Post, weltweit der erste Versandhandel per Katalog und Postweg.

TEXTIL MUSEUM (Commercial Street): in einer ehemaligen Textilfabrik, dokumentiert die Geschichte der Flanell- und Wollindustrie von Newtown. Der Besuch lohnt sich, wer sich für das Zeitalter der industriellen Revolution in Wales interessiert, zumal eine Vielzahl an alten Webstühlen

volution in Wales interessiert, zumal eine Vielzahl an alten Webstühlen
aber auch Maschinen ausgestellt sind.

Im 19. Jh. war <u>Newtown</u> das größte und bedeutendste Zentrum in ganz Wales für industrielle Herstellung insbesondere von Flanellstoffen. Das andere Zentrum der Stoffherstellung lag in Südwest-Wales Nähe Cardigan im Teifi Tal (siehe Seite 256).

Während dort die Maschinen meist mit Wasserkraft angetrieben wurden, hatte Newtown
zu Beginn des 19. Jh. den Vorteil des <u>Shropshire Union Kanals</u>, auf dem Kohle heran-
transportiert werden konnte. Die Web- und Spinnmaschinen in Newtown wurden durch
Dampfmaschinen von Boulton & Watts (siehe Seite 175) angetrieben, was erheblich
größere Produktionseffizienz ermöglichte.

Abtransportiert wurden die Stoffballen per Kanalschiffe. Bis Mitte des 19. Jh. hatte sich
in Newtown eine florierende Stoffindustrie gebildet, und die Eisenbahn löste den
früheren Transportweg "Kanal" ab.

1887 kam der Fabrikbesitzer <u>Pryce Jones</u> auf die Idee, seine Umsätze an exzellenter wali-

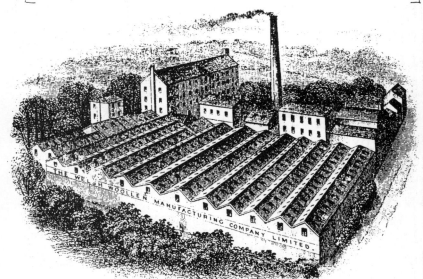

NEWTOWN: Im 19.Jahrhundert das bedeutenste
Zentrum in Wales für Stoff-Fabriken.

sischer Flanellwolle durch den Versandhandel zu steigern. Der erste Versandkatalog der
Welt erschien im gleichen Jahr.

Zum Einbruch der vormals florierenden Stoffweberei und Industrie in Newtown kam es
in der 1. Hälfte des 2o. Jahrhunderts, als weltweit Stoffe produziert wurden und die
Dampfschiffahrt diese von allen Punkten der Welt (also auch Ländern mit Billiglöhnen)
an die Abnehmer in Europa transportieren konnte.

ROBERT OWEN MUSEUM (im Rathaus, Broad Street): über Leben und Wirken des Frühsozialisten, am 14.5.1771 in Newtown geboren.

Als Sohn eines Sattlers war er äußerst fleißig und bald Manager dann Mitbesitzer einer Fabrik. "Wenn es dem Menschen gut geht", so propagierte Owen, "ist er zu höheren Leistungen fähig". Er glaubte, daß gerade der harte <u>Wettbewerb</u> und <u>Konkurrenzdruck</u> der Grund der Ausbeutung menschlicher Arbeitskraft sei. Würde man diesen Konkurrenzdruck abschaffen, also für alle (vom Arbeiter bis Fabrikbesitzer) gleiche Lebensbedingungen schaffen, seien sowohl höhere Produktionseffizienz aber auch bessere Lebensbedingungen möglich.

In sofern vorgenommen die Ideen des Karl Marx (Kommunistisches Manifest). In seiner eigenen Fabrik schaffte Owen bessere Bedingungen für seine Arbeiter wie z.B. billige und größere Wohnungen, Verkürzung der Arbeitszeit, finanzielle Unterstützung bei Krankheit.

OBEN: Robert Owen (1771-1858)
UNTEN: Der erste Versandkatalog der Welt von Pryce Jones (1887)

Ein Modell, das aber im Umfeld rabiat ausbeutender anderer Fabrikbesitzer (die daher ihre Waren billiger anbieten konnten), nicht funktionierte. Die Kosten zur Finanzierung des Owen Modells waren zu hoch, seine Firma ging pleite, und Robert Owen wanderte aus ins Land der "unbegrenzten Möglichkeiten" (USA).

Dort gründete er "<u>New Harmony</u>", einen Musterbetrieb nach seinen Theorien. Das dies nicht in einem Land klappen konnte, wo der Wettbewerb Nr. 1 und Motor des Aufbaus war, ließ sich absehen. Bereits nach 2 Jahren kehrte Owen finanziell am Ende zurück nach Großbritannien.

Dort engagierte er sich entscheidend für Gesetzesentwürfe zur Abschaffung der Kinderarbeit, Begrenzung der Arbeitszeit. Owen war gleichzeitig einer der Begründer der Gewerkschafts- und Genossenschaftsbewegung in Großbritannien.

Das Bild oben zeigt Robert Owen als 76- jährigen, verhärtet und enttäuscht. Er starb 1858 in Newtown.

SQUAD TREKKING: In bulligen Allrad-Fahrzeugen cross-country durch Schlick und Schlamm, - Schutzkleidung inkl. Helme werden gestellt. Nach kurzer Einweisung geht's im Konvoi los. Ca. 3 km außerhalb, Richtung Welshpool.

Ab <u>NEWTOWN</u> gute Verbindungen: die A 47o an die Westküste nach Machynlleth bzw. die A 44 nach Aberystwyth. Alle Details im Kapitel "Westküste".

Oder südlich nach Llandrindod Wells und Builth Wells, von wo Anschluß ins Gebiet "Breacon Baecon" besteht, siehe separates Kapitel.

Newtown ⫸⫸➤ Wells Towns

Die vier "Wells Towns" sind im 18. und 19. Jh. entstanden: entsprechend elegante Architektur, auf dem Reißbrett entworfen. Damals fuhren Adel und Royalty aus England hierher zum Urlaubmachen. Die Heilquellen kamen als Anlaß gerade recht für Ausschweifungen. Heute ist es mit dem Kurort-Betrieb vorbei.

Die Route Richtung Süden geht durch grüne Schaf- und Farmerlandschaft. Hier weideten die Schafe, die dann die Wolle lieferten, die in Newtown und den anderen Orten weiterverarbeitet wurde.

Die A 483: Schnellverbindung und kürzeste Route von Newtown nach <u>Llandrindod Wells</u>. Eine kurvige Bergpiste; ca. 4o km. Details zu Llandrindod Wells Seite 432.

<u>LLANANNO</u>: Hunderte von Windmühlen auf einem Hügel vor dem Dorf, wegen der Rotation sieht es aus, als hätten sie drei Arme (es ist aber nur einer!). Kleines Info-Centre über Windenergie.

Abstecher ins Grenzland: Wer einen Reserve-Tag investieren will: paar Attraktionen im walisisch-englischen Grenzgebiet - beschrieben ab Seite 438 ("Äußerster Osten").

Die A 47o: Landschaftlich auch nicht schöner, aber mehr an Zwischenstops und Abstechern ins westliche Hochland (v.a. das wunderschöne Elan Valley!). Ca. 55 km - siehe folgende Beschreibung.

✦Llanidloes

Malerisches Dorf, die Häuser alle mit Schieferdächern. Irgendwie wurde es in den 6oer Jahren zum Hippie-Hangout, viele Künstler und Alternative haben sich hier niedergelassen.

<u>MARKET HALL</u>, am Schnittpunkt der vier Hauptstraßen: dreistöckiges Fachwerkhaus von 16oo, - ein Teil des Hauses steht auf Holzpfeilern, unterhalb wurde der Markt abgehalten (so niedrig, daß man kaum aufrecht stehen kann!).

✦Rhadayer   (1.6oo   Einw.)

In einer Flußschleife im Oberlauf des River Wye. Rhadayer liegt am Ostrand der gottverlassenen Cambrian-Hügellandschaft. Jeden Mittwoch ist trubeliger Markttag. Eine Reihe von Töpferwerkstätten und Webereien. Die Dorfkirche stammt aus dem 14. Jh., sehenswert vor allem das Taufbecken aus dem 12. Jh.

 Im Sportkomplex in der North Street. Tel. o1597/ 81 o5 91. Nur im Sommer.

<u>ROYAL WELSH CRYSTAL</u>: Bleikristallgläser in höchster Qualität, - mundgeblasen und handgraviert (oft keltische Muster). Besichtigung der Manufaktur.

<u>GIGRIN FARM</u>: typische walisische Hügelfarm, - an Sommerabenden Beobachtung eines Dachs-Paares (mit der versteckten Kamera!). November bis Ostern werden gegen 14 Uhr Rote Milane gefüttert.

ELAN VALLEY

Wilde Naturlandschaft: eine Kette aus vier Stauseen, die wie Kristalle in der Einsamkeit der Hochmoore liegen, schön zum Wandern durch menschenleeres Niemandsland.

Wildbäche, Farnwälder, halbwilde Pferde. Berühmt v.a. für die rund 1oo Brutpaare des Greifvogels "Roter Milan" (engl. Red Kite). Man erkennt sie am Flugbild mit dem tief gegabelten Schwanz.

<u>VISITOR CENTRE</u> (in Elan Village): für Infos und Wanderkarten. Außerdem geführte Wanderungen (manche gehen schon um 6 Uhr früh los!) und Landrover-Safaris. Anfahrt: ca. 6 km westlich via der B 4518.

LLANIDLOES : altes Haus.

Wandern: Ein 8 km langer Standard-Trail führt an allen vier Seen vorbei, - deutlich beschildert ab Visitor Centre. Fahrradtauglich. Eisvögel und Bachstelzen an den Seeufern, im Wald hört man das Klopfen der Spechte.

Vom <u>Claerwen Stausee</u> führen zwei Trails cross-country rüber nach Westen, - durch baumloses Niemandsland zur Strata Florida Abbey oder zu den Teifi Pools (ca. 15 km einfach; Seite 171). Eher für den hartgesottenen Wanderer!

<u>Rote Milane</u> waren in den 6oer Jahren fast ausgerottet, vor allem durch Nesträuber. In einem Notprogramm ließ die Regierung die Horste durch Armeesoldaten bewachen. Heute haben sich die Bestände stabilisiert, - es laufen Auswilderungsprogramme in Schottland!

Die <u>vier Stauseen</u> wurden 1892-19o3 angelegt zur Trinkwasserversorgung der 12o km entfernten englischen Stadt Birmingham. Dutzende von Höfen mußten für das Projekt geflutet werden - die Menschen wurden in Elan Village neu angesiedelt. Noch heute stößt es den Walisern sauer auf, daß walisische Menschen weichen mußten, damit die Engländer zu Trinken haben...

ABBEY CWNHIR

Hat National-Status: hier liegt Prince Llewelyn begraben, der letzte Prinz von Wales. Zum Gedenken hat man in neuerer Zeit am Altar eine Granittafel aufgestellt, die das Relief eines keltischen Schwertes trägt.

Sonst sind von dem Kloster nur noch Mauerreste und Fundamente übrig. Gegründet 1146 vom Zisterzienser-Orden: sollte bei 75 m Länge eine der größten Kirchen auf der Insel werden, - wurde aber nicht realisiert, nachdem das Kloster 1231 gebrandschatzt worden ist.

Ca. 12 km östlich, - lohnt sich auch für die Anfahrt: holpriges Landsträßchen durch idyllische Wiesenlandschaft, die Ruinen stehen in einem Waldtal.

Ab Rhadayer noch ca. 22 km bis <u>BUILTH WELLS</u> (Details siehe dort) bzw. via A 44 in 12 km nach Llandrindod Wells.

✦Llandrindod Wells   (3.5oo Einw.)

Größte der walisischen "Wells Towns" - kommt wie ein Exot hier mit eleganter Architektur aus dem 19. Jh. Stattliche Straßen, bonzige Bauten, Giebelhäuser mit schmiedeeisernen Markisen, Grünflächen.

Heute zwar kein Kurbetrieb mehr, aber trotzdem einen Stop wert für die behäbige Atmosphäre, Sportmöglichkeiten und Ausflüge.

 An der A 483, der Durchfahrtstraße nach Builth Wells (neben dem grünen Metropole Hotel). Tel. o1597/ 82 26 oo. Ganzjährig geöffnet.

Die "Karriere" als Kurort begann mit der Eisenbahn (1864), mit der Adelige und Neureiche vom ganzen Königreich hierher kamen zum Urlaubmachen. Willkommener Anlaß waren die fünf mineralhaltigen Quellen.

Damals war bei der High Society Urlaub an Kur-Badeorten groß in Mode (siehe auch unser Südengland-Buch unter "Bath/Grafschaft Avon"). Es entwickelte sich Kurbetrieb im großen Stil, pro Jahr kamen rund 8o.ooo Kurgäste in die Stadt.

In dieser Phase entstand die viktorianische Architektur der Stadt mit seiner großzügig angelegten Konzeption. Auch in den umliegenden Städten sprudelten die Heilquellen.

Aber schon gegen Ende des Jahrhunderts kam der Kurbetrieb aus der Mode, - man bevorzugte plötzlich Urlaub in Badeorten am Meer. Heute erinnert nur noch das Namens-Suffix "Wells" (= Quellen) daran.

<u>ROCK PARK</u>: ein 7 1/2 Hektar große Kurpark, wo früher illustre Gäste stolzierten. Schön mit Bächen und gepflegten Gärten. Mitten im Park der "Pump Room", wo drei verschiedene eisen- und schwefelhaltige Wasser ausgeschenkt werden (5o Pfennig pro Glas).

Gratis ist die eisenhaltige Quelle vor dem Pavillion. Aber Vorsicht: sich beim Trinken nicht allzu sehr ins Geschirr werfen, - das Wasser wirkt abführend...

Im Herbst 1995 hat man nach über 5o Jahren den Kurbetrieb revitalisiert: Eröffnung eines hydrotherapeutischen Zentrums - Aromatherapie, Massagen und holistische Therapien im Pump Room.

<u>TOWN MUSEUM</u> (schräg hinter dem TI): Funde aus einem Römerkastell, Exponate zur Konjunktur der Kurbäder. Eintritt frei, aber nichts Großartiges.

<u>LEAR'S MAGICAL LANTERN</u> (Spa Road): kuriose Sammlung von Dia-Projektoren, der Vorführraum eines Primitiv-Kinos von 19o4.

<u>LLANDRINDOD LAKE</u> (südöstlicher Stadtrand): Teich mit Restaurant, Vermietung von Ruderbooten etc. Rundrum führt eine 1 1/2 km lange Uferpromenade.

COUNTRYHOUSES: "<u>Bell Country Inn</u>", in Llanyre, ca. 2 km nördlich Richtung Rha-dayer. Kein prachtvolles Lustschloß - aber sehr angenehme Atmosphäre und tolles Essen, um ein paar Tage zu entspannen. 1o Zimmer: könnten nicht geschmackvoller sein. Tel. o1597/ 82 39 59. DZ ca. 15o DM.

"<u>Corven Hall</u>", 2-3 km südlich in Howey. Landhaus mit 1o Zimmern und großem Park: preiswerte Alternative zum Bell Country. Tel. o1597/ 82 33 68. DZ ca. 1oo DM.

HOTELS: "<u>Metropole Hotel</u>", an der Durchfahrtstraße A 483. Der grasgrüne Prachtkasten ist Nobelabsteige: schon seit x Generationen bei derselben Familie (jetziger Besitzer David Marroy ist Urenkel des Gründers). 135 Zimmer, großzügige Lobby, Leisure Centre. Tel. o1597/ 82 37 oo. DZ ca. 21o DM.

"<u>Montpellier Hotel</u>", Temple Street. Intime Hotelkultur in Luxusklasse: 12 sehr große Zimmer, schön eingerichtet. Zwei Bars. Tel. o1597/ 82 23 88. DZ ca. 165 DM.

"**Griffin Lodge Hotel**", Temple Street. Mischung aus Hotel und Pension, - 8 Zimmer und sehr gute Reputation. Tel. o1597/ 82 24 32. DZ ca. 115 DM.

BED & BREAKFAST: Sehr großes Angebot (mit Abstand höchste Bettenkapazität von ganz Ostwales) und hoher Standard bei Preisen von 85-95 DM. Überall in der Stadt - oder auf umliegenden Farmhöfen.

 BELLS COUNTRY INN (ca. 2 km nördlich via A 47o): bestes Essen hier in der Region, serviert wird im Dining Room eines Countryhouse-Hotels, zwischen Antiquitäten und Silberbesteck. Klein mit zwei Dutzend Gästen, Menü knapp 5o DM.

METROPOLE HOTEL (Temple Street): hier kocht Nick Powells schon seit 198o, der hier in der Region bekannt ist wie ein bunter Hund. Nouvelle cuisine - wie ein Kunstwerk, aber sparsame "Du darfst"-Portionen. Menü ca. 55 DM.

HERB GARDEN (Spa Road): Naturkost-Lokal für tagsüber, nur ein paar Mark. Ideales Zwischendurch-Lunch.

Barmeals: BELLS COUNTRY INN (siehe oben): eher upper-class, preislich so zwischen 15 und 25 DM. Viele kommen von weit her zum Essen und bleiben dann den ganzen Abend hier.

SPENCER RESTAURANT, im Metropole Hotel (bei der Rezeption nach rechts): Treffpunkt für die Einheimischen, - vor allem das Sunday Lunch ist Fixpunkt im Leben vieler Locals. Durchgehend von 1o.3o bis 22 Uhr. 12-15 DM.

LLANERCH (off High Street, neben der Polizei): traditionelle britische Hausmannskost, panierter Fisch, Pasteten etc. Um 1o DM.

 Llanerch (off High Street): größte und wichtigste Kneipe im Ort, mehrere Räume hintereinander geschachtelt. Pool-Tables, laute Musik und immer Hochbetrieb.

Im Frankie's (Temple Street, gegenüber vom TI) mehr ein internationaler Touch und etwas freakig. Treppe runter in den Keller.

The Rich Bourne (am südlichen Ende der Temple Street): ruhiger Drink für die Over-Thirties. Man sitzt um die Tische rum.

Discos: Es gibt zwar keinen Nightclub, aber am Wochenende wird immer irgendwo irgendwas organisiert: eins der Pubs beantragt Late-Night-Lizenz bis 2 Uhr. Im Hotel fragen.

Feste: Victorian Festival (letzte volle Woche im August): läßt die Zeit aufleben, als die Stadt renommierter Kurort war. Die Leute tragen historische Trachten, - überall Straßentheater, Entertainment und Feuerwerke.

Verbindungen *ab Llandrindod*

 Züge: Llandrindod Wells liegt an der "Heart of Wales"-Linie von Shrewsbury nach Swansea. 4 x pro Tag in beide Richtungen.

 Busse: -> Builth Wells und Brecon täglich 5 x (eigentlich einzig vernünftige Busverbindung).
-> Rhadayer 1 x/Tag, -> Newtown 1 x/Tag, -> Hereord 3 x/Woche und -> Cardiff 1 x/Woche.

Tip ist der <u>Postbus</u>, der im Elan Valley die Briefe ausfährt. Geht jeden Tag, Infos im Post Office: mitfahren und Natur erleben, Details bei Rhadayer/Umgebung.

<u>CEFNLLYS</u>: Kleines Dorf am River Ithon, wo eine Brücke über das Flüßchen führt. Nur 3 km östlich, - schöner Waldspaziergang ab Llandrindod Wells.

<u>BAILEY EINON WOOD</u>, diesseits der Brücke: kleines Naturschutzgebiet am Flußufer, zum Wandern und Vögel beobachten.

<u>ST. MICHAEL'S CHURCH</u>, jenseits der Brücke. Im 19. Jahrhundert hat der Pfarrer eigenmächtig das Kirchendach zerstört, auf daß "seine" Leute nach Llandrindod Wells zur Messe gehen. Die "Schäfchen" waren entsetzt über ihren Hirten und bauten in nur zwei Jahren ein neues Dach!

DISSERTH: Die <u>ST. CEWYDD CHURCH</u> ist eins der wenigen Beispiele, das von der Restaurier-Wut im 19. Jahrhundert verschont geblieben ist und noch originale Features enthält: Kirchengestühl mit sehr kunstvollen Schnitzereien aus dem 17. Jh., Wandmalerei, alte Holzdecke. Juwel ist die Kanzel in Form eines Triple-Deckers. Anfahrt: ca. 4 km südlich, off der A 483.

✦ Builth Wells   **(1.6oo Einw.)**

Einkaufs- und Marktstädtchen für die umliegenden Farmer, alles dreht sich hier um die Landwirtschaft. Im Gegensatz zum versnobten Llandrindod Wells war Builth Wells eher Kurort für die "arbeitende Klasse", - daher keine so elitäre Architektur.

Builth Wells lohnt sich vor allem, weil auf dem Showground-Messegelände dauernd irgendwelche Events angesagt sind: jeden Montag lärmige Viehmärkte, oft auch Hunde- oder Pferdeschauen, Antiquitätenmärkte etc.

 Groe Car Park. Tel. o1981/ 55 33 o7. Book-a-bed-ahead. Geöffnet nur im Sommer (im Winter nur an 2 Wochentagen).

<u>BUILTH CASTLE</u>: Ruinen und Mauerreste einer Burg aus dem 11. Jh. Fußpfad ab dem Lion Hotel.

<u>Chor</u>: Der Männerchor probt jeden Montag abend im Greyhound Hotel. Etwa 5o Sänger, die schon 3 Schallplatten aufgenommen haben!

 Wandern: Vom <u>Garth Hill</u> (281 m) Rundblick über das pastorale Ostwales, Viehweiden und Flüsse. Gute 1o km retour: die Newry Road entlang, bis sie eine scharfe Rechtskurve macht. Dort durch eins der drei Eisentore und immer gerade aus.

Feste: <u>Royal Welsh Agricultural Show</u> (3. Juli-Woche): größte Landwirtschaftsschau von Wales, - geht von Montag bis Donnerstag. Präsentation und Preisverleihung an das beste Schaf, an die Kuh mit dem schönsten Euter, an den fleißigsten Zuchtbullen etc. Alles mit sehr viel Rummel.

✦ Erwood

12 km südlich, via der A 47o. Schöne Wanderung auf dem Wye Valley Walk, der einer stillgelegten Eisenbahn-Trasse am Flußufer folgt. Im alten Bahnhof von Erwood ist eine Kunsthandwerker-Kolonie.

 COUNTRY HOUSE: "<u>Llangoed Hall</u>", ca. 4 km südlich von Erwood. Besitzer ist Sir Bernard Ashley, der Ehemann der Designerin Laura Ashley. Das riesige Herrenhaus hat nur 23 Zimmer: überall Stuck und Antiquitäten, - aber alle Vorhänge, Bettdecken etc. sind ein Brainchild von Laura Ashley. Das Gebäude war eine Ruine, bevor die Ashleys Millionen investiert haben. Eines der britischen Top-Hotels; viele Stars steigen hier ab. Tel. o1875/ 75 45 25. DZ ca. 4oo-7oo DM, je nach Zimmer. Dinner um 1oo DM.

"<u>Griffin Inn</u>", in Llyswen. Der Giebelbau ist über und über mit wildem Wein überwuchert, - 8 Zimmer und sehr dezente Atmosphäre. Viele Sportangler steigen hier ab. Tel. o1874/ 75 42 41. DZ ca. 13o DM.

HOSTEL: "<u>Trericket Mill Hostel</u>", an der A 47o zischen Erwood und Llyswen. In einer alte Mühle am River Wye, - gehört Alistair & Nicki, zwei Schotten. Entweder in einem separaten Cottage im Obstgarten, sehr romantisch mit Holzofen und Bereich zum Grillen. Oder Doppelzimmer im Hauptgebäude. Uns liegen begeisterte Leserbriefe vor! Tel. o1982/ 56 o3 12. Schlafsaal ca. 18 DM, DZ ca. 23 DM/Person.

 Bei der <u>Trericket Mill</u>: eine Handvoll Zelte zwischen Obstbäumen, hinten rauscht der River Wye. Wie eine Welt für sich, weit weg vom nächsten Dorf. Pluspunkt ist das kleine Naturkost-Café.

 <u>LLANGOED HALL</u> (ca. 4 km südlich von Erwood): Dinner in der Villa von Sir Ashley, dem Ehemann der weltberühmten Designerin, ist ein kulinarisches Erlebnis! "Antik meets Moderne"-Ambiente: Kronleuchter und Stilmöbel, die Raum

-Asseccoirs sind alle in elegantem Gelb und Blau. Vorher trifft man sich im Salon, das Essen liegt auf dem Teller wie ein Kunstwerk. Um 1oo DM plus Wein.

✦Llanwrtyd Wells

Kleines Städtchen rund 5 km südwestlich von Builth Wells an der A 483. Seit Anfang des 19. Jh. ein wichtiges Heilbad (Name), diesbezügliche Einrichtungen wurden aber schon lange geschlossen.

CAMBRIAN FACTORY: Besuch einer Tweed-Fabrik, alle Arbeitsprozesse vom Färben der Wolle bis zum Weben. Die Fabrik wurde 1918 gegründet als Arbeitsbeschaffungs-Maßnahme für körperbehinderte Veteranen des 1. Weltkriegs. Auch heute arbeiten hier noch Behinderte.

 HOSTELS: "**Stonecroft Hostel**", Dolcoed Road, nur 15o m vom Hauptplatz. Neben dem Stonecroft Inn (dieselben Besitzer): unten zwei Common Rooms mit Kaminfeuer, oben die Zimmer: sehr klein, sehr sauber, keine Stockbetten! Tel. o1591/ 61 o3 32. Schlafsaal ca. 2o DM, DZ ca. 25 DM/Person.

"**Caban Cwmffynnon Hostel**", ca. 5 km südöstlich. Mitten in einer gottverlassenen Gegend für "get away from it all". Zwei Schlafsäle mit 1o bzw. 14 Betten. Aber schwer zu finden: 3oo m hinter dem Marktplatz nach links (Schild "Cefn Goerwydd") und 4 km bis Cynada, - dann 5oo m nach rechts (bei Anruf Abholung in Llanwrtyd Wells). Tel. o1591/ 61 o6 38. Schlafsaal ca. 18 DM/Person.

Stonecroft Inn: Mekka für jeden Bier-Fan, - in der Ecke stehen 16 Fässer mit verschiedenen Real Ales (3,6 bis 5,4 %)! Joker ist der Biergarten. Besitzer: walisisch-australisches Misch-Paar, das schon überall auf der Welt gelebt hat.

Pubs

Pony Trecking: Llanwrtyd Wells ist eines der walisischen Zentren für Ausritte, in der Stadt hat die "Welsh Pony Trecking Society" ihren Sitz. Auf dem Sattel rein in die gotverlassenen Täler und Hochflächen der Cambrian Mountains, die sich westlich von Llanwrtyd Wells hinziehen.

Feste: Man versus Horse Race (Mitte Juni): Wettrennen zwischen einem Reiter, Radfahrer und Läufer. Sie sind chancengleich, da sie von verschiedenen Punkten starten.

Bog Snorkeling Championship (Ende August): Es gilt, durch einem Graben voll Schlamm zu schnorcheln. Teilnehmer aus der ganzen Welt.

Verbindungen

Züge: An der "Heart of Wales"-Linie Shrewsbury-> Swansea (4 x/ Tag).

Busse: Keine - außer dem Postbus ab Builth Wells (1 x/Tag).

Der PASS OF ABERGWESYN geht ca. 22 km Richtung Westen, quer durch die Cambrian Mountains nach Tregaron. Intensive Naturerlebnisse auf der Bergstrecke. Vorbei an kleinen Wäldchen, in den Hügeln die Schafe wie Schneeflocken. Details zu den Cambrian Mountains s. S. 167.

Äußerster Osten

Schwenker ins walisisch-englische Grenzland (Besuch des Grenzwalls Offa's Dyke). Ab Newtown via B 4355 und Knighton-> Presteigne-> Knigton nach Llandrindod auf abgelegenen Nebenstraßen, ca. 9o km.

✱ Knighton   (2.2oo   Einw.)

Englisch-walisische Grenzstadt. Donnerstags großer Betrieb bei den Vieh-märkten. Knighton liegt exakt auf dem englisch-walisischen Grenzwall "Offa's Dyke", der hier sehr gut erhalten ist.

Der Grenzwall wurde 784-96 im Auftrag des englischen Königs Offa gegraben, um sich vor den ständigen Überfällen der keltischen Nomadenstämme, die in Wales ansässig waren, zu schützen. Besteht aus einem Wall mit Graben auf walisischer Seite. Er ist 27o km lang und folgt dem gesamten Grenzverlauf. Weitere Details Seite 99.

OFFA'S DYKE HERITAGE CENTRE (im Schulgebäude): Infos und Hintergründe über den Offa's Dyke. Die Leute nennen Knighton oft auch "the town on the dyke".

Ein Stück dem Offa's Dyke Path lang, der 27o km lange Fernwanderweg folgt dem Grenzwall. Karten im Heritage Centre.

✱ Presteigne   (1.5oo   Einw.)

Schönes Dorf mit schwarz-weißer Fachwerk-Architektur. Früher wichtige Postkutschenstation. Aus jener Zeit noch herrlich alte Gasthöfe und Ho-tels. Liegt rund 1o km südöstlich von Knighton, via B 4355.

ST. ANDREW'S CHURCH (Broad Street): normannischer Grundstock, die meisten Teile aber aus der Zeit des großen Umbaus von 1375, im hochgotischen Decorated-Stil. Besonderheit: die drei Schiffe sind unter-schiedlich breit. Sehenswerte Innenarkaden und ein flämischer Wand-teppich.

Old Radnor

OLD RADNOR CHURCH: liegt an einem Berghang, ca. 26o m über dem Meeresspiegel. Ihr Kirchturm ist von Weitem sichtbar. Bauzeit: 15./ 16. Jh. Hauptattraktion ist der Taufstein, vermutlich der älteste in Groß-britannien. Diente bereits bei den heidnischen Kelten als Altar für ihre Druiden-Priester und wurde dann bei der Christianisierung umfunktioniert.

Sehr schön auch das gotische Orgelgehäuse (um 158o), die Eichenholz-
Decke und die Fenster im Decorated Style.

✦ Hay-on-Wye (1.4oo Einw.)

Gemütlicher Ort mit Second Hand Bookshops, auch Antiquariate, Cafes.
In der Umgebung schöne Wanderungen. Das englisch-walisische Grenzdorf hat Charme in den engen Gassen. Der Ortsteil links vom River Wye,
wo 2/3 der Einwohner zu Hause sind, gehört zu Wales - man redet hier
mit starkem Akzent. Einen Steinwurf entfernt, auf der anderen Flußseite,
ist englisches Terrain, was sich auch im Dialekt spiegelt.

 Oxford Road, neben dem Busterminal. Tel. o1497/ 82 o1 44.
Ganzjährig geöffnet. Gehört nicht zur staatlichen Tourist-
Behörde, sondern wird von engagierten Leuten privat geführt.

 COUNTRY HOUSES: "<u>Llangoed Hall</u>", ca. 11 km auf der A 47o
Richtung Builth Wells. Eines der Elite- Hotels von Wales, gehört dem
Ehemann von Laura Ashley. Alle Details bei Builth Wells/Umgebung
("Erwood"). DZ ca. 4oo- 7oo DM.

"<u>The Haven</u>", ca. 4 km östlich (via B 4348). Ehemaliges Pfarrhaus
mit 6 Zimmern und Outdoor-Swimmingpool. Familymäßig geführt,
großer Garten. Tel. o1497/ 83 12 54. DZ mit Bad ca. 135 DM, ohne Bad ca. 1o5 DM.

HOTELS: "<u>Swan Hotel</u>", Church Street. Angenehmes und empfehlenswertes Hotel.
Es ist das beste im Ort und unser Tip für Hay-on-Wye. Schon seit 1988 unter charman-
ter Führung der Vaughan-Familie. Gemütlicher Fire- Place, Bar, Billiardraum und Früh-
stücks- Restaurantraum. Die 2o Zimmer teils sehr geräumig, andere gehen hinten raus,
kleiner. Gepflegter Garten mit Tischen und Rasen fast wie Teppich. Ganzjährig
geöffnet. DZ je nach Zimmer ca. 16o- 21o DM. Tel. o1497/ 82 11 88.

"<u>Kilvert Court</u>", The Bullring. Gasthof mit 1o Zimmern oberhalb eines Pubs. Cha-
raktervoller Altbau, aber oft etwas laut und eine Klasse tiefer als das Swan. Tel. o1497/
82 1o 42. DZ ca. 13o- 16o DM.

"<u>Black Lion</u>", Lion Street. Im Prinzip dasselbe wie Kilvert Court. Tel. o1497/ 82 o8
41. DZ ca. 12o DM.

GUESTHOUSES: "<u>Seven Stars</u>", mitten im Dorf beim Uhrturm. Seit über 15
Jahren etabliert, 1o Zimmer, Swimmingpool. Tel. o1497/82 o8 86. DZ mit Bad ca.
11o DM, ohne ca. 9o DM.

"<u>La Fossa</u>", Oxford Road. 5 Zimmer, gut, empfehlenswert. DZ ca. 95 DM. Tel.
o1497/ 82o.613.

"<u>York House</u>", am Stadtrand (B 4348 Richtung Osten). Mr. und Mrs. Roberts behan-
deln ihre Gäste, als würden sie zur Familie gehören. Großes Haus mit 5 Zimmern und
Garten. Tel. o1497/ 82 o7 o5. DZ ca. 115 DM mit Bad und sehr groß, ca. 9o DM ohne
Bad und kleiner.

BED & BREAKFAST: im Ort verstreut, eine B&B-Straße gibt es nicht in Hay. Für
ein DZ im Schnitt 8o DM, die wenigsten aber mit Bad/ WC. Im Umkreis von Hay gibt
es mehrere sehr schöne <u>Farmhöfe</u>, wer abseits relaxen will. Infos übers Hay-on-Wye TI.

HOSTEL: "Joes's Lodge", ca. 13 km südwestl. in Talgarth (Hay Road). Die nächst-gelegene Billig-Bleibe. In einer Armeekaserne mit 27 Betten, verteilt auf 3 Schlafsäle, plus kommunikationsfördernder Common Room. Simple-Klasse, - d.h. Schlafsack mitbringen, da nur Matratzen. Tel. o1874/ 711.845. Schlafsaal ca. 17 DM/ Person.

Radnor's End (4oo m vom Ortskern, an der Straße nach Clyro): von Steve Davies mit viel Engagement geführt - zwar recht klein, aber WC/Duschen, Trockenraum für Wanderer. Nur Zelte. Liegt auf einem Hügel und toller Blick runter auf Hay.

Holybush Inn (ca. 2 km Richtung Brecon) und Forest Park (ca. 2 km nordwestlich, oberhalb von Clyro) sind ein Stück weiter außerhalb, haben aber vergleichbare Facilities und nehmen auch Wohnwagen.

LLANGOED HALL (ca. 11 km auf der A 47o Richtung Builth Wells) ist eine der Top-Adressen von ganz Wales! Um 1oo DM (ohne Wein), beschrieben bei Builth Wells/ Umgebung ("Erwood").

CYGNET RESTAURANT (im Swan Hotel, Church Street): Chefkoch Nathan Millikin zaubert Haute cuisine, die sich qualitativ mit Llangoid Hall messen kann (mehrfach preisgekrönt!). Natürlich ist das Ambiente eine kräftige Ecke profaner. Menü ca. 4o DM.

THE BLUE BOAR (Castle Street): Der Wirt, John Golesworthy, stellt jeden Sommer zwei thailändische Köche ein, die Exotisches aus dem Kessel zaubern. 15-2o DM.

OSCAR'S BISTRO (High Town): Billig-Restaurant für Lasagne, Pasteten & Co. Nur tagsüber, 8-12 DM.

OLD STABLES TEAROOM (Bear Street): gute Snacks, z.B. Sandwiches und ein Teller Suppe, oder auch nur Tee mit Kuchen. Kleine Tische, großer Feuerplatz.

Barmeals: Im SWAN HOTEL (Church Street) Riesenportionen für 15-2o DM. Etwa Mixed Grill mit fünf Fleischsorten.

Take-away: Wine Vaults ist ein Fish & Chippie der besseren Sorte: mikrowellenfreie Zone, - bei Mr. Battie kommt alles frisch und heiß. Auch paar Tische zum Drinnensitzen, ideal für ein "light lunch".

Black Lion (Lion Street): war schon vor 7oo Jahren eine Postkutschen Station, - überall Holzbalken und Uralt-Flair. Mehr für den ruhigen Drink und gutes Essen.

Kilverts (Bull Ring): Treffpunkt der jüngeren Semester, am Wochenende gefüllt wie eine Ölsardinen-Dose. Gelegentlich Livemusik. - Blue Boar (Castle Street): die meisten kommen für die große Auswahl an Real Ale. Publikum bunt gemischt.

Boote: Bei Pedals & Paddles (Castle Street) ein Kanu oder Ruderboot mieten und ein Stück den River Wye rauf- oder runterpaddeln. Abends

wird man dann, zusammen mit dem Boot, per Minibus zurückgebracht.
Preis: z.B. für Kanadier ca. 4o DM/Tag.

 Wandern: * Die Black Mountains beginnen 6- 7 km südlich, ein
Naturschutzgebiet mit langen Hügelketten. Eventuell Besteigung
des Hay Bluff (69o m), ca. 7 km südl. Details siehe dort.

* Wye Vally Walk flußaufwärts: Pfad führt ständig am Flußufer lang, hügelig und alles sehr idyllisch. Ca. 22 km bis Erwood: dort Hotel/ B&B
und Busse nach Builth Wells. Tip: 3- 4 km vor Erwood liegt die Trericket
Mill, ein Privathostel mit Camping. Details bei Builth Wells/Umgebung.

* Auf dem Wye Valley Walk flußabwärts nicht so schön, da man ein gutes
Stück vom Fluß entfernt läuft. Das Land ist flacher, viele Farmen. Ca.
11 km bis zum Privat-Hostel "Bedwardine Lodge".

SECOND HAND BOOKS: eine Reihe von meist kleineren Geschäften,
die ihre Second Hand Books anbieten. Es handelt sich durch die Bank um
gebrauchte Ware, - zerlesene Paperback- Romane, auch gebundene Bücher, wobei teils der Buchrücken runter hängt. Jedoch fast ausschließlich
englischsprachig. - Wer die Shops im Frühjahr oder Herbst besucht, sollte
sich warm anziehen, da oft nicht beheizt.

Anschluß England bzw. Südwales

Gut ausgebaute Landstraße A 438 rüber nach HEREFORD, einem engl.
Provinzstädtchen mit weitgehend modernen Häusern und Anbindung über
die A 438 zur Autobahn M 5o/M 5 (Birmingham -> Worcester -> Chel-
tenham). Anbindung über weiteres Autobahn- und Landstraßennetz nach
London, alle Details siehe VELBINGER Band 27 "Südengland".

Oder: über die B 435o/A 47o nach BRECON (Seite 198) und weiter MER-
THYR TYFIL (Seite 185): -> die schnellste Verbindung nach Südwales.

Auf einer unserer Wales- Reisen sind wir ab Hay-on-Way die Nebenstraße
B 4423 südwärts nach Llanfihangel Crucorney gefahren (vergl. Michelin
Karte 4o3). Auf der Karte "optisch" die kürzeste Verbindung südwärts
nach Abergavenny mit Anschluß zur Schnellstraße nach Newport/ Bristol.
In soweit ok. Die B 4423 besitzt über weite Strecken nur LKW-Breite und
ist seitlich von Hecken begrenzt. Just vor uns ein LKW. Hat daher entsprechend an Fahrzeit ewig gedauert. Achtung: auch wenn kein LKW vor
einem: die Strecke mit maxim. 1o km/h fahren, da keinerlei Aus-
weichmöglichkeit bei Gegenverkehr.

INDEX:

Vielen herzlichen Dank für die vielen Leserbriefe, insbesondere auch an
Ingrid Retterath und Stephan Fürst.

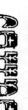

COUPON

Ich bestelle hiermit folgende VELBINGER REISEFÜHRER:

Anzahl Titel   Preis DM

✎

....

....

....

....

....

(zuzügl. Versandspesen 7 DM)   Summe ....

☐ Summe liegt per Verrechnungsscheck bei

☐ Summe wurde auf Psch. Kto. München 2o 65 6o - 8o8 überwiesen

MEINE   ADRESSE:

....

....

....

....

....

(Datum, Unterschrift)

Coupon ausfüllen und Verrechnungsscheck beilegen, bzw. Überweisung auf Postscheckkonto.